全 世 界 无 产 者， 联 合 起 来！

列宁全集

第二版增订版

第四十六卷

1910年11月—1914年7月

中共中央 马克思 恩格斯 列宁 斯大林 著作编译局编译

人民出版社

《列宁全集》第二版是根据中国共产党中央委员会的决定，由中共中央马克思恩格斯列宁斯大林著作编译局编译的。

凡　　例

1. 书信卷正文和附录中的文献分别按篇或组的写作或签发时间编排并加编号。

2. 在正文中，文献标题下括号内的日期是编者加的，文献本身在开头已注明日期的，标题下不另列日期。

3. 1918 年 2 月 14 日以前，在俄国写的书信的日期为俄历，在国外写的书信则为公历；从 1918 年 2 月 14 日起，所有书信的日期都为公历。

4. 目录中标题编号左上方标有星花 * 的书信，是《列宁全集》第 1 版刊载过的。

5. 在正文中，凡文献原有的或该文献在列宁生前发表时使用过的标题，其左上方标有五角星☆。

6. 未说明是编者加的脚注为写信人的原注。

7. 著作卷《凡例》中适用于书信卷的条文不再在此列出。

目　录

前言 …………………………………………………………………… I—VIII

1910 年

* 1. 致阿·马·高尔基(11 月 14 日)………………………………… 1—2

* 2. 致格·瓦·普列汉诺夫(11 月 22 日) ………………………………… 3

* 3. 致阿·马·高尔基(11 月 22 日)………………………………… 4—6

* 4. 致博洛尼亚学校的学员同志们(12 月 3 日) ……………………… 6—7

5. 致尼·古·波列塔耶夫(12 月 4 日) ………………………………… 8

6. 致俄国社会民主工党中央委员会国外局(12 月 5 日) …………… 9

* 7. 致尼·古·波列塔耶夫(12 月 7 日) ……………………………… 9—10

8. 致弗·德·邦契-布鲁耶维奇(12 月 9 日) ………………………… 11

9. 致《社会民主党人报》编辑部(12 月 17 日) ……………………… 12

10. 致维·阿·卡尔宾斯基(不早于 1910 年)…………………………… 13

1911 年

*11. 致阿·马·高尔基(1 月 3 日)………………………………… 14—18

12. 致 M.Г.菲利亚(1 月 19 日) ………………………………… 18—19

13. 致卡·考茨基(1 月 31 日) ………………………………… 19—22

*14. 致格·瓦·普列汉诺夫(2 月 3 日) ……………………………… 22

15. 致阿·伊·李可夫(2月11日以后) …………………… 23—25
16. 致阿·伊·李可夫(2月17日) …………………… 25—26
*17. 致阿·伊·李可夫(2月25日) …………………… 27—32
18. 致尼·古·波列塔耶夫(3月7日或8日) …………………… 32—35
19. 致阿·伊·李可夫(3月10日) …………………… 35—36
20. 致阿·伊·李可夫(3月上半月) …………………… 37—38
21. 致阿·伊·李可夫(3月) …………………… 38—40
22. 致某人(3月) …………………… 40—41
23. 致社会民主党第三届国家杜马党团(4月19日以前) …………………… 42
24. 致俄国社会民主工党中央委员会国外局(4月30日) …………………… 43
*25. 致阿·马·高尔基(5月初) …………………… 44—45
*26. 致阿·马·高尔基(5月27日) …………………… 46—48
27. 致格·叶·季诺维也夫(6月6日以前) …………………… 48—49
28. 致卡·考茨基(6月6日) …………………… 49—50
29. 致卡·考茨基(6月17日和28日之间) …………………… 50—69
30. 致阿·伊·柳比莫夫和米·康·弗拉基米罗夫
(7月3日) …………………… 70—71
31. 致克·蔡特金(7月5日) …………………… 71
32. 致列·波·加米涅夫(8月2日以后) …………………… 72
33. 致卡·胡斯曼(9月5日) …………………… 73
*34. 致阿·马·高尔基(9月15日) …………………… 74—75
*35. 致格·李·什克洛夫斯基(9月25日) …………………… 75—76
*36. 致格·李·什克洛夫斯基(9月26日和28日之间) …………………… 76—77
37. 致克·蔡特金(10月30日) …………………… 77—78

38. 致克·蔡特金(10月30日) …………………………… 78—79
*39. 致安·涅梅茨(11月1日) …………………………… 79—80
40. 致伊·弗里穆(11月4日) …………………………… 81
41. 致列·波·加米涅夫(11月10日) …………………… 82
42. 致克·蔡特金(11月16日) …………………………… 83
43. 致克·蔡特金(11月18日) …………………………… 84
44. 致费·阿·罗特施坦(11月30日) …………………… 85
45. 致卡·胡斯曼(12月7日) …………………………… 85—86

1912年

46. 致阿·萨·叶努基泽(2月25日) …………………… 87
47. 致某人(2月26日) ………………………………… 88—93
*48. 致阿·马·高尔基(2月) …………………………… 94
*49. 致阿·马·高尔基(2—3月) ………………………… 95—96
50. 致卡·胡斯曼(3月10日以前) ……………………… 96—97
*51. 致格·李·什克洛夫斯基(3月12日) ……………… 97—99
*52. 致格·李·什克洛夫斯基(3月13日) ……………… 99—100
*53. 致《明星报》编辑部(3月25日或26日) …………… 100—101
*54. 致《明星报》编辑部(《俄国社会民主工党的选举纲领》的附言)(3月26日) …………………………………… 101—102
*55. 致卡·胡斯曼(3月28日以前) ……………………… 102—103
*56. 致格·康·奥尔忠尼启则、苏·斯·斯潘达良、叶·德·斯塔索娃(3月28日) ……………………… 104—106
57. 致卡·胡斯曼(4月5日) …………………………… 106—107

*58. 致格·康·奥尔忠尼启则、苏·斯·斯潘达良、
叶·德·斯塔索娃(4月初)…………………………………… 107—108
*59. 致俄国社会民主工党中央委员会俄国局
(4月16日) …………………………………………………… 108—109
60. 致卡·胡斯曼(4月19日以前) …………………………… 109—110
*61. 致《明星报》编辑部(4月22日) …………………………… 111—112
62. 致沃·阿·捷尔-约翰尼相(5月5日)………………………… 113—114
63. 致乔·迪科·德拉埃(5月20日以前) ……………………… 114—118
64. 致某人(5月20日以后)…………………………………………… 118
65. 致乔·迪科·德拉埃(6月1日) ………………………………… 119
*66. 致波·尼·克尼波维奇(6月6日) ………………………… 119—121
67. 致乔·迪科·德拉埃(6月10日) ………………………… 121—124
68. 致乔·迪科·德拉埃(6月15日)…………………………………… 125
69. 致列·波·加米涅夫(6月28日以前)…………………………… 126
70. 致《真理报》编辑部(7月2日和9日之间)………………… 127—129
*71. 致《真理报》编辑部(7月19日) …………………………… 129—131
72. 致约·施特拉塞尔(7月21日) ………………………………… 131
*73. 致《涅瓦明星报》编辑部(7月24日) ……………………… 132—134
74. 致列·波·加米涅夫(7月24日) ………………………… 134—135
*75. 致《真理报》编辑部(7月27日或28日)…………………… 136—138
76. 致《真理报》编辑部(7月28日或29日)…………………… 138—140
77. 致列·波·加米涅夫(7月30日) ………………………… 140—141
*78. 致《真理报》编辑部(8月1日)…………………………… 141—144
*79. 致阿·马·高尔基(8月1日)……………………………… 144—146

* 80. 致《真理报》编辑部(8 月 2 日) …………………………… 146—148
81. 致列·波·加米涅夫(8 月 23 日或 24 日) ……………… 148—149
82. 致阿·马·高尔基(8 月 25 日以前) ……………………… 150—151
83. 致列·波·加米涅夫(8 月 27 日以前) ……………………… 152
84. 致列·波·加米涅夫(8 月 27 日) ………………………… 153—154
85. 致雅·斯·加涅茨基(9 月 4 日) ………………………… 154—155
86. 致列·波·加米涅夫(9 月 7 日) ………………………… 155—157
* 87. 致《真理报》编辑部(9 月 8 日) …………………………… 157—158
88. 给列·波·加米涅夫的电报(9 月 15 日)……………………… 159
89. 致列·波·加米涅夫(9 月 15 日) ………………………… 159—161
90. 致中央机关报编辑部(9 月 15 日或 16 日)………………… 162
91. 致列·波·加米涅夫(不早于 9 月 17 日) ………………… 162—163
92. 致乔·迪科·德拉埃(9 月 23 日) ………………………… 163—165
93. 致卡·胡斯曼(9 月 25 日以后) …………………………… 165—166
* 94. 致《真理报》编辑部(10 月 3 日以后) ………………………… 166—168
* 95. 致维·阿·卡尔宾斯基(10 月 8 日) ……………………… 168—169
96. 致卡·胡斯曼(10 月 9 日以后) ………………………………… 169—170
* 97. 致阿·马·高尔基(10 月初) …………………………………… 170—171
* 98. 致阿·马·高尔基(10 月 17 日) ……………………………… 171—172
99. 致《真理报》编辑部(10 月 18 日以后) ……………………… 172—175
100. 致卡·胡斯曼(10 月 23 日以前) ………………………………… 175
101. 致卡·胡斯曼(10 月 24 日) ……………………………………… 176
102. 致尼·古·波列塔耶夫(10 月 25 日)…………………………… 177—178
103. 致阿·马·高尔基(10 月 30 日以前)…………………………… 178

104. 致伊·罗·罗曼诺夫(10月) …… 179
105. 致《真理报》编辑部(11月2日) …… 179—180
*106. 致《真理报》编辑部(11月2日) …… 181
107. 致《真理报》编辑部(11月2日以后) …… 182—183
108. 致列·波·加米涅夫(11月8日) …… 183—184
109. 致列·波·加米涅夫(11月10日) …… 184—185
110. 致卡·胡斯曼(11月10日) …… 185—186
*111. 致《社会民主党人报》编辑部(在《彼得堡工人给自己的工人代表的委托书》清样上的批示)(不晚于11月17日) …… 186—187
*112. 致格·瓦·普列汉诺夫(11月17日) …… 187—188
113. 致A.埃克(穆欣)(11月17日) …… 188—189
114. 致列·波·加米涅夫(11月17日和23日之间) …… 189—190
115. 致列·波·加米涅夫(11月20日以前) …… 190—191
116. 给扬·安·别尔津的电报(11月24日以前) …… 191—192
*117. 致《真理报》编辑部(11月24日) …… 192—193
118. 致列·波·加米涅夫(不早于11月25日) …… 193—194
*119. 致《真理报》编辑部(11月26日以前) …… 194—195
*120. 致《真理报》编辑部(11月26日) …… 195—196
121. 致弗·伊·涅夫斯基(11月30日) …… 196—197
122. 致列·波·加米涅夫(12月3日) …… 197
123. 致弗·伊·涅夫斯基(12月4日) …… 198
124. 致杰米扬·别德内依(12月5日) …… 198—199
*125. 致约·维·斯大林(12月6日) …… 199—200

126. 致列·波·加米涅夫(12月8日) …… 201—206
*127. 致约·维·斯大林(12月11日) …… 206—209
128. 致约·维·斯大林(12月14日) …… 209—210
129. 致约·维·斯大林(12月16日) …… 211—213
130. 致第四届国家杜马的布尔什维克代表
(12月17日) …… 213—214
131. 致俄国社会民主工党中央委员会俄国局
(12月19日) …… 214—216
*132. 致格·李·什克洛夫斯基(12月20日以前) …… 216—219
133. 致俄国社会民主工党中央委员会俄国局
(12月20日) …… 219—221
134. 致卡·胡斯曼(12月22日) …… 221—222
*135. 致阿·马·高尔基(12月22日或23日) …… 222—224
136. 致列·波·加米涅夫(12月26日) …… 224—226

1913年

137. 致列·波·加米涅夫(1月3日) …… 227—228
*138. 致阿·马·高尔基(1月8日) …… 228—231
139. 致列·波·加米涅夫(1月8日) …… 231—233
140. 致列·波·加米涅夫(1月10日) …… 233—234
141. 致列·波·加米涅夫(1月12日) …… 234—235
142. 致列·波·加米涅夫(1月14日以后) …… 235—236
143. 致约·阿·皮亚特尼茨基(1月14日以后) …… 236—239
144. 致阿·马·高尔基(1月21日) …… 240

145. 致 Г.М.维亚兹缅斯基(1月22日以后) …… 241
146. 致《不来梅市民报》编辑部(1月24日以后) …… 242—243
*147. 致尼·亚·鲁巴金(1月25日) …… 243—244
148. 致第四届国家杜马的布尔什维克代表(1月25日) …… 244—245
*149. 致阿·马·高尔基(1月25日以后) …… 245—249
150. 致列·波·加米涅夫(2月初) …… 249—250
*151. 致雅·米·斯维尔德洛夫(2月9日) …… 250—252
*152. 致尼·亚·鲁巴金(2月13日) …… 252—253
153. 致恩·奥新斯基(2月13日) …… 253
*154. 致《真理报》编辑部(2月14日) …… 254
*155. 致阿·马·高尔基(2月14日和25日之间) …… 255—258
*156. 致《真理报》编辑部(2月19日) …… 258—259
*157. 致《真理报》编辑部(2月21日) …… 259—260
*158. 致马·亚·萨韦利耶夫(2月22日) …… 261—262
159. 致威·普凡库赫(2月25日) …… 262—263
160. 致尼·古·波列塔耶夫(2月25日) …… 263—265
161. 致列·波·加米涅夫(2月25日) …… 265—266
162. 致 Г.М.维亚兹缅斯基(不早于2月) …… 266—267
*163. 致阿·马·高尔基(3月6日以后) …… 267—268
164. 致乔·迪科·德拉埃(3月7日) …… 268—270
165. 致列·波·加米涅夫(3月7日) …… 271—272
166. 致列·波·加米涅夫(3月8日) …… 272—273
*167. 致列·波·加米涅夫(3月29日以前) …… 273—275
168. 致阿·卡恩(4月3日) …… 275—276

*169. 致《真理报》编辑部(4月5日) …… 276—278
170. 致列·波·加米涅夫(4月7日) …… 278—280
171. 致列·波·加米涅夫(4月17日) …… 280—281
172. 致列·波·加米涅夫(4月26日以后) …… 281—282
173. 致列·波·加米涅夫(5月3日和24日之间) …… 282—283
174. 致伊·埃·格尔曼(5月6日以前) …… 283—284
175. 致格·李·什克洛夫斯基(5月8日) …… 284—285
176. 致阿·马·高尔基(不早于5月9日) …… 285—287
177. 致列·波·加米涅夫(5月15日和20日之间) …… 287—288
*178. 致《真理报》编辑部(不早于5月25日) …… 288—290
179. 致阿·卡恩(5月26日) …… 290—292
180. 致扬·鲁迪斯-吉普斯利斯(6月7日以前) …… 292—294
181. 致扬·鲁迪斯-吉普斯利斯(6月7日) …… 294—295
182. 致列·波·加米涅夫(6月8日) …… 295—296
183. 致格·李·什克洛夫斯基(6月8日) …… 296
184. 致卡·胡斯曼(6月13日以前) …… 297—298
185. 致五金工会理事会成员—布尔什维克小组
(6月16日) …… 298—299
186. 致《真理报》编辑部(6月16日) …… 299—303
*187. 致米·斯·奥里明斯基(6月16日) …… 303—305
188. 致列·波·加米涅夫(6月16日) …… 306—307
*189. 致弗·米·卡斯帕罗夫(6月18日和22日之间) …… 308
190. 致阿·马·高尔基(6月22日以前) …… 309—310
*191. 致格·瓦·普列汉诺夫(不晚于6月22日) …… 310—311

*192. 致阿·马·高尔基(不晚于6月22日) …………………… 311—312
193. 致《真理报》编辑部(不早于6月25日) …………………… 312—313
194. 致列·波·加米涅夫(6月26日) …………………… 313—314
195. 致列·波·加米涅夫(6月29日) …………………… 314—315
*196. 致第四届国家杜马的布尔什维克代表
(6月30日) …………………… 316—317
*197. 致格·伊·萨法罗夫(7月20日) …………………… 318
*198. 致奥·H.洛拉(7月20日) …………………… 319—320
*199. 致阿·马·高尔基(7月25日) …………………… 320—321
200. 致莉·米·克尼波维奇(8月5日和6日之间) …………………… 321—322
201. 致乔·迪科·德拉埃(8月9日) …………………… 322—323
202. 致格·李·什克洛夫斯基(8月10日) …………………… 324
203. 致格·李·什克洛夫斯基(8月13日以后) …………………… 324—327
*204. 致德国社会民主党吊唁奥·倍倍尔逝世
(8月13日和17日之间) …………………… 327
205. 致弗·米·卡斯帕罗夫(8月21日) …………………… 327—328
206. 致格·李·什克洛夫斯基(8月21日) …………………… 328—329
207. 致《北方真理报》编辑部(8月21日以后) …………………… 329—330
*208. 致斯·格·邵武勉(8月24日) …………………… 330—331
209. 致弗·米·卡斯帕罗夫(8月25日) …………………… 331—332
210. 以乔·迪科·德拉埃律师的名义给“保管人”的信的
草稿(8月28日以前) …………………… 332—333
211. 致乔·迪科·德拉埃(8月28日) …………………… 333—334
212. 致格·李·什克洛夫斯基(9月7日以后) …………………… 335—336

213. 致弗·米·卡斯帕罗夫(9月11日) …… 337
214. 致格·李·什克洛夫斯基(9月12日以前) …… 337—339
215. 致格·李·什克洛夫斯基(9月12日以前) …… 340
*216. 致雅·斯·加涅茨基(9月12日) …… 341
217. 致格·李·什克洛夫斯基(9月12日) …… 342—343
218. 致格·李·什克洛夫斯基(9月12日和17日之间) …… 343—344
219. 致格·李·什克洛夫斯基(9月12日和18日之间) …… 344—345
220. 致麦克斯·格龙瓦尔德同志(9月13日) …… 346
221. 致格·李·什克洛夫斯基(9月20日以前) …… 347
222. 致格·李·什克洛夫斯基(9月28日) …… 348
*223. 致阿·马·高尔基(9月30日) …… 348—350
*224. 致《劳动真理报》编辑部(不早于9月30日) …… 350—351
225. 致亨·狄茨(10月3日) …… 351
*226. 致《拥护真理报》编辑部(10月26日以前) …… 352
227. 致《拥护真理报》编辑部(不早于10月27日) …… 353
*228. 致弗·L.列德尔(10月28日) …… 354—355
229. 致《拥护真理报》编辑部(不早于11月1日) …… 355—357
*230. 致《拥护真理报》编辑部(11月2日和7日之间) …… 358—361
231. 致卡·胡斯曼(11月3日) …… 361—362
*232. 致《拥护真理报》编辑部(不早于11月3日) …… 362—363
233. 致格·李·什克洛夫斯基(11月3日以后) …… 363—364
*234. 致《拥护真理报》编辑部(不晚于11月7日) …… 364
*235. 致《拥护真理报》编辑部(11月7日) …… 365
236. 致格·李·什克洛夫斯基(11月10日) …… 366—367

237. 致《拥护真理报》编辑部(11月11日和28日之间) …………… 367
*238. 致阿·马·高尔基(11月13日以前) …………………… 368—369
*239. 致阿·马·高尔基(11月13日或14日)…………………… 369—372
*240. 致《拥护真理报》编辑部(不早于11月13日) ………………… 373
*241. 致阿·马·高尔基(11月14日或15日)…………………… 373—374
*242. 致《拥护真理报》编辑部(不早于11月14日) ………… 374—375
*243. 致阿·马·高尔基(11月14日以后) …………………… 375—378
*244. 致《拥护真理报》编辑部(不早于11月16日) ………… 378—379
245. 致格·李·什克洛夫斯基(11月22日以前)……………… 379—380
246. 致格·李·什克洛夫斯基(11月22日)…………………… 380—381
247. 致某人(12月4日以前) …………………………………… 382—383
248. 致海内曼(12月4日) …………………………………………… 383
249. 致格·李·什克洛夫斯基(12月4日和13日之间) ………… 384
250. 致格·李·什克洛夫斯基(不早于12月4日) ………… 385—386
*251. 致斯·格·邵武勉(12月6日) ………………………… 386—389
252. 致《拥护真理报》编辑部(12月8—9日) ……………… 389—390
253. 致格·李·什克洛夫斯基(不晚于12月12日) ……… 390—391
254. 致《拥护真理报》编辑部(12月16日)…………………… 391—392
255. 致格·李·什克洛夫斯基(12月16日以后)…………… 392—393
256. 给《拥护真理报》编辑部的电报(12月18日) ………………… 393
*257. 致伊·费·阿尔曼德(12月18日以后) ………………… 393—394
258. 致弗·萨·沃伊京斯基(12月20日) ………………… 394—397
259. 致《无产阶级真理报》编辑部(12月下半月) ………… 397—398
*260. 致伊·费·阿尔曼德(12月27日以后) ………………… 398—399

261. 致伊·费·阿尔曼德(不早于12月29日)…………… 399—400

1914年

262. 致伊·埃·格尔曼(1月2日)…………… 401—403
*263. 致尼·伊·布哈林(1月5日以前)…………… 403
264. 致弗·米·卡斯帕罗夫(1月6日)…………… 404
265. 致扬·鲁迪斯-吉普斯利斯和伊·埃·格尔曼
(1月7日)…………… 404—406
266. 致伊·费·波波夫(1月7日)…………… 406
267. 致伊·费·阿尔曼德(1月9日和18日之间)…………… 407—409
268. 致扬·鲁迪斯-吉普斯利斯或伊·埃·格尔曼
(1月11日)…………… 409—410
*269. 致戴·怀恩科普(1月12日)…………… 410—412
270. 致弗·巴·米柳亭(1月14日)…………… 412
271. 致伊·费·阿尔曼德(1月22日以前)…………… 413
272. 致格·李·什克洛夫斯基(1月25日以前)…………… 413—414
273. 致伊·费·阿尔曼德(1月25日)…………… 414
274. 致伊·费·阿尔曼德(1月26日)…………… 415—416
275. 致尼·瓦·库兹涅佐夫(1月26日)…………… 416—417
276. 致伊·费·阿尔曼德(1月28日)…………… 417—419
277. 致卡·胡斯曼(1月29日)…………… 419—420
278. 致卡·胡斯曼(2月2日)…………… 421
279. 致格·李·什克洛夫斯基(2月7日和3月12日之间)… 421—422
280. 致格·李·什克洛夫斯基(2月7日和3月12日之间)… 422—423

281.致乔·迪科·德拉埃(2月9日) ………………………… 423—424
*282.致《真理之路报》编辑部(2月9日) …………………… 425—426
283.给格·瓦·普列汉诺夫的信的草稿(2月11日) …… 426—427
*284.致亚·安·特罗雅诺夫斯基(不早于2月11日)……… 427—428
285.致弗·米·卡斯帕罗夫(2月11日以后) …………… 428—429
286.致乔·迪科·德拉埃(2月15日) …………………………… 429
287.致列·波·加米涅夫(2月27日) ……………………… 430—431
288.致《启蒙》杂志编辑部(2月27日) …………………… 431—432
*289.致伊·阿·古尔维奇(2月27日) ……………………… 432—433
290.致费·尼·萨莫伊洛夫(3月2日以前)………………… 434—435
291.致伊·费·阿尔曼德(3月2日)………………………… 435—436
292.致俄国社会民主工党中央俄国局(3月4日) ……… 436—437
293.致卡·胡斯曼(3月7日) ……………………………… 438—439
294.致扬·鲁迪斯-吉普斯利斯(3月12日以后) ……… 439—440
295.致格拉纳特兄弟出版社百科词典编辑部秘书
(3月15日)……………………………………………… 440—441
296.致卡·胡斯曼(3月15日)……………………………………… 441
297.致伊·费·阿尔曼德(3月15日以后) ……………………… 442
*298.致《真理之路报》编辑部(不早于3月23日) ……… 443—445
299.致伊·伊·斯克沃尔佐夫-斯捷潘诺夫
(3月24日)……………………………………………… 445—447
*300.致弗·别·斯坦凯维奇(3月24日) ………………… 447—448
*301.致伊·费·阿尔曼德(4月1日)………………………… 448—449
302.致格·李·什克洛夫斯基(4月3日以前)……………… 450—451

303. 致乔·迪科·德拉埃(4月3日) …… 452—453
304. 致伊·费·阿尔曼德(不晚于4月7日) …… 453—454
*305. 致《真理之路报》编辑部(4月7日和23日之间) …… 454—456
*306. 致格·李·什克洛夫斯基(4月9日以前) …… 456—457
307. 致伊·费·阿尔曼德(4月11日) …… 457—458
*308. 致伊·费·阿尔曼德(4月24日) …… 458—460
309. 致格·李·什克洛夫斯基(4月25日以后) …… 460
*310. 致《钟声》杂志编辑部(4月26日) …… 461
311. 致波兰王国和立陶宛社会民主党边疆区执行委员会(4月29日) …… 461—462
312. 致费·尼·萨莫伊洛夫(5月3日以前) …… 462—463
313. 在《真理之路报》两周年纪念日给该报编辑部的电报(5月5日) …… 463
314. 致费·尼·萨莫伊洛夫(5月7日) …… 464—465
315. 致费·尼·萨莫伊洛夫(5月12日以前) …… 465
316. 致格·李·什克洛夫斯基(5月12日以前) …… 466
317. 致格·李·什克洛夫斯基(5月12日) …… 467
318. 致格·李·什克洛夫斯基(5月12日以后) …… 467—469
319. 致伊·费·阿尔曼德(5月上半月) …… 469—470
320. 致扬·鲁迪斯-吉普斯利斯(5月15日以后) …… 471
*321. 致尼·尼·纳科里亚科夫(5月18日) …… 472—473
322. 致维·阿·卡尔宾斯基(5月19日) …… 473—474
*323. 致斯·格·邵武勉(5月19日) …… 474—477
*324. 致亚·安·特罗雅诺夫斯基(5月20日) …… 478

*325. 致维·阿·卡尔宾斯基(5月23日以后) …………………… 478—479
326. 致伊·费·阿尔曼德(5月25日) …………………… 479—480
327. 致格·伊·彼得罗夫斯基(5月25日以后) …………………… 480—481
328. 致格·李·什克洛夫斯基(5月25日以后) …………………… 481—482
*329. 致伊·费·阿尔曼德(6月5日以前) …………………… 482—483
330. 致格拉纳特兄弟出版社百科词典编辑部秘书
(6月6日以后) …………………… 484
331. 给《劳动的真理报》编辑部的信的一部分
(6月18日以后) …………………… 485—486
332. 致伊·费·阿尔曼德(不晚于7月3日) …………………… 486—487
333. 致社会党国际局(不早于7月4日) …………………… 488
334. 致伊·费·阿尔曼德(7月6日以前) …………………… 488—489
335. 致伊·费·阿尔曼德(7月6日以前) …………………… 490—491
336. 致斯·格·邵武勉(7月6日以前) …………………… 492—493
337. 致阿·萨·叶努基泽(7月6日) …………………… 493—494
338. 致伊·费·阿尔曼德(不晚于7月8日) …………………… 494—495
339. 致伊·费·阿尔曼德(不晚于7月8日) …………………… 495—496
340. 致伊·费·阿尔曼德(7月10日以前) …………………… 496—498
341. 致伊·费·波波夫(7月10日以前) …………………… 498
*342. 致伊·费·阿尔曼德(7月10日和16日之间) …………………… 499—504
343. 致波涛出版社(7月11日) …………………… 504—505
344. 致伊·费·阿尔曼德(7月12日) …………………… 505—506
345. 致伊·费·阿尔曼德(不晚于7月13日) …………………… 506—509
346. 致伊·费·阿尔曼德(不晚于7月14日) …………………… 510

*347. 致格·叶·季诺维也夫(7月16日以前) ……………… 510—511
348. 致伊·费·阿尔曼德(不晚于7月16日) ……………… 511—512
349. 致费·尼·萨莫伊洛夫(7月18日以前) ……………… 512—513
350. 致格·李·什克洛夫斯基(7月18日以后) ……………… 513
*351. 致伊·埃·格尔曼(7月18日以后) ……………… 514—517
352. 致弗·米·卡斯帕罗夫(7月18日以后) ……………… 517—518
353. 致伊·费·阿尔曼德(7月19日) ……………… 518—519
354. 致伊·费·阿尔曼德(7月19日) ……………… 519—520
355. 致伊·费·阿尔曼德(7月20日) ……………… 521—524
*356. 致格拉纳特兄弟出版社百科词典编辑部秘书(7月21日) ……………… 524—525
357. 致伊·费·阿尔曼德(不晚于7月24日) ……………… 525—527
358. 致扬松或施蒂茨(7月25日) ……………… 527—528
359. 致扬·鲁迪斯-吉普斯利斯(7月26日) ……………… 529—530
*360. 致格拉纳特兄弟出版社百科词典编辑部秘书(7月28日) ……………… 531
*361. 致格·李·什克洛夫斯基(7月31日) ……………… 532—533
362. 致弗·米·卡斯帕罗夫(不晚于8月1日) ……………… 533—534

附　录

1910 年

1. 致俄国社会民主工党中央国外局(12月5日) ……………… 535—536

1914年

2.给伊·费·阿尔曼德的委托书
(5月17日和6月6日之间)…………………………………… 536
3.致卡·胡斯曼(6月29日以前)……………………………… 537

注释 ………………………………………………………… 539—636
人名索引…………………………………………………… 637—713
文献索引…………………………………………………… 714—770
编入本版相应时期著作卷的信件和电报的索引 ………………… 771

插　图

弗·伊·列宁(1910年)………………………………………… VIII—1
1912年2月列宁给阿·马·高尔基的信的第1页 ………………… 91
1913年夏和1914年列宁在波罗宁的住所………………………… 300—301
1913年11月2日和7日之间列宁给《拥护真理报》编辑部的信的
第1页 ………………………………………………………… 359
1914年列宁在扎科帕内(旧属奥匈帝国,今属波兰)疗养地……… 454—455
1914年5月19日列宁给斯·格·邵武勉的信的第1页 ………… 475
1914年7月10日和16日之间列宁给伊·费·阿尔曼德的信的
第2页 ………………………………………………………… 501

前　言

本卷收载列宁在1910年11月至1914年7月期间的书信。这一时期的列宁著作编入本版全集第20—25卷。

斯托雷平的反动统治使俄国的阶级矛盾和民族矛盾进一步尖锐化，全民政治危机的因素日益增长和扩大。从1910年起，俄国政治形势出现明显的转变，工人运动逐渐恢复生机，无产阶级由退却转向进攻，开始形成新的革命高潮。俄国社会民主工党必须根据新的形势制定无产阶级斗争的新策略，加强对革命运动的领导。但是，取消派、召回派、调和派、崩得分子等机会主义派别造成的党内危机并没有缓和，反而更加严重。党的三个中央机关中，除机关报编辑部外，中央委员会国外局和俄国局都掌握在取消派或调和派手里。因此，反对取消主义，清除党内机会主义派别，争取党的统一，乃是顺利地组织和领导群众性革命斗争的重要前提。本卷书信主要反映列宁在这一时期领导布尔什维克为反对取消派、调和派等机会主义派别，为恢复和巩固马克思主义的党，为制定和贯彻党在革命高涨条件下的方针路线和策略而进行的不懈斗争。

1912年1月，俄国社会民主工党在布拉格召开第六次代表会议。这次会议是布尔什维克几年来为维护党而同机会主义派别斗争的一次总结。列宁为这次代表会议的筹备和顺利进行做了大量的思想工作和组织工作。在会议之前写给尼·古·波列塔耶夫、弗·德·邦契-布鲁耶维奇、格·瓦·普列汉诺夫、阿·伊·李可夫、阿·伊·柳比莫夫和米·康·弗拉基米罗夫等人的一些书信中，列宁强调了对取消派进行坚决斗争的必要性，反对任何无原则的调和。列宁反对把取消派和取消主义加以区分的错误主张，指出没有取消派的取消主义是不可能有的，取消派是社会民主党的敌人，他们的思想是叛徒的思想，对取消派决不能迁就，决不能妥协，必须继续进行无情的斗争。列宁帮助一些布尔什维克克服在斗争中软弱无力、不够坚定的错误，尖锐批评李可夫“口头上大喊反对取消派，而行动上却被取消派所俘虏”，“上取消派的当”（见本卷第15号文献第24页），对前进派也是“相信**空话**，无视**事实**”，“而使**自己在行动上**软弱无力”（见本卷第17号文献第29页）。列宁在1911年5月27日给高尔基的信中写道：“为了避免失望和没完没了的争吵，我认为对‘联合’问题应当十分谨慎。说实在的，现在需要的不是联合，而是划清界限！”“我自己根据1908—1911年的痛苦经验**知道**，**现在**‘联合’是不可能的。”（见本卷第47页）

对于调和派，列宁明确指出布尔什维克在行动中同他们不可能有任何政治上和精神上的一致，同时又很注意同他们斗争的分寸。他在给列·波·加米涅夫的信中说：“不能号召**同调和派**分裂。这完全是多余的和不正确的。对他们要用‘解释的’口吻，绝对不是抛弃他们。”（见本卷第32号文献第72页）

布拉格会议把孟什维克取消派开除出俄国社会民主工党，从此布尔什维克成为一个独立的政党。列宁在会议结束时写给高尔基的信中对这一成果表示十分满意。他写道：“不管取消派恶棍们怎样捣乱，我们终于使党和它的中央委员会恢复了生气。我想您会和我们一起为这件事情高兴的。"(见本卷第48号文献第94页)但是,取消派、前进派、托洛茨基分子和崩得分子的活动并未就此结束,他们联合在一起更加激烈地攻击布拉格会议。正如列宁所说,"代表会议引起了一场大战"(见本卷第56号文献第105页)。从列宁在代表会议后写的一系列书信中可以看到,巩固党的组织,继续同取消派、前进派、托洛茨基派等机会主义者的破坏活动作斗争是这一时期的中心问题。列宁谴责和嘲笑这些反党派别结成联盟,联合召开"自己的"代表会议,进行与布尔什维克党相抗衡的活动。他在1912年3月12日给格·李·什克洛夫斯基的信中写道:"崩得+拉脱维亚人试图制造一个有取消派参加的代表会议。让他们试试看吧! 先生们,需要的是行动而不是空话!! 你们(+托洛茨基+前进派)从1910年11月26日托洛茨基宣布召开代表会议的那天起就一筹莫展,今后也只能是这样。""**我们**已同取消派决裂,**党**已同他们决裂。让他们去试图创立另一个**有**取消派**参加**的俄国社会民主工党吧! 会让人笑掉牙的。"(见本卷第51号文献第98页)同时,在实际斗争中列宁又警告布尔什维克对待取消派不可掉以轻心。他强调指出,要是对他们不屑一顾,或"一骂了之",那就大错特错了,"必须顽强地、严肃地、有条不紊地展开斗争。要到各地去解释清楚取消派的骗局"(见本卷第58号文献第107—108页)。1914年初,托洛茨基同取消派拼凑的反布尔什维克"八月联盟"彻底破产。列宁在同年7月中旬给伊·费·阿尔曼德的信中写道:"我们在1912年1月就把取消派从党内开除出去了。结果呢? 他们是否建立了**更好的**党呢?? **什么也没有**。他们的八月联盟完全瓦解了"(见本卷第342号文献第500页)。

为了更靠近俄国,便于领导布尔什维克党的活动和国内革命斗争，列宁于1912年6月从巴黎移居波兰，先后居住在克拉科夫和波罗宁。1913年1月和10月列宁分别在这两地召开了有党的工作者参加的中央委员会会议。克拉科夫会议和波罗宁会议（夏季会议）在巩固布尔什维克党的组织，扩大党在群众中的影响，加强党对革命运动的领导等方面起了极重要的作用。本卷的一些书信反映了这两次会议的筹备和进行情况。列宁在1913年1月12日给列·波·加米涅夫的信中对克拉科夫会议作了很高评价，认为取得巨大的成就。他说："会开得好极了。其意义不亚于1912年的一月代表会议。对**所有**重要问题，**包括**联合问题，都将作出决议"，"**全部**决议**一致**通过"（见本卷第141号文献第234—235页）。

在同取消派的斗争中，列宁十分重视党的报刊的战斗作用。他不但亲自为报刊撰写大量文章，还时刻关心着报刊的方向。本卷中有一大批书信反映了列宁对《真理报》、《明星报》、《涅瓦明星报》、《我们的道路报》、《思想》杂志和《启蒙》杂志的关怀和具体帮助。1912年4月创刊的《真理报》，最初几个月对取消派斗争不力，回避分歧，不敢公开进行论战。列宁在给该报编辑部的一些书信中尖锐批评它没有执行鲜明的、坚决的、确定的政策，"不善于战斗"，"不追击立宪民主党人，也不追击取消派分子"（见本卷第94号文献第150页）。列宁指出："《真理报》如果是个'通俗的'、'正面的'刊物，它就会**毁灭**，这是毫无疑问的。"他认为，"社会主义的刊物**应当**进行论战，因为我们这个时代是一个混乱不堪的时代，没有论战是不行的。问题在于：是生动活泼地进行论战，向论敌进攻，独立提出问题呢？还是仅仅枯燥无味地进行防御？""无论《**涅瓦明星报**》还是《**真理报**》，都应该走在**大家前头**"（见本卷第73号文献第132页）。1913年春党中央改组了《真理报》编辑部，加强了对报刊的领导。

《真理报》的错误得到了纠正。1913 年 5 月底列宁在给编辑部的信中肯定《真理报》的工作有了巨大的、确实的改进。对报刊工作中的一些具体问题，如同撰稿人的关系、版面和篇幅问题、新闻语调问题、发行问题、甚至减少印刷错误的问题，列宁也表现出无微不至的关心。1913 年 6 月 16 日列宁致函《真理报》编辑部，一方面祝贺他们取得的成功，另一方面也批评他们在邮电职工七小时工作制问题上"犯了明显的错误"，要求在报纸上公开改正。他指出，错误改正了就好，不改正就会成为脓疮，就会失去很多朋友，对《真理报》来说，"现在**最大的**（也是唯一的）危险是失去**广大**读者，失去争取读者的阵地"（见本卷第 186 号文献第 300 页）。

列宁致拉脱维亚社会民主党人扬·安·别尔津、伊·厄·格尔曼、亚·鲁迪斯-吉普斯利斯的 11 封信表明了他十分关注拉脱维亚边疆区社会民主党党内斗争的发展并给予布尔什维克以有力的支持。拉脱维亚的社会民主党组织被孟什维克取消派所操纵，1912 年参加了"八月联盟"。在列宁的帮助下，拉脱维亚的布尔什维克在拉脱维亚边疆区社会民主党第四次代表大会上取得了胜利，决定同"八月联盟"决裂。列宁在 1914 年 1 月 25 日给阿尔曼德的信中对这一胜利表示由衷的喜悦。

这一时期，列宁还密切注意社会民主党第四届杜马党团的活动。在一些书信中列宁就杜马策略问题给布尔什维克代表作了具体指示，指出和纠正他们的错误，帮助他们准备重要的发言。

本卷收载的一部分书信反映了列宁同国际工人运动活动家的联系。其中相当多的信是就布尔什维克同各机会主义派别的斗争问题和社会党国际局的实际活动写给该局书记卡·胡斯曼的。取消派在俄国工人运动内部陷于孤立，特别是在被清除出俄国社会民主工党之后，便力图取得第二国际领袖们的支持。社会党国际局的领导人不顾是非，从中“调和”，竭力庇护取消派。列宁给胡斯曼的信是同取消派斗争的一个重要方面。他向胡斯曼提供有关这一斗争的实际材料，对社会党国际局偏袒取消派的态度提出严正批评。1914年7月16—18日社会党国际局在布鲁塞尔召开俄国社会民主工党各派的“统一”会议，就恢复党的统一问题进行协商，企图迫使布尔什维克同取消派实现“统一”。考茨基在1913年社会党国际局十二月会议上就曾鼓吹这种“统一”，声称原有的“党已死亡”。列宁痛斥考茨基的这一说法是“**无耻、蛮横、骇人听闻和愚昧无知的**”(见本卷第267号文献第408页)。列宁认为，比较明智的做法是拒绝参加布鲁塞尔会议。但考虑到俄国工人可能不理解这一点，便决定派代表参加。列宁指出，参加这次会议应该不是为了同取消派联合，而是为了揭露他们，并证明八月联盟是个空架子。本卷中给阿尔曼德的许多书信就是为准备参加这次会议而写的。

这一时期列宁还从事一些重要理论问题的研究，这些问题都同实际斗争有密切联系。1913—1914年间列宁给斯·格·邵武勉的四封信阐述了民族问题的理论和政策，批评取消派、崩得分子在这个问题上的错误观点。在给维·阿·卡尔宾斯基、《真理报》编辑部、恩·奥新斯基、伊·阿·古尔维奇的一些书信中可以看到，列宁在克拉科夫期间没有中断对土地问题的研究，他为写作关于美国农业的著作积极收集材料。在给加米涅夫、弗·巴·米柳亭、阿·马·高尔基等人以及《真理报》编辑部、《启蒙》杂志的一系列书信中，列宁批判了马赫主义和阿列克辛斯基、波格丹诺夫、卢那察尔斯基的“寻神说”，指出反唯物主义和辩证法的哲学观点在党的队伍和工人群众中传播是有很大危险性的。

列宁在这一时期同高尔基通信频繁。他高度评价高尔基在革命事业中所发挥的作用，珍视高尔基对布尔什维克报刊的支持和帮助。同时，在通信中又坦诚地同高尔基讨论一些重大问题，批评他的某些错误观点，帮助他认清一些较为复杂的政治问题和理论问题。

在 1911 年 1 月 3 日的信中，列宁批评高尔基对社会民主党国际政策的错误看法，指出“没有资本主义的发展，就没有战胜资本主义的保证”。列宁认为，马克思主义者向工人揭露资本的罪恶，通过无产阶级的斗争来反抗殖民政策和国际掠夺，“并**不会抑止**资本主义的发展，而会**加速**它的发展，迫使它采取较文明的、具有更高度技术的资本主义方式”，而“这样对我们有利，对无产阶级有利”（见本卷第 11 号文献第 16 页）。高尔基一度把布尔什维克同取消派的斗争视为闹内部纠纷。列宁在 1912 年 8 月的几封信中尖锐批评这种观点。他指出，与资产者、自由派、社会革命党人的空虚的、琐碎的内部纠纷根本不同，社会民主党人内部的斗争“体现着具有**深刻的**明显的思想根源的各集团的斗争”（见本卷第 79 号文献第 145 页）。在 1913 年 1 月初的信中，列宁阐述了对前进派应采取的态度。在 1913 年 11 月写的一些信中，列宁坦率地批评高尔基以造神说代替寻神说的错误观点。

列宁在信中对高尔基的生活和健康状况非常关心。在其他一些书信中，如 1913 年 8 月间给莉·米·克尼波维奇的信，1914 年 3 月 2 日以前给费·尼·萨莫伊洛夫的信，也反映了列宁对同志的无微不至的关怀和爱护。

在《列宁全集》第 2 版中，本卷收载文献 360 篇。其中 174 篇是《列宁全集》第 1 版所未收的，但曾收入《列宁文稿》第 5、6 卷；67

篇译自《列宁文集》俄文版的文献，是《列宁全集》第1版和《列宁文稿》都未收的。

在本增订版中，本卷比《列宁全集》第2版新增两篇列宁的书信《致卡·考茨基(1911年6月17日和28日之间)》和《致伊·费·阿尔曼德(1914年7月20日)》。

弗·伊·列宁

(1910年)

1910 年

1
致阿·马·高尔基

1910 年 11 月 14 日

亲爱的阿·马·:很久没有得到您和玛·费·的任何音信了。听不到卡普里方面的消息,很是挂念。怎么回事呢?不会是您也认为互通书信要讲所谓礼尚往来吧。

我们这里一切如旧。琐琐碎碎的事情真不少,党内各"领地"之间的斗争带来成堆的麻烦。真伤脑筋!…… 卡普里想必很好……

为了摆脱争吵,松口气,我们已经着手按早先的计划出版《**工人报**》[1]。费了很大劲筹集了 400 法郎。昨天终于出了第 1 号。现在连同传单[2]和签名簿一并寄给您。请旅居卡普里—那波利赞成这事(和赞成布尔什维克同普列汉诺夫"接近")的侨民全力支持。《**工人报**》是必需的,但决不能跟那个为取消派和召回派-前进派的利益而搞阴谋的托洛茨基和稀泥。我和普列汉诺夫在哥本哈根就对托洛茨基发表在《前进报》上的那篇非常卑鄙的文章表示过强烈的抗议。可是他在《**新时代**》**杂志**上就俄国社会民主党人之间斗争的历史意义发表的又是多么卑鄙的东西![3]还有卢那察尔斯基在比利时《人民报》上的文章[4]您看到了吗?

为了同《**我们的曙光**》杂志和《**生活**》杂志[5]作斗争，我们正在筹办一个合法的小型杂志[6]，也有普列汉诺夫参加。可望很快出第 1 期。

这些就是我们的琐碎事。我们正在一步一步不声不响地往前走，走得很费劲，但毕竟是在摆脱争吵、走上正道。

您那里有什么新的情况？给斯特罗耶夫去信没有，回信怎么说？“为了取得联系”，我们给他去了第一封信，他收到后回信说，他看不出是谁写的。又去了一封信，他没有回信。人手缺得要命，老头们都各奔东西了。

彼得堡那边本来同杜马党团一起差不多已经筹办好一张周报（幸好那里的孟什维克不是倾向于取消派而是倾向于普列汉诺夫），但鬼知道事情怎么又停下了。[7]

近况如何，请来信告知。工作顺利吗？我们在夏天谈过的那个杂志有什么结果？知识出版社[8]的情况又怎样？

我有理由对玛·费·生气了。她答应来信，但一封也没有。她答应打听一下巴黎出版的俄国革命史丛书的有关情况，也不见音信。真不像话。

握手！

您的　**列宁**

特里亚的报告大概**还是**会发表的。中央机关报[9]编辑部对此已作出决定。您看，这个编辑部内也是争吵不休，真是没有办法……

从巴黎发往卡普里岛(意大利)

载于 1930 年《列宁文集》俄文版第 13 卷

译自《列宁全集》俄文第 5 版第 48 卷第 1—2 页

2

致格·瓦·普列汉诺夫

1910 年 11 月 22 日

亲爱的格·瓦·:格里戈里同志刚刚把您的信转给我。我总共只收到过社会党国际局的一封公函,**专**谈钱即我们党应向社会党国际局交纳的经费的问题。我已将这信转给中央委员会国外局的会计处,并回信给胡斯曼说,我已经把经费问题通知了中央委员会。今后社会党国际局发来的“与钱无关”的函件,我当然都会转寄给您的。

您觉得《工人报》怎么样?

这里传说,马尔托夫等人要恢复《呼声报》[10],他们已经请孟什维克护党派从“**他们的**”集团“出去”。

握手!

您的 **尼·列宁**

从巴黎发往日内瓦

载于 1930 年《列宁文集》俄文版第 13 卷

译自《列宁全集》俄文第 5 版第 48 卷第 2—3 页

3

致阿・马・高尔基

1910年11月22日

亲爱的阿・马・：几天前我给您写过一封信，寄去《**工人报**》一份，并询问我们在夏天谈过的那个杂志的筹备结果，您曾答应要把情况写信告诉我的。

今天，我在《**言语报**》[11]上看到了《**同时代人**》**杂志**[12]的出版广告，说该杂志是“在阿姆菲捷阿特罗夫极密切而**唯一的**＜就是这样写的！文理不通，但又装腔作势，耐人寻味＞参加下”出版的，并且有您经常撰稿。

这是什么杂志？这是怎么回事？一个辟有“政治、科学、历史、社会生活”栏的“大型月刊”，这可完完全全不同于那种只是将文学精品收罗一下的集子。要知道，这种杂志要么应当具有十分明确的、严肃的、一贯的**方针**，要么必定出丑，而且还会叫它的参加者出丑。《**欧洲通报**》**杂志**[13]有它的方针——一种糟糕的、软弱的、平庸的方针，但能为某一类人，为资产阶级的某些阶层服务，并把“体面的”(说得确切些，是希望变得体面的)自由派中间的某些教授、官吏以及所谓知识界人士联合起来的方针。《**俄国思想**》**杂志**[14]也有它的方针——一种极其恶劣的方针，但能很好地为反革命自由派资产阶级服务的方针。《**俄国财富**》**杂志**[15]也有它的方针——一种民粹主义的、民粹派立宪民主党的方针，但能数十年来保持其路线，为一定的居民阶层服务的方针。《**现代世界**》**杂志**[16]也有它的方针——一种经常是孟什维克立宪民主党的方针(现在倾向于护党派孟什维克),但毕竟是一种方针。一种杂志没有方针,那就是一种荒谬的、怪诞的、糟糕的、有害的东西。可在阿姆菲捷阿特罗夫“唯一的参加”下,能有什么样的方针呢?要知道,格·洛帕廷是提不出方针来的,可如果关于让卡乔罗夫斯基参加的谈论(据说已在报上披露)是真实的话,那么这倒是一种“方针”,不过这是糊涂人提出的方针,是社会革命党的方针。

夏天我同您交谈的时候,我对您说过,我本来给您写好了一封对《**忏悔**》[17]表示不快的信,但是考虑到当时同马赫主义者开始发生分裂,信就没有寄出,您回答说:“**不该**不寄来”。接着您还责备我没有去卡普里学校[18],并且说,如果情况不是那样的话,您同马赫主义者-召回派割断关系本来可以少伤点脑筋,少费点精力。想起了这次谈话,我决定不再迟疑,也不等核实,趁记忆犹新立刻写信给您。

我认为,在阿姆菲捷阿特罗夫唯一的参加下出版的大型政治和经济刊物,这种东西比马赫主义者-召回派这个特殊派别还要坏许多倍。这一派别的坏处从来就在于,它的**思想**倾向背离马克思主义,背离社会民主党,却又不同马克思主义决裂,只是制造混乱。

阿姆菲捷阿特罗夫的杂志(他的《红旗》杂志[19]及时地收场了,做得对!)是一种政治表态,是一种政治行为,然而他这样做的时候,甚至没有意识到,对政治来说,一般的“左倾”是不够的,也没有意识到,在 1905 年以后,要认真谈论政治而不表明对马克思主义和社会民主党的态度,是不行的,不可能的,不可想象的。

情况很糟糕。我感到担忧。[20]

您的　**列宁**

玛·费—娜:敬礼和相亲相爱!

从巴黎发往卡普里岛(意大利)

载于1924年《列宁文集》俄文版
第1卷

译自《列宁全集》俄文第5版
第48卷第3—5页

4

☆致博洛尼亚学校的学员同志们[21]

(12月3日)

尊敬的同志们:

你们邀请我到博洛尼亚讲课,我无法接受,因为首先,这涉及原则性问题,其次,我去不了博洛尼亚。

在卡普里和博洛尼亚开办学校的那个集团无论其方针或手法,我认为都是对党有害的,是非社会民主主义的。

卡普里学校的创办人和他们部分(当然是小部分)学员所抛出的"纲领"无论在哲学方面,或是在政治方面,在确定我们党的策略任务方面,都是维护那些违背马克思主义的观点的。此外,在博洛尼亚创办学校,既同这个"纲领"相悖,也同党性要求相悖,因为创办人在闹分裂,他们不仅不帮助(既不出钱——钱他们是有的,也不出力)1910年1月中央全会任命的学校委员会[22],而且直接破坏这个委员会的一切倡议。

因此很明显,我无论如何不能参加这个同社会民主主义背道而驰的反党集团的活动。

不过,我自然是非常乐意给博洛尼亚学校的**学员们**讲课的,不管他们的观点和倾向如何。我准备就策略问题、党的状况以及土地问题作一些报告。因此,我想邀请学员同志们在回国时顺路到巴黎来,在这里可以举行一系列问题的讲座。路费可以这样解决:(1)卡普里学校的创办人向布尔什维克借过500法郎。现在他们有钱了,想必要将欠款还给党,即还给中央委员会国外局。我打算争取把这笔款子拨给你们作为从博洛尼亚来巴黎的路费。我想,我们派到中央委员会国外局的一位布尔什维克代表会尽力协助办理这件事情的。(2)如果500法郎不够用(我不知道博洛尼亚有多少学员,也不知道有多少学员能来),那么还有中央全会拨给学校委员会的1 500法郎可以动用。现在博洛尼亚学校的创办人和这个委员会已经断绝了关系。我想,可以争取把这笔款子拨做愿从博洛尼亚来巴黎听课的学员的学习费用。

巴黎相当大,在这里可以安排得十分保密(有些地区根本没有俄国人),此外,讲座还可以安排在巴黎近郊举行。

最后,我对博洛尼亚学校学员们的同志式邀请表示感谢,希望大家接受我的建议,到巴黎来。

致同志的敬礼!

尼·列宁

写于巴黎

载于1911年"前进"集团出版社出版的《社会民主党第二高级工人宣传鼓动学校报告书》

译自《列宁全集》俄文第5版第48卷第5—6页

5

致尼·古·波列塔耶夫

（12月4日）

亲爱的同事：今天寄出了几篇东西：(1)那篇关于穆罗姆采夫的文章的补充（对其不作反应是不行的，即使现在也是不行的），(2)关于布尔什维克与孟什维克接近的原因和意义（标题可以更改），(3)关于工人运动中的政治分歧①，(4)关于十月党人，(5)手工业者代表大会和工人，(6)工会的动向。

请设法刊登，并尽快答复。

请尽快转给我们的编辑[23]，要快。所有摩擦是否都已消除，望来信时提及。

您的　**列宁**

从巴黎发往彼得堡

载于1933年《列宁文集》俄文版第25卷

译自《列宁全集》俄文第5版第48卷第7页

① 见本版全集第20卷第63—70页。——编者注

6

致俄国社会民主工党中央委员会国外局

1910年12月5日

致中央委员会国外局

尊敬的同志们：

社会民主党杜马党团的一个代表向我们断然申明，说除原有1 000外，还得再有1 000，否则报纸办不起来。[24]因此我们非常坚决地主张**立即**再寄1 000去。

尼·列宁

写于巴黎

载于1933年《列宁文集》俄文版第25卷

译自《列宁全集》俄文第5版第48卷第7页

7

致尼·古·波列塔耶夫

(12月7日)

您的两封来信已收到，读后大为惊奇。简单明了地给我们叙述一下那里的情况，这难道还不容易吗？直到现在我们还摸不着底细。找个人每星期给我们清楚、明确、直率地写哪怕一封信,这并不困难。

您试图把取消派和取消主义区分开来,这是根本办不到的。我们从来不赞成作这种区分。只有诡辩家才这样做。恳请您不要相信诡辩家,不要作这样的区分。对其他的一切都可以迁就,但是对取消派就不行;如果您不想让事业遭受破坏,那就别放过他们。

我们费了很大的劲又从这里的一家出版社争取到了1 000卢布,明天就给您寄去。如果这个出版者又来纠缠您,向您提出质问、劝告和条件等等,请干脆不予回答,或者就照我们原先建议的那样回答。

关于杂志的事,我们没有从任何人那里得到过任何消息。

因此,我们要再次向您提出加倍的请求,您所需要的东西我们尽力给您弄到了,请您不要辜负我们,不要放过取消派(没有取消派的取消主义是不存在的,而且也不可能存在。是谁这样恶作剧地戏弄您,让您相信取消主义和取消派有区分?),其次请您做到每星期给我们清楚、明确、直率、详细地写封信。这两点要求实在不算多,不算高;否则我们也就无能为力了。

您的……

从巴黎发往彼得堡

载于1933年《列宁文集》俄文版第25卷

译自《列宁全集》俄文第5版第48卷第8页

8

致弗·德·邦契-布鲁耶维奇

(12月9日)

亲爱的弗·德·:前些时候收到过您的一封信,但遗憾的是,对我们所关心的汇款,从来信中仍看不清楚。听说您对有些事很不满意。什么事?怎么不满意?为什么?是否已经解决?我一点都不知道。这是非常非常令人担忧的。要**加倍**抓紧,因为敌对分子正在迂回包抄我们。我们又尽了最大的努力在这里筹集不足之数。找到了一位捐款人。钱我们即将寄出。请您设法不要再让我们得不到消息。哪怕一星期一次也行,要让我们知道汇款收到与否及其他各种情况。否则只能听到一些不满的传言,别的什么也听不到。有些人好像在臆造什么取消主义与取消派之间的区别。这是诡辩!取消主义也罢,取消派也罢,都要不得。行了,还是您自己去回击吧。向维·米·问好!我的妻子再三嘱笔问候!

老　头

从巴黎发往彼得堡

载于1933年《列宁文集》俄文版第25卷

译自《列宁全集》俄文第5版第48卷第8—9页

9

致《社会民主党人报》编辑部[25]

(12月17日)

我建议：

(1)立即在中央机关报上刊载这封信的译文(可稍作删节)；

(2)以我们的名义通知运输工人、造船工人以及枪支、弹药、大炮、军用品等工厂工人的**工会**(以及各个城市的**工会理事会**，如果没有工会，就通知工人**小组**)，要他们把自己的材料、报道和**过去罢工的记载**等，寄给中央机关报；

(3)**立即**扼要地刊载我们的意见，就是(a)问题不是"阻止战争"(即防止战争)的孤立行动，而是整个的无产阶级**群众的**革命进击，(b)在俄国当前的情况下，我们认为，阐明**1905年**罢工的过程和条件具有极其重大的意义。

写于巴黎

载于1933年《列宁文集》俄文版第25卷

译自《列宁全集》俄文第5版第48卷第9—10页

10
致维·阿·卡尔宾斯基

(不早于 1910 年)

亲爱的同志:请您帮我找一找我的一本美国统计资料(确切的书名附后)。我现在正需要这本书,却发现不见了。我记得 1908 年夏天或秋天阿列克辛斯基(通过尼基季奇)向我借过。书会不会还在他那里?如果您能问清楚这件事并帮我取回这本书,我将不胜感激。我自己无法给阿列克辛斯基写信(而且我也不知道他现在是在日内瓦还是在卡普里)。也可能后来这本书又被转借给别人了,也许,您可以通过图书馆这个大家都去的地方查询一下——或者在图书馆贴一张如下的启事并抄寄一份给阿列克辛斯基或他妻子。

紧紧握手!向奥丽珈同志问好!

您的　**列宁**

列宁寻找他放在日内瓦某同志处的一本书
美国第十二次普查概况。**1900 年**。
华盛顿 1902 年版
(美国统计资料合订本)
恳请送交迪泽朗街 1 号俄罗斯图书馆卡尔宾斯基同志

从巴黎发往日内瓦

载于 1930 年《列宁文集》俄文版第 13 卷

译自《列宁全集》俄文第 5 版第 48 卷第 10 页

1911 年

11
致阿·马·高尔基

1911 年 1 月 3 日

亲爱阿·马·:早就想给您写回信,但因这里的争吵[①](真该死!)激烈而搁下来了。

我很想同您聊聊。

先告诉您一个消息,免得忘了:特里亚已同饶尔丹尼亚和拉米什维里一起被捕。都说消息是可靠的。真可惜,一个好青年。是个革命者。

谈谈《同时代人》杂志的情况。我今天在《言语报》上看到了它第 1 期的内容,非常恼火。有沃多沃佐夫论穆罗姆采夫…… 科洛索夫论米海洛夫斯基,洛帕廷的《不是我们的》等等。这怎不叫人恼火呢? 您还好像存心气我,说什么"现实主义、民主、积极性"。

您以为,这就是些美好的字眼吗? 这些字眼**很肮脏**,世界上所有的资产阶级滑头,从我国的立宪民主党人和社会革命党人到这里的白里安或米勒兰以及英国的劳合-乔治等等,都在玩弄这些字眼。这些字眼是肮脏的,夸张的,内容也就是社会革命党和立宪民

---

① 托洛茨基这个恶棍勾结呼声派和前进派反对我们。开战!

主党的。很不干净。

关于托尔斯泰,我完全同意您的看法,那些伪君子和骗子手会把他奉为圣人。对托尔斯泰既胡说八道又奴颜婢膝,这使得普列汉诺夫也大发雷霆了,在这个问题上我们是一致的。为这件事他在中央机关报(下一号)上骂《我们的曙光》杂志[26],而我则在《思想》杂志上骂[27](第1期今天已收到。值得庆幸的是**我们**在莫斯科的杂志是马克思主义的。因此我们今天很高兴)。普列汉诺夫在《明星报》第1号(12月16日在圣彼得堡出版)上还写了一篇很好的小品文,但按语却很**拙劣**,为此我们已经把**编辑部**骂了一通。这大概是约尔丹斯基这个大傻瓜和邦契写的!《同时代人》杂志哪会反对"关于托尔斯泰的神话和他的宗教观点"。难道沃多沃佐夫和洛帕廷会反对吗?您这岂不是开玩笑。

大学生在挨打了,这件事我认为倒值得高兴,可对于托尔斯泰的"消极主义"、无政府主义、民粹主义和宗教观点,则不应轻易放过。

您认为社会民主党的国际政策中有唐·吉诃德精神[28],我觉得您是错误的。修正主义者早就在宣扬殖民政策进步,能传播资本主义,因此"揭露它的贪得无厌和残酷无情"就毫无意义,因为如果"没有这些特性",资本就像"没有双手"一样。

如果社会民主党人对工人说,在哪个地方可以不经过资本主义的发展,不通过资本主义的发展而得到拯救,那么这就是唐·吉诃德精神和无可奈何的叹息。但是我们没有这样说。我们要说的是:资本在喝你们的血,它将喝干波斯人和所有人的血,只要不推翻它,它就将继续喝血,这是一个真理。而且我们还要补充一点:没有资本主义的发展,就没有战胜资本主义的保证。

马克思主义者不会维护任何一项如禁止托拉斯和限制贸易的反动**措施**。然而还是**各走各的路**吧，让霍米亚科夫之流去建筑通过波斯的铁路吧。让他们把利亚霍夫之流派去吧，而马克思主义者的任务则是要向工人**揭露**。向他们说：资本现在和将来都要喝你们的血，现在和将来都要压迫你们，起来反抗吧！

通过组织无产阶级，**通过**维护无产阶级进行斗争的自由，来**反抗**殖民政策和国际掠夺，并**不会抑止**资本主义的发展，而会**加速**它的发展，迫使它采取较文明的、具有更高度技术的资本主义方式。有各种各样的资本主义。有黑帮-十月党式的资本主义，有**民粹主义**的（"现实主义的、民主的、积极性"十足的）资本主义。我们愈是向工人**揭露**资本主义的"贪得无厌和残酷无情"，前一种资本主义就愈难以支持，愈不能不转向后一种资本主义。这样对我们有利，对无产阶级有利。

我在前面说"现实主义、民主、积极性"等字眼是肮脏的，而现在又说是美好的，您认为我是自相矛盾吗？不，这并不矛盾，对无产者来说是肮脏的，对资产者来说则倒是美好的。

德国人办了一个典型的机会主义杂志《社会主义月刊》(«Sozialistische Monatshefte»)[29]。在这个杂志上，席佩尔和伯恩施坦这帮先生们早就吵吵嚷嚷地攻击革命的社会民主党的国际政策，说什么我们的政策好像是"悲天悯人的抱怨"。老兄，这是机会主义骗子手耍的把戏。如果您对国际政策问题有兴趣，请托人从那波利买一本这个杂志，把这帮先生的文章翻译出来给您看看。在您旅居的意大利，想必也有这种机会主义者，——意大利缺乏的只是马克思主义者，这就是它糟糕的地方。

国际无产阶级正在从两个方面夹攻资本:一是使十月党式的资本变成民主的资本,二是把十月党式的资本**从本国**排挤出去,**使**它**转向**野蛮人。这就会扩大资本的地盘,促进它的死亡。西欧几乎已经没有十月党式的资本了;几乎所有的资本都是民主的。十月党式的资本从英国和法国转移到了俄国和亚洲。俄国革命和亚洲的革命=为排挤十月党式的资本而代之以民主的资本的斗争。民主的资本=余孽。再往前它就无路可走了。再往前它就要完蛋了。

您觉得《**明星报**》和《**思想**》**杂志**怎么样?我认为前者没有生气。而后者则**完全**是我们的,我非常喜欢它。只怕很快有人会把它搞垮。

您能否设法把我那本关于土地问题的书[30]交给**知识出版社**出版?请同皮亚特尼茨基谈一谈。我实在找不到出版者。真是毫无办法。

看到您在信的末尾说:“手冻得发抖,都快要冻僵了”,我非常愤慨。卡普里就这样一些糟糕房子!这太岂有此理了!我们这里尚且装有暖气,很暖和,您那里却“手都快要冻僵了”。应该造反。

紧紧握手!

您的　**列宁**

从博洛尼亚来一封信,请我到学校(有20个工人)去讲课。我回信拒绝了。① 我不愿意同前进派打交道。我们还是要把工人拉

① 见本卷第4号文献。——编者注

到这里来。

从巴黎发往卡普里岛(意大利)

载于1924年《列宁文集》俄文版
第1卷

译自《列宁全集》俄文第5版
第48卷第11—14页

12

致M.Г.菲利亚[31]

1911年1月19日

尊敬的同志:

您不该听信形形色色存心使您产生误解、把您卷入无谓纠纷的人所说的话。如果您不相信我对您所说的,那么,我们的通信就是多余的了。我还是再重复一遍见面时对您说过的话,布尔什维克自解散派别之后,便把**全部**债务和事务交中央委员会处理。布尔什维克的那些钱是供合法地出版杂志和革命史这一工作用的**要入账的**款项。依据向党承担的义务,要从这些款项中取出**一个戈比**用于其他目的,**都是不可能的**。将这些钱用于其他任何目的的任何议论,我都不会理睬。

既然那些因梯弗利斯剥夺事件[32]被捕的同志,像您对我说的那样,现已赞成党的观点,真心实意地承认布尔什维克关于彻底杜绝剥夺事件的决定,那么这些同志就不可能不同意任何想把这些必须入账的钱用于其他开支的企图都是不合适的,**不能容许的**。

因此,您谈论什么我有责任作出报告,就是毫无道理的。布尔什维克已经在中央全会[33]上不是向您，而是向**所有**派别和**全**党提出了不仅是道义上的，而且是政治上的**全面**报告。我充分承认被捕同志们在1907年对本派别立下的功劳，同时我也坚信，布尔什维克派(不是前进派)也会承认1910年该派别向党承担的义务。

致社会民主党的敬礼！

尼·列宁

译自《列宁文集》俄文版第38卷第38—39页

13
致卡·考茨基

1911年1月31日

尊敬的同志：

您想必没有忘记，您曾答应要为我们的《思想》杂志写一篇文章。《思想》杂志第1期已经出版(在莫斯科)，并没有被没收。其中刊载有普列汉诺夫关于托尔斯泰和关于意大利机会主义(同我党的取消派作了比较)的两篇文章，我的一篇关于俄国革命时期罢工统计的文章①，罗日柯夫的一篇关于俄国反革命的新土地政策的文章等等。第2期日内也将出版。如果您能为我们写点什么(即使写一篇论工会中立与反对工会中立的东西也好)，我们将非常感谢。我们这里又重新讨论或涉及这个问题，因此，您也许愿意

① 见本版全集第19卷第371—398页。——编者注

把您在《新时代》杂志上发表的那篇关于列金的文章再略加发挥。当然，我们也欢迎您就任何题目写的每篇文章。[34]

同时我还给您寄去了我反驳马尔托夫和托洛茨基的一篇文章，——不是为了发表，而是请您指正。卡尔斯基已经回答了马尔托夫。您希望我写篇文章反驳托洛茨基。但是，您从我的文章中可以看出，要我反驳托洛茨基而不涉及马尔托夫是非常困难的。也许您能给我提些建议，怎样把这篇文章改写一下供《新时代》杂志发表。[35]

我想交给《新时代》杂志编辑部发表的文章还有两篇：(1)关于俄国1905—1907年罢工的统计。这很可能是我们第一次对整个俄国革命时期的群众性罢工(而且经济罢工和政治罢工分列)所作的统计。机会主义者(＝孟什维克-取消派)一直责骂我们布尔什维克搞"理想主义"和"布朗基主义"。看来，对他们最好的回答就是这些枯燥的统计数字。对这一统计，德国同志大概也不会是没有兴趣的。如果您原则上同意，我就把我的文章的详细摘要或者索性把译文寄给您。只怕我的文章对《新时代》杂志来说篇幅太大。

(2)我为俄国一家杂志整理出了1907年德国农业生产统计的结果(根据已经出版的三卷)。① 是否能在俄国发表，还不清楚。在德国社会民主党报刊上可以看到，这一问题已经讨论过了，但可惜的是(例如《前进报》)，全是根据用资产阶级观点整理的材料。我的结论是，1907年的调查统计肯定了马克思主义的理论，推翻了资产阶级的理论(包括大卫的理论)。我觉得特别令人感兴趣的

① 见本版全集第19卷第317—339页和第56卷第409—487页。——编者注

是,例如关于女工和童工的材料(占有5—10公顷土地的**农民**比资本家和无产者农户更多使用女工和童工)。这里第一次列举了家庭劳动成员和雇佣工人的数目。看来,占有10—20公顷土地的这一类农户平均每户有雇佣工人1.7名,而家庭劳动成员为3.4名。这说明,他们已是离不了雇佣劳动的大农户了。

其次,按每户劳力总数进行分类,是特别有益的(我把农户分成三种主要类型:劳力总数包括雇佣工人为1—3人的,4—5人的,6人以上的)。

您认为这样整理一下会引起德国读者的兴趣吗?如果回答是肯定的,那么我很乐意就这个问题为《新时代》杂志写篇文章,——只是我的文章会显得篇幅**太**大了!

如果说"农民农户"(5—10、10—20公顷土地)在1895—1907年期间特别兴旺发达,我认为这决不能证明"小生产"的成功。这只能证明集约化的资本主义农业,特别是**畜牧业**的成功。各农户经营面积的缩小意味着资本主义的和大农户的畜牧业的扩大。

想必您已完全康复,并将亲自答复克韦塞尔和马斯洛夫。

致最崇高的敬礼!

您的　**尼·列宁**

附言:您尊敬的夫人在您生病期间写信给我,甚为感谢。我曾想给她写信,但又想我与其在信里叙述自己对托洛茨基那篇文章的意见,倒不如把自己的文章寄上。这篇文章我不仅是寄给您的,也是寄给您夫人的,作为对她的信的答复。

我的地址:巴黎(XIV)　玛丽·罗斯街4号　弗·乌里扬诺

夫先生

发往柏林

原文是德文

载于1964年《社会史国际评论》
杂志第9册第2部分

译自《列宁全集》俄文第5版
第54卷第354—356页

14

致格·瓦·普列汉诺夫

1911年2月3日

亲爱的同志:今天收到一封您谈辛格尔的来信[36],并已转给了一位同志,他答应发电报(我本人患了轻微的流行性感冒)。顺便提一下,12月18日我便把胡斯曼的信和我的回信草稿[37]寄给您了。已经很久了,却不见您的回信!! 您至少该把胡斯曼的信寄来。

党团来信说,约尔丹斯基的评论[38]在《明星报》第4号上发表以后,取消派采取了新攻势。支持取消派的有斯米尔诺夫、马尔托夫的兄弟、切列万宁等人。

反对的有韦谢洛夫斯基、切尔内绍夫、洛西茨基。

波列塔耶夫(是他来信告诉我这一点的)说胜利是不成问题的,就是说,取消派的攻势已被挡回去了。

握手!

您的　**列宁**

从巴黎发往圣雷莫(意大利)

载于1930年《列宁文集》俄文版
第13卷

译自《列宁全集》俄文第5版
第48卷第14页

15

致阿·伊·李可夫

(2月11日以后)

致弗拉索夫同志(**如果他**愿意,并致波兰人)

亲爱的朋友们:

当我仔细考虑波兰社会民主党同两派布尔什维克在国外局里订立的协议(亦即表述我们大家的共同基础和行动路线的文字)的**整个内容**时,我不能不指出这种基础的**脆弱**,它的**缺陷**。[39]

协定的实质(1)在于确切而明白地规定原则路线——反呼声派和反前进派的路线,即在于必须具体地重申和肯定同取消主义和召回主义的斗争,不容许模棱两可和含糊其词(在这方面党吃过大亏);

(2)在于实际地"改革",即改变**所有中央机关**的人员(更确切地说:派别或"派系")组成,以**保证**这一原则路线的贯彻。

结果怎样呢?无论理论"路线"还是实践活动都由中央委员会确定。而中央委员会的组成呢?如果那些众所周知的随风倒的人、耍花招的人、骗子手和无原则的贩子(诸如崩得之类)等等来一个简单的(和不值钱的,最最不值钱的)"最后通牒",你们就"**准备**"把中央委员会的组成确定为**8个人**。而这8个人等于是(这一点现在就很清楚)**两个**四人团。

结局是:中央委员会中立化,即**完全**软弱无力!!

这正是取消派所需要的。

在这样8个人的情况下，你们**无法**按**我们的**(即我们**大家**商定的)精神**进行**任何的改革。

于是，会出现一种荒唐的现象：我们**同意**把钱、《**工人报**》和自己的全部力量交给党是**有条件的**。——什么条件呢？原则路线和改革。——谁来贯彻呢？中央委员会。——而谁来保证中央委员会贯彻呢？——社会民主党的敌人(诸如崩得派知识分子中的取消派)偶然提出的**最后通牒**！！

协定让中央委员会**去做**它在这一8人组合里**不可能**做到的**事情**。

这就是结局。

这个结局正是**重复**全会[40]的错误：善良的愿望、甜蜜的言语、美好的想法——但把这一切付诸实施时就软弱无力了。口头上大喊反对取消派，而行动上却被取消派所俘虏。

"协定"得由你们实际工作者去贯彻，把关于8个人的那一条加进去的是你们。在仔细地研究这个协定之后我有责任**提醒**你们：你们又要上取消派的当了！

"自称"普列汉诺夫分子是很容易的(阿德里安诺夫或他的同伙们为了取得**一点让步**，**无疑**对什么称呼都不在乎：称呼是空话，而让步是实在的)。

事实上，你们得到的由8个人组成的机构将是被取消派俘虏的、软弱无力的机构。危险就在于此，对这一点我认为有责任特别提醒你们。

如果你们这些实际工作者**想要**组成一个既能谴责呼声派和前进派，又能进行改革的中央委员会(或者：这样的**8个人**)——这是

你们的事。衷心地希望能与你们意见一致,和睦相处,我应该帮助你们实现**你们的**计划。

但是,帮助——并不是"用娓娓动听的假话"进行哄骗。帮助——就是要指出**应该**能避免的**现实的**危险。

1910年1月的全会**俘虏了**各中央机关,它们成了取消派的**俘虏**,使它们的实际工作停顿了**一年**。1910年春,英诺**未能**摆脱俘虏状态。1911年初你们也会**摆脱不了**这种状态,如果你们不对这个协定的实施采取紧急措施的话。

握手并致敬礼!

尼·列宁

从巴黎发往柏林

载于1931年《列宁文集》俄文版第18卷

译自《列宁全集》俄文第5版第48卷第15—16页

16

致阿·伊·李可夫

(2月17日)

亲爱的阿列·:

现寄上两份新材料:

(1)伊哥尔今天向中央委员会国外局提交的他的声明(抄件)①。[41]

---

① **阅读**(并抄一份)**后**,请立即归还。

(2)圣雷莫"集团"(即那位普列汉诺夫"及其信徒")的决议。

今天李伯尔通知中央委员会国外局说,阿德里安诺夫目前就在莫斯科近郊,还说,根据他(李伯尔)的消息,中央委员会会议是在国内还是在国外召开的问题正在商讨中。

我们的意见是,应该派米哈伊尔·米龙内奇到茶炊们[①]那儿去(明天我们就设法让他去,就是说,要他明天就动身去您那儿。今天我同他谈过,他已同意)。目前他去俄国有些不便,不过,这种不便是**无关紧要的**:他也同意去俄国。请您这么办:**赶快**派他去,带两项任务:(1)马上**派**柳比奇到国外来;(2)会见茶炊们,说服他们把会议地点定在国外,并动身到国外来。

伊哥尔在随函附上的这份**正式**文件中表示同意在国外开会,甚至保证说在国外能争取到的**不是**阿德里安诺夫1个人,而是"两名伦敦候补委员"[42](即罗曼+阿德里安诺夫,总之是2个人——这就很明显,柳比奇**决**不可少,否则,我们的3个人不能构成多数),在这个时候,冒失败的危险是不明智的,愚蠢的,荒谬的。

那份关于取消派和召回派的宣言的提纲,明天寄出。

握手!

您的　**列宁**

从巴黎发往柏林

载于1931年《列宁文集》俄文版第18卷

译自《列宁全集》俄文第5版第48卷第17页

---

① "茶炊们"即维·巴·诺根和加·达·莱特伊仁(林多夫),俄国社会民主工党中央委员会俄国局成员,当时他们正在图拉。——编者注

17

致阿·伊·李可夫

1911年2月25日星期六

亲爱的弗拉索夫:刚刚收到您的来信,我便立即给您回信,也不等格里戈里了——他今天已经把萨莫瓦罗夫的信转寄给了您。

娜嘉今天就给柳比奇去信。非常遗憾,您想到得太晚了。现在去信要告诉他的已经不是要他准备动身,而是要他立刻动身。请再写封信坚决要他立刻动身,否则敌人将有4人(1个崩得分子+1个拉脱维亚人+2个孟什维克),而我们会少于他们(3人,其中1个还成?,+1个波兰人)。

您那封关于宣言的信很使我发愁,因为我从信中看到,我们商量得还多么不充分,我们的协议也因此多么"不牢靠"(我感到**非常遗憾**)。

您所提出的修改意见有些是丝毫不能反对的。例如,把关于国外的问题放到专门的决议中去;在宣言中加上一节专门谈杜马的意义和无助于第四届杜马选举的变节者;把关于革新支部的问题**单独分开**(虽然我还不知道为什么要分开,分到哪里?必须说明这一点!放在哪里?)。

但是,您提出的修改意见中更多的是不能接受的和有害的。

("承认召开代表会议刻不容缓"??玩什么花招?您自己也不相信这个会议!弄虚作假和自我欺骗——这是当前最大的祸害!)

"对召回主义-最后通牒主义实质上已从政治领域消逝表示

满意……"

这**不真实**。我见过一些前进派工人,**即便**拿叶夫根尼的言论来看,也足以驳倒这种不真实的说法。

"对'前进'集团参加选举的决定表示欢迎"……

到目前为止**并没有**这种决定。就是明天有了,那么,"欢迎"分裂分子履行他们的**义务**而对剥夺来的钱款保持缄默,那是丢脸的。[43]

您说:"我不知道全会**以后**'前进'集团发表过召回主义或最后通牒主义的声明……"

您不该不知道。请看:(1)全会以后"**前进**"集团的传单:完全是谩骂中央机关,没有一句话谈到要放弃召回主义-最后通牒主义的纲领。——(2)文集第1集[44]也是这样。关于**杜马**和杜马工作的指导性文章**一篇也没有**。(3)《**人民报**》上卢那察尔斯基的文章(已为中央机关报引用——卢那察尔斯基是"前进"**集团**派赴哥本哈根代表大会的正式代表)。——(4)前进派日内瓦小组的传单(《**社会民主党人呼声报**》引用了一部分)表示赞同卢那察尔斯基。

"前进"集团**有责任**提出**新的**纲领,因为**旧的**纲领(于1909年12月27日即全会**前夕**颁布)是**召回主义-最后通牒主义**的。"前进"集团**没有**这样做!

您的基本错误在于您相信**空话**,无视**事实**。像多莫夫或阿列克辛斯基这类人以及不知还有别的什么人对您说了许多"好话",您相信了,您说"**前进**"集团——"处在涣散的前夕或者可能是我们的同盟者",它正在"放弃召回主义-最后通牒主义的纲领"。

这**不对**。这是骗子们的鬼话,这些骗子只要能**把**他们现有的东西,他们另行开办的学校和剥夺来的85 000卢布**掩饰过去**,什么都会答应。

如果多莫夫脱离"前进"集团,那是因为他是个中学教员,是个庸人、懦夫,不是政治家。如果阿列克辛斯基曾经同波格丹诺夫及其同伙"争吵过",那么现在,他从博洛尼亚**回来**便又同他们完全和好了,并且昨天还**代表"前进"**集团作了报告!!

您相信**空话**而使**自己在行动上**软弱无力,——这就是重犯全会的**致命的**错误,这一错误使党的力量在**一年**内削弱到了再也不能削弱的程度。如果您在今天,在全会犯了愚蠢的调和主义错误一年以后,**重犯**这些错误,那您就会彻底葬送**一切**"统一"。我这样说是十分有把握的,因为根据经验我很清楚。就让萨莫瓦罗夫去叫喊我破坏了"统一"(这是托洛茨基和约诺夫的话!!)吧。萨莫瓦罗夫**需要**大声散播这种谬论(这种谬论他是**不敢**在报刊上发表的,我在《争论专页》第2号上已经**公开**加以分析和驳斥[45]),因为他**羞于**承认调和派分子在全会上的错误。他们的错误在于听信了反党的呼声派的**空话**,使这些人**在行动上变本加厉**,因而几乎断送了同**护党派**孟什维克统一的事业。

注意,不要重犯这个错误!

前进派力量强大。他们有一所学校=代表会议=代表机关。我们(和中央委员会)**没有**。他们有钱——达8万卢布。怎么,他们会给你们?? 你们真的就这么天真??

既然不是这样,你们怎么能认为掌握派别的基金用以**反对**你们的**派别分子**是"同盟者"呢!?

说什么:"我不想阻挠'前进'集团剩下的部分人接近的可能性",未免太天真了。

他们同取消派接近了，他们办学校反对你们，他们骗人说：我们并不坏，我们不是召回派，——而你们相信这些空话，**不去同他们的行为作斗争**。鬼知道你们这是怎么了。

您写道："我不希望从全党的(非派别的)国外组织中把前进派分子开除出去。"

二者必居其一，或者你们**纵容**特殊的派别并为它**保住**钱。那我们就向中央委员会提出声明(要求建立侦查委员会)，并说明：让前进派分子去帮助**这样的**中央委员会好了，**我们不管**。

或者你们**斥责**前进派分子的派别活动，那就必须坚决彻底。如果只是口头上**斥责**，你们就会成为**笑柄**。

那就必须说，**只要**前进派分子(1)不提出**新的**纲领，(2)不发表护党的声明，(3)不解散自己的**派别**学校，(4)不把本**派别的**钱交给党，——他们始终＝反党的派别。

如果你们不谈**这些**，你们就会失去我们的合作，也**不会**得到前进派的合作。难道这是政策吗？

关于剩下的(**未来的**!!)部分人用不着担心。如果我们**强大了**，所有的人都会靠拢我们。如果我们软弱，如果只相信空话，人们就会嘲笑我们，——只能是这样。形式倒是不难找到的：例如，斥责"前进"**集团**时，应说明有**一部分**前进派**工人**主张进行选举，主张利用合法机会，主张维护党性，说明你们是要这些工人和这些前进派分子**脱离**派别**参加**到党里来的，如此等等。

在关于国外团结的决议中必须明确地指出，是**谁**在瓦解组织；应该点**呼声派**和**前进派**的名，并且说明**他们的**"破坏活动和反党活动"的所在：**并不是**在思想上(关于这一点尽可以**争论**，在《争论专页》上写文章，等等)**而是**在于开办单独的学校，握有单独的学校基金,出版单独的机关报(《呼声报》),编辑单独的《**呼声**》文集,建立单独的派别(同俄国国内发生关系、**反对**中央委员会的)集团。

如果不明确地点呼声派和前进派的名,那么整个决议=0。那时你们**将迫使**我们起来反对这种**玩弄**统一的**游戏**。

如果确切地点他们的名,并**明了地**说明派别活动的表现,你们一定马上会在国外**获得多数**(布尔什维克+普列汉诺夫派+护党派工人+大量“外省”和在美国的没有呼声派**领袖**的**小组**)。

如果中央委员会同**派别**的“斗争”成了中央委员会**奉承**《呼声报》和“前进”集团这些**反党**派别,以叠床架屋的形式(波兰人、委员会、不了解情况的人的组织、对前进派分子的“邀请”、同阿列克辛斯基的争吵,等等)妨碍**我们的**工作(按党的精神),那我们**决不迎合**。

刚刚收到圣彼得堡的来信。萨莫瓦罗夫建议社会民主党杜马党团提出竞选纲领!!!

这是向孟什维克的多数提出的!!(对我们可是一句话也没有说)。如果萨莫瓦罗夫想**这样**行动,我一定要印发一批传单**直接**批驳萨莫瓦罗夫。

如果我们有可能达成协议,那么**布尔什维克**应该团结成**一派**,**齐心协力地**(在协议的基础上)进行工作,而不暗中算计,不投向孟什维克。

把您的意见尽快地告诉我。握手!

您的　**列宁**

附言:您见到尼基季奇没有?他还说那些关于“**前进**”集团愿

意和好的骗人的话吗?? 这是一位边许愿边骗人的能手。

从巴黎发往柏林

载于1931年《列宁文集》俄文版
第18卷

译自《列宁全集》俄文第5版
第48卷第18—22页

18

致尼·古·波列塔耶夫

(3月7日或8日)

亲爱的同事:

您2月10日的来信收到,信中讲了您称为—叶·—的那个人被出卖的情形。

您要求向58个孟什维克[46]"宣布此事"。请原谅,我不能接受这个要求。我什么也不打算宣布,也不打算与这类人打什么交道。如果您不理解为什么这样,那么我再向您说一遍。

您在信中最后写道:"难道在巴黎的人就不明白你们的争执在我们这里有怎样的影响吗?"

在巴黎,取消派非常明白他们在做什么。遗憾的是你们圣彼得堡却有人并**不明白**在做什么,在读什么。遗憾!这样的人的命运是永远让人牵着鼻子走。这里的取消派,即呼声派,就是专为引起争吵和混淆原则斗争而印发像58人传单那样的传单的。我们声明过(通过每一号中央机关报以及每一期您所知道的和同您**比较接近**的——在空间上——其他报刊[47]),我们同**波特列索夫**先生这帮人的集团，同《我们的曙光》杂志等的思想，不会妥协，也不能妥协，我们正在进行并将继续进行无情的斗争。这是一伙取消派，是社会民主党的敌人，他们的思想是叛徒的思想。

呼声派无法从原则上反对这一点，因此**马尔托夫**、**唐恩**、**阿克雪里罗得**、**马尔丁诺夫**这类先生们就用胡闹和讹诈来回答。难道58人传单不是讹诈吗？在58人传单中提出种种**无稽的**指责(影射)……①例如，虽然布尔什维克在1910年一月全会后**绝对**忠实地清算了……与他们有关的**一切**。为什么要用恶意影射的方式提出这些指责呢？答案如下：有一份传单，同样是印刷的，同样是巴黎的，同样是呼声派的，只不过不是由58人署名，而是由"《社会民主党人呼声报》编辑部"署名。[48]这份传单的内容是什么呢？归结起来就是：在中央机关报编辑部内双方名额相等，就可以和解。

有一位同志写道：难道这不是卑劣的行为吗？——今天提出刑事诉讼，明天却写道："让我们在编辑部再增加一个人，就可以和解。"要知道这就是**讹诈**！

人们只要稍有一些政治经验，难道不是随处(特别在第三届杜马中)都可以发现几十个这样的例子吗？难道孟什维主义的历史没有大量展示出类似这样的讹诈手法吗？他们多次提出过"刑事案"，而一旦双方名额相等或他们占**多数**时，就把它**忘了**。

1910年5月，就在《争论专页》上，我已经把这些讹诈者称之为讹诈者。② 如果谁不听从劝告，**那他就会更加倒霉**。

—叶·—称这份传单是"卑鄙的"。—叶·—是对的。我不认

① 此处及以下几处原文有脱漏。——俄文版编者注

② 见本版全集第19卷第238—302页。——编者注

识—叶·—。我不知道他希望在报刊上进行怎样的反驳,不知道他的观点,不知道他对自己所做的事是怎样理解的。结论是:当您还没有学会与讹诈者作斗争的时候,他们就随时都会用无理取闹来破坏您的工作,会非常轻蔑地对待您。如果您不喜欢这样,那您就要学会斗争,而不是抱怨。

不用多说,我们已经给了讹诈者应有的回答。决不会去讲什么名额相等。我们彻底揭露了波特列索夫一伙的**取消主义**。尽管如此,这伙人现在正在同1910年一月全会**以后**破坏关于……决议[49]的集团调情。呼声派正在包庇"反对"**列宁—普列汉诺夫**的……　对于这些情况,**我们也一定要揭露**——我可以明确地告诉你们。

脚踏两只船是不行的,要么同取消派在一起,要么反对他们。我可要保留发表自己这封信的权利。编辑部①情况怎样?您要关心一下,我们得有人代表,如果没有别人,就由您代表。无论如何您应该为我们找到一个代表。为什么您不把那些没有采用的文章退回去呢?**拉波波特**寄去了两篇文章,一点回音都没有。

过些时候会有一个小伙子来找您,他是矮个子,很结实(犹太人),持有我的介绍信。请您尽可能地帮助他。

关于报纸的事,依我看,您暂时还得亲自参加,使我们这一派不至于没有代表,不然就糟糕了。这是因为,估计他们不会一遇到压力就撒手,即使闹到报纸关门,他们也会继续干下去。因此您更应该在那里。请您**赶快**把党团为莫斯科选举[50]制定的纲领文本寄来。复活节您是否到这里来见见面。有很多事情要商谈。您是否

① 《明星报》编辑部。——编者注

知道Oc.彼得·发生了什么事?

从巴黎发往彼得堡

载于1933年《列宁文集》俄文版
第25卷

译自《列宁全集》俄文第5版
第48卷第22—24页

19

致阿·伊·李可夫

1911年3月10日

亲爱的弗拉索夫:我们(和格里戈里一起)把谢马什柯(中央委员会国外局委员)今天写给格里戈里的一封信的抄件寄给您。

看了这封信您当然会明白,危机即将结束。崩得分子摊牌了[51](是马卡尔迫使他们摊牌的? 还是彼得堡的逮捕引起的?[52]天知道)。

事情非常清楚,崩得分子完全懂得这个简单的道理,即现在的**全部问题**在于票数:波兰人+崩得分子会不会有一票的多数。

崩得分子为了能在中央委员会中多一票,正在进行着拼死的斗争。

这一点是清楚的。为了在中央委员会中多一票,崩得分子**什么都干得出来**,什么诈骗手段都会施展。

现在已经凑上了两名伦敦的毫无疑问的孟什维克-呼声派分子:科斯特罗夫和不久前获释(关于这一点我们已得到消息)的**彼得**。

这样一来,敌人已经完全联合起来了。唯一的挽救办法是:无论如何要让马卡尔、林多夫、**柳比奇**(如果可能的话,再加上瓦季姆)到国外来,要赶快来。

为此,需要派个人去。您可千万要明白,要是不赶紧派人,那么,你们**每天**都在冒使马卡尔失败和使**整个事情**垮台的危险。无论如何要赶快派米哈伊尔·米龙内奇去(如果他拒绝,就派列日的查索夫尼科夫或者派星期五的妻子——她的身份是公开的,而且去过一次),——既到柳比奇那里去,也到马卡尔那里去。

要是您不做到这一点,您就可能丧失召开全会以至恢复中央委员会的**最后**机会。

要是尤金同马卡尔发生争执,那可能是连马卡尔也明白了崩得分子的花招和诈骗——然而明白这些是不够的,必须善于进行斗争。

要是林多夫**不能**到国外来,就让马卡尔**一个人**来(首先要取得代表俄国局进行活动的全权资格):这样我们在这里才能同马卡尔一起找到摆脱目前处境的出路。

请赶快回信。

您的　**列宁**

从巴黎发往柏林

载于1931年《列宁文集》俄文版第18卷

译自《列宁全集》俄文第5版第48卷第25—26页

20

致阿·伊·李可夫

(3月上半月)

亲爱的弗拉索夫:您提出的是个怪主意!**不能**发**这样的**电报,我们不能让自己冒这种风险。如果您愿意冒风险的话,那您就从莱比锡发电报吧,我们可不主张这样做。

由于钱的缘故而使事情耽搁了,这可能吗?难道他们就无法借钱买一张到柏林的车票??

显然不是由于钱的缘故而耽搁的。

那个崩得分子——坏蛋加取消派分子(李伯尔)在这里闲扯说,他就知道有件事要推迟,也知道会有一次高加索之行(!!?)[53]

还有个消息:科斯特罗夫和**彼得**都已经获释。他们两人都称自己是普列汉诺夫分子。

而我们**从全会确切地**知道,他们两人都是取消派。

您没有从茶炊们那里取得全权资格,犯下了一个大错误,现在您又不派任何人到茶炊们那里去,这就错上加错。您看,现在搞成什么样子了!时光在流逝(真理派分子已经在莫斯科选举参加代表会议的代表[54],——分裂就在眼前)。您却在失去耐心。简直是一幕滑稽剧。

很清楚,您本来就应当做到我们要求您做的事情:**立即**派人到茶炊们那里去。这件事您要立即办到,否则是荒谬的。

在发生这一切之后,在听了您的陈述之后,我们也不能信任茶炊们了,不能**等待**,几个月又几个月地等待了。他们这样一再拖延将**迫使**我们——切断一切,向德国人声明:**中央委员会已不存在,赶快**把钱索回。

没有别的办法,您的消极态度("或许茶炊们会行动起来")是造成这一切的原因。

握手!

列　宁

从巴黎发往柏林

载于1931年《列宁文集》俄文版第18卷

译自《列宁全集》俄文第5版第48卷第26—27页

21
致阿·伊·李可夫

(3月)

来信收到,获悉已通知米·米·前往。

您派人去,这样做很好。到目前为止派去的"4个人"(如果不是6个人的话),并**不是**调和派派的。本质的区别就在于此。这是一。第二,该提出最后通牒了,这一点您自己也已深信不疑,您说:"除非对党毫不尊重,才会这样没完没了地拖下去"。对!正确!有道理!

不过,不应像您想做的那样,以退出中央委员会来施加压力。

这是不正确的。不要这样做。① 您要这样施加压力:向俄国局表示公开抗议,并说,如果托付您和给予您全权资格的那几个人不**立即**到国外来,您就要宣布俄国局等于零,或者比零更不如。

您不叫柳比奇来是没有道理的。这是一个错误。当问题关系到整个中央委员会的**结局**时,却舍不得多花200—300卢布,这是可笑的。要柳比奇来**正是**为了不依赖一个"庸人加懦夫"[55]。我只是从您的信中才知道,这个"庸人加懦夫"是何等的**卑鄙**。对这样一些人要逼得他们没有退路,如果他们不服,就叫他们名誉扫地。一旦忍无可忍,我将公开这样干:发表与俄国局联系的经过。

事情完全明朗了。两军对垒。要么我们和波兰社会民主党是$\frac{1}{2}+1$个②[56],要么是孟什维克在中央委员会获胜,我们退出,可耻地垮台。哪怕只是把马卡尔和柳比奇派来,事情尚可挽救,因为普列汉诺夫和党团**将会**站在我们一边,我们就能把孟什维克制造的分裂**在刚露头时**就压下去,那样一来,这伙坏蛋就不敢了。

附上博洛尼亚一个工人寄给我的一封信的抄件。他**明白了**前进派的"纲领"!! 呼声派的坏蛋们又怎样呢:**志愿兵**是《呼声报》的代理人,**党**校委员会的委员,他**反对该委员会的**决定,并在**抢劫钱的人那里鼓动**反对该委员会!![57]行了,我现在可要**在报刊上**揭露他们了。

谢马什柯已由学校委员会派往博洛尼亚。这伙混蛋被当场逮住,逃不掉了!

---

① 如果您退出中央委员会,这就是从战场上逃跑,就是在困难时刻对布尔什维克的背叛。应该不是退出,而是向马卡尔发出最后通牒,如果他不来,也不让步,您**作为中央委员**,应该为**要回**钱而**进行战斗**。

② 在7个人中不能获胜。因此必须召开国外全会:把马卡尔和柳比奇叫来,把事情向他们解释清楚。

信的抄件**请寄还**。

附上菲尼科夫的信(看后请**立即**寄回)。这样的一个布尔什维克**胜过**100个"调和派分子",因为他**懂得**形势,而那些人却不想懂得,您说,我的看法对吗?

我们同这样的人在一起,就能战胜几百个"调和派分子"。

敬礼!

尼·列宁

从巴黎发往柏林

载于1931年《列宁文集》俄文版第18卷

译自《列宁全集》俄文第5版第48卷第27—28页

22
致　某　人[①]

(3月)

亲爱的同志:

现在给您寄上两封信。[②] 一封是波列塔耶夫的,另一封是涅哥列夫(约尔丹斯基)的。

他们是《明星报》实际上的编辑。

必须帮助他们。

---

① 这封信大概是寄给阿·伊·李可夫的。——俄文版编者注

② 这两封信请保存好,用后**一定**要**立即**寄还给我。

来源只有一个——德国人。请通过普凡库赫去找执行委员会①。您提出要5 000马克(那他们会给3 000)。梯什卡从他们那里得到过一次办《论坛报》[58]的经费,现在他是**第二**次去要,——这样,他大概会把您看做"竞争者"。您要注意这一点,要设法找一个**十分**可靠的翻译(我们这里有几个熟人,但都是些"外国化的"人),一定要从执行委员会那里弄到办《**明星报**》的经费。

梯什卡是这样做的:通过卡尔斯基向执行委员会提出请求。执行委员会向中央委员会国外局征求意见,如果没有异议,就发给钱。如果您不想让中央委员会国外局知道您在柏林,就必须采取措施。

附上"证明书"②一份,以备不时之需。

握手!

列 宁

前信(内附亚历山德罗夫的信是谈李伯尔给中央委员会国外局的报告的)是否已收到?[59]

请赶快回信。事情还是应该弄清楚的。

从巴黎发往柏林

载于1933年《列宁文集》俄文版第25卷

译自《列宁全集》俄文第5版第48卷第28—29页

① 德国社会民主党执行委员会。——编者注

② 这是给德国人的:证明您是中央委员。

23

致社会民主党第三届国家杜马党团

(4月19日以前)

波列塔耶夫同志通过列宁向我们转交了社会民主党党团工作报告的出版计划,该计划是在波列塔耶夫去柏林之前经过党团讨论的。

我们这方面完全赞同党团的这一计划,并建议党团就下述最终条件取得一致。

我们这里准备成立一个出版工作报告的编辑委员会,由斯切克洛夫+谢马什柯+季诺维也夫(或加米涅夫)组成。

委员会负责(1)拟定工作报告的提纲并就批准这一提纲的事宜同党团进行联系;(2)设法向党筹措经费,党团要提供**不少于**500卢布;(3)在(一定的)期限内对工作报告(20印张)作最后校订。

对这一建议的答复,应当由整个党团作出。

(波克罗夫斯基+格格奇柯利署名)[60]

从巴黎发往彼得堡

载于1933年《列宁文集》俄文版第25卷

译自《列宁全集》俄文第5版第48卷第29—30页

24

致俄国社会民主工党中央委员会国外局

(4 月 30 日)

尊敬的同志：

附上的信[①]，是受杜马党团委托由我在柏林开始同波列塔耶夫进行磋商而达成的正式结果。

出版工作报告的编辑委员会，是由我根据同党团达成的协议提出成立的，其成员有格里戈里(候补——加米涅夫)、斯切克洛夫和亚历山德罗夫等同志。

鉴于党团答应负责提供**不少于 500** 卢布的费用，而工作报告的全部出版费用我们估定为 2 100—2 200 卢布，因此不足之数——1 600 卢布，我们建议从党的(“在保管人手中的”)经费中支付(交编辑委员会支配)，这一点已得到布尔什维克派代表们的同意。

列　宁

1911 年 4 月 30 日

写于巴黎

译自《列宁全集》俄文第 5 版第 48 卷第 30—31 页

① 见上一号文献。——编者注

25

致阿·马·高尔基

(5月初)

亲爱的阿·马·:身体好吗?玛·费·来信说您回去便咳嗽云云。希望已经痊愈。

我们的《思想》杂志遭到了不幸[61]。您从《言语报》和其他报纸上大概已经知道这是怎么一回事。必须把刊物搬到彼得堡去,重新开始。但是我们没有可靠的有合法身份的人。

既然您同情《思想》杂志,能不能帮帮我们呢?也许皮亚特尼茨基能够给予帮助?情况是,我们暂时还有钱出版这样一个小型杂志(当然是在我们全体不取报酬,对外人每1个印张给稿酬20卢布的情况下!您看,稿酬并不多)。也就是说,**现在**需要的只是**技术上的**帮助:找到一个出版者,他可以出版这个杂志,**自己不用花一个戈比**(同时我们承认**最严谨的**合法性,我们允许出版者、编辑部秘书+法学家有权**压下**任何带有一点点危险性的文章:我们出版了前4期,没有让法院找到任何一点岔子。第5期由于有考茨基的文章而被扣住了!!显然,这是找岔子。考茨基的文章根本没有什么非法的东西)。

为什么皮亚特尼茨基或者别的人在这样毫无危险的事情上就不能够帮助我们一下呢?如果找不到出版者,能不能找到一个**秘书——有合法身份的**人,他管印刷和发行工作,我们每月给他50

卢布。必须是正直热心的人,这是唯一的条件。我们除了工人(这些人不合适)再**没有**具备合法身份的人,这是我们的为难之处。

第二件事。我们有几篇考茨基最近写的反驳马斯洛夫的文章[62]的译文(译文**稿酬已付**)。都是合法的东西。都是很必要的,因为马斯洛夫曾向俄国读者大肆撒谎造谣。文章有3—5印张。能否不计稿酬(因为译文已付稿酬)按成本出版?皮亚特尼茨基(或者别的人)是否适合做这一类事情?

第三件事。尤·米·纳哈姆基斯(**涅夫佐罗夫**,即**斯切克洛夫**,写过一本论车尔尼雪夫斯基的好书)因与社会民主党党团的联系被从彼得堡驱逐来到这里,他急于找到工作,要我问问是否可以出版**彼利**的《**北极探险**》。他认为会有销路。

您那些"计划"有什么消息?请来信告知。

请给我们学校的工人们回信。都是一些很好的小伙子。有一个诗人,可怜人,他什么诗都写,但没有人引导和帮助,也没有人指点和出主意。

握手!

您的 **列宁**

罗伯特·埃·彼利:

《北极探险》。巴黎版——一本附有出色的插图的书。印制图版这里价格很便宜。全书约15个印张,每印张约40 000个字母。(我刚刚去过斯切克洛夫那里,是他把这些详细情况告诉我的)。

从巴黎发往卡普里岛(意大利)

载于1924年《列宁文集》俄文版
第1卷

译自《列宁全集》俄文第5版
第48卷第31—32页

26

致阿・马・高尔基

1911年5月27日

亲爱的阿・马・:

前几天我收到波列塔耶夫的一封来信。他在信中提到:"收到了高尔基的来信。他建议尼・伊・到国外去制定一个以某一机关报为中心实行联合的计划,并且补充说,他就这个问题同您和一个叫马・的孟什维克〈我想是指马尔托夫〉商量过。"

波列塔耶夫还说,尼・伊・看来不适合担任制定这个计划的工作,如果要去,得另请别人。而波克罗夫斯基又未必肯去。

读了波列塔耶夫信中的这些话,我感到吃惊,这实在令人吃惊。

同像马尔托夫这样的孟什维克实行联合是**绝对**没有希望的,这一点我在此地曾向您谈过。如果我们为了如此毫无希望的计划而搞出一个"代表大会",那将是一种耻辱(我本人甚至不愿出席有马尔托夫参加的会议)。

从波列塔耶夫的来信看,还打算参加杜马党团;有这个必要吗?如果谈的是杂志,那就与杜马党团毫无关系。如果谈的是报纸,那就应当注意到,我们同《**明星报**》过去和现在都有**相当多的**不和,因为他们没有路线,他们既害怕同我们一起走,又害怕同取消派一起走,他们犹豫不决,摆臭架子,摇摆不定。

此外,如果打算把普列汉诺夫派+我们+杜马党团联合起来,那就有使普列汉诺夫占**优势**的危险,因为孟什维克在杜马党团中占优势。让普列汉诺夫占优势是否适宜,是否明智?

我**非常**担心,约尔丹斯基不适于搞这种计划(因为他有“**自己的**”杂志,他将会或者阻挠,或者使之趋向于“自己的”杂志,使之成为**自己的**=半自由主义的刊物)。

为了避免失望和没完没了的争吵,我认为对“联合”问题应当十分谨慎。说实在的,现在需要的不是联合,而是划清界限!如果能为杂志或报纸找到出版者,**您**应当**单独**同他签订合同(或者不订合同而从他那里拿到钱,如果可以的话),靠举行“代表大会”就会搞得一团糟。说实话,一定会搞得一团糟。

我写信给您,是想尽量不让**您**把时间和精力等等浪费在会闹得一团糟的事情上。我自己根据1908—1911年的痛苦经验**知道**,**现在**“联合”是不可能的。例如,在我们的《思想》杂志中,普列汉诺夫不止一次地要脾气,他不满意我关于罢工和波特列索夫的文章[63],说我骂“他”!我们总算和解了,**现在**还可以而且应该和普列汉诺夫一起工作,但是**正式**联合和召开代表大会还太早,这样会败坏一切。

不要急于召开代表大会!

我们这里有人肯定地说,斯托雷平有个通令,要查封**所有的**社会民主党机关报。这似乎是真的。在第四届杜马前他们还有可能把形势弄得紧张十倍。

看来,在最近的将来进行合法活动的可能性愈来愈少了。应当致力于秘密工作。

玛·费·写信说,您完全退出了知识出版社。就是说,和皮亚特尼茨基完全决裂了,而我的前一封信是否去晚了?①

握手!

您的　**列宁**

附言:巴库的《现代生活》杂志[64]也被查封和禁止了!

从巴黎发往卡普里岛(意大利)

载于1924年《列宁文集》俄文版第1卷

译自《列宁全集》俄文第5版第48卷第33—34页

27

致格·叶·季诺维也夫

(6月6日以前)

格里戈里同志:

今天上午收到了我们尊敬的存款保管人[65]发来的新的信息——一封非常非常"凶狠的"信,信上"对我和我的朋友们"提出了"最后通牒"。这个最后通牒的内容如下:或者我们**不经协商**就承认暂行办法(也就是我们否定"协商原则",不要协商)。那么,他们就"同意"将"暂行办法"延长4个月,直到代表会议召开[66]——

——或者我们坚持协商,那么,他们便宣布暂行办法无效。

除此之外,就是一堆漂亮的大话:什么反对死板冷酷的派别政

① 见上一号文献。——编者注

治等等,等等;还有一些吓唬人的话,要向国际提出申诉等等,等等;以及一些空话:他们要等着召开下一次全会等等。总之,他们声称同波兰人观点一致(哈哈!这些笨蛋泄露了天机)[67]。

今天早晨我给加米涅夫发了电报,叫他(或您)接电话。遗憾的是,未能如愿。

我认为,这是特里什卡[68]开战的尝试。必须尽快予以反击。您要尽快给特里什卡下最后通牒(如果此事您已**开始**同他谈及的话;如尚未开始谈,就用不着谈了),或者他同意立即付诸总诉讼,或者——破裂。

请把我们同加米涅夫+谢马什柯+卡姆斯基的会商定在明天(或星期日——愈早愈好)。

如果您领到了钱(薪水),**请电告**,我需要立即知道。如未领到,请电告:无钱。[季娜将于晚上8时半到您住处,她要我通知您。]

弗……

译自《列宁文集》俄文版第38卷第39—40页

28

致卡·考茨基

1911年6月6日

尊敬的同志:

我收到了3名前中央委员会国外局委员寄来的一份他们所起

草的声明(或者就是申诉书?)的抄件。

对于那种诽谤的谰言——说什么我在只有您才有权处理的那笔钱上抱有"没收"或采取某种类似行动的意图——我不想多费口舌。正如有一次我写信对您讲过的,我情愿随时辞去保管这笔钱的令人不快的委托,并且准备随时将这笔钱转给您。

我认为,无论根据中央委员会多次决定的精神,或是根据对情况的估计,**只有**在我们组织内部的**一切**调解尝试归于无效时,我才有责任拿我们的内部冲突来烦劳您。再者,明天(6月7日)中央委员会9名委员(中央委员会共15名委员)的会议就要召开了[69]。

致最崇高的敬礼!

您的　**尼·列宁**

原文是德文

译自《列宁文集》俄文版第38卷第41—42页

29

致卡·考茨基[70]

(1911年6月17日和28日之间)

尊敬的同志:

非常抱歉,我们不得不打扰您的学术工作,并请您以及梅林同志和克拉拉·蔡特金同志立即解决我们争论的问题。我们党内的危机已持续一年半之久,从1910年12月5日起,在7个月的时间里,我们一直要求退还我们只是在一定条件下才转交给中央委员会的我们派别的财产。[71]我们尽了全力,等了一个月又一个月,我们作了在我们组织中进行调解的种种尝试,目的只有一个,尽量不让您、梅林和蔡特金承担做我们党内危机的审判官这一令人不快又不胜其烦的任务。

但所有尝试均未能奏效,我们无论如何也不能再等下去了。我们不得不请求您立即作出裁决。一切都已停顿下来,党的事情一件都做不成,中央机关报不再出刊,党校也被迫停止了活动,[72]党的工作人员得不到生活费,而这一切都是因为我手头连一个戈比都没有。这个问题必须在一两个星期内解决。

现在来谈谈事情的来龙去脉。

我们争论中的第一份文件是**1910 年 1 月**中央全会**决议**。这份决议发表在 1910 年 2 月第 11 号中央机关报上。随信附上决议全文的译文(见附录 1a 和 1b)[73]。

当然,乍一看,这份决议会让人感到奇怪。这是中央委员会和一个派别之间签订的**协定**,是整体与部分之间的协定。当然,**任何一个**像样的党内都不可能有这种情况。

但是,在我们党内可能而且必须签订这一协定并将其发表在中央机关报上,这种情况恰恰证明,我们的情况十分特殊,要是从"欧洲的"角度来分析我们党内的局势将会错误百出。

我们党内从 1903 年起就由于分裂而**派别活动盛行**,事实上,分裂已经代替了名义上的统一。

这份如此奇怪的协定在形式上是党的中央委员会即各派别共同的代表机关与一个**派别**之间的协定,而这份协定的内容、含义却是解散**所有**派别。

我们布尔什维克派与中央委员会签订了协定,协定的内容是我们解散自己的派别,把我们派别的财产移交给中央委员会,**条件是,所有**派别都像我们这样做。

如果一旦理解了我们签订的奇怪协定的这一内容、这一含义,就很容易解释我们党内斗争中出现的所有复杂情况。

中央委员会将我们关于**假如**孟什维克继续出版其派别机关报,而且不解散其派别,我们就**要求**归还我们派别财产的"宣言"写入中央的决定,并将其发表在党中央机关报上后**认定,假如**其他派别都不解散,我们就有**权**要求归还我们派别的财产。这就是说:我们解散自己派别的条件不是"谴责"派别活动(对派别活动已经以最郑重的方式谴责过**无数次**了,但并未收到显著效果),而是**真正**解散所有派别。要真正解散所有派别,必须有一个条件,这就是布尔什维克与"**召回派**"(即那些想把工人代表从杜马召回并完全抵制第三届杜马的人)断绝联系,而孟什维克则与"**取消派**"(即那些想消灭、取消现有的旧革命党并代之以新的、合法的、无定形的、"公开的"(用我们的话说,"斯托雷平式的")工人政党的人)不再往来。

由此得出的结论是,我们应当证明三个事实来说明我们关于归还派别财产的要求是有根据的:

1. 其他派别**没有**解散。

2. 我们与**那些**反对取消主义的孟什维克的**合作**不是轻率的,而是认真的,我们的确解散了我们自己的派别组织并取消了我们的派别机关报(《无产者报》)。

3. 尽管作出了种种努力,尽管我们给予了布尔什维克式的积极帮助,但中央委员会在根除派别活动、建立不搞派别活动并能够担负起组织任务的机关方面还是表现得软弱无力。

现在我们就来列举一下这些证据。尽管我们在这场内部斗争中自然受尽侮辱和漫骂,我们仍打算(这应该提前说)只列举那些**经过验证的事实**,而不是空洞的指责。

1.(孟什维克)"取消派"和(布尔什维克)"召回派"("前进"集团[74])没有解散是毋庸置疑的事实。(孟什维克)取消派的派别机关报《社会民主党人呼声报》(《**呼声报**》)也没有停刊。

不仅布尔什维克,还有那些反对取消主义的孟什维克都认为,《呼声报》继续出版意味着派别仍然存在,为证明这一点,我们引用:

1.——一位反对取消主义的孟什维克领导人普列汉诺夫的话。1910年一月中央全会后,他随即在他的《社会民主党人日志》上写道(原话):《呼声报》——"这是他们事实上的派别中心,同时也是不负责任的中心"。[75]

这就是说,《呼声报》显然过去和现在都是孟什维克的派别中心。

1910年,普列汉诺夫曾多次在党的中央机关报上公开指出,《呼声报》在全会之后也根本不反对取消主义,甚至还保护和支持取消主义。[76]

1910年4月4日,孟什维克中的反取消派(其中有《新时代》杂志撰稿人**拉波波特**,考茨基同志认识他本人)发表了一份决议。决议指出,《呼声报》即使形式上不是,那么无论如何实质上也是**孟什维克事实上的派别中心**(决议第3条),保留《呼声报》必然要"导致保留其他派别机关报"(决议第4条),《**呼声报**》**在**全会**之后**比以前**更卖力气地**充当取消主义的代言人和保护人(决议第5、6条),与他们相反,布尔什维克执行了全会的决定,"停止出版派别机关报《无产者报》"(决议第8条)[77]。

我们认为,普列汉诺夫、拉波波特及那些无疑对**布尔什维克本身**有好感的**孟什维克**同志的公开声明足以证明,孟什维克取消派以其《呼声报》作为派别中心。

还有,中央全会坚决而十分郑重地提出了国外俄国社会民主党人小组联合起来的要求,但这一点**没有实现**。全会召开之后,《呼声报》的追随者仍像会前一样组成了独立的派别集团,这些集团支持的不是党,而是取消派的《呼声报》。《呼声报》的派别集团甚至以派别中心组织的形式联合起来。就是说,派别活动照样在继续进行。

1910年一月全会以后,国内曾多次试图恢复中央委员会。中央委员会的四位布尔什维克委员为使中央委员会重新取得应有的地位做了一年半的工作。中央委员会的这四位布尔什维克委员均已**被捕**:他们是梅什科夫斯基、英诺森、马卡尔和林多夫。

我们认为,再没有比这"更好的"——请允许我这样说——说明布尔什维克确实开展工作的证据了。

孟什维克派中**没有一位**中央委员会委员在工作期间被捕;他们仍是自由的,这是**因为**,他们没有为恢复中央委员会做**任何事情**,也就是说**毫无作为**。

假如有人想对这一事实**提出异议**,那我们就恭敬地请求:要拿出实证,不要说空话。我们手头有英诺森、马卡尔和其他人从俄国写的一些**信**,通过这些信我们能确切地**证明**,这些同志的确为恢复中央委员会做过工作。

我们认为,孟什维克**拿不出他们的**中央委员会委员(彼得和科斯特罗夫)写的这样的信。我们认为,彼得**从来**——在一年半的时间里——没有在中央委员会俄国局的会议上**发过言**！还有，我们认为，科斯特罗夫只是在1911年——就是说在无所事事的一年之后！——才在俄国局露过两次面，实际上他什么都没干。前不久，拉脱维亚人马丁在巴黎这里召开的中央委员会会议上向取消派分子、《呼声报》的追随者**伊哥列夫**公开提问，问他能否提供信件和其他能证明科斯特罗夫的确为中央委员会做了某些工作的材料？伊哥列夫不得不对这些问题作了**否定回答**(见记录)[78]。

但这还不够。孟什维克取消派在俄国有一个完全不受党领导、在出版印刷业和某些合法的工人组织里活动的合法集团。1910年1月，中央全会提出了解散派别组织的前提条件(类似«pakte d' unité»——“统一协议”)，要求布尔什维克必须与“召回派”完全断绝联系(顺便说一下，我们布尔什维克早在1909年夏天，即在全会召开前就已经正式将**召回派分子开除出**我们的派别)并开展合法活动，以使否定合法工作的无政府主义现象在我们党内无藏身之处。但另一方面中央全会也指出，对秘密组织的任何否定甚至**轻视**都只会加强资产阶级对无产阶级的影响，都是不符合党的利益的。为了更郑重、更正式地签订统一协定(pakte d'unité)，全会决定任命这个合法集团的领导人**波特列索夫**先生为党的**合法**杂志的**编辑**，当然，条件是这位先生与取消派划清界限并忠诚地执行党的决定。

但后来发生了一件不可思议的事情！

1910年1月，全会在巴黎举行。就在当月，取消派杂志《我们的曙光》第1期在彼得堡出版。2月，也就是全会**后**不久，该杂志的第2期又出版了，波特列索夫先生在这期杂志中简单明了地指出，取消派中心是一个“幻影”，因此——是的，因此要取消一个根本不存在的东西是不可能的!!!他就是这样说的(《我们的曙光》杂志第2期第71页)。

全会结束后第二天,取消派领导人就对这次全会的决定**冷嘲热讽**,否认党的存在,却为不允许我们合法地谈论革命的社会民主党的斯托雷平辩护!他声称,合法派集团完全地、绝对地**独立于党**。

波特列索夫先生的这番话在党的队伍中激起了怎样的愤怒情绪是可想而知的。现在,我们布尔什维克只能把这位先生及其集团称做"独立合法派"——当然是独立于社会主义之外的合法派——或者是**斯托雷平工党**的英雄。

把波特列索夫先生的讲话看做是对党的背叛的并不仅仅是布尔什维克。曾是那样坦率,以至公开表示反对取消主义的**孟什维克**普列汉诺夫在党的中央机关报上写道,**波特列索夫先生"对我们党来说是不存在的!"**。

我们也赞同这种观点并坚决声明,这个合法派集团对我们来说不是社会民主党组织,而只是"斯托雷平工党"。

《呼声报》的追随者不但没有与波特列索夫及其一伙断绝关系,反而声称(像马尔托夫在1910年8月那样),"取消派保住了党的荣誉"①。

还有,孟什维克、中央委员会委员米哈伊尔、尤里和罗曼属于波特列索夫及其一伙的集团。他们是社会民主党人都十分熟悉的、努力开展合法活动的非常卖力的人士。可以毫不迟疑地说:**假如**孟什维克打算忠实执行全会的决定,那么**恰恰是这些人**(因为他

① 未能查明列宁指的是第几号报纸。——俄文版编者注

们是合法派集团实际活动的**真正领导者**)会给中央委员会以帮助;——相反,假如这些人拒绝给中央委员会以帮助,那么这将证明,合法派彻底脱离了党。正因为如此,全会结束后,在俄国的布尔什维克中央委员马上去找**这几位**先生,请他们参加中央委员会的重组工作。但结果怎样呢?

米哈伊尔、尤里和罗曼拒绝了这一请求并声称,他们任何时候都不会参加中央委员会增补新委员的会议,而且他们**本来就认为中央委员会的存在是有害的**。

这是对党的不折不扣的背叛。党的中央机关报在1910年春天发表了**米哈伊尔**先生、**尤里**先生和**罗曼**先生的这一答复,并宣布他们是**党的敌人**①。

米哈伊尔先生、**尤里**先生和**罗曼**先生沉默了整整一年。后来他们才在《呼声报》上发表了"反驳文章"②,而在文章里,他们没有参加中央委员会会议**这一事实却得到了证实**!!! 不仅如此,"反驳文章"的作者还证实,有一位布尔什维克③曾找到他们并建议他们参加中央委员会会议,而此人不但不是列宁(请读做:取消派的死敌、私仇和怪物)的盲目追随者,甚至还否认党内的"列宁的色彩",讲的都是"调和的"观点!

由此最终确认:在俄国的布尔什维克中央委员极其谨慎而友好地与合法派进行了谈判,以敦促他们执行全会的决定。**尽管如此**,合法派领导人仍拒绝了党提出的建议,**从而也与党**断绝了联系。就这样,合法集团最终证明了它是独立于党的。**米哈伊尔**先

① 见本版全集第19卷第209—211页。——编者注
② 见本版全集第20卷第182—186页。——编者注
③ 维·巴·诺根。——俄文版编者注

生、**尤里**先生和**罗曼**先生之流继续与党进行斗争，在有工人参加的合法会议和手工业者代表大会上发表讲话。一名崩得分子在手工业者代表大会的工人代表举行的非正式会议上甚至不得不承认，**米哈伊尔、尤里**和**罗曼**站到了**反党**立场上！！

为铲除取消派的反党活动，我们再指出一个重要的事实。**杜马中的社会民主党党团**无疑是我们党的生活中非常重要的因素之一。那么，这个杜马党团站在什么立场上呢？党团成员大多数是孟什维克，因此不能怀疑他们同情布尔什维克。而且杜马党团最终用**行动**，而不是用语言证明，它与布尔什维克一起**反对**取消派。社会民主党的**合法**周报《明星报》[79]的出现就是证明。这份周报是在圣彼得堡出版的，杜马党团成员参加了编辑工作(当然，这一点不能**公开**，否则杜马代表就要进监狱了)。报纸至今出了24号，也就是说已办了将近半年，这对**国内**社会民主党的**合法**报纸来说已经是一段非常非常长的时间了！

这份报纸证明了什么呢？报纸上没有刊登一篇取消派的文章，没有刊登一篇实际上支持取消派的托洛茨基的文章，也没有刊登一篇《呼声报》追随者的文章。只刊登布尔什维克和普列汉诺夫及其反取消派朋友的文章。

取消派领导人、《**呼声报**》编辑马尔托夫本人不得不公开承认(《我们的曙光》杂志，某期，某页)，《**明星报**》和布尔什维克《思想》杂志一样，采取的是**反取消派**方针。①

总之，**我们**和普列汉诺夫以及没有取消派**并反对**取消派的杜马党团一起进行了合法的工作。随着事态的发展，全会作出的关

① 未能查明列宁引用的是尔·马尔托夫的哪篇文章。——俄文版编者注

于与波特列索夫一起工作的决定失效了，因为根本不存在与取消派共同工作的可能性。由此可以得出结论：正是取消派使**统一无法实现**，我们现在与取消派**彻底**决裂不是随意的、仓促的和轻率的举动，而是由整个事态、工作现状和对**社会民主党**事业的真正参与所决定的必然结果。

为我们布尔什维克**合法的**《**思想**》杂志撰稿的有普列汉诺夫和拉波波特。这表明我们已经与孟什维克反取消派**靠近了**，表明我们**已经执行了**全会的决定。

普列汉诺夫和拉波波特还为我们布尔什维克的**秘密报纸**《工人报》撰稿。还有一个证明，就是**我们派别**认为自己当前的任务不是压制其他**各个**派别，而是把**所有**反对取消派的人**联合起来**。

创办《工人报》一事本来就清楚地反映了我们党内**实际**存在的派别活动。全会决定支持托洛茨基的《真理报》①，并把**中央委员会的代表**派到《真理报》编辑部。1910年8月，托洛茨基与中央委员会的代表闹翻了！！托洛茨基极力**替**取消派和召回派辩护，说**只有**这些人才支持他的报纸，而孟什维克反取消派根本**没有**参加这份报纸！！《前进报》上刊登了托洛茨基在哥本哈根代表大会[80]期间的讲话后，普列汉诺夫、作为中央机关报代表的波兰同志和作为布尔什维克代表的我向德国社会民主党领导人提出强烈抗议，反对托洛茨基出格的和反党的立场。[81]

事实是：托洛茨基的机关报在**没有**中央委员会代表的情况下继续作为**派别机关报**存在，而我们和普列汉诺夫及其他人一起办我们布尔什维克的《工人报》。还有一点也得到了证明：我们之所

① 列·达·托洛茨基于1908—1912年在维也纳编辑出版的《真理报》。——俄文版编者注

以创办布尔什维克的派别机关报(不过它致力于与普列汉诺夫接近),不是由于“派别的毫不妥协和固执己见”——这是我们的对手对我们的指控,而是由于**其他派别**的继续存在。

现在我们来谈谈其他派别,谈谈“前进”集团。正如前面所说的那样,我们这些布尔什维克派的正式代表早在1910年全会**之前**,即1909年夏天,就已经因“召回主义”把这些派别开除了。我们认为,在俄国群众性革命罢工蓬勃发展的革命高涨时期,在当时那种条件下,抵制**第一届**杜马是革命的社会民主党的**责任**。但现在正值反革命时期,抵制只是一句空话。从1907年6月起,我们在我们派别**内**尽**一切**努力**证明**抵制的想法[①]是错误的。1909年夏天召回派分子被开除。1910年一月全会坚决谴责了召回主义,并要求解散所有派别。但与此相反,“前进”集团宣布召回主义是“一种合理的色彩”,并继续作为**独立派别**从事活动,而且恰恰在全会之后想方设法来巩固召回派的后方。例如,1910年春天“前进”集团在博洛尼亚开办了一所派别“党校”,一所宣传员党校,在目前我们俄国大部分地区没有**正规**地方组织的情况下,这其实很像是派别的代表会议或代表大会。全会上成立的党的相应机关即党校委员会严厉谴责了这种分离行径,并作出决定,要求任何一个真正的党员都不能加入这所派别党校,或者直言不讳地说,加入这个反党的派别中心。[82]像以往一样,在我们存在派别活动的情况下,这种谴责根本不起作用。这个派别对党的决定不理不睬。《呼声报》的孟什维克追随者和托洛茨基无视党的决定,继续一意孤行。“前进派”及其代办机构和会计处仍继续存在,博洛尼亚的党校花费了

① 见本版全集第16卷第1—33页。——编者注

10 000多法郎,此事已经查实。“前进”集团的派别出版物公开嘲笑党的所有机关刊物。至于说到策略,我们迄今为止**没有**得到这个集团**同意**参加第四届杜马选举的清楚明确的表态。

事情是这样的:第四届杜马选举即将开始。合法派、“斯托雷平工党”的创始人正在进行**独立的**竞选斗争,毋庸置疑,他们定会提出独立候选人,而不会关心“不存在的”——当然是**对他们来说**不存在的——党。“前进派”根本不会参加选举。

如果党在一年半的时间里**从未**能够把各个正式的党中央机关召集在一起,那么党还能干什么?党是否应继续和取消派玩这个可笑的“召集”全会的阴谋游戏?[83]

我们不能那么做。我们作出的第一个决定是:我们要独立地捍卫选举,拥护老党,**反对**“斯托雷平工党”。在一年半之后,在敦促合法派和“前进派”从事党的活动的数次努力失败后,我们**应该行动起来**,我们不应只满足于一味地“谴责”。既然其他派别又搞起了旧日的派别活动,我们认为我们完全有权要求归还我们派别的财产。

我们暂且放下这个话题,先来答复我们的对手。他们指控我们进行论战太激烈。我们愿意承认这一点,但同时要指出的是,我们将**始终**以最激烈的方式反对那些践踏全会决定、实行自由主义或无政府主义政策的**派别**。我们签订的协定恰好也规定,所有派别都应当解散,取消主义应当清除。

取消派指控我们参与了剥夺行动。我们要指出,中央全会已对这一指控进行了调查,并**一致**通过决议,宣布**所有**指控都不得再提。**全会之后**,我们严格遵守全会的各项决定,我们希望看到有人能站出来指控我们违反全会的这些决定。1906—1907年国内战争期间我们曾**赞成**剥夺沙皇政府的财产。我们坚定地认为，这些斗争手段现在已不合时宜，而且全会之后我们也是这样做的。我们认为：**现在**重提原来那些指控的人的这种行为是不正派的和别有用心的，他们的目的是搞乱以前的问题，蒙骗同志们。

取消派领袖马尔托夫的行为尤其不正派，现在他又诉诸**舆论**，提出了类似的指控，从而直接帮助了警察。那些人人皆知与警察保持最密切关系的俄国黑帮报纸自鸣得意地指出，马尔托夫对社会民主党提出了种种肮脏的指控(见《庶民报》，著名的攻击性小报；《俄国报》，斯托雷平的机关报，等等)。[84]

假如德国同志能对这些指控进行调查，并打算向《**呼声报**》的坚定**追随者**，即"崩得"成员等等去打听一下，全会是否真的宣布此事不得再提，那就好了。

最后，证明马尔托夫出格的最有力的证据是，他庇护并支持"前进"集团，尽管该集团在1910年**全会之后**还收到剥夺来的钱一事在党内已不是什么秘密。令人不解的是：马尔托夫同托洛茨基一样抓住全会**之前**发生的剥夺事件反对我们，却对恰恰发生在这次全会**之后**的"前进"集团的剥夺事件**遮遮掩掩**。所有人都认为，这种行为方式纯粹是不折不扣的**政治讹诈**；但我们不诉诸舆论，我们十分愿意提供**证据**来证实我们对"前进"集团的指控。我们手中有书面证据。

总之，我们的对手像对付普列汉诺夫那样与我们展开残酷的**个人**论战，并把我们说成是强盗和怪物。但同时，这些善良的人却希望取消派在党中央各级机关的席位和我们的一样多。我们当然对此嗤之以鼻，加以拒绝！总是有人来参加个人论战，他们不是对重大的争论问题不甚了了，就是与把这些问题搞复杂化利益攸关。

我们指控我们的对手搞**自由主义**(尤其是取消派和斯托雷平工党)和无政府主义(尤其是召回派和那些宣布召回主义是“一种合理的色彩”的人),仅此而已。**资产阶级**革命(1905年)后,工人政党中的资产阶级**同路人**——取消派和召回派就是这样的**同路人**——又离开了工人政党。正是通过这种“清洗”才出现了**无产阶级**政党,而好言好语和善良愿望是无法使这个残酷的、常常是极其残酷无情的“清洗”过程变得温和的。客观条件决定了反对资产阶级同路人、反对司徒卢威先生之流的斗争是残酷的(司徒卢威先生1898年撰写了社会民主党**宣言**,1902年成了自由派分子,1905年成了反革命分子,1908年发表了对革命恶言相向的下流文章[85])①。我们非常年轻的工人运动发展所处的条件是**这样的**:这种资产阶级同路人(“一时的英雄”)能够组成派别并对那些规模不大、分散而秘密的工人小组施加影响。在这种条件下宣扬“调和”有什么意义呢?举出庞大而且成熟的德国工人政党这一“例子”又有什么意义呢?

简单谈谈“调和”。要**证明现在**还打算调和有多么可笑,需要举出的例子**不是**布尔什维克与孟什维克之间的斗争,而是两个**孟什维克**之间的斗争。几周前,普列汉诺夫的追随者**奥尔金**发了一

① 在这一行的下面列宁插了一段话:“摘自《明星报》最近一号(第24号)。一位支持普列汉诺夫的**孟什维克**——而不是“凶恶的”布尔什维克——写道:‘在众所周知的条件下,就像在英国或意大利,也有些像在法国,工人阶级有可能完全处于资产阶级的影响之下并执行资产阶级的政策。我们顺便提一下,伊兹哥耶夫先生、米留可夫先生、司徒卢威先生像库斯科娃、普罗柯波维奇、波特列索夫一样,也极力想让俄国工人阶级这样做。’这就是说,把波特列索夫与司徒卢威先生划等号的**不仅仅**是我们。”(列宁引用的是普·德涅夫尼茨基(费·奥·策杰尔包姆)的文章《是墨守成规还是进步?》(1911年5月27日(6月9日)《明星报》第24号))。——俄文版编者注

份传单,他在传单中断言,取消派分子**唐恩**说过:"我们之所以想把中央委员会迁往俄国,就是想让中央委员全都被捕。"[①]试想:既然**这种**冲突**任何**法庭都解决不了,既然各派别**永远**无法就仲裁法庭达成一致,谈"调和"还有什么用呢?

也许有人会反驳我们说:退还钱款、恢复派别意味着**分裂**,这将是更**糟糕的**后果。这种反驳意见是虚伪的,或者说是极其错误的。

派别活动是事实,但假如仍然**承担着党的全部工作重任的**我们的**派别**直接去找党,就不会出现**任何**新的分裂,分裂也**绝对**不会进一步发展。假如取消派和召回派也**直接**去找党,拥有自己的代办机构,成立自己的集团,争取进入第四届杜马的竞选运动就失去了一切坚实的基础。我们应该挽救事业,使**党**振奋起来。哪些派别**能够并希望**走到一起,党会很快并很容易地在代表会议上或者至少在地方代表会议上弄清这一情况。我们所采取的步骤不会使反自由主义和反无政府主义的**派别**彻底**分裂**,只会使这些派别**联合起来**,使党的**基本核心得到巩固**,那些置身于反自由主义和反无政府主义派别的联合之外的人除了空洞的语言和美好的愿望之外什么都没有,他们在迷惑党,欺骗党。这一点,正是这一点已经为我党近一年半的全部经历所证明。

为了彻底证明,我们还要讨论两个情况。

我们的对手说,我们要求退还的那些钱款最初不属于布尔什维克派,而属于党。全会决议中的话足以驳倒这个论点;如果对钱款确实属于布尔什维克派这一点有一点点疑问,那就根本无法想象哪一次全会**能够**承认我们**有权要求退还**钱款。

---

① 见本版全集第20卷第161、255—256页。——编者注

然而，假如德国同志不仅想在形式上，而且想**从实质上**认真研究这个问题，那么我们非常愿意通过**证人**(那位把钱款作为遗产留给派别、已牺牲的布尔什维克的妹妹)和书面材料①来证明这些钱款属于我们。

后来，我们的对手又提出，我们三个在下面签名的人**不**代表布尔什维克派。不过这个问题很容易解决。**我们**已经和中央委员会签订了**书面**协定，**我们**已经被书面认定为订约人。五个人中(在遭逮捕后)有三人在国外，在第四个人那里我们拿到了委托书[86]。

事实上，提出列宁、季诺维也夫和加米涅夫能否代表布尔什维克派这个问题是毫无理由的和十分可笑的，因为从1903年起派别的全部经历可以证明这一点。

按照全会决议，在德国同志作出有关钱款归属的决定之前，**应该**召集全会或专门委员会会议[87]。

在目前条件下这方面的情况如何呢?

附上的1911年6月17日发布的《中央委员会议通告》[88]的译文(你们明天会收到)可以清楚地回答这一问题，对此我们只需稍加解释。

从1910年12月5日起，中央委员会国外局——近期取消派在那里占多数——无视中央的章程，**反对**召开中央委员会会议。现在，国外局这一违反章程的行径导致的后果是，党的一部分，恰恰是主流部分与其断绝了关系。

中央委员会议坚决而肯定地认为，国外局的错误在于执行**反党的派别政策**。已成立新的机构[89]**取代国外局**。这样一来，我们

① 参看《列宁文稿》第12卷第559—562页和本卷第47号文献第88—93页。——编者注

现在就有了两个执行机关。

至于说到召开全会,中央委员“会议”确认,国外局再也得不到党的**信任**,所以成立新的委员会来召开中央委员会会议。① 在这种情况下(采取**一切**办法实现联合),坚定不移地支持布尔什维克**派**的波兰同志提出了一项妥协建议。在这个妥协方案中,国外局,确切些说是**前国外局**,竟被推荐去**协助**召开全会。

中央委员会议后的第二天,波兰社会民主党人、前国外局成员梯什卡同志**本人**在国外局作了赞成妥协的讲话。国外局拒绝妥协。此外,与会者(即布尔什维克、波兰人和**部分**拉脱维亚人,简而言之,绝大多数党员)**不**承认取消派领导人米哈伊尔、尤里和罗曼是中央委员,而国外局(即取消派)承认他们是中央委员。

这样一来,与国外局闹崩——在召开全会的问题上闹崩——后,有两个不同的机关——国外局和技术委员会[90]——要召开**各自的全会**。一个全会肯定有合法派的领导人参加,另一个全会没有。

在这种情况下显而易见,我们在几个月的时间内——至少在几个月内——无法召开全会,因为单单是通知在西伯利亚流放的那些委员就需要很长的时间,更不用说把大家召集到一起了。

党的实际工作,尤其是竞选运动,**不能**拖到中央全会召开再进行。

“会议”认为,要迅速召开中央委员会会议,靠成立筹备党代表会议的**新机关**是无法实现的,甚至是不可能的。这个新机关是**组织委员会**[91]。

总之,新的工作的目的是恢复党。除《呼声报》的追随者外,所

① 参看《苏联共产党代表大会、代表会议和中央全会决议汇编》1964年人民出版社版第1分册第317页。——编者注

有的集团,即党的**各个派别**都将被邀请参加会议。对于派别活动是在没有中央委员会的情况下又变得猖獗起来这一点,还能拿出什么更有说服力的证据吗?

仅从形式上说,现在倒是可以要求召开专门**委员会会议**。但**实际上这是不可能的**。现在没有**一个**能为双方所承认的机关。国外局和中央委员会议如果不断绝关系,都不**能够**继续存在下去。所以,事态表明,成立联合委员会显然是**不可能的**。

国外局垮了。取消派退出了中央委员会议。事实就是如此。这些事实证明,现在再也不可能有任何委员会了。

现在你们也不需要这样的委员会了,因为你们会认为在前国外局中将形成**另**一方。要是不再强迫党去应付**不可能完成的**任务,要是不白白地浪费时间,那就太好了。如果你们现在要成立仲裁审判官委员会,就要提出**明确的**问题来,尤其是涉及到一些事实的问题,并把**这些**问题寄给**各**参加集团或机关(简而言之,前国外局等),收到答复或(如果需要的话)对各派别代表进行**个别**询问后,再作出仲裁决定。

亲爱的同志们,我们恳请你们尽快这样做,以结束这种令人极其厌恶、无法忍受的局面。

此外,考虑到前国外局的种种诽谤,我们重申,我们会毫不拖延地把钱款转交给你们在仲裁决定里为我们指定的人。

对我们来说至关重要的是问题的政治方面。我们有权要求退还我们的派别财产。但我们的活动在任何条件下——这最终由我们决定——都将是**反对**合法派("斯托雷平工党")和"前进派"的。危险就在于拖延,我们应该去领导党,在取消主义和召回主义之间给党指出一条正确的道路。1910年一月全会承认我们是**主流**派别,一年半以来我们一直以这种角色进行工作。今后,如果党的中央机关**遭到破坏**,如果出现**各**机关内部表面统一而实际上搞派别斗争,**我们是不会承担**责任的。我们将直接去求助俄国工人阶级和他们小规模的分散的团体,鼓舞他们的士气,号召他们进行**独立的活动**。

致党的敬礼!

尼·列宁

我的地址:法国　隆瑞莫(塞纳-瓦兹省)　格兰德街140号弗·乌里扬诺夫先生

附录

我要用下面这个方法把我的想法概括一下,更清楚地展示我证明的过程,这个方法的客观性——对于我这个斗士来说,最难的就是保持客观性!——当然是毋庸置疑的。

我把1910年一月全会以后,即关于解散**所有**派别的协定签订后仍在出版的我党**所有**定期机关刊物简单**列举**出来,并扼要地指出谁即哪个派别参加了该机关刊物。

这些材料特别容易验证,而在我看来它们的证明力有极强的决定作用,是不容置辩的。

在国外**秘密**出版的有:

(1)《**社会民主党人报**》——我们布尔什维克领导的中央机关报,得到孟什维克反取消派普列汉诺夫的支持,但遭到孟什维克取消派、《前进报》和托洛茨基的反对。

(2)普列汉诺夫的《**社会民主党人日志**》,为其撰稿的只有孟什维克反取消派。

(3)《**呼声报**》,只有孟什维克取消派参加。

(4)《**前进**》**文集**,只代表"前进派"。

(5)托洛茨基的《**真理报**》,只有托洛茨基派支持该报(俄国南方组织的创始人之一巴索克已离开编辑部)。

(6)《**工人报**》,布尔什维克派机关报,1910年8月托洛茨基与中央委员会的代表断绝关系**以后**创刊,孟什维克反取消派普列汉诺夫和拉波波特也是该报撰稿人。

难道简单列举的这些机关刊物还不足以证明**只有**布尔什维克执行了全会的决定吗?还不足以证明其他**所有**(即**反社会民主党的**)派别都纷纷闹分离了吗?但我们接着往下看。

在俄国出版的**非**地方性**合法**刊物有:

(7)《**明星报**》,社会民主党杜马党团、布尔什维克和普列汉诺夫领导的周报。在出版的24号报纸里没有一篇取消派、托洛茨基或《前进报》代表写的文章。

(8)《**我们的曙光**》杂志,月刊,为其撰稿的只有取消派,偶尔还有《前进报》的支持者。

(9)《**生活事业**》杂志[92],每月出两期,是地道的取消派刊物。

(10)《**思想**》杂志,月刊,纯粹的布尔什维克杂志,得到普列汉诺夫和拉波波特即孟什维克反取消派的支持。

原文是德文

载于1981年在美国河畔法兰克福—纽约出版盖尔・迪特里希《考茨基的俄文卷宗》一书

译自1999年《不为人知的列宁文献(1891—1922)》俄文版第63—83页

30

致阿·伊·柳比莫夫和米·康·弗拉基米罗夫

（7月3日）

尊敬的同志们：你们1911年7月1日在第二小组[93]发言（这些发言我们称之为对“经济派”最蹩脚的言论的最蹩脚的重复），你们为了搞新的**“阴谋诡计”**同波兰人（那些最坏的波兰人）结成“联盟”，又同呼声派（列德尔的“退出”）[94]、同托洛茨基（“10次邀请”）、同前进派、同取消派（撕毁甚至伊哥列夫也承认的协议）结成“联盟”——所有这一切，十分清楚而彻底地向我们表明，我们的行动**在政治上和精神上**不可能有**任何的一致**。由于到目前为止，在一切最重要的步骤上我们都是同你们商议的，因此我们认为有责任把这一点告诉你们。

马尔克本来尽可以在最后一次会议上声明说：“如果你们布尔什维克继续执行以往的‘派别’政策，我们‘调和派’就退出技术委员会和组织委员会。”

我们现在声明，如果你们继续执行你们的那种我们认为对党非常有害的政策，**我们就退出**技术委员会和组织委员会。

在星期三即1911年7月5日（上午11时）以前，我们在加米涅夫处等待你们的答复——如果有必要答复的话，过了这个时限，我们就向技术委员会和组织委员会提交自己的声明，并在全党面前反对你们。

致社会民主党的敬礼!

尼·列宁①

写于巴黎

载于1933年《列宁文集》俄文版第25卷

译自《列宁全集》俄文第5版第48卷第35页

31

致克·蔡特金

1911年7月5日

尊敬的同志:

昨天我收到您的来信[95],今天上巴黎去过银行,明后天在支付技术委员会所需款项[96]后,将钱汇到您处。

如有必要,请将此信寄梅林和考茨基二位同志一阅。

致最崇高的敬礼!

尼·列宁

原文是德文

译自《列宁文集》俄文版第38卷第43页

① 签署该信的还有格·叶·季诺维也夫、列·波·加米涅夫、尼·亚历山德罗夫(尼·亚·谢马什柯)、卡姆斯基(米·费·弗拉基米尔斯基)。——俄文版编者注

32

致列·波·加米涅夫

(8月2日以后)

亲爱的列·波·:

现寄上校样[97]一份。

《两个政党》中的一节(特别是末尾,第86页的末尾——见另纸)**必须**改写。(1)不能号召**同调和派**分裂。这完全是多余的和不正确的。对他们要用"解释的"口吻,绝对不是抛弃他们。(2)关于分裂要讲得**委婉些,始终**要采用这样的措辞,说取消派破坏了关系,造成了和宣布了"无保留的决裂",党没有理由容忍他们("而调和派没有理由混淆是非")等等。

您多半是这样写的。但并非完全都是这样。请把《两个政党》中的这一节再通读一遍。

对德国人的答复要改得温和一些。您说得对,这个答复显得很生硬。

请您务必把关于调和派这一节的校样寄来。

握手!

您的　**列宁**

写于巴黎

译自《列宁全集》俄文第5版第48卷第36页

33

致卡·胡斯曼[98]

1911年9月5日

亲爱的同志：

随信附上杜马人员组成的表格一份。我参考杜马的官方年鉴(参考手册,1910年,第2分册)对表格作了些修改。

亲爱的同志,致兄弟般的敬礼!

弗·乌里扬诺夫

国家杜马的人员组成(1910年)

右派	51
民族党人	99①89
十月党人	135
波兰人、立陶宛人及其他人的集团	7
波兰集团(代表联盟)	18①11
进步党人	39
伊斯兰教徒	9
立宪民主党人	52
劳动团(劳动派)	15①14
社会民主党人	14①15
无党派人士	18
共计	440人

从巴黎发往布鲁塞尔

原文是法文

载于1962年《苏维埃俄罗斯世界手册》杂志第4期

译自《列宁全集》俄文第5版第48卷第36—37页

① 手稿上该数字已被划掉。——俄文版编者注

34
致阿·马·高尔基

1911年9月15日

亲爱的阿·马·：最后一次给您的信大概是在两个月以前——在开学的时候写的(现在学业已经结束，学员都走了)[99]。没有接到回信，我想，可能是“谈判”拖延下来了，再不然就是有了什么根本的变化。最近，列先科来过这里，谈到卡普里的情况。我非常高兴，得知这完全是由于您建议的会晤延期到“市集以后”[100]的缘故。列先科说，卡普里那边的计划同原先一样：既有大型的杂志，又有大型的报纸，似乎还有戈比报。

是的，现在正是时候。取消派分子正在收买(彼得堡这样传说，我们今天得到了那里的来信)《基辅戈比报》[101]，要把它搬到彼得堡去。组织对他们的反击非常重要。

到现在我们才凑足恢复《**明星报**》所需要的资金。我们非常期望得到您的帮助：请寄文章来。开始的时候特别需要帮助，因为整顿已经中断的报纸并不容易。

您是否已经收到并且读过加米涅夫的小册子？看来，您对该书作者有一些成见，我希望这本小册子会消除这些成见。

我们这里党的事务乱得一塌糊涂，但是这种局面即将结束。普列汉诺夫摇摆不定——事情结束时他总是这样，就像得了一种病。马尔托夫把自己小册子的译文(打字稿)寄给了考茨基和蔡特金，这帮了我们的**大**忙，不论考茨基或蔡特金都严厉地批评了这本小册子,前者说它"令人讨厌",后者说它"龌龊不堪"。[102]

祝一切都好!请给《**明星报**》写文章。

高兴的话,请来封短信。热切地向玛丽亚·费多罗夫娜问好!

您的　**列宁**

从巴黎发往卡普里岛(意大利)

载于1925年《列宁文集》俄文版第3卷

译自《列宁全集》俄文第5版第48卷第37—38页

35

致格·李·什克洛夫斯基

(9月25日)

尊敬的同志:从这里(明天我在这里作报告,题目是《斯托雷平与革命》)到日内瓦的途中,我将经过伯尔尼,希望跟那里的布尔什维克见见面。请立刻写一封短信告诉我(地址在背面①——**转交**NN),星期三或星期四能不能见到您,您那边还有没有布尔什维克。

握手!

列　宁

附言:可能有人会把给我的信寄到您那里。如果您换了住处,

① 指格·伊·萨法罗夫的地址,作为发信人的地址写在明信片的背面。——俄文版编者注

请告诉一下邮局。

从苏黎世发往伯尔尼

载于 1930 年《列宁文集》俄文版
第 13 卷

译自《列宁全集》俄文第 5 版
第 48 卷第 38—39 页

36

致格·李·什克洛夫斯基

(9 月 26 日和 28 日之间)

尊敬的同志:来信收到并已电复。

为了避免误会,我再作一些详细的补充。我提到的是一次**公开的**报告(《斯托雷平与革命》),其收入归《工人报》(当然,在海报上写明收入归谁没有意义也绝对没有必要)。[103] 主席团(或者主席)必须由当地的**布尔什维克**担任,决不要通过"选举"(为了避免取消派所热衷的争吵和胡闹)。

我同意跟护党派(普列汉诺夫派)座谈,**但不同意跟呼声派**座谈。最好还是只跟布尔什维克座谈。

希望星期四能到您那儿;如果来得及,我先发电报告诉您到达的时间。

请费神**立刻**把这封信转给哥林[日内瓦　九桥街 2 号(维尔夫人处)　哥林先生],以便他为**星期六**在日内瓦举行**这个**报告会作出安排,并在星期四以前通过您给我答复。

握手!

列　宁

请替我弄到作报告所需要的文件:(α)中央机关报**全份**;(β)两个政党;(γ)日志;(δ)阿尔科梅德的著作。[104]

从苏黎世发往伯尔尼

载于1930年《列宁文集》俄文版第13卷

译自《列宁全集》俄文第5版第48卷第39页

37

致克·蔡特金[105]

1911年10月30日于巴黎

斯图加特附近的威廉高地

克拉拉·蔡特金(聪德尔)女士

尊敬的同志:

自弗·梅林和卡·考茨基同志辞去仲裁人职务之日起,仲裁协议便已告失效。第三位仲裁人,也就是您再也无权作出仲裁决定。

因此,依照法律,最迟自1911年11月1日起,原由您保管的钱(以及由三仲裁人授予使用全权的第三者,即"技术"=和"组织"=委员会尚未用完的钱),亦不得继续由您保管和掌握。依照法律,您应将此款退还给原交付给您的人即我本人。

谨请您将此款寄回原寄出银行,即寄入巴黎 奥尔良林荫路85号"国民贴现银行"第五支行乌里扬诺夫先生活期存款账下。

同时,谨请您采取必要步骤,使上述第三者立即将截至1911年11月1日为止尚未用完的钱退还给您。

有劳大驾,恳请电复(一切费用当然由我支付),以便1911年11月1日中午以前我能获悉,您是否准备将此款退还给我。若无回复,我只得将您的沉默视为拒绝,并不得不诉诸法庭。

致党的敬礼!

乌里扬诺夫(列宁)(签字)

原文是德文

译自《列宁文集》俄文版第38卷第46页

38

致克·蔡特金

1911年10月30日于巴黎

尊敬的同志:

我希望,我那封正式信件[①]的生硬语气不至于使您见怪。您很清楚我对您这样一位国际革命社会民主主义运动的女领导人以及您在我们的事业中对取消派和托洛茨基所持的坚决立场,有多么高的评价。

可是,既然您曾是仲裁人,我就不能不完全依法行事。别无他法。无论在法国还是德国,法律都有明文规定,只要一名仲裁人弃

① 见上一号文献。——编者注

职,仲裁协议即告失效。我能怎么办呢?要达成**新的**仲裁协议,这根本不可能。

我坚信,不论您向哪位法学家同志提出咨询,他给您的回答都会是这样的。

至于考茨基和梅林,他们的所作所为简直**统统**都是在嘲弄人,谈到这一点我就无法平静。而对于您,我们大家是十分感激您履行了仲裁人义务的。现在我们党内造成了这样一种局面,在俄国又成立了——终于成立了!——一个组织委员会[106]!幸运的是,这种暂时状况会随着巴黎两个糟糕的委员会(技术委员会和组织委员会)的**告终**而告终。为了维护本派别的利益,我别无他法,只能严格按法律办,否则对方自然会向我并向不合法律的仲裁法庭进行攻击。我对国内的同志们是负有责任的。

致党的敬礼!

尼·列宁

原文是德文

译自《列宁文集》俄文版第38卷第47页

39

致安·涅梅茨

1911年11月1日于巴黎

尊敬的同志:

如果您能在下面这件事上给我提出建议和帮助,我将不胜感激。我们党的许多组织打算召开代表会议[107]（当然是在国外）。参加会议的人数大约20—25名。这次代表会议能否在布拉格召开(会议时间一星期左右)?

对我们来说最重要的是要**极秘密地**进行这一工作。不能让任何人任何组织获悉这方面的情况。(代表会议是**社会民主党的**,就是说,根据欧洲的法律是合法的,但多数代表**没有护照**,不能用真名。)

尊敬的同志,只要可能的话,恳请您帮助我们,尽快将在布拉格的能够(已经肯定答应能够)具体进行这项工作的同志的地址通知我。如这位同志懂俄语,那就最好;如果不懂,我们同他用德语交谈也行。

尊敬的同志,请原谅我向您提出这些请求,麻烦您了。先在这里向您致谢。

致党的敬礼!

尼·列宁

我的地址:

巴黎(XIV)　玛丽·罗斯街4号　弗拉·乌里扬诺夫

发往布拉格

原文是德文

载于1930年《列宁文集》俄文版第13卷

译自《列宁全集》俄文第5版第48卷第40页

40

致伊·弗里穆

(11月4日)

亲爱的同志:

有两个政治侨民,尼基塔·帕舍夫和伊万·杰米多夫斯基,在基蒂拉机场切尔克兹先生处工作。切尔克兹先生没有付清应付的工钱就解雇了他的一些工人。但是要同样对待尼基塔·帕舍夫,事情就复杂了,因为他是订有合同的。切尔克兹想甩掉尼·帕舍夫,他知道,尼基塔和伊万作为政治侨民,只能保持缄默。切尔克兹先生蓄意诬告尼基塔·帕舍夫,硬说他从一架飞机上拧下了几颗螺帽。尼基塔遭到拘留,伊万大概也是一样。我非常清楚,这两个人(尼基塔·帕舍夫和伊万·杰米多夫斯基)是政治侨民,他们是不会干这种事情的。因此,我请求您,亲爱的同志,干预一下这件事,这件事可能会导致引渡我们同志的后果。亲爱的同志,请接受我兄弟般的问候!

俄国社会民主党驻社会党国际局的代表

尼·列宁(弗拉·乌里扬诺夫)

从巴黎发往布加勒斯特

载于1924年《共产党人》杂志(敖德萨)第33期

译自《列宁全集》俄文第5版第48卷第41页

41

致列·波·加米涅夫

(11月10日)

伦敦　西北区　奥克利广场6号
弗拉·乌里扬诺夫先生

亲爱的同志:我坐在英国博物馆里,津津有味地读着60年代施韦泽的几本小册子,妙极了,这正好证明那种认为他在关于走向联合的道路问题上是一个机会主义者的看法。

显然,我**来不及**为写这方面的文章作好一切必要的准备。为此,请您一天也不要耽搁,尽快到国立图书馆去(或者请一个**可靠的**人去)了解一下,那里有些什么60年代社会主义者的著作。要查清楚,把**一切**最重要的著作都记下来(准确的出版日期和地点**是重要的**),问清楚哪些书没有。

请把倍倍尔、梅林和古斯塔夫·迈尔的著作补充在附上的书单里,并**尽快**给我回信。

您的　**尼·列宁**

约·巴·施韦泽,《时代精神与基督教》,莱比锡,1861年。

同上:《奥地利的领导》,莱比锡,1863年。

同上:《统一的唯一道路》,美因河畔法兰克福,1860年。

同上:《论德国问题》,美因河畔法兰克福,1862年。

发往巴黎

译自《列宁全集》俄文第5版
第48卷第41—42页

42

致克·蔡特金

1911年11月16日于巴黎

尊敬的同志：

您收到我1911年10月30日的信后，曾表示要我耐心等待**数日**，因您11月6—10日前很忙。

我答复您说，我将等到11月12—15日。

今天已是11月16日，而我并未接到您的**任何**答复。

我认为这表明，您不同意我提出的和平解决问题的办法，而是一心想要进行公开争斗和诉讼。

我认为您因此应负全部责任，特向您声明，如果3日之内再得不到任何满意的答复，我只有将此事以及由此造成的全部后果诉诸法庭。

致党的敬礼！

尼·列宁(弗·乌里扬诺夫)

巴黎(XIV)　玛丽·罗斯街4号　弗·乌里扬诺夫

原文是德文

译自《列宁文集》俄文版第38卷第48页

43

致克·蔡特金

1911年11月18日于巴黎

尊敬的同志：

您11月16日的来信[108]，我今天收到；这封来信并未给我任何满意的答复，甚至根本没有答复，因此，很遗憾，我不得不诉诸民事诉讼。

您反对解除您仲裁人的职务，但您提出的理由仅仅表明您现在绝对没有任何权利继续掌管这笔钱，而是应该无条件地交还给我，因为我交给您这笔钱的目的是要由指定的3个人来仲裁解决问题。

我不得不向民事法庭揭露前仲裁人空前不守规章和违法的行为，对此，我感到非常遗憾，因为我**非常珍重**在德国社会民主党内考茨基的理论活动和您的革命立场（不过，我这样做也是由于一个完全可以理解的原因，即出于一些对社会民主党更为重要的事情的考虑）。可是我别无选择，因为您避不作答，意味着您拒绝我的和平建议。

致党的敬礼！

尼·列宁

原文是德文

译自《列宁文集》俄文版第38卷第49页

44

致费·阿·罗特施坦

(11月30日)

亲爱的同志:现将海德门的书寄还给您。十分感激您借给我这本书。向您的妻子和您的可爱的孩子们问好!

握手!

您的 **列宁**

从巴黎发往伦敦

载于1930年《列宁文集》俄文版第13卷

译自《列宁全集》俄文第5版第48卷第42页

45

致卡·胡斯曼

1911年12月7日

亲爱的胡斯曼同志:

现附上我今天收到的一份电报[109]。我们将把这一消息刊登在我党的中央机关报上。希望您尽一切可能把这一电报的内容通知参加国际的各党。

永远属于您的　**尼・列宁**

从巴黎发往布鲁塞尔

原文是法文

载于1962年《苏维埃俄罗斯世界手册》杂志第4期

译自《列宁全集》俄文第5版第48卷第43页

1912年

46

致阿·萨·叶努基泽

1912年2月25日

亲爱的朋友阿韦尔：

收到您的来信，我感到非常非常高兴。热烈地握您的手，并希望您不会在目前的住处[110]待很久。我的生活如常，近来有点疲劳，不过，总的说来，感觉尚好，很满意。如果还有我们共同的熟人，请代表我和我的妻子向他们致以热烈的问候！祝您和所有的朋友精神愉快，身体健康！

您的 **弗拉·伊林**

从巴黎发往巴库

载于1927年5月5日《真理报》第99号

译自《列宁全集》俄文第5版第48卷第44页

47

致某人[111]

1912年2月26日于巴黎

抄件①

尊敬的同志:

衷心感谢您的答复。我很高兴,在最重要的问题即仲裁协议已经失效这一问题上,我们彼此意见一致。因此,剩下的便只有以下两点:

第一,您写道,“**要是**问题从民法仲裁协议的角度来考察……”我认为,问题不可能从别的角度,而只能从这一角度来考察。**正式公布的**协议[112]条文中简短而明确地写道,我(作为布尔什维克的代表)有义务将钱交给指定的三位同志,另一方面,这三位同志则有义务最后作出决定:“钱是否应该归还,归还给谁(是中央委员会还是布尔什维克)”。这就是仲裁协议的内容。调停人不履行义务,我就没有交出钱的义务。

第二,您认为大可怀疑的是,“我能否被视为有全权收受(此款)的人”。我深信不疑,我完全有权并唯一有权办理此事,我所依据的是如下理由:

1. 两党签订仲裁协议,而该协议已失效,那么有争议的款项理应由调停人如数交还给协议签订**之前**掌握该款的**那个**党。

---

① “抄件”一词为俄文。——俄文版编者注

2. 在仲裁法庭存在期间(1911 年 7—10 月)我一直被调停人在文字上承认为一方。

3. 在协议签订前(即 1910 年 1 月前)**我**掌管这笔钱是绝对确凿的,并且不难证明(有合法文件为凭)。

4. 考茨基似乎说,他不是从我手上,而是从中央委员会接受这笔钱的。这是个错误或误会:(我 **1911 年 7 月**将这笔钱交给了蔡特金。从 1910 年 1 月至 1911 年 7 月,我并不是以布尔什维克代表的身份,而是以中央委员会委员的身份保管着这笔钱的。可是仲裁协议的失效就使事情恢复到了**原来状态**,即恢复到了 1910 年 1 月**前**,协议签订**前**的"状态")。钱到 1911 年 7 月仍归布尔什维克所有,我 1910 年 1 月就答应将钱交给考茨基,而且在 **1911 年 2 月**给他写信说,我准备按他所指定的地址立即把钱寄去。我有文字凭据,说明考茨基在 1911 年 7 月前一直拒绝我的**这个**反复提出的**建议**[113]。

5. 此外,还有一种用做论据来反对我的说法,似乎即使在 **1910 年 1 月前**这笔钱由我掌管也不是无可争议的。

但这是绝对没有任何意义的,人人都有权提出异议,可我有权掌管这笔钱。①

6. 这笔钱以前是一位死在狱中的布尔什维克[114]的私产。他留下遗嘱要把这笔钱捐给布尔什维克。他妹妹把钱交给了我。

1911 年 11 月 1 日后,蔡特金同志已不再是调停人了,她给死者的妹妹写信[115],说对方不应把尚未交完的钱交给我(我 **1911 年 11 月 1 日后**曾要过这笔钱),而应交给蔡特金同志。死者的妹妹

① 手稿中第 5 点已被删去。——俄文版编者注

回信说，钱归布尔什维克所有以及布尔什维克对党的义务(与她无关)，那都是布尔什维克的事。钱还是交给了我。死者的这位妹妹现居国外。

7. 当然，看来似乎奇怪，我们党内存在着派别和派别的基金，并且**容许**派别和党之间达成协议。为了对您略加说明这种奇怪情况的存在，有必要指出，在我党伦敦代表大会(1907 年 5 月)正式记录的第 441 页上便清楚地记载着，列宁收受了 6 万卢布并把这笔钱分发给了各**布尔什维克**组织。由代表大会任命的“检查委员会”**一致**决定承认这些开支是正当的。

8. 在仲裁法庭存在期间(1911 年 7—10 月)，所谓**中央委员会国外局**[116](既然中央委员会本身已不存在)一直在文字上被承认为当事的一方。这个国外局现在已完全解体，而且**正式宣布**不再存在。这样，我更是倍加有权接受这笔钱了。

9. 1912 年 1 月举行的党的代表会议被直接确认为党的最高机关并选出了中央委员会。这次代表会议的各项决议(特别是关于确认党的最高机关的决议)现已出版；即将由住在柏林附近哈伦湖的斯卢茨卡娅同志为您翻译出来。

总之，决不能把政治方面和民法方面分开。所以我们在经过这次可悲的尝试之后，当然不能再组织什么新的仲裁法庭了。

但是，为了避免误会，我应当着重指出，我们无意反对考茨基和蔡特金，我们对他们的评价极高，并且非常尊敬他们。我们知道，他们是轻信**梯什卡**(波兰社会民主党人，与罗莎·卢森堡同一个党)而**书面声明支持他的**。然而目前在我们两派的机关报上，无论是在我们的报纸上[117]，或是在取消派的报纸(《呼声报》)上，都公正地把这个梯什卡看成是阴谋家。若有必要，我将公布文件来

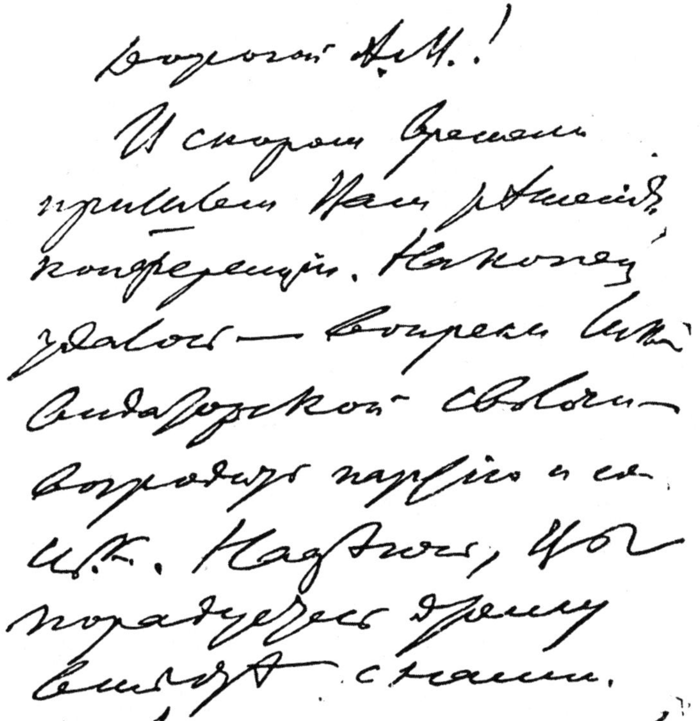
Дорогой А. М.!

В скором времени пришлем Вам резолюции конференции. Наконец удалось — вопреки ликвидаторской сволочи — возродить партию и ее Ц.К. Надеюсь, что порадуетесь этому вместе с нами.

Не напишете ли — первомайский листок? Или листовочку в таком же майском духе? Коротень-

1912年2月列宁给阿·马·高尔基的信的第1页

证明我的这种看法。

就因为受了这一不幸影响,考茨基和蔡特金才写出了1911年11月18日的信[118],——这封信是极端违法的,政治上十分荒谬的!①

亲爱的同志,最后,我特别感谢您欣然答应"近期内要作一次摆脱这种窘境的尝试"。请尽快——过一周,最迟过两周——告诉我您所作的尝试的结果,因为我们正面临**第四届杜马的选举**。开支很大,代表会议的花费也非常惊人。钱的问题决不能再拖延。

我的德文不好,请原谅。

致党内同志的敬礼!

您的　**尼·列宁**

附言:如果您**不再需要**(我给您的那份)协议的德译本,请不要忘记给我寄回。

我的地址:

巴黎(XIV)　玛丽·罗斯街4号　弗·乌里扬诺夫

原文是德文

载于1967年苏黎世—科隆出版的《列宁。未发表的书信(1912—1914年)》一书

译自《列宁文集》俄文版第38卷第53—55页

① 手稿中这最后两段均已被删去。——俄文版编者注

48

致阿·马·高尔基

(2月)

亲爱的阿·马·:

代表会议的决议[119]很快就可以寄给您。不管取消派恶棍们怎样捣乱,我们终于使党和它的中央委员会恢复了生气。我想您会和我们一起为这件事情高兴的。

您能否写一张五月传单,或者合乎五月精神的小传单?——短短的、"振奋人心的"传单,好吗?拿出当年的劲头吧——请想一下1905年的情景;如果您乐意写,请来信告知!在俄国有两三个秘密印刷所,党中央大概会翻印几万份。能有像《明星报》上的《童话》[120]那样的**革命**传单就好了。您能帮助《**明星报**》,我万分高兴。我们办这个报困难得要命——内部的、外部的、财政的困难一言难尽,但是,不管怎样,我们还能坚持下去。

握手!

列　宁

附言:《同时代人》杂志果然不出所料完蛋了!这算是它做了件好事。

从巴黎发往卡普里岛(意大利)

载于1925年《列宁文集》俄文版第3卷

译自《列宁全集》俄文第5版第48卷第44—47页

49

致阿·马·高尔基

(2—3月)

亲爱的阿·马·：

您同意试写五月传单，我很高兴。

随信附上代表会议的决议。

《现代事业报》[121]已看到。全是取消派"要手腕"的恶劣玩意。是自由派式的说教；由于警察当局的阻碍不能公开提出党的问题，他们很高兴。

《**明星报**》还将继续办下去，或者出周报，**或者出那种一戈比一份的日报**。您写的那些精彩的《童话》对《明星报》的帮助极大，这使我非常高兴。坦白地说，我的高兴压倒了由于您同切尔诺夫和阿姆菲捷阿特罗夫之流"谈情说爱"而产生的悲哀……　哎哟哟！老实说，他们的"完蛋"，使我很高兴。

您生活没有着落，也没有地方发表东西，这真糟糕。唉，您早就该把皮亚特尼茨基这个吸血鬼赶走，而给知识出版社另外选派一个正直的、老实的管事人(这或许已经迟了，也未可知)！！！假如……　那就掘到一个金窖了……

罗日柯夫的《伊尔库茨克言论报》[122]很少看到。此人已经沦为取消派。而丘扎克则是一个不折不扣的、双料的、自命不凡的蠢货。

您的　**列宁**

谢谢玛·费·给莫斯科去信，并向她多多致意！

从巴黎发往卡普里岛(意大利)

载于1927年《巴库工人报》
第17号

译自《列宁全集》俄文第5版
第48卷第47—48页

50

致卡·胡斯曼

(3月10日以前)

亲爱的胡斯曼同志：

现附上关于俄国社会民主工党代表会议的一封信。①

如果您能在你们下一期通报上刊登这封信，使所有的党获悉我党代表会议的情况，我将十分感激。希望不会有什么问题妨碍您在你们的通报上登出这封信，况且通报上已经很久没有刊登任何有关俄国的正式报道了；如果您能告诉我，这期通报应于何时出版，我将非常感谢。

俄国社会民主工党中央委员会已推选我为俄国社会民主工党驻社会党国际局代表。

您的　**尼·列宁**

---

① 见本版全集第21卷第169—170页。——编者注

附上俄国社会民主工党中央委员会的一本正式出版物。[123]

从巴黎发往布鲁塞尔

原文是法文

载于1963年《苏维埃俄罗斯世界手册》杂志第1—2期合刊

译自《列宁全集》俄文第5版第48卷第48—49页

51

致格·李·什克洛夫斯基

(3月12日)

亲爱的同志:

对您提出的一些问题立即答复一下。作关于代表会议的报告,是一件既必须又极为重要的事情。既然已经开了头,我希望您就走遍**全**瑞士,而不要只限于这两个城市。[124]

您来信说:"从通报中我不能就代表会议所采取的吸收各种国外派别和民族组织参加会议的措施作出什么结论。"

但是,在**通报**中不是明明白白地说,曾邀请**前进派**+**托洛茨基**+**普列汉诺夫**,而且还三次邀请民族组织吗?还要怎样呢?

卢那察尔斯基在巴黎举行的季诺维也夫的报告会上竟厚颜无耻地说,这是一个"骗局",据说因为发出邀请的不是代表会议,而是**前来出席会议的**代表。——嘿,这个卢那察尔斯基能不是坏蛋吗?23次会议=12天:如果不是**事先**邀请,那么被邀请者就可能有一半的会议不能参加(要发信,要接洽,要从各地赶来。——您算算看!)。而从托洛茨基的信中可以看出,有**7个人**出面发出邀请,他们占全体代表14人的½。

我是**反对**邀请的,但是,代表们**邀请了**前进派、托洛茨基和普列汉诺夫。

代表资格审查委员会的主席是**基辅代表**(孟什维克)。甚至连托洛茨基也(不得不!)承认,基辅组织是无可怀疑的。

工人究竟相信谁呢?相信基辅**组织**还是国外的空谈家?

不要听信谣言。无论普列汉诺夫派或前进派,**谁**也没有退出代表会议。出席会议的一共只有**两个**孟什维克护党派:一个是从基辅来的——表现非常正派,行动大体上是和大家**一致**的;另一个是从**叶卡捷琳诺斯拉夫**来的——非常好闹纠纷,**可是就连他也没有退出代表会议**,只是提出了普列汉诺夫式的"抗议"。

叶卡捷琳诺斯拉夫的代表提出了**自己的**关于确定会议性质的决议草案,他在草案中**完全承认所有的**组织都通知到了,并对没有出席的人提出了抗议,但他又想把这次会议确定为**俄国国内**组织的代表会议。提这种建议的只有他**一个人**。

现在12位代表正在国内,在各地作报告。彼得堡、莫斯科、基辅、萨马拉、尼古拉耶夫和梯弗利斯**已有来信**谈到这方面的情况。工作已经开始并将进行下去。

崩得+拉脱维亚人试图制造一个有取消派参加的代表会议。让他们试试看吧!先生们,需要的是行动而不是空话!!你们(+托洛茨基+前进派)从1910年11月26日托洛茨基宣布召开代表会议[125]的那天起就一筹莫展,今后也只能是这样。

我们已同取消派决裂,**党**已同他们决裂。让他们去试图创立另一个**有**取消派**参加**的俄国社会民主工党吧!会让人笑掉牙的。

社会民主党杜马党团既没有对我们，也没有对他们**直接**表示拥护。但是(1)有**两个**杜马代表参加了我们的代表会议[126]；(2)给《**明星报**》撰稿的人当中，有**9个**社会民主党人杜马代表，而替取消派的《**现代事业报**》撰稿的只有**4个**。事实就是这样！

拉脱维亚人中间的布尔什维克正在向自己的中央委员会开战。

好啦，祝工作顺利！向所有的朋友问好！

您的 **尼·列宁**

从巴黎发往伯尔尼

载于1930年《列宁文集》俄文版第13卷

译自《列宁全集》俄文第5版第48卷第49—51页

52

致格·李·什克洛夫斯基[127]

(3月13日)

亲爱的同志：今天娜嘉已把我匆匆草就的一封信①寄给了您。为使您不致误解，在报告中不致犯错误，我赶紧告诉您，反对我们代表会议的"社会民主党人"会议**昨天**在巴黎举行。**全体**(包括普列汉诺夫派、呼声派、前进派和调和派，以及诸如此类的人)通过了一个抗议代表会议的决议，还通过了一个像是要把我开除出社会

① 见上一号文献。——编者注

党国际局的东西(这是传闻,因为布尔什维克和代表会议的拥护者当然**没有参加**这个会议)。[128]

自然,所有这一切都非常可笑。既然这些先生连中央委员会国外局都掌握不住(在报告中请引用普列汉诺夫在《日志》第15期附录2中所写的墓志铭来嘲笑一下国外局吧![129]),那么现在他们就更搞不出什么名堂来了。好啦,亲爱的人们,不要光说不做:你们吹嘘你们已经联合起来了,那就请吧,请你们在《**我们的曙光**》杂志和《**现代事业报**》上,主要是在《**社会民主党人呼声报**》上,联合起来吧!

一群小丑!

握手并祝工作顺利!

您的　**列宁**

从巴黎发往伯尔尼

载于1930年《列宁文集》俄文版第13卷

译自《列宁全集》俄文第5版第48卷第51页

53

致《明星报》编辑部[130]

(3月25日或26日)

(1)请务必尽快将有关1907年6月3日选举法的书寄来。或者再寄一本1910年参考手册[131]。另外,附有**法学家**注释的**法律**(选举法)也请一并寄来。请在"你们的人"那边查找一下,及早寄来。没有这些，就无法写成《选民手册》[132]。(2)我又不能按时收到《明星报》了。请再向发行部说一下。把我的地址(旧的)告诉他们。不能再这样不按时发送。(3)《纲领基础》一文**用不着**通过编委会；署上名加个副标题(试评)即可发表；编委会**不**应当“批准”**任何**纲领：要注意，一步走得不好，就难免会引起一场风波。编委会不要发表意见，保持沉默好了。批准纲领完全是另一级机关的事。(4)请寄一些报纸、杂志和书籍来。没有这些东西很难办。(5)请来信把出日报[133]的日期、版面多大等等准确地告诉我。(6)要同《**现代事业报**》斗得再狠些，这样胜利就有保证了。否则就糟糕。不要怕论战。每周务必有两三篇论战性的文章。

从巴黎发往彼得堡

载于1933年《列宁文集》俄文版第25卷

译自《列宁全集》俄文第5版第48卷第52页

54

致《明星报》编辑部

(3月26日)

(《俄国社会民主工党的选举纲领》的附言)①

送上这个纲领只是为了使**大家**，特别是**正在制定**纲领的**人们**

① 这是写在一份《俄国社会民主工党的选举纲领》(见本版全集第21卷第184—190页)传单上的附言。——编者注

知道情况。**已经有了**中央委员会批准和印发的纲领(在国内**已经印出了**这方面的传单,但是我们**只有一份**,不能送上。因此转抄一份寄给你们),应该**停止制定**纲领了。特别愚蠢的是制定**合法的**纲领。**所有一切**有关纲领和《纲领基础》的文章,一定要由作者署名,并且要**标明**"试评"字样。

我特别要**再三**奉劝你们所知道的那个编委会**不要**批准任何纲领。除了中央委员会,任何人批准纲领,都是取消派的行径!此外,该编委会批准纲领实际上不会有什么好处。编委会要么表示赞成这个纲领,要么就不提这个纲领。

从巴黎发往彼得堡

载于1948年《列宁全集》俄文第4版第17卷

译自《列宁全集》俄文第5版第48卷第52—53页

55

致卡·胡斯曼

(3月28日以前)

亲爱的胡斯曼同志:

谢谢您寄来了巴黎的"决议"[134]。

我已经写信告诉过您,俄国社会民主工党代表会议谴责了瓦解我们党而在国内又不能代表任何人的取消派和各种国外集团①。目前在巴黎投票通过上述决议的恰恰就是这一类集团。按

① 见本版全集第21卷第159—160、162—163页。——编者注

照惯例，所有被判定有罪的人都有权利在24小时之内咒骂自己的审判官。签署这个决议的人把这种权利用得太广了，甚至可以说是滥用了这种权利。这是一方面。

另一方面，也有一些集团**曾被邀请参加**代表会议，但是他们不愿意参加。现在他们“提出抗议”，企图召开另一个代表会议，祈求众神来证明他们是主张统一的。好一个别出心裁的统一办法！等着瞧吧，看他们能否在国内做出什么大事来。在巴黎通过骂人的决议是轻而易举的，在国内做点实际工作却难乎其难了。当然，现在有权代表国内说话的已经不是巴黎、维也纳等等方面了。

无论如何，签署巴黎决议的人开始谈“分裂”是有些迫不及待了。要肯定分裂的存在，就必须肯定**俄国国内**存在着两个（至少！）中央委员会。但这在目前还是没有的事。

至于普列汉诺夫公民，中央委员会在一个多月前就已把代表会议的决议通知他了。他不予置答。因此目前我完全不知道，普列汉诺夫公民是否有（并由**哪一个**中央委员会授予）全权参加社会党国际局。

亲爱的同志，如果您比我幸运，就是说，如果您收到普列汉诺夫公民的答复，就请费神告诉我。

致兄弟般的敬礼！

完全属于您的　**尼·列宁**

从巴黎发往布鲁塞尔

原文是法文

载于1930年《列宁文集》俄文版
第13卷

译自《列宁全集》俄文第5版
第48卷第55—56页

56

致格·康·奥尔忠尼启则、苏·斯·斯潘达良、叶·德·斯塔索娃

1912年3月28日

亲爱的朋友们:我**深为**我们(同你们)之间的来往和联系**完全**瘫痪而感到烦恼和不安。有些情况确实令人失望!你们给我写来的不是信,而是一些电报式的简短的感叹,从中什么也了解不到。

(1)伊万诺维奇一点消息也没有。他怎么了?在什么地方?情况怎样?迫切需要派一个有合法身份的人去彼得堡或彼得堡附近,因为那里的情况很糟糕。斗争激烈而艰巨。我们既得不到情报,也缺少领导,更不能对报纸进行监督。

(2)代表会议的代表没有一个人同我们联系。一个也没有,一次也没有。真是完全乱了套!

(3)在决议中注明由哪个组织作出,表示赞同代表会议的决定,肯定曾经派出过代表而且代表已经回去作过报告——这样有条有理、清楚明确的决议,没有一个地方寄来过!!这种正式决议同尽是"相当好"、"真棒"、"胜利了"等字眼的私人来往的信件大不相同,难道不是显而易见的吗?基辅和萨夫卡城[135]也都没有决议送来。尼古拉寄来过一封信,写了许多欢呼的词句,但完全让人摸不着头脑,既不适合公开发表,也不适合正式引用。所有的决议都宣读过了吗?内容是否都同意?就代表会议作出的决议内容怎样?有没有同当地的取消派搞联合?对这些主要的基本的问题,

没有一个(没有一个!)在信中作了任何回答。这个城市(这个城市极端重要!)的联络点,一个也没有转告我们。难道这不是瓦解吗?难道这不是拿工作开玩笑吗?

(4)没有一个地方寄来要求经费的决议,一份也没有!简直是丢脸。

(5)无论梯弗利斯或巴库(这是两个极重要的中心)都没有一点明确的消息,报告作了没有?决议在哪里?真丢脸!

(6)没有一个地方送来过一份翻印的"通知"或者哪怕是它的**一部分**,既没有铅印的,也没有胶印的!丢脸。

(7)有关纲领的事也不见确切的书面答复。纲领刊印吗?什么时候?全部内容都同意吗?我们应当把它刊登在中央机关报上,但是没有确切的消息。

(8)必须对所有组织再作一次巡视。各地必须就以下问题通过确切的、正式的、详细的、清清楚楚的和毫不含糊的决议:(a)关于代表会议的代表性及其实质,(b)接受中央的领导,(c)反对取消派——具体地说反对当地的取消派和一切取消派,(d)要求经费。

(9)经济状况很糟糕,请把授予我们起诉权的决定寄来。德国人已经拒绝。如不诉诸法庭,再过三四个月就会彻底破产。

(10)如果你们那里经费**没有**来源,就应当立即彻底审查预算,——我们已经超支,快要破产了。

(11)3月26日的《前进报》以编辑部的名义发表了一篇疯狂而卑鄙的反对代表会议的文章[136]。显然,这是托洛茨基干的。代表会议引起了一场大战,而国内却默不作声。不要逞英雄和说大话;所有的人都知道《前进报》和抗议的事,然而国内却没有任何表示。

总括起来,就是:瓦解和涣散。要巡视并建立联络点。按时通信。要翻印通知,胶印的也行。否则,一切都是吹牛。

列　宁

请把这封信转交给C.以便继续传阅。敬礼!

从巴黎发往梯弗利斯

载于1934年《红色文献》杂志第1期

译自《列宁全集》俄文第5版第48卷第53—55页

57

致卡·胡斯曼

1912年4月5日

亲爱的公民:

您的第5期通报收到。现随信附上一份正式报告①,请转发给遵守一切既定规章、参加国际联合会的各党的书记。

此外,亲爱的公民,关于您所写的第5期通报的按语,我想向您提出一个请求:有一点我没有完全弄懂,劳驾请作些解释。问题如下。在您的按语的第二句话里提出了一条在我看来是很好的原则:您提出,书记处有责任(向所有的组织)转发**遵守一切既定规章、参加国际联合会的各组织送来的**和国际局委员送来的文件……　这是完全正确的。可是,亲爱的公民,您的按语的第一句话就说到:您把巴宾公民寄来的抗议决议[137](多蒙您好意告诉我)通知了参加联合会的各党,——您不认为,这显然同这个原则相悖

① 见本版全集第21卷第221—224页。——编者注

吗？巴宾是否代表一个组织，他代表哪一个遵守一切既定规章、参加联合会的组织呢？也许巴宾是国际局委员？如果他是国际局委员，那么，他代表哪一个组织呢？还有，哪一个参加联合会的组织应为巴黎决议对国际局负责呢？如果您能消除我的疑问，亲爱的公民，我将无限感激您。

致兄弟般的敬礼！

尼·列宁

从巴黎发往布鲁塞尔

原文是法文

载于1963年《苏维埃俄罗斯世界手册》杂志第1—2期合刊

译自《列宁全集》俄文第5版第48卷第57页

58

致格·康·奥尔忠尼启则、苏·斯·斯潘达良、叶·德·斯塔索娃[1]

(4月初)

不要对国外取消派的行径掉以轻心。有人对国外取消派不屑一顾，或“一骂了之”，那就大错特错了。如果取消派同崩得＋高加索区域委员会＋拉脱维亚人＋知识分子取消派召开一个代表会议，就会把许多人引入歧途。而这个会议他们是开定了的！必须

① 这是写在娜·康·克鲁普斯卡娅的信上的附笔。——俄文版编者注

顽强地、严肃地、有条不紊地展开斗争。要到各地去解释清楚取消派的骗局。你们要把最近一号《工人报》上的小品文翻印成传单[138]。我建议马上印发一系列传单(一定要把代表会议的一切重要决议包括在内)。通过传单你们将能赢得一切。办《消息报》[139]要非常小心。报纸是警察寻衅找碴儿的一大目标。而最重要的是要坚持到选举。请记住,**没有**代替的人。

从巴黎发往梯弗利斯

载于1950年《列宁全集》俄文第4版第35卷

译自《列宁全集》俄文第5版第48卷第58页

59

致俄国社会民主工党中央委员会俄国局①

1912年4月16日

亲爱的朋友们:看在上帝面上,多和我们联系吧。联系,联系,再联系,这就是我们所缺少的东西。没有联系,一切都是靠不住的。请记住,已经有两个人退出了舞台,还没有人能代替他们;没有联系,再遭受一两次挫折,一切都会垮台。必须在每一个区域建立同我们**联系的**区域委员会(或者就只成立受委托的**代办员**小组)。不这样,一切都是不牢靠的。在出版方面,必须加紧翻印关于选举的决议[140]**全文**,使得**各地方**都有**完整的**决议,并且要送到群众的手里。

关于钱的问题,现在不要再对德国人抱天真的幻想了。托洛

① 此信寄俄国社会民主工党基辅委员会代转。——编者注

茨基在那里影响很大,而且还在**疯狂**争取。请务必把委托书寄来以便办理起诉事宜,否则将一无所获。五月传单已寄往各地。我建议用传单形式印发关于选举问题的告农民书(采用《工人报》的文章:农民和选举[①])。一定要翻印《工人报》上的小品文,这是对纲领的必要补充,在纲领中漏掉了一段关于社会主义的极重要的话。请来信! 多多联系。

敬礼!

附言:《前进报》登载的谎言无耻到了极点,竟然说全俄国都赞成崩得-拉脱维亚人的代表会议。托洛茨基之流这样写,德国人也就相信他们的话。总之,托洛茨基在《前进报》上可以随心所欲。国外栏的主编希法亭是托洛茨基的朋友。

发自巴黎

载于1950年《列宁全集》俄文第4版第35卷

译自《列宁全集》俄文第5版第48卷第58—59页

60

致卡·胡斯曼

(4月19日以前)

亲爱的胡斯曼公民:

我完全同意您的意见,并像您一样认为,国际局不能充当转发

① 见本版全集第21卷第218—220页。——编者注

论战材料的中介人。我还认为,阻止这种现象的最好的和唯一的办法是:只转发在国际局中有代表的各党最高机构寄给您的并同这些党有关的文件。我曾不能不把我党代表会议的各项决定通知您,因为这次代表会议恢复了当时已不存在的党中央委员会;当然,如果俄国社会民主党的另一个中央委员会提供消息,我也不会反对加以报道,但是我认为自己有责任反对转发各国外集团的论战材料。

您还问我对您要求召开共同的代表会议的号召书草案有什么意见。我认为,在这个时候这样做并不恰当;不过我并不把自己看成是不偏不倚的,所以我想引述一下波兰人的意见(参看《前进报》)。波兰人拒绝了参加我们的代表会议,但他们也拒绝了参加崩得打算召开的代表会议,说这是取消派的代表会议。还是等一等为好:让我们看看,取消派的代表会议是否会举行,这次会议将做些什么。

日内我将寄给您几份相当有意思的文件,这些文件会使您更好地了解俄国社会民主工党的状况。

您的　**尼·列宁**

从巴黎发往布鲁塞尔

原文是法文

载于1963年《苏维埃俄罗斯世界手册》杂志第1—2期合刊

译自《列宁全集》俄文第5版第48卷第59—60页

61

致《明星报》编辑部

(4月22日)

亲爱的同事:今天寄上一份收入《选民手册》的新材料。至此全部材料差不多齐了,再过两天还会有一两篇短文从这里发出,随后你们还会收到从特维尔寄出的一篇关于预算的文章。

(1)恳请再翻印一次《明星报》第34号(1911年12月17日)上发表的弗雷的文章:《工人复选人在选举运动中的作用》(1911年12月31日《明星报》第36号上还有他的一篇关于农民复选人的作用的文章[①],如能一并翻印则更好)。不要一味缩小篇幅,最好出版一个内容齐全、能明确指导选举的、有用的大东西。不要单纯考虑价格便宜和篇幅短小;最好出版像样一点的东西。

万一实在无法出版全部文章,务请将未发表的文章原稿退回。

(2)迫切需要注意按时通信。让你们的秘书直接写信到我这里来,不必经过阿尔卡雄,以免拖延。请给我一个同你们通信的更合适的地址。

(3)不回答取消派是毫无理由的。这是一个大错误。可以而且应该回答他们,但关于代表会议一个字也不要提,对《现代

① 见本版全集第21卷第43—54页。——编者注

事业报》的每句谎言都给以这样简单明了的回答:《现代事业报》在某某号上也像所有的取消派一样撒谎。必须回答,否则你们就吃亏了。

(4)如果普列汉诺夫写文章,应该把他的文章的条样寄来。否则就形成我们所不能容许的“特权”,要小心谨慎。如果给了普列汉诺夫写文章反对代表会议的特权,而我们却不能写拥护的文章,那你们就是迫使我们退出,要知道,在我们不能赞扬的时候却准许人家谩骂,这是卑鄙的。

(5)请务必把以下各号报纸夹在《新时报》[141]里用一个特殊邮包寄给我们:1911年夏《明星报》第24和25号、第18(总第54)号、第19(总第55)号、第22(总第58)号、第23(总第59)号(这几号我们都没有),以及《现代事业报》第11号和26号。被没收的几号请另外卷在右派报纸里寄来。

(6)关于日报的事情请尽快告诉我。版面多大?可以寄去多大篇幅的文章?

(7)请尽量少花钱而把第三届杜马的速记记录(特别是1911—1912年各次会议的)买到。请来信。

从巴黎发往彼得堡

载于1923年《〈明星报〉和〈真理报〉时期(1911—1914年)文献专辑》第3辑

译自《列宁全集》俄文第5版第48卷第60—62页

62

致沃·阿·捷尔-约翰尼相

1912年5月5日

亲爱的同志：

我不知道，您是否已经获悉我们共同的朋友、在柏林介绍我们两人相识的苏连·斯潘达良的令人悲伤的消息。他在巴库被捕了。他的妻子写信给他父亲说，没有人照顾他，说他没有被褥，什么都没有。没人给他送牛奶，等等。他父亲告诉我，他在巴库有许多熟人，他已经给**一个人**去了信。为什么只给一个人去信呢，我不知道。

斯潘达良的父亲住在这里(巴黎　皮埃尔·尼科尔街19号　尼科尔旅社)。他看上去病得很厉害，又很苍老。儿子曾答应想一切办法从巴库给他寄钱——由于被捕而未能寄。父亲没有钱，人家要赶他搬走。他的处境十分可悲，简直走投无路。

我们借给了他一点钱。不过我还是决定写封信给您。您大概是认识斯潘达良在巴库和巴黎的一些熟人和朋友的。斯潘达良的父亲曾不止一次地寄过信，可是常常忘了写地址。因此，我很担心，恐怕他的信寄不到巴库。不知道您在巴库是否认识什么人，能否去信谈谈苏连的情况，请求照顾他一下？

此外，如果您的熟人中也有认识他的，能够照顾一下他的父亲，也是非常需要的。听说，父亲有个有钱的儿子在叶卡捷琳诺达尔。最好您能给这人也写封信，写得**坚决些**，要他给父亲多寄些钱来,好让父亲还清债务,离开这里。

我想,为了斯潘达良父子俩的事,您一定会尽力而为并写封短信告诉我有关情况的。

您的情况如何?我一直盼着您告诉我一点有关您的消息。研究社会民主党文献的事情是否搞起来了?您是否成了社会民主党人和布尔什维克?

衷心祝愿您一切都好!握手!

您的　**列宁**

巴黎(XIV)　玛丽·罗斯街4号　弗拉·乌里扬诺夫

发往柏林

载于1930年《列宁文集》俄文版第13卷

译自《列宁全集》俄文第5版第48卷第62—63页

63

致乔·迪科·德拉埃

(5月20日以前)

请与一位法国人合作修改,千万抄写**清楚**。

使迪科能在10分钟内**一口气**读完!![1]

上述文件——其中包括一份极其重要的文件:考茨基和蔡特

① 原信用法文写成,这一句是用俄文写的。——俄文版编者注

金1911年11月18日的信[142]——非常令人信服地证明了以下事实：

1910年1月在巴黎签订了由**协议双方**达成的**协议**。中央委员会全体会议代表一方；"**列宁派**"(乌里扬诺夫派)代表另一方。[143]这一事实，即使是写1911年11月18日那封信的考茨基先生和蔡特金女士，也是无保留地承认的。他们承认：(1°)有**协议**；他们承认(2°)，协议的一方是**列宁派**，另一方是中央委员会全体会议。

协议的内容怎样呢？

这从上述文件中可以非常准确地查明。协议内容如下：梅林先生、考茨基先生和蔡特金女士承诺"**最后决定**"(参见通知书第3页)那笔有争议的钱是否应当归还和归还给谁的问题。另一方面，列宁承诺(按梅林先生、考茨基先生和蔡特金女士1911年6月30日信中的说法是"**他答应**"，见通知书下文)将属他所有的那笔钱**转交**上述人士。

总之，不容置疑的是，梅林、考茨基和蔡特金曾经担任过**仲裁人**。他们自己在1911年11月18日的信中谈到的那个协议，就是**关于仲裁法庭的协议**。

从考茨基和蔡特金1911年10月2日、1911年11月16日以及1911年11月18日的三封信中可以清楚地看到，**三位**仲裁人——首先是梅林(1911年8月)，其后是考茨基(1911年10月2日)，最后是蔡特金(1911年11月16日)——**全都放弃**了仲裁人的权力和那笔有争议的钱的"保管人"的权力。[144]

三位仲裁人全都辞去自己的职务。

现在的问题是：仲裁人辞职(自动弃职)之后的情况又如何呢？

照常理,照最准确的法律——法国民事诉讼法典中的条款;德国民事诉讼法典的第1033款——来看:

一旦仲裁人自动弃职,甚至即使其中一人自动弃职,仲裁法庭的职能即告消失。

因此,毫无疑问,1910年1月签订的协议**即告失效,已不复存在**,现在这一协议对"列宁派"同(中央委员会全体会议的)其他派别的关系,以至列宁派同三位前仲裁人——梅林、考茨基和蔡特金的关系,都失去了约束力。

有关仲裁法庭的协议由于仲裁人辞职已不复存在;**再也没有任何协议了**。

现在重要的是协议所涉及的钱财方面,至于协议是否具有充分的法律效力,协议双方是否是法人等等,等等,这类问题完全没有任何意义。所有文明国家的民事诉讼法典都维护签订仲裁法庭协议的自由,维护仲裁法庭的一切无疑是合乎规定的裁决的合法性,**不容许一般法官讨论仲裁人的裁决**。

既然仲裁法庭不复存在,剩下的唯一的一个问题就是:前仲裁人应当如何处理由他们保管的钱财?

毫无疑问,在废除1910年1月签订的仲裁法庭的协议后,前仲裁人应当使事情恢复到协议签订**前**即1910年1月**前**的状态。有争议的钱应当归还给列宁,他在1910年1月**前**是这笔钱的**所有者**。

蔡特金女士应当把钱退还给列宁,她是从列宁那里接受这笔钱的,所有三位仲裁人不止一次承认列宁是协议双方中的一方代表,即承诺将钱交给仲裁人的那一方的代表。

所有文明国家的民法法典都适应了现代社会的法的规范,——对这个问题的解决都十分明确:

——或者协议双方提名的仲裁人作出正确的裁决;那么根据国家法律,这项裁决**将**强制(以强迫的方式?)**执行**;

——或者仲裁人不能履行自己的职责;——那么他们应当立即把由他们保管的钱退还给向他们交出这笔钱的人。

蔡特金女士作为这笔钱的原"保管人",应当将钱退还列宁。这一点是不应该有怀疑的。

必须补充说明的是,列宁提出归还钱的请求,得到了伊丽莎白·巴甫洛夫娜·伊格纳季耶娃女士在一封信中的**道义上的**支持。伊格纳季耶娃女士执行了已经去世的这笔钱的所有者的遗愿。她以最令人信服的方式证实,向以列宁为代表的政治派别转交这笔钱,正是这笔钱的所有者(她哥哥,死于俄国监狱)的遗愿。

对于仲裁人的辞职(自动弃职)以及由两位仲裁人署名的1911年11月18日那封信,有一点必须指出:

法律上明文**禁止**仲裁人在开始履行职责后擅自**放弃**权力——(现在梅林先生、考茨基先生和蔡特金女士的行为就属于这种情况!)

梅林先生、考茨基先生和蔡特金女士违犯了这条法律。

他们当了逃兵。

根据法律,他们应受法庭的追究,因为他们没有履行自己的职责,——他们应受追究,还因为他们的行为给列宁造成了损失,列宁将钱转交他们的唯一目的,是要他们作出仲裁。

考茨基先生和蔡特金女士1911年11月18日写的那封信是对法律彻头彻尾的违犯,最不能容许的违犯——违背法律、放弃了仲裁人的权力的人,竟然还想继续充当仲裁人和"保管人"! 他们破坏了第一个协议(该协议责成他们作出仲裁),却要求(!)协议双方订立新的协议!!

要列举1911年11月18日那封信所包含的全部无稽之谈和违法之点是不可能也是不必要的。无须多说,单凭这一封信,任何一个法庭都可以无条件地谴责蔡特金女士和考茨基先生。

结论:列宁应当作最后一次尝试,用友好协商的方式力求使收回这笔钱的无可争议的权利受到承认。如果蔡特金女士拒绝,则列宁应诉诸法庭。

组织新的仲裁法庭是行不通的——那会是一个保留了前仲裁人的仲裁法庭……

原文是法文　　译自《列宁文集》俄文版第38卷第57—60页

64

致 某 人

(5月20日以后)

这是蔡特金女士(和考茨基先生)1911年11月18日的信

(拒绝退钱,并证实三位仲裁人全部辞职)。

此信的法文译文我已在1912年5月20日转交迪科·德拉埃先生。

原文是法文　　译自《列宁文集》俄文版第38卷第61页

65

致乔·迪科·德拉埃①

1912年6月1日于巴黎

亲爱的同志：

随信再附上一份可能会使您感兴趣的文件。

如能来信告知您已收到这份文件以及我妻子5月23日寄给您的那些文件，并约定同我的会面的时间，我将不胜感激。[145]

亲爱的同志，请接受我兄弟般的敬礼！

弗·乌里扬诺夫

原文是法文

译自《列宁文集》俄文版第38卷第61页

66

致波·尼·克尼波维奇

1912年6月6日

亲爱的同事：非常遗憾，我寄给您的第一封谈论您的书[146]（很感谢您寄来这本书）的信遗失了。纯粹学术性质的信件会丢失是

① 在信封上列宁写着："**巴黎　克利希林荫路58号　迪科·德拉埃先生收**"。——俄文版编者注

不可思议的,但在我们这里竟然是可能的事情。由于没有留下抄件,我只好凭记忆重写。

我非常满意地读完了您的书,看到您着手写一部重要的大著作,我很高兴。通过这部著作,大概完全可以检验、加深和巩固对马克思主义的信念。

现在谈谈我在阅读时的一些想法。我觉得,在估计“分化”的结果时,有些地方忽略了农村人口外流的事实。举个例子来说明我的这种看法:第一种情况是,100户中有25户是无马户或无耕地户=25%。第二种情况是,150户中有36户是无耕地户=24%。看来,分化不是缩小了吗?但是既然有30户或者30家离开农村流入城市,迁往别处等等,那么**实际上**无产阶级化加剧了。我认为这是一个典型的例子。统计引用的往往是现有农户,因而成了“狭隘的统计”,有时把最主要的东西遗漏了。

其次,作者肯定地和一再地说自己的研究对象只限于经济的**农业耕作**方面,然而他在结论中却不知不觉地将题材扩大,谈到整个**农业**,有时甚至谈到整个经济。由此就会产生错误,因为农民“分化”(即无产阶级化)和资本产生的一系列因素都因此**被忽略了**(例如,雅罗斯拉夫尔省的商品畜牧业以及在农业专业化条件下渗入农业的其他交换形式)。

再其次,在一长串数字后面,是否有时忽略了农户的**类型**即农户的社会经济**类型**(大业主-资产者、中等业主、半无产者、无产者)呢?由于统计资料本身的**特性**,这种危险性是**大有**可能存在的。“一长串数字”是吸引人的。我想建议作者考虑这种危险性:我们的“讲坛主义者”一定会用这种办法完全**扼杀**资料中生动的马克思主义的内容,把阶级斗争湮没在一长串、一长串的数字中。本书作者固然**没有**这样做，但是在他所写的一部巨著中，特别应当注意到这种危险性，注意到讲坛主义者、自由派和民粹派的这条“路线”。当然，既要注意到，又要**铲除掉**。

最后，出人意料，突然冒出来一个马斯洛夫。为什么会这样呢？怎么搞的？要知道，他的理论离马克思主义远得很。民粹派正确地称他为“批评家”(＝机会主义者)。或许，作者相信他是非常偶然的？

这就是我在阅读这本有意义的重要的著作时的一些想法。握手！并祝工作顺利！顺便向您全家，特别是那帮“运水驽马”**147**(还记得吗？)问好！

您的　**弗·乌里扬诺夫**

写于巴黎

载于1928年《布尔什维克》杂志第7期

译自《列宁全集》俄文第5版第48卷第63—65页

67

致乔·迪科·德拉埃

1912年6月10日于巴黎

亲爱的同志：

6月15日我必须离开巴黎。

因此十分必要使我们的协议书能最后修改好并最迟在6月14日星期五签字。

鉴于上述原因，现将我草拟的协议书寄上，请及早来信约定会面时间。①

亲爱的同志，请接受我兄弟般的敬礼！

弗·乌里扬诺夫

同乔·迪科·德拉埃律师的协议书草案

迪科·德拉埃先生负责组织律师小组，即加聘两名律师，其中一人应是社会党党员。

该律师小组应当拟出并签署一份立论充分的结论，其内容包括：

1. 主要的和有决定意义的文件（即必需的、足以向法庭说明乌里扬诺夫先生起诉理由的文件）的**全**文。

2. 对这些文件作出深刻而周密的分析，证明蔡特金女公民不对，她应当立即将那笔有争议的钱归还给乌里扬诺夫先生；如果她拒绝这样做，就是滥用信任。

3. 对此案法律上的障碍作出分析（如果存在这种障碍的话），证明这类障碍是虚构的，证明乌里扬诺夫先生可以而且应该向斯图加特法院控告蔡特金女公民。

乌里扬诺夫先生负责付给迪科·德拉埃先生5 000法郎酬金，条件是律师小组作出的这种结论和迪科·德拉埃先生认为是有利而采取的其他措施能促使蔡特金女公民在**1912年8月1日前**将钱归还给乌里扬诺夫先生。

---

① 在这封信的信封上列宁写着：**巴黎**(XVIII) 克利希林荫路58号 上诉法院律师**迪科·德拉埃先生**收。——俄文版编者注

否则,乌里扬诺夫先生负责付给迪科·德拉埃先生的酬金为?。——这里我应当把已经对您说过的再说一遍:我们现在只可能付出一个非常、非常有限的数目,正因为如此,我们才提出在胜诉的情况下将可能付给很高的酬金。非常可能,只要处理得当,这个案子会不经任何诉讼而获得完满的结果。任何一个严肃的法学家都不会否认下述原则:

“在双方签订仲裁协议,并且一方将有争议的钱转交三个指定的仲裁人保管后,只要仲裁人有**一人**辞职,仲裁协议便告失效,‘保管人’即应该将款归还原交款人。”

可能出现的唯一障碍是仲裁协议**未经签字**。但是这个障碍是一种假象,因为有三位仲裁人一道签名的那封信已经证明,是乌里扬诺夫先生答应将钱交给他们的。由此可见,首要的事实——存在仲裁协议——已被证实;至于民法,它完全不会干预仲裁协议的**内容**,干预问题的**实质**以及仲裁人原有的**动机**(道义的,政治的等等),——民法所要保障的是遵守形式上规定了的义务:乌里扬诺夫先生尽到了自己的责任,将钱交给了**仲裁人**,然而仲裁人,特别是前仲裁人蔡特金,**没有尽到自己的责任**,因此他们应当将钱归还。

如果律师小组将自己的结论通知:(1)蔡特金女士;(2)德国党执行委员会主席倍倍尔先生;(3)符腾堡社会党执行委员会,——那么极有可能蔡特金女公民会承认自己理亏而归还那笔钱。

我的这位对手的诡辩——我通过私人途径已有所了解——特别值得研究。这种诡辩的内容是:姑且说我们有责任归还款子,可是还给**谁**呢?难道已经证明这笔款子的所有者就是乌里扬诺夫先生吗?难道他不是**用**某个派别和中央委员会等等的**名义**行事的吗?

如果蔡特金女公民采用这种诡辩,那她的辩护必定是无力的。要知道,仲裁人的任务就是要决定款子过去属于谁、现在属于谁以及应当属于谁的问题。既然仲裁人已提出辞呈,他们便再也没有权利提出所有权的问题,各种不同派别之间的关系问题,等等,他们只应当将款子归还给原来将该款交付给他们的人①(**在仲裁人的全部信件中都被看成是**一方或协议双方中之一方的**那个人**)。

我本人曾是律师,研究过法国的法律和**德国的法律**如何处理仲裁协议所形成的各种关系。我毫不怀疑,蔡特金女士是完全没有道理的。如果难以找到精通德语的法国律师②,那么,我倒可以给您翻译德国民事诉讼法典中的一些有关条文③和最有名望的德国著作家豪普和施泰因的注释。

附言:要证实的还有(而这完全不难):发表在中央机关报《社会民主党人报》上的那份宣言[148]也就是仲裁协议的内容,"保管人"也就是仲裁人。

原文是法文

译自《列宁文集》俄文版第38卷第62—65页

① 在这里列宁作了补充:"而且**在仲裁协议签订前**是这笔钱的占有者和'保管人'"。——俄文版编者注

② 法国法律:民事诉讼法典第1012条。

③ 德国法律:《民事诉讼法》第1033条。见达洛兹的**定期汇编**,1889年版第1卷第32页:"如果仲裁人之一辞职并声明意欲拒绝履行其义务,仲裁协议即停止生效,因而也就不能履行协议"(上诉法院分院裁定)。

菲济耶-赫尔曼:《全书》第4卷第532条:"仲裁人之一辞职,就足以宣告仲裁协议无效。"

68

致乔·迪科·德拉埃

(6月15日)

亲爱的同志：

随函附上一封信的译文，这封信公布在一个宣言中，它的俄文抄件我已转给您了。

亲爱的同志，请您同我约定在**星期一早晨**会面一次，因为星期一晚上我将离开此地。

能否在星期一上午9时或10时同您交谈一次，请用气动递送回复。①

致兄弟般的敬礼！

弗·乌里扬诺夫

巴黎(XIV)　玛丽·罗斯街4号　弗·乌里扬诺夫

原文是法文

译自《列宁文集》俄文版第38卷第65页

---

① 在该信的信封上列宁写着：“**气动递送**　**巴黎**　克利希林荫路58号　迪科·德拉埃先生收。”

69

致列·波·加米涅夫

(6月28日以前)

亲爱的列·波·:

……①我感到奇怪,您怎么一封信也不写来。我们必须使联系正常一些,特别是您写信要勤些。大家都说:"巴黎会松劲"。那里的事现在是您负责,就是说,您不应该让这种状况出现。要把人们召集起来,哪怕每星期一次也行,同他们谈谈,把他们组织起来,还要每天去看看阿列克谢,通过他给整个小组打打气。不能"扔下自己人"不管。不能使主要(到目前为止)的中心陷入无组织状态。可要记住,那里的事由您负责!! 要把国外组织委员会[149]召集起来开会,给这个组织鼓鼓劲:我到过莱比锡,听到很多对国外组织委员会不满的话,说它什么事都不干(与国外小组的中央局[150]不同)。而人们却在等待它寄传单(**所有**在巴黎印的)、简报、信件……　要安排好这……

紧紧握手!

您的　**列宁**

从克拉科夫发往巴黎

译自《列宁全集》俄文第5版
第48卷第65—66页

---

① 信的手稿已部分损坏,此处及以下几处有几个词无法辨认。——俄文版编者注

70

致《真理报》编辑部

(7月2日和9日之间)

尊敬的同事:

收到您寄来的一包全套《真理报》和《涅瓦明星报》[151]。① 恳请您再将我缺少的几号旧《**明星报**》补寄给我(这几号的清单您那里应该有)。如果您那里没有我们所缺的这几号的清单,就请告诉我,我立即寄去。

同时收到您关于撰稿问题的一封详尽的来信①。我们将尽力完成这个十分庞大的计划中我们能够完成的那一部分。不过必须再次指出,不寄来下面两样东西,根本无法继续工作:

(1)钱。办事处已欠下200卢布,这是本来就该寄的:俄历6月1日100卢布,6月15日100卢布。必须赶快付清这笔欠款,并照商定的那样,按指定日期准时寄出。

(2)必须把新**书**、参考书等等寄来。不把新书寄来,您的撰稿计划连十分之一也**无法**完成。在上一封信里我已经寄去一张书单,请答复,是否能全部寄出。

再者,您在信中要求告诉您,“还要我们寄哪些报纸”。清单已在上一封信中寄给您了,我只有再重复一下我的要求,请您发电报

---

① 您的来信盖有6月18日的邮戳。但6月17日的《**涅瓦明星报**》我们**还没有**!!请关照一下,要**按时**寄出。

通知我:“报纸已订”;否则稿件的寄送就会**中断**。

关于辛克莱的长篇小说我们准备给莱比锡去信问一下。这可是从英文翻译的。也许您想要根据德文**译本**进行翻译吧?

愿为您效劳的　**弗·乌里扬诺夫**

附言:关于**农业问题**,尤其需要**最近出版的**书刊——**政府的**和**地方自治机关的**。务必在最近一号上登一个启事:恳请将**所有**这类书刊寄来,本报**负责**刊登这类书刊的目录和对其中最重要书刊的**评介**。

奥地利　克拉科夫　兹韦日涅茨街L.218号

弗拉·乌里扬诺夫

同样非常需要《**涅瓦呼声报**》[152](我们缺少**第4号**和**以后的几号**)和工会出版的**各种**书刊。没有这些,您希望办的关于劳动同资本的斗争那一栏就**无法**办起来。又及。

我不能不请您注意文章里那些看了极不舒服的印刷错误。刚才收到(不是从报纸的办事处,也根本不是从圣彼得堡)《涅瓦明星报》第13号。在一篇以“非自由主义怀疑论者”署名的文章[153]中,“利用”竟印成了“信奉”!!

而这篇文章作者的字迹是完全不难辨认的。而且对他的字迹,不管排字工人还是校对者,都不可能不十分熟悉。再说,即使按照意思,校对者也应该很容易看出错误。

希注意,要使**类似的**印刷错误少一些。

您答应寄的5份《真理报》第43号现已收到,但是**第41号**和第42号我这里没有。请把这两号也各寄5份来。又及。

发往彼得堡

载于1933年《列宁文集》俄文版
第25卷

译自《列宁全集》俄文第5版
第48卷第66—68页

71
致《真理报》编辑部

(7月19日)

尊敬的同事:

现再寄上伊·格利卡的一篇文章。作者提出:**希望能预支稿费**。

必须马上给他回信(可以通过我,但**一定**要**另**纸书写)。作者现住伦贝格,专门**研究**自己的专业,这样的撰稿人应当拉过来。再一次建议给他预支稿费,**并且无论如何**要**马上**给他回信。

注意:如格利卡的文章不适用,必须立即退回!

邮件已经收到,但不能不感到遗憾。

书只有**一本**! 请来信告知原因。寄编辑部的其余书籍是否都被别的工作人员取走了? 长期还是永久? 如果是这样,务请设法寄来**暂时**用一下。再重复一次,没有书就**不能**工作。

办事处更应注意这件事情。

《选民手册》**在出版两个半星期后**才收到! 而寄**快邮**也只要**5戈比**……

报纸还是迟到。我们没有报纸看,或许还要等两三天。

我建议派一位记者到市政管理委员会了解一下收到了①**多少**房屋租赁人的申请书[154],并开始**系统地**刊登有关这方面的消息(鼓励成绩好的区,号召成绩不好的区赶上去)。所剩的时间已经很少,报纸必须把这项工作**完全**承担起来。

应当通过熟悉的统计人员(或者由编辑部以至国家杜马代表正式出面)从市政管理委员会弄到第**一**、**二**、三届国家杜马选举的**全部**统计资料(如果没有,可买当年当月的《**言语报**》或其他报纸)+彼得堡方面的统计资料(住宅、居民及其他)。手头有了这些材料,再加上精明能干的记者每天或每星期两三次到市政管理委员会去采访,就能**很好地**在报上开辟有关选举进程的专栏。

您是否已将《真理报》寄给维也纳的《工人报》[155]?必须寄去,也请**把它的印刷品寄给**我们。

我建议在信箱栏给托洛茨基这样一个答复:"托洛茨基(维也纳):对于无理取闹、造谣中伤的信件,我们一概不予回答。"托洛茨基掀起的反对《真理报》的卑鄙运动,完全是一派谎言,造谣中伤。一位著名的马克思主义者,普列汉诺夫的追随者罗特施坦(伦敦)给我们来信说,他收到了托洛茨基的一封无理取闹的信,他回信告诉托洛茨基说:对于彼得堡的《真理报》,我没有什么好指责的。而这个好造谣中伤的取消派还在到处撒谎。

愿为您效劳的　**弗·乌里扬诺夫**

附言:在信箱栏这样回答托洛茨基可能会更好些:"**托洛茨基**

① 来自哪些区?哪些街?等等,要详细些。

(维也纳):您一再寄发无理取闹、造谣中伤的信件是枉费心机的。不会得到回答。"[156]

从克拉科夫发往彼得堡

载于1933年《列宁文集》俄文版
第25卷

译自《列宁全集》俄文第5版
第48卷第68—69页

72

致约·施特拉塞尔

(7月21日)

尊敬的同志:

如果您能将赖兴贝格出版的《**前进报**》[157]和您的小册子《工人和民族》寄给我们的党报《社会民主党人报》和《工人报》的编辑部,我们将非常感激您。

致真诚的党的敬礼!

俄国社会民主工党驻社会党国际局代表

尼·列宁(弗拉·乌里扬诺夫)

地址:奥地利 **克拉科夫** 兹韦日涅茨街218 弗拉·乌里扬诺夫

发往赖兴贝格

译自《列宁全集》俄文第5版
第48卷第69—70页

73

致《涅瓦明星报》编辑部

(7月24日)

尊敬的同事：

你们的长信已经收到，看来我们还要作反复的说明。

先谈一个细节问题。每行字2戈比的稿费是找不到通讯员的。目前没有钱，就只好满足于我们关于国外情况的来稿了。

现在谈主要问题。你们埋怨报纸单调。但是，如果不刊登**论战文章**，如果把**加米涅夫的文章**大删特删(他的文章是用**另一种**调子写的)，如果使一切都适合于"积极的取消主义"，那么情况永远会这样。此外，如果你们不刊登，甚至不答复，不退回寄给你们的文章(如我的文章：答布兰克——**很重要**——和《永不熄灭的希望》[158]以及**几篇别的文章**!!)，那么撰稿人都会被你们赶跑的。

请看，《涅瓦呼声报》就办得生动一些。它不怕论战。它挑起论战。它大胆地把话说透。

《明星报》和《**真理报**》回避"迫切的难题"，因而**使自己**成为枯燥、单调、索然无味和没有战斗力的刊物。社会主义的刊物**应当**进行论战，因为我们这个时代是一个混乱不堪的时代，没有论战是不行的。问题在于：是生动活泼地进行论战，向论敌进攻，独立提出问题呢？还是仅仅枯燥无味地进行防御？

例如，“一位《明星报》拥护者”在第16号上就回答得很好。显然这是一个有原则的人。但是，他毕竟未能打消《涅瓦呼声报》第6号在**各地**引起的**严重**忧虑[159]（我收到了**许多**信件）。究竟是怎么回事？**开过**会议吗？谁开的会议？干什么？这一切都不清楚！可是不把这些问题弄清楚，**谁**都不会愿意工作。每个人都会说，我有权知道我**为谁**工作，我在帮助**谁**进入杜马？不会是取消派吧？不会是糊涂的调和派-托洛茨基派吧？我是否在参加编造（间接地）“共同的纲领”??

这类问题使人松劲，使人涣散。

而《涅瓦呼声报》却大胆进攻，气势汹汹。向工人们隐瞒分歧（如《真理报》所作的那样），是不应当的，有害无益的，可笑的。不能让**敌人**即《涅瓦呼声报》**先开始**谈论分歧。《真理报》如果**仅仅**是一个“通俗的”、“正面的”刊物，它就会**毁灭**，这是毫无疑问的。

如果它不怕论战，直言不讳地谈论取消派，如果它活跃起来，展开争论，刊登批驳阿克雪里罗得的小品文[160]等等，那么，它就很可能取得胜利。像阿克雪里罗得所写的那样的文章很吸引人：工人们**全**都听说有分歧，也都**愿意听听那谈起**事情来比我们大胆百倍的阿克雪里罗得的公开说明。**所有的**工人都听到了关于统一的纲领的谣传，所有的工人领袖都知道阿克雪里罗得的小品文，如果你们还沉默，那就要落后了！报纸要是落后，**就会毁灭**。报纸，无论《**涅瓦明星报**》还是《**真理报**》，都应该走在**大家前头**。《真理报》除了登两篇“正面的”文章外，还应当展开**论战**：刊登加米涅夫的文学短评、讽刺取消派的小品文，等等。单调和迟误都是与报刊工作不相容的。何况《真理报》还担负着一种特殊的极为重要的责任:“**它能率领谁**”——这一问题**所有的人**都在关心,**所有的人**都力图从字里行间找到答案。这个时候(4年一次,在选举前)会晤一下是很重要的,不同固定撰稿人会晤(即令次数不多)是不能办好报纸的。你们要好好地、尽快地**考虑**这个问题,因为时机是紧迫的。

握手!

乌里扬诺夫

从克拉科夫发往彼得堡

载于1923年《〈明星报〉和〈真理报〉时期(1911—1914年)文献专辑》第3辑

译自《列宁全集》俄文第5版第48卷第70—72页

74

致列·波·加米涅夫

(7月24日)

亲爱的列·波·:

昨天给您寄去了《涅瓦明星报》第16号。

《涅瓦呼声报》第6号也引起了我们极大的愤慨,我们已把一封表示愤慨的信寄给《真理报》。今天将再给《涅瓦明星报》第17号……①

① 信的手稿已部分损坏,此处及以下几处有几个词无法辨认。方括号内的文字是根据意思复原的。——俄文版编者注

关于"党的候选人",**不应**公开谈论,我们不妨放到中央委员会的传单上和《**工人报**》上去说。

这次迁居**在目前**使我们得到的收获是:(1)缩短一天路程;(2)阿布拉姆奇克来到(这是秘密)。他已经在这里了。看来,对边境上的事会有帮助。对圣彼得堡的选举**也**会有(更会有?)帮助;(3)有希望再安排**几次**会见。为此已派去**两个人**[161]。如果他们不出事的话,会有好的结果。但是整个事情会进展得很慢,而且还会有多次失败。

关于报纸的事应当这样办:您就订一份《**俄罗斯新闻**》[162](既然您自己选的也是这份报纸)(收到后隔4—5天给我们寄来,每星期约寄2次)。我们来付钱。从《**真理报**》那里搞不到更多的了:据说发行量已降到3万。境况艰难……

请把"**前进派**"的……[传单](我手头没有这东西)和所有巴黎的[传单]通过邮局寄来。您一定要把[国外组织委员会的]简报搞出来(暂时搞得简单些),包括巴黎[传单]的目录以及对它们的简短评论。

您是答应过到尤里那儿去拿有关普列汉诺夫的党内报告的材料的!直到现在还没有收到。请寄来!!

关于特·和格尔—涅,普列汉诺夫说了些什么呢?

您的　**列宁**

从克拉科夫发往巴黎

译自《列宁全集》俄文第5版第48卷第72—73页

75

致《真理报》编辑部

(7月27日或28日)

尊敬的同事：

你们关于“紧急事情”的来信已经收到，老实说，我是带着忧郁的心情读完它的。从这封信里可以清楚地看出，我们缺乏充分的相互理解，而这样的理解不仅在“紧急事情”上，而且在任何重要的事情上都是极端必需的。

事情确实是重要的，而且我同意你们的说法，是紧急的(当然不是指几天之内就要解决)。为了建立相互理解，应当面谈，而这只要花费4—5天的工夫和11+11+15+10=总共47卢布……

为了实现你们的请求，我现在正在尽力而为。今寄上《关于竞选纲领》一文[163]。我想你们从这篇文章中会清楚地看到我的观点。

关于这篇文章的修改，我要提出几个**特殊的**条件(你们知道，通常我是不提条件的，我完全相信会采取同志式的、集体商议的、非吹毛求疵的态度)。我在这里所以必须提出这些特殊条件，是因为这是一个极重要的、根本的、原则性的问题。

我能够同意的**只是**(1)取消小标题，(2)为了**应付书报检查**(仅仅为此!!)而在三四个地方作些极微小的修改、**个别**字眼的修改，**无论如何不能再多了**。如果这篇文章**还是**不能在《**真理报**》或《涅

瓦明星报》刊登,**即请退回**,我还有用。删去有关取消派的那些话,我是**不能**同意的。

这里问题的整个关键在于,取消派设下了这样一个陷阱:"你们提出一个公开纲领吧"(而取消派暗自忖度:公开的纲领上**无论讲些什么**我都签字)。的确,公开的纲领上**无论讲些什么**,取消派都会签字!! 这将不是纲领,不是什么严肃的东西,而是庸俗的空谈、"改良措施"的罗列、在**自由派的**立场上同自由派的竞赛,因为现在,在选举前的 6—8 个星期内,每一个自由派(直至特鲁别茨科伊)**无论什么**都会签字!! 自由派和取消派无论什么都会签字,只要能把他们选入第四届杜马就行。

这里应当了解问题的根本关键,不要由于几句有些"不平常的"、"不合适的"(对《真理报》说来)话和论战等等而惶恐不安。广大的工人会透彻地领会这种**精神**的("不要乱删改"),问题的全部实质就在这里。**大家**会明白,为什么在选举前 6—8 个星期内,在六三制度的俄国,制定公开的纲领甚至是可笑的、愚蠢的、卑鄙龌龊的。而问题的实质也就在这里。

在《真理报》上发表小品文,哪怕是用小号铅字刊印的,都能立即占领阵地,摧毁公开纲领的制定者的冒险主义,打垮他们的恶意煽动:"坦白地讲吧,你相信什么?"卡特柯夫不正是提过这样的问题吗? 他说:"坦白地讲吧,你是否承认专制制度?"

《真理报》在选举中的工作很多,它的责任重大。如果《真理报》因为制定公开的纲领而受到**来自左边的**嘲笑,那就很不光彩了。《真理报》**事实上**处在领导者的地位。应当光荣地保持住这个地位。应当明确地、沉着果断地说:反对取消派。这样,这帮自由派很快就会被打垮。让他们去提**自己的**名单吧,——他们不敢,因为他们会遭到奇耻大辱!! 盼**立即**回信。

致敬礼!

你们的　**弗·乌里扬诺夫**

从克拉科夫发往彼得堡

载于1950年《列宁全集》俄文第4版第35卷

译自《列宁全集》俄文第5版第48卷第76—77页

76

致《真理报》编辑部

(7月28日或29日)

尊敬的同事:

现把《半年工作的几点总结》[①]一文寄给您。从内容上您可以看出,我**为什么**给《**真理报**》寄这篇长文章。文章可以分4天刊登在以小号铅字排版的杂文栏内。可以给4篇中的每一篇单独加上标题(例如:一、1912年各个月份工人给报纸的捐款;二、各个地区工人给报纸的捐款;三、工人给取消派和**非**取消派报纸的捐款;四、工人捐给工人报纸的戈比)。

我极其希望这几篇完全是为《真理报》提供的、**为**《真理报》**读者写的**文章,能够刊登在《真理报》上。我想,书报检查的障碍是不会有的。对因书报检查而作修改我当然同意,**但我不同意删去第**

① 见本版全集第21卷第409—425页。——编者注

三章。

如果万一您拒绝把这篇文章登在《**真理报**》上,如果您的同事们也拒绝把它登在《**涅瓦明星报**》上(此文对该报实在是不合适的),那么,我将把它发表在一本杂志上,不管这样做对我来说有多么痛苦。无论如何,请您尽快给我回信,或者把这篇文章退还给我。

格利卡前几天给我来了封信,说要**拒绝**为《**明星报**》和《**真理报**》撰稿,因为他在读了《涅瓦呼声报》第 6 号和普列汉诺夫"退出"的消息之后看到了一些"有害的"(您瞧瞧)倾向。格利卡此人倒戈已非第一次。如果他想借刊登他的文章(我当时甚至发电报也不可能把他拒绝撰稿的事转告您了!!)挑起纠纷,您别理他,不值得。

十分感谢您寄来一些零散的"右派"报纸。把值得注意的报纸挑出寄来对我们非常重要,这些报纸要不是通过您,我们是绝对无法得到的。

我很高兴地看到《真理报》上尤·加·关于《同时代人》杂志的一篇短评。您提出要使题材多样化。正好在这一方面,尤·加·特别值得重视。报上缺少文学批评方面的述评、小文章和短评。依我看,应该重视每个撰稿人的专题。只要您对尤·加·的关心稍多一些,他可能就会提供比较多样化的短评,使这份工人报纸显著地生动活泼起来。

为什么砍掉了我那篇关于意大利代表大会的文章[①]?一般说来,对没有采用的文章通知一下,也是应该的吧。这个要求一点也不过分。"为字纸篓"写稿,就是说,写了文章被扔掉,是非常令人

① 见本版全集第 21 卷第 433—435 页。——编者注

不愉快的。未采用的文章应该退还。甚至连资产阶级报纸的**任何一个**撰稿人都会这样要求的。

致同志的敬礼!

弗·乌里扬诺夫

请写封信给**维也纳的**《**工人报**》,要他们把交换的报纸寄给**我**(请把我的地址给他们)。反正他们不会把报纸往您那里寄。别忘了写信!!

从萨尔瓦托尔(克拉科夫附近)
发往彼得堡

译自《列宁全集》俄文第 5 版
第 48 卷第 73—75 页

77

致列·波·加米涅夫

(7 月 30 日)

亲爱的列·波·:首先向所有的朋友们热烈地问好,感谢大家发来的电报和许多最良好的祝愿!(墨水污点请勿介意。)敬礼!向你们敬礼!……　哎,我现在多想听听蒙泰居斯的歌声啊。

看,我离了"正"题了。

还有"正事儿"呢。

(1)附上我们给德国人的执行委员会的答复①。请给接近的人+国外组织委员会看一下,阅后寄回。

① 见本版全集第 21 卷第 439—440 页。——编者注

(2)扎克斯的信**是给您的**。请看一看,**研究一下**,写封回信并把原信**寄回**……

紧紧握手!

您的 **列宁**

莫罗佐夫在胡说八道……[①]流浪儿是一个没有用的小伙子。

梁赞诺夫在维也纳埋怨和生气:《真理报》上刊登了普列汉诺夫的文章以后,他很尴尬。(我给**基谢廖夫**写了一封"动人心弦"的长信。我想,不会有什么结果。)

卢那察尔斯基在给《**基辅思想报**》[164]写关于"科学的神秘主义"的文章。望搞到这篇文章,并像训儿子那样公开训他一顿。

您为什么一点也不**给**《**启蒙**》**杂志**[165]写东西?

从克拉科夫发往巴黎

译自《列宁全集》俄文第5版第48卷第75页

78

致《真理报》编辑部

(8月1日)

尊敬的同事:

你们的来信和维提姆斯基的来信都已收到。得到他的音信,

① 信的手稿已部分损坏,有几个词无法辨认。——俄文版编者注

我很高兴。但是,他来信的内容却使我非常不安。

你们来信(显然是以秘书[166]身份代表编辑部写的)说,“编辑部原则上认为我的文章**以至其中对取消派的态度**是完全可以接受的”。既然如此,《**真理报**》为什么要顽固地、不断地删掉我的以及其他同事的文章中提到取消派的那些话呢??难道你们不知道他们已经**有了**自己的候选人?我们**确确实实**知道这件事。我们已经从一个南方城市[167](那里有一个工人选民团的杜马代表)得到关于这件事的正式消息。毫无疑问,其他地方的情况也是这样。

《真理报》的沉默非常奇怪。你们来信说:“编辑部认为,怀疑它力图使纲领的要求合法化,是**明显的**误会。”但是你们又同意,这是一个决定刊物的整个精神的根本性的问题,同时也是一个同有关取消派的问题不可分割地联系在一起的问题。我丝毫也不喜欢“怀疑”;你们**凭经验**可以知道,对于你们为了应付书报检查而作的修改我已表现出极大的容忍。但是根本性的问题需要**直截了当的回答**。应该让撰稿人知道,编辑部究竟是打算在报纸的选举栏上明确地指名**反对**取消派呢,还是**不反对**。中间道路是没有而且也不可能有的。

既然这篇文章“无论如何要刊登”(编辑部秘书信上是这样写的),那么对维提姆斯基的这句话——“愤怒的语调是有害的”——作何理解呢?从什么时候起这种反对拙劣、有害和不正确的东西的**愤怒**语调(要知道编辑部“原则上”是同意的!)居然给日报带来危害??恰恰相反,同事们,真的,恰恰相反。写到有害的东西而不“愤怒”,这就是说,写得索然无味。可你们自己也曾公正地指出,文章太单调了!

其次,关于那篇谈及11月9日事件的文章(通讯员的答复)[168],我很久没有收到回音。再次请求把通不过书报检查的或被你们根本否定的稿件退回。

《**真理报**》**不能按时**收到(昨天就**没有**收到!!)。《明星报》第14号和第17号**也都**没有看到。不像话!不能把**校样**当做印刷品寄来吗?这总比把它们毁掉好些。花两戈比,但可以赢得时间。校样寄给撰稿人,这是天经地义的事。发行员晚上出去,把邮件往邮筒里一扔就完事了。(不过邮件常常会破损,应当包得厚一些,像寄报纸那样。最好是用狭长的封套,把印刷品装在里面,封套**不要**封住,这样寄来比较保险,而这些封套也不贵。)特别是《明星报》第17号务必寄来。今天是星期四,已经迟误**两天**了!!

最后,请告诉我,能否用某种形式(仿效《涅瓦呼声报》,它曾不止一次地发表过关于国外社会民主党人的消息)发表下面这样的新闻。德国人的执行委员会已向11个(原文如此!)社会民主党集团、派别和中心发出了呼吁,建议举行一次有关"统一"的联席会议。所谓的"列宁派"已断然拒绝了这个建议:因为在国外同那些已经证明自己在国内毫无力量的"中心和派别"进行商议,还能有别的什么比这种把戏更可笑,更无聊的吗?同他们没有什么好谈判的,同取消派没有什么好协商的,——这就是所谓的"列宁派"的回答。托洛茨基的这种荒唐透顶的图谋已经产生或将要产生什么结果,还不清楚。

总之,请告诉我:能否在你们编辑的报纸上用这样或那样形式发表报道和评论这些"巴黎新闻"的通讯稿?[169]这是否可能通过书报检查,或者根本不可能?(我只是问书报检查方面的事情,因为在原则上——根据前信我敢于这样认为——编辑部是**不**赞成同取消派统一的,不是这样吗?)

致同志的敬礼!

弗·乌里扬诺夫

从克拉科夫发往彼得堡

载于1930年《列宁全集》俄文第2—3版第16卷

译自《列宁全集》俄文第5版第48卷第77—80页

79
致阿·马·高尔基

1912年8月1日于克拉科夫

奥地利　克拉科夫
兹韦日涅茨街218
弗拉·乌里扬诺夫

亲爱的阿·马·:

您的信以及西伯利亚人的信都收到了。我的地址现在已不是巴黎,而是克拉科夫(见上面)。

我不完全明白,您这是打算把我赶出哪个党派,不会是社会革命党吧?

不,这不是开玩笑,您采取了一种不好的手法,庸人的、资产阶级的手法,不屑一顾地说:"你们全是好闹内部纠纷的人。"请您看看社会革命党的新刊物《创举》杂志[170]、《国外地区组织通报》[171]吧,把它们同《革命思想报》[172]、《革命俄国报》[173]，还有罗普申等人写的东西[174]比较一下。回想一下《路标》文集[175]以及米留可夫、格列杰斯库尔(他现在发现，俄国不需要第二次革命)同路标派的论战(假论战)等等，等等。

把**所有**这一切，即把1908—1912年间社会革命党、劳动派、无题派、立宪民主党的**全部**思潮，同社会民主党人过去和现在的情况对比一下(有朝一日，总有人，大概是历史学家一定会做这项工作的)。您会看到，**所有的人**，的的确确是社会民主党人以外的所有的人，都曾碰到过要解决的**同样的**问题，的的确确是同样的问题，由于这些问题，我们中间一些小集团脱离了党，转向了取消主义和召回主义。

资产者、自由派、社会革命党人都喜欢大叫大嚷地说社会民主党人“闹内部纠纷”，这批人对于解决这些“迫切的难题”**不认真**，他们跟着别人跑，玩弄外交手腕，并满足于折中主义。社会民主党人同所有这些人的区别是：社会民主党人的内部纠纷体现着具有**深刻的**明显的思想根源的各集团的斗争，而**他们的**内部纠纷则在外表上是磨去棱角的，在内容上是空虚的、琐碎的、微不足道的。任何时候我都绝对不会用社会民主党各派别间的尖锐斗争来换取社会革命党人之流的抹得溜光的空虚和贫乏。

紧紧握手！

您的　**列宁**

附言：向玛·费·问好！

俄国正出现的是**革命的**高潮，——不是别的什么高潮，而正是革命的高潮。而且我们办成了每日出版的《真理报》,顺便说一句,这全靠笨蛋们对之狂吠不已的那次(一月)代表会议[1]。又及。

发往卡普里岛(意大利)

载于1924年《列宁文集》俄文版第1卷

译自《列宁全集》俄文第5版第48卷第80—81页

80

致《真理报》编辑部

(8月2日)

尊敬的同事:

据加米涅夫今天来信说,你们曾告诉他,好像你们同普列汉诺夫之间已经消除了"误会",重新建立了融洽的关系。

请务必告诉我,这究竟是怎么一回事。我们有一切理由认为,不采用德涅夫尼茨基和普列汉诺夫论述向取消派让步的文章(因为他们**正是**在"统一"的幌子下谈这一点的)完全是有意识的,坚决的。这里会有什么"误会"呢?

在最近的报道中,有没有新的误会呢?

最近的,也就是昨天7月19日那一号的《言语报》的社论,是有重大意义的。无可怀疑,立宪民主党人为了"**避而不谈**"《明星报》和《真理报》,凡是能够做到的(和不能做到的)全都做了。现在

① 即俄国社会民主工党第六次(布拉格)全国代表会议。——编者注

终于开口了！**显然**，他们这是自己承认了**危险性**。他们不能再默不作声和避而不谈了。沉默的立场已被迫放弃。而且普罗柯波维奇和布兰克还在《生活需要》杂志[176]上更粗野、更拙劣、更凄惨地唱和。

依我看，有必要现在就对《言语报》大大地施加压力，发表**一系列**反对它的文章，使斗争更趋激烈。这无论从原则上看（因为**只有**《明星报》和《真理报》才是在以工人民主派的名义领导运动；而《言语报》和“普罗柯波维奇之流”正拍着取消派的肩膀对他们大为赞赏）或从实践上看（因为这种斗争的活跃一定会使得争论和同选民的交谈活跃起来，并促使他们更积极地参加选民登记）都是必需的。

能不能了解一下，各市区、各街道、各行业登记的有多少人？用具体的例子来**鼓励**各市区、各街道、各行业展开竞赛，这是极端重要的。

还有一件事希望你们不要拒绝转告《涅瓦明星报》：我的那篇答布兰克的文章（《小花招》）如果不在第18号上发表，我坚决要求把它退回，我一定要让它登在杂志上。现在，正当**所有的**自由派＋取消派＋无党派人士以及他们的同伙都向我们大举进攻的时候，我们沉默就是一种犯罪行为。

选举运动已在彼得堡顺利展开，《明星报》和《真理报》已争得领导权，不要放弃这种领导权，并且要把事情进行到底。这对**报纸本身**确很重要，至于对其他方面，当然就不用讲了。

我等着“圆满解决”问题的消息。

敬礼！

弗·乌里扬诺夫

附言:**等候**关于《半年总结》的文章①的回音。

能否把《涅瓦明星报》第17号上的《统一还是分裂》一文(哪怕从报上剪下)寄给我?又及。

从克拉科夫发往彼得堡

载于1950年《列宁全集》俄文第4版第35卷

译自《列宁全集》俄文第5版第48卷第81—83页

81

致列·波·加米涅夫

(8月23日或24日)

亲爱的列·波·:

现将维拉的信给您寄去。您从信中可以看到,为什么我们决定为开姆尼茨**刊印**给德国人的答复,并在莱比锡刊印。[177]就是说,巴黎的工作应当停下来。但愿这工作尚未开始,停下来不会有很大的困难。

您**务必**要提早一**两天**到达开姆尼茨。[178]我们将把《**工人报**》的委托书交给这里的一个布尔什维克,他将从扎科帕内动身。他会说德语。

您在开姆尼茨面临的战斗将是严峻的。

① 见本版全集第21卷第409—425页。——编者注

#见图　从9月2日起我们将更换住所。新的地址是:卢博米尔斯基耶戈街47号二楼左边。(格里戈里住在同一条街的35号)。

①

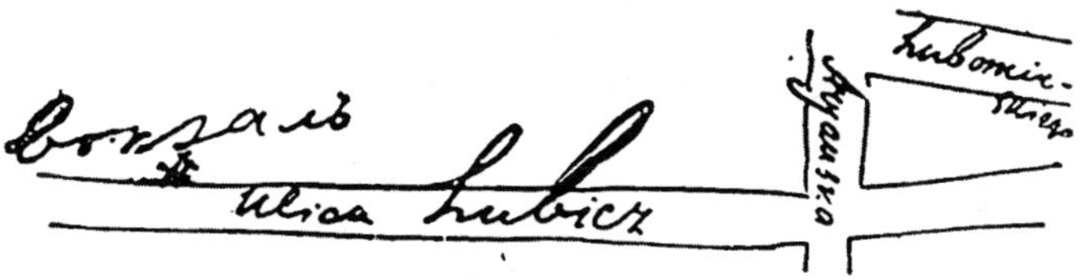

请来信告知,9月12日或13日您**是否一定**在开姆尼茨。给德国人的答复看来只好给您寄到开姆尼茨,以您的名字留局待领了。

握手!

您的　**列宁**

《**人民报**》(布鲁塞尔的)刊登了一条引自《**俄罗斯言论报**》[179]的消息:**在维也纳**(原文如此!)不久将召开一个社会民主党各组织+崩得+拉脱维亚人+波兰人等等的代表会议!!!

[请到巴黎小组去一两次,给他们作一个专题报告。否则他们**磨磨蹭蹭,步调不一致**……]

附言:如果有取消派代表会议的通报出来,请用**特快件**寄来。

从克拉科夫发往巴黎

译自《列宁全集》俄文第5版第48卷第85—86页

① 图中文字从左至右为:车站、卢比奇街、阿里安斯卡、卢博米尔斯基耶戈。——编者注

82
致阿·马·高尔基

(8月25日以前)

亲爱的阿·马·：

既然您承认“我们的内部纠纷是由于不可调和的思想根源的分歧引起的”，承认社会革命党人也是这样(立宪民主党人也是这样，比如“路标”派，——这一点您没有补充说明，但这是毫无疑问的)，承认一个**改良主义的**(这个词用得非常恰当!)政党正在形成，那么您就**不能**对取消派和他们的敌人说：“你们全是好闹内部纠纷的人。”

既然这样，那些了解“内部纠纷”的思想根源而没有卷进去的人就有责任去帮助群众**寻找根源**，而不应该去证明群众把争论看做是“领袖人物的私事”是对的。

我们“这些领导者没有写过一本明白的书，也没有写过一本有道理的小册子……”，这话不对。我们在写作上已经竭尽全力了。写得同以前一样明白，一样有道理，而且写了很多。有时也写过文章反对那些不闹**任何**“内部纠纷”的人(反对“路标”派①，反对切尔诺夫**180**，反对罗日柯夫②等等)。[每一号《涅瓦明星报》您都看吗?]

“……结果是：目前在俄国工人中间有很多很好的……青年，但是他们对国外的人却怀着如此愤懑的情绪……”这是确实的，不过这不是“领导者”的过错引起的，而是由于俄国国内和侨民中心的隔阂，或者更正确些说，由于这两方面的**分离**引起的。应当把**分**

① 见本版全集第19卷第167—176页。——编者注

② 见本版全集第20卷第395—409页。——编者注

离的东西连接起来。骂骂领导者,这很容易,也很普遍,然而并没有什么益处……"他们甚至劝阻工人参加代表会议……"

什么样的代表会议?是现在取消派召开的会议[181]吗?如果是这样,我们也劝阻!这方面您没有什么误解吧?

听说,阿姆菲捷阿特罗夫在华沙的报纸[182]上发表了抵制第四届杜马的文章,是吗?您有这篇文章吗?请寄来看看,我一定奉还。

现在波罗的海舰队群情激昂!我在巴黎时水兵和社会民主党人的会议曾派来一位特别代表(请不要告诉别人)。没有组织,急得想哭!!如果您同军官们有联系,应当尽一切努力组织组织。水兵们斗志昂扬,但可能又会白白牺牲。

您在《生活需要》杂志上发表的一些文章是不恰当的。顺便说一句,这是一本奇怪的杂志,是取消派—劳动派—路标派的杂志。其实,就是"不分阶层的改良主义的"政党……

您问我为什么待在奥地利。因为中央在这里设了一个局(请不要告诉别人):这里离国境很近,可以利用,离彼得堡也较近,从那里寄来的报纸隔两天就可收到,给那里的报纸投稿极其方便,撰稿工作也可以安排得更好。这里纠纷要少些,这是优点。没有好的图书馆,这是缺点。没有书看真是苦恼。

紧紧握手!

您的 **列宁**

向玛·费·问好!

从克拉科夫发往卡普里岛(意大利)

载于1924年《列宁文集》俄文版
第1卷

译自《列宁全集》俄文第5版
第48卷第83—85页

83
致列·波·加米涅夫

(8月27日以前)

亲爱的列·波·：

今天收到托洛茨基寄来的要我们参加"他们的"(8月25日的)代表会议[183]的邀请书。

就是说,他们终于要开会了!

当然,我们不会去。

我们准备拿出中央机关报三分之二的篇幅,等他们的通知一出来,**立即**发表答复……①

明天我们就开始给中央机关报寄稿子。

请您关照一下,要尽快排出来并仔细校对。

为什么安东诺夫(布里特曼)不给我回信?他是否在巴黎?身体是否健康?

您打算什么时候动身到开姆尼茨去,请来信告知。应当早一些把给德国人的文件准备好。

为什么你们要把信件寄回来……对潘涅库克的文章不作答复……

您的　**列宁**

从克拉科夫发往巴黎

译自《列宁全集》俄文第5版
第48卷第86—87页

① 信的手稿已部分损坏,此处及以下几处有几个词无法辨认。——俄文版编者注

84

致列·波·加米涅夫

(8月27日)

亲爱的列·波·:

您能弄到载有潘涅库克的和考茨基的文章的最近几期《**新时代**》**杂志**吗？如弄不到，请写封短信来，我们给您寄去。必须在去开姆尼茨之前看一下这些文章，然后在那里找到潘涅库克，并与他多接近：考茨基对他提出的一些最重要的问题作了极端**机会主义的**答复。接近左派（特别是潘涅库克，他现在在为梯什卡的卑鄙"勾当"帮忙）并鼓动他们给考茨基以**原则性的**反击，是大有好处的。如果他们不起来反对**这种**机会主义，那就糟了！可惜，他们没有人，——拉狄克在他们那里几乎是一个大人物……①

您应当为《真理报》写些**通俗的**文章（用《工人报》的笔调），文学评论方面的文章。如用《工人报》的笔调写……他们会刊登的。不然……真糟糕：德涅夫尼茨基一走，我们的《**明星报**》上的文学评论专栏也随之消失了!! 就是在《**真理报**》上，这个专栏也是需要的。

您有《箴言》杂志[184]吗？能否将罗普申的文章寄来给我用一下？我想为中央机关报写一篇关于他的文章。

---

① 信的手稿已部分损坏。此处及以下几处有几个词无法辨认。——俄文版编者注

您要给《启蒙》杂志写文章吗？得快一点！

（我从德国报纸上看到，开姆尼茨住房很少，要预先向房管局提出申请——(请注意！)。）

握手！

您的　**列宁**

附言：好吧，您去开姆尼茨**以后**再到我们这里来。就这样决定了，**如果**……没有特殊情况促使我们叫您在去开姆尼茨之前到这里来的话。请预先告诉我们，您去不去瑞士，什么时候去，到什么地方，要待多久。

寄上高尔基的信，信中有段话是大家都感兴趣的。**阅后请寄回**。又及。

从克拉科夫发往巴黎

译自《列宁全集》俄文第5版第48卷第87—88页

85

致雅·斯·加涅茨基

(9月4日)

尊敬的同志：我寄给社会党国际局的那封信[1](星期六寄的)

---

① 见本版全集第22卷第47—48页。——编者注

在国际局书记还没有**分发**之前,我不能给您看。

我的地址:卢博米尔斯基耶戈街47号二楼左边。

今天在《不来梅市民报》[185]上刊登的《关于拉狄克案件》一文,是一篇为拉狄克辩护而**不承认**特里什卡"法庭"的好文章①。[186]

致党的敬礼!

您的 **列宁**

译自《列宁文集》俄文版第37卷第17页

86

致列·波·加米涅夫

(9月7日)

亲爱的列·波·:

现寄上委托书一份。

记住**您**在开姆尼茨的地址:——邮政总局 留局待领 罗森费尔德先生收。您会收到从**莱比锡**寄到这个地址(如果您不从开姆尼茨来信告诉别的地址的话)的小册子[187]。阿尔伯特的地址:**莱比锡** 陶黑尔街19/21号 莱比锡印刷厂 马克斯·**赛费特**先生收(转阿尔伯特)。

您的顾虑是多余的:汉诺威人[188]和奥尔洛夫就要去:他们两人都会外语。您将既有助手又有翻译。

① 参看本卷第91号文献。——编者注

请将收到委托书和启程的事,简单地函告我。

您的　**列宁**

我们连小报也**没有**！真糟糕!!! 请让阿列克谢尽快把**所有的**新书刊寄给我们:一出版立即寄来。特别是目前正在开代表会议。

昨天给您寄去了200法郎的支票。收到了吗?

附言:向德国人交委托书时,不能让他们久放,而且要坚持**不打印您的名字**。或只打印K.×××①。如果**您**同意,就印上加米涅夫。

请给我们带来:

(1)　1907年选举期间的全套《**言语报**》。

(2)　第三届国家杜马的**全部**速记记录(阿列克谢那里有;需要挑选,寻找,凑成一套)。

请把这些记录捆成2—3个小捆,在车站付给搬运工1—2法郎的搬运费(搬到车厢里)和保管费,这比寄慢件到得更快更便宜也更可靠。

那位汉诺威人(奥丽珈·伊万诺夫娜的兄弟)也将在开姆尼茨,他是一个非常好的小伙子。他会在车站大厅找您或给您写信寄邮政总局留局待领。

他懂德语,而且认识奥尔洛夫。

他们会帮助您,也请您在德国人面前**帮助**他们。

①　这些符号是列宁标上的。——俄文版编者注

今天我们就把手稿寄给阿列克谢**发排**。**要加紧催促发排**。

译自《列宁文集》俄文版第38卷
第72—73页

87
致《真理报》编辑部

（9月8日）

尊敬的同事：你们又向我问起那位熟人的地址。他的地址你们曾向我要过一次，我给你们寄去了。我记得很清楚，我是把它写在一封长信的后面的。如果可能，请查一查。当然，更简便的是把地址重写一遍，这就是：德国　博伊滕（上西里西亚）　皮卡雷街19/III　库尔特·劳施纳尔先生。信中必须注明：转赫尔辛先生（德国有两个博伊滕，所以必须注明："上西里西亚"）……[①]已收到。非常感谢。丹斯基的手稿也已收到。非常奇怪的是，今天我收到了你们寄来的《真理报》和一包黑帮报纸，却没有收到星期四的《涅瓦呼声报》。由于种种重要原因，我十分需要立即得到新出版的《涅瓦呼声报》。如果这一号《涅瓦呼声报》没有出版，劳驾请立即写几句话告诉我。最重要的是我要尽快地知道，《涅瓦呼声报》有没有（像它8月17日所预告的那样）在8月23日，星期四，如期出版。如果出版了，我要一份。顺便提一提，很早以前我给你们寄去过一张单子，上面开有我收藏的《明星报》、《涅瓦明星报》、《真理报》、《现代事业报》中所缺少的号数。你们一直没有回信告

① 原稿有脱漏。——俄文版编者注

诉我能否寄来。但是前几天有个我们共同的熟人告诉我，你们有全套《明星报》和《涅瓦明星报》。请写信告诉我，你们是否还保存着我寄去的那张单子，能不能把我所缺少的那几号报纸寄来。顺便向维提姆斯基同志祝贺，他在我今天收到的《真理报》(第98号)上写了一篇非常精彩的文章(我想，你们会不嫌麻烦，把这封信转交给他)。文章题材十分适时，形式短小精悍，阐述精湛透辟。一般说，不时在《真理报》上提一提，引用并阐释一下谢德林及其他"旧"民粹主义民主派作家的作品，是很好的。这对《真理报》的25 000名读者说来，是合适的，有意义的，并且可以从另一个方面，用另一种口吻使工人民主派的许多当前的问题得到阐明。

《真理报》发行多少份？每月搞个统计材料，哪怕是简短的材料(发行份数、城市和地区的名称)，你们不认为有好处吗？不刊登这种统计材料不知出于什么考虑。要是没有特别的考虑，我觉得是应该刊登的。

差一点忘了。我们收到从国外各地寄来的许多批评意见，说无论是预订《真理报》，或是寄钱专购某几份，都收不到报纸。我现在也不是都能收到；这说明，发行工作无疑并非都做得很好。请你们采取更有力一些的措施。你们自己看看这些国外寄来的有关预订报纸的信件，把问题弄个明白。请按下面地址寄去一份《真理报》和《涅瓦明星报》：柏林　哈伦湖　卡特林嫩街8g.H.II(沃特处)。

从克拉科夫发往彼得堡

载于1923年《〈明星报〉和〈真理报〉时期(1911—1914年)文献专辑》第3辑

译自《列宁全集》俄文第5版第48卷第88—90页

88
给列·波·加米涅夫的电报

(9月15日)

无耻谎言。详细回答……①将从莱比锡发给您②。189

列　宁

按电报纸条刊印

译自《列宁文集》俄文版第38卷第73页

89
致列·波·加米涅夫

(9月15日)

亲爱的列·波·：

寄上我们给弥勒的答复的抄件(答复将于明天由阿尔伯特从莱比锡寄出)。

阿尔伯特会给您寄去已印成传单的我们的答复。(给《论俄国社会民主工党的现状》小册子写的附言③)。请把这份传单尽量广

① 电报已部分损坏,有一个词无法辨认。——俄文版编者注

② 电报从克拉科夫发出,收报地址是:"开姆尼茨　留局待领　罗森费尔德"。——俄文版编者注

③ 见本版全集第21卷第456—457页。——编者注

泛地**分发出去**，小册子也一样。必须对德国人强调指出，**在**报刊发表(取消派代表会议的)材料并通过**公开**讨论予以**核实以前**，**一句话**也不能相信。

我们从柏林获悉，取消派遭到了**失败**。顺便说一句，阿列克辛斯基**退出了**他们的代表会议，并扬言要进行**揭露**。

近况如何，请赶快来信。

您的　**列宁**

为《论俄国社会民主工党的现状》小册子写的附言

秘密地[①]……**给代表们**……**开姆尼茨党代表大会**。

今天，9 月 15 日，我们收到执行委员会经巴黎转来的下面这封信，它一定能特别清楚地向德国的同志们表明，我们当时反对那些不负责任、**害怕公开露面**的私人"情报员"是正确的。执行委员会于 9 月 10 日写了下面这封信：

……………………………………………………………………

我们对执行委员会作了如下答复：

不言而喻，向执行委员会所作的一切报告都不是事实，这一切纯粹是取消派的捏造。

我们可以十分肯定地说，只有拉脱维亚人、崩得分子或者是不久前刚刚开过"自己的"代表会议并打算把实际上是取消派的代表会议说成是党的代表会议的托洛茨基的拥护者才会向执行委员会编造出这种荒诞无稽的报告。

① 手稿已部分损坏，此处及以下几处有几个词无法辨认。——俄文版编者注

为了不引用没有根据的说法，为了不引证我们组织内的来往信件，我们不妨只限于引用已经刊印、在圣彼得堡公开发表的一份文件。(如果执行委员会从此永远不再相信空话，那它就算不错了。)

8月28日(公历9月10日)，在彼得堡的马克思主义日报《真理报》第102号上刊登了从哈尔科夫一家最大的工厂寄来的一封信，这封信是专门谈论选举情况的。信里直接而确切地说，“取消派候选人名单”“尚未公布”，并且说他们取消派“**否认工人政党的必要性**”(《真理报》第102号第4版第1栏)。

德国的同志们单从这封信中就可以看到，拉脱维亚人、崩得分子、托洛茨基以及各种各样的私人“情报员”是在如何昧着良心欺骗他们。

问题显然在于：这样做的目的就是要让那个托洛茨基，还有崩得、拉脱维亚人或者高加索人借虚构的“组织”的名义骗钱，而这些组织的存在与否，执行委员会或其他什么人是无从证实和查对的。

拥有90家社会民主主义报纸的德国党，如果不希望因为自己在一些重大问题上犯错误而处境尴尬的话，难道不能就俄国社会民主党的问题展开一次讨论，公开地迫使所有……情报员站出来，发表署名的文章并拿出文件来吗？俄国毕竟不是中非，德国社会民主党的工人不需要费多大气力就可以弄清真相，从而也可以使执行委员会的某些委员不再听信私人的**无法核实的**谣言了。

受中央委员会的委托

列　宁

从克拉科夫发往开姆尼茨

译自《列宁全集》俄文第5版第48卷第90—92页

90

致中央机关报编辑部

(9月15日或16日)

拉脱维亚代表作了报告,由当时在拉脱维亚小组听到报告的一个拉脱维亚人作了转述。据说,**甚至**所有的调和派分子都有一个共同的印象——取消派完全**失败**。特此通报。

小册子收到了没有,代表大会**开始的情况**怎样,请来信。

您的　**列宁**

从克拉科夫发往巴黎

译自《列宁全集》俄文第5版第48卷第88页

91

致列·波·加米涅夫

(不早于9月17日)

亲爱的列·波·:

祝贺您的发言[190]。

鬼知道有多么卑鄙:执行委员会将**准许**"散发"……①

寄上我为《不来梅市民报》写的文章[191]和马列茨基的译文。

① 信的手稿已部分损坏,有几个词无法辨认。——俄文版编者注

我是知道您已经与潘涅库克相识才决定把这篇东西寄给您的。最好这样办：您**亲自**把文章交给他，并同他就这篇文章进行商榷。我授予您删改的权利，不过要注意一点，**我不同意单纯“支持拉狄克”**[192]。要是他们不愿意听取我的整个声明（批驳罗莎，**支持我们的党**），那就让他们见鬼去吧。

握手！

您的　**列宁**

请把有关阿克雪里罗得和别的一些事情的详细情况写信告诉我。（我们已在莱比锡把我们给执行委员会的答复印成传单。如果您还没有收到，请发电报或打电话告诉阿尔伯特，叫他马上把传单全部寄给您。）

执行委员会自然会加以阻止。请您私下安排一下，务必散发出去。

发自克拉科夫

译自《列宁全集》俄文第 5 版第 48 卷第 92—93 页

92

致乔·迪科·德拉埃

1912 年 9 月 23 日于克拉科夫

亲爱的同志：

罗森费尔德同志已来到这里。他给我说了没能见到您的情况:他用气动递送给您寄了两封信,但没有收到回信。看到我们的案子没有进展,我非常不安。

亲爱的同志,毫无疑问,您会记得我们之间所达成的协议:**如果我在1912年7月31日以前能收到**被蔡特金女公民所无理扣留的**那笔钱**的话,官司就算胜诉。

而今天已是9月23日!! 可律师小组连结论都没有准备好!!

现在我在自己的组织面前处境非常困难,——我的组织委托我**尽快地**了结这一案子。早在4个月或3个月以前我就写信告诉我的组织说,在我给您的信中约定了7月31日的期限,并说您对此作了肯定的答复……

因此,我请求您,亲爱的同志,请尽快给我答复并最后给我约定一个我肯定能够得到律师小组的结论的**最近**日期。

亲爱的同志,请接受我兄弟般的敬礼!

弗·乌里扬诺夫

附言:

我冒昧提醒您注意:我们之间已就此达成了协议,即结论应包括:

1. **全部**主要文件,这些文件的全文(在主要文件中,当然应包括:(1)1910年1月签订的协议;(2)梅林和考茨基的辞职信;(3)1911年11月18日蔡特金(和考茨基)的复信;(4)伊格纳季耶娃女士那封证实了死者遗愿的信等等),

2. 对这些文件,特别是对蔡特金女士1911年11月18日的信[193]的详细分析,

和3. 有充分根据的结论,说明蔡特金女公民应将钱归还给

我,以及一旦她拒绝,我有权向一般法庭起诉。

我的地址:

奥地利 **克拉科夫** 卢博米尔斯基耶戈街47号

弗拉基米尔·乌里扬诺夫先生收。

关于提出结论的问题(就是说应由您向女公民蔡特金提出还是由我向她提出)尚未解决。我个人确信,如果由您亲自提出这个结论,那么不经诉讼便能成功的可能性会大得多;相反,如果由我提出,成功的可能性就不大。

译自《列宁文集》俄文版第38卷第74—75页

93

致卡·胡斯曼

(9月25日以后)

亲爱的胡斯曼同志:

十分感谢您给我寄来了雅科布·德哈恩的一封如此有意思的信的抄件。

至于维也纳代表大会的日期,我赞成定在8月31日到9月7日这段时间。

完全属于您的 **列宁**

附言:我现在的地址是卢博米尔斯基耶戈街47号,而不是兹韦日涅茨街。

奥地利　克拉科夫　卢博米尔斯基耶戈街47号　弗拉·乌里扬诺夫

发往布鲁塞尔

原文是法文

载于1963年《苏维埃俄罗斯世界手册》杂志第1—2期合刊

译自《列宁全集》俄文第5版第48卷第93页

94

致《真理报》编辑部

(10月3日以后)

亲爱的朋友:我们在通信中,常常兴致勃勃、非常热烈地谈论一个理论问题,一本书,一种理论,可是对于最近一时期我们不得不相当积极参与其事的俄国新闻界所极为关注的一些问题,却从来没有在通信中谈论过,这一点您不觉得奇怪吗?

至于我,对这一点倒觉得很奇怪的。我认为,绝对没有理由,也不可能有理由来为没有进行这方面的通信作多少是严肃的辩解,因为您自己有一次也曾指出过——完全正确地指出过——我们大家所感觉到的隔阂、隔绝、某种孤立等等的害处。

因此我希望,我如果这就开始第二方面的通信(第一方面的即谈论书籍和理论问题的通信自然要进行而且要继续下去),能够得到您的支持。

您大概认识(虽然不很熟悉)波克罗夫斯基第二,是吧?您对于参议院最近关于实际占用住宅的人才具有住宅租赁人资格的说明有什么想法?这个刚巧在第二选民团选举前作出的说明,简直像是专门针对波克罗夫斯基第二和普列德卡林等人的!除了住宅租赁人资格,他们在当地还可能具有其他资格吗?他们作为杜马代表,在当地有可能在一个时期比如一年内"实际占用"自己的住宅吗?如果按照说明他们失去了这种可能,是否应该建议波克罗夫斯基第二在彼得堡参加竞选呢?(他在那里大概有比较可靠的资格,即较少受到"说明"的限制。)我个人很赞同提这样的人作为彼得堡的候选人(并列的另外两位看来是当然的候选人,尽管他们在愚蠢而无耻的《光线报》[194]上遭到了某种愚蠢而卑怯的非议)。如果您愿意动手写上两行(作为对我的 200 行的答复)谈谈您对这个问题的看法,我将不胜感激。

其次,我还想谈一谈彼得堡的两家工人报纸。《光线报》没有原则,卑鄙,这不是报纸,而是"诽谤"社会民主党候选人的"专刊",但是,他们善于战斗,他们灵活干练。而《真理报》现在在选举期间的表现倒像一个无精打采的老处女。《真理报》不善于战斗。它不进攻,不追击立宪民主党人,也不追击取消派分子。难道先进民主派的机关报在斗争激烈的时刻可以做一个**不**进行战斗的机关报吗?即使作最好的设想,假定《**真理报**》确信反取消派会取得胜利,那也**依然**应该战斗,使**全国**都知道事情的真相,知道是**谁**在破坏选举,斗争是围绕**哪些思想**进行的。《光线报》在疯狂地、歇斯底里地战斗,极端无耻地抛弃自己的原则。

《**真理报**》却——故意刺激它——“一本正经”，装腔作势，根本不是在战斗！！这难道像马克思主义吗？难道马克思是不善于把激烈的、奋不顾身的、无情的战斗同彻底的原则性结合起来的吗？？

在选举的时刻不进行战斗就是葬送事业。请看，《光线报》从**它的**“吃掉立宪民主党人”[195]的叫喊中得到了什么结果！而《真理报》里有人还怕我们把立宪民主党人吃得太多了！！

握手！

您的　**弗·伊林**

从克拉科夫发往彼得堡

载于1956年《共产党人》杂志第5期

译自《列宁全集》俄文第5版第48卷第94—95页

95

致维·阿·卡尔宾斯基

(10月8日)

亲爱的卡·：我没有注意最近几次的和平大会。关于社会党人参加大会[196]以及此举的机会主义性质，——这我是听说过的，但也仅仅是**听说**而已。

在连一次大会的总结报告都没读到以前，我决意不就这个问题发表意见。问题是复杂的。无疑，一些工人运动的大国(德国)机会主义的普遍增长和机会主义力量同革命的社会民主派趋于

"均衡"的情况,也一定会在这方面表现出来。让倍倍尔同机会主义者去周旋吧,——**如果**需要这样的话(???)——不过我们不适合这样做。我暂时能说的就是这些。

向奥丽珈同志和所有的朋友(包括哥林)问好!哥林的情况怎样?您那边有什么消息?同普列汉诺夫的关系怎样?同他谈过没有?

加米涅夫(目前他在这里)秋天去巴黎,中途将到瑞士作报告。冬天我也可能去。

敬礼!

您的　**列宁**

从克拉科夫发往日内瓦

载于1930年《列宁文集》俄文版第13卷

译自《列宁全集》俄文第5版第48卷第95—96页

96

致卡・胡斯曼

(10月9日以后)

亲爱的胡斯曼同志:

随信附上《莱比锡人民报》第235号(1912年10月9日)上发表的一篇有关**取消派**代表会议的小文章。[197]

我党中央委员会写的这篇小文章将会使您了解到这个假社会

民主党代表会议的情况。

致兄弟般的敬礼！

弗·乌里扬诺夫

从克拉科夫发往布鲁塞尔

原文是法文

载于1963年4月21日《真理报》
第111号

译自《列宁全集》俄文第5版
第48卷第96页

97

致阿·马·高尔基

(10月初)

亲爱的阿·马·：您身体怎样？您上次来信告诉我的消息不大好——体温升高等等。完全康复了吗？请写封短信告知，我将非常感谢。

《真理报》上仍旧看不见您的作品。很遗憾。应当支持它。

我们现在"埋头"搞选举[198]。选民弃权的现象非常严重。工人选民团方面也是如此。但是各地仍然有社会民主党人当选。选举的结果对党的建设关系重大。

关于取消派的代表会议您听说过吗？

您打算在哪个杂志上发表文章？知识出版社的情况怎样？

紧紧握手，并祝您早日恢复健康！向玛·费·问好！

您的　**列宁**

附言:我的地址已不是巴黎,而是克拉科夫,克拉科夫　卢博米尔斯基耶戈街47号。

您见过《光线报》吗? 听说过《日报》[199]是什么样的报纸吗? 传说它是**维特的**机关报……　又及。

从克拉科夫发往卡普里岛(意大利)

载于1927年1月21日《巴库工人报》第17号

译自《列宁全集》俄文第5版第48卷第97页

98
致阿·马·高尔基

(10月17日)

亲爱的阿·马·:前两天接到彼得堡《真理报》编辑部的一封信,他们要我写信转告您:如果您能经常给他们撰稿,他们会感到无比的高兴。他们在给我的信中这样说:"我们打算给高尔基每行字25戈比的稿酬,但又怕他见怪。"

依我看,这完全没有什么可以见怪的。谁也不会去想,您会因为考虑到稿费而改变给谁撰稿的主意。大家也都知道:工人的《真理报》没有能力用稿费来拉稿子,通常它按每行字2戈比付稿酬,而在更多的情况下根本不给稿酬。

然而,工人报纸的撰稿人能够得到固定的报酬,哪怕数目很小,这"只有好处",决没有坏处。现在的发行量是20 000—25 000份。是可以考虑用固定办法付给撰稿人劳动报酬的时候了。如果**所有**替工人报纸工作的人都开始多少得到一些报酬,那有什么坏处呢？这个建议有什么可见怪的呢？

我相信，彼得堡《真理报》编辑部的担心是完全没有根据的，您一定会用同志式的态度接受它的建议。请您写封简短的回信，直接给他们寄到编辑部或者寄给我都可以。

明天彼得堡就要选举复选人(工人选民团方面的)。同取消派的斗争已日趋激烈。莫斯科和哈尔科夫的护党派取得了胜利。

《光线报》看到了没有？是否经常收到？您瞧，他们偷了牌，还装"好人"！

有关《视野》杂志[200]的广告已经看到。这是您办的杂志，还是您被邀请参加？

紧紧握手，首先祝您身体健康！向玛·费·问好！

您的　**列宁**

克拉科夫　卢博米尔斯基耶戈街47号

发往卡普里岛(意大利)

载于1924年《列宁文集》俄文版第1卷

译自《列宁全集》俄文第5版第48卷第100页

99

致《真理报》编辑部

(10月18日以后)

给编辑部的信

本信署名者作为《**真理报**》和《**涅瓦明星报**》的经常政治撰稿

人，认为自己有义务对领导这两家报纸的同事们在紧急时刻的所作所为表示抗议。

圣彼得堡工人选民团和城市第二选民团的选举是一个紧急关头，是实现 5 年工作总结的关头，是在很多方面决定今后 5 年工作方向的关头。

工人民主派的起领导作用的机关报，在这个时刻应该执行鲜明的、坚决的、确定的政策。《真理报》实际上在很多方面是起领导作用的机关报，但是它**没有**执行这种政策。

《光线报》和《五金工人》杂志[201]拼命叫喊“统一”，以这面“受人欢迎的”旗帜作掩护实行取消派的**恶劣**政策：让圣彼得堡的微不足道的少数人不服从占大多数的工人马克思主义者，强迫**数百个**彻底的工人民主派工人团体接受知识分子和一小撮工人的三个、五个、十个什么小团体的候选人。

在选举工人复选人的前几天，在圣彼得堡第二选民团选举的前几个星期，《真理报》本来无疑必须同这些用漂亮动听的话**欺骗**工人群众的行为作**无情的**斗争。必须十分详细地向大家，向每一个人说明、证实和解释：第一，取消主义是非马克思主义的、自由主义的派别；

第二，要实行统一，就得少数服从多数，而 8 个月的工作经验表明，取消派显然是微不足道的少数；

第三，凡愿意支持**工人**民主派的人都应该知道，**哪边**是工人群众，**哪边**是庸俗的、玩弄马克思主义的知识分子；

第四，取消派和《光线报》所吹嘘的代表会议**不但**被中立的普列汉诺夫否定和揭穿，甚至**也**被敌视反取消派的阿列克辛斯基否定和揭穿(普列汉诺夫曾直截了当地说,参加他们这个代表会议的是一些“**非党**分子和**反党**分子”)。

以及诸如此类等等。

如果《**真理报**》不及时说明这一切,**它**就要承担造成混乱和分裂的罪责,因为《**真理报**》拥有大多数工人,及时说明这些情况,它就**一定**能保证统一,因为取消派只是吹牛和吓唬人的能手,实际上从来没有胆量反对《**真理报**》。

《**真理报**》自己承认有两种已经形成了的路线、纲领、集体意志(取消派分子的八月路线和一月路线)。然而《**真理报**》却让人们产生了这样的看法:它执行的是某种“自己的”、昨天由某人杜撰出来的第三条路线,这条路线可以归纳为(是彼得堡有人来信从旁这样告诉我们的,因为《**真理报**》编委会固执地不肯给我们回信)不是把三个候选人中的一个让给取消派,就是把整个第二选民团交给他们,以“换取工人选民团”。如果这些谣传不确实,《**真理报**》就要为这些谣传承担全部**罪责**,因为不应在马克思主义者中间散播这种丧失信心的消息,使明显的**朋友**——马克思主义者也相信这些谣言,传播这些谣言。

在斗争激烈的时刻,《**涅瓦明星报**》一封信和一个声明也没有发表就停办了,编委会交换意见**完全**中止,政治撰稿人**一无所知**,不知道他们帮助推选的是**谁**,会不会是取消派分子。我不得不对这种现象提出强烈的抗议,不得不解脱自己对将造成今后长期无休止纷争的不正常状况的责任。

我请求把这封信既告诉《**真理报**》和《**涅瓦明星报**》的“老板”,也告诉这两家报纸的整个编辑委员会和坚定的工人民主派中的全体撰稿人。

致敬礼!

弗·伊林

从克拉科夫发往彼得堡

载于1956年《共产党人》杂志
第5期

译自《列宁全集》俄文第5版
第48卷第97—99页

100

致卡·胡斯曼

(10月23日以前)

亲爱的胡斯曼同志:

附上我党(俄国社会民主工党)中央委员会反战宣言[①]的德文译本。请您费心把这个宣言的内容通知在国际局有代表的各党的书记以及各社会党报刊。

亲爱的同志,请接受我的兄弟般的敬礼!

尼·列宁

从克拉科夫发往布鲁塞尔

原文是法文

载于1963年《苏维埃俄罗斯世界
手册》杂志第1—2期合刊

译自《列宁全集》俄文第5版
第48卷第101页

---

① 见本版全集第22卷第148—152页。——编者注

101

致卡・胡斯曼

(10月24日)

亲爱的胡斯曼同志：

随信附上波兰社会民主党华沙委员会的通知。该委员会要求我把这个通知转寄给您。通知充分证明,波兰社会民主党中央委员会向社会党国际局提出的对华沙委员会的指责,是完全不正确的。[202]

亲爱的同志,如果您能把这个重要文件的内容通知在国际局有代表的各党的书记,我将非常感谢您。

致兄弟般的敬礼!

尼・列宁

从克拉科夫发往布鲁塞尔

原文是法文

载于1963年《苏维埃俄罗斯世界手册》杂志第1—2期合刊

译自《列宁全集》俄文第5版第48卷第101—102页

102
致尼・古・波列塔耶夫

(10月25日)

尊敬的同事:非常高兴收到您难得寄来的信。您为我订了几份杂志,深为感谢。李维诺夫的书,一俟您需要,我可以随即寄奉。契斯佳科夫的那本书,我却记不起来了。是讲什么的,是怎样一本书?[203]您指望我会充分了解情况,可惜,这是完全没有根据的。我甚至觉得这有点像是嘲笑……　当然,您以“忙”作为理由,我是完全理解的,但是,要知道,政治上的忙很少表现为……沉默或与外界隔绝。作为《真理报》的政治问题方面的撰稿人,我也感到“忙”——正因为如此,即使在最不适宜于谈话的条件下(由于交谈者的沉默),我也不能沉默。在10月17日的选举[204]以前,依我看,最重要的本应是更直接、更坚决地展示反取消主义的原则性纲领——再一次刊印我们的全部名单,防止苏达科夫式的动摇[205](奇怪,唉,真奇怪,您对此竟置若罔闻)。我会一而再、再而三地寄这方面的文章给您。你们叩门,门就会开[206]……　不知这对你们的报纸是否适用?很有必要在星期三增加一张附页,专门讨论这些问题。这将要花100—200卢布——但即使是这样一笔数目,也终将由整个选举工作的成功而得到十倍的补偿,因为我们需要的是可靠的、长久的朋友,请您不要忘记这一点。在决定性的时刻不要舍不得100—200卢布,您以后将因此而能节省更多更多……　在技术上,还必须注意限制初选人代表大会主席的职权。我建议您打电话向法学家们请教一下,写一条关于初选人代表大会代表有权反对主席的条文。我这里没有法律文本(法律汇编,第2卷,1892年版,第179—191条,省的一般机关),况且法学家们定会知道得更清楚,会就怎样控告主席和保障自己的权利提出具体、明白的建议。请不要舍不得花钱发电报把选举的结果告诉我。

尼·列·

从克拉科夫发往彼得堡

载于1933年《列宁文集》俄文版第25卷

译自《列宁全集》俄文第5版第48卷第102—103页

103

致阿·马·高尔基[207]

(10月30日以前)

前一封信刚发出,就收到您关于图书的信。搜集革命史资料的计划非常好。我衷心赞成并预祝成功。

至于别布托夫,五月间我在柏林和他相识时他曾对我说,他**已经**把藏书交给了执行委员会(德国社会民主党中央委员会),因此**不好取回**。我这里有他的信,说是一旦社会民主党实现统一等等,这批藏书就捐献给它。这样看来,已经没有办法了。不过**您**不妨再同别布托夫联系一下试试。

弗拉·伊林

从克拉科夫发往卡普里岛(意大利)

载于1960年4月21日《共青团真理报》第95号

译自《列宁全集》俄文第5版第48卷第103页

104

致伊·罗·罗曼诺夫

(10月)

亲爱的罗曼诺夫同志：

恳请您为我代劳办件事：根据附述的“特征”，找到这位列日的律师并请他在文件上写上那位斯图加特的(居住在德国斯图加特市的)律师的名字。该律师有一次由这位列日的律师向罗森费尔德介绍过。

非常重要！

祝一切都好！在工人选民团方面我们正在取得胜利。

向朋友们致敬！

您的　**列宁**

译自《列宁文集》俄文版第38卷第75—76页

105

致《真理报》编辑部

(11月2日)

尊敬的同事：今天在《真理报》和《光线报》上读到了有关彼得

堡工人选民团选举的总结。看了第146号上的社论[208],我不能不向你们表示敬意:在并非由社会民主党人造成的失败(从对数字的分析可以清楚地看出,选举取消派的不是社会民主党人)的时刻,编辑部立即以正确的、坚定的、适当的语气指出了采取原则立场反对"妄自菲薄"的意义。请不要误解我这几句话。请不要以为,说这些话是出于其他什么原因,而不是出于一个固定撰稿人十分自然的交流思想的愿望。那些日子本来就很困难。斗争是艰巨的。办法差不多都用尽了,但还是出现了涣散现象,无党派人士投了机会主义者的票。为了顶住这种涣散现象,更加迫切要求团结一致的整体(例如,团结一致的编辑部或全体撰稿人员等等)进行高度原则性的、坚定不移的和顽强的工作。

极为重要的是,《真理报》已经开始的对选举的研究工作不能中断,而要继续下去。要收集和发表所有候选人得到的票数(13个候选人中你们只发表了9个人)。收集无党派人士投票情况、普梯洛夫工厂工人(7个和2个取消派)和谢米扬尼科夫工厂工人(2个和1个取消派)等等的投票情况并发表调查材料。

只有《真理报》才能卓有成效地完成这件重要的工作。

致敬礼和良好的祝愿!

你们的 **列宁**

从克拉科夫发往彼得堡

载于1923年《〈明星报〉和〈真理报〉时期(1911—1914年)文献专辑》第3辑

译自《列宁全集》俄文第5版第48卷第104页

106

致《真理报》编辑部

(11 月 2 日)

亲爱的朋友：今天才得知取消派在彼得堡获得胜利的消息[209]。从对数字的分析中看得很清楚，把他们硬拉上去的**不是社会民主党人**，而正是投无党派人士斯捷潘诺夫票的 11 个“无党派人士”。但是数字并不完全。得到完整的数字非常非常重要：(1)赞成和**反对所有** 13 个候选人的票数都要有；报上只有 9 个候选人(3 个取消派的和 6 个我们的)的票数；还缺 3 个取消派和 1 个无党派人士的票数。请你们尽**一切**努力收集这些数字。如果不可能找到记录，就通过某些初选人给编辑部的信查明这个事实。这些数字的意义非常重大。为了弄到这些数字不要怕耗费精力。(2)应该在初选人中调查他们的投票情况。在这方面，尤其重要的是有关“我们的”7 个普梯洛夫工厂工人+我们的 2 个谢米扬尼科夫工厂工人的情况。请赶快收集较完全、较确切的材料。从初选人那里了解 11 个无党派人士的投票**情况**极为重要(看来，他们都是坚决跟着取消派走的，但是最好收集到直接的证据)。

从克拉科夫发往彼得堡

载于 1956 年《共产党人》杂志
第 5 期

译自《列宁全集》俄文第 5 版
第 48 卷第 105 页

107

致《真理报》编辑部

（11月2日以后）

尊敬的同事：

根据你们的请求，我给高尔基写了一封信，今天接到他的回信。他写道：

“请把附上的便条寄给《真理报》。稿费用不着谈，这是小事。我将参加报纸的工作，稿件很快就会开始寄去。过去一直没有能这样做，实在因为忙得要命，常常工作12小时，累得很。”

正如你们看到的，高尔基的态度非常友好①。希望你们同样友好地报答他，要**放在心上**，**按时**给他寄《**真理报**》。发行部的工作有时常出问题，必须不时亲自检查检查。

如果想保持友好关系的话，能够引起他的兴趣的新书刊和某些原稿也请寄来（由我转寄给他）。

恳请给我寄来《**真理报**》第146、147、148号和《**涅瓦明星报**》第26、27号，最好各寄两份。

是否打算回击《光线报》的恶毒无耻的行为？这些坏蛋自己分离出去，却叫喊别人闹分裂！！可不是，10月17日和10月18日他们的**名单**得票｛整个名单即所有6个候选人的得票总数｝就**少些**了！！请**一定**从扎伊采夫或者别的复选人那里弄到**所有**取消派候

---

① 附上高尔基写给《现代世界》杂志要求把《童话》交给你们的信。**望速去索取**。

选人的确切票数。这**非常**重要！我曾经多么急切地请求你们从圣彼得堡市政府办公厅买一份**刊印的**初选人名单！此事务请**办到**！祝一切都好！

你们的……

值此《真理报》的拥护者在圣彼得堡、哈尔科夫等地获得胜利之际，谨向《真理报》的全体撰稿人、编辑和朋友们深表祝贺！！

附言：请立即函告《真理报》和《光线报》现在的发行量！材料够吗？

从克拉科夫发往彼得堡

载于 1956 年《共产党人》杂志第 5 期

译自《列宁全集》俄文第 5 版第 48 卷第 105—106 页

108

致列·波·加米涅夫

(11 月 8 日)

致加米涅夫

星期五

亲爱的列·波·：请**赶快**出中央机关报。

由于您的沉默，我们都在骂您了。在维也纳您没有来信。在奥地利代表大会[210]上没有致贺词。这不好。在苏黎世您也没有来信!!

亚格洛已在华沙当选。[211]莫斯科的情况还不知道。

握手!

您的　**列宁**①

……………………………………………………………………

从克拉科夫发往巴黎

译自《列宁全集》俄文第5版第48卷第107页

109

致列・波・加米涅夫

11月10日

亲爱的列・波・:刚才获悉,巴塞尔代表大会**大约**在**11月**24日召开[212]。决议起草委员会我们拟派去一名代表(+法国、德国、奥地利和英国各一名代表+王德威尔得主席,布鲁塞尔(XIV)……②路4号)。地址请保留。

可能我不去,而要**派您去**。因此请您**赶快**作准备:把**所有的**反战宣言都收集起来,搞一本最近一期的《新时代》杂志,(第6期,11月8日),这一期上有考茨基的纯属机会主义的议论[213]等等……

接到电报就启程(在代表大会前两天或一天,也就是在11月22日或23日,到达巴塞尔)。

---

① 信的手稿已部分损坏,有几个词无法辨认。——俄文版编者注

② 同上。

中央机关报(8版)望**立即**出版。

请写信告知,为**不久**就要出版的下一号(4版)还留下些什么稿子,有多少。马林诺夫斯基已经在莫斯科省当选。

敬礼并祝贺!

完全属于您的 **弗拉·列宁**

....

从克拉科夫发往巴黎

译自《列宁全集》俄文第5版第48卷第107—108页

110

致卡·胡斯曼

11月10日

亲爱的胡斯曼同志:

十分感谢您的通知[214]。我们正在采取措施,准备派代表出席巴塞尔代表大会。

我党参加决议草案审定委员会的全权代表的人选一俟确定,即可报上。

致兄弟般的敬礼!

尼·列宁

附言:我必须向我党中央委员会提交关于国际局最近一次会议[215]的情况报告。为了起草报告我需要一些材料。亲爱的同志,我很清楚,您非常忙,因此只请求您同意用5—10分钟接待一下去见您的波波夫同志。法国和德国的报纸(《人民报》、维也纳《工人报》、《不来梅市民报》、《莱比锡人民报》和《前进报》)对社会党国际局最近的一次会议发表了一些十分矛盾的报道。

今天我才得到有关选举莫斯科省第四届杜马代表的消息。现在我可以告诉您,工人选民团选出的**全部杜马代表**都是**社会民主党人!** 尽管选举中舞弊行为空前严重,12名社会民主党人到底当选了。又及。

致兄弟般的敬礼!

尼·列宁

从克拉科夫发往布鲁塞尔

原文是法文

载于1963年《苏维埃俄罗斯世界手册》杂志第1—2期合刊

译自《列宁全集》俄文第5版第48卷第108—109页

111

致《社会民主党人报》编辑部

(在《彼得堡工人给自己的工人代表的委托书》清样上的批示)[216]

(不晚于11月17日)

注意:务必**退回**!! 不要污损。保留这个文件**极为重要**!

发排。

从克拉科夫发往巴黎

载于1932年5月5日《真理报》
第123号

译自《列宁全集》俄文第5版
第48卷第111页

112
致格·瓦·普列汉诺夫

1912年11月17日

亲爱的同志:刚刚给您发了一份电报,接受您同鲁巴诺维奇谈妥的做法。

如果在下面这一点上我们同您有分歧,请您将我们的**意见不同之处**报告委员会[217]。

在社会党国际局十月会议以后,考茨基在《新时代》杂志第6期上发表的文章,显然是德国人、奥地利人以及其他人的正式意见。我们决不同意该文的中心之点(第191—192页,**特别是**从"在这方面应该"起到"提出要求的群众"止)。

考茨基**发誓**不要的,正是**革命的**群众罢工。这种态度无论是从俄国来看(**目前**在彼得堡有10万人参加政治罢工,他们举行革命的群众大会,支持水兵的**起义!**),还是从整个欧洲来看,都是不能允许的。您从书刊中知道我们的观点,希望您不拒绝同加米涅夫同志谈一谈。

加米涅夫同志(巴黎(XIV)　罗利街11号　罗森费尔德先

生)是我们驻社会党国际局的代表。

您如果不去,请发电报给他,如果去,请在巴塞尔委员会开会**以前**同他见见面(巴塞尔　罗森费尔德先生　**留局待领**)。

万一您不去,请把您的投票决定(选鲁巴诺维奇或加米涅夫)书面通知该委员会。

愿为您效劳的　**尼·列宁**

奥地利　克拉科夫　卢博米尔斯基耶戈街 47 号　弗拉·乌里扬诺夫

发往圣雷莫(意大利)

载于 1930 年《列宁文集》俄文版第 13 卷

译自《列宁全集》俄文第 5 版第 48 卷第 109—110 页

113

致 A.埃克(穆欣)

(11 月 17 日)

尊敬的同志:

非常非常感谢您的建议。

一俟住处安排停当,我们定将地址告诉您。

如果与孟什维克和波兰社会民主党的诉讼仍无结果,您就得为您的案件[218]去找**国外组织委员会**。委员会的地址罗莎知道,并将在明天出版的《社会民主党人报》上登出。

您愿意提供帮助(搞翻译和其他工作),十分感谢。有关这方面的事情,我们一定通知您。

致同志的敬礼!

尼·列宁

写于克拉科夫

译自《列宁全集》俄文第5版第48卷第110页

114

致列·波·加米涅夫

(11月17日和23日之间)

委员会会议定于11月23日星期六上午10时在布尔格福滕大厅举行。请于9时45分到达,以便同**胡斯曼**和**普列汉诺夫**见见面(我已经向他们两人**写明了**您的身份①)。不要迟到!最好早一些,以便把一切都安排好。

您是代表一个国家的书记。**除了您和普列汉诺夫以外**,任何人都**无权**领取入场证。

由于我已经把您的情况写信向胡斯曼作了介绍(正式使用的名字是**加米涅夫**,还把您的住址和真名给了他),因此,如无必要,就不用出示委托书。

助手就请马列茨基担任吧,不过,要他**在有您在场的时候**不要说话,**只**在涉及波兰问题时才要求发言。这一点只能对胡斯曼讲。

① 给格·瓦·普列汉诺夫的信见本卷第112号文献。——编者注

我寄给代表团两张委托书,您随便拿一张吧。

一封详细谈到代表团的任务、表决权及其他问题的信,已寄给特罗雅诺夫斯基,要他转寄给尤里(苏黎世　博莱街4号　别克扎江)。

由于您不来信,我们狠狠地骂过您,可现在和解啦!

有机会请问问鲁巴诺维奇,普列汉诺夫是否讲过同社会革命党人联合。

您的　**列宁**

路费:专题报告的收入40法郎+50法郎。由国外组织委员会寄来。

从克拉科夫发往巴黎

译自《列宁全集》俄文第5版第48卷第110—111页

115
致列·波·加米涅夫

(11月20日以前)

亲爱的列·波·:

……①应从布鲁塞尔(由波波夫)[和从莱比锡](由扎戈尔斯基)寄往巴塞尔由您收取的,有我们最近的两个文件:我[给社会党国际局]的关于第四届杜马选举的报告和《俄国工人反对战争》[219]……罢工……和初选人的决议。这应该在[社会党国际局]

① 信的手稿已严重损坏,方括号内的文字是根据意思复原的。——俄文版编者注

分发。[这是]重要的……

您的 **列宁**

附言:……请您**认真地**准备一下。这对他们会产生……所有的……**据说**,在**全世界**人们是按照三个标志来衡量社会民主党的力量的:(1)投票者的……人数(在我国**不行**:应就反对合法主义者说两句);(2)社会党的报刊;(3)社会党的议员。[要拿]合法的报刊[来作这种]计算吗?

在**整个 1912 年**(在1—10月的10个月中),我们(《真理报》)要比《光线报》强多少倍?(**关于 3**。从第三届杜马说起)《〈前进报〉上的匿名作者》等等①。第四届杜马,**工人选民团**(关于它要说两句)是我们的。

从克拉科夫发往巴黎

译自《列宁全集》俄文第5版第48卷第112页

116
给扬·安·别尔津的电报

(11月24日以前)

泰尔维朗

别尔津

波兰的反对派直到现在没有接到邀请,请您问一下胡

① 见本版全集第21卷第204—215页。——编者注

斯曼。[220]

列　宁

从克拉科夫发往比利时

原文是德文

载于1960年《近代史与现代史》
杂志第3期

译自《列宁全集》俄文第5版
第48卷第113页

117

致《真理报》编辑部

(11月24日)

亲爱的同事:现寄上一份彼得堡的委托书,这份委托书由于一个非常巧的机会,偶然从彼得堡落到了我们手里。一定要把这份给彼得堡工人杜马代表的委托书用大号字登载在显著的地位。《光线报》已经在谈论委托书,歪曲委托书,而且还发表了一些评论,但是《真理报》对自己的拥护者所草拟、通过并已正式提出的委托书却默不作声,这是完全不能容许的…… 这究竟算什么呢?如果工人的报纸这样轻视工人所关心的事情,它难道还能够存在下去吗?(当然,如有个别字句不能通过书报检查,可以像通常在这种情况下所做的那样作部分修改。)可是不刊登这种东西,那就不仅为无数冲突准备了温床,到头来《真理报》要对这些冲突负责,而且还会极严重地损害报纸本身的业务,即报纸发行以及像办企业那样的办报业务。报纸本来就不是一种读者管读、作家管写[221]

的东西。报纸应当自己去寻找,去及时发现并及时刊登某种材料。报纸应当去寻找和发现它所需要的各种联系。可这里突然冒出一份由《真理报》的拥护者给彼得堡工人杜马代表的委托书,而在《真理报》上却见不到……　收到此信后请立即回信。

从克拉科夫发往彼得堡

载于1923年《〈明星报〉和〈真理报〉时期(1911—1914年)文献专辑》第3辑

译自《列宁全集》俄文第5版第48卷第113—114页

118

致列·波·加米涅夫

(不早于11月25日)

亲爱的列·波·:对您的马虎作风我非常恼火,您没有安排人在开代表大会时来信!!但这一点在别的地方再谈。您使柯巴失去了**最**宝贵的时间。

现在谈谈正题。依我看,您在巴塞尔把事情办得——在目前的条件下——非常出色。再好也没有了。再也找不到**更好的**理由来揭露取消派了。(我是这样来理解您的——因为您至今还“没有写完”信!——就是说,社会党国际局**根本没有**研究票数分配问题。)结果成了平局,这在目前的力量对比下是**较好的**了……①关

① 信的手稿已部分损坏,此处及以下几处有几个词无法辨认。——俄文版编者注

于“民族组织”问题,同所有的3个问题一样,我看**很恰当**。总之,就事情的实质而论,——应当致以最热烈的祝贺!

怎么没有穆拉诺夫的署名?电报可是**星期日**发的啊!![222]……

6位中我们暂时见到了2位:马林诺夫斯基和穆拉诺夫。印象极佳……　基础是很好的,但需要做**长时期的**工作……

附言:我认为,均等原则是可以同意的,但您要提出一个条件:由于哈阿兹在国际局的偏袒和侮辱行为,对他**应予抵制**。

这种抵制是我们的合法权利和道义责任。而在政治上是清楚的……会给我们造成令人痛恨的争吵……

从克拉科夫发往巴黎

译自《列宁全集》俄文第5版
第48卷第114—115页

119

致《真理报》编辑部

(11月26日以前)

亲爱的同事们:我非常需要《真理报》第8号。你们来信说没有这份报纸。现请把下面的启事登在《真理报》上。为谨慎起见,我没有光写第8号,而是写了第5—10号。

这种做法常有。这件事就拜托了。

你们的　**弗·伊林**

奥里明斯基怎么啦？真的病了吗？

《真理报》编辑部和事务部恳求读者提供《真理报》第 5—10 号各一份，以便补齐成套。

从克拉科夫发往彼得堡

载于 1956 年《共产党人》杂志第 5 期

译自《列宁全集》俄文第 5 版第 48 卷第 115 页

120

致《真理报》编辑部

(11 月 26 日)

亲爱的同事：我们看到星期日的《真理报》上有两点疏忽，感到非常痛心。第一，没有关于巴塞尔代表大会的文章；第二，没有登载巴达耶夫等人给代表大会的贺词。[223] 就第一点说，我们也有过失，因为我们没有寄去文章。我们忙于一些极其紧要的事情。其实写一篇这样的文章是完全不困难的，《真理报》编辑部也知道代表大会要在星期日开幕。第二个疏忽完全要由巴达耶夫负责。完全不能原谅的是，他对自己的报纸漠不关心；他无论签署了什么东西，总是不立即送交自己的报纸。彼得堡工人的报纸竟得不到彼得堡工人杜马代表(而且还是《真理报》的拥护者)的合作，真是荒唐。对于这个重大的疏漏，无论整个编辑部，或者巴图林(顺便说一句：请把这封信转给他读读，如果能从他那里得到一点音信，我将非常愉快),或者代表本人,都必须给予尽可能多的关注。

你们曾向我要高尔基的地址。他的地址是:意大利(那波利)**卡普里**　斯皮诺拉别墅　马克西姆·高尔基先生。

告诉您一个罗马的通讯员的地址,请给他去信,他会给《真理报》写稿的:意大利　罗马　经由茹利奥·凯撒47号转Б.安东诺夫。

为什么不把应寄的钱寄来。耽误会使我们陷入窘境。请不要耽误。我曾请求在报上登一则广告,说编辑部征集《真理报》第5—10号,对于这个请求为什么不回答?

祝一切都好!

你们的　**弗·**

从克拉科夫发往彼得堡

载于1923年《〈明星报〉和〈真理报〉时期(1911—1914年)文献专辑》第3辑

译自《列宁全集》俄文第5版第48卷第115—116页

121

致弗·伊·涅夫斯基

(11月30日)

亲爱的弗·伊·:今天收到您谈到选举情况的来信。谢谢。如果可能,请尽快搞一份表格寄来。

如果您未去彼得堡,也无关紧要。现在那里情况似乎已略有好转。然而我们这里**无疑**会在您指定的时间等您。您可**一定**要来啊。请按下面的地址给我写信：克拉科夫　卢博米尔斯基耶戈街35号。您来时请从边境按这个地址给我发份电报，我来接您。

从克拉科夫发往哈尔科夫

译自《列宁全集》俄文第5版第48卷第125页

122

致列·波·加米涅夫

(12月3日)

亲爱的列·波·：不像话——不像话——不像话！

关于巴塞尔代表大会一个字也没有写给《**真理报**》！！这像话吗??

你们有5个代办员，竟没有从巴塞尔给我们写一封信！！——也没有寄一篇通讯给《真理报》！！

既然您那里有我的空白委托书，为什么不把**委托书**发给"姑娘们"(所有当时在巴塞尔的)?

您的　**列宁**

从克拉科夫发往巴黎

译自《列宁全集》俄文第5版第48卷第116—117页

123

致弗·伊·涅夫斯基

(12月4日)

亲爱的弗·伊·:您也许不会拒绝在有便的时候向我的朋友斯皮察先生(大概您有时能在大学里见到他)转达下面的话:他在这里的朋友们请他(1)一定要在约定的日期(或者提早些)再到这里来一次,(2)写信到圣彼得堡给他那位来过这里的朋友[224],让那位朋友也一定亲自再到这里来一次,来过圣诞节(俄历为12日),**最好**把其他几位**同事**也**拉来**。他来这里想必会过得很有意义。没有彼得堡同事们的劝告,弄得不好,他就不来了。

从克拉科夫发往哈尔科夫

译自《列宁全集》俄文第5版第48卷第130页

124

☆致杰米扬·别德内依

(12月5日)

尊敬的同志:我得赶紧通知您,您1912年11月15日的来信已收到。[225]可见这地址是顶用的——今后仍可照此写信。我们曾为您暂时离开《真理报》感到十分难过,现在您回来了,我们感到非常高兴。最近一段时间,特别是近几天发生了不幸事件[226]以后,我们与《真理报》撰稿人的通信联系糟透了。这是很令人难过的。现在您验明这地址无问题,确信您的信已寄到。如您来信能写得较为详细些,既把您自己的情况,也把有关《真理报》现在的编辑部、《真理报》本身的工作、它的敌人以及《光线报》等的情况都告诉我们,我们将感到非常高兴。

为什么还要通过《真理报》编辑部证实呢?我不明白。

握手!代表我自己也代表同事致敬礼!

弗·伊林

从克拉科夫发往彼得堡

载于1960年《历史文献》杂志第2期

译自《列宁全集》俄文第5版第48卷第117页

125

致约·维·斯大林

12月6日

转瓦西里耶夫

亲爱的朋友:关于1月9日的事,事先作周密考虑及充分准备是极端必要的。应当预先准备好传单,号召举行群众大会、罢工一天和游行示威(这些事情都应在当地决定,在当地能看得清楚些)。[227]应当"改正"11月15日的错误,当然改正是针对机会主义者的。[228]传单的口号应当是三个基本的革命口号(建立共和国、实行八小时工作制和没收地主土地),并特别着重指出罗曼诺夫王朝300年来的“耻辱”。如果没有充分的而且是极充分的把握在彼得堡弄好传单,那就必须及时在这里预先准备好运去。取消派在亚格洛问题上的厚颜无耻是没有先例的。既然我们拥有工人选民团方面的全部6名代表,就决不能默默地服从某些西伯利亚人。六人团既然受到多数的压制,它就应当提出强硬的抗议,在《日报》①上刊登抗议书,声明自己要向基层即向各工人组织呼吁。取消派想鼓吹他们的多数,同波兰社会民主党强行分裂。难道6个工人省份的工人代表就得服从斯柯别列夫之流或那个一时得意的西伯利亚人[229]吗?请常来信,写得多一些,详细一些。

《光线报》反对罢工的文章极端卑鄙。应当搞一次不合法的激烈的行动。请快点来信说明,在你们为这次行动拟定的几个方案中,你们决定采用哪一个?

敬礼!

附言:请把文件退回,带在身边是不方便的,物主可能在彼得堡。

从克拉科夫发往彼得堡

载于1923年《〈明星报〉和〈真理报〉时期(1911—1914年)文献专辑》第3辑

译自《列宁全集》俄文第5版第48卷第117—118页

---

① 指《真理报》。——编者注

126

致列・波・加米涅夫

（12月8日）

亲爱的列・波・：

我现在逐点答复如下。

(1)关于哈阿兹给梁赞诺夫的信。该“文件”是私人的。我们没有。我们**不能**引证它。**我们**去问哈阿兹(哪怕是通过社会党国际局)——问能否“予以说明”——是不恰当的,完全不恰当的。

您的问题“是否给了〈谁给?〉他〈哈阿兹〉‘予以说明’的机会?”,是不成立的。

机会他过去一直有,**现在也有**。他甚至得到了梁赞诺夫的**通知**。由此可见,是他不愿意。那就随他去吧! 而我们既要对他也要**对所有的德国人**施加压力,因为我们现在有一份文件,证明执行委员会把钱给了拉脱维亚人+崩得+高加索区域委员会。

(2)您问“我们是否心目中有比较好的人”,请原谅我,这个问题是非常奇怪的。更加奇怪的是您说:“他〈哈阿兹〉多少总知道一点”(??)(偏见比无知离开真理更远!)而且“能够〈?〉懂得〈??〉思想〈???〉分歧的代价〈????〉”……确确实实,这是奇怪的。不**愿意**明白的人是不**可能**明白的。而德国人的执行委员会(包括哈阿兹,它的头头)**证明**,它不愿意。

“比较好的人”我们不找,不能找,也不必去找。问题并不在这里。需要的是抛开不容置疑的“偏袒”,仅此而已。其余的我们都不介意。

(3)在巴塞尔"承认反对派的委托书"是怎么一回事呢？这事您**至今**只字未提，您不害臊吗??

谁"承认"？俄国人吗？社会民主党+社会革命党吗??谁准许他们插手这件事的？根据国际的章程的规定，必须经过**整个**波兰代表团的投票表决，**没有**经过这一步骤，俄国人怎么能插手呢？**整个**波兰代表团投票表决了没有？如果表决了，不管怎么样，在这个问题上我们**要有**(除了您的讲述以外)一份由"表示承认"的**全体**代表署名的**文件**。您到过这里并且十分了解反对派问题的尖锐性，难道您没有注意到一般在这类问题上文件的重要，而且对于我们在克拉科夫更是加倍重要吗??

(4)如果有过穆拉诺夫的署名，[请][①]写信给胡斯曼，就说报告中有笔误或遗漏，恳请在正式的报告中加以改正，把穆拉诺夫加进去，就说这是根据文件提醒一下等等。

(5)您不是在给中央机关报写关于选举和关于巴塞尔代表大会的文章吗？关于选举，请您看一看《**新时代**》**杂志**上斯切克洛夫的那篇无耻的文章，并请予注意，但当然不要回答他。

关于巴塞尔代表大会的文章，请赶紧付排，尽快把校样给我们寄来，因为**需要商议一下**：这里有一些重要的问题(关于普列汉诺夫该怎么说？关于波兰反对派又该怎么说?)。依我看，您要说得尖锐些。不过集体的决定这里尚未作出，没有我们的文章也不可能作出。

(6)列·波·：自从您以(a)巴塞尔之行，(b)委派(拟议委派)

---

① 信的手稿已部分损坏，方括号内的文字是根据意思复原的。——俄文版编者注

您当代表出席会议为由开始闹"家庭纠纷"以来,说实在的,我对您不再理解了,——虽然我们可以说已经相处多年。

这是什么口气!?怎么这样提问题??提这种问题怎么不害臊?

您的巴塞尔之行,对事情有什么坏处呢?请您解释一下,看在上帝分上!

您怎么能够重复尤里和基辅人那种毫无意义的牢骚呢,莫—名—其—妙!

对您有什么坏处呢?请您解释一下!

现在来谈谈会议的事。我应该(a)抛开《真理报》的**日常**工作;(b)花比您多一倍或两倍的时间;(c)花两倍或三倍的钱——**可钱却没有**;(d)敌人要利用我**极端**(在整个斗争过程中不可能不是这样)**易怒**这一点,去上他们的圈套吗??

请您解释一下,看在上帝分上,您怎么啦??写小册子的是**您**,而该去的却是**我**,这为什么??

"……马上就会给整个事情添上荒唐的色彩"!?这是什么意思??为什么马尔丁诺夫与您同时在巴塞尔出现**没有**添上"**荒唐的**色彩"呢??您怎么**让**自己听信巴黎的那些长舌妇编造出来的谎言呢??

"……马上会使天平盘向组织委员会这边倾斜……"这实在是天真得过分了。**由于**德国人反对我们(这是事实),"天平盘"**已经**向组织委员会倾斜了。这一点难道您看不见吗??我亲自出席只会使这种倾向**加重**十倍,因为无论是跟哈阿兹谈或是谈起哈阿兹,我都**无法**平静(像您那样)。这一点您是很清楚的!

然而,问题全在于起**重要**决定作用的"天平盘"完全**不是**这一个,**不是**在国际局,**不是**在会议上,而是**在实际**力量的对比**中**。在社会民主党党团关于亚格洛的问题上,我们**有**6个选民团工人——6对6;今天马林诺夫斯基来信说:"我们是6个选民团工人+4个取消派分子+2个动摇分子。西伯利亚人**还没有**到来。"

我们要把代表**彼得堡**、**莫斯科**和**南方无产阶级**的这6个人动员起来,并且要为反对梯什卡+罗莎+梁赞诺夫和其他人的造谣和阴谋而**进行斗争**……　**重要的**"天平盘"就在这里!您是知道这一点的!为什么在斗争本来就已经很困难的情况下,还要闹"家庭纠纷"呢??

"德国人会非常抱怨……大为恼火……"这**已经**是事实了。因此我们要**把**抗议书**寄去**,抗议德国人把钱给了组织委员会。让他们大为恼火吧。他们现在是**一方**。我们不可避免地**必须**跟德国人进行斗争,并且已经(a)从"匿名作者"+(b)从开姆尼茨**开始了**这一斗争。**哈阿兹**在开姆尼茨"作了回答"。斗争**在进行**,而您却很天真:说什么他们会大为恼火啦,会非常抱怨啦。我对您真不理解!

对国际局的建议我考虑这样答复:(a)我们抵制所有的德国人,因为他们把钱给了崩得和高加索;(b)**撇开**民族组织,只跟一批开除了的取消派**去**开会;(c)先决条件——由他们正式否定《光线报》上关于华沙存在奸细活动的无耻诽谤。理由是清楚的。您的意见怎样?

请您答复得确切一些,直截了当一些,坚定一些。我**哪儿也不**去,如果您要把"纠纷"闹到不可收拾的地步,我将委派谢马什柯或……①。您要得到的是**这一点**吗?再说一遍:是您对去巴塞尔

---

①　此处有一个词看不清。——俄文版编者注

的"担心"正确呢?还是我认为这既**对事情**无损,而且**对事情**和钱袋都有好处的看法正确?

(7)经费危机**严重**。我与柯巴一起参加过一次中央委员会会议[230]。已决定**立即**事先通知您:您要**去找**收入!在大约3个月内,您还能指望每月有100法郎+《真理报》的稿酬,之后就什么也没有了。

请考虑一下,并赶快回信。

您的 **列宁**

附言:《真理报》有人给我们来信谈到:阿列克辛斯基及其一伙(原文如此!)表示愿意供稿,条件是他们的稿件编辑部不同意也得刊登。

他们的回答是:对撰稿非常欢迎。但这样的条件不能接受,因为我们现在的任务,是要在同取消派的斗争中把反取消派的力量集中起来。

依我看,回答得很妙,而且完全正确。

要注意这样一点!阿列克辛斯基及其一伙要干什么呢?(是怎样的一伙?只有卢那察尔斯基一个人?还是还有别的**什么人**?是谁?)是像我所认为的那样**只是**闹纠纷呢(说什么《**光线报**》比较和气,而《**真理报**》不理我等等),还是像格里戈里所认为的那样想要接近?您跟……见面或者碰到……望核实一下,有可能请将情况打听清楚并写信告诉我。

还有关于党团的事:有一封信(不是寄给我们的,不过是一封相当可靠的信)提到,与取消派+齐赫泽的意愿相反,民族文化自治**被否决了**。这是我们所知道的在12人中我们形成多数的唯一

事实。我们**暂时**还不了解更多情况。一俟了解到,当随即写信给您。

从克拉科夫发往巴黎

译自《列宁全集》俄文第5版第48卷第118—122页

127

致约·维·斯大林[231]

(12月11日)

亲爱的朋友:波兰一些地方报纸登载消息说,亚格洛已被接受加入党团,但是只给了发言权。如果这是事实,这就是党性获得了决定性胜利。鉴于《光线报》在进行鼓动,必须:(1)在《日报》上刊登文章(文章初稿我今天寄出)……在委员会[232]内(必须趁您在的时候一再叮嘱他们对一切重要事件都要用决议作出反应,并立即将决议副本寄来这里)。下面是这种决议的可供借鉴的草案:"委员会研究了关于接受亚格洛加入社会民主党党团一事的全部情况,了解了马克思主义者的机关报《真理报》和取消派的《光线报》评述此事的文章,注意到了关于社会民主党杜马党团内就此事展开的争论和俄国各个社会民主党组织的意见的某个报告,现作出如下决定:承认拒绝接受亚格洛作为有表决权的成员是唯一符合党性的正确办法,因为亚格洛并非社会民主党的党员,而且他进入第四届杜马是违反华沙城工人选民团大多数复选人的意志的。委员会谴责崩得和取消派进行的主张接受亚格洛加入党团的反党鼓动,同时希望,给亚格洛代表发言权会促使波兰一切觉悟的工人靠拢波兰社会民主党,并促使他们同各民族的工人完全汇合到俄国社会民主工党的统一的组织中来。”

即使万一取消派取得了胜利,亚格洛终于被接受了,还是有必要,有加倍的必要作出具有以上内容并表示遗憾以及向全党呼吁的决议。

其次,极端重要的是委员会要对众所周知的11月13日的决议“有所纠正”,通过一个新的决议。新决议大致如下:“委员会在研究了有关11月15日罢工的一切情况后认为:社会民主党党团和彼得堡委员会之所以提出防止罢工的警告,完全是由于部分组织没有准备好在这一天行动。但是经验表明,革命的无产阶级的运动毕竟已经广泛展开,并且转为争取成立共和国、实行八小时工作制和没收地主土地的街头游行示威,从而把俄国的整个工人运动提到了更高的阶段。因此,委员会谴责取消派、他们的……集团和《光线报》进行的反对革命罢工的宣传,同时建议工人竭尽全力更广泛、更认真、更同心协力地准备举行一些街头游行示威和抗议性的政治罢工,使这些罢工成为尽量短期的(一日的)和协调一致的罢工。委员会将努力做好鼓动工作,以实现1913年1月9日的罢工和游行示威,对奴役俄国、使俄国血流遍野的罗曼诺夫王朝建立300年表示特别的抗议。”

再有,5位代表(选民团的)就巴达耶夫事件拟定一份申明理由的决议是极端重要和必要的。决议大致如下:“工人选民团的5名杜马代表注意到取消派在《光线报》上和在彼得堡工人中间对巴达耶夫同志进行的诽谤,兹决定:(1)不把这个问题提交杜马党团,因为党团已经接受了巴达耶夫,并且在党团内部没有一个人反对;

(2)调查巴达耶夫当选的情况,同时在表决这个问题时巴达耶夫应弃权;(3)经5名杜马代表审查确定的事实是:(a)具有反取消主义内容的委托书是预先印好的,是在初选人的会议上一致通过的,一切拥护巴达耶夫的复选人和初选人都是信仰坚定的志同道合者,是按照俄国社会民主工党彼得堡委员会的要求齐心协力、团结一致地行动的;(b)在社会民主党初选人的会议上有15票赞成彼得堡委员会的名单,9票赞成取消派的名单,而在《光线报》的初选人和复选人中间,并非所有的人都是作为取消派的志同道合者行动的,一部分人是动摇的(苏达科夫等等);(c)在选出了3个复选人对3个复选人的时候,为了不在资产阶级面前发生争论,巴达耶夫的拥护者尽了自己的职责,建议用抽签的办法解决问题;(d)鉴于巴达耶夫的拥护者提出这种建议的事实和取消派拒绝研究……①波·和马·(取消派)问题的事实,兹决定:承认巴达耶夫确系圣彼得堡社会民主党工人的多数选出,是真正符合彼得堡委员会的要求的候选人,社会民主党在进行圣彼得堡工人选民团的选举时发生混乱情形,罪过全在取消派身上,他们知道自己是少数,所以要破坏多数的意志。取消派拒绝抽签,是工人运动中令人愤慨的和闻所未闻的违背每个社会民主党人应尽的职责的行为[233]。委员会决定在报刊上公布这个决议,并且同心协力地在工人中间进行宣传,拥护巴达耶夫,反对取消派的鼓动。"

这个决议是必要的。关于巴达耶夫的问题,国际报刊上已经有了报道。斯切克洛夫在《新时代》杂志上写了一些模棱两可而又卑鄙的词句。在国际代表大会召开之前取消派用德文出版的小册

① 原信此处有脱漏。"波·"指尼·古·波列塔耶夫;"马·"看来指叶·马耶夫斯基。——俄文版编者注

子中,鬼知道刊载了一些什么。决不能沉默。选民团杜马代表应当核查事实并进行辩护——当然,这要在巴达耶夫弃权的情况下进行。

从克拉科夫发往彼得堡

载于1948年《列宁全集》俄文第4版第18卷

译自《列宁全集》俄文第5版第48卷第122—125页

128
致约·维·斯大林

12月14日

致瓦西里耶夫

亲爱的朋友:今天获悉合作社①管理委员会将于一星期后休会。这就是说,剩下的时间已经很少。我们恳切地请您采取一切措施:(1)要及时将《日报》转到第五号②名下,或者,至少必须有确切保证使现款完全可靠地掌握在他手中。财政危机极为严重。现在全靠订费了。把它留在不可靠的人手里就是犯罪!(2)要立即准备好(或者用我们已经准备好并早已寄出的)文章和6位合作社工作人员的声明交给《日报》,赶快刊登。如果我们不开始大力宣传,征求订户、募集捐款并争取支持,那事情就糟了。(3)要在米沙委员会[234]通过反对第十六号③的决议以回击取消派的决议。(4)要

① 暗指社会民主党第四届国家杜马党团。——俄文版编者注

② 马·康·穆拉诺夫。——编者注

③ 叶·约·亚格洛。——编者注

保证最后确定的全体人员(无一例外)的会面——这在目前尤其加倍重要。我们得把斯皮察也拉来。(5)要尽快把瓦西里耶夫赶走,否则就没救了,而他是有用的,况且最主要的工作他已经完成。

对这封信,特别是关于《真理报》①的事,请尽快回答。您不是在来信中说过"可以嗅到刑事罪的味道"了吗?[235]如果不把事务全部转到第五号名下(即如果不把出版事务和现款转交给第五号),那么我们就将使自己完全陷于困境。

握手!

您的

附言:要使大家能来,只有立即办理,使所有的人全都一下拿到护照,趁您在的时候应将全部事情办妥,才不致光有诺言而不见行动。拖延下去,人就会走散,就将一事无成。最重要的是要使所有的人同时出席,否则所得到的又将不是决定,不是有组织的行动,而只是诺言,只是空话。

要竭力设法把有关第十六号的问题推迟到1913年,因为许多人还不知道**党的**文件,而没有党的文件人们是不便解决这样的问题的。又及。

从克拉科夫发往彼得堡

载于1960年《历史文献》杂志
第2期

译自《列宁全集》俄文第5版
第48卷第126—127页

① 为保密起见,手稿中这个字被划掉,写了《光线报》。——俄文版编者注

129

致约·维·斯大林

12月16日

转瓦西里耶夫

亲爱的朋友：我们收到了您所有的来信（最后一封谈到您的同胞[236]在第十六号的问题上的“让步态度”……不过很可疑！），现在来回答您。难道我们的信件会丢失吗？

（1）看在上帝分上，请采取最有力的措施，将W.①从克拉斯那里夺过来正式转到穆拉诺夫即第五号名下，尤其是应把现款和订费拿过来。不这样做我们就糟糕了。要是让“巴拿马案件”[237]发展，那就是犯罪。

（2）趁您在时请把全部6个人会面的事安排好，不要让他们走散。现在时间很充裕；会面以后他们也来得及把一切工作做好。

（3）一定要做到使6个人在W.上发表声明（万一不行，5个人也可以，不能再拖延、等待）。

（4）您还要好好叮嘱希巴耶夫[238]和他的所有同事，务必一周两次给这里写信和认真写通讯。不这样做是**无法**共同工作的。

（5）对于韦特罗夫也要这样。他一封信也没有写过，其实甚至连取消派的宣言他也完全能寄来。这是不可原谅的。

① 指《真理报》。——编者注

(6)为米沙委员会写的几份决议草案收到没有？请尽一切力量使草案通过。

信件大都是寄到银行的。传单草案寄到希巴耶夫的另一个地址。此信收到否,请立即回信,即使写两三句也行。

敬礼!

附言:刚才获悉失败的消息。

要在米沙委员会通过那个表示**反对**的决议(决议在第三号[①]那里),并作一点补充:指出党团的决定是7个党性不纯的人的决定;随即把决议发到各地区。如果连7个孟什维克作出的支持亚格洛(和支持崩得)的如此卑鄙的决议也不能使第六号[②]最终转向我们,那就由5个人在W.上表态,而且态度要尖锐些,**再尖锐些**。

如果关于亚格洛的决议是在鲁萨诺夫尚未到来或没有确切材料说明他不属于社会民主党的情况下通过的,那就是7个愚弄了6个,轻易地欺骗了他们。假如我是鲁萨诺夫的话,以后来了也不会加入社会民主党党团,而要大闹一场。

如果已经清楚,鲁萨诺夫不是社会民主党人,那就不能和平地对待那个卑鄙的决议。

不管**怎么样**,我建议彼得堡委员会通过一个大致是这样的决议:(重复在第三号那里的那个决议)。

彼得堡委员会坚决谴责杜马党团7名代表的决议,他们:(1)没有收集有关华沙社会民主党工人们的确切材料;(2)在决议中没有提到所有波兰社会民主党人提出的**对**选举亚格洛的**抗议**;(3)没

① 罗·瓦·马林诺夫斯基。——编者注
② 格·伊·彼得罗夫斯基。——编者注

有提到华沙工人选出的2名(3名中的)复选人;(4)把资产者投票支持波兰社会党描绘成是"在资产阶级中间觉悟提高了",其实只能说是两贼相争,好人得利;(5)从亚格洛的一篇"声明"以及从一部分社会民主党人同**非**社会民主党结成的**反对**波兰社会民主党人的联盟得出了亚格洛属于社会民主党的结论;(6)主要的一点,是把"社会民主党的内部生活问题"同"杜马的政治活动问题"**前所未闻地分隔开来**,"以此**鼓励**后者与前者**隔绝**"。

彼得堡委员会谴责那些采取这一反党步骤并以此把自己同"俄国社会民主党的内部生活"分隔开来的人。

从克拉科夫发往彼得堡

载于1960年《历史文献》杂志
第2期

译自《列宁全集》俄文第5版
第48卷第127—129页

130

致第四届国家杜马的布尔什维克代表[①]

12月17日

亲爱的朋友们:使我们感到难过的,与其说是在第十六号的问题上的失败,不如说是朋友们(6个或者就是5个)对这件事的不可原谅的沉默和漠不关心的态度。要知道,这意味着扼杀事业,毁掉一切。直到现在还没有见到5个人或6个人的呼吁书,因为他们至今还没有摆脱不可靠的人的影响。(第三号自己说,可以嗅到

① 这封信是寄到尼·伊·波德沃伊斯基的住处的。——俄文版编者注

刑事罪的味道!)请千万要记住,如果这种可怕的估计被证实的话,那我们都要对此负责。但不管怎样,要把支票转到第三号或第五号名下,赶快派一个自己人[①]去掌管现款或者由第五号负责监督[①]。赶快在各地开始征订活动,并每天刊登合作社工作人员关于这方面的来信。

杜马的材料我们还是没有,(1)没有统计报告,(2)没有杜马的简报,(3)没有立宪民主党人的质询,(4)没有科科夫佐夫的说明书,(5)也没有立宪民主党人的法案及其他等等的材料。请尽一切力量在杜马休会前搞到这些东西并赶快给我们送来。

请回信,哪怕写两三句也好,但不要拖延。

从克拉科夫发往彼得堡

载于 1960 年《历史文献》杂志第 2 期

译自《列宁全集》俄文第 5 版第 48 卷第 129—130 页

131

致俄国社会民主工党中央委员会俄国局

12 月 19 日

亲爱的朋友们:关于取消派要把“民族文化自治”也写上的消息使我们气愤极了!不,一切都有个限度!这些破坏了党的人,现在连纲领也要彻底破坏。甚至连最大的调和主义者普列汉诺夫不

① 在密检邮件中,这个字后面有空缺和行下注:“这几个词无法辨认”。——俄文版编者注

干的他们也要干。这样可不行。不能忍受并……①无论如何要组织回击,提出抗议。必须发出最后通牒:我们该讲话了,[让]**他们**去宣读那个卑鄙的、民族文化自治之类的东西吧!要尽一切努力,哪怕是以 5 个人的名义去做好这件事(5 个掌握党的政策的人,要比 6 个动摇于党和取消派之间的人好)。

关于第十六号的卑鄙决议也好,无耻地加进民族文化自治也好,妄想"插手"报纸问题也好,都清楚地表明,不能幻想跟这样一些人"和解"。[239]他们以这些步骤**挑起了**斗争。必须系统地考虑这场斗争,坚决地进行这场斗争。为此,除上面已提到的外,还必须采取两个步骤:(1)就上面提到的所有问题和其他类似的问题递交由 5 个人署名的书面抗议,警告说要诉诸党的各个组织;(2)要让 5 个人或 6 个人在这里碰个头(这一点一定要做到!),最后确定做法。

……内容大致为:"我们,在下面签名的人,提出声明:党团关于亚格洛的决定,关于他的决议,关于加进民族文化[自治]的决定,是完全违反党的各次代表大会的**所有**决定的,因此我们对这些决定不承担责任,我们宣布这些决定是反党的,保留向党的各个组织申诉的权利并提请注意,党团作出这样一些决定,就是完全离开了党性的道路。"

很清楚,七人团还会在取消派的道路上**继续**走下去。

组织方面要抓紧,《日报》的事请来信谈详细点,好吗?财务情况怎样?稿件情况怎样?我们特地寄去了一封信,要第一号②或

① 信的手稿已部分损坏,此处及以下几处有几个词无法辨认,方括号内的文字是根据意思复原的。——俄文版编者注

② 阿·叶·巴达耶夫。——编者注

第三号(或者一起,那就更好)把开列的书带给我们。

恳切地要求做到这一点。费用由我们支付……转交法林斯基的书,有人却在骂我们。

(2)第三号是否收到了从维也纳寄出的汇款,这是给韦特罗夫的。

(3)能不能设法了解一下,韦特罗夫是否收到了我们的信件?我们曾多次经编辑部给他写信,他没有一点回音,难道是弄不到通信地址?

附言:要我再给你们说一下:从图书馆借书是你们的权利……可以借两星期。

从克拉科夫发往彼得堡

载于1960年《历史文献》杂志第2期

译自《列宁全集》俄文第5版第48卷第130—132页

132

致格·李·什克洛夫斯基

(12月20日以前)

您这封信似乎还是第一封就巴塞尔代表大会的情况提出"报告"[240]的信!! 太迟了……　看来巴塞尔是缺少点什么(也可能是多了点什么?)……　我想是缺少了代表们的组织性。这是非常糟糕的。当然,加米涅夫忙得很,但是其余5个人呢?? 难道就不知道应该**每天**给《真理报》写信吗？难道分工有困难吗？没有人从当地给《真理报》写过一封信，而取消派却给《光线报》写了**好几封**。

这不感到羞愧吗？当然，因为我们是在睡觉，而取消派却在工作，他们的日子就会比我们好过些。为《真理报》募捐的事都做了些什么呢？看不到。而取消派的国外**募捐**报告却已经在《光线报》上发表了。《真理报》可是非常非常非常**穷**啊。

没有一个代表写信来报告巴塞尔代表大会的情况(除加米涅夫外)。本来规定要安排力量每天写两封信的。但是什么反应也没有。看来是对什么不满意。不满意什么呢？天晓得！我对巴塞尔代表大会的**结果**是**十分**满意的，因为取消派的蠢货的面目在发起小组的问题上暴露出来了！！[241]使这一伙败类原形毕露是再好不过的了。但是我们代表的毫无作为和令人莫名其妙的“把嘴唇一瘪”却使我很痛心。同德国代表交谈过吗？(有四五个人是**懂**德语的！)谁去谈的？同谁谈的？怎样谈的？谈的什么？除了从加米涅夫那里听到的一些外，其他毫无所闻。在德国人中进行宣传是**非常**重要的。

您写道：“我们的报刊和杜马党团的情况不大好。”《启蒙》杂志的情况也不大好。没有钱。危机严重。需要帮助，需要援救。

《真理报》目前的发行量是23 000份左右。《光线报》是8 000—9 000份。眼下暂且不必抱怨。但是《真理报》的发行量4—5月间曾达到60 000份，夏天减到了20 000份。回升**非常**缓慢。**没有帮助就支持不住**。在杜马党团中，我们的情况比以往任何时候都好。选民团工人的全部6名代表都是**我们的人**[242]。这种情况**从来**没有过。我们第一次在南方获胜。12名代表各占6

名。曼科夫是孟什维克。鲁萨诺夫身份不明。可以较量一下了。下面就是说明我们情况好转的准确材料。工人选民团的代表是：

第二届杜马	孟什维克 12	布尔什维克 11(占47%)	(《伦敦代表大会记录》第451页)①
第三届杜马	孟什维克 4	布尔什维克 4(占50%)	
第四届杜马	孟什维克 3	布尔什维克 6(占67%)	

如果你们那里某个地方有谁灰心丧气的话，不妨让他想想这些数字，他是会对自己的灰心丧气感到惭愧的。在杜马我们的人中间，**第一次**有了**卓越的**工人**领袖**(马林诺夫斯基)。他将宣读宣言。他是阿列克辛斯基所不能比的。所以，成就也许不是一下子就很明显，但必定会**很大**的。第三届杜马的时候，我们就是从零开始的!!

由于国外局迁到此地，秘密工作比以前做得多了。进展虽然缓慢，但是并没有停滞不前。我们秘密出版的东西比别的党多。就是没有钱。如果能得到帮助，我们还要出版《工人报》和其他东西。

从国外帮助秘密工作只能通过往返旅行。然而，利用各种新的联系方法也**非常**重要——(1)通信；(2)利用各种机会带信；(3)**搞护照**；(4)其他等等。**所有这些还是不够的**。在这方面，国外各地所做的还只是能够做的百分之一。目前最重要的是帮助《真理报》"**支持住**"。可是对《真理报》的帮助很差。一个住在维也纳的人(布哈林)在热心奔走。其他城市则**不然**！没有一个人经常写通讯。没有一个人去**募捐**。没有一个人收集当地的重要书籍和小册

① 见《俄国社会民主工党第五次(伦敦)代表大会记录》，1963年莫斯科版第660页。——编者注

子寄到这里来……[①]写成重要文章。同志们！应当多考虑一下这方面的问题。例如住在瑞士诺恩堡的社会民主党人……有谁关心过呢?? 上面这些工作做过哪些呢??

握手……

附言:请把这封信寄给尤里,要他寄往巴黎给安东诺夫,再由那里转寄到维也纳。到目前为止,我们还是不知道,究竟普列汉诺夫在社会党国际局的十月会议上是否谈过关于同社会革命党人联合的问题(参看马尔托夫在《光线报》第37号上的文章[243])？这方面的情况难道就没有向鲁巴诺维奇、涅梅茨、胡斯曼或其他人打听一下??

从克拉科夫发往伯尔尼

载于1930年《列宁文集》俄文版
第13卷

译自《列宁全集》俄文第5版
第48卷第132—134页

133

致俄国社会民主工党中央委员会俄国局

(12月20日)

转瓦西里耶夫和第三号。亲爱的朋友们:今天收到你们通报的消息说,合作社[②]中的多数为了讨好犹太民族主义者和其他一

① 抄件中有一个词不清楚;估计是“以便”这个词。——俄文版编者注

② 暗指社会民主党第四届国家杜马党团。——俄文版编者注

伙人，又一次把民族文化自治塞了进来。这算什么，不是对6个人的嘲弄吗？难道这些先生们就不懂得，他们解释纲领讨好这伙人，这样就能使少数可以不服从？这简直是当众出丑，因为他们占上风是利用了那个一时糊涂成了孟什维克的人的一票，或者，也可能是在这个问题上依靠了第十六号。我们不知道六人团对此采取过什么措施。

但是，在这种情况下怎么能默不作声地服从；第三号怎么能同意公开宣读这种卑鄙的东西(并因此而承担责任)；六人团(或者哪怕是第三号一个人)怎么能不赶快在《日报》上发表声明，宣布这些先生们是在嘲弄纲领，导致分裂；——我们实在不明白。要知道，如果默不作声，那些犹太马克思主义者[244]明天就会骑在我们头上。事情总是有限度的。如果这些先生们认为，即使在他们明目张胆地将纲领糟蹋得不成样子时，少数也必须服从，那他们就大错特错了。

还在你们来信之前，我们已寄出一篇一般地论述民族文化自治的文章(那里援引了普列汉诺夫的话：高加索人和崩得使社会主义迁就民族主义)。今天我们要寄出的几篇文章已经是直接反对合作社的了。请你们协助尽快把它们刊登出来。我们认为，如果还来得及，你们应该用坚决的措施使纲领避免改动。既然那些人已经采取了这样一些步骤，那就必须斗争。关于《晚邮报》①和《日报》合并的事，你们——站在取消派立场的人除外——大概会一致作出决议的。没什么可说的，这是他们的欺骗行为，我们决不同他们搞到一起。为什么只有4个人来？我们十分恳切地要求6个人

① 暗指《光线报》。——编者注

全部来。这一点非常重要。

从克拉科夫发往彼得堡

载于 1923 年《〈明星报〉和〈真理报〉时期(1911—1914 年)文献专辑》第 3 辑

译自《列宁全集》俄文第 5 版第 48 卷第 134—135 页

134
致卡·胡斯曼

1912 年 12 月 22 日于克拉科夫

亲爱的公民：

我不明白您 1912 年 12 月 5 日的来信的意思。[245]也许这里有些误会，也许国际局有一个我所不知道的决议。

《人民报》(布鲁塞尔的)写道："至于谈到俄国社会主义政党在国际局中的代表权问题，则情况仍跟过去一样。"(1912 年 11 月 30 日《人民报》)。国际局是否有**另一个**决议？如果有，劳驾您告诉我。

如果没有，那么我党中央委员会就有权委派自己的代表。

为什么说这"只是临时性的"？当然，国际局随时都可能作出**新**决定，但从这个意义上说，**任何**代表权也都是"临时性的"。

国际局是否有决议，要俄国社会民主党的两"派"(?)(1912 年一月代表会议和八月代表会议?)**就国际局中的代表权问题**达成协议？

如果您能把这个决议和您从取消派“组织委员会”那里收到的文件(如果有这样的文件的话)的内容通知我,我将不胜感激。

致兄弟般的敬礼!

尼·列宁①

发往布鲁塞尔

原文是法文

译自《列宁全集》俄文第5版第48卷第136页

135

致阿·马·高尔基

(12月22日或23日)

亲爱的阿·马·:不知为什么好久没有得到您的任何音信了。您生活得怎样?身体好吗?

今天收到《真理报》第187号,上面登有征求1913年订户的启事。报纸处境很困难,自从夏季发行量下降以后,回升一直很慢,因而一直入不敷出。甚至两位固定撰稿人的稿酬也暂时停发,使我们的处境极为困难。

我们打算在工人中间大力开展**征求订户**的宣传,以便用收到的订费来巩固报纸和扩大篇幅,否则杜马开幕后就完全没有地方

① 手稿中有一段被划掉的话,大概是写给伊·费·波波夫的,内容如下:

“阅后请**赶快**寄回(请把您自己的意见告诉我;顺便说一句,法国人也许能在语言上作些修改),并一定要把胡斯曼的信寄回。

胡——想**非**正式地了结一切事情。我们不允许他这样做。”——俄文版编者注

发表文章了。

希望您也能参加征求订户的宣传,帮助报纸“摆脱困境”。采取什么形式呢?如果有童话或别的什么适当的东西,这一点一宣布便是一个很好的宣传。如果没有,则请来信约定在不久的将来,即在1913年写一点东西。要不,请干脆写一封简短的**给工人的公开信**,谈谈**积极**支持工人报纸(订阅、推销、募捐)的重要性,这也是一种很好的宣传。

请您写吧,前者或是后者都可以,直接寄给《真理报》编辑部(圣彼得堡亚姆斯克镇2号)或寄到我这里来。乌里扬诺夫。(克拉科夫　卢博米尔斯基耶戈街47号)

战争大概不会发生,我们“利用”波兰人对沙皇制度的极端仇恨,暂时还可以留在这里。

取消派现在发起了**反对**革命罢工的攻势!他们居然堕落到了这般地步。他们议论说,到1月9日那天将会有罢工和游行示威发生。

三届杜马(第二、三、四届)以来,在工人代表中,由几个主要省份选出的6名代表第一次全部站在党的一边。事情虽有困难,但毕竟有进展。

《箴言》杂志以“思想自由和批评自由”为名替罗普申作的“辩护”(对纳坦松及其同伙给编辑部的信的回答),您看了没有?这比任何取消主义都更糟糕,——这是一种糊涂的、胆怯的、狡猾的、然而却是一贯的叛变行为!

我们是在“反潮流”而行……　**为了**在群众中宣传革命,现在就得同为数很多的“也是革命者”展开斗争……　毫无疑问,工人群众是有革命情绪的,但是具有革命思想的新的民主派知识分子(包括工人知识分子在内)却成长得很慢,暂时还落在后面跟不上来。

致热切的敬意!

请来信。

您的　**列宁**

附言:向玛・费・问好!不知道为什么她完全、完全沉默起来了……

发往卡普里岛(意大利)

载于1924年《列宁文集》俄文版第1卷

译自《列宁全集》俄文第5版第48卷第137—138页

136

致列・波・加米涅夫

1912年12月26日于克拉科夫

亲爱的列・波・:我今天收到您的挂号信,从中获悉迪科・德拉埃先生自己意识到他**违反了**协议书,[①]现在他建议签订**新的协议书**。

我们的(我的和格里戈里的)意见是,应当试一试,当然,现在对违约者须加倍小心。

请在星期一就到迪科・德拉埃那儿去一趟,不要拖延,并向他提出[如下]内容的[协议书][②]:(1)结[论]应[根据]协议[共同

① 见本卷第67号文献。——编者注

② 信的手稿已部分损坏,方括号内的文字是根据意思复原的。——俄文版编者注

拟]定……[①] 让迪科立即回答接受与否,或是要进行什么修改。(2)如果迪科觉得难以像他原先答应的那样再找两个人,那就由他**一个人**签字。(3)迪科向我们提出结论的期限要在我们就结论取得一致意见后三天内,无论如何不得迟于1913年1月15日。(4)那时迪科立即会得到300,而如果我们胜诉就会得到5 000,也就是**原先的**条件。

如果迪科不同意上述内容,那就**必须**对他拒绝交出文件一事向律师公会提出控告,——请查看《博坦年鉴》等,其中有巴黎的律师事务所或律师公会(或律师局)等……**请保存……极严格地**……您可以到律师事务所使一切得到证实,而且迪科有义务**交出**我的信件,信中条件讲得很明确。

如果迪科不同意,就请您按我附上的信的精神给他写封信或者把我附上的信[②]寄去。

您的 **列宁**

克拉科夫 卢博米尔斯基耶戈街47号 乌里扬诺夫

致迪科·德拉埃先生

克利希林荫路

亲爱的同志:

罗森费尔德同志来信把1912年12月23日星期一同您谈判

① 有几个词无法辨认。——俄文版编者注

② 见下面的文件。

在这封信的信封上列宁写着:"**特快** 罗森费尔德先生收。"——俄文版编者注的情况告诉了我。从罗森费尔德的信中可以看到,您自己承认,您没有履行我们的第一个协议书(协议书未经3名律师签字;协议书交得过迟;协议书条文与经过商定、措辞极为严谨的那个[条文]完全不符)。

您建议签订新的协议书。我们的条件罗森费尔德先生已通知了您。如果我们达不成协议,我们只好请您费心将我交给您的文件寄给罗森费尔德先生……

请接受我衷心的、最崇高的敬意!

弗·乌里扬诺夫

原文是法文

译自《列宁文集》俄文版第38卷第76—77页

1913 年

137

致列·波·加米涅夫

1913 年 1 月 3 日星期五

亲爱的列·波·：今天收到了校样[246]，可惜没有关于罢工的文章。

关于彼得堡的消息我们一点也不知道……①

……可能，延误一天会毁坏全局。因此：

(1)请您**立即**寄出关于罢工文章的校样。

(2)请您立即把报纸(中央机关报)已拼好的版样寄出。一个邮班也不要错过。

(3)中央机关报一离开印刷机，请立即以**特快件**从车站寄来若干份(5—10 份，甚至 1—2 份也可，看时间而定)。

紧紧握手！

您的　**列宁**

安东诺夫竟然在崩得的庆祝会上②发表演说，多么无耻!!!

① 信的手稿已部分损坏，若干句子无法辨认。——俄文版编者注

② 此处列宁有个补充："前进派表现得倒**比**我们的人**好**；简直是耻辱!!"——俄文版编者注

请将这话转告他。整个国外组织委员会都是这种态度吗？您是不是写封信了解一下问题的**关键**何在？为什么谢马什柯离开了？

译自《列宁文集》俄文版第38卷
第78页

138

致阿·马·高尔基

(1月8日)

亲爱的阿·马·：我同样祝您新年快乐，一切都好！特别祝您身体健康！马林诺夫斯基、彼得罗夫斯基和巴达耶夫目前都在我这里。昨天收到您的来信，我念给他们听，他们都非常高兴。马林诺夫斯基想到您那里去，可路途遥远，恐难成行。唉，如果您离得近一些……　要是健康状况允许，您能迁到此地的加利西亚疗养地，如扎科帕内，在山里找一处适合休养的地方，离俄国比现在近两天的路程，工人们便可以常来常往，工人学校[247]又可以办起来了，通过国境并不难，从彼得堡来路费只要12卢布，同莫斯科工人和南方工人的联系也好办了！……　我对玛·费·这次的旅行充满希望……　她的主意真妙，的确，真妙。有机会请务必来信告诉我，她是否已能进行合法活动(想必是能够的)。此外还请您告诉我，马林诺夫斯基怎样才能在彼得堡或莫斯科找到她。通过吉洪诺夫吗？如果弄不到钱来扩大和巩固《真理报》，它就会垮掉。现在每天都亏空50—60卢布。必须增加发行量，减少开支，扩充篇幅。能坚持出到第200号,这已经创了纪录。我们毕竟可以经常不断地用马克思主义的精神影响两三万工人读者,这是个大事业,如果垮掉,那就太可惜了。我们正在和几位杜马代表一起从各方面尽力设法使《真理报》摆脱困境,但是我们担心,没有外来的财政支持,未必能够奏效。

马林诺夫斯基、彼得罗夫斯基和巴达耶夫热烈地向您问好并致良好的祝愿。他们都是好人,特别是马林诺夫斯基。和这样一些人共事确实可以建设好工人的政党,尽管困难很大。克拉科夫这个基地果然是一个有用的地方,我们迁来这里十分"合算"(从事业观点看)。几位代表都证实,工人群众中的革命情绪无疑在高涨。如果现在能建立起一个好的无产阶级组织,没有叛徒取消派的阻挠,那么在运动自下而上日益高涨的条件下,真不知道会取得何等巨大的胜利哩……

您就那封俄国来信所说的情况,很有意思,很能说明问题。孟什维克工人居然说马克思对俄国已经过时!! 这并不稀罕。取消派所造成的这种思想堕落、这种背叛情绪、这种变节行为,简直是难以想象的。但这里竟还有人为同他们"联合"而要弄种种阴谋诡计,因为要糟蹋**整个**事业、破坏好容易才开始的党的建设工作,唯一的办法就是重新要弄阴谋=同取消派"联合"。所以说,我们还得战斗……

我诚心诚意地随时准备同您分享您为前进派的回归而感到的喜悦,**如果**……**如果**您的推断,如您所写的"马赫主义、造神说和诸如此类的东西都已经永远地陷入了绝境"是正确的话。如果是这样,如果前进派已经理解或即将理解这一点,那么我就会很热心地同您共享您为他们的回归而感到的喜悦。但是我得强调"**如果**",

因为到目前为止，这与其说是事实，不如说是愿望。您记得1908年春天在卡普里我们同波格丹诺夫、巴扎罗夫和卢那察尔斯基的"最后一次会晤"吗？您记得吗，那时我说过，我们不得不分手两三年，而当时担任主席的玛·费·气冲冲地提出抗议，命令我遵守秩序等等！[248]

结果是4年半，差不多5年了。但是对于1908—1911年这样一个极度瓦解的时期，也并不算长。我不知道波格丹诺夫、巴扎罗夫、沃尔斯基(半无政府主义者)、卢那察尔斯基、阿列克辛斯基是否**能够**从1908—1911年的惨痛经验中**吸取教训**？他们是否已经明白，**马克思主义**是比他们所想象的更严整、更深刻的东西，绝不能像阿列克辛斯基那样对马克思主义进行嘲弄，也不能像其他人那样把它视为僵死的东西？**如果**他们已经明白了，我愿向他们致千百个敬礼，而一切个人的意气(这在尖锐的斗争中是不可避免的)顷刻间就会烟消云散。如果他们还没有明白，还没有吸取教训，那就请勿见怪：交情是交情，公事是公事。我们将不惜任何牺牲向诽谤马克思主义或歪曲工人政党政策的各种尝试进行斗争。

我**非常**高兴，终于发现了一条使前进派逐渐回归的**道路**，这就是通过没有直接对他们进行打击的《真理报》。真是高兴。但正是为了达到**牢固的**接近，现在对此不能操之过急，应当**慎重**。我也是这样写信告诉《真理报》的。赞成前进派同我们重新联合的朋友们也应当朝这个方向努力，因为只有把前进派**摆脱**马赫主义、召回主义、造神说而**回归**这件事做得慎重、经得起经验的检验，才可能带来很多好处。稍不慎重或"使马赫主义、召回主义等等旧病复发"，斗争将会更加尖锐……　波格丹诺夫的新作品《生动经验的哲学》我还没有读，想必也是换了新装的马赫主义……

我们同巴黎的谢尔盖·莫伊谢耶夫的联系非常密切,我们早就同他认识并一起工作过。他是一个护党派,真正的布尔什维克。有了这样的人,我们就能建设党,可惜这样的人太少了。

再一次握手,就此搁笔,再写下去就不像话了。祝您健康!

您的　**列宁**

娜·康·向您致热烈的敬礼!

(我们这里还有几位从俄国来的很好的工作人员。我们正在筹划开一个会[249]。唉,没有钱,否则在这块基地上真不知道可以办多少事!)

今天我就给《真理报》写信,要他们在征得吉洪诺夫同意之后登一则消息:吉洪诺夫和您负责主持《真理报》的文学栏的工作。好吗?如果他们不登,请您也给他们写封信说说。

从克拉科夫发往卡普里岛(意大利)

载于1925年《列宁文集》俄文版
第3卷

译自《列宁全集》俄文第5版
第48卷第139—142页

139

致列·波·加米涅夫

(1月8日)

亲爱的列·波·:您的来信已收到。我将尽量满足您的要求,虽然目前还不能保证成功。

参加会议的人几乎都到了这里……①

初步印象**非常**好(以后如何,无法担保)。丝毫没有“装腔作势”的情形。今天开始举行会议,希望能够取得很大成绩。会议结束后,我再写信。

阿列克辛斯基的信带来了,现附上。读(并给自己复制一份)后**请务必寄还**,切勿耽搁。

昨天收到了高尔基一封极为友好的来信,他看来是被前进派回到《**真理报**》方面的事完全“迷住”了。

信上说,他与吉洪诺夫愿意负责《真理报》的文学栏,……并说,“马赫主义、造神说和诸如此类的东西都已经永远地陷入了绝境。”好极了!

对斯切克洛夫的东西本来就不该去写评论:这样做就得说假话了……

《启蒙》杂志预定1月中旬出版。

普列汉诺夫(通过德涅夫尼茨基)写信给《真理报》表示,“如果没有双重书报检查”,他愿意答复马耶夫斯基。《真理报》回信表示同意。正等着他的文章。布里扬诺夫在普列汉诺夫那里。普列汉诺夫曾写信给他,反对接纳亚格洛。

执行委员会②已邀请我们参加统一会议:中央委员会+组织委员会+普列汉诺夫+杜马党团+波兰社会民主党。让他们见鬼去吧!这点不要外传!

我还有事,就此搁笔。大家,特别是马林诺夫斯基和柯巴,都向您致以热切的敬意!您不在这里,大家感到非常惋惜。工作总

① 此信手稿部分损坏,此处及以下的几个词无法辨认。——俄文版编者注
② 德国社会民主党执行委员会。——编者注

的看来是**在进展**。《真理报》的经费十分困难,现在就指望高尔基了。

祝一切都好!

您的 **列宁**

从克拉科夫发往巴黎

译自《列宁全集》俄文第5版第48卷第142—143页

140

致列·波·加米涅夫

(1月10日)

亲爱的列·波·:趁有空匆匆给您回封信。我们的会议已进入高潮,有11人参加。事情进行得很顺利。如果来得及,我将随信附上今天通过的第一个决议。当然,目前这**对任何人都不要**……党的工作人员……①不坏:彼得堡3名、莫斯科2名、南方2名,一些著名的公开活动家,等等。情况看来很好。六人团中曾经有过调和派的动摇。但**目前**我们同他们中间主要的"调和分子"彼得罗夫斯基,意见愈来愈协调。主要的问题将是"联合"问题。我们**大概**这样来解决这个问题:对下面的工人群众表示欢迎,而对《光线报》的取消派集团则进行斗争。至少,就革命罢工问题已通过了(一致地)**这样**的决议。

① 信的手稿已部分损坏,此处及以下的几个词无法辨认。——俄文版编者注

德国人即执行委员会寄来一个文件……

立场是:他们要在**合法的**场所创造**经验**。我们感到高兴。不过我们**极为**谨慎。同一个集团是谈不上**任何**联合的:请你们**参加**到组织中来吧,**我们会创造出经验的**。看在上帝的面上,切莫让国外组织采取**任何**行动。此信请念给(最好只讲信的这一部分)两三个能**保守秘密**、**认真严肃**的同志听,如卡姆斯基、尼古·瓦西·,但**不要对所有的人讲,不要扩散**。请催促一下中央机关报,务必立即把报纸寄来,即使是校样也好!

您的 **列宁**

从克拉科夫发往巴黎

译自《列宁全集》俄文第5版第48卷第143—144页

141

致列·波·加米涅夫

(1月12日)

亲爱的列·波·:我是从会上写这封信的。会开得好极了。其意义不亚于1912年的一月代表会议。对**所有**重要问题,**包括**联合问题,都将作出决议。

您不在这里,没有来成,大家非常惋惜。

现寄上第一个决议。**暂时**还要保密;不过可以让……①一部

① 信的手稿已部分损坏,此处及以下的几个词无法辨认。——俄文版编者注

分**说话谨慎的**布尔什维克知道一点,鼓鼓劲。

祝新年好!

您的　**列宁**

全部决议**一致**通过……

巨大的成就!

再过两三天结束会议。

从克拉科夫发往巴黎

译自《列宁全集》俄文第5版第48卷第144页

142

致列·波·加米涅夫

(1月14日以后)

亲爱的列·波·:

现寄上其余的决议……

已有严格规定:在报刊发表之前要**保守秘密**……①

您的信已转交马林诺夫斯基。

您给胡斯曼的回信好极了。

我们对会议总的印象非常好。我相信您也会如此。在暂时还是**保密**的情况下,请只告诉**亲近的人**(卡姆斯基、阿尔伯特……)。

① 信的手稿已部分损坏,此处及以下的几个词无法辨认。——俄文版编者注

彼得罗夫斯基现在完全是我们的人——六人团也是；两个优秀的秘密工作人员已回到俄国。只有“一小块云”(**乌云**)：一直缺钱。一贫如洗。

多多致意！

您的　**列宁**

30位布尔什维克的联名电报已收到。我本人并代表这里的全体朋友向他们多多致意，祝新年好!!

您的　**列宁**

从克拉科夫发往巴黎

译自《列宁全集》俄文第5版第48卷第145页

143

致约·阿·皮亚特尼茨基

(1月14日以后)

亲爱的阿尔伯特同志：

我想就会议关于民族组织的决议[①]同您谈谈。您认为决议中耍了“外交手腕”，这是很大的误解。

您是从哪里看出耍了外交手腕的呢?

第一，您认为我们对波兰社会民主党总执行委员会大发雷霆，“而全部材料来自反对派成员”。

---

① 见本版全集第22卷第285—286页。——编者注

这完全不对!

梯什卡在总执行委员会引起波兰社会民主党党员的反对与不满,此事我们知道已有**多年**。**所有**与总执行委员会共过事的人都知道。

1910年以来,这种对立情绪的发展是有目共睹的。

1912年春,梯什卡及其一伙宣称华沙委员会受保安处左右而将其解散,并成立了"自己的"委员会。

秋天进行了选举。结果又如何呢? 社会民主党华沙工人复选人**全**都站到了**反对派**一边!

此事我已核实。

复选代表是扎列夫斯基和布罗诺夫斯基。马林诺夫斯基见过他们,亲自核实了这件事。

难道这不是证明吗??

后来,**国外**和**罗兹**也站到了反对派一边。

梯什卡外交手腕的失败,早已成为定局。这是不可避免的。1912年的**一月**代表会议(当时根本没有触及梯什卡(=总执行委员会)和反对派的分裂问题)早就对这一事态的发展作了**原则性的**估计。

最坏类型的联邦制[250]正在垮台。

复旧(回到1907—1911年)是**不可能的**。

这点必须理解。

奥地利也有过类似的时期:许多民族都有各自的中央,日耳曼族却没有。

这种局面在奥地利没有能维持住,可见出路只能是:**或者**完全的联邦制,**或者**完全的统一。

我们的半联邦制(1907—1911年)也**维持不住**。要尽力使党的工作人员充分理解这一点。

我们要达到**完全的**统一,在民族问题上也要达到**自下而上的**、完全的统一。

完全的统一是可能的。在高加索(4个民族)有过完全的统一,而且现在还存在。1907年,在里加(拉脱维亚人、立陶宛人、俄罗斯人),在维尔纳(立陶宛人、拉脱维亚人、波兰人、[俄罗斯人][①]、犹太人)也曾有过完全的统一。**这**两个城市都**反对**崩得分离主义。

奥地利的联邦制以统一的党的分离和垮台而告终。**251**如果我们有人纵容、庇护崩得的**分离主义**,那就是**犯罪**。

您认为要了"外交手腕"的第二条理由是:我们谴责崩得,同时又"对追随崩得的拉脱维亚中央委员会几乎给予大赦"。

不,您错了。这不是要外交手腕。拉脱维亚社会民主党工人党员**始终**赞成自下而上的统一,**始终**赞成**区域**自治,也就是坚持反分离主义、反民族主义的观点。

这是事实。

您无法驳倒这一点。

由此得出的结论必然是:拉脱维亚中央,作为拉脱维亚社会民主党革命无产阶级中的一级组织,**偏离了正确的**道路。

但崩得并没有这样一条正确的道路,没有无产阶级,没有群众性组织,除了一个知识分子小组(李伯尔+莫维奇+维尼茨基——这些彻头彻尾的机会主义分子和崩得的**老**"主子")和几个手工业

① 信的手稿已部分损坏,方括号内的文字是根据意思复原的。——俄文版编者注

者小组外,它什么也没有。

把崩得和拉脱维亚人混为一谈,那就大错特错了。

"民族"问题在俄国社会民主工党内**已提上了议事日程**。[这是无法回避的。]"民族组织"的瓦解**并非**偶然。因此,我们应当**全力**去阐明事情的真相,恢复旧《火星报》[252]曾经进行的斗争。

我们原则上反对联邦制。我们主张吸取半联邦制(1907—1911年)的沉痛教训。我们赞成争取**自下而上**统一的运动。

曾在俄国社会民主党犹太工人党员中间工作过的同志,或者在一般了解有关情况的人中间工作过的同志,应该收集[说明]崩得分离主义的危害性的[材料]。崩得**撕毁了**斯德哥尔摩[决定](1906年)[253]。它本身在**任何地方**也未能就地实现统一(拉脱维亚人没有做过任何这类的事)。

难道竟有人认为,我们会忘掉这一点,听任别人再用空洞的诺言欺骗我们吗??

休想!崩得的"统一派"先生们,请你们在华沙、罗兹、维尔纳等地统一统一吧!

如果您能把这封信拿给关心[民族问题]的布尔什维克们看看,[如果]您能在各地普遍开展一项**工作**,即认真研究这个问题和收集反崩得"分离主义者"的材料(**俄国的**经验),[我将感到高兴]。

致衷心的敬意!

您的　**列宁**

从克拉科夫发往巴黎

译自《列宁全集》俄文第5版第48卷第145—148页

144

致阿・马・高尔基

1913年1月21日

亲爱的阿・马・:转给您这封信的同志,是目前住在维也纳的特罗雅诺夫斯基。他和妻子正在积极从事《启蒙》杂志的工作。他搞到了一点钱。我们相信,在他俩的努力和帮助下,这个杂志一定能办成马克思主义的反对叛徒取消派的杂志。我想,您也不会拒绝帮助《启蒙》杂志的。

您的　**列宁**

附言:我那封谈前进派问题的长信[①],您想必收到了吧? 您怎么也陷入《光线报》的泥潭了呢??? 难道是跟着杜马代表们跑了? 可是这些代表只不过是误入了圈套,他们大概很快就会摆脱出来的。

从克拉科夫发往卡普里岛(意大利)

载于1924年《列宁文集》俄文版第1卷

译自《列宁全集》俄文第5版第48卷第150页

① 见本卷第138号文献。——编者注

145

致 Г.М.维亚兹缅斯基

(1 月 22 日以后)

尊敬的同志:我将尽量满足您的要求,设法找到一些俄国小报。[254]只是此事目前做起来不容易,指望弄到很多未必可能,因为俄国出版力量很薄弱,而且他们还是**很不愿意**把那里出版的东西寄来,尽管我们一直提这个要求。彼得堡在 1913 年 1 月 9 日前出过两三种小报。

至于波兰的出版物,如果您以为别人会向我充分提供,那就错了。我没有通向波兰社会党的渠道,您可通过组织委员会及取消派搞到这些东西。我与社会民主党的"总执委会派"(罗莎及梯什卡)也没有关系。

请您把 1907 年的《俄国社会民主工党中央委员会通报》[255]寄给我用个把星期。两期都很需要。一定准时寄还。

附上您要的给库兹涅佐夫同志的那封信。[256]

致同志的敬礼!

尼·列宁

从克拉科夫发往柏林

载于 1930 年《列宁文集》俄文版第 13 卷

译自《列宁全集》俄文第 5 版第 48 卷第 150—151 页

146

致《不来梅市民报》编辑部

(1月24日以后)

尊敬的同志：

如果您能把载有您对罗·卢森堡那本书[257]的评论的那两份《不来梅市民报》寄来，我将非常感激。现附上20芬尼的国际回执。

我非常高兴，您在主要之点上得出了与我在14年前在同杜冈-巴拉诺夫斯基及"民粹派"的辩论中所得出的同样的结论，即在"**纯**资本主义"社会中实现剩余价值也是可能的①。我还未见到罗·卢森堡所写的书，但**从理论上来说**，您在这个问题上是完全正确的。我只觉得，您没有充分强调马克思学说中极其重要的一点(《资本论》第2卷第442页)②，即马克思所说的，在分析年生产物资时，绝**不应**包括对外贸易(我引自俄译本)。我觉得，卢森堡的"辩证法"是**折中主义**(从《莱比锡人民报》上的文章也能看出)。是否还有哪一种机关报对罗·卢森堡这本书发表过评论？《汉堡回声报》[258]发表过吗？别的资产阶级的机关报呢？

我还有个问题。《不来梅市民报》(1912年第256号)对社会党国际局十月召开的会议作了不正确的报道。这是卢森堡集团，

---

① 见本版全集第4卷第40—50页。——编者注

② 见《马克思恩格斯文集》第6卷第527—528页。——编者注

或者是取消派，要不就是赞同取消派的坏蛋把编辑部引入了歧途，硬说是哈阿兹讲过："列宁简直把国际引入了歧途。"

难怪取消派在他们的报上重复了这一谎言(彼得堡《光线报》)，并加上了恶毒的评语。我党(俄国社会民主工党)中央委员会曾写信问过哈阿兹。哈阿兹回信说，他的话被传错了。现在哈阿兹的信已发表在我们的报上(彼得堡《真理报》)[259]。

目前，我很想知道，《不来梅市民报》编辑部是否愿意将所发表的这一错误说法收回或予以更正？如愿意，我可以将**哈阿兹**回信的抄件寄给编辑部。

致党的敬礼！

尼·列宁

我的地址：克拉科夫　**卢博米尔斯基耶戈街47号**　弗拉·乌里扬诺夫

发往不来梅(德国)

原文是德文

译自《列宁全集》俄文第5版第48卷第148—149页

147

致尼·亚·鲁巴金

1913年1月25日

尊敬的同志：

遵照您的要求，寄上一篇简短得无法再简短的"说明"[260]。要是您不补充说在您的书中并未排除**“论战史”**的内容，我是**根本**不会写这篇关于布尔什维主义的说明的。

此外，您说的“我对您的阐述**尽量**不作任何改动”这句话，则使我产生了疑虑。我应当把**不能有任何**改动作为采用的条件在此向您提出(当然，纯粹为了应付书报检查的改动可以另作别论)。

如果不适用，请退回原稿。

致同志的敬礼！

尼·列宁

我的地址：奥地利　**克拉科夫**　卢博米尔斯基耶戈街47号弗拉·乌里扬诺夫

从克拉科夫发往克拉伦(瑞士)

载于1930年《列宁文集》俄文版第13卷

译自《列宁全集》俄文第5版第48卷第151页

148

致第四届国家杜马的布尔什维克代表①

(1月25日)

我们收到了编辑部一封愚蠢而又无耻的来信。未予答复。应

① 这是写在格·叶·季诺维也夫信上的给尼·伊·波德沃伊斯基的附笔。——俄文版编者注

该把这些人赶走。

《光线报》第 4 号还**没有**收到。务请寄来!![261]

关于编辑部的改组计划,一点消息也没有,我们感到非常不安。为这次改组究竟做了哪些工作?[262]为什么维拉、弗拉姆、安德列、阿列克谢一个也不来信?一定要他们尽快来信。改组编辑部,最好把原有人员全部赶走,这是极其必要的。他们尽干荒唐事,竟然大肆吹捧崩得和《时报》[263],简直无耻!他们不善于执行反对《光线报》的路线。对稿件的处理很不像话。对《工人呼声》杂志的做法愚蠢透顶。[264]简直令人不能容忍……　我们焦急地等待着一切有关消息……

在控制经费方面采取了什么措施?订费是谁收的?钱在谁手里?有多少?

从克拉科夫发往彼得堡

载于 1924 年《红色史料》杂志第 1 期

译自《列宁全集》俄文第 5 版第 48 卷第 152 页

149

致阿·马·高尔基

(1 月 25 日以后)

亲爱的阿·马·:您把我的信寄给吉洪诺夫,我当然没有什么好反对的。

卢那察尔斯基的小品文《恐惧和希望之间》,经过您的一番介绍,使我产生了兴趣。如果您暂时用不着,能否寄给我看看?您需要的时候我一定准时奉还。

为莫斯科报纸筹款的消息使我们甚为高兴。这项工作将由莫斯科地区的**我们的**3位杜马代表——马林诺夫斯基、沙果夫和萨莫伊洛夫负责。这是已经商量妥了的。但是需要慎重:不巩固《真理报》,就不能着手创办莫斯科的报纸。我们有一个创办《莫斯科真理报》的计划。[265]

请给吉洪诺夫写封信,让他**只**同巴达耶夫和**马林诺夫斯基**商谈,而且一定要同他们商谈。

特别使我高兴的是您来信中有这样一段话:"从俄国知识分子的一切计划和打算中,可以毫无疑义地看出,社会主义的思想中还夹杂着五花八门同它**根本**敌对的思潮如神秘主义、形而上学、机会主义、改良主义以及民粹主义的阴魂。所有这些思潮都**极其含糊不清**,它们没有自己的讲坛,不能十分明确地表明自己,因而**尤其**具有敌对性。"

我把我最喜欢的字句作了着重标记。一点不错:"根本敌对",并且由于含糊不清,尤其具有敌对性。再如,您还问起斯捷潘诺夫(伊·伊·)的情况。他(是一个好人,工作努力,学识丰富……)在瓦解和动摇的时代里(1908—1911年)表现怎样呢?他想要我们同前进派和解。这正说明,他自己也动摇了。

他给我写过几封信,说是俄国的民主革命已经毫无希望,我们不必闹革命,只要走奥地利的道路就行了。我因为他说了这种荒唐的话曾骂他是取消派①。他觉得受了委屈。后来**拉林**在报刊上

① 见本版全集第45卷第175号文献。——编者注

把他的思想和盘托出了。

现在斯捷潘诺夫向我们**示威**,他不给我们写稿,而替罗日柯夫在伊尔库茨克办的《新西伯利亚报》[266]写稿。您知道罗日柯夫发明了一个什么样的"思潮"吗?您读过他登在1911年《我们的曙光》杂志上的文章和我在《明星报》上的回答吗[①]?罗日柯夫**死死抱住了**自己的极端机会主义。而斯捷潘诺夫呢?天晓得他怎么样了。他的立场正是一种"极其含糊不清"和令人难解的立场。我**再也**不想把任何一个多少有点独立性的专栏托付给他了,他想跳,但自己又不知道该往哪里跳。但是当个撰稿人也许还有用。他是一个"迷失方向的人"。如果请他"主持"一个专栏,那就**既**葬送了**他**,也葬送了那个专栏。

您在信中说:"我们到应当有自己的杂志的时候了,但在这方面我们还没有足够数量的同心协力的人。"

这句话的后半句我不同意。杂志本身会**促使**足够数量的人**同心协力**的,只要有了杂志,只要有了**核心**就行。

现在核心是有了,而杂志(大型的)则由于一些外在原因例如没有钱,还没有办起来。有了钱,我相信我们立刻就可以办起一个大型杂志,因为只要有钱付稿酬,就可以把**许多**撰稿人吸引到**核心**的周围,给他们指定题目,分配任务。

眼下既然没有钱,我认为我们就不应该只是幻想,而应该从现有的刊物即《启蒙》杂志办起。当然这是条小鱼,不过第一,大都是由小而来的,第二,小鱼总比大蟑螂强。

既然希望有很多"同心协力的人",那么我们就应当,而且早就

① 见本版全集第20卷第395—409页。——编者注

应当**开始**同心协力了。

“我们到应当有自己的杂志的时候了。”写作核心已经具备。路线的正确性已为12年(甚至可以说20年)的经验,特别是近6年的经验所证实。必须在这个核心的周围集结力量,使之更为明确,不断发展和扩大。我们当初**只能**从秘密刊物做起,从《真理报》做起。不过我们并不想**停留**于这种状态。因此,既然您说了“我们到应当有自己的杂志的时候了”,那就请您负责把这句话兑现吧,**或者**立刻为一个具有一定纲领、一定编辑部、一定撰稿人员的大型刊物拟定筹款计划,**或者**根据同样的计划着手扩大**《启蒙》杂志**。

正确点说:不是**或者**——**或者**,而是**既要**——**又要**。

我等候您的回信。维也纳方面寄给您的关于**《启蒙》杂志**的信[267],谅已收到。在1913年把小型的《启蒙》杂志巩固起来是大有希望的。您既然希望“我们要有自己的杂志”,那么就请您和我们共同行动吧。

关于达什纳克党人,我什么也没有听说。不过我认为这是荒诞无稽的谣言。这谣言是政府放出来的,它想吞并土耳其属亚美尼亚。[268]

波兰社会党人一定会**支持**奥地利并为它而战。奥俄战争对于革命(整个东欧的革命)说来将是一件极有利的事。但是弗兰茨-约瑟夫和尼古拉未必会给我们提供这样的机会。

您要我常常通报一些消息,很好,只是您要有所反应。现在我就把我们最近举行的会议(我认为这次会议很成功,并将发生很大的影响)的决议①寄给您(请暂时保密)。

---

①　见本版全集第22卷第276—288页。——编者注

有人说,决议是一切文献中最枯燥无味的。我是一个啃惯了决议的人。请来信说说,您觉得这些决议是不是容易读懂(特别是关于革命罢工和关于取消派的那些部分)。

关于大赦的传说究竟在俄国引起了什么恶果,我不知道。请来信。

娜·康·向您问候!

紧紧握手!

您的 **列宁**

从克拉科夫发往卡普里岛(意大利)

载于1924年《列宁文集》俄文版第1卷

译自《列宁全集》俄文第5版第48卷第152—155页

150

致列·波·加米涅夫

(2月初)

亲爱的列·波·:现将校样寄还。往后,也就是说决议的校样,就不必寄来了。请**立即**出版,一定要用最省钱的办法(没有钱),即**排成三栏**,合报纸的一个版面(或½或¾版面),**正反两面排**,不留页边。

标题:《[有][①]党的[工作者]……中央委员会会议》……**一天**

① 信的手稿已部分损坏,方括号内的文字是根据意思复原的。有几个词无法辨认。——俄文版编者注

也不要耽搁。

印 **3 000** 份。请米龙亲自监督，把校样**切实校好**(他们通常不这么做，有错误也不校正！)，总之要尽快出版。

握手！

您的　**列宁**

从克拉科夫发往巴黎

译自《列宁全集》俄文第5版第48卷第156页

151

致雅·米·斯维尔德洛夫

(2月9日)

请交安德列同志，如他不在彼得堡，则请交第三号、第六号等人。——亲爱的朋友：听说您认为瓦西里似乎夸大了《日报》的作用，我感到非常遗憾。实际上，事态的**关键**正是在《日报》和如何办好《日报》上。如果不实现改革并正确地办好《日报》，我们就要遭到物质上的和政治上的破产。《日报》是团结和开展运动的必要的组织手段。只有**通过**这一手段，您所提到的那件事现在才能获得必需人员和经费来源。彼得堡的情况不好，主要是由于《日报》搞得很糟，而我们又不善于利用或那里的"编辑"委员会阻挠我们利用《日报》。

25 000份报纸如果每份每月提供一个戈比，加起来就有250卢布。请牢牢记住，其他的来源根本没有。整个事态，总的来说，取决于目前在彼得堡与取消派斗争的结局，这是很显然的。而这一斗争又取决于正确地办好《日报》。据说第一号和第三号或第三号和第六号对《日报》的改革采取谨小慎微的态度，即主张暂缓撤换现在的编辑和办事人员，如果这是真的，那是可悲的。重复一遍：这将有破产的危险。必须以认真态度同心协力，抓紧《日报》的改革。(1)需要建立记账制度，一戈比也要记，(2)第一号收到关于这件事的信了吗？(3)您读了这封信没有？(4)需要把钱(收入和订费)掌握在自己手里，(5)这件事准备做吗？什么时候做？(6)必须建立自己的《日报》编辑部，撤掉目前的编辑部。现在情况糟透了，为崩得取消派(《时报》)和非社会民主党人亚格洛宣传，简直可耻。没有自下而上实现统一的运动，是愚蠢的和卑鄙的。对瓦西里耶夫岛上的联合、对取消派的拒绝保持沉默，对《光线报》第101号[269]、对他们的答复也不会回答，——难道这些编辑是人吗？不是人，而是可怜的废物，事情就坏在他们手里。

在利用《日报》报道觉悟的工人和他们的工作(特别是彼得堡委员会的)方面，做得不值一评。应该结束这些可怜的编辑们的所谓“自治”。您必须首先把工作抓起来。到第一号那儿去“避难”，装好电话，把编辑部掌握在自己手中，吸收一些助手。您一个人，加上一部分这样的力量即一般的执行者，再加上我们这里的工作的帮助，是完全可以把事情办好的。只要正确地安排好这件事，彼得堡委员会的工作就可以开展起来。彼得堡委员会无能到了可笑的地步，不会讲话，坐失所有表态的机会。其实它几乎每天都应该公开地(用“有影响的工人”等等的名义)表态，至于秘密地表态，每月也应该有一两次。再说一次：**整个**事态的关键在于《日报》。在这方面能取胜，那时(只有那时)才可以去安排地方工作。否则将全部垮台。

莫斯科报纸的出版应该等一下。不过第三号和他的两个同事应该马上登出信件。他们的拖延是不可原谅的。马上表态，占领阵地，声明这是**我们的**事，即他们3人的事，声明他们是主人(否则取消派会把阵地夺去)，机会已经失去很多了，务必立即进行。

总之，必须表态。为什么第三号不担任出版人？第一号、第三号、第六号和他们的亲密朋友们一般是怎样分工的？是否作过报告？是否已完全一致？

从克拉科夫发往彼得堡

载于1923年《〈明星报〉和〈真理报〉时期(1911—1914年)文献专辑》第3辑

译自《列宁全集》俄文第5版第48卷第156—158页

152

致尼·亚·鲁巴金

1913年2月13日

尊敬的同志：您的修改我是不能同意的。《十二年来》一书已被没收[270]，未必还能找到。不过，我设法在一些地方仔细打听一下，如能找到，一定给您寄去。

娜·康·嘱咐问好！

地址：克拉科夫　卢博米尔斯基耶戈街47号　弗拉·乌里扬

诺夫

尊敬您的 **列宁**

从克拉科夫发往克拉伦(瑞士)

载于1930年《列宁文集》俄文版第13卷

译自《列宁全集》俄文第5版第48卷第158页

153

致恩·奥新斯基[①]

(2月13日)

尊敬的同志:很高兴收到您1月21日的来信。目前这个时期,涣散和瓦解“没有尽头”。因此,能与志同道合的人联系感到格外高兴。请您不要放弃2月份寄文章来的打算。总之,一定要不时写点东西来。我希望您能从我们的报纸和杂志上看出一条现在必须执行的总的路线——反对敌人和(恐怕更多的是)反对动摇分子。由于您住得离两个首都很近,所以您的合作——既然我们志同道合——就倍加重要。请您争取弄到地方自治统计和工厂统计之类的出版物。这方面的材料我们极为缺乏。

握手……

从克拉科夫发往莫斯科

载于1960年《历史文献》杂志第2期

译自《列宁全集》俄文第5版第48卷第159页

① 这是写在娜·康·克鲁普斯卡娅信上的附笔。——俄文版编者注

154

致《真理报》编辑部

(2月14日)

尊敬的同事们：看到编辑部在第24号上刊登了波格丹诺夫先生的一封愚蠢而无礼的信以及编辑部所加的荒唐按语[271]，我不能不表示愤慨。条件已讲得明明白白：未经商洽，不得刊登这类东西。

编辑部像故意嘲弄似的，破坏议定的条件。正是由于**这类**原因，无怪米哈尔奇的信**一点儿**也不能使人相信，尽管他在信中自己打了自己一百大板。

里加工人的质询(第24号)署的日期是1月**19日**。本来是完全可以把它同第17号(1月22日)上那篇关于民粹主义的文章联在一起，并及时把它寄到这里来的。[272]再说一遍，编辑部故意嘲弄议定的条件。我坚决要求，在该看的人看完这封信后，把它**立刻**转交报纸发行人巴达耶夫代表。

愿为你们效劳的　**弗·伊林**

从克拉科夫发往彼得堡

载于1950年《列宁全集》俄文第4版第35卷

译自《列宁全集》俄文第5版第48卷第159—160页

155

致阿·马·高尔基

(2月14日和25日之间)

亲爱的阿·马·:

您怎么啦,我的老兄,生活这样没有规律? 过度工作,太劳累,神经又痛了。这太糟糕了。您现在在卡普里,而且又是冬季,"来客"大概减少,生活本该有规律。没有人监督,您就放纵了? 这实在不好。您要控制自己,规定一个"约束办法"(制度),要严格一些,真的! 在这个时候生病,是绝对不容许的。难道又开始夜间工作了? 我在卡普里的时候,有人说就是因为我,您的生活才不规律,在我去以前您是按时睡觉的。您应当休息,一定要约束自己。

关于您想同特罗雅诺夫斯基夫妇见面的事,我一定写信去告诉他们。这确是件好事。他们都是好人。工作上我们同他们直接接触很少;但是,我们迄今所知道的一切情况,都说明他们表现不错。他们手上有些钱,想必能够发挥作用,为杂志做许多事情。特罗雅诺夫斯卡娅不久就要动身去国内。

您能**担负**《启蒙》杂志的工作,我和这里所有的人都非常高兴。坦白地说,我曾经这样想过:只要一写信对阿·马·谈起我们这个小杂志,这个很不像样的杂志,他就会倒胃口。我后悔,后悔不该有这样的想法。

如果我们能逐渐团结一些小说家来推进《启蒙》杂志,那真是太好了！太好了！读者是新的、无产阶级的读者，我们一定要降低杂志的售价，您可选登一些小说，但只能是民主主义的，而不是无病呻吟的、没有气节的小说。我们一定要把工人团结起来。已经涌现出了许多很好的工人。我们现在有6名杜马中的工人选民团代表已经开始在**杜马以外**展开工作，真妙！在这工作中，一定可以巩固工人政党，真正的工人政党！这在第三届杜马的任何时候都是办不到的。《光线报》(第24号)上4名代表声明退出的信[273]您看到了没有？信写得很好，是吗？

您在《真理报》上看到了吗？阿列克辛斯基写得还好，眼下还没有捣蛋！真奇怪！他曾寄去一篇"宣言"(讲他为什么要加入《真理报》)。没有登出来。**眼下**总算还没有捣蛋。真—奇—怪！波格丹诺夫却在捣蛋，《真理报》第24号上就有他的一篇愚蠢已极的东西。同他根本谈不到一起去！我读了他的《工程师曼尼》。还是那套马赫主义＝唯心主义，伪装得无论工人或《真理报》那些愚蠢的编辑都没能识破。这位马赫主义者像卢那察尔斯基一样(谢谢他的文章)，已经是不可救药的了。阿列克辛斯基在政治上已开始脱离波格丹诺夫，如果卢那察尔斯基也像他这样在美学上脱离波格丹诺夫……假如……

关于物质及其构造的学说，我完全同意您的看法：关于这个问题应当写些文章，这是一剂良药，可以为"俄国的不定型的灵魂所吞服的毒素"解毒。不过您把这种毒素叫做"形而上学"是不恰当的。应当把它叫做**唯心主义**和不可知论。

要知道，马赫主义者把唯物主义叫做形而上学！而现在恰好又有**一群**现代十分著名的物理学家，**针对**镭和电子等等的"奇迹"的出现，抬出了**神**——最粗陋的神，但又是最精巧的神，即哲学唯心主义。

关于民族主义,我完全同意您的意见,应当非常认真地研究这个问题。我们这里有一位非常好的格鲁吉亚人正在埋头给《启蒙》杂志写一篇大文章[274],他搜集了**一切**奥国的和其他的材料。我们要在这方面加把劲。但是您居然把我们的决议(我就要将这些决议送去付印)骂成是"官样文章、文牍主义",这是没有根据的。不,这不是官样文章。在我们这里和在高加索,参加社会民主党的格鲁吉亚人+亚美尼亚人+鞑靼人+俄罗斯人,在**统一的**社会民主党组织中**共同**工作已经**10多年**了。这不是一句空话,这是无产阶级解决民族问题的办法。唯一的解决办法。在里加也是如此:俄罗斯人+拉脱维亚人+立陶宛人;分离出去的**只有分离主义者**——崩得。在维尔诺也是如此。

关于民族问题,现在有两本写得很好的社会民主主义的小册子:一本是施特拉塞尔写的,一本是潘涅库克写的。想看吗,要不要我给您寄去?即便您那里能找到,谁替您从德文翻译过来呢?

不,奥地利发生的那种丑事,我们这里**不会发生**。我们不准许!何况在这里我们大俄罗斯人的人数还更多一些呢。我们同工人们都不会准许有"奥地利精神"的。

对于皮亚特尼茨基,我**赞成**起诉。[275]没有什么好客气的。温情是不可原谅的。社会主义者绝不反对利用官方的法庭。我们**赞成**利用合法的东西。马克思和倍倍尔**甚至**利用官方法庭去对付反对他们的社会党人。必须懂得**怎样**做到这一点,但必须去做。

皮亚特尼茨基应当严惩,这没有什么可说的。如果您因此而遭到非难,您就对非难者嗤之以鼻。非难的人只会是那些伪君子。向皮亚特尼茨基让步,怕打官司就放过他是**不可原谅的**。

好了,扯得太多了。请来信谈谈您的健康情况。

您的　**列宁**

附言:我们认识一位彼得堡人**托马斯**。他目前在纳雷姆。至于乌拉尔人托马斯,我们有点记不清了。出席1907年代表大会的是彼得堡人托马斯。

从克拉科夫发往卡普里岛(意大利)

载于1924年《列宁文集》俄文版第1卷

译自《列宁全集》俄文第5版第48卷第160—163页

156
致《真理报》编辑部

(2月19日)

今天得知《日报》已开始进行改革。多多致意,深表祝贺,并祝成功!改革终于开始了。你们无法想象,同一个暗中作对的编辑部合作,使我们吃了多少苦头。需要对第一号和第三号补充一句:你们竟会由于那封附有一张3卢布钞票的尖刻的信感到委屈或不满,真令人惊奇。要知道,整个锋芒是针对那些幸好已开始被你们撵走的编辑的。对应当撵走的人尖刻些,有什么不好呢?再次祝贺改革的开始。第三号在《日报》发表的那封信好极了,其他人的也很好。关于预算的发言草稿[276]是否收到,请告知。请把材料寄来。没有材料无法工作。如果有材料,这个发言的篇幅还应该增加一倍。各位代号人物发表的意见都很精彩[277],衷心地表示祝贺。请再把给训练班寄信的第二个地址告诉我一下，——我们怀疑姓有错误。请把投递书报的地址也从速寄来。

第十号①怎么样？要知道他是安·的学生，他可能会转变成为一个代号人物。《晚邮报》的发行量是多少？扬的同志们收到了他寄去的东西没有？请问问第三号。向你们致热烈的敬礼！

从克拉科夫发往彼得堡

载于1923年《〈明星报〉和〈真理报〉时期（1911—1914年）文献专辑》第3辑

译自《列宁全集》俄文第5版第48卷第163页

157

致《真理报》编辑部

（2月21日）

尊敬的同事们：首先请允许我祝贺你们近日来在整个报纸工作中所获得的巨大进步。祝贺你们，希望你们在这条道路上取得进一步的成就。前天我寄出了《日益扩大的矛盾》②的头两篇短文。从《真理报》第234号上，我清楚地看到，这些文章是不适用的。因此，请马上转给《启蒙》杂志；我就要把结尾篇寄给那里。其他没有刊登的文章（答马耶夫斯基，谈伦理，评布尔加柯夫论农民[278]——《俄国思想》杂志上布尔加柯夫的几篇文章，等等）也请寄到那里。务请尽快回信告知这事办了没有。请把《光线报》第

① 瓦·伊·豪斯托夫。——编者注

② 见本版全集第22卷第391—393页。——编者注

7、8、21和24号及《真理报》第25号寄来。往常我总是每天早上收到《真理报》，就像现在收到《言语报》和《新时报》一样。但这个星期以来《真理报》不那么准时了，要晚上才到。显然是发行部没有按时寄出。务请采取措施，做到每天尽量按时把报纸寄出。

现在我根本收不到新书。必须采取措施：(1)向各个出版社预购，(2)通过杜马代表弄到杜马的和官方的出版物。没有书根本无法工作……　《箴言》杂志和《俄国评论报》[279]我都没有。没有它们是不行的。有一号《俄国评论报》谈到《光线报》并揭发孟什维克反对地下组织，我特别需要这一号。

3月1日(公历14日)是马克思逝世三十周年。应当出一号和《真理报》版面同样大小、4版、售价2—3个戈比的增刊，登一张马克思的大照片，并发表几篇文章。[280]登上关于《真理报》和《启蒙》杂志的广告(详细的)。如果能发行25 000—30 000份，大概就不会亏本，还有盈余。如果你们同意，就来电报："请编写"(我们便动笔)，此外再写来一封详尽的回信。请每星期写两三封短信告诉我们，收到了哪些文章，采用了哪些文章。

你们全文刊载了德涅夫尼茨基的文章[281]，我认为，开头这样做，是完全正确的。但今后遇到这样长(和这样糟)的文章最好压一压，并写信联系一下，看能否转给《启蒙》杂志。

你们的　**伊·**

从克拉科夫发往彼得堡

载于1923年《〈明星报〉和〈真理报〉时期(1911—1914年)文献专辑》第3辑

译自《列宁全集》俄文第5版第48卷第164—165页

158

致马·亚·萨韦利耶夫

(2月22日)

转韦特罗夫　　急

亲爱的同事:我很发愁,因为我们之间的通信关系始终没有安排妥当,没有专门给您个人寄信的地址,而您对一些问题很长时间又不作回答。(1)很久很久以前我就写信告诉过您,说除了《英国关于自由派工人政策的争论》一文以外,还有《两种乌托邦》①和对抵制主义的批判(反对阿姆菲捷阿特罗夫,题目不记得了)**282**等文章压在《明星报》。再次求您把这些文章弄回寄还给我。我想用。(2)《真理报》那里也有很多没有被采用的文章。恳请您把这些文章弄到手,并把它们编成政论家的评论,署名不妨用T……　内容大致这样安排:一、答马耶夫斯基(《光线报》上的论取消主义的文章)。——(现在这个题目尤其需要,因为德涅夫尼茨基和普列汉诺夫在《真理报》第234号上唱出了难听的调子。)二、评《俄国思想》杂志上布尔加柯夫的论农民(标题不记得了)。三、谈伦理(两篇文章)。四、《日益扩大的矛盾》(是针对1913年立宪民主党人的二月会议的。对其应有所反应。有两篇短文前天已寄给《真理报》,其余四篇短文今天寄出)。各节的标题不要用大号铅字排印(像《启蒙》杂志第1期《选举结果》②一文那样),而要用8点铅字。

① 见本版全集第22卷第135—141、129—134页。——编者注
② 同上书,第343—371页。——编者注

《启蒙》杂志第1期印错的地方太多了……　现把《英国关于自由派工人政策的争论》一文的校样寄上。应当付印。难道还没有摆脱米哈尔奇……　这很有必要,的确,很有必要。我发现《启蒙》杂志第1期(第26页)有一个印错的地方。一定要更正。现把更正附上。

弗·伊·

更　正

《启蒙》杂志一月号(1913年第1期)有许多印错的地方。现更正一处与原意不符的地方:第26页顺数第23行,"工人政党内占25%"应改为:52%。

从克拉科夫发往彼得堡

载于1923年《〈明星报〉和〈真理报〉时期(1911—1914年)文献专辑》第3辑

译自《列宁全集》俄文第5版第48卷第165—166页

159

致威·普凡库赫

1913年2月25日于克拉科夫

尊敬的同志:您1912年12月28日的来信已收到,不过由于您把信寄到巴黎我原来的地址,因而迟了一点才收到。当然,我已把您的信转给了中央委员会。我想,中央委员会很快就会给您回信,不致让您久等。①

借此机会再次提醒您注意我现在的地址。地址是:奥地利　**克拉科夫**　卢博米尔斯基耶戈街49号　弗拉·乌里扬诺夫先生。

致党的敬礼!

弗拉·乌里扬诺夫

发往柏林

原文是德文

译自《列宁全集》俄文第5版第48卷第166—167页

160

致尼·古·波列塔耶夫

(2月25日)

转克拉斯

亲爱的朋友:您2月2日的来信使我非常高兴。极为遗憾的是,虽然我们这方面作过多次努力,我们之间通信至今仍不正常。没有这样的通信就容易产生误解。看到您对我们退出《光线报》的批评,我很高兴,因为来自国内的任何批评我都欢迎:没有批评就会死气沉沉。然而,您这次的批评是不正确的,只是我还不知道该从哪一方面来反驳。[283]等下一封信再谈吧。至于某报的"改组"问题,我认为,您脱离该报是令人非常非常痛心的。不瞒您说,我认

① 见本版全集第23卷第5—9页。——编者注

为您筹办这一事业是历史性的贡献,而您停办"大姐"①以及您夏天的"半脱离"则是一个大的错误。[284]不过,往事难追,引以为戒吧。出版大报的设想好极了。我的看法:需要办两份报纸,大报5戈比,小报1戈比;而现在的这份应逐步办成"小报"。出版5—10印张的小册子和书的想法也很对。我们也正在努力这样做。假如您能积极参加,假如我们能把共同工作安排得比1912年春夏更有条理、更为协调和更有成效的话,那么大家都会非常非常高兴的。实现这一愿望所不可少的条件之一,就是面谈和正常通信。目前高尔基正在非常积极地帮助《启蒙》杂志,要把它办成一份大型刊物。出版大报和书籍很有可能成为一件极其重要、极其有益的大事业。尤为重要的是一开始就把它办好。经验使我们确信,与普列汉诺夫、罗日柯夫等人协商(如您在信中所提到的)是没有指望的。我们不会这样胡来。我们会找到一种最好的办法。您当然知道,阿列克辛斯基和德涅夫尼茨基事先没有和我们协商就干开了。有了正确和坚定的策略,在办大报和出版书籍的过程中,我们的办法将进一步证实是正确的。这一点我们确信不疑。策略要坚定,原来小组的领导要保持,吸收一些人,不订合同,只做撰稿人——我们的这些条件是绝对不能更改的。我们相信可以物色到足够数量的撰稿人来办大报、出版书籍、发行大型杂志。例如,与波格丹诺夫连建立撰稿的关系也是不可能的,这一点从他的新作[285]中就可以很清楚地看出。与阿列克辛斯基和德涅夫尼茨基(普列汉诺夫)却是可能的,单是稿酬就会使撰稿人的范围扩大4倍。请速回答:(1)是否同意上述意见;(2)如不同意,您有何设想;(3)需要多

① 指《涅瓦明星报》。——编者注

少钱;(4)您能筹集多少;(5)对您本人今后的工作职务有什么考虑或者设想,等等。请明确答复。赶快行动,形势逼人。莫斯科报纸[286]也要…… 我的一位好友,此人您也认识,将去拜访您,请切实地、明确地同他谈谈。

从克拉科夫发往彼得堡

载于1933年《列宁文集》俄文版第25卷

译自《列宁全集》俄文第5版第48卷第167—168页

161
致列·波·加米涅夫

(2月25日)

亲爱的列·波·:现寄给您波列塔耶夫的一封信(**请即退还**)和一篇短文(也要还我)……①

我读了《当前问题》文集[287]。真是可恶!只是不知道对这些不正派的家伙是该痛骂一通呢,还是**不予理睬**。现在就骂一通,值得吗?您的意见呢?

我看,总得在最近一号的中央机关报上敲一敲,不过不要过分。

您的报告看来作得好极了……

向您多多致意!

您的 **列宁**

---

① 信的手稿已部分损坏,此处及下面有几个词无法辨认。——俄文版编者注

附言:彼得堡、莫斯科地区和南方有**好**消息。**工人的**秘密组织正在发展、建立。《真理报》**已开始**改革。

由于柯巴为《启蒙》杂志写的《民族问题和社会民主党》一文,特罗雅诺夫斯基正在闹无谓的纠纷。他说,请讲明这是一篇供讨论的文章,因为加琳娜赞成民族文化自治!!

我们当然是绝对反对。那篇文章写得**很好**。这是个十分重要的问题,我们丝毫也不会放弃反对崩得败类的原则立场。

也许"事情会过去",不过……您可要记在心上!

我们**决定**把前进派痛斥一番。让米龙来信说说,是否有钱办4版的中央机关报?

您读过《俄国财富》杂志上的《流星》吗?这算什么东西?造谣诽谤!

从克拉科夫发往巴黎

译自《列宁全集》俄文第5版
第48卷第169页

162

致Г.М.维亚兹缅斯基

(不早于2月)

亲爱的同志:

现将小报寄还。还有一份,也是1907年的(**同样是**在芬兰印刷厂印的,没有注明地点),上面**载有**1907年俄国社会民主工党七月会议的**决议**[288],您有吗?

如果有，务请寄来一用。

致衷心的敬意！

您的　**列宁**

克拉科夫　卢博米尔斯基耶戈街**49**号

发往柏林

载于1930年《列宁文集》俄文版第13卷

译自《列宁全集》俄文第5版第48卷第170页

163
致阿·马·高尔基

(3月6日以后)

亲爱的阿·马·：今天我读了《诏书》[289]……

好像文学家全都获得了大赦。您应当试试回国一趟，——**当然，首先应该了解清楚他们会不会因"学校"[290]这一类事而对您采取卑鄙手段**。也许他们不会因此指控您。

大赦是不能"接受"的，我想您不会那样想吧？那是错误的想法，因为现今一个革命者在俄国国内可以做**更多的**工作了，而且我们的杜马代表甚至可以在《庄严的誓词》[291]上签字。

不过我现在向您谈的不是关于签字，而是关于利用大赦。请把您的意见和**打算**写信告诉我。如果您动身的话，希望您顺便到我这里来一趟，——反正是顺路！

对革命的作家来说，现在可能到俄国(新的俄国)走一趟，以后就可能给罗曼诺夫王朝以百倍的打击……

我的前一封信收到没有？怎么很久音信全无。身体好吗？

您的　**列宁**

附言：娜·康·附有**材料**的信收到没有？

从克拉科夫发往卡普里岛(意大利)

载于1924年《列宁文集》俄文版第1卷

译自《列宁全集》俄文第5版第48卷第170—171页

164

致乔·迪科·德拉埃

1913年3月7日于克拉科夫

亲爱的同志：

您1913年2月28日的来信[292]已收到，我得赶忙通知您，我准备付给您300法郎的工作报酬。

我们可以接受您提出的第1页上的行文——(“虽然俄国社会民主工党各派之间签订的那些协议并不能构成法律文件，但是为了公正起见，我们将迅速予以研究”等等)。

(1)就是说，这一点已取得一致意见。

(2)伊格纳季耶娃女士的信将全文附在结论上。现随函附上您要的一封信，这信证明，伊格纳季耶娃女士确是向布尔什维克赠款的人。

剩下的问题只是如何使伊格纳季耶娃女士的这封信与您的结论的下面一段话相一致：

“鉴于从未有人对列宁作为布尔什维克代表的全权提出异议‾\/‾①，**并鉴于这笔钱的最初所有权属布尔什维克这一事实从未有人提出异议……**”

我们提议，第一，应补充‾\/‾“……其证据就是梅林先生、考茨基先生和蔡特金女士给列宁(乌里扬诺夫)先生的信件……”

——和第二，应勾掉最后一句[要知道，您自己在上面就说过：“对所有权提出过异议这一点没有什么意义”。可见，是有人**提出过异议**，然而这个事实是没有任何意义的，因为，正是列宁是原**持有者**这一点**已得到证明**。]，——改用伊格纳季耶娃女士的信，使措辞(大致)能作如下理解：

“所有三位仲裁人——梅林先生、考茨基先生和蔡特金女士给列宁(乌里扬诺夫)先生的信件雄辩地证明，从未有人对列宁作为布尔什维克代表的全权向他提出过异议。至于这笔钱的最初所有权，此页背面的信可以证明，这笔钱为布尔什维克所有是不容提出异议的。

已故的施米特先生临终时嘱咐将此款赠给布尔什维克。他的妹妹伊格纳季耶娃女士实现了已故兄长的遗愿。伊格纳季耶娃女士的信是这样写的：

……全文……

有鉴于此，我们看不出有任何根据能妨碍将这笔钱归还乌里

① 这个符号和下一个符号是列宁在手稿中标上的。——俄文版编者注

扬诺夫(列宁)先生。”

(3)至于结尾部分,我们接受您的建议,即以下面的方法来表述第1条附加说明:“1910年1月协议没有法律效力”。

至于第2和第3条附加说明,我们还没有形成条文。但我们期望,您能很顺利地同加米涅夫同志(巴黎(XIV)　罗利街11号　罗森费尔德先生)就这种具有次要意义的条文完全取得一致意见。

我同时将这封信的抄件寄给罗森费尔德先生,中央委员会已委托他付给您300法郎的工作报酬,并收受由您签署的结论以及交给您保管的文件。

亲爱的同志,请接受我的社会主义的敬礼!

尼·列宁(弗·乌里扬诺夫)

1913年3月7日于克拉科夫

亲爱的同志:

兹证明因布尔什维克那笔钱给您写信的伊格纳季耶娃女士,她的娘家姓正是施米特,她是临终时嘱咐把自己的财产赠给布尔什维克的那位已故施米特先生的妹妹。所以,实现了已故兄长的遗愿的伊格纳季耶娃女士正是布尔什维克的赠款人。她比任何人都能更好地证明这笔有争议的钱的最初所有权事实上属于谁。

亲爱的同志,请接受我的社会主义的敬礼!

弗拉·乌里扬诺夫(尼·列宁)

原文是法文

译自《列宁文集》俄文版第38卷第82—84页

165

致列·波·加米涅夫

(3月7日)

亲爱的列·波·：

又是关于迪科的事……　现寄上我今天寄给他的信的抄件。

附上给他的支票……[①]法郎

注意(1)**一定**要从**结论**中删去这样的话:从未有人对这笔钱是布尔什维克所有的这一点提出异议……

不论是孟什维克,还是托洛茨基和其他败类,都**提出过异议**。这一点迪科本人原先在结论中也承认了。这就是说,既然是不真实的就**不该**留下。

(2)也是最主要的一点。只有**换到**结论和文件(其中最重要的是考茨基1911年10月2日和11月18日的信件),才给支票。

也许这是过分的怀疑,不过……应该**提防**迪科。也许他**不想**在事情**了结之前**,也就是说在提出结论并得到答复之前交还文件?? 而我们甚至对他会不会提出结论这点都还没有把握!!

无须多说了。如果他不把文件交到您手里,**千万不要给支票**。

至于"协议书"中的三点,**我**已经**忘记了**。想必**您会妥善处理的**。对吧?

请给迪科写封信,就说您已收到支票,请他**把所有的文件都收集起来**并把结论的草稿寄给您(在誊清之前)。这样可以促使他事

① 信的手稿已部分损坏,此处和下面有几个词无法辨认。——俄文版编者注

情办得快些,使您能够**直接**得到结论(**复制两份**;在打字机上这很容易一下子做到,我们**需要**两份)并了结此事。

为此,我开的支票的日期是下星期四,1913年3月13日。

现寄上:(1)迪科的来信。

(2)我给他的回信的抄件。

这两份东西用后还我!请不要耽误。

您的　**列宁**

关于给《新时代》杂志的那篇评论。[293]

是啊,总算脱身了——我边读边想。倒不如根本不拿去登。**结果**是有点迎合了考茨基。没有说出真情,只是作了**暗示**,这种暗示1 000个俄国人中只有1个人能懂,而10 000个德国人中"**连1个人**"也不会懂!

斯切克洛夫是个坏蛋……　应当同他"脱钩",而我们却把他算做马林诺夫斯基那一伙!

译自《列宁文集》俄文版第38卷
第84—85页

166

致列·波·加米涅夫

(3月8日)

亲爱的列·波·:加涅茨基在我这里,正在安排有关巴塞尔代表大会代表团联名抗议的事[294]。

请(您和**全体**巴塞尔代表大会的**代表**)签名并寄给:

(1)什克洛夫斯基——**伯尔尼**　法尔肯路9号　什克洛夫斯基收。

(2)尤里——苏黎世　博莱街4号　别克扎江收。

(3)特罗雅诺夫斯基夫妇。让最后一位(在签完名后)把所有文件寄回这里。

您的　**列宁**

务必让**全体**代表都签名。

从克拉科夫发往巴黎

译自《列宁全集》俄文第5版第48卷第171页

167

致列·波·加米涅夫

(3月29日以前)

亲爱的列·波·:今天收到了您的来信和第三届杜马党团工作报告中的……①谢谢。我今天已转给了正在这儿的马林诺夫斯基。他今天就要离开……

唐恩的情况真怪,怪极了!他居然过得自由自在,常进出党团,担任《光线报》编辑,如此等等!!不知保安机关这是在玩什么

① 手稿已部分损坏,此处及下面几处有几个词无法辨认。——俄文版编者注

大把戏!

国内逮捕事件非常严重。柯巴被抓去了。我们已同马林诺夫斯基商量采取必要的措施。《真理报》平日的发行量是30 000—32 000份,节日是40 000—42 000份。现在都在叫没有人手。取消派有一大批知识分子,而我们的人都被抓走了。

我们"原则上"已决定取消附页,每周出版《真理报》增刊4—8—12页(代替《明星报》),报费另收;如能成功就好了,但人手总之还是太少。

六人团相处得十分友好——不过他们也在叫苦,说……

取消派方面都是"知识分子"。我们有工人群众(《真理报》发行40 000份,而《光线报》仅12 000份),但工人培养**自己的**知识分子极为困难。缓慢而困难。

国内党的工作总的说来有显著的改进。工人小组、团体和组织显然到处在发展,巩固。在扩大。乌拉尔、南方,特别是莫斯科地区,都是如此。在高加索也有改善(最近消息:又在逮捕)……

社会民主主义运动无疑在活跃起来。人们又(渐渐地)开始捐款了。这是新消息!军队中有革命组织活跃的迹象。但运动的步调有点不同,有点新鲜。

您想必看到了普列汉诺夫在《真理报》上的文章?他变来变去……又转回来了。咳,真是个变化无常的人!他曾帮助过马耶夫斯基(1912年1月后),后来又离开了他(1912年8月),他曾遭到马耶夫斯基的痛骂,现在是他在骂马耶夫斯基了!!基谢廖夫寄给我一封长信,责备我排斥护党派孟什维克,说我毫无道理地要求他们成为"列宁派"。怪事!格—里认为,这是普列汉诺夫的"一着棋"……

有件在纠纷史上的新鲜事：卡·拉狄克出了一本小册子《我的总结》，批判梯什卡，把梯什卡骂得狗血喷头。有人答应也给您寄一本。

罗莎的新著《资本积累论》读过了。胡说八道！完全歪曲了马克思。我非常高兴，潘涅库克、埃克施泰因和奥·鲍威尔异口同声地谴责这本书，而且他们对这本书的批判，说的就是我在 1899 年反对民粹派时说过的话。我准备在《启蒙》杂志第 4 期上写篇文章谈谈罗莎这本书[295]。

柯巴(为三期《启蒙》杂志)写了一篇有关民族问题的长文。很好！应该反对崩得和取消派的分离主义者和机会主义者，为真理而战。

现在正有股返回国内的浪潮，回国工作的人比从前多了。

听说托洛茨基正在对《光线报》表示不满。

好啦，该住笔了。我代表马林诺夫斯基并代表大家向您致热切的敬意！紧紧握手！

您的　**列宁**

从克拉科夫发往巴黎

译自《列宁全集》俄文第 5 版第 48 卷第 171—173 页

168

致阿·卡恩[296]

4 月 3 日于克拉科夫

阁下：

感谢您电告“信因故未发”。为了新的调解尝试，目前我不得不采用一切"斗争方法"来对付对方。因此,我请求在接到我的通知以前不要采取任何正式步骤。

我希望最近能弄到一些重要文件给您。据我看,这些文件会改变您所谓"法律地位把握不大"的想法。

恩……

附言:请把您给蔡·[1]的信的草稿寄给我。

1913年4月3日发出

原文是德文

译自《列宁文集》俄文版第38卷第94—95页

169

致《真理报》编辑部

(4月5日)

转伊万·伊万·

亲爱的同志们:非常感谢你们这封详尽的来信和十分珍贵的报道。请多多来信,让我们能同各地区保持联系。

信中谈到取消派"敌视"护党派孟什维克和党接近,这一情况很重要。各地区应该针对这种情况通过决议。这一事实第一千次

① 大概指蔡特金。——编者注

证明,取消派是彻头彻尾置身于党外的和反党的分子;要实现联合,只能反对他们(反对《光线报》),决不能同他们搞在一起。你们很重视这一事实,我认为完全正确。根本谈不上与取消派统一,因为党和破坏党的人不可能联合。1913年二月会议关于自下而上统一的决议,我认为可以胶印(如果印数少的话),并补充上那个准确列出了5点的反对《光线报》决议①。

其次,我完全同意你们的看法:极为重要的是开展反对七人团[297]的运动并在这方面发挥工人的主动精神。七人团——这是一些动摇不定的、与党貌合神离的、缺少党性的人。可以同他们在杜马内达成协议,以便指导他们,拉着他们跟我们走,但掩盖他们的取消主义、他们的无气节和无原则性,就是犯罪。应该支持和开展反对七人团的运动。现在,取消派的《光线报》正在扩大(显然是靠自由派出的经费,因为它每月亏本1 000卢布,总共只发行12 000份),应当十倍地加强声援6位工人代表的运动,加强征求《真理报》订户、扩大《真理报》的运动。应该直接在每一个工厂开展斗争支持《真理报》,争取更多的人订阅《真理报》,把一个个工厂从《光线报》手里夺回来,在各工厂之间开展一个比《真理报》订户数量的竞赛。党性的胜利就是《真理报》的胜利,反过来讲也是一样。应该掀起一个运动:争取《真理报》发行量从30 000份增加到50 000—60 000份,订户从5 000增到20 000,并坚持不懈地朝这个目标努力。只有这样,我们才能扩大和改进《真理报》。

你们指出缺少知识分子,这很正确。今后也还会缺少。这只有用《真理报》和秘密书刊来弥补。在技术部门未建立之前,你们不妨

---

①　见本版全集第22卷第283—285、426—428页。——编者注

出版一些胶印的决议和传单。有必要每周胶印30—60份彼得堡委员会的决议作为指示;关于这类决议,我们可以经常函商。这一点请考虑。这样做可以巩固秘密工作,减少牺牲,扩大宣传等等。

彼得堡委员会支持六人团反对七人团的决议极好。[298]难道连这个决议也没有胶印出来?这是绝对必要的。这样一类运动正是很需要的。我们将尽可能寄文章给《消息报》[299]。请告知期限。《消息报》的版面和文章的篇幅多大,也请告知。

列·

从克拉科夫发往彼得堡

载于1923年《〈明星报〉和〈真理报〉时期(1911—1914年)文献专辑》第3辑

译自《列宁全集》俄文第5版第48卷第173—175页

170

致列·波·加米涅夫

(4月7日)

亲爱的列·波·:现寄上校样。问号**一大堆**:好些话我都记不得了(10多年了——不足为奇)。请注意这点,并加上**很谨慎**、很有分寸的编辑部按语。

您征求普列汉诺夫和马尔托夫同意公布匿名作者的姓名,**是枉然的**。如果他们拒绝(而他们大概是会拒绝您的),您就会碰一鼻子灰,——其实**我们有权**而且**有责任**公布旧《火星报》上匿名作者的姓名。这件事无论如何要做。早就应该做,不必征求同意。

公开《**无产者报**》和《**社会民主党人报**》上匿名作者的姓名[300],我和格里戈里是同意的。

现寄上一页意见单。

那么,我们将在夏天见面。欢迎您来。我们在扎科帕内附近(离克拉科夫4—6小时的路程,在波罗宁站下车)租了一座别墅,租期从5月1日至10月1日;给您留了一个房间。季诺维也夫一家离此不远。

请尽量多带一些我们这儿没有的书籍,特别是杂志。现附上**必需品清单**。我们还可写信商量一下,以便您从巴黎来时能带上(在巴黎就带上)**一切**可以带的东西。

再见!

您的　**列·**

附言:……请把阿列克辛斯基同卢那察尔斯基论战的全部材料挑选好……①并带来。您认为可否邀请阿列克辛斯基来"学校"[301]?格里·赞成,我反对。请您仔细考虑一下。你们是否可以安排一次同阿列克辛斯基**有分寸的**会晤,作一般性谈话,而**暂时完全不向他提学校的事**?请来信告知,在罢工问题上洛佐夫斯基苦思冥想的结果如何?

《**现代世界**》**杂志**

载有普列汉诺夫评罗普申的长篇小说的文章

① 信的手稿已部分损坏,此处及以下的几个词无法辨认。方括号内的文字是根据意思复原的。——俄文版编者注

载有普列汉诺夫评鲍古查尔斯基的著作([有关]民意党历史的书)的文章

载有柳·伊·阿克雪里罗得……

对于弗·伊林《唯物主义和经验批判主义》一书及其他有意思的文章……的评论

关于土地规划和斯托雷平土地政策的文章。

载于《**俄国财富**》**杂志**,1910—**1911**—19**12**年

和《**现代世界**》**杂志**
载于《**箴言**》**杂志**
《**北方纪事**》**月刊**[302]
出版年月同上

从克拉科夫发往巴黎

译自《列宁全集》俄文第5版第48卷第175—176页

171

致列·波·加米涅夫

(4月17日)

亲爱的列·波·:现寄上您要的《**无产者报**》第1—20号**合订本**。

有一部分我重读了一遍。请不要忘记,在您的公开发行的小册子(从《两个政党》节选的)[303]中一定要加进论述人民社会党取消派的一整章。(请把1906年《俄国财富》杂志第7期和第8期上**彼舍霍诺夫**的文章同《无产者报》第4号《社会革命党的孟

什维克》①一文对比一下。)

读者现在把**一切**都忘了。新人则**什么也**不知道。

请您从**头**讲讲人民社会党的取消主义(和“**公开的党**”)的问题。

您的 **列宁**

从克拉科夫发往巴黎

译自《列宁全集》俄文第5版第48卷第176—177页

172

致列·波·加米涅夫

(4月26日以后)

亲爱的列·波·:现将支票寄给您。既然要付,那就不得不付,不管情况多么糟糕。老兄,请**立即**把来此途中要作的报告安排好。我今天从莱比锡回来[304],得到**64马克**,——毕竟是钱!如果能走几个城市,那么收入就会多得多。

现给您寄上杜马的材料。应当帮助代表们(六人团)**起草发言稿**。一定要做到。您要亲自写(**俄历**4月24日杜马就要召开,要**快!**),还要让**阿列克辛斯基**写。我给您找了一个适当的理由:以他是《真理报》撰稿人的名义给他去一封气动递送的快信,安排一次面谈。发言稿最好能(但也**不一定**)经克拉科夫转寄。

现将题目寄上。

---

① 见本版全集第13卷第391—401页。——编者注

此事请**赶快**抓紧办妥。要同阿列克辛斯基"联系上"……

多多致意!

您的　**列宁**

从克拉科夫发往巴黎

译自《列宁全集》俄文第5版第48卷第177页

173

致列·波·加米涅夫

(5月3日和24日之间)

现寄上迪科给"保管人"的信的草稿。请尽快译出;如果办成的话,请与迪科**书面**商议,就是说**把**草稿**寄给**他并请他**尽快地**连同他的修改意见一起归还,这对您来说,可能并不那么困难。在休假之前结束此事是极为重要的。

尊敬的同志们:

兹寄上我和维尔姆同志就引起你们和列宁(乌里扬诺夫)同志之间的冲突一案作出的结论。结论主要以你们自己的信件为根据,并且首先从(结论的)道义和政治角度提出问题,其次才着眼于法律。

但愿你们不至于拒绝接受我的调解,并能采取措施使这一冲突得以**和平**解决,希望你们同意与我们一道对事实上不清楚的问题(如果有此类问题的话)予以澄清和查明。

谨候佳音并致社会主义的敬礼……①

译自《列宁文集》俄文版第38卷
第95页

174

致伊·埃·格尔曼

(5月6日以前)

亲爱的同志:我们10月1日以前将去**波罗宁**(加利西亚。来信请寄:乌里扬诺夫先生收),从克拉科夫出发沿"扎科帕内"这条路线需4—6小时。请按新址写信。

谢谢您寄来了你们中央的传单[305]。你们是否愿意印发拉脱维亚布尔什维克(或**护党派**,或**反取消派**)的**纲领**,**来扩大**代表大会**前的宣传**,赶快讨论一下,并在决定后通知我。

我看还是应该印的。如果没有钱,可以用胶版印刷。

我认为在纲领中要特别强调以下三点:

(1)取消派放弃了**革命**策略。他们对时局所作的估计是(隐蔽的)自由主义的。这一点要阐明。

(2)关于取消派问题。要转载(或详细援引《光线报》第101号上的社论),向拉脱维亚工人说明真相。

(3)民族问题。"收买了"取消派的崩得分子的分离主义和联邦制。民族文化自治的危害。

① 信的手稿已部分损坏,有几个词无法辨认。——俄文版编者注

是由你们小组就这些问题提出一份**决议草案**好呢，还是写一份**纲领**好？怎样做对大会前和大会代表候选人投票期间的宣传工作更为合适呢？

请来信谈谈您的(和朋友们的)意见。如果需要决议或纲领，我们可以帮助起草。什么时候要？代表大会什么时候开？[306]

握手！

您的　**列宁**

从克拉科夫发往柏林

载于1935年《无产阶级革命》杂志第5期

译自《列宁全集》俄文第5版第48卷第178页

175
致格·李·什克洛夫斯基

(5月8日)

亲爱的什·：请注意，我的地址已变动。我们来到这扎科帕内附近的农村，利用山地空气(这里海拔近700米)给娜捷·康斯坦·治疗巴塞多氏病[307]。有人吓唬我，说再拖延就治不好了，要**赶快**送她到伯尔尼的科赫尔那里去，据说这是一位第一流的医生……　一方面，科赫尔是个外科医生。外科医生一般爱动手术，而在此处动手术，看来非常危险，很难有把握……　另一方面，治疗这种病需要山地的空气和**安静**。而由于生活紧张，很难“安静”下来。这种病正是紧张引起的。已作了3个星期的电疗，效果＝0，一切还是老样子：

眼睛凸出,脖子肿大,心动过速,所有这些都是巴塞多氏病的症状。

您能否了解一下科赫尔的情况?我不知道该**怎么**办,想找人商量商量。您能否同一个大学生或医生一起去找科赫尔谈谈呢?病人不去或许他不会谈吧?那么能否带着这里(即克拉科夫)给她治病的医生的信去找他谈谈?假如您能在伯尔尼打听到**有关**科赫尔的确凿情况,或是**向**他本人了解(后一种办法当然更好),我将非常感激。如果打听的结果**可以**去伯尔尼,则请来信告知:科赫尔什么时候接诊,什么时候去度夏,我们在伯尔尼怎么安顿比较合适,是住在诊所里(很贵吗?)还是另住别处。

握手!麻烦您了,预致谢意。

您的　**尼·列宁**

寄信人:**波罗宁**(加利西亚)　弗拉·乌里扬诺夫

发往伯尔尼

载于1925年《无产阶级革命》杂志第8期

译自《列宁全集》俄文第5版第48卷第179页

176

致阿·马·高尔基

(不早于5月9日)

亲爱的阿·马·:

关于给《启蒙》杂志**5月号**写篇论文或小说的事情怎么样了?

那边来信说，如果有您的作品，可能发行**10 000—15 000**份(看我们的进展多么大!)。是否写，请来信告知。[308]以后《真理报》还要转载，这样就有40 000个读者了。的确……《启蒙》杂志的业务就可望顺利进展，否则，对于工人、**社会民主党人**、革命民主派来说，真见鬼，连一份有分量的杂志都**没有**了，全是些令人作呕的无病呻吟的东西。

您身体怎样？休养过没有，夏天打算再休养吗？您真需要**好好地**休养一下!

我也很不幸。妻子患巴塞多氏病。神经太紧张！我的神经也有点不好。我们已经迁到扎科帕内附近的波罗宁村来过夏天。(我的地址：奥地利　**加利西亚**　**波罗宁**　弗拉·乌里扬诺夫先生)这个地方很优美，适于休养，海拔近700米。您想来玩一次吗？将有一些有意思的工人从俄国来到这里。扎科帕内(离我们住处7俄里)是一个著名的气候疗养地。

杰米扬·别德内依的《寓言》看过了吗？如果没有看过，我给您寄上。如果已经看过，请来信谈谈您的看法。

您是否按期收到《真理报》和《光线报》？我们的事业正在不顾一切地向前进展，工人政党正在建设成为一个反对自由主义叛徒和取消派的、**革命的**社会民主党。我们也会有好日子的。彼得堡工人在新的五金工会理事会的选举中击败了取消派[309]，现在我们正为他们的这一胜利欢呼。

“你们的”卢那察尔斯基，可真行!! 哎哟哟，真行！他说梅特林克有“科学的神秘主义”[310]……　可能卢那察尔斯基和波格丹诺夫已经不是你们的了？

这绝非开玩笑。**祝您健康**！请来信。好好**休息**!

您的　**列宁**

奥地利　**波罗宁**(加利西亚)　乌里扬诺夫

您觉得《真理报》的纪念号怎样?[311]

发往卡普里岛(意大利)

载于1924年《列宁文集》俄文版第1卷

译自《列宁全集》俄文第5版第48卷第180—181页

177

致列·波·加米涅夫

(5月15日和20日之间)

亲爱的列·波·:现将特罗雅诺夫斯基的信转给您。[312]

我认为,对于谢姆柯夫斯基这个坏家伙(格里戈里会把《斗争》杂志[313]寄给您的)**只能**义正辞严地给予回答,而**不能**像在《新时代》杂志上对待斯切克洛夫**那样**。

您要写得简短,但要坚定有力,谈谈既背叛社会主义、又背叛民主的叛徒们的问题,谈谈工贼报纸《光线报》的问题以及同《真理报》并肩前进的多数工人的问题。如果奥地利机会主义者不刊登,那么我们就把它附在提交给1914年维也纳代表大会[314]的工作报告后出版。我坚决反对写文章与《新时代》杂志或《斗争》杂志的机会主义者们"同流合污"。

您的意见如何?

您的　**列宁**

我主张直接找《斗争》杂志,**不要通过**梁赞诺夫。这个"诚实的捐客"会把事情搞糟,他会表面上殷勤,背地里捣鬼,使我们陷入困境。最好是直接去找,争取得到直接的答复。至于梁赞诺夫,如果他愿意的话,那么就让他从旁"帮忙"(哼,哼)……①

从波罗宁发往巴黎

译自《列宁全集》俄文第5版
第48卷第181页

178
致《真理报》编辑部

(不早于5月25日)

尊敬的同事们:

今天终于收到了最近几天的,确切些说,最近一星期的《真理报》。非常感谢你们,并衷心祝贺你们的成就:在我看来,现在报纸无疑是**大有起色**了。改进是巨大的、确实的,但愿是稳固的和彻底的。至于普列汉诺夫的文章过长,反取消派的文章过多(一位工人杜马代表来信谈到这点),则是枝节问题。既然报纸站稳了脚跟,在这方面并不难纠正,而且我认为地方工作人员很快就会清楚如何纠正。一位撰稿人(遗憾的是他不具有令人喜爱的"杜马代表的"特质)的详尽来信也收到了,大家非常高兴并祝一切顺利。似乎现在(而且只是现在,在斯特—夫的冒险之后)动荡时期已经结束……但愿不要乐极生悲!……

我不主张对普列汉诺夫下最后通牒:为时尚早!可能有害!!如果写信给他,要客气些,温和些。他现在还值得重视,因为他在

① 信的手稿已部分损坏,此处有几个词无法辨认。——俄文版编者注

和工人运动的敌人作战。

对于杰米扬·别德内依,我仍旧**拥护**。朋友们,不要对人的缺点吹毛求疵!天才是罕见的。应该经常地慎重地给予支持。如果对这样一位有才能的撰稿人你们都不去团结,**不去帮助**,你们将会感到在心灵上犯下罪过,感到对工人民主派犯下深重的罪过(比各种个人“罪过”大百倍,如果有这样的罪过的话……)。冲突虽小,但事关重大。这点请你们考虑一下!

关于扩大篇幅问题,不久前我曾详细地函告《启蒙》杂志负责人;想必你们也看到这封信了。我也主张在经济上精打细算,同样的6版(现在的附页)可以**用另一种方式出版**,用另一种名义、名称和内容出版,即为先进分子办4版星期日增刊+为**群众**办2版售价1戈比的《工人戈比报》,为了争取10万读者,内容要非常通俗。不要仿效《光线报》,而应该走**自己的路**,无产阶级的路:为先进**工人**办4版,为**群众**办**2**版(要不然**以后**办4版),为争取10万读者而进行长期的顽强的斗争。要广泛地深入地到群众中去,而不是向《光线报》那样的知识分子的样本看齐。

再一次向你们问候、祝贺,并致良好的祝愿!

你们的 **弗·伊·**

特向维提姆斯基问候:他的关于工人报刊和工人民主派反对自由派的文章[315]**十分成功**!!而波格丹诺夫的《意识形态》**想必**是邪说:我愿向你们确切地证明这一点!![316]

对发行量的增加,马克思主义者是高兴的,因为这是靠**马克思主义的**文章,而不是靠**反马克思主义的**文章而增加的。我们要的是有思想性的报纸,马克思主义的,而不是马赫主义的报纸,——

《真理报》的所有撰稿人和读者都这样希望。不是这样吗?

附言:通讯处不是帕罗年,而是**波罗宁**(加利西亚)。并且在邮件上一定要**另外**写明**邮寄路线:华沙——国境——扎科帕内**。

发往彼得堡

载于1933年《列宁文集》俄文版第25卷

译自《列宁全集》俄文第5版第48卷第182—183页

179

致阿·卡恩[317]

此信于1913年5月26日发出

结论用挂号另寄

1913年5月26日于波罗宁(加利西亚)

阁下:

随函附上法国律师提出的结论的德译本。我以为——我从前也当过律师——案件阐述十分清楚、完备。窃取仲裁人职权的事实(这一点是整个案件的实质)已经得到证明。

从民事诉讼程序和民法的观点来看,我认为,对问题只有如下提法才是容许的。

蔡特金和考茨基1911年11月18日的信是极其重要的(如不是唯一重要的)文件。在这封信中,我的对方自己承认,有过仲裁协议,他们曾是仲裁人,并且他们已经辞去了这种职务。由于这封

信从形式到实质都是仲裁法庭原原本本的裁决,所以,也就是说,窃取仲裁人职权的事实已彻底得到证明。

无权处理此事却擅自以仲裁人身份行事并企图支配别人钱财的人,必然会被法庭判为有罪,被判归还钱财以至支付诉讼费用。

关于仲裁协议等的**内容**问题,法庭完全**无权涉及**。民法只从纯形式方面保护仲裁法庭的程序,并保障形式上合乎规定的仲裁法庭裁决必须得到履行。如果说形式上合乎规定的仲裁法庭裁决对民事法庭来说是神圣不可侵犯的,那么形式上不合乎规定的仲裁法庭裁决则是无效的。

因此,至于钱的"**保管人**"负有什么**道义**上的责任(对某一党、某一派等),这与法庭是毫不相干的。民事法庭的裁决,如果是根据这类责任或诺言,或个别集团的意见等等而作出的话,那么毫无疑问,是非法的,是会被任何一个上诉法院撤销的。

银行出具的(1911 年 6 月 30 日)单据[318],确凿无疑地证明我当时是这笔钱的"保管人"。这个涉及动产的案子所要解决的,是这笔财产为谁所有的问题。要说我不曾是财产的所有者,对方就必须加以**证明**,而这一点对方是**永远**也办不到的(政党和派别等等都不是法人)。

因而,原先的(在仲裁协议订立之前和仲裁法庭开始工作之前的)"保管人",无疑**有权依法**向原仲裁人索回这笔钱。民事法庭必须恢复这位"保管人"的所有权。

总之,蔡特金和考茨基违反了协议,他们没有履行自己的义务,应当判他们把钱归还我,这些已为上述两个文件所证明。

我认为问题不能有别的提法,如果您同意我的观点,我就向您

提出以下计划。由您给我寄来一项尽可能简短而又有说服力的声明(这封信的第一部分其实就是该项声明的初步草案)。我把它(连同法国律师们的结论)转交给一位有权威的人士,等等。如果我能不经过诉讼程序而在两个月后收回那笔钱,我将保证付给您一定数额的酬金。

请将结论**立即寄回**并请答复,您是否同意此项行动计划。

原文是德文

译自《列宁文集》俄文版第38卷第96—97页

180

致扬·鲁迪斯-吉普斯利斯

(6月7日以前)

亲爱的同志:纲领草案①昨天我已寄往柏林格尔曼处。

您寄来的别尔津那篇文章[319]的摘录表明,他是一个极其愚蠢的调和派分子。您应该把那些坚强而又理解我们事业的人团结在自己周围,至于别尔津一类人,他们**实际上**是帮助**取消派**的,是取消派的奴仆。

请把别尔津那篇文章**全文**译出(译成俄文或德文,看哪一种对您容易些)并寄来。

答复别尔津必须**详细**、**尖锐**。

敬礼!

您的　**列宁**

① 见本版全集第23卷第208—217页。——编者注

我只有您寄来的一个简短的摘录，因此目前仅能发表如下意见驳斥别尔津：

别尔津蓄意把事情说成是“布尔什维克”，更确切地说，是1912年俄国社会民主工党的一月代表会议破坏了斯德哥尔摩决定，造成了分裂。这就暴露出，别尔津简直**无知**。他**不知道**斯德哥尔摩决定究竟是怎么一回事。

斯德哥尔摩代表大会**没有**采纳联邦制，而是同各民族组织（即波兰人、拉脱维亚人和崩得）达成了**协议**。[320]

这一协议要求地方上的各民族组织联合起来。别尔津为什么回避这一点？是无知还是为取消派打掩护？

1908年（即斯德哥尔摩代表大会后两年半）十二月代表会议上**党的**决定就足以为证。

这一决定（见单行本《1908年12月俄国社会民主工党全俄代表会议》第46页）说：

（第1条）“代表会议建议中央委员会采取措施，把至今——**违反斯德哥尔摩代表大会的决定**——尚未实现联合的**地方**组织……联合起来。”

（第2条）“联合应当从**统一**原则出发”。代表会议“**坚决反对**把**联邦制**原则作为联合的基础”。①

别尔津硬说，似乎斯德哥尔摩代表大会采纳了联邦制。读了上述决定，对他的无耻行径还有什么可说的呢??

别尔津在歪曲事实！

① 上面两段引文摘自俄国社会民主工党第五次代表会议《关于地方民族组织的统一问题》决议（见《苏联共产党代表大会、代表会议和中央全会决议汇编》1964年人民出版社版第1分册第256—257页）。——编者注

崩得分子**没有**执行代表大会和党的决定,**没有实现统一**,却以实行联邦制来**反对党的决定**。

一月代表会议谴责了崩得分子,也谴责了联邦制。[321]至于说拉脱维亚中央(与**邀请**它的会议的愿望**相反**)没有出席一月代表会议,那么这是**它的**过错。

别尔津是在为取消派分裂分子和崩得分子辩护,**为反党的联邦制**辩护。

从波罗宁发往柏林

载于1935年《无产阶级革命》杂志第5期

译自《列宁全集》俄文第5版第48卷第185—186页

181

致扬·鲁迪斯-吉普斯利斯

1913年6月7日

亲爱的同志:别尔津那篇文章的**全文**译稿已经收到并读过了。

文章是**好的**。不好的地方只有曾引起我极大愤慨的那一处。但是我**随即**就请您把**全**文寄来,这就说明,我认为有必要作**整体的**了解。我根据别尔津文章的一部分而痛斥他,同时又请您把他的**全**文寄来。由此可见,您将我对这篇文章的一部分表示愤慨的意见转给了他,是**操之过急**了。

别尔津给我来信说,也许我不大了解情况。(当然,仅就文章的**一个**部分是**不能**很好地了解**全**文的!)

看了别尔津的全文,我深信,**不能把他同布劳恩相提并论**。再说一遍,别尔津的文章是一篇**好的**文章。从这篇文章来看,应当认为,我们同他的分歧(对斯德哥尔摩决定等的评价),只不过是局部的。立即在报刊上讨论这种分歧未必值得。看起来,别尔津是在向我们靠拢。

如果您已经寄出了(给报刊)对别尔津的答复,我建议**暂不刊登**,把它转给我,我们再斟酌一下。

我写的纲领草稿您是如何处理的,请速来信告知。

握手!

您的　**列宁**

从波罗宁发往柏林

载于1935年《无产阶级革命》杂志第5期

译自《列宁全集》俄文第5版第48卷第186—187页

182

致列·波·加米涅夫

(6月8日)

亲爱的列·波·:我忘了补充一点:我从来没有,现在也不会给《启蒙》杂志写文章谈什么同自由派会商的事。

请您就这个题目写篇文章吧。要反复琢磨,引证文件,尽量发挥,并提出口号。请下点功夫!

您的　**弗·乌·**

从波罗宁发往巴黎

译自《列宁全集》俄文第5版第48卷第187页

183

致格·李·什克洛夫斯基

1913年6月8日

亲爱的朋友:娜嘉同意来伯尔尼,因为她又心动过速了。

能否劳您驾到科赫尔**和萨利处**给她**挂个号**(听说要预先挂号),然后给我们来封短信,告知**何时**可望就诊。

我打算陪她来。是否有必要在伯尔尼作一个专题报告,例如以《民族问题和社会民主党》为题?[322]能有多少听众?

如能为我们在伯尔尼市内**或近郊**(就近)找到一处便宜的公寓,我将不胜感激。

您的　**列宁**

载于1967年苏黎世—科隆出版的《列宁。未发表的书信(1912—1914年)》一书

译自《列宁文集》俄文版第38卷第102页

184

致卡·胡斯曼

(6月13日以前)

亲爱的胡斯曼同志：穆拉诺夫任社会民主党第四届杜马党团的司库，已经有一段时间了。他常在圣彼得堡社会民主党的报纸上公布党团收到的款项。从这些报纸上看，俄国工人从比利时总罢工[323]一开始就在"为比利时工人"募捐了。例如，在《真理报》第101、102、109、116号上就有穆拉诺夫签名的报表，说明他收到了俄国工人从全国各地给比利时工人募捐的约500卢布。我相信您收到的800+700法郎就是俄国工人为比利时工人募捐的。我将去信问穆拉诺夫，如果这笔钱另有用途(可能性很小)，我再通知您。

[信的另一稿①]

提到的1 500法郎，很可能就是俄国工人**为比利时工人**募集的捐款。这类募捐从比利时总罢工一开始就进行了。捐款清单公布在我们社会民主党的报纸上，有**穆拉诺夫**的签名。他现任社会民主党第四届杜马党团的司库。我将给穆拉诺夫去信，请他对此加以确切说明。

① 这是写在上一段信的页边上的。——俄文版编者注

［**为比利时工人捐款的记录**①］

给比利时工人的捐款。　　1 500 法郎＝约 **600** 卢布。

《真理报》第 116 号……	36.3	42.10
	5.80	
第 109 号……	24.60	136.99
	18.	
	1.60	
	16.45	
	53.24	
	1.40	
	7.25	
	6.30	
	8.15	
第 102 号…	132.16	291.99
(1913 年 5 月 4 日　星期六)第 101 号…	159.83	
		471.08

从波罗宁发往布鲁塞尔

原文是法文

载于 1960 年《苏共历史问题》杂志
第 5 期

译自《列宁全集》俄文第 5 版
第 48 卷第 183—184 页

185

致五金工会理事会成员—布尔什维克小组

(6 月 16 日)

亲爱的朋友们：两封来信均已收到，谢谢。我们乐意尽力帮

① “记录”用俄文写在信的背面。——俄文版编者注

助。专门的工作细则就不必写了。关于这个问题,我们最近将发表格里·的一系列文章。请争取在《五金工人》杂志上转载。我们也将尽力给《五金工人》杂志写稿。他们得付稿酬。那样,我们就能很快扩大撰稿人的范围。看来,这几天要召开新的决定性的会议。我们的同志来信说,取消派正在纠集一切力量,准备决战一场。当然,我们的人并没有打瞌睡,也不想碰运气。这是极其重要、极其严肃的事情。已经取得的成果,无论如何要捍卫住。[324]在这场斗争中,我们一定全心全意和你们在一起。你们怎么让一个取消派分子当了书记?[325]保险委员会出了什么事?我们在等候来信。请随时告诉我们,我们应该给你们那里写些什么。要让我们掌握情况。衷心地祝你们成功!

从波罗宁发往彼得堡

载于1960年《历史文献》杂志第2期

译自《列宁全集》俄文第5版第48卷第188页

186

致《真理报》编辑部

(6月16日)

尊敬的同事们:我今天(1913年6月16日)刚刚收到扩大版面后的几号《**真理报**》[326],立即向你们编辑部和撰稿人表示祝贺。祝你们一切成功!我看,现在主要的是不要忘记,我们应该**为争取达到10万读者而奋斗**。为此必须:(1)出一种版面不大的、极其通俗的星期日增刊,每份一戈比。务请来信告知你们对此的意见以及预算**数字**:扩大版面**要用**多少钱?**目前**每月开支多少?比以前增加**多少**?对《真理报》来说,现在**最大的**(也是唯一的)危险是失去**广大**读者,失去争取读者的阵地。

这是第一个具体问题。我恳请你们把**所有的**具体问题**都**向出版人讲清楚,并给我一封复信。

(2)在邮电职工七小时工作制等问题上,编辑部犯了明显的错误。错误人所难免,而且眼下还没有造成特别坏的影响。但如果编辑部**坚持**错误,**长时间地**,即使不是永久地,"留下后患",必将有损于自己在俄国和欧洲的声誉和地位。从秘书的来信中得知,坚持错误的**并非**全体编辑人员,我感到很高兴。我恳切地建议重新审查这一问题,并**在报上**公开改变立场(发表格·季·的文章,不署名,**用编辑部的名义**)。两行字就够了:"本编辑部重新审查了这一问题,得出如下结论",接着就是格·季·的文章:或者说:"本编辑部绝大多数成员和撰稿人重新审查了这一问题"。但这**不如干脆讲"重新审查了"**好。[327]

让《光线报》的谎言家们由于我们的更正跳**一次**康康舞吧,——只有**虚荣心**才会妨碍我们改正错误。假如让《光线报》**总是**能够拿我们的错误作把柄,那更加糟糕一千倍。错误改正了就好,不改正就会成为脓疮,有了脓疮,就要有勇气立即去做手术。否则,《真理报》的很多朋友——著作家个人和**出版机关**中的朋友——都会与《真理报》的立场一刀两断,那样就很不妙了。

上述问题务请讨论,并立即给我回封短信。

(3)关于尤·加·,我已经写过一封信。他那篇有关阿列克先科的文章好极了。这位作者无疑能够经常提供这样的文章。可是

1913 年夏和 1914 年列宁在波罗宁的住所

你们不付稿酬给他,这不像话!! 他来信对我说,他不再写稿了。我想你们不会认为扩大版面**仅仅**是在纸张和印刷方面需要**新增加**开支吧。你们无疑是考虑过**稿件方面**也免不了要增加开支的。那么,应当把尤·加·放在首位。现在他无以为生。失去撰稿人,无论《真理报》还是《启蒙》杂志都会**寸步难行**。因此,我坚决地主张,你们立即作出决定,每月付给尤·加·75(七十五)卢布。对报纸和杂志的固定撰稿人来说,这是最起码的。文学评论栏也请注意。总的说来,我们这一栏办得不好;而没有这一栏,就不成其为"大"报了。

这个问题务请立即答复。我接到的尤·加·来信口气是十分坚决的。因此,我认为有责任提醒《**真理报**》的编辑部和出版者,既要办大报而又把这样的撰稿人拒于门外,我真不知道有谁认为这样做是行得通的。

(4)第123号报上维提姆斯基的文章,我认为写得特别成功。向作者祝贺! 转载**斯塔尔**的译作,我看很好![328]

现附上给维提姆斯基的回信①,我觉得,你们也应该看看(我不清楚,维提姆斯基的来信是否只代表他**个人**;我看不是)。

(5)有人告诉我们说,阿列克辛斯基关于《几个争论的问题》②的来信,在编辑部竟搁了**一个月之久**。这种态度我不理解!! 显然,编辑部**不了解**情况,**不了解**"前进"集团的历史,以致同**波格丹诺夫**先生一起犯了**错误**(这个问题另外再谈)。为什么当时不把阿列克辛斯基的信转来?? 这是讨论他的情况所必需的,"前进"派中**只有他**才有足够的才智能够起来反对庸俗的经验一元论和诸如此

① 见下一号文献。——编者注

② 见本版全集第23卷第65—88页。——编者注

类的一切向无产阶级政党脸上抹黑的卑鄙行径。而编辑部却刊登了波格丹诺夫几封满纸谎言的来信[329]，**给**共同讨论阿列克辛斯基的问题**造成了困难**：也许阿列克辛斯基的信也不能用，但**要商量一下**。因此，务请把他的信快些寄来，把所有这一类材料寄来。

(6)关于波格丹诺夫先生事件，将另外致函《真理报》编辑委员会和出版者。① 这个问题极其严重。我很不愿意在报刊上批驳《真理报》编辑部，因为我们在一起工作很久了，但对我来说，支持召回派的罪过比支持取消派要大**一百**倍，不仅罪过大，而且更可耻。老实说，我也只好在报刊上发表文章反对这种支持，因为刊登波格丹诺夫先生的书信以后，这种支持变得明显了。如果这是失策，那么我们就一起改正。如果不是，那么我们将斗个明白。

阿列克辛斯基的信**请寄来**。很重要。他的议论是友好的，而你们对他的回答却是……　刊登波格丹诺夫!!

(7)4 月份的钱已收到，**5 月份**的钱必须寄来，务请不要拖延(我极需要钱给妻子看病，动手术)。

愿为你们效劳的　**弗·伊·**

我极为担心，你们是不是得罪了普列汉诺夫!! 波特列索夫谎话连篇，大肆污蔑。可是，为什么不让普列汉诺夫说话?? 这将是无可挽回的错误。[330]

你们答应寄来我缺的几号《**真理报**》和《光线报》，十分感谢。不过，你们有一次弄错了期号，没有 1912 年**第 8 号**。这份第 8 号(1912 年)务请寄来。这一号的报纸有 180 份被扣压，已**退还**

① 见本版全集第 23 卷第 257—259 页。——编者注

编辑部。

从波罗宁发往彼得堡

载于1933年《列宁文集》俄文版
第25卷

译自《列宁全集》俄文第5版
第48卷第188—191页

187
致米·斯·奥里明斯基

(6月16日)

致维提姆斯基同志

亲爱的同事：首先应该祝贺您写了两篇我认为**特别**成功的文章——一篇谈到自由派以及《真理报》和《光线报》同自由派编辑们的会谈，另一篇刊登在第123号上，是谈《真理报》的。

对于您提到的关于阿恩和弗拉索夫的问题，我不能同意您的意见。我认为您是抓住**表面的**、外在的、一眼就看得见的东西，而甘愿把更重要的、基本的东西忘掉。这是十分危险的。

您说阿恩和弗拉索夫是在“向《光线报》编辑部开火”，并认为“这一点没有加以利用”。

您说得不对，阿恩和弗拉索夫是**接受了**《光线报》的**基本的东西**，即“为公开的党而斗争”的口号，也就是同取消派停战(或统一)的口号。**这是基本的情况**。这也正是《光线报》所需要的。《光线报》恰恰想把自己说成**既是**取消派的**又是**护党派的机关报，而**不是**

取消派的机关报。不能让这种欺骗得逞。这种欺骗是最危险的。托洛茨基和谢姆柯夫斯基的全部冒险事业就建立在这种欺骗上。

其次，您认为“这一点没有加以利用”，也不完全正确。您认为要**怎样**利用呢？难道阿恩和弗拉索夫是在“向《光线报》的编辑部开火并为《真理报》的路线辩护”吗??这样想是不对的。对于《真理报》的立场的**根本东西**阿恩和弗拉索夫恰恰不是进行辩护，而是或者拒绝(阿恩)，或者不懂(弗拉索夫)。

或许要这样来利用，就说，看吧，谢多夫的取消主义的**事实**，**不仅**《光线报》的**敌人**，就连它的拥护者也都承认了，是这样吗？这样想就对了。不过，顺便说一句，我在一篇文章里已经这样做过了(《几个争论的问题》第3节，《真理报》第110号)。①

您责备不懂策略的弗·伊·，说他使敌人“联合”，您写道：“应当分化敌人而不应使之联合。”

请允许我替自己辩护几句。

应当分化敌人而不应使之联合，这是不容争辩的。可是，如果敌人感到**有好处**而**装样子**，说是他们“已被分化”，说是他们那里不光是取消派，而是“还有”拉脱维亚人，“还有”托洛茨基，“还有”崩得，“还有”个阿恩，那又怎么办呢??取消派策略的这个**实质**您就没有看出，可能是因为您没有读到也没有听到关于八月代表会议的全部情况吧。要知道，他们的整个策略——“拯救”取消派，即拯救取消派说谎并且用自由派思想**从内部**影响党的**自由**，其**要旨**和**实质**就在于此。

他们只有用这种办法来试一试拯救取消派了。所以机灵的外

① 见本版全集第23卷第73—76页。——编者注

交家阿恩(后面跟着一个一岁的娃娃弗拉索夫)才要弄这种**十分巧妙的**把戏。您还不了解阿恩啊！我对他的外交手腕多年来已经研究透了，知道他怎样用这种外交手腕欺骗**整个高加索**!! 阿恩，真是个外交天才(我从1903年起就知道他)，可惜只是个歪才。他想装出反对《光线报》的样子，**以此来拯救**《光线报》!! 凡是熟悉党的历史，特别是1910年**1月**和1912年**8月**的情况的人都很清楚这一点!! 阿恩在主要的问题上顺从唐恩(为公开的党而斗争的**口号**)，而抓住一些鸡毛蒜皮指摘唐恩，想表明他是"自己人"：瞧，**我们也是**反对取消派的。**没有**比上阿恩这种圈套更要命的了。您**不知道**(这是很自然的)托洛茨基、阿恩、崩得和布劳恩等人与《光线报》的内幕关系，而我是知道的。把**阿恩**当做反取消派，就是对取消派再好不过的**帮助**。这是事实。阿恩是取消派唯一的"重要的"**支柱**。这也是事实。紧紧握手，祝身体健康、精神愉快。请来信！很高兴能经常与你谈谈。

您的　**弗·伊·**

附言：听说彼得堡盛传阿恩(同齐赫泽一起)企图从唐恩那里"夺取"《光线报》……但没有夺到。我认为：夺取是**为了装样子，结果似乎是妥协了**，其实是向唐恩投降了!! 唐恩是一个隐蔽得不好的敌人的炮垒。阿恩也是敌人的炮垒，但隐蔽得很巧妙。我肯定地告诉您，这一点我是根据经验知道的。

从波罗宁发往彼得堡

载于1930年《列宁全集》俄文第2、3版第16卷

译自《列宁全集》俄文第5版第48卷第191—193页

188

致列·波·加米涅夫

(6月16日)

亲爱的列·波·:趁我们———(开个玩笑)还没有因为“特别的、不愉快的”事由发生争吵(但愿不会发生争吵)的时候,让我们谈谈其他问题吧。

现附上社会党国际局的来信。国外组织委员会能否负责办理?如果能,让他们**正式**通知我一下;如果不能,请将信退回。

请转告国外组织委员会,偷偷搞到(或一般地说设法弄到)的是宪兵方面的一份通报,说从俄国合法出境的一个姓**波隆斯基**的在回国时将被逮捕。

如有可能,让国外组织委员会通知所有人员,设法找到那位波隆斯基。我了解到的就是这些。

关于阿列克辛斯基的事情,我已写信给《真理报》,要求把他的信寄来。[①] 针对波格丹诺夫先生的谎言,我写了一封措辞激烈的信,坚决要求刊登。看吧,如果不登,我就去找《**启蒙**》**杂志**。((我在给《**启蒙**》**杂志**的信中也提到了您的文章,关于自由派、《真理报》同《光线报》进行协商的问题**我完全赞成**您的意见。))

我建议同阿列克辛斯基要诚恳坦率地、同志式地摆问题。要商量**反对**卢那察尔斯基吗?太好了!但是得在二者之间作出抉

① 见本卷第186号文献。——编者注

择——**要么**,在报刊上**既**反对作为哲学派别的“**前进**”**集团**(这点已经做了)**又**反对作为**召回主义**派别的“**前进**”**集团**;你公开声明,在这个集团里既有哲学上的反动倾向,又有政治上的**无政府主义**倾向。我(阿列克辛斯基)为能摆脱这两种倾向而感到高兴。

这样,我们就可以真诚地合作了。以往的隔阂就不要再提了,我们将为《真理报》和《启蒙》杂志有这样的撰稿人(虽然远远**不如**普列汉诺夫可贵)而**高兴**。

要么,你动摇?那就请便吧。你将只是**偶尔**写写稿子,我们就不管了。

不必用外交辞令。有什么说什么。务必如此。

您的 **列宁**

附言:6月20日后我将陪娜·康·去**伯尔尼**,27日到达。可能要动手术。

胡斯曼把波兰反对派代表团成员请了来,而又不说他们是波兰人!!! 他把您(+我+普列汉诺夫!!)列为社会党国际局的代表(见最近一期《公报》[331]!)。又及。

关于您的稿费问题,我早就给《真理报》写过信了。① 根据格里戈里来信谈到的情况,今天我写信提出付75卢布。又及。

从波罗宁发往巴黎

译自《列宁全集》俄文第5版第48卷第194—195页

① 见本卷第186号文献。——编者注

189

致弗·米·卡斯帕罗夫

(6月18日和22日之间)

亲爱的同志：您的文章我已经收到并读过了。依我看，题目选得很好，论述也很正确，就是文字加工不够。"鼓动"得有点(怎么说好呢?)过头，和谈**理论**问题的文章不相称。我看，或是您自己再加一下工，或是由我们试改一下。

非常感谢您告诉我们关于科斯特罗夫的消息。请您转告阿韦尔常给我们写信，通消息。这点很重要，否则我们**什么也不**知道。

您是否能弄到科斯特罗夫用格鲁吉亚文写的下列内容的文章并翻译过来：(a)反对取消派的；(b)在民族问题上**主张**民族文化自治的；(c)——**最重要的**——反对普列汉诺夫为阿尔科梅德所写的序言，反对普列汉诺夫维护领导权的。

我马上要到伯尔尼去几个星期。希望待我回来后我们还可以多通信谈谈。

握手！

您的　**列宁**

附言：谢谢您寄来的一份《真理报》[332]。

从波罗宁发往柏林

载于1930年《列宁文集》俄文版第13卷

译自《列宁全集》俄文第5版第48卷第197页

190

致阿·马·高尔基

(6月22日以前)

亲爱的阿·马·:我从克拉科夫给您写信已经很久很久了,但至今没有回音。

今天从俄国敖德萨来了一封信,说**斯塔尔克**(?)(卡普里岛那边的)表示惊异:为什么我不把从他和**从您**(!)那里了解到的关于敖德萨布尔什维克报纸的情况转告给敖德萨人!!

这真是一个误会。哪儿有的事呢??我对敖德萨人说过,**您**会写信把敖德萨布尔什维克报纸的情况告诉我,我对该报**一无**所知。而且至今我仍然一无所知。敖德萨人信上说,"小马良托维奇"参加了那里的工作。我这是第一次听说。这是哪个马良托维奇?是同"尼基季奇"[333]有联系的那一个?(我本人连一个马良托维奇也不认识。)是莫斯科的律师,还是另外一个?

请把您所知道的情况告诉我。应该消除这个误会。

我已迁到**波罗宁**(扎科帕内附近)度夏,给妻子治病。1913年6月27日前陪她去伯尔尼做手术。我的地址:奥地利　**波罗宁**(加利西亚)。

我将在伯尔尼逗留两三个星期。给我写信可寄:**伯尔尼**　法尔肯路9号　什克洛夫斯基先生(转列宁)。

您的身体如何?春天过后是否好转了?衷心祝您好好休息,

好好康复！

您的　**列宁**

发往卡普里岛(意大利)

载于1924年《列宁文集》俄文版第1卷

译自《列宁全集》俄文第5版第48卷第198页

191

致格·瓦·普列汉诺夫

(不晚于6月22日)

尊敬的格奥尔吉·瓦连廷诺维奇：

我受6位社会民主党的杜马代表的委托，邀请您在夏天到扎科帕内来小住几个星期，就马克思主义和社会民主主义运动的问题举办一些讲座，题目由您选定。今天彼得堡给我们来信说，可能还有4位代表要来，他们是拥护取消派的，或者是动摇的(布里扬诺夫、图利亚科夫、豪斯托夫，甚至**也许有**曼科夫)。作为孟什维克，他们自然会特别重视您是否参加的问题。

这项活动对于巩固同工人的联系、加强党的工作是异常重要的，有观点不同的护党派参加这一活动，我们也认为是很有益处的。

由于活动的秘密性质，关于举办讲座的计划我们决定不通知任何一个国外集团；其所以这样做，主要是因为担心代表们可能遭到特别严重的迫害。

预定举办讲座的地方是波罗宁，离扎科帕内7公里，有铁路相通。扎科帕内是加利西亚最好的山区疗养地之一。关于所需费用(旅费的开支),如有必要,可以另行商议。

您是否接受邀请,请来信告知。

愿为您效劳的　**尼·列宁**

我的地址:奥地利　**波罗宁**(加利西亚)　弗拉·乌里扬诺夫先生

从波罗宁发往日内瓦

载于1930年《列宁文集》俄文版第13卷

译自《列宁全集》俄文第5版第48卷第198—199页

192

致阿·马·高尔基

(不晚于6月22日)

亲爱的阿列·马克·:今天收到彼得堡的来信,说我们的社会民主党杜马代表来此地的计划(**绝密**,除您以外绝不能对任何人泄露半句)快要实现了。信上说,除了《真理报》的6名拥护者以外,图利亚科夫、布里扬诺夫、豪斯托夫,甚至曼科夫也可能来。从工人(非代表)中间大概也可能吸收些人来。请写信告诉我们,您能不能来一趟(来作几次讲演或座谈,随您的便)? 如果能来那就太好了! 扎科帕内离此地7公里(有铁路相通),是一个非常优美的疗养地。至于旅费,完全可能弄到(据信上说)。关于扎科帕内这个疗养地,我们可以收集各种资料寄给您。

如果健康允许,请马上来这里小住一段时间,真的! 自从伦敦代表大会[334]和卡普里办学校以后,您又可以同工人们会面了。

马林诺夫斯基曾想到您那里去,但没能成行,因为没有时间。他和所有的代表都热切地向您问好!

等候回音。

您的　**列宁**

各种报纸登满了关于"冲突"的消息。[335]我想,他们要扼杀我们的《真理报》了。马克拉柯夫一定会用各种手段来这样干,不通过杜马,背着杜马或者用其他什么办法,总之,他一定会这样干的![336]

到那时我们又得办秘密刊物了——就是没有钱。

怎么,那位"商人"还没有开始出钱吗? 是时候了。正是时候了。

地址:奥地利　**波罗宁**(加利西亚)　弗拉·乌里扬诺夫先生

发往卡普里岛(意大利)

载于1924年《列宁文集》俄文版第1卷

译自《列宁全集》俄文第5版第48卷第199—200页

193

致《真理报》编辑部

(不早于6月25日)

尊敬的同事们:务请将我5月份(连同6月份)的稿费(100卢

布)寄到伯尔尼来。地址是:

瑞士　伯尔尼　盖塞尔沙夫特街 4 号　**乌里扬诺夫**先生。

我将在这里住个把月,因为妻子要动手术。极需钱用。

但愿过几天我从这里也能给《**真理报**》撰稿。

关于我那篇批判波格丹诺夫的文章[337],使我大为惊奇的是,编辑部回避问题的**实质**:波格丹诺夫欺骗了**编辑部**,而通过编辑部又欺骗了 4 万读者! 这件事难道可以容忍吗?? 我同意删去"先生"一词,**直呼**"波格丹诺夫"。我想,这样做你们会满意的。

敬礼!

弗・伊林

发往彼得堡

载于 1933 年《列宁文集》俄文版
第 25 卷

译自《列宁全集》俄文第 5 版
第 48 卷第 200—201 页

194

致列・波・加米涅夫

1913 年 6 月 26 日于伯尔尼

亲爱的列・波・:昨天,我同娜嘉来到这里,明天就要决定是否动手术了[338]。给我们写信,请寄瑞士　**伯尔尼**　法尔肯路 9 号什克洛夫斯基(转弗・伊・)。您的皮箱和背包都带来了。

您我能不能在这里见见面呢？我打算在这里的4个城市作报告，题目是《民族问题和社会民主党》。热切地向所有的巴黎朋友，特别是布里特曼问好(他切实的指点很有裨益)！请把这张明信片转给他。

再见！

您的　**弗·乌·**

附言：得到消息说，8月前同我们国内来的朋友会晤不成了。[339]

译自《列宁文集》俄文版第39卷
第94—95页

195

致列·波·加米涅夫

1913年6月29日

亲爱的列·波·：

中央机关报和信已经收到。十分感谢。

同科赫尔打交道真是一桩麻烦事，他是个任性的人。还没有接诊，只好等待。

如有可能，请把《真理报》的工作抓紧一些。**米龙被捕了**。*没有人手*。我现在无法写作。

从彼得堡传来了关于彼得堡委员会和五金工会的好消息，还有关于办校计划的好消息:六人团**已经答应**。萨莫伊洛夫10天后该到扎科帕内来了。听说普列汉诺夫在巴黎。如果可能,请去看看他,这十分重要。我给他写过一封信(绝密——**只**交他本人亲收)谈办校的事并邀请他来①。这个骗子,依纳爵·罗耀拉式的人物,耍滑头的将军,现在装聋作哑。瞧吧,他这样会更糟。学校还是要办的。高尔基差不多完全同意了。

再见!

您的 **列宁**

附言:热切地向巴黎的各位朋友问好!

对图利亚科夫的期望极大,对其他人(不是我们的人)的期望则较小。他们渴望"学习",要求普列汉诺夫来。他如果不来,就是个傻瓜。

这里传说,普列汉诺夫将于7月10日左右去贝亚滕贝格。在巴黎听到什么消息没有?

目前**不必**把学校的事告诉阿列克辛斯基。**如果**需要,也来得及。反正此事要到8月才开始。又及。

从伯尔尼发往巴黎

译自《列宁全集》俄文第5版第48卷第201—202页

① 见本卷第191号文献。——编者注

196

致第四届国家杜马的布尔什维克代表①

(6月30日)

亲爱的朋友们:我们认为,你们和费多尔②搞在一起是一个错误。这除了引起无谓的纠纷以外,大概不会有别的结果。你们本来就应当刊印自己的报告[340]。但是,现在只好从既成事实出发。在这种情况下,首先必须坚持**完全平等**,并首先作出一个正式的决议来。决议内容大致这样:"合作社决定,在草拟报告时,不允许一派对另一派采用少数服从多数的办法,两派(六人团和七人团)在一切场合都完全平等,也就是说,委员会要由双方相等的人数组成,有争议的地方用协商的办法,而不是用少数服从多数的办法来审定。如果报告的末尾要转载代表的发言,这些发言也要通过协商来选择。"这个决议是必要的。否则,尽管委员会由双方相等的人数组成,可往后合作社却会以一票的多数批准取消派的建议。如果费奥多拉拒绝作这种决议,我们建议你们发表一个正式声明,说明由于他们不愿意双方享有平等地位,你们保留有完全的行动自由。在这种情况下,你们照样可以提出自己的候选人。

附上一个最初步的提纲草案供参考:

(1)选举运动。它的形势。社会民主党得到的结果。社会民

① 信寄给尼·伊·波德沃伊斯基。——俄文版编者注

② 费多尔(费奥多拉)是社会民主党第四届杜马党团孟什维克部分的代号。——编者注

主党的纲领，八小时工作制，没收土地，完全民主化。

(2)社会民主党党团的组成。确定党团的性质。亚格洛事件[341]。(阐明六人团和七人团的观点。指出抗议书。)

(3)党团的政治纲领及其最初的发言。宣言。指出六人团反对民族文化自治。指出广大工人阶层拥护的正是……宣言中提出的那些口号。社会民主党政治状况的评述。

主要的口号仍旧是：八小时工作制，没收土地，完全民主化。

(4)党团的质询。

(5)党团和预算。

(6)杜马中的各资产阶级党团以及对他们和自由派(马克拉柯夫、十月党人、黑帮分子的发言)的尖锐批判。

(7)工人和党团。委托书、呼吁书、反应、质询材料、经济上的互助等等。

(8)代表的不受侵犯(彼得罗夫斯基事件[342])。

内部分歧；双方各自阐明自己的观点，并分给相等的篇幅。双方的刊物都转载发言。把工人的决议统统列举出来。附录。各项最重要的任务。

等候消息。别墅[343]已租好。

从波罗宁发往彼得堡

载于1924年《红色史料》杂志第1期

译自《列宁全集》俄文第5版第48卷第195—197页

197

致格·伊·萨法罗夫

(7月20日)

亲爱的格奥尔吉：

关于代表会议[344]，我一无所知。**您自己决定吧**。

娜·康·的治病时间要延长，所以我**还要**在这里呆**两个星期**，或者更长些。到底多长不能肯定。

乌克兰人的那篇文章很好。最主要的是，他是集中主义者。这在我们这个糟糕的时代是少有的和可贵的，因此您和尤里都**一定**要**更好地去接近**他，善于和他交朋友，了解他。

那篇文章需要的不是文字上的修改(这是小事)，而是**作者的解释**。他应当再写一篇文章。关于这点我写在下一页上①；您和尤里看一下，**你们自己决定**，是否给乌克兰人看，还是由您转告他更好。

致衷心的敬意！

尼·列宁

从伯尔尼发往苏黎世

载于1930年《列宁文集》俄文版第13卷

译自《列宁全集》俄文第5版第48卷第202—203页

① 见下一号文献。——编者注

198

致奥·H.洛拉①

(7月20日)

尊敬的同志:

您写的那篇**集中主义者**反对顿佐夫之流的文章,使我感到非常高兴。同**这一**类更狡猾的民族主义分子(以及同乌克兰社会民主党人)作战,是极端重要的!

我一定坚持让《**真理报**》编辑部刊登您的文章。不过,依我看,这篇文章4万俄罗斯的(而且大部分是大俄罗斯的)工人读者是看不懂的。

如果您允许的话,我劝你**再**写一篇文章**从头**谈起。写一段引言,对乌克兰社会民主党人中的"集中主义"和"分离主义"(您的用词很**成功**,很恰当)问题作个**简要的**概述。引导读者了解问题所在。谈谈各派别的情况,这些派别是怎么回事,它们的历史怎样(简短地)。

还有一个问题:巴索克是否又倒向了民族主义和分离主义?我听说是这样;这是否确实?您能否把他表示转变的"著名的"文章(1910年或1911年或1912年)寄给我?

据说不久以前,利沃夫有些人召开会议"联合起来了"[345]:斯皮尔卡分子[346]是同乌克兰社会民主党人联合起来,还是同顿佐夫

① 目前可以推测,此信是寄给П.格里先科的。——俄文版编者注

分子联合起来??利沃夫有人答应把联合决议寄给我,但是还没有寄来。您知道这些情况吗?是否需要再加几句话,说明一下在斯皮尔卡中间可惜也有人倒向民族主义和分离主义?

敬礼并致良好的祝愿!

尼·列宁

从伯尔尼发往苏黎世

载于1930年《列宁文集》俄文版第13卷

译自《列宁全集》俄文第5版第48卷第203—204页

199

致阿·马·高尔基

1913年7月25日

亲爱的阿·马·:早就打算写信给您,但由于我妻子动手术,耽搁下来了。前天终于动了手术,病情已有好转。手术相当难做,但能够在科赫尔这里做,我感到很高兴。

现在谈谈正事。您来信说8月间要到柏林去。8月的什么时候?月初还是月底?我们打算8月4日从这里动身。我们的车票是经苏黎世——慕尼黑——维也纳,并且在这些城市都要逗留一些时间。(也许4日医生还不让我们走,这样行期还得后延。)

我们能否在什么地方见见面呢?大概您也要路过伯尔尼或者苏黎世或者慕尼黑吧?

我们**很**需要见次面。《**真理报**》被查封使得我们处境非常困难。也许您能想些什么办法。随后您在柏林就可以为我们,也就是为《**真理报**》做很多事情。

因此,我恳求您**立即**来信告知,三言两语也行,8月初我们能不能在这里或上述城市见面?如果**不**能,我就写信更详细地告诉您一切情况,特别是关于学校的问题(组织者[347]的出事使我们遭到了很大的损失;我们正在另行物色人选)。

紧紧握手并祝一切顺利,特别是旅途平安!请**立即**回信!

您的　**列宁**

地址:(瑞士)**伯尔尼**　盖塞尔沙夫特街4号　乌里扬诺夫先生

发往卡普里岛(意大利)

载于1924年《列宁文集》俄文版第1卷

译自《列宁全集》俄文第5版第48卷第204—205页

200

致莉·米·克尼波维奇

(8月5日和6日之间)

亲爱的莉迪娅·米哈伊洛夫娜:

现寄上我为您买的一张印有伯尔尼平面图的明信片,对所需的地址我作了记号。

我建议您一定要去伯尔尼,您的病要治疗,**也只有科赫尔才**

能把您的病治好。我是从各方面作了了解,查阅了医学文献(科赫尔的儿子阿尔伯特写的医治巴塞多氏病的一本厚书),征求了伯尔尼的医生们的意见,并且是根据个人的经验向您提出这一建议的。

请您在9月份给科赫尔教授写封信,要求他约定接诊的确切时间(也向他说明您**只能**付多少钱,否则以后得同贪婪的教授夫人进行不愉快的讨价还价)。他将给您答复,约定接诊**时间**。那时您再动身。伯尔尼的生活费用不高。我们将给什克洛夫斯基和申杰罗维奇去信,他们会帮忙的。过几个月您就可以恢复健康了。

握手!盼早日见面!

您的　**弗·伊·**

从慕尼黑发往辛菲罗波尔

载于1960年《苏共历史问题》杂志第2期

译自《列宁全集》俄文第5版第48卷第205页

201

致乔·迪科·德拉埃

(8月9日)

亲爱的同志:

照我们的意见,案情要求现在同考茨基、梅林和蔡特金、倍倍尔以及另外一些德国社会民主党的权威人士会面。几天前我在伯尔尼停留期间认识了一位瑞士的社会党人律师[348]，他完全同意我们的观点并且十分亲切热情，同正在瑞士的倍倍尔谈了话。这位律师认识倍倍尔已20年了，他可以去耶拿再找倍倍尔谈一次，——倍倍尔要到那里出席一个会议[349]。

在此情况下，我们有一个问题要解决。我们坚信，不通过诉讼程序而取胜的唯一希望就是有人去耶拿亲自说服倍倍尔、考茨基以及所提及的其他几位同志。而为此，精通德语并能与许多德国同志建立个人接触则是绝对必要的。

我们觉得，瑞士的那位律师同志最符合这些要求。当然，这样我们就要付给他400—700法郎，而这笔款应从约定给您的酬金中支付。我们再没有钱了，我们不可能再追加旅费等开支。

自然，如果您能到耶拿去是再理想不过了。但我们不知这能否实现。您应决定是否采纳我的建议。请您尽快答复我，我在接到您的答复后将对这位瑞士同志作出最后决定。

亲爱的同志，请接受我的社会党人的问候！

弗·乌里扬诺夫

我的地址：

奥地利　波罗宁（加利西亚）　弗·乌里扬诺夫

原文是法文

译自《列宁文集》俄文版第38卷第103—104页

202

致格·李·什克洛夫斯基①

(8月10日)

亲爱的格·李·:向您的孩子们及全家问好!我在等着律师[350]的回信(和旅费的确切数字)。请让金克尔把查苏利奇的文章《关于一个问题》(载于《现代生活报》第8号)译成德文。真是一篇绝妙文章![351]译出后,请您把原文,即《现代生活报》第8号,寄给老大爷用两星期。

您的　**弗·伊·**

从波罗宁发往伯尔尼

载于1925年《无产阶级革命》杂志第8期

译自《列宁全集》俄文第5版第48卷第206页

203

致格·李·什克洛夫斯基

(8月13日以后)

亲爱的朋友:

关于库普林的那部书您大概记错了。我记得很清楚:我从您

① 这是写在娜·康·克鲁普斯卡娅信上的附笔。——俄文版编者注

那里拿过这部书,曾经放在盖塞尔沙夫特街我的住处。在我离开前,我把**所有东西**都送还给您了。请您找一找,或者顺便到盖塞尔沙夫特街去看看,尽管我相信我并未把它留在那里。

现在谈谈打官司的事。

您写得不清楚,究竟律师是要求现在非付给他300法郎不可呢,还是同意在把全部酬金**提高**到500法郎(官司**打赢时**)的条件下先少拿一点?

这对我们说来正是关键所在,因为没有钱。

在耶拿**如能打赢官司**,把酬金提高到500法郎(已付的50除外)**我们是同意的**。但旅费开支一定要减少,而且要**大大**减少。请您就此同他郑重地商议。

倍倍尔的逝世[352]对于我们的案子来说是一个沉重的打击。现在只有一个哈阿兹,他是梯什卡和罗莎的朋友、取消派的支持者。不能指望哈阿兹会做**任何**好事。

行动计划应该这样。如果德国社会民主党执行委员会不答应在**耶拿**[353]解决问题,去那里就是徒劳。可能会白跑一趟,因为那里大概要为倍倍尔的逝世举行游行示威,这样哈阿兹就很容易避开这次谈话。

应立即以律师的名义给德国社会民主党执行委员会写一封**极为"严正的"**信——引用倍倍尔给我们的信的抄件("早就是时候了"等等)——详细叙述同倍倍尔的谈话——着重指出倍倍尔**同意**茨格拉根的意见并**答应**在耶拿解决问题,**不让闹到**法庭**上去**——然后再阐发一下诉讼不可避免("不然的话")以及他们必然败诉的理由。

——所有这些都应写上,正式以律师的名义立即寄给德国社会民主党执行委员会，请他们：(1)作出决定，本着倍倍尔的精神干预此事，即施加压力迫使对方不经过法庭便交还那笔钱。

(2)**确定一**天时间在耶拿同梅林＋考茨基＋蔡特金＋**茨格拉根**进行个人会晤，以便**最后**决定是否可能通过调停解决问题。据说考茨基在给法国律师的信中已向这方面迈进了一步，这位律师可能亲自去，也可能由茨格拉根代他去或同他一道去。

［要定下来！］

附上(a)法国律师们的结论(铅印的)和(b)斯图加特律师的结论(打印的)各两份，给执行委员会**全体**委员。

然后让茨格拉根**仅**把法国律师们的结论寄给梅林并要**他**答复是否同意把钱交出来，因为目前法律上负有责任的也还是他们3人：考茨基＋梅林＋蔡特金。

对蔡特金已经不能再抱希望。全部力量都要用到梅林＋考茨基身上，其次用到**整个**执行委员会方面。绝**不要**在一个哈阿兹身上花气力，他**显然**是要**阻挠**归还这笔钱的。

因此，请赶紧去找茨格拉根并争取做到：

(1)要他立即给**执行委员会**写信(抄件寄给我们)

(2)要他立即给梅林写信

(3)商定有关酬金事宜。我们是会**给酬金**的，就是说，如果我们在耶拿打赢官司，我们保证给**500**法郎(从收回的那笔钱中)。而旅费我们**不**能付给300，让他定低一些——车票＋两天的费用(但不是每天50法郎，要尽量少一些)。您要强调：现在没有钱，但有打赢官司的希望，只要肯努力。

向全家问好！

您的　**尼·列·**

附言：请打听到哥林在达沃斯的地址并给我寄来。

译自《列宁文集》俄文版第38卷
第104—106页

204
致德国社会民主党
吊唁奥·倍倍尔逝世

(8月13日和17日之间)

惊悉国际革命社会民主主义运动的一位最卓越的领袖不幸逝世，深表哀悼。

受俄国社会民主工党中央委员会的委托

列　宁

从波罗宁发往柏林

原文是德文

载于1913年8月17日《前进报》
第211号

译自《列宁全集》俄文第5版
第48卷第206页

205
致弗·米·卡斯帕罗夫

(8月21日)

尊敬的同志：您写给什克洛夫斯基的内容不对。要的是**如何**

找到那个人[354]，而不是他的履历。您也没有把自己的地址告诉什克洛夫斯基。执行重要任务，必须一丝不苟。如果找不到那位对事业有帮助的重要人物，您的罪过就要严重百倍了。

望您**立即**改正这个错误。

您的　**列宁**

从波罗宁发往柏林

载于1930年《列宁文集》俄文版第13卷

译自《列宁全集》俄文第5版第48卷第206—207页

206

致格·李·什克洛夫斯基

(8月21日)

星期四

亲爱的格·李·：

我很惊讶，竟然**至今**没有关于派代表团参加倍倍尔葬礼的一点消息!!! 普列汉诺夫怎么搞的，怎么会愚蠢到要同取消派混蛋们讲统一？（当然我并不是责备您给了普列汉诺夫委托书。给是应该的，但是普列汉诺夫却干出了卑鄙的勾当。）[355]

对律师的问题应火速解决。他是否去耶拿，在**钱上**提了什么条件？

如果这封信写得**高明**并**立即**寄出，在

他在给执行委员会写信吗？这是特别重要而又**特别急迫的**。您千万要催一

耶拿会议之前早早寄到，官司一下子就能打赢。

催！早些把抄件给我们。

请**立即**把(1)斯图加特律师[356]的结论的抄件和(2)倍倍尔给我们的信的抄件寄来。

您的　**列宁**

倍倍尔大约在逝世前4天给执行委员会写过一封什么信。律师去苏黎世，就会打听到这封信里有没有一两句话提到我们的事。

附言：要是律师明智一些，他是会去苏黎世参加葬礼并同蔡特金、考茨基，尤其重要的是同执行委员会的委员们谈一谈的。

载于1967年苏黎世—科隆出版的《列宁。未发表的书信(1912—1914年)》一书

译自《列宁文集》俄文版第38卷第106—107页

207

致《北方真理报》编辑部

(8月21日以后)

尊敬的同事们：昨天我给《启蒙》杂志寄去了一篇长文《维·查苏利奇是怎样毁掉取消主义的》①。如果《北方真理报》[357]还在出

① 见本版全集第24卷第25—49页。——编者注

版,我建议把这篇文章分作6篇小品文刊登,即每章为一篇小品文;不过,手稿一定要保管好,并尽快还给《启蒙》杂志。

再说一遍,看不到报纸我就无法工作。向你们请求了无数次,可无论是《工人真理报》[358]和《现代生活报》(合订本),还是《北方真理报》和《新工人报》[359],你们还是不给我寄。以前这些报纸总是寄的。

我不明白为什么要出日报。建议改成周报。每天亏损多少?发行量多大?

敬礼并致良好的祝愿!

你们的　**列宁**

《真理报》答应了的、**早就应该付给我的**稿费**仍未**收到!这像是在捉弄人!!

从波罗宁发往彼得堡

载于1933年《列宁文集》俄文版第25卷

译自《列宁全集》俄文第5版第48卷第207页

208

致斯·格·邵武勉

(8月24日)

亲爱的同志:我一到家就看到了您的来信。**很遗憾**,连您也不能亲自写些有关高加索民族问题的文章。既然这样,那就请您务必多寄些有关这方面的资料来,还有**科斯特罗夫**的文章和他的那些书、代表们的报告连同俄译文(找个人把报告翻译出来,想必能够办到),高加索**各民族的统计资料**以及高加索、波斯、土耳其、俄罗斯各民族之间关系的资料,总之,把现有的和可能搜集到的资料全都寄来。同时请不要忘记在高加索人中间**物色**能够撰写有关高加索民族问题的文章的同志。

敬礼并祝成功![360]

您的　**弗·伊里奇**

从波罗宁发往阿斯特拉罕

载于1925年《列宁文集》俄文版第3卷

译自《列宁全集》俄文第5版第48卷第208页

209

致弗·米·卡斯帕罗夫

(8月25日)

亲爱的同志:请**立即**将**各号**《北方真理报》(除第1号外)和《新工人报》寄给我。

我**什么也**看不到!!!

请让阿韦尔每天从彼得堡把报纸按印刷品邮寄给我,但一定要用两张内容极平淡、极温和的资产阶级报纸卷上。在阿韦尔复信以前,**请**把《新工人报》、《北方真理报》和莫斯科的《我们的道路报》都寄给我(你们用过以后)。

您的　列宁

附言:一个小误会:您没把**您的**地址告诉什克洛夫斯基,因此他无法与您通信,也无法向您询问。

寄信人:波罗宁(加利西亚)　乌里扬诺夫

发往柏林

载于1930年《列宁文集》俄文版第13卷

译自《列宁全集》俄文第5版第48卷第208—209页

210

以乔·迪科·德拉埃律师的名义给"保管人"的信的草稿

(8月28日以前)

致蔡特金同志和考茨基同志

亲爱的同志们:

维连和我作为社会党人律师,应邀就列宁(乌里扬诺夫)交你们保管的那笔钱的问题以及你们和列宁之间存在的看法分歧问题提供咨询。

结论主要以往来信件为根据并且首先从正义、政治的角度提出问题。

当事人要求我将此结论寄给你们,而我也正急于这样做。

由于我是党的积极分子,当事人要求我出面调解,了解一下,若有不清楚的问题,你们是否同意对其进行共同讨论并予以澄清。

我敢相信,你们会接受这种调解,因为我觉得和睦地解决这一难题是有益的。

同意[①]

原文是法文

译自《列宁文集》俄文版第38卷第107—108页

211

致乔·迪科·德拉埃

(8月28日)

亲爱的同志:

我衷心地感谢您。第一,感谢您给考茨基和蔡特金都写了回信。两封回信都写得非常好,我向您祝贺。您已经做出了成绩:蔡特金孤立了。正是蔡特金一直不肯让步。如果考茨基同意交还钱,蔡特金就不能再顽固下去了。

第二,感谢您同意接受那位瑞士同志(卡尔·茨格拉根律师伯尔尼市　医院巷35号)的协助。我们极感抱歉的是不能为您耶拿之行寄上必要数目的旅费,但也没有什么办法。茨格拉根同志在

① “同意”一词为俄文。——俄文版编者注

耶拿将要为我们作辩护。您如能给茨格拉根同志写几句话，让他把您的信拿给考茨基看看就好了。不言而喻，我们是不能超出我在第一封信中所指出的限度的，这点是决定了的。

我想，您若能再给以下两处各写一封信，那是会大有益处的：(1)德国社会民主党执行委员会(书记地址：**柏林**　西南区68林登街3号　威·普凡库赫)

和(2)该党符腾堡执行委员会(书记地址：**斯图加特**　豪普斯泰特尔街96号　O.瓦斯纳尔)——蔡特金正好属于这个党组织。把考茨基的信和蔡特金的信以及您的回信都告诉他们并要求对蔡特金进行"开导"，向他们指明采用诉讼程序的办法是不合适的，讲明蔡特金的错误等等，等等。德国人将很重视从巴黎来的这位社会党人律师的意见，对这点我是相信的。德国党的这两个执行委员会对蔡特金同志"施加压力"(如果可以这样说的话)，看来是只会有好处的。请把您对这个问题的意见告诉我。

随信寄上您要求归还的两个附件。

亲爱的同志，请接受我社会主义的敬礼！

弗·乌里扬诺夫

附言：请把考茨基的地址告诉茨格拉根。

原文是法文

译自《列宁文集》俄文版第38卷第108—109页

212

致格·李·什克洛夫斯基

(9月7日以后)

亲爱的格·李·：

关于库普林的那部书，除了您去盖塞尔沙夫特街看看外，我想不出任何别的办法。

关于付给律师酬金一事。要是输了，过去的什么允诺都是枉然的。**我们什么也不能给**，因为我们**一无**所有。这将是很惨重的失败。

我们答应**赢了**就付给500法郎。我焦急地盼望着他给**执行委员会**、**给梅林**写信。我们要看看他能不能写出来。

对耶拿之行，应**明确**说定我们付多少钱。我们将决定是否让他去。

说到穆尔，您同他谈了，这很好。一般说来，我们让社会党人了解一点国际内部的情况是有好处的。如果穆尔同意给执行委员会写封信或同意在茨格拉根的信上签个字，那就太好了。不过什么报酬我们也不能给(请您向茨格拉根建议，让他叫穆尔签个字，茨格拉根自己会同他结账的)。

执行委员会的委员中有普凡库赫、哈阿兹、弥勒、奥托·布劳恩、谢德曼、莫尔肯布尔、艾巴特(艾伯特)。代表大会后，茨格拉根会在记录中找到全部名单的。他要私下分别给他们写信。这对打赢官司很重要。

我等着要斯图加特律师的结论的抄件和倍倍尔给我们的信的抄件。如尚未寄出，请马上就寄。我们已经迟误了。耶拿会议已快要……

……"鼓舞人心的"消息——主要是彼得堡(五金工会在我们这边),莫斯科(除了动摇的纺织工人外,**所有的**工会都在我们这边),莫斯科(调和派分子**原在**新闻团体里,但我们的人**已经**把他们赶出去了……　普列汉诺夫同列武什卡陷入窘境!),店员代表大会[**我们的 50 人**+附合派 35 人+取消派 15 人=100 人的"阶级"团体;+40 人的"职业"团体——**也是取消派!!!** +社会革命党人 30 人+立宪民主党人 60 人]。这是主要的。其余的都是一些知名人士和一些个人。

为什么您来信没写:(1)你们是否作为代表团在苏黎世给普列汉诺夫发过**委托书**?(2)是谁送的花圈?为什么落款没有**中央委员会**?(3)是凭我的电报才让你们作为代表团进去的吗?

向全家问好!

您的　**列宁**

茨格拉根在柏林和斯图加特是否有认识的社会党人律师(是修正论者尤其好)?这样的律师能帮大忙,茨格拉根也会因为打赢官司而从自己的 500 法郎中给他 100 法郎的。

附言:《北方真理报》我只看到过一份(第 1 号)。**全被相继**没收。取消派开始出版《新工人报》。

库普林的作品我们只借过两本+丘特切夫的作品。这些书已归还,现搁在放有报纸的小桌上。

载于 1967 年苏黎世—科隆出版的《列宁。未发表的书信(1912—1914 年)》一书

译自《列宁文集》俄文版第 38 卷第 111—112 页

213

致弗·米·卡斯帕罗夫①

(9月11日)

亲爱的同志：

《新工人报》和《现代思想报》[361]我还是没有收到。糟糕透了!! 请让阿韦尔每天直接从彼得堡寄给我。费用我们以后再算!

您的　**列宁**

从波罗宁发往柏林

载于1930年《列宁文集》俄文版第13卷

译自《列宁全集》俄文第5版第48卷第209页

214

致格·李·什克洛夫斯基

(9月12日以前)

亲爱的格·李·：

现寄上法国律师同考茨基和蔡特金的往来信件的抄件(请金克尔译成**地道的**德文并快点寄给我)。

① 这是写在娜·康·克鲁普斯卡娅信上的附笔。——俄文版编者注

请立即让茨格拉根过目。这些信件**十分**重要。

要考虑他去耶拿。应当让他**代替**法国律师去。我们的条件是：

已付	50法郎
再付旅费	150法郎
官司赢时付	500法郎
总计	700法郎

附言：如茨格拉根不肯让步，

50	可在打赢官司时付
150	**600**，但旅费不能多
600	于150，因我们现
800	在**没有**钱。

旅费150法郎足够了：三等票一张80法郎，每天补助10法郎(德国党是7—8马克)。

4×10=40

5×10=50+80=130。我们**连一文钱也没有**。我们不能再多给了。而打赢官司现在已有可能，因为蔡特金**失去考茨基后已陷于孤立**。请快点了结，真正彻底地了结钱的问题。

让茨格拉根**立即**给考茨基写信，说他茨格拉根要**代替**迪科·

一天

德拉埃去，说为了不浪费时间，请考茨基规定出**具体日期**(两天)(大概在为期一周的代表大会结束时要方便些)。

现寄上：(1)10份结论，以便茨格拉根既能寄给执行委员会委员们，又能寄给**符腾堡党总执行委员会**：要把蔡特金烤烤熟。一切顽抗都来自处于梯什卡魔掌下的蔡特金。

(2)一封梯什卡的前任秘书卡缅斯基的信。请译成德文并交给茨格拉根，以便他在耶拿有武器(**非常手段！**)对付蔡特金——如果她很固执的话。**她必定会是固执的！**

我给迪科·德拉埃寄去的茨格拉根的地址是:伯尔尼　医院巷35号　卡尔·茨格拉根(茨格拉根)。如果地址写得有差错(门牌号码我记不清了),那就请您**立即**写个明信片告诉我,也告诉在奥莱龙岛的迪科·德拉埃。

耶拿我是不去的。尤里要去,我们要给他委托书。我们一分钱也没有。

我很奇怪,直到现在还未见到茨格拉根给执行委员会的信和给梅林的信的抄件。应全力以赴赶快弄到。(说不定我们还能请来一位柏林的律师,以便在柏林对德国社会民主党执行委员会施加压力。能这样当然好,但这还是一种推测。我们也可能找不到律师。最好能让穆尔在茨格拉根的信上签个字)。

我等着寄来(1)斯图加特律师的结论的抄件(2)倍倍尔给我们的信的抄件。

您的　**列宁**

注意‖对茨格拉根来说,最急需、最重要的是卡缅斯基的那封信以及**这几天与考茨基、蔡特金的来往信件**,一封封分开放着。这些信件请**立即**带给茨格拉根。

迪科·德拉埃的夏季(9月1日至14日)地址:

法国[下夏朗德河下游]　**圣乔治**(奥莱龙岛)乔·迪科·德拉埃先生收

载于1967年苏黎世—科隆出版的《列宁。未发表的书信(1912—1914年)》一书

译自《列宁文集》俄文版第38卷第112—114页

215

致格·李·什克洛夫斯基

(9月12日以前)

亲爱的格·李·:刚才收到您的来信和执行委员会的信的抄件。我看,去是**应该的**。让茨格拉根马上写信(如果还没有写)给考茨基,说他茨格拉根根据考茨基同迪科·德拉埃磋商的结果要在星期四—星期六之间(即在为期一周的代表大会快结束时)**去**耶拿;说他茨格拉根的理解是,考茨基将去那里,而且会同他交谈。

此举**在任何情况下**都很重要,即便遭到蔡特金的拒绝也罢。第一,把蔡特金表示拒绝的话记录下来是有好处的。第二,应该设法从考茨基和梅林那里都弄到表示同意交还钱的字据。这是逼迫蔡特金的唯一手段。第三,同执行委员会**所有**委员进行个别交谈很重要。茨格拉根个人给他所认识的执行委员会委员(和**非**委员)写信很有好处。让他再多写一些。

茨格拉根的旅费如需要提前支付,我就寄去。关于此事请速来信。如时间来不及,就请发电报。**万一**别无他法,我将把钱电汇给他。

我很奇怪,您来信只字不提是否收到文件以及如何利用这些文件——特别是卡缅斯基的信。两天前我便把这封信的**修改**稿和译文寄给您了。请多来信向我通报各方面的情况。

您的　**弗·伊·**

译自《列宁文集》俄文版第38卷
第114—115页

216
致雅·斯·加涅茨基

(9月12日)

尊敬的同志:如果您到耶拿去,那您一定要和我们的代表认识一下(如果遇不到他,就请写封信给他。**耶拿**　别克扎江先生　留局待领)。可以同他谈谈各方面的情况。应当告诉他反对梯什卡。[362]

敬礼!

您的　**列宁**

如果他本人未能同潘涅库克、梅林和其他左派相识,那就请您给他介绍一下。您是否到耶拿去,当您最后决定时,请来信告诉我。

寄信人:波罗宁　乌里扬诺夫

发往克拉科夫

载于1930年《列宁文集》俄文版第13卷

译自《列宁全集》俄文第5版第48卷第209—210页

217

致格·李·什克洛夫斯基

9月12日星期五

亲爱的格·李·：刚才收到柏林来电："海涅(受托要找的那位律师)不在，有人推荐海内曼。我同他，还同费舍都谈过——二位都支持我们。"[363]请把此事转告律师。我很惊讶，迄今还未收到您关于星期一同律师举行会商的信。就是说，决定让他去，是吗？那么让他星期三或星期四赶到耶拿，目的是：弄到考茨基和梅林关于同意交还钱的**字据**并对蔡特金**施加压力**。但愿茨格拉根早已写信告诉考茨基他要代替迪科前往，而且已经收到了考茨基的回信。如果这些都没有，就让他给考茨基发个电报。

尤里大概星期日就该在耶拿了。让茨格拉根抵达后立即给他写封留局待领的信(耶拿　别克扎江先生收)，约定一次会晤。我已写信给他(尤里)。让他在到达耶拿之后立即把自己的地址寄往伯尔尼。

向大家问好！

您的　**列·**

附言：

8月25日在莫斯科出版了《**我们的道路报**》第1号。该号已被没收。这是**我们的日**报。8月25日在彼得堡3 000名五金工人的集会上取消派被击**溃**。您收到《**北方真理报**》了吗？我祝贺这两个胜利！哎，也该开导开导普列汉诺夫，让他别再做蠢事，别再同僵尸搞联盟了!!

旅费我将电汇。请告知数目。让茨格拉根一定要把**一切**与案子有关的文件都随身带上(或寄给别克扎江)。又及。

译自《列宁文集》俄文版第38卷
第115—116页

218

致格·李·什克洛夫斯基

(9月12日和17日之间)

挂号寄

供茨格拉根参用

(**请保管好**这些文件，文件极为重要)

(1)**哈阿兹**3封来信和给他去信的抄件。

(2)蔡特金1911年7月14日的来信。[364]

(3)考茨基1911年6月8日的来信。[365]

(4)考茨基+蔡特金+梅林1911年6月27日的来信。

(5)蔡特金1911年10月31日的来信。[366]

(6)蔡特金1911年11月18日或19日的来信。[367]

(蔡特金摇摆不定)。

(7)蔡特金1911年11月1日的来信(**情况同上**)。

(8)蔡特金1911年8月28日的来信。[368]

(9)蔡特金1911年6月29日的来信(蔡特金认为他们是**公正的**)。

(10)蔡特金1911年7月1日的来信。

(11)托洛茨基1911年12月12日的来信。

(**谎言**)

(12)列宁+季诺维也夫给"保管人"的信。

(13)我现有的文件的清单。

(14)维克多和**伊丽莎白·巴甫洛夫娜**给**蔡特金**的信。[369]　　(**注意**)

(15)我给国际局的报告。

(16)匿名作者。①

(转茨格拉根)

{保存好这张单子和所有文件。如茨格拉根不需要,就留在您那儿,放在最安全的地方。}

译自《列宁文集》俄文版第38卷第116—117页

219

致格·李·什克洛夫斯基

(9月12日和18日之间)

亲爱的格·李·:非常感谢您为茨格拉根的事奔忙安排。非常出色!

① 见本版全集第21卷第204—215页。——编者注

按您的意见,寄上150法郎。

您在明信片上没提迪科是否已给茨格拉根来信(迪科也没给我回信)。

茨格拉根去见考茨基不带迪科的信,行吗？如不行,请来信(或来电),我将把**我的信**(证明茨格拉根的全权资格)按以下地址寄出:**耶拿　卡尔·茨格拉根先生　留局待领**。请茨格拉根到耶拿后给邮局打个招呼,让邮局把来信转到他住的旅馆。

再有一件事。尤里今天从柏林来信说,他见到了海内曼的助手(罗特),而且**当着罗特的面同执行委员会的一个委员**费舍谈了话。[370]

两人都**坚信,我们是有理的,蔡特金应该交出钱来**。案子有了进展。

此外,柏林有人(就是费舍)提到**我**同蔡特金的仲裁法庭。我之所以不能接受仲裁法庭,并不是由于该组织已经终止活动(这是茨格拉根引用**不当的**理由),**而是因为3位前仲裁人都跑掉了**。既然连党的**优秀**人物考茨基+梅林+蔡特金都跑掉了,谁还能向我保证新的仲裁人不会跑掉呢??

这是其一。而其二,当我已经准备就绪要**起诉**时(而且所有的**社会党人**律师,包括法国的、瑞士的、德国的,都赞同),还来谈论仲裁法庭,也未免可笑。请告诉茨格拉根,让他纠正(更确切点说,"补充")自己关于这个问题的论据。

非常感谢,并致衷心的敬意!

您的　**列宁**

译自《列宁文集》俄文版第38卷第118页

220

☆致麦克斯·格龙瓦尔德同志

(9月13日)

柏林　西南区　林登街69号　社会民主党档案馆

尊敬的同志：

我现在不知道维亚兹缅斯基同志的地址，因此，请您允许持信人卡斯帕罗夫同志（地址：柏林　希弗包埃尔达姆街18号[A]　韦特尔转）在俄国社会民主党档案馆（别布托夫公爵创建的）查阅资料。[371]

致党的敬礼！

尼·列宁

1913年9月13日

波罗宁（加利西亚）　弗拉·乌里扬诺夫

载于1930年《列宁文集》俄文版第13卷

译自《列宁全集》俄文第5版第48卷第210页

221

致格·李·什克洛夫斯基

(9月20日以前)

……①我是否忘了告诉您,在倍倍尔的文件里(这些文件现在可能放在执行委员会)有我们写的一封信,包括以下附件:(1)迪科的结论及其他;(2)卡恩的结论;(3)我们关于党内状况的报告[372];

+(4)**我们的声明**(书面的)——说明整个案子都是梯什卡阴谋策划的。

这要注意。

如果有人问到我们,证据呢?——那么,我们有**卡缅斯基的信**。时至今日,还不该把我们给倍倍尔的那封信告诉执行委员会的所有委员吗?

请把上述情况告知茨格拉根,并把此信按以下地址寄出:**耶拿** 别克扎江先生 留局待领。

译自《列宁文集》俄文版第38卷
第119页

① 信开头没有找到,现存的手稿仅从第3页开始。——俄文版编者注

222

致格·李·什克洛夫斯基

(9月28日)

亲爱的格·李·:您的沉默使我感到惊讶。尤里来信说,茨格拉根要从伯尔尼回信。一周过去了,仍未见到回信。必须让茨格拉根把交谈情况和蔡特金表示的**拒绝**正式地加以陈述。

然后应该讨论下一步的事。该如何对付执行委员会?如果**它**(执行委员会)提出仲裁法庭的事,就得**考虑**如何回答(我不同意的理由茨格拉根说得不确切)。请您务必来信并督促茨格拉根也来信。

您的……①

译自《列宁文集》俄文版第38卷第119—120页

223

致阿·马·高尔基

1913年9月30日

亲爱的阿·马·:回信稍微晚了一些。请原谅。在伯尔尼

① 署名无法辨认。——俄文版编者注

和那以后,我真是生气极了!! 我想,如果您就在维罗纳(您那封关于倍倍尔的电报是从维罗纳发出的)——或者什么罗姆……??[373]——我**可以**从伯尔尼到维罗纳去嘛!! 可是,当时您一连**几个月**杳无音信……

您在信中谈到的病况,使我非常不安。您待在卡普里不治病,这样做好吗? 德国人有许多很好的疗养院(例如靠近瑞士的圣布莱斯),可以治疗肺病,而且可以**彻底**治好,达到**完全**钙化,可以使病人发胖,并逐步适应寒冷天气,增强对感冒的抵抗力,使他们出院时都成为身体合格、能正常工作的人。

您在卡普里待一段时间后冬天要回俄国去???? 我非常担心,这会损害您的健康,使您再无法工作。在意大利这个国家有没有**第一流的**医生??

真的,您到瑞士①或者德国去找第一流的医生看看,到**好的**疗养院**认真**治疗两个月左右。不然,就要白白地浪费公家财产,即病倒,使自己再无法工作,——从哪一方面来说,这都是不能容许的。

听说(从一位见过拉德日尼科夫的《启蒙》杂志的编辑[374]那里),您不满意《**真理报**》。是因为枯燥乏味吧? 这是对的。但是,要立即克服这个缺点并不那么容易。没有人手。创办一年来,我们费了**很大**力气才在彼得堡凑成一个**勉勉强强的**编辑部。

(您给《**启蒙**》**杂志**的信已经转去。)

请来信谈谈您的计划和**健康状况**。恳切地要求您**认真治病**——真的,**完全可以**治好;拖着不治,那简直是胡闹和犯罪。

您的 **列宁**

① 我可以把姓名和地址打听清楚。

附言:我们这里已经来过一批很好的学员,而且还有一批要来。**您看到了《我们的道路报》没有**?成绩不错吧?已经是第二种报纸了。我们还要在南方办第三种报纸。

地址:**奥地利　波罗宁**(加利西亚)　乌里扬诺夫(冬天我将在克拉科夫:卢博米尔斯基耶戈街 51 号)

发往卡普里岛(意大利)

载于 1924 年《列宁文集》俄文版
第 1 卷

译自《列宁全集》俄文第 5 版
第 48 卷第 210—211 页

224

致《劳动真理报》编辑部①

(不早于 9 月 30 日)

附言:《劳动真理报》[375]第 5 号没有收到。非常感谢你们寄来了《新工人报》,——现在只缺第 7 号,以及《我们的道路报》第 **7** 号和第 **9** 号。请寄来。

我觉得,你们这样糊里糊涂,随波逐流,**不改变**报纸的调子,是犯了一个很大的错误。情况表明,部分栏目的调子和**内容**需要**改变**。要**争得**合法地位,适应书报检查。可以而且应该做到这一点。否则,你们会把刚刚开始的事业白白毁掉。这一点,请更认真地考

① 这是写在一篇未能查明的文章上的附言。手稿右上角有文章的署名并加了批语:"M.(最好不署名)"。——俄文版编者注

虑一下。

从波罗宁发往彼得堡

载于1933年《列宁文集》俄文版
第25卷

译自《列宁全集》俄文第5版
第48卷第212页

225
致亨・狄茨

1913年10月3日于波罗宁(加利西亚)

最尊敬的同志：

值您70寿辰之际，我作为《**火星报**》和《**曙光**》**杂志**的编辑部成员，作为俄国社会民主工党的代表，谨以我个人的名义，并代表俄国社会民主工党中央委员会向您表示最诚挚的祝贺。是您，在10年前曾给予《火星报》和《曙光》杂志十分宝贵的协助。俄国社会民主工党对您在建党的这一十分重要的时期所给予的兄弟般的帮助将永志不忘。

愿您为国际马克思主义的利益而更长久地工作。[376]

致党的敬礼！

尼・列宁(弗拉・乌里扬诺夫)

波罗宁(加利西亚)　弗拉・乌里扬诺夫

发往斯图加特

原文是德文

载于1930年《列宁文集》俄文版
第13卷

译自《列宁全集》俄文第5版
第48卷第212—213页

226

致《拥护真理报》编辑部

（10月26日以前）

尊敬的同事们：

非常感谢你们**两次及时**寄来了报纸，也就是说与所有资产阶级报纸**同时**寄到。但是，除了这两次以外，《拥护真理报》[377]总是比资产阶级报纸晚到**半天**。能不能把这一点改进一下，做到**经常**及时寄出，使它能和资产阶级报纸**同时**到达？

致崇高的敬礼！

你们的　**列宁**

附言：现在报纸发行份数是多少？什么时候（到底什么时候！！）将作出财务报告？[378]关于合法化的问题，你们的秘书在最近一封信中所谈的看法是不对的。在使报纸进一步合法化这一方面，可以而且应该再做**许多事情**。

目前有多少订户？

从克拉科夫发往彼得堡

载于1927年5月5日《真理报》第99号

译自《列宁全集》俄文第5版第48卷第213页

227
致《拥护真理报》编辑部

(不早于10月27日)

尊敬的同事们:

刚读完第8号报纸。我不能不表示惊讶,——你们竟会刊登像《马克思主义者的会议》[379]等**这样的**文章!! 我认为这种做法是极不明智的。如果说作者由于某些可以理解的原因而"鬼迷心窍",那么,你们在当地不应当看不出来,这篇文章是不能发表的。你们千万不能干这种粗心大意的事情。你们这样做,就**大大地**帮助了我们**所有的**敌人。

必须重印(陆续地)第8号上彼得罗夫斯基和曾经是调和派分子的那个人的文章。[380]

致崇高的敬礼!

弗·伊·

务请改用我现在的地址。我一再请求,一再写明,但都不起作用!!

克拉科夫 卢博米尔斯基耶戈街51号 乌里扬诺夫

发往彼得堡

载于1933年《列宁文集》俄文版第25卷

译自《列宁全集》俄文第5版第48卷第214页

228

致弗·L.列德尔

1913年10月28日于克拉科夫

卢博米尔斯基耶戈街51号

尊敬的同志：

您对所谓总执行委员会的坏蛋感到愤慨，我完全理解，不过我劝委员会[381]首先还是要做到使总执行委员会**正式**表示拒绝。要知道，这是可以做到的(向作为社会党国际局委员的罗莎·卢森堡等人提出)，否则社会党国际局大概就不会干预，还会根据正式理由拒绝将问题**提交审议**。你们这方面决不应当采取这种有可能遭到社会党国际局**拒绝**而**使**梯什卡之流的状况得到**改善**的步骤。

我建议您**以委员会名义**给胡斯曼写一封审慎的介绍情况的公函(**主要**强调总执行委员会拒绝社会党国际局所属的、在俄国实际从事活动的各党组织的联合法庭对总执行委员会的"法庭"进行审查)，请求他帮助劝告(适当地从道义上影响)总执行委员会。这比冒失败的危险过早地提出正式请求要好些。

如果普列汉诺夫给您回信，希望您告诉我。

致社会民主党的敬礼！

尼·列宁

克拉科夫　卢博米尔斯基耶戈街51号　弗拉·乌里扬诺夫

发往巴黎

载于1930年《列宁文集》俄文版
第13卷

译自《列宁全集》俄文第5版
第48卷第214—215页

229

致《拥护真理报》编辑部

(不早于11月1日)

给编辑部的信

尊敬的编辑同志：

请允许我们在你们的报纸上刊登一封信，答复人们从遥远的北部、西部、东部和其他一些地区就取消派掀起反对“保险”活动家**X.**同志的“运动”向我们提出的询问。

取消派指责他是两面派：既为企业主，又为工人服务。[382]

面对这类指责，**组织**该怎么办呢？

它可以召集从事工人运动的各机构的代表，委托他们调查此事。事实上也正是这样办的。《拥护真理报》第12号(10月17日)发表了**5个**机构(1.《真理报》编辑部；2.《启蒙》杂志编辑部；3.波兰马克思主义机关报编辑部；4.国家杜马社会民主党的六人团；5.五金工会主席)的代表组成的委员会的**调查结论**[383]。

委员会认为：

——**取消派的说法“不符合真实情况”**；

——**X.已不再为企业主工作**，这就是履行了自己的义务。

前一天(10月16日《拥护真理报》第11号)亚·维提姆斯基也曾详细说明，**X.**的“罪过”仅仅在于他辞去了企业主那里的职务转而为工人运动服务。维提姆斯基还补充说，他已经把那些当过**企业主报刊秘书的取消派分子的名字**报告了《拥护真理报》的秘书。

取消派是如何回答的呢？他们根本没有想到对维提姆斯基的声明进行反驳，对X.辞去企业主那里的职务的事实提出异议。

他们连想也没有想过哪怕成立“**自己的**”一个什么委员会，由“自己的”七人团，由某个工会或者由拉脱维亚人、犹太人、高加索人的“领导机关”组成。

根本没有这类事！

而忠于组织的人们却成立了委员会，调查了情况，作出了裁决。

《新工人〈??〉报》中那些同工人组织毫不相干的自由派下流文人还在继续从事极端卑鄙的造谣和诽谤运动！！他们蒙蔽头脑简单或者无知的人，把**X.还没有辞去**企业主那里的职务时就已**开始**秘密地用笔名撰稿帮助工人们这种表现叫做“两面派行为”！！[384]

显然，对于这些由资产阶级豢养的取消派报纸的卑鄙可耻的匿名诽谤者，工人们只能嗤之以鼻。

但这是不够的，仅仅嗤之以鼻是不够的。妄图**破坏**工人组织的取消派的**惯用**手法是：最无耻地进行人身攻击。

任何一个组织对这种政治“斗争”手法都**不能不**进行**有组织的**回击。那么，什么才是有组织的回击呢？

每个工人都应当提出要求，要求那些被马克思主义者所唾弃的取消派去成立"自己的"委员会，即由"自己的"七人团、犹太人、拉脱维亚人、高加索人及其他人的"自己的""领导机关"组成的委员会。让他们"自己"裁决一下并把裁决结果向"国际"报告。那时，我们将在全世界面前痛斥这些造谣中伤的恶棍们。

而现在，当这些恶棍、卑鄙的家伙还藏身于取消派报纸的匿名文章的后面的时候，应当让**每个工会**委托自己的理事会调查事实真相，从各方面取得一切文件和证据，**审核**由**5个机构**组成的**马克思主义的委员会的**裁决[385]并作出**自己的**决定。

一致谴责诽谤者，一致要求他们："收回卑鄙的诽谤吧，否则你们休想加入任何一个组织"，——这就是工人阶级对那些破坏组织的人的有组织的回答。

弗·伊林①

这个原则性的问题应当在杜马中提出。

附言：既然《拥护真理报》会被查封，那就**无论如何**要把调子大大降低，使之合法些、温和些。这是可以的，也是必要的。要像《保险问题》杂志[386]那样写文章并规定自己的检查制度。一定要这么办，否则你们就会把事业白白断送掉。

从克拉科夫发往彼得堡

载于1933年《列宁文集》俄文版第25卷

译自《列宁全集》俄文第5版第48卷第215—218页

① 签署该信的还有列·波·加米涅夫和格·叶·季诺维也夫。——俄文版编者注

230

致《拥护真理报》编辑部

(11月2日和7日之间)

交编辑

给编辑部的信

尊敬的同事们:

我祝贺6位杜马代表为使大多数工人的意志得到尊重而出色地开展的斗争,祝贺你们报纸出色地开展的运动[387],同时恳请你们对下述事情给予注意:

如果七人团蛮不讲理地宣布**自己**是社会民主党党团(像他们在那篇刊登在第60号上的文章[388]末尾所写的那样),那时六人团就一定要沉着、扼要、坚决地声明:"我们是社会民主党工人党团,因为我们认同多数觉悟工人的意志,贯彻这一意志,我们代表多数。在我们报纸上所列举的、足以证明这一真实情况的大量事实和数字中,7个无党性分子推翻不了任何一个事实和数字。这是我们的地址,请来找我们吧,工人同志们,请不要以为我们抱有一种侮辱你们的想法,把你们看成会相信'7个代表高于党、高于多数工人的意志'这种论调的人。即便是77位代表也不能高于这一意志。我们会严格地实现这一意志。"

作这种简短的声明是必需的。然后应该向议会党团领袖会议

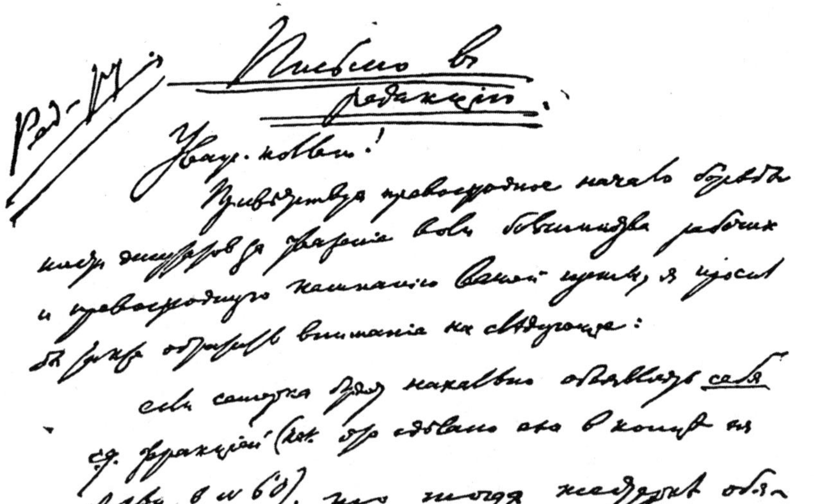

1913 年 11 月 2 日和 7 日之间
列宁给《拥护真理报》编辑部的信的第 1 页

(即向国家杜马)提出正式声明。**到那时**,七人团的傲气就会非常迅速地被打掉,他们会很快很快地**同意**平等(书面上他们**全都**承认的平等)。**无论**是他们**还是**别的什么人都**不会有**其他的出路。

一不做,二不休。六人团已经**漂亮地**干起来了,**只要**他们能**正确地**坚持下去,胜利**保证是**他们的,——再过一两个星期,胜利必然到来。

致崇高的敬礼和良好的祝愿!

弗·伊·

从克拉科夫发往彼得堡

载于1932年5月5日《真理报》第123号

译自《列宁全集》俄文第5版第48卷第218—221页

231

致卡·胡斯曼[389]

(11月3日)

亲爱的胡斯曼公民:

您当然会记得,俄国社会民主工党1912年一月代表会议重建我党后,党中央就任命我为我党驻社会党国际局代表。

由于离开了巴黎,我只好请住在巴黎的加米涅夫同志来代表我。克拉科夫离布鲁塞尔太远,因此我现在请求在公报上刊登加米涅夫的姓名和我们局在巴黎的正式地址。巴黎(XIII)　博比约街102号　库兹涅佐夫先生(转加米涅夫)。加米涅夫仍将在这里逗留一段时间,但我请您不要公开他在克拉科夫的地址。从秘密工作来考虑,公开是不慎重的。

在紧急情况下,务请您按我现在的地址来信。

由于诸圣日[390]的关系,您的信我收到得略为迟了些。

从克拉科夫发往布鲁塞尔

原文是法文

译自《列宁全集》俄文第5版第48卷第221页

232

致《拥护真理报》编辑部

(不早于11月3日)

尊敬的同事们:

我祝贺这场已经出色地开展起来的维护工人杜马代表权利的运动。

读了《**新工人报**》上那种卑劣的无理取闹的东西,我恳切地建议你们周密考虑一下情况并接受我昨天提出的计划①。对这类现象听之任之,不作出**组织的**决定,是**不行**的。

工人们不会满足于寄送决议,必须让他们派**代表团**到杜马党团去。

① 见本卷第230号文献。——编者注

敬礼并致良好的祝愿！

你们的　**弗・伊・**

从克拉科夫发往彼得堡

载于1933年《列宁文集》俄文版第25卷

译自《列宁全集》俄文第5版第48卷第222页

233

致格・李・什克洛夫斯基

(11月3日以后)

亲爱的朋友：因迁居克拉科夫(注意**新地址**[①])和患流行性感冒，我很久没写信了。想必我们的律师已把信(我看信写得很漂亮)寄给了"她"和迪科？如尚未寄，应快寄。目前我正盼着尤里与之谈过话的那个人(他已开始张罗)从柏林传来消息，而且我还要预先采取某些措施(暂时还没有眉目，一旦有了眉目，我就写信)。

我看，茨格拉根已向蔡特金提出**谁**是候选人的问题，现在应当拖延(就这么说吧！)时间了。看她是否会答复。

娜・康・还有我向你们全家问好！

您的　**尼・列・**

附言：有人在议论普列汉诺夫，据说他把《联合方案》寄给了马尔托夫，而马尔托夫却拒绝接受，说：这不够慎重，因为您太摇摆不

① 列宁在信的正文前写有地址："克拉科夫　卢博米尔斯基耶戈街51号　乌里扬诺夫"。——俄文版编者注

定了。我看,这或者是谣言,或者是彻底搞错了。您是否知道这一谣言的来源?您那儿听到了什么?

译自《列宁文集》俄文版第38卷
第120页

234

致《拥护真理报》编辑部

(不晚于11月7日)

尊敬的同事们:

必须在星期日出一张**完全**以拥护六人团运动为内容的增刊。

登**一篇加小标题的**长文章。

现将稿子[391]寄上。请加进**会议的**决议[392](那一号《拥护真理报》**并不是因为这个决议**而被没收的吧?)。

必须要求七人团交出委托书。

如果彼得堡人的决议[393]明显地表示拥护我们,请把他们的决议的总结部分也补上。

简短来信或者来电告知:"增刊正在准备。"

致崇高的敬礼!

你们的 **弗·伊·**

从克拉科夫发往彼得堡

载于1933年《列宁文集》俄文版
第25卷

译自《列宁全集》俄文第5版
第48卷第222—223页

235
致《拥护真理报》编辑部

(11 月 7 日)

鉴于反对七人团的运动意义重大,对我们撰稿人说来,掌握每天的消息也就极为重要。可是,《拥护真理报》却天天晚到。我们恳切地要求你们采取措施,使报纸每天能及时地、毫不迟误地寄出。

多数人拥护六人团,这是很清楚的。但是,六人团的行动没有贯彻始终。如果他们能采取逻辑上(和政治上)必不可少的步骤,声明自己是一个党团,他们就能有把握取胜。

只要这样做了,并且向杜马提交了声明,就会迫使(仅是杜马工作的手续本身就会迫使)七人团同六人团达成协议。

让完全有把握的胜利从手中溜走是可笑的。愈坚决地分离出来,便能愈快地恢复联合。

反对七人团的运动已经出色地开展起来了,但是,现在进行得不够坚决。为了回答取消派厚颜无耻的卑鄙行为,报纸不应该抱怨,而要发动进攻,着重指出七人团**违反**无产阶级的**意志**,指出它的**反党性质**。口号是:“七人团先生们,如果你们不顾及多数工人的意志,如果你们想走反党的道路,那就把委托书交出来吧!”这个口号应当直截了当地、明确无误地提出,而且每天加以重复。

从克拉科夫发往彼得堡

载于 1924 年《红色史料》杂志第 1 期

译自《列宁全集》俄文第 5 版第 48 卷第 223 页

236

致格·李·什克洛夫斯基

11月10日

亲爱的朋友：今天已把决议给您寄去了。这些决议正在巴黎印刷[394]。

我收到了蔡特金的信的抄件。简直是无耻谎言！！我看，我们还得等她答应把协议寄来，而眼下我们先要给她回封信：对她最后两封信予以审慎而又**毫不客气的**(在礼节许可的范围内)答复(分析、无情批判)。您能否着手拟个草稿？若能办到，当不胜感激。

向全家问好！

您的　**弗·乌·**

附言：金克尔怎么样了？他把翻译查苏利奇文章的事完全忘掉了吗？可这个译文对老大爷很有用，他将于12月13日代替我和加米涅夫到伦敦参加国际局(社会党国际局)会议[395](**这只限您我知道**)。顺便问一下：金克尔能把中央委员会给社会党国际局的报告译出来吗？

六人团反对七人团的运动开展得不错，是吗？只是要进行到底才好，否则真会遭到七人团坏蛋们的嘲弄！

我的地址：加利西亚　克拉科夫　卢博米尔斯基耶戈街51号

乌里扬诺夫

载于1967年苏黎世—科隆出版的《列宁。未发表的书信(1912—1914年)》一书

译自《列宁文集》俄文版第38卷第122页

237

致《拥护真理报》编辑部[①]

(11月11日和28日之间)

附言:罗将柯向马·要党团的新名称吗？好极了！这里有4种,供选择。按合适的程度排列如下:(1)俄国社会民主党工人党团;(2)俄国社会民主党党团;(3)俄国社会民主工党党团;(4)俄国社会民主党的党团。你们选了哪一种,请来信告知。我建议选第一种。

敬礼并致良好的祝愿!

从克拉科夫发往彼得堡

载于1933年《列宁文集》俄文版第25卷

译自《列宁全集》俄文第5版第48卷第225页

① 这是写在一篇未能查明的文章上的附言。——俄文版编者注

238
致阿·马·高尔基

(11月13日以前)

亲爱的阿列克谢·马克西莫维奇:今天我挂号寄给您一篇供《启蒙》杂志采用的长篇小说的开头部分。我们想您不会反对。万一您不同意,**请发电报**给《启蒙》杂志:"沃伊京斯基作品缓用"或者"沃伊京斯基小说**不登**"。[396]

听说有个"布尔什维克"(虽然是过去的)在用**新**方法给您治病,这实在使我不安。千万不要找一般同志医生治疗,特别是布尔什维克医生!真的,就像一位**好**医生有一次对我说过的,在100个同志医生中有99个是"蠢驴"。我肯定地对您说,治病(除了小毛病外)**只能**找第一流的名医。在自己身上试验这位布尔什维克的发明,这是可怕的!!除非有那波利教授们的监督……并且这些教授真正是有学问的……　如果您冬天动身的话,那**无论如何**要顺便到**瑞士**和**维也纳**的第一流医生那里去看看,要知道,如果您不去,那是不可原谅的!现在身体怎样?

您的　**尼·列宁**

附言:我们这里情况不坏;在彼得堡,在**一切**合法团体中,包括保险团体在内,工人们正在**像党员那样**团结起来。这里就曾来过一些看来不错的干练的人。

地址:**克拉科夫　(加利西亚)**　卢博米尔斯基耶戈街51号　弗拉·乌里扬诺夫

从克拉科夫发往卡普里岛(意大利)

载于1924年《列宁文集》俄文版第1卷

译自《列宁全集》俄文第5版第48卷第224页

239

致阿·马·高尔基

(11月13日或14日)

亲爱的阿·马·:您这是干的什么事呀?简直糟透了,真的!

昨天我从《言语报》上读了您对祖护陀思妥耶夫斯基的"叫嚣"的回答[397],本来感到很高兴,今天取消派的报纸来了,却**登出了**《言语报》上**您的文章**中所缺少的**一段话**。

这段话是这样的:

"至于'寻神说',应当**暂时**〈仅仅是暂时吗?〉搁下,那是一种徒劳无益的事:没放东西的地方,没什么可找。没有播种,就不会有收获。你们没有神,你们**还**〈还!〉没有把它创造出来。神,不是找出来的,而是**创造**出来的;生活不能虚构,而是创造的。"

原来,您反对"寻神说"仅仅是"暂时"的!! 原来,您反对"寻神说"**仅仅**是为了要用造神说代替它!!

瞧,您**竟写出**这样的东西来,这岂不是太糟糕了吗?

寻神说同造神说、建神说或者创神说等等的差别,丝毫不比黄鬼同蓝鬼的差别大。谈寻神说不是为了反对**一切的**鬼神,不是为了反对任何思想上的奸尸(信仰任何神都是奸尸,即使是最纯洁的、最理想的、不是寻来而是创造出来的神,也是如此),而是要蓝鬼不要黄鬼,这比根本不谈还要坏一百倍。

在最自由的国家里,也就是**完全**不适合以"民主、人民、舆论和科学"作号召的国家里,——在那些国家(美国、瑞士等等)里,人们正是特别热心地用这种纯洁的、精神上的、创造出来的神的观念来麻痹人民和工人。这正是因为,任何宗教观念,任何神的观念,甚至任何对神的谄媚,都是**民主派**资产阶级能特别容忍地(甚至往往是心甘情愿地)予以接受的无法形容的下流货色,——正因为如此,这是最危险的下流货色,是最可恶的"传染病"。群众识破千百万种罪恶、坏事、暴行和**肉体的**传染病,比识破**精巧的**、精神上的、用最漂亮的"思想"外衣装扮起来的神的观念要容易得多,因而前者的危害性比后者也就小得多。奸污少女的天主教神父(我刚才偶然在一张德文报纸上读到这件事)对于"民主制"的危害,比不穿袈裟的神父,比不相信拙劣宗教的神父,比宣传建神和创神的、有思想修养的、民主主义的神父要**小得多**。这是因为揭露、谴责和赶走前一种神父是**容易的**,而赶走后一种神父就**不能**这样简单,揭穿他们要困难一千倍,没有一个"脆弱的和可悲地动摇的"庸人会同意"谴责"他们。

您知道**小市民的**(你说俄国的,为什么是俄国的呢?意大利的就好些吗??)灵魂的"脆弱性和可悲的动摇性",但您却拿最甜蜜的、用糖衣和各种彩色纸巧妙地包裹着的毒药来诱惑这种灵魂!!

真的,这太糟糕了。

"我们这里代替自我批评的自我侮辱已经够多的了。"

可是,造神说难道不就是一种**最坏的**自我侮辱吗?? 一切从事造**神**的人,甚至只是容许这种做法的人,都是在以最坏的方式**侮辱自己**,他们所从事的不是"实际活动",而**恰巧**是自我直观,自我欣赏,而且,这种人"直观"的是自"我"身上种种被造神说所神化了的最肮脏、最愚蠢、最富有奴才气的特点。

不从个人角度而从社会角度来看,**一切**造神说都正是愚蠢的小市民和脆弱的庸人的**心爱的自我直观**,是"悲观疲惫的"庸人和小资产者在幻想中"自我侮辱"的那种**心爱的自我直观**(您关于**灵魂**的说法很正确,只是不应当说"俄国的",而应当说**小市民的**,因为无论犹太的、意大利的、英国的,**都是同一个鬼**,卑鄙的小市民在任何地方都同样丑恶,而在思想上奸尸的"民主派小市民"则加倍丑恶)。

我一边读您的文章,一边**反复思索**为什么您竟会出现这种**笔误**,然而不得其解。怎么回事呢? 是**您自己**也不赞成的那篇《忏悔》的残余表现?? 是它的余波??

或者是由于另外的原因,例如是您想离开**无产阶级的**观点而去**迁就一般民主派的**观点这种不成功的尝试? 也许是为了同"一般民主派"谈话您故意像同孩子说话那样奶声奶气(请原谅我的措辞)? 也许是"为了"向**庸人们**作"通俗的说明",您想暂时容忍**他的**或者**他们的**(庸人的)偏见??

但是,要知道,无论从哪种意义和哪个方面来说,这种做法都是**不正确**的!

我在前面写过,在**民主**国家里,一个无产阶级作家以"民主、人民、舆论和科学"作号召,是**完全**不适当的。在我们俄国又怎样呢?? 这种号召也**不完全**适当,因为它在某种程度上也迎合了庸人的偏见。对某种笼统得模糊不清的号召，在我国，甚至《俄国思想》杂志的伊兹哥耶夫也会举**双手**表示赞成。为什么要提出这类口号呢？？这类口号**您倒是**可以很好地同伊兹哥耶夫主义区分开来，**可是读者**做不到。为什么要给读者蒙上一层民主的薄纱，而不去**明确地**区分**小市民**(脆弱的、可悲地动摇的、疲惫的、悲观的、自我直观的、直观神的、造神的、姑息神的、自我侮辱的、**糊里糊涂的无政府主义的**(这个词真妙!!)等等，等等)

——和**无产者**(他们善于做真正的精神奋发的人；善于把**资产阶级**的"科学和舆论"同自己的"科学和舆论"，资产阶级民主同无产阶级民主区分开来)呢？

您为什么要做这种事呢？

真叫人难受。

您的　**弗·伊·**

附言：挂号寄出的长篇小说，收到没有？

的确，您要认真地**治疗**一下，这样冬天就能动身而**不致得感冒**(冬天感冒很危险)。又及。

您的　**弗·乌里扬诺夫**

从克拉科夫发往卡普里岛(意大利)

载于1924年3月2日《真理报》第51号

译自《列宁全集》俄文第5版第48卷第226—229页

240

致《拥护真理报》编辑部

(不早于 11 月 13 日)

尊敬的同事们:

我急切地向全体马克思主义工作者表示衷心的祝贺,祝贺多数人同瓦解组织分子的斗争的胜利,祝贺不愿违背多数人意志的党团的组成。[398]刚才收到星期日号的《拥护真理报》。统计数字特别好,应该继续刊登。

再次代表大家向全体同志致敬!

你们的 **列宁**

从克拉科夫发往彼得堡

载于 1933 年《列宁文集》俄文版第 25 卷

译自《列宁全集》俄文第 5 版第 48 卷第 225 页

241

致阿·马·高尔基

(11 月 14 日或 15 日)

亲爱的阿·马·:长篇小说[①]和您的来信收到了。既然您不

① 参看本卷第 238 号文献。——编者注

赞成,我看就把小说搁下。附上加米涅夫的来信,他读过了这部小说(我还没有读)。

我们将去信给彼得堡,要他们放一放。

附上我昨日写的信①,请您不要因我发火而生气。或许是我**没有很好**理解您的话?或许您写的"暂时"只是开个**玩笑**?关于造神说,或许您也是不经意地写上的??

您千万要好好治病。

您的　**列宁**

从克拉科夫发往卡普里岛(意大利)

载于1924年《列宁文集》俄文版第1卷

译自《列宁全集》俄文第5版第48卷第229—230页

242

致《拥护真理报》编辑部②

(不早于11月14日)

编辑:

有必要重登《材料》,哪怕是分批连载也好,因为那一号报纸**并不是**由于这篇文章被没收的。399 合法,一定要合法!!

如果无法立即重登,就尽快登个通告说**即将**重登,好让没有看

① 见本卷第239号文献。——编者注

② 这是写在一篇未能查明的文章上的附言。——俄文版编者注

到10月29日那号报纸的人知道。

从克拉科夫发往彼得堡

载于1933年《列宁文集》俄文版
第25卷

译自《列宁全集》俄文第5版
第48卷第229页

243

致阿·马·高尔基

(11月14日以后)

……[①]谈到神、神的以及与此有关的一切,您有一个矛盾,我认为这也就是我们在卡普里最后一次会晤的谈话中我所指出的那个矛盾:您尽管同“前进派分子”决裂了(或者说好像是决裂了),但并没有注意到“前进派”的思想基础。

现在情况还是这样。您来信说您“很苦恼”,您“不能理解,怎么会脱口说出‘暂时’这个词”,但同时您又在为神和造神说的思想辩护。

“神是部落、民族和人类所形成的一些观念的复合,这些观念在激发和组织社会感情,以使个人同社会相联系,约束动物性个人主义。”

这种理论显然是同波格丹诺夫和卢那察尔斯基的那个或那些理论有联系的。

① 信的开头没有找到。——俄文版编者注

它显然是错误的，并且显然是反动的。像基督教社会主义者（一种最坏的“社会主义”和一种对社会主义最坏的歪曲）一样，您使用的方法（尽管您有极好的意愿）也是重复僧侣们的那套把戏：从神这个观念中撇开**历史和生活**带来的东西（鬼神，偏见，愚昧和闭塞的神圣化，以及农奴制和君主制的神圣化），并在神的观念中加进善良的小市民的词句（神=“在激发和组织社会感情的观念”），以代替历史和生活的现实。

您想以此来说出“善良和美好的东西”，指出“真理—正义”等等。但是您这种善良的愿望只是属于您个人的东西，只是您的一种主观的“天真的愿望”。您既然写了这些东西，它就散布到**群众**中去了，它的**作用**就不由您的善良愿望而要由**社会力量的对比**，由阶级的客观对比来决定了。由于这种对比，事情的**结果**（违背了您的意志并且不依从于您的意识）就成了这样，您粉饰了，美化了教权派、普利什凯维奇分子、尼古拉二世和司徒卢威先生之流的观念，因为**在事实上**神的观念是帮助**他们**奴役人民的。您美化了神的观念，也就是美化了他们用来束缚落后的工人和农民的锁链。僧侣之流将会说：瞧，民主派先生们，连“**你们的**”领袖也都承认，这是一种多么好的深刻的观念（神的观念），——而我们（僧侣之流）正是为这个观念服务的呀。

说神是那些在激发和组织社会感情的观念的复合，这不对。这是抹杀观念的物质起源的波格丹诺夫的**唯心主义**。神首先（就历史和生活来说）是由人的麻木的受压抑状态以及外部自然界和阶级压迫所产生的那些观念的复合，是**巩固**这种受压抑状态和**使**阶级斗争**瘫痪**的那些观念的复合。历史上曾有过这样一个时期，当时尽管神的观念的起源和真实作用是这样的，但是民主派以及无产阶级的斗争都采取了以**一种宗教**观念反对另一种宗教观念的斗争形式。

但是这样的时期早已过去了。

现在无论在欧洲或者在俄国，**任何**(甚至最精巧的、最善意的)捍卫或庇护神的观念的行为都是庇护反动派的行为。

您的整个定义完全是反动的和资产阶级的。神＝“在激发和组织社会感情，以使个人同社会相联系，约束动物性个人主义”的那些观念的复合。

为什么这是反动的呢？因为它为那种“约束”动物本能的僧侣主义-农奴制的观念涂脂抹粉。实际上，约束“动物性个人主义”的不是神的观念，而是原始人群和原始公社。神的观念**永远**是奴隶制(最坏的、没有出路的奴隶制)的观念，它**一贯**麻痹和削弱“社会感情”，以死东西偷换活东西。神的观念从来也没有“使个人同社会相联系”，而是一贯用把压迫者奉为**神**这种信仰来**束缚**被压迫**阶级**。

您的定义是资产阶级的(而且是不科学的、反历史的)，因为它所依据的是笼统的、泛泛的、“鲁滨孙式的”概念，而不是一定历史时代的一定的**阶级**。

野蛮的济良人[400]等(半野蛮人的也是一样)的神的观念是一回事，司徒卢威之流的神的观念是另一回事。在这两种情况下这种观念都受到阶级统治的支持(这种观念也支持阶级统治)。“人民”关于神和替神行道的概念，完全同“人民”关于沙皇、妖怪、揪妻子头发的“概念”一样，都是“人民的”愚蠢、闭塞、无知。我根本不能理解，您怎么可以把“人民”关于神的“概念”说成“民主主义的概念”呢。

说哲学唯心主义"始终只注意个人利益",这是错误的。笛卡儿比伽桑狄更注意个人利益吗?或者费希特和黑格尔比费尔巴哈更注意个人利益吗?

说"造神说是社会原则在个体和社会中进一步发展和积累的过程",这简直糟糕透了!!如果俄国有自由的话,整个资产阶级都会为了您的这些货色,为了您的这种纯粹资产阶级类型和性质的社会学和神学而把您捧上天去。

好,不多写了,信已经太长了。再一次紧紧握手并祝健康!

您的　**弗·伊·**

从克拉科夫发往卡普里岛(意大利)

载于1924年《列宁文集》俄文版第1卷

译自《列宁全集》俄文第5版第48卷第230—233页

244

致《拥护真理报》编辑部[①]

(不早于11月16日)

编辑:第**25**号上"自己人"[②]的那篇文章不好。笔调尖刻,如此而已。千万要少一点尖刻的言词。要更冷静地分析论据,更详细地、更简明地反复说明**事实真相**。这样,也只有这样才能保证获

① 这是写在一篇未能查明的文章上的附言。——俄文版编者注

② 米·叶·切尔诺马佐夫。——编者注

得绝对的胜利。

从克拉科夫发往彼得堡

载于1933年《列宁文集》俄文版第25卷

译自《列宁全集》俄文第5版第48卷第230页

245
致格·李·什克洛夫斯基

(11月22日以前)

亲爱的格·李·:现在的计划是这样:

(1)眼下**什么也**不要写给执行委员会。(我正在柏林找律师,暂时还找不到,我们再等一等,所有迹象表明,执行委员会想建议对我们和考茨基**仲裁**,我们**不必**忙于接受如此不利的建议。)

(2)眼下回答蔡特金要**简短**:(讨论了信的全文之后 茨格拉根+迪科+**我**)要揭穿她。问她:您所提到的那个"协议"在哪里?候选人在哪里?是谁?**就只提这些**。暂且不作详细解释。

(3)为了节省时间和精力,可让茨格拉根写信告诉迪科(迪科·德拉埃),为便于协调我们的步伐起见,我们建议把来往信件转到伯尔尼。茨格拉根(在需要共同回答时)把**我们的**草稿寄给迪科,最后正式由茨格拉根**一人**寄出。

茨格拉根给迪科的这封信请您亲自拟出,并向我通报:何时寄出,迪科是怎样答复的。

茨格拉根是否同意?

他很坚定吗？蔡特金重复着与**印出的**协议[401]相矛盾的谎言。难道茨格拉根连这一点也弄不清楚？

我希望您能给我这样的帮助：做我和茨格拉根之间来往信件的传递人，**草拟**给蔡特金的**信件**，等等。您同意吗？

其次，我应争取时间在**布鲁塞尔**再找一位社会党人律师(这只限您我知道)。逐步切断蔡特金的“所有通道和退路”。您或茨格拉根是否认识布鲁塞尔的某位**社会党人**律师呢？

请来信告知，您是否同意。

您的　**尼·列·**

注意‖　附言：考茨基在耶拿是否**正式**向茨格拉根提出过同他考茨基一起接受仲裁的事？

载于1967年苏黎世—科隆出版的《列宁。未发表的书信(1912—1914年)》一书

译自《列宁文集》俄文版第38卷第125—126页

246

致格·李·什克洛夫斯基

注意(社会党国际局会议——12月14日
时间实在不多了!!

1913年11月22日

亲爱的格·李·：今天我在《前进报》上看到了罗莎·卢森堡在社会党国际局针对我们而采取的愚蠢举动(她建议把俄国社会

民主工党的统一问题列入议程)。[402]对于罗莎走出的这愚蠢的"一着",我们要予以回敬。

但实质是罗莎=蔡特金。就是说,**显而易见**的计划是要把仲裁法庭一事"连同统一问题"都"上交"社会党国际局或用某种类似的手法处理。

必须**全力以赴**紧急行动。恳请您给我写封短信,并且**刻不容缓地**让茨格拉根给迪科写**几封信**(如果茨格拉根**不同意**同您商量着写,那就请您发份电报来说"茨格拉根(或律师)不写")……

茨格拉根+迪科现在就**能够**打赢——如果国际局**拒绝**审理此案的话,这将是彻底的胜利,因为这样到法庭去的路就畅通了。请把这点解释清楚!!

让茨格拉根和**迪科**私下给**胡斯曼**写信(也要给比利时的社会党人律师写,如果有这样一位律师的话),请胡斯曼告知案子的处理情况(案子是否在处理?按章程是否能处理?**等等**),并表示愿**提供**各种文件和说明材料。

(请您同穆尔单独谈谈:可否同他一起拟出一份他在社会党国际局的发言**稿**?他是否同意**宣读**?)

或者迪科(Ducos)还会想出什么名堂?巴黎离布鲁塞尔很近,因而在那里不难施加影响,了解情况并及早通报——**这样就会稳操胜券!**

请来信!

您的　**列宁**

载于1967年苏黎世—科隆出版的《列宁。未发表的书信(1912—1914年)》一书

译自《列宁文集》俄文版第38卷第126—127页

247

致某人[①]

(12月4日以前)

亲爱的朋友:附上海内曼给我的来信的抄件,**您如果收到他的什么信件,请告诉我**。

究其实质,海内曼和执行委员会的建议非常……说得委婉些……奇怪!中央委员会将认真讨论此项建议并予以答复。

关于此事暂时不必给任何人讲,让敌人"开始"……

您的　**列宁**

附上基谢廖夫的来信。请把钱的问题(什克洛夫斯基了解)弄清楚,然后**把此信退还给我**。

附言:请把下面的**这封信和几份抄件都**转寄给什克洛夫斯基。亲爱的格·李·:所有这些暂时**仅**供您个人查阅。无论对茨格拉根,还是迪科,眼下都不必告知。在我们的中央委员会还未作出什么新的决定前,我们要**继续**我们的行动。

您的　**尼·列宁**

① 看来这封信是寄给伊·费·波波夫的。——俄文版编者注

请把几份抄件读完,然后**归还给我**。

载于1967年苏黎世—科隆出版的《列宁。未发表的书信(1912—1914年)》一书

译自《列宁文集》俄文版第38卷第127—128页

248

致海内曼

1913年12月4日

尊敬的同志:

自然,我们应同俄国国内的中央委员们讨论您提出的问题。

对于俄国同志来说,了解到“所有有关人士”的确切答复,是非常重要的。

因此,如果您能将蔡特金对党的执行委员会的建议作出的答复告知我们,那就太好了。

致党的敬礼!

列　宁

附言:党的执行委员会对所有“有关人士”作何理解?是指所有三位仲裁人,或者还指别的什么人?

原文是德文

译自《列宁文集》俄文版第38卷第128—129页

249

致格·李·什克洛夫斯基

(12月4日和13日之间)

亲爱的格·李·：

谢谢您寄来了文件。

您不了解情况。海内曼给我们做了件好事,因为他**暴露了**给取消派提供帮助的执行委员会的计划(当然,这话只能**在我们之间**说!)现在我们能够采取措施了。中央委员会将要讨论这些措施。

为对付社会党国际局的"动作",我们自然不得不**等一等**。我们就等一等吧。不过我们眼下先要做好各种调查工作。

目前茨格拉根暂时还得静观等待。他显得很懦弱很胆怯——可这又有什么办法呢!

听到了什么关于普列汉诺夫分子和普列汉诺夫本人的消息吗?

向全家问好!

您的　**弗·伊·**

同迪科通信的情况如何?请把一切步骤都告诉我。我们**暂时**先什么也不要做:等等再说。

载于1967年苏黎世—科隆出版的《列宁。未发表的书信(1912—1914年)》一书

译自《列宁文集》俄文版第38卷第129页

250

致格·李·什克洛夫斯基

(不早于12月4日)

亲爱的格·李·：现寄上波波夫的信[403]。他的地址：比利时**布鲁塞尔　贝夫鲁瓦街2号A　让·波波夫先生**收。

我已把您的地址给他了。

请**尽快**将他要的文件以及您**还**认为有必要给他的文件(德文的，附**俄文**译文)寄给他。

请您把考茨基那封承认是“**法律问题**不是政治问题”的信的抄件也寄去。

关于芬克那些论据的荒谬之处，我要写信告诉波波夫(波波夫的信请您阅毕、用完之后**立即**还给我)。

让茨格拉根**立即**给迪科写封**短信**，说波波夫已经**开始**同埃米尔·芬克谈判了(写上波波夫的地址；芬克的地址我已要求波波夫寄了，您接到后可以**发电报转告**迪科：千万不要耽误时间)。说极为重要的是，迪科得同芬克**接洽**，因为这对当前成败关系**极大**。

亲爱的格·李·：恳请您全力以赴，因为您知道，现在**党是一文**不名。一切取决于此！

您的　**列宁**

附言:向全家问好!

载于1967年苏黎世—科隆出版的《列宁。未发表的书信(1912—1914年)》一书

译自《列宁文集》俄文版第38卷第129—130页

251

致斯·格·邵武勉

1913年12月6日

亲爱的朋友:非常高兴接到您11月15日的来信。您该知道,我在目前的处境下,是多么珍视国内的同志们,特别是那些善于思考和正在探讨本问题的同志们的反应。因此,您的迅速回复,使我感到特别愉快。每当收到这样的来信,被隔绝的感觉便会有所减轻。好吧,不再抒情了,谈正事吧。

1. 您**赞成**在俄国推行国语。认为它是"必要的;它起过并且还将起巨大的进步作用"。这我绝对不能同意。我早就在《真理报》上谈过这个问题[①],到目前为止还没有发现反驳意见。您的论据完全不能说服我,而是恰恰相反。**俄罗斯**语言对许多弱小民族和落后民族起过进步作用,这是不容争辩的。但是,难道您看不见,假如不搞强迫的话,它本来**可以**在更大的范围内起进步作用?难道"国语"不正是**驱使**大家离开俄罗斯语言的一根棍子吗??您怎么就不想弄明白在民族问题上特别重要的那种**心理因素**呢??只

① 见本版全集第23卷第447—450页。——编者注

要搞一点强迫,这种心理因素就会破坏和损害中央集权、大国家和统一语言的无可争辩的进步作用,使之化为乌有。但是,经济**比**心理因素更重要:俄国**已经**有了**资本主义**经济,它正在使**俄罗斯**语言成为必不可少的东西。您难道不相信经济的力量而想用警察坏蛋们的棍棒来"加强"经济吗?? 难道您看不见,您这样做是在**破坏**经济、阻碍经济的发展吗?? 难道可恶的警察制度的垮台,不能使保卫和推广俄罗斯语言的自由团体增多十倍(以至千倍)吗?? 不,我决不能同意您的意见。并且要责备您,因为您搞的是君主制普鲁士式的社会主义!!

2.您**反对**自治制。您**只**赞成实行区域自治。我也无论如何不能同意。请回忆一下恩格斯的阐述吧:中央集权完全不排斥地方"自由"。[404]为什么能给波兰自治,而不给高加索、南方、乌拉尔自治呢?? 要知道,自治的**范围**是要由中央议会来决定的!我们无条件地拥护民主集中制。我们反对**联邦制**。我们赞成雅各宾党人,反对吉伦特派。但是害怕在俄国实行自治制……这就未免太可笑了!这是反动的。请给我举出一个例子,想出一个例子,证明一下在何处自治制**可能**成为有害的东西!这样的例子您是举不出来的。而狭隘的解释,即只提区域自治,在俄国(和在普鲁士)是有利于万恶的警察制度的。

3.您写道:"自决权不仅意味着有要求分离的权利,而且还意味着有要求结成联邦的权利和要求自治的权利。"我绝对不能同意。自决权并**不**意味着有成立**联邦**的权利。联邦是各平等者的联盟,是一个要求**一致**同意的联盟。怎么会引出一方面要求另一方面**同意**的**权利**呢?? 这是胡说。我们在原则上反对联邦制,因为它削弱经济联系,它对一个国家来说是不合适的形式。你想要分离吗？如果你能割断经济联系，或者说得确切些，如果“共居”所引起的压迫和纷争会**损害**和毁坏经济联系的事业的话，那么你就滚开好了。你不想分离吗？那么对不起，你不要**代**我作决定，不要以为你有“**权利**”要求成立联邦。

有“要求自治的权利”吗？？也不对。我们**赞成所有**地区都能**自治**，我们赞成有分离的**权利**(但不**赞成**所有民族的**分离**！)。自治制是**我们**建立民主国家的计划。分离绝对不是我们的计划。我们绝对不宣传分离。总的说来，我们反对分离。但我们赞成有要求分离的**权利**，因为黑帮的大俄罗斯民族主义大大损害了民族共居的事业，有时**在**自由分离**以后**，反而可以获得**更多的**联系！！

自决权是我们集中制这个总前提中的一个**例外**。这个例外，在黑帮的大俄罗斯民族主义存在的时候，是绝对必要的，稍一抛弃这个例外，就是机会主义(像罗莎·卢森堡那样)，就是对黑帮的大俄罗斯民族主义有利的愚蠢做法。但是对这个例外**不能**解释得过头。这一点上只是指有要求**分离**的**权利**，此外绝对没有也不应该有**别的什么东西**。

我在《启蒙》杂志上写的文章就是谈这个问题的①。我写完这些文章之后(将分3期登完)，您一定得更详细地把您的意见写给我。我还会寄给您一点东西。执行决议最积极的正是我。夏天，我作了几次有关民族问题的报告**405**，对民族问题稍微钻研了一下。因此，我打算“固执己见”，当然也要洗耳恭听对这个问题研究得更多更久的同志们的意见。

4. 您反对“更改”纲领，即反对“民族纲领”？？这我也不能同

---

① 见本版全集第24卷第120—154页。——编者注

意。您害怕那些**词句**。词句没有什么可怕的。反正**大家**都在**偷偷地**卑鄙地把它(纲领)往坏的方面篡改。我们则是在按照**它的**精神,按照**彻底的**民主主义的精神,按照马克思主义的(反奥地利方式的)精神来判断它,阐明它,发展它并巩固它。这**本是应当**做的。现在让那些机会主义的(崩得派的、取消派的、民粹派的)恶棍们去挑剔吧,让他们对我们决议中所涉及和解决的**全部**问题,提出**自己的**同样**精确**和同样**完善**的回答吧。让他们试试看吧。不,我们没有在机会主义者面前"甘拜下风",而是把他们**所有的**论点都**驳倒了**!

——关于民族问题的通俗小册子是很需要的。您只管写吧。等待您的回信,紧紧地、紧紧地握手!

向全体朋友问好!

您的 **弗·伊·**

从克拉科夫发往阿斯特拉罕

载于1918年3月2日(15日)
《巴库工人报》第48号

译自《列宁全集》俄文第5版
第48卷第233—236页

252

致《拥护真理报》编辑部[①]

(12月8—9日)

应写为:"柯尔佐夫先生,您也像伽马一样,是个讹诈分子。我

① 这是写在列·波·加米涅夫给《拥护真理报》编辑部的信上的附言。——俄文版编者注

不答复您。"看了同柯尔佐夫的"对话",我很愤怒,几乎气疯了!!竟然把这种坏蛋称做"敬爱的同志"。这是干什么?这是怎么搞的??[406]

从克拉科夫发往彼得堡

载于1962年《历史文献》杂志第1期

译自《列宁全集》俄文第5版第54卷第374页

253

致格·李·什克洛夫斯基

(不晚于12月12日)

亲爱的格·李·:

我今天就把草案寄给茨格拉根。

修改两点:(1)**目前**不必去找执行委员会。

(2)有关候选人的说法要修改:**某些**中央委员**可能已**谈论过**候选人**。

从您的信里可以看出,茨格拉根是在支吾搪塞。目前他倒也并非必需的了。但我认为,您应当对他说,如果他**愿意帮助打赢官司**的话,他就应在您那些草案上**签字**。这并**不难**。如果不愿意,那就废除关于打赢官司付给酬金的协议。

请**立即**对此事作出答复。

我们要看一看,国际局里我们的反对者想得到什么。您同穆尔谈过没有?他去不去?他有能力**为**我们辩护(拥护六人团反对七人团)吗?

向全家问好！

您的　**列宁**

附言：让茨格拉根**立即**把信给蔡特金寄去；而您，**请**立即把信的**准确**抄件寄给老大爷。

载于1967年苏黎世—科隆出版的《列宁。未发表的书信(1912—1914年)》一书

译自《列宁文集》俄文版第38卷第130—131页

254

致《拥护真理报》编辑部[407]

(12月16日)

……①昨天我收到我们代表的电报，对这一问题只是说："联合的事已委托执行委员会(执行部)。"

总之，问题还不清楚。

我给编辑部起草了如下一段声明(既然在布勒宁式的伽马先生的报纸的脏杯子里已掀起"风波")，以备不时之需——不过有一个极为重要的条件，就是不要急于见报。

———

我们完全赞同社会党国际局关于召开俄国社会民主党人(当然是指在国内工作的，而不是指脱离实际的侨居国外的)代表会议

① 信的开头没有找到。——俄文版编者注

的决议。正是这样的代表会议将把取消派先生们的叛党行径和伽马一类人物的布勒宁式手段揭露得淋漓尽致。早就应该把这些人清除出社会民主党了。

明天(或者最迟后天)我大概就能收到来自伦敦的详细的书面报告。到时我会立即再给你们写信。如果**应当**不让现在寄上的报道(也就是上一页即第3页上的内容①)见报,那么我会**电告**你们:压下。这就是说,第3页不必刊登了。

从克拉科夫发往彼得堡

载于1962年《历史文献》杂志第1期

译自《列宁全集》俄文第5版第48卷第236—237页

255
致格·李·什克洛夫斯基

(12月16日以后)

亲爱的格·李·:信和文件均已收到。谢谢。

有关布鲁塞尔律师的情况,我们暂候波波夫的信息。

关于海内曼您说的完全正确。

"共同交换意见"(这还**不一定**是代表会议)将无助于蔡特金(也无助于取消派)!我们**拥护**国际局的决议(我们要把意见对他们说个一清二楚,好让他们记住!),但是我们**反对**考茨基的发言:

---

① 指上面那段文字。——编者注

这种党的消失论简直无耻透顶!!

敬礼!

您的　**列宁**

载于1967年苏黎世—科隆出版的《列宁。未发表的书信(1912—1914年)》一书

译自《列宁文集》俄文版第38卷第131页

256

给《拥护真理报》编辑部的电报

(12月18日)

鉴于章程规定,六人团根本未提出过要求。国际局未作任何指责。取消派的无耻谎言请予以驳斥。[408]

伊　林

从克拉科夫发往彼得堡

载于1962年出版的《弗·伊·列宁和〈真理报〉1912—1962年》一书

译自《列宁全集》俄文第5版第48卷第237页

257

致伊·费·阿尔曼德

(12月18日以后)

刚才接到电报,我换了拟寄给A的信封……

中央机关报怎么啦??要知道这是耻辱,丑事!!杳无音信,甚至还不见校样。请你查询一下,看究竟是怎么回事。

考茨基曾在一期《前进报》上说过"党已经消失了"(逐字引证就是:die alte Partei sei verschwunden)这样恶毒的话,见1913年12月18日第333号。要把它弄到手(布勒塔尼厄路49号或在其他地方)并组织抗议运动。我们**赞成**交换意见,**赞成**社会党国际局的决议,——**要注意这一点**——但根本反对考茨基的**卑鄙的**言词[409]。为此,在声明我们**赞成**交换意见(Aussprache)等的同时,对他要狠揍一下。

从克拉科夫发往巴黎

载于1950年《列宁全集》俄文第4版第35卷

译自《列宁全集》俄文第5版第48卷第238页

258

致弗·萨·沃伊京斯基

1913年12月20日

谈谈**您推荐**刊登的那篇文章。

亲爱的同事:《捍卫共同的旗帜》[410]一文已收到。老实说,这篇文章根本不能用。首先应坦诚和直率,对吧?

作者对俄国的情况一无所知,而让自己热衷于……怎样说得婉转些呢?……是热衷于同波舍霍尼耶[411]的孟什维克"打得火热"。

在俄国,正经历着马克思主义工人政党恢复和巩固的过程。那些辩论和决议具有巨大的教育意义和组织意义，然而却引起了作者目光如此短浅的讥笑。“人们在欢呼乌拉了”，作者讽刺道。——这纯粹是**自由派的**讽刺，是完全脱离工人运动的知识分子的讽刺。那为什么在俄国所有别的反对党中，其党员的地方小组都**不**公开讨论党的内部分歧呢？？啊？？

作者坚持的是一种歇斯底里的感伤观点。那些决议反映了**工人**政党团结的最伟大的过程，因为除了工人**自觉地**喜爱和认清某一流派，世界上谁也不能**强迫**他们在两个乌拉（护党派的乌拉和取消派的乌拉）之间**作出选择**。只看到无产者的“争吵”貌似粗野，而看不到工人阶级因为有两种派别而进行的斗争具有巨大的思想意义和组织意义，这是罕见的盲目无知。对于作者这种盲目无知，除了说他脱离实际，说他已被孟什维克一伙败类“俘虏”，我想象不出更好的解释了。

作者对所引用的工人选民团材料一窍不通。在第二、三、四届杜马中比例各占47%、50%、67%[412]，这难道**不是**事实吗？？这与“选民团的反动性”（骗子们和布勒宁之徒为了转移视线，在《新工人报》上正是这样叫嚣的）有什么关系呢？？难道三届杜马不都同样采用选民团制的，即同样是反动的选举法吗？？就连婴儿也会懂得，这与选民团的反动性毫无关系。而事实则始终是：知识分子离去了（对他们……道路必然如此），工人**自己**起来反对取消派分子了。这是新的历史时期，新的时代。而作者却臆造一条“中间路线”，这令人可笑，更令人可悲[413]。对于同取消派斗争的深刻意义，作者连百分之一也没理解。不**反对**取消派就**不能**重建党。这一点现在工人自己都明白了。

从10月20日到11月2日不到一个月，有4 800人**签名**（注意)拥护六人团,2 500 人拥护**七人团**(其中包括 1 000 名崩得分子。注意! 注意!)。这难道不是事实?? 这是事实,而不是知识分子的牢骚! 您该看到了吧,这已经不是一个党,因为没有“共同的东西”,也不开“代表大会”了!!! 哈哈!! 同取消派和崩得分子**决不会再有**共同的东西——应该明白这一点而不是去回溯一去不复返的往事。召开代表大会是极其困难的(所以党的**破坏分子**就把代表大会无限期地往后推了!)。这些**签名**恰好表明,老党已以**新的**形式出现。难道连这一点也不懂吗??

老的、民族的“最坏类型的联邦制”**一去不复返了**。这一点作者同样也不懂。

作者对**六人团**与**七人团**的平等权利的理解是不正确的(作者提出**八人团**是没有用的,因为党根本**不**承认第八人是社会民主党人[414])。党怎么不给**杜马中**那部分**党的同情者**以平等权利呢①??作者不懂得“党的同情者”这个概念的极其严肃的含义。

我们的杂志不是作品选集,而是战斗的机关刊物。因此,根本谈不上刊登这篇文章。如能看到作者对我的批评提出反对意见,我将十分高兴;就像跟老朋友交换意见我总是感到非常高兴一样。如果我的批评中有什么“不妥之处”,或有什么不够礼貌的地方,请多加原谅。我确确实实不想使您生气,不过,我们是老朋友,我把过去和现在的想法全都“直截了当地”讲出来了。

拥护六人团、反对七人团的运动开展得多么好啊! 团结和教育工人反对自由派工人政客的工作做得多么出色啊! 工人政党真正**决定自己的**杜马代表们的命运,在俄国还是第一次,多么了不起

① 这丝毫没有使党感到难堪;这**可以**教育党的同情者。

啊！这已经不仅是"会读点书的"人群，这是一种组织起来的力量。会议作出决定——六人团执行——成千上万组织起来的人经过讨论签名表示赞成，这就是正在反对那份小报的**党**；这份小报，即《新工人报》，也就是旧《同志报》[415]的新版，辱骂工人运动，并用知识分子的臭气毒害工人运动。工人杜马党团的活动开展得多么出色啊！不仅名称而且全部工作都一下子向前迈进了一步！同图利亚科夫重复的那些自由派的浅薄之见相比，巴达耶夫在谈到联合的自由时的发言是多么有气魄啊！

再见吧，亲爱的同志！要更多地抨击孟什维克，要研究当前工人运动的**实际情况**，深刻理解它的意义。那样您的消沉情绪(恕我直言)就会消失，您也就不会去探求"中间路线"，而会去帮助工人团结起来反对那伙叛徒了。

您的　**弗·伊·**

从克拉科夫发往伊尔库茨克

载于1938年《布尔什维克》杂志第2期

译自《列宁全集》俄文第5版第48卷第238—241页

259

致《无产阶级真理报》编辑部[416]

(12月下半月)

本文有三个K(KKK)[417]。必须在各地都提出抵制的口号，但不用抵制这个词，就是要采用这种形式，而且只能采用这种形式。

对这类先生们切勿一味追求“尖锐的”回答，千万千万！

从克拉科夫发往彼得堡

载于 1962 年出版的《弗·伊·列宁和〈真理报〉。1912—1962 年》一书

译自《列宁全集》俄文第 5 版第 48 卷第 241 页

260

致伊·费·阿尔曼德

(12 月 27 日以后)

……①有些人蠢得像白痴，他们竟然“害怕”受托人[418]，好像受托人使各支部“感到委屈”。他们说，如果**想用**受托人，那支部就等于不存在了！

可笑得很！一味**咬文嚼字**，却不愿深思一下，生活是多么复杂而巧妙，它提供了许多**全新的**形式，而我们“把握住的”只是其中的一部分。

人们大多(资产阶级的 99%，取消派的 98%，布尔什维克的 60%—70%左右)不会**思考**，而只会**死记词句**。他们记住了“地下工作”这个词。牢记不忘。能反复提出，背得滚瓜烂熟。

但是，**如何**在新的环境下改变**它的形式**，为此应当怎样**重新**学习和思考，这一点我们却不懂得。

1913 年的夏季会议(在国外举行)决定：要战胜七人团。1913

① 信的开头没有找到。——俄文版编者注

年秋天,国内掀起了工人**群众**的运动——**多数人**拥护我们!!“受托人”(没有经过支部选举呀!! 真要命!! ——安东诺夫、伊萨克及其同伙这样叫嚷)“小组”作出了决定,**群众**加以执行。

怎样才能做到这一点呢? 就是要学会懂得这种“巧妙的”把戏。如果没有地下工作和各个支部,这一点是**不可能**做到的。同时,如果没有地下工作和各个支部的新的和**巧妙的**形式,**这一点也是不可能做到的**。

你能不能把这个道理向群众解释清楚,我很关心。请来信详细告知。

收到了**1册**《工人手册》[419]。5 000 册**已经**分发出去了!! 乌拉!! 大力把妇女杂志**抓**起来[420]!

从克拉科夫发往巴黎

载于1950年《列宁全集》俄文第4版第35卷

译自《列宁全集》俄文第5版第48卷第242—243页

261

致伊·费·阿尔曼德

(不早于12月29日)

……①中央机关报已收到。第8版太不像样。鬼知道为什么不跟我们讲一声,本来是可以再找点材料的!! 日期也不应写成

① 信的开头没有找到。——俄文版编者注

12月28日，而应该早一些，否则就该提到国际局的事。

许多人由于国际局的决议而神经紧张。**真蠢**！

“交换意见”完全可以接受，这样的决议本来不应当否决。

说什么六人团的要求遭到否决，纯属**无稽之谈**。六人团根本**没提过**要求！按章程规定，它**也不可能提**，因为如果在杜马内是7个社会革命党人+6个社会民主党人，那么只有1个**社会革命党人**在国际议会委员会里有一票。

社会党国际局只能为我们同其他政党和派别集团等等进行谈判、“交换意见”而“斡旋”。它所做的也就只是这些。仅此而已！而召开代表会议等等，则是取消派下流庸人愚蠢地想使问题简单化。这伙取消派简直是一堆废物。我们“交换意见”，他们就心满意足了！

中央机关报上那篇有关贝利斯案件的文章是谁写的？

校样为什么不给我们寄来??本应指出，如果资产者**真的**反对贝利斯案件，他们就应该成立**共和**党。

从克拉科夫发往巴黎

译自《列宁全集》俄文第5版
第48卷第248—249页

1914 年

262

致伊·埃·格尔曼

1914 年 1 月 2 日

亲爱的同志：

您的来信短得让人极为吃惊。

这位代表(“接着又”?)往哪里去了?[421]

是汉堡? 是布鲁塞尔? 是哥本哈根?

这位代表是谁? 是真正的布尔什维克,还是取消派分子或动摇分子? 他讲过些什么? **总共**多少代表? 里加多少代表? 农村多少? 利巴瓦多少? 其他城市多少?

通信联系的问题,您是否已同这位代表谈妥? **这可是最要紧的事**,——应该要他**每天**给您写信,要写得极为准确、详细。他给了您什么通信地址没有?

一有什么消息,请立即发电报告诉我们。地址是:克拉科夫 卢博米尔斯基耶戈街 51 号 乌里扬诺夫。

代号:

第一——布鲁塞尔

第二——汉堡

第三——哥本哈根

代表大会开幕日期:(1月)日期+10(即:如**1月**11日,则写**21日**)

如此等等。

或:"未定"

或:"延期"

正号=布尔什维克一定占优势

负号=取消派一定占优势

X=不详。

您同代表们每次会晤后或者收到每封来信后,均请告知。(多数代表是否经海路前往?)

我们今天接到布鲁塞尔的一封来信(12月29日发),邀请我们参加10至12天后举行的代表大会,地点、时间另行通知。

就是这些!!太少了!

总之,请来信、来电!

您的　**弗·乌·**

如果这位代表在布鲁塞尔,如果您给他写信能做到完全保密,请给他这个地址:**布鲁塞尔**　贝夫鲁瓦街**2号A**　**让·波波夫**。

这个人是我们的代表,可以通过他了解一切,可以同他谈谈。他绝对可靠。

如果他们邀请梯什卡(波兰社会民主党"总执行委员会"),那么,要他们也邀请"反对派"=华沙委员会和罗兹委员会。这点请函告卡尔松。

请写一封信到布鲁塞尔给卡尔松(如果他是自己人的话),要他用电报和书信把情况分别告诉波波夫**和我们**。

发往柏林

载于1935年《无产阶级革命》杂志
第5期

译自《列宁全集》俄文第5版
第48卷第244—245页

263

致尼·伊·布哈林

(1月5日以前)

亲爱的同志：

您评司徒卢威那本书的文章[422]我们非常愿意刊登。但是，在读第二遍时发现，文章中谈到农奴制经济的地方，党内必然有人会理解为建议把**没收**地主土地的要求从纲领中删去。这点是需要展开讨论的。暂时删掉这个地方，是否好些？似乎**现在**您并**不想**发起讨论。

如果是我们弄错了，您是**想**发起讨论，那就来信告知。您要是坚持，我们就把这篇文章登出来……①

从克拉科夫发往维也纳

载于1930年《列宁文集》俄文版
第13卷

译自《列宁全集》俄文第5版
第48卷第242页

① 手稿到此中断。——俄文版编者注

264

致弗・米・卡斯帕罗夫

1月6日

亲爱的同志：

我可能于日内路过柏林，并在市内停留2小时左右。[423]想见见面。你在上午11时至1时或其他时间里是否有空？**请回信**。

如果收到的电报写有"11"，＝我明天上午11时到达(乘克拉科夫开出的火车)。务请设法在车站等候，手拿《**真理报**》。

握手!

您的　**列宁**

我也可能晚上到，停留时间也是2—3小时。

从克拉科夫发往柏林

载于1930年《列宁文集》俄文版第13卷

译自《列宁全集》俄文第5版第48卷第245—246页

265

致扬・鲁迪斯-吉普斯利斯和伊・埃・格尔曼

1914年1月7日

亲爱的同志们：刚才接到我们在布鲁塞尔的代表波波夫(布鲁

塞尔　贝夫鲁瓦街2号A　**让·波波夫**)寄来的消息,说代表大会"至迟再过一星期"(信写于1月4日或5日)在那里(**或附近**)举行。

当前的任务是尽力把布尔什维克团结好。你们犯了一个**很大的**错误:未同那个路过的布尔什维克谈妥通信联系的事(在国外通信并无危险)。请你们**设法立即**纠正这个错误。为此,请**立即**给这个布尔什维克寄封信去——用双层信封,外层写波波夫的姓名、地址,内层用拉脱维亚文写明:**某某亲启**。

波波夫会找到他并亲自把信交给他的。

你们在信中应该(1)全面介绍波波夫(我可以替他担保)(并把波波夫在布鲁塞尔的(**注意**)地址告诉(**注意**)他),(2)要求那个拉脱维亚布尔什维克**立即**向你们详细介绍(直接向您或通过波波夫)全部情况,特别是代表的组成情况(1.取消派多少?2.布尔什维克多少?3.布劳恩分子[424]多少?**等等**,以及各派计划的详细情况)。

附上给波波夫的一张便条,请您用俄文写封信给他。

请把小酒馆的**确切**名称、**街道**和门牌**号码**及会见的准确**时间**通知我。

附言:电报我应当发给您,还是格尔曼,还是你们两位?

火车时刻表我已打听到了。清晨从这里动身对我最合适。下午4时40分到达柏林,晚上9时34分离开弗里德里希街火车站。请立即确定一个**时间**(晚上7时—8时—8时半)并确定弗里德里希街火车站**附近**的一家**小酒馆**以便我们能够见面(我**必须**同您和格尔曼见面)。我将电告您动身日期,届时在这家小酒馆会见[425]。

速复。

你们的 **尼·列宁**

你们可以找一件与这个拉脱维亚布尔什维克有关的私事作为理由开始和他通信。又及。

从克拉科夫发往柏林

载于1935年《无产阶级革命》杂志第5期

译自《列宁全集》俄文第5版第48卷第246—247页

266

致伊·费·波波夫

布鲁塞尔 贝夫鲁瓦街2号A

让·波波夫先生

1914年1月7日

亲爱的同志:请您尽力设法满足给您写信的那些拉脱维亚同志的请求。他们是我们的好朋友。

您的 **尼·列宁**

写于克拉科夫

载于1935年《无产阶级革命》杂志第5期

译自《列宁全集》俄文第5版第48卷第247页

267

致伊·费·阿尔曼德

(1月9日和18日之间)

№2

……①刚才(下午2时)来了加班邮件。又没有你寄来的任何东西……

收到了布哈林从维也纳寄来的一封信。他会见了从普列汉诺夫那里来的布里扬诺夫。看样子,普列汉诺夫分子和其他无派别分子打算采取某种联合"行动":似乎普列汉诺夫想出版报纸。托洛茨基及其一伙近期内即将发行他们自己的《斗争》杂志[426]。他们已同《光线报》和解,并就此相互通过信。"纯"取消派分子将留在《我们的曙光》杂志——这正是这伙人所"希望"的。

布哈林信上就是这样写的。这些消息很重要。无火不生烟。我们大概将面临一股新的愚蠢的调和主义浪潮,社会党国际局大概会希望利用这一浪潮,按1910年一月全会的调子上演一场闹剧。可是我们现在已经站稳脚跟,我们要揭露这堆废物。

应该**竭尽全力地**(当然又要高度策略地)不断搜集巴黎的各种消息。傻瓜安东诺夫没本事从斯切克洛夫那里搜集流言蜚语,斯切克洛夫却有本事从他那里把钱捞走。我们一文不名,加米涅夫一家子也是**一无所有**。因此,务必让国外组织委员会除了给我们,

① 信的开头和结尾没有找到。——俄文版编者注

别人一个戈比**也**不要给。我们急需用钱,**马上**要出版中央机关报、专门的小册子和一种**特别重要的**刊物(这点千万不要外传,我们准备出版中央委员会的特别公报[427]——我们现在有运回俄国去的特殊条件)。

形形色色的调和派想要“逮住”我们!好极了!我们一定捉住这些坏蛋——一群胡闹的小丑。他们陷入同取消派联盟的泥潭了吧?好啊!我们的策略是:既然敌人采取了错误的行动,就给他们更多的时间,让他们更深地陷入泥潭,那时我们再把这帮恶棍逮住。所以,目前应该积聚力量和经费,——要克制(非常克制!)——尽可能多了解一些情况。巴黎是一个最适合于了解情况和进行“佯攻”的地方。最好让**支部**通过一项给考茨基**一记耳光的**决议(指出他的关于党已死亡的说法是**无耻**、**蛮横**、**骇人听闻**和**愚昧无知的**)。至于我们支部中个别的“准调和派”,则让他们向普列汉诺夫分子、调和派分子(马卡尔、列瓦、洛佐夫斯基及其**一伙**)和托洛茨基分子去打听消息吧,——向崩得分子和拉脱维亚人去打听也可以。

要向国外组织委员会提出打考茨基耳光的问题,并且进行表决:如果多数票否决,我马上去狠狠地敲他们一顿,叫他们永世难忘挨揍的滋味。可是我必须知道,**这个**多数是**哪些人**,**各**有**什么**特点。总之,尽力干吧!

可能尼古·瓦西·会收到给他寄去的一些对我们来说很重要的通知(来自社会党国际局或拉脱维亚人)。最要紧的是,让他**立即**转交给你;你可以拆阅,以便将内容简短地电告我。**如果这样做没什么不便**,请即照办,因为就在这几天内(趁马林诺夫斯基在这里),如果耽搁一两天(＝寄信和发电报之间的时间差别),影响可能极大。我想,**你可以**往娜·康·身上推,但是,话又说回来,还是你自己作决定,你最清楚。

巴黎有什么人能帮助六人团起草发言稿,让国外组织委员会去考虑吧。克雷连柯被捕后,情况十分困难。我们将寄上发言的单子。在这里取得各种派别中**所有的**动摇分子的帮助最方便,也最有可能。

发往巴黎

译自《列宁全集》俄文第5版第48卷第252—254页

268

致扬·鲁迪斯-吉普斯利斯或伊·埃·格尔曼

1月11日

亲爱的同志:

会晤一事您安排得十分出色。

至于那个代表的事,我可要狠狠地责备您。看来此人是个笨蛋,要不就是个顶不住取消派恶棍们的诽谤和中伤的懦夫。已经给波波夫寄去了中央委员会的正式委托书,而波波夫只是**同藻埃尔**(国外局的一名正式工作人员!!)谈过。显然是取消派在诬蔑波波夫。

可是您那位代表呢!这个家伙,居然相信取消派。率领这样的军队去同取消派作战实在太可笑了。这样的"战士"毫无用处,只配一辈子给取消派舔靴子。

您既然知道这个代表不可靠，为什么还写信告诉他，**说我**要材料??！本来说的是让**您**向他要材料。现在倒好，这个代表要反过来用您的信**攻击我**，真是岂有此理！

把我气炸了。

您的　**尼·列宁**

从克拉科夫发往柏林

载于1935年《无产阶级革命》杂志第5期

译自《列宁全集》俄文第5版第48卷第248页

269
致戴·怀恩科普

1914年1月12日于克拉科夫

亲爱的怀恩科普同志：

我以最诚挚的心情对您亲切的来信表示感谢。想必您已在德国社会民主党的报纸(《前进报》和《莱比锡人民报》)上读到了我们的敌人(如罗莎·卢森堡集团的**尤·卡·**和《莱比锡人民报》上那个不代表俄国**任何**集团的**兹·尔·**)的文章。德国社会民主党的报刊，尤其是《前进报》，对我们是抵制的，只有《莱比锡人民报》刊登了我们的**一篇**文章(由俄国社会民主工党中央机关报《社会民主党人报》编辑部署名)[428]。

《不来梅市民报》上刊登了拉狄克谈俄国情况的文章。要知道,拉狄克也并不代表俄国的**任何**集团!不代表任何人的流亡者所写的文章被刊登出来,而代表俄国现有组织的人写的文章却不被采用,岂不可笑!

能有什么比考茨基所持的立场更愚蠢的呢?对于其他各国,他都考察运动的历史,评论各种文件,力求了解分歧的**真正内容**,分裂的政治意义。唯独俄国,对考茨基来说却无历史可言。今天他重复着从罗莎·卢森堡那里听来的东西,昨天重复了从只代表自己的"善良愿望"的托洛茨基、梁赞诺夫和其他著作家那里听来的东西,明天又要重复另一些俄国大学生或流亡者等等赏脸给他讲述的东西,如此等等。在《新时代》杂志(!!)上,就只能是老一套,唱高调,缺乏事实,缺乏对我们所争论的那些问题的实质的了解!! 这未免太幼稚了!!

有人鼓吹要我们同我们党的取消派统一——这是荒谬的。我们正在实现统一,正在团结俄国工人**反对**我们党的取消派。随信附上文件一份;这份文件我们已向社会党国际局委员们作了介绍。您从这上面将会找到**事实**、**数字**,证明代表俄国的党(和大多数工人)实行统一,**反对**没有工人参加的取消派集团的正是我们。

很遗憾,甚至《不来梅市民报》的潘涅库克也不想弄清,必须登载的是俄国社会民主党两个派别的文章,而不是只代表自己的无知和自己的幻想而**不愿**报道**确切事实**的拉狄克的文章。

亲爱的怀恩科普同志,再一次向您本人和社会民主党执行委员会表示谢意,感谢您的亲切来信,并请您代我向哥尔特同志问好!

我的法文不高明，谅您不会见笑。

您的　**弗·乌里扬诺夫(尼·列宁)**

克拉科夫　卢博米尔斯基耶戈街51号　弗拉·乌里扬诺夫

发往阿姆斯特丹(荷兰)

原文是法文

载于1934年1月21日《真理报》第21号

译自《列宁全集》俄文第5版第48卷第249—251页

270

致弗·巴·米柳亭

(1月14日)

尊敬的同事：您的来信收到，匆匆答复如下：批判波格丹诺夫在哲学上……和《组织形态学》上的庸俗议论的文章非常需要。请直接寄给我，最好寄挂号。[429]类似题目的文章也需要。如果您能把题目定下来并通知我，我将十分高兴。

敬礼！

弗·伊林

从克拉科夫发往沃洛格达

载于1924年《北方》杂志(沃洛格达)第1期

译自《列宁全集》俄文第5版第48卷第251页

271

致伊·费·阿尔曼德①

(1月22日以前)

又看了一遍库兹涅佐夫的电报以后,才弄清楚所谈的显然不是专题报告会,而是1月9日的纪念大会!**根本不可能**预先宣布马林诺夫斯基参加这样的群众大会(因为我已去信说过大会要**绝对**合法,并一再要求必须十分严格地**遵守**这种合法性:**既不提**政党,**也不提**派别;**既不提**革命,**也不提**社会民主主义运动)。至于我,您可以把我列入1月9日的演讲人名单,如果这样做有助于您取得成功(得到一笔钱)的话,**但是我有权不去**(我**私下**声明,届时即便我在巴黎,但**决不出席**有类似社会革命党人列德尔之流形形色色的衣冠禽兽参加的1月9日大会)。[430]又及。

发往巴黎

译自《列宁全集》俄文第5版第48卷第251—252页

272

致格·李·什克洛夫斯基

(1月25日以前)

亲爱的同志:随信附上的材料**请尽快**替我译好并用快件寄来。

① 这是写在列宁给伊·费·阿尔曼德的信上的附笔,这封信没有找到。——俄文版编者注

如果能在星期二晚上,或者不迟于星期三发出,那就好了。

倘若您**实在不**能承担这项翻译工作(但愿不会这样),就请您**立即**用快件把手稿寄回,因为我星期四必须带译文去找律师。

向孩子们问好!

您的　**列宁**

+请把有关钱的决议[431](**现随信附上**)翻译出来,并作一简短说明:是哪次代表会议通过的(请您亲自写10—12行字的引言)。

从巴黎发往伯尔尼

译自《列宁全集》俄文第5版第48卷第259页

273

致伊·费·阿尔曼德

1月25日

亲爱的朋友:简单地说一下情况:胜利啦!! 乌拉! 多数人赞成我们。我将在此地停留一星期左右,可能还有许多事要做。

我非常高兴,因为我们胜利了。[432]

忠实于您的　**弗·伊·**

布鲁塞尔(伊克塞尔)　蒂利普街11号　乌里扬诺夫

发往巴黎

译自《列宁全集》俄文第5版第48卷第252页

274

致伊·费·阿尔曼德

1月26日

亲爱的朋友:你的友好、亲切而又热情的来信,使我非常高兴。真难用言语来表达对你的谢意。

这里的事情糟了。有一个人已经跑到调和派那边去了——结果,现在已失去多数,一切都将按着腐朽的调和主义的那一套行事。

我下星期二或星期三就要离开此地赶到克拉科夫去(不过,在莱比锡还有一次专题报告)。

那边来信说,《真理报》情况不妙——没有经费,发行份数减少;亏空。糟糕透了。

我的新地址:布鲁塞尔(伊克塞尔)　苏弗兰街18号　乌里扬诺夫。

我是否因专题报告失败而生气,从我附上的给尼古·瓦西·的信中你会找到自己的答案。还能不生气吗! 安东诺夫这个白痴!! 可是,**绕过**他处理实际工作又做不到。

快件已收到,并已全部转交给马林诺夫斯基。他在此地也还要待两三天。

请珍惜国外组织委员会的每个戈比,不要让安东诺夫搞什么空洞计划。

紧紧地、紧紧地、紧紧地握手,我亲爱的朋友!请原谅我写得仓促和简短。没有时间。

你的　**弗·乌·**

公报是最要紧的事。我**请求**你亲自过问和关照,或者**撇开**安东诺夫把事情安排好。

发往巴黎

译自《列宁全集》俄文第5版第48卷第254—255页

275
致尼·瓦·库兹涅佐夫

(1月26日)

亲爱的朋友:我不再去巴黎了。

出版民族问题专题报告的计划,根本不能实现。

再说一遍:钱除了用于中央委员会公报外,一个戈比也不能**挪做他用**。公报应该交给**里斯金的印刷所**(**不要**在斯捷潘那里)印刷,事先要同他谈清楚这项工作的高度机密性。**您本人**或伊涅萨(**不要安东诺夫参与**)应该收回**全部**手稿和**全部**校样。

公报用的材料我明天寄出。版面＝1914年1月9日传单的大小。本期**4**版。铅字:鼓动传单(第1版)用大号;**第2版和第3版**用小号。

事情**完全**不能像安东诺夫那样办,也不要安东诺夫参与。靠这个空想家去干**实际**工作岂不可笑而又丢人。应该**建立**一个**实干家**的、而不是空想家的**办事机构**(他是个可爱的好人,但又是个狂妄的空想家)。

速将其余**全部**材料(中央机关报、纲领、章程、加米涅夫的小册子、伦敦会议记录[433]等**全部材料**)寄往莱比锡:莱比锡　索芬大街右30号[I]　科伊兰斯基先生。(注明寄件人。)请**立即**通知我邮寄的情况:**何时**、**何物**寄给了布鲁塞尔(伊克塞尔)　苏弗兰街18号　弗拉基米尔·乌里扬诺夫先生。

握手!

您的　**弗·列宁**

发往巴黎

译自《列宁全集》俄文第5版第48卷第255—256页

276

致伊·费·阿尔曼德

(1月28日)

……①巴黎有一件重要的事情——改组国外组织委员会。这件事在目前更加重要了。

我们**开辟了**一条新的、极好的运送渠道。方式新,效率高。已

① 信的开头没有找到。现存的手稿仅从第3页开始。——俄文版编者注

经试用过了(昨天我收到了一封信),费用也低。我们都非常高兴。一个月可运送两普特。[434]

应该出版东西。然而除了在巴黎外,我们**既无**经费,又无印刷所。因此,**安排好**巴黎的出版工作是全党**头等**大事。请求你"从公私两方面"出发,**办好**这件事。

昨天我把第1期《公报》用的稿件寄给了尼·瓦—奇,还寄出了工作细则。

请看一看。务必**准确无误地**执行。要使大家确信,如果《公报》的出版和发行工作(全党**头等**大事)不是安排得有条有理,而是像安东诺夫那样做的话,我们确实要撤销国外组织委员会,就是说,撇开它,成立我们自己的办事机构(代表中央委员会)。真的,不是开玩笑。

我要求**一字不差地**严格执行我拟定的《公报》工作细则。这是第一。第二,国外组织委员会应该设立办事**机构**,不要让安东诺夫参与(这是个可爱的人,是个好同志,但又是个**无所作为的**空想家,**笨得**可笑),**不要**让他去负责实际事务。

出版和印刷工作应该**在印刷所**进行。国外组织委员会(+办事机构)应该进行**专门**的监督,**每天**都要监督。工作细则请转抄,并**极其严格地遵守**。

请通过国外组织委员会来进行这项工作,**安排好办事机构**。再说一遍,这是头等大事。一切是否就绪,请**尽快**给我回答。我仍在这里,在布鲁塞尔,**等候**校样。

附上给Вл.×Р.的信。阅后请给尼·瓦·一读,然后**请转交**。

在我离开此地**以前**,请把协助工作的办事机构成立起来(我在这里的时间还有一星期,到下星期二、三离开)。

我相信,你会认识到这件事的重要性,并竭尽全力作出安排。

你的 **弗·乌·**

注意:我们**一文钱也没有**。全部费用应由国外组织委员会支付。

附言:埃季舍罗夫是个死人,卡姆斯基也是。你要走了,谁留下来呢?

应该指定两三个**身强力壮**、精明强干的人,让他们跑跑腿,张罗张罗,每天到印刷所去两三趟,按时发行《公报》,非常及时地和我们保持一切联系。至于国外组织委员会,就让它从上边进行"监督"吧!

从布鲁塞尔发往巴黎

译自《列宁全集》俄文第5版第48卷第256—257页

277

致卡·胡斯曼

(1月29日)

我亲爱的胡斯曼:

谢谢您这封亲切的来信[435]。我感到很遗憾的是,您不是如大家所盼望的那样,在拉脱维亚边疆区社会民主党人代表大会的第一天就到会,而是到星期三,当大家不等您了、而且恰好我又因事离开的时候才来到。更使我遗憾的是,没有能听到您非常有趣的发言。

至于说执行委员会要求“以我个人的名义写出”一份关于意见分歧的简短报告,抱歉得很,我不能满足您的要求。

这种报告不可能“以我个人的名义”提出,我无权这样做。此外,我相信,对于社会党国际局执行委员会来说,重要的绝不是“我个人的”意见,而是中央委员会的意见。不过,执行委员会所要的报告,等我回到克拉科夫与全体中央委员联系后,马上可以起草,经中央委员会批准后就寄给您。①

在我结束这封信之前,我还要感谢您的盛情邀请。可惜,我今天正好有事,要同我们党的杜马党团主席一起出席代表大会的会议,这次代表大会讨论的正是关于俄国社会民主工党的联合问题。因此,我希望把我们的约会(俄国社会民主工党杜马党团主席也很乐意同您谈谈)改在明天下午4时,在“民众文化馆”。

这对您是否方便,请电告。地址是:布鲁塞尔(伊克塞尔)　苏弗兰街18号　乌里扬诺夫。

您的　**列宁**

发往布鲁塞尔

原文是法文

载于1963年《苏维埃俄罗斯世界手册》杂志第1—2期合刊

译自《列宁全集》俄文第5版第48卷第258页

① 见本版全集第24卷第315—321页和第25卷第86—89页。——编者注

278

致卡·胡斯曼

1914年2月2日[①]于布鲁塞尔

亲爱的胡斯曼：

我刚刚写完报告。在我离开布鲁塞尔之前，先通知您，报告已由波波夫同志负责翻译，并将转交给您。

您的　**尼·列宁**

原文是法文

载于1963年《苏维埃俄罗斯世界手册》杂志第1—2期合刊

译自《列宁全集》俄文第5版第48卷第259页

279

致格·李·什克洛夫斯基

(2月7日和3月12日之间)

致格·李·什克洛夫斯基

亲爱的格·李·：我们让萨莫伊洛夫持此信来见您。请您千

① 信中日期误为1914年2月3日。列宁在1914年3月7日给卡·胡斯曼的信(本卷第293号文献)中指出，这封信他是2月2日写的。——俄文版编者注

万尽心为他奔忙。要亲自(或再由一位高明的俄国医生陪同)去找萨利一趟。让萨利给他诊断一下(务必给他**挂上号**),如果确实**只是**神经衰弱,那就请萨利给他介绍(如有必要)一位神经科专家。最重要的是替他(他**一句**俄语[1]**也**不懂)找一所**一流的**(从医疗角度看)疗养院,最好那里有俄国医生;如没有,对萨莫伊洛夫就必须多加关照;没有俄国人,头些天要多给他打几次电话,把一切——衣物等都安排妥当。

初期一定要去看望他,哪怕一周一次也行。**我相信您**,相信您能安排好**一切**:在疗养院给他进行**几个月**(3—4—5个月)最精心的治疗,务必把他**彻底**治好。紧紧握手。

向全家问好!

您的　**列宁**

载于1967年苏黎世—科隆出版的《列宁。未发表的书信(1912—1914年)》一书

译自《列宁文集》俄文版第38卷第132页

280

致格·李·什克洛夫斯基

(2月7日和3月12日之间)

亲爱的格·李·:您和萨莫伊洛夫的信均已收到。

如果萨利不同意萨莫伊洛夫进疗养院,我看会产生**严重**问题:怎么安置病人?很清楚,在任何大小旅馆里都**不行**,因为他需要专

① 原文如此。看来,应为"德语"。——俄文版编者注

门护理,即特别的监护:既要给他喂牛奶,又要给他加喂各种食物,还要给他挑选爱吃的东西,照料他的睡眠、洗澡等等。很清楚,我们的萨莫伊洛夫做不了这些事,在大小旅馆里不会有人给他做这些事。

怎么办?是不是找一所特别可靠的公寓?

或者,找户可靠的人家,安排个**家庭**环境?这样,护理、营养和各方面的照料都可能十分周到。

请来信告诉我,您是怎么打算的。至于用不用找神经科专家,那就由您自己决定了,因为找过萨利的人会更清楚。

是否还要一定的**医务**监护?判断病情好转程度,改变生活制度——这些由谁来做?

敬礼!

您的　**列宁**

载于1967年苏黎世—科隆出版的《列宁。未发表的书信(1912—1914年)》一书

译自《列宁文集》俄文版第38卷第132—133页

281

致乔·迪科·德拉埃

抄件

注意　1914年2月9日已寄迪科

1914年2月9日于克拉科夫

亲爱的同志:我们的案子没有进展。德国党的领导委员会建

议成立新的仲裁法庭(相当愚蠢的建议)——但是蔡特金女公民没有接受这一建议。柏林社会党人律师海内曼同志在将蔡特金女士已表示拒绝一事通知我们时写道:"现在对您(也就是对我)来说,民事起诉的大门已经敞开。"

我本人早就主张向民事法庭提出诉讼。但是我们的党中央委员会更有耐性。它又采取了一个措施。去找了埃米尔·芬克同志(社会党人参议员,布鲁塞尔上诉法院律师)。埃·芬克同志的看法"同维尔姆与迪科·德拉埃两位先生的看法是一致的"。我们的中央委员会认为,芬克同志的参加有很大的作用,因为他有可能同社会党国际局执行委员会的委员们交谈。如果芬克同志真是坚决的话,那么蔡特金不经诉讼就把钱归还我们(照我们的党中央委员会的意见)是很有可能的。但在此情况下须付给埃·芬克公民1 000法郎,也就是说要劈分酬金了,3 000法郎给您,700法郎给茨格拉根先生,1 000法郎给芬克先生。

我本不愿向您提出这样的分配数额,因为我很了解,您是做了大量工作的。但我们的党中央委员会责成我向您提出这个建议,因为只有芬克同志参加才**有可能**不经诉讼而取胜。诚然,可能性是微乎其微的,但毕竟是一种可能性。也许,您同芬克同志一起能够从道义上起到促进作用,从而有助于将此案进行到底。这就是我们的中央委员会的全部理由,我把它转告给您,并请简单地函告您的决定。

请接受我的敬意!

原文是法文

译自《列宁文集》俄文版第38卷第133—134页

282

致《真理之路报》编辑部

1914年2月9日

尊敬的同事们:秘书的来信已收到,信上谈到一篇可悲的文章使报纸遭到了危险。[436]遗憾,真是遗憾,竟然登出了(是编辑委员会决定的?)这篇可悲的文章,让人看出是在指报纸的联系……

我"因公"外出刚刚归来[437],把已出的各号报纸看了一下,却**没有找到**我寄去的(大约已经是一个月以前!!)就统一问题回答费·唐·的**两篇**文章(《取消派领袖谈统一的条件》①是其中第一篇的题目)。这两篇文章十分必要,特别是由于新的《斗争》杂志即将出版,更必须赶**在这之前**刊登出来。可是文章不但没有登,而且(就像是对一切集体管理制的嘲弄)关于它们的命运你们整整一个月一个字也没有告诉我!!!((如果嫌这两篇文章太长,——其实未必这样——,我可以把它们登在《启蒙》杂志上。))

说真的,我实在不懂这样一种办事态度!怎么能这样对待撰稿人,对待同事呢?

请答复!

致敬礼!

弗·伊·

① 见本版全集第24卷第338—341页。——编者注

附言:请寄来,

《**无产阶级真理报**》第11(29)号

《**真理之路报**》[438]第2号

《**新工人报**》第8(126)号。

你们是否有《思想》杂志?请寄来,合订的或零散的都可以。又及。

从克拉科夫发往彼得堡

载于1956年《共产党人》杂志第5期

译自《列宁全集》俄文第5版第48卷第260页

283

给格·瓦·普列汉诺夫的信的草稿[439]

(2月11日)

尊敬的同志:鉴于尼·康·米海洛夫斯基逝世十周年即将来临,《启蒙》杂志编辑部决定请您就此给杂志撰写一篇文章。文章的篇幅完全由您酌定:如果一期刊载不完,我们就分两期刊载。至于交稿日期,则另当别论。这篇论米海洛夫斯基的文章要在二月号(或三月号)上刊载,因此请您要考虑到各期杂志都在当月的下旬出版这一情况。不管怎样,我们必须马上知道,您有无可能为我们的杂志撰写这篇文章。因此我们感到,极为重要的是能够得到您的简短的复函,告知您同意还是拒绝。对无产阶级的杂志来说,文章的题材尤为重要,因为近来民粹派又企图混进工人群众中去。在此刻批判民粹派的基本论点(哲学的和其他方面的),例如在米海洛夫斯基著作中反映出来的那些东西,对我们的杂志来说是特别重要的,因为我们杂志的读者几乎全是工人。

盼您近日给予答复。

编辑部

译自《列宁文集》俄文版第38卷第134—135页

284

致亚·安·特罗雅诺夫斯基

(不早于2月11日)

亲爱的亚·安·:

非常感谢您从维也纳寄来的消息,很有趣。托洛茨基干的事[440]有很大的意义;**八月联盟**已经完全崩溃(拉脱维亚人**退出了**组织委员会!)[441]。

格里戈里说您继续作了:

(1)1913年10月1日以后(到1914年1月1日)(工人团体)的捐款的统计;

(2)拥护**七人团**和拥护**六人团**的人数①的统计(同样统计到1914年1月1日或者1914年2月1日)。

① 见本版全集第25卷第418—426页。——编者注

请您尽快统计完，并随即寄出，**因为要在小册子**[442]**里用**，这本小册子过几天我们可以寄出。

要快！

《启蒙》杂志第1期已经收到。还不错。只有那篇用“派别性”的愚蠢字眼评论列维茨基的书的文章毫无价值[443]。

对这期您有何看法？

向叶·费·问好！

也向布哈林问好！

您的　**列宁**

从克拉科夫发往维也纳

载于1930年《列宁文集》俄文版第13卷

译自《列宁全集》俄文第5版第48卷第261页

285
致弗·米·卡斯帕罗夫

(2月11日以后)

亲爱的同志：您的沉默使我极为惊异和难过。没有《前进报》就无法工作。

已经三四年了，我一直收到赠阅的《前进报》——截止1914年**2月**止。突然……停止赠送了！！

这是怎么回事？我不打算自己写信，因为怕遭到粗暴的回答(倘若这是取消派的阴谋呢)。

不过，也许这仅仅是个差错？

恳请您去一趟**发行部**(千万不要去编辑部),把情况弄清楚,并**立即**给我回信。[444]娜嘉早就给您写信谈过此事,可是一直不见回信。怎么回事?莫非您病了?请给个回音!

您的　**列宁**

附上寄《前进报》的打字地址。

注意 ‖ 我再说一遍,三四年来,我一直为《**社会民主党人报**》、《工人报》和彼得堡的《**真理报**》等等收阅《前进报》。

从克拉科夫发往柏林

载于1930年《列宁文集》俄文版第13卷

译自《列宁全集》俄文第5版第48卷第261—262页

286

致乔·迪科·德拉埃

1914年2月15日于克拉科夫

亲爱的同志:

我收到了您的拒绝信[445]。如果我们最终还是得到芬克同志的协助,我一定通知您。

亲爱的同志,请接受我的社会党人的问候!

弗·乌里扬诺夫

原文是法文

译自《列宁文集》俄文版第38卷第135页

287

致列·波·加米涅夫

(2月27日)

亲爱的朋友:第一,据说,波格丹诺夫的离开[446]已引起了不满(想必是在知识分子废物堆中吧)。我们的"老好人"加廖尔卡似乎委靡不振。波涛派[447]投票支持了波格丹诺夫。

他们借口(这是知识分子恶棍们的惯用手法)到处都有工人前进派分子(为什么这种人过去哪儿都没有……)。这当然全是胡说。关于"前进"集团的冒险主义,应当在《启蒙》杂志上谈清楚。而目前则有必要由您(1)采取措施。必须说明情况,批驳那些为前进派和波格丹诺夫辩护的蠢人(丹斯基显然是其中之一),警告他们。(2)争取把您那封评《政治经济学引论》的信一定发表出来。[448]请立即写。您的信如果不行,我再写。

第二,文集(《马克思主义和取消主义》)[449]的事怎样了?请告知。

第三,著作家协会几个组内的情况(如同出版法的斗争)简直太不像话[450]……　自由派集团+取消派(黑辛、斯季瓦·诺维奇、古利科)。尼·德·索柯洛夫也在那里……　要采取措施。要把他赶走。主要的是,无论如何要为此开展一场反对取消派的运动。请来信。

第四,发言的事怎样了?要知道,预算案到俄历3月20日就要在杜马中辩论,不是吗?来信谈谈这方面的情况。

从克拉科夫发往彼得堡

载于1960年《历史文献》杂志
第2期

译自《列宁全集》俄文第5版
第48卷第262—263页

288

致《启蒙》杂志编辑部

(2月27日)

致安德列·尼古拉耶维奇(私人信件)

尊敬的同事:今天再寄上布哈林的一篇文章。这也是供第2期[①]用的。我想您眼下是可以应付过去的了。对波格丹诺夫的离开,显然存在完全错误的说法,必须对之进行斗争。

1.有谁因为他而离开了呢?谁也没有。可见,这原本不是我们排挤了什么人;这种谎言应予驳斥。

2.他本身是个负数(还不够个零)。我感到奇怪的是,波涛出版社的那些人表决支持波格丹诺夫,却又没有为他虚伪卑劣的行为辩护,没有为他在《政治经济学引论》中的庸俗见解辩护。这不是集体作出的。您忘了提及。请来信,解释一下,论证一下。居然不经过集体交换意见就进行表决。真是胆怯,荒诞,庸俗,害人。让他们来解释Г.Г.的文章,为什么他们硬要向工人群众宣传这种

① 指《启蒙》杂志第2期。——俄文版编者注

发霉的东西。

3.说有一个支持“前进”集团的决议，这不真实。决议在哪里呢？拿出他们给《真理报》的信让我看看……　拿不出。这是知识分子中那些软心肠的糊涂虫编造的神话……

这里仅将得到编辑部同意的文章寄上。其中有巴甫洛夫的一篇。此文可用。波格丹诺夫微不足道，过分注意他，是可笑的。

从克拉科夫发往彼得堡

载于1960年《历史文献》杂志
第2期

译自《列宁全集》俄文第5版
第48卷第263—264页

289
致伊·阿·古尔维奇

1914年2月27日于克拉科夫

尊敬的同事：

我早已收到了您的《移民与劳动》一书，一直在打听您的地址，好向您表示感谢。但是要打听到您的地址实在很不容易。直到今天我刚得知，这才匆匆向您表达我的谢意。我已根据这本书写了一篇介绍性的短文[451]，登在我们彼得堡的社会民主党报纸《真理报》上，以后还要再写。我深信，这本书提供了大量研究资本主义的珍贵材料，同时它也仿佛把我国地方自治局统计的好方法运用到**西方**去了。

把您的地址寄给我的那个同志(约翰·埃勒特先生)告诉我说，凭您的关系就能从华盛顿统计局得到任何材料。请允许我为此向您提出请求，当然，如果这不使您太麻烦，不耽误您的工作的话。

我在巴黎时曾研究过美国农业统计材料(1900年人口普查第5卷——农业)，发现了很多有趣的东西。现在我住在克拉科夫，得不到这些出版物。纽约犹太社会党报纸[452]的编辑卡恩一年前曾经到过这里，他答应寄给我，但是，看样子他已经忘了。

据说，只要找到关系，美国统计局甚至会向国外免费寄赠它的出版物。如果真是这样，您是否能够给我介绍一下?(我可以把我的关于"资本主义的发展"和关于"土地问题"的书①寄给统计局图书馆。)我**特别**需要1900年人口普查第5卷——**农业以及1910年人口普查**(如果还没有出版，那就把初步的公报寄给我)。

如果这样办不到，那就请您写张明信片给约翰·埃勒特先生(纽约　东4街140号　《新世界报》[453]转)，我将寄钱给他，让他把这些对我来说极为重要的东西寄来。

再一次感谢您寄给我书，请原谅我打扰您。

致社会民主党的敬礼!

尼·列宁(弗·乌里扬诺夫)

地址:奥地利　克拉科夫(加利西亚)　卢博米尔斯基耶戈街51号　弗拉·乌里扬诺夫

发往纽约

载于1930年《列宁文集》俄文版第13卷

译自《列宁全集》俄文第5版第48卷第264—265页

① 见本版全集第3卷第1—562页、第2卷第102—231、235—332页和第5卷第84—244页。——编者注

290
致费·尼·萨莫伊洛夫

(3月2日以前)

亲爱的费多尔·尼基季奇:接到来信,知道您已安顿就绪,我很高兴。

现在需要安静、阳光、睡眠、**饮食**。这几项您都要注意。您的膳食营养够吗?

要多喝点牛奶。您喝牛奶吗?

要每星期称一次体重,体重多少每次都要记下来。

要常找当地医生看看,至少10天一次,以观疗效。您有医生的地址吗?如果没有,请来信,我给找。

但主要的还是睡眠(**您睡多少个[小时]**[①]?)、阳光和[饮食],特别是**牛奶**。

请来信**详告**一切。

娜嘉向您问候!握手并祝休息好!

您的　**列宁**

附言:您是不是很寂寞?要是很寂寞,我可以安排日内瓦、洛桑的熟人去看望您。但是,这会不会使您疲劳?请来信!

① 信的手稿边缘已破损。方括号内的文字是根据意思复原的。——俄文版编者注

您住的公寓里能洗澡吗?

从克拉科夫发往蒙特勒(瑞士)

载于1960年《苏共历史问题》杂志
第2期

译自《列宁全集》俄文第5版
第48卷第265—266页

291
致伊·费·阿尔曼德

1914年3月2日

亲爱的朋友:我们仍然处于困难时刻:没有报纸。加米涅夫离开后,感到整个工作体系发生了"骤变",但新情况的趋势**如何**,**怎样**安排为好,尚难看出。

彼得堡有几封来信:(1)米哈·斯捷潘·(奥里明斯基)的来信,埋怨我们谴责并赶走了波格丹诺夫,说是公众有不满情绪等等。唉!这个可爱的米·斯捷·,真是个萎靡不振的人!

(2)彼得堡委员会的来信,说得确切点,是关于彼得堡委员会的信。委员会还在,而且工作得不错。这太令人高兴了。

(3)一个中央委员的来信,——他在中断活动**两**年(监禁和流放)后,正在西伯利亚"复活"。

还有一件事。你是否知道波波夫在布鲁塞尔出了什么事?**两三个星期了**(!!),我给他写了几封**紧急**而**重要的**信,他都没有回信。而我又需要他!莫非他病了?莫非他的"问题",即恋爱问题给他带来了什么麻烦，把他赶出了布鲁塞尔，或者出了什么诸如此类的事情？如果你一无所知，就请这么办：你等待两天，要是在这期间我没有别的消息告诉你，你就写封信到布鲁塞尔去，**通过其他熟人**转给他，并且向这些熟人打听他的情况，好让我**确实**了解是怎么回事。真是不可思议，令人纳闷！

要是你知道他的一些情况，立即来信告诉我。

握手！

你的　**弗·乌·**

附言：萨莫伊洛夫来信说，他在蒙特勒感到有些寂寞。我总惦记着从什么地方给他找个好医生就地监护他(神经系统疾病)。卡姆斯基是否认识什么医生？

从克拉科夫发往巴黎

译自《列宁全集》俄文第 5 版第 48 卷第 266—267 页

292

致俄国社会民主工党中央俄国局

(3 月 4 日)

转叶·

亲爱的朋友们：很久没有得到你们的消息了。情况不妙。大逮捕后的几个月来，你们实际上没有……没有一个班子来抓组织工作。这种局面简直不能容忍。我认为，你们很有必要像我一再正确地指出的那样，增补三四个彼得堡工人(其中要有一个店员)……　否则事情就会陷于停顿。但增补来的人要同合作社管理委员会和合法企业最严格地分开，保持独立。请速回信。我们曾去信要一个人前来此地，但目前还没有回音。

其次，请务必使我们尽快同彼得堡委员会取得直接联系。此事极为重要。再次是"转运人"问题，第1期《公报》收到了吗？那个人出了什么事，他没有信来……　事情拖了将近一个月了。真是不可原谅，请打听清楚他是否安然无恙，是否活着？科斯佳是知道他的姓名的。

最后，经费问题也请答复：(1)你们打听到普里亚尼克的什么确切消息没有？请尽快打听一下。为了筹款，是否已到处找遍了有钱人？请来信谈谈这方面的情况[454]……　经费已空，出差和整个组织工作已经一文钱也没有了。可用的人倒是有的……但由于没有钱，我们现在什么事也做不成。请来信告知：你们对沃尔柯夫是否满意？是否一切都已安排妥当，特别是发言的事。

向大家问好！

弗　雷

从克拉科夫发往彼得堡

载于1960年《历史文献》杂志第2期

译自《列宁全集》俄文第5版第48卷第267—268页

293
致卡·胡斯曼

1914年3月7日于克拉科夫

致胡斯曼公民

亲爱的胡斯曼：

第一，您来信[455]中的语气令人完全不能容忍，这点暂且不谈，先说说同我的那份报告有关的事实。

我是**1914年2月2日**离开布鲁塞尔的；我答应写的报告**那时已经写成**。动身前一刻钟，**我**在北火车站附近的一家咖啡馆里**给您写过一封信**(波波夫同志在场)。在这封信里我通知您，**我的报告已经写好**(不大的纸20页和一份拉脱维亚代表会议决议案[456])，波波夫同志答应负责把它翻译出来**转交给您**①。

这封信的信封上印有咖啡馆的地址，如果您没有收到，我将向布鲁塞尔邮政总局提出抗议。

如果您已经收到，那么，我非常惊讶，您为什么不提此事。

如果波波夫同志直到现在还没有把我的报告译文转交给您，那我就完全不明白是怎么回事了。我已不止一次给他写信，估计他是病了，因为他有好几个星期没有来信了。

今天我又给他发了一封要回执的挂号信，想彻底弄清这件怪事。我还写信给卡尔松同志(布鲁塞尔　格劳街256号)，请他亲

① 见本卷第278号文献。——编者注

自去看看波波夫。

第二，您来信中的措辞(如"抵赖"、"拖延政策"等等)是侮辱性的，而您没有任何权利对一位同志使用这种语言。因此，我不得不要求您无条件地收回这些话。如果您不这样做，那么这就是我最后一次给您写信了。

您的　**尼·列宁**

发往布鲁塞尔

原文是法文

载于1963年《苏维埃俄罗斯世界手册》杂志第1—2期合刊

译自《列宁全集》俄文第5版第48卷第268—269页

294

致扬·鲁迪斯-吉普斯利斯

(3月12日以后)

亲爱的鲁德同志：

我十分惊异，您竟会写道，"我无法理解列宁同志在这件事情上的态度"(即我对拉脱维亚代表大会的调和主义决议所抱的态度)。[457]

难道格尔曼没有对您讲过我曾竭力进行过斗争？但是，调和派占了上风。现在还得战斗下去，但要智斗。

大逮捕并不使我感到意外，因为代表大会的保密工作被取消派搞得**一团糟**。[458]全布鲁塞尔都知道了！全巴黎都知道了！

今后要汲取教训:提防取消派!

这封信请让格尔曼看一看。决议究竟什么时候刊登?我等候着消息。应该让《真理报》**最先**登出。[459]

娜·康·向您问好!

握手!

您的　**列宁**

从克拉科夫发往柏林

载于1935年《无产阶级革命》杂志第5期

译自《列宁全集》俄文第5版第48卷第270页

295

致格拉纳特兄弟出版社百科词典编辑部秘书

1914年3月15日于克拉科夫

尊敬的编辑部秘书先生:

编辑部建议我为词典写一个介绍马克思的词条①,我表示接受。词条后面是否一定要附参考书目,请告。十分感谢你们寄来了编纂纲要和词典的剪样。

致真挚的敬意!

弗·伊林

---

① 见本版全集第26卷第47—95页。词条写作情况见本卷第330、356、360号文献。——编者注

我的地址:**克拉科夫**　卢博米尔斯基耶戈街 51 号　乌里扬诺夫先生

(1914 年 5 月份起为:奥地利　波罗宁(加利西亚))

发往彼得堡

载于 1959 年《苏共历史问题》杂志第 4 期

译自《列宁全集》俄文第 5 版第 48 卷第 270—271 页

296

致卡·胡斯曼

1914 年 3 月 15 日

亲爱的胡斯曼:

我总算收到了波波夫对情况的说明,他并且通知说报告终于寄出了。正因为您"不过是一个书记(和一位好人)"而不是"大人物",所以我可以这样说:如果您 1914 年 3 月 10 日给波波夫的信早一两个星期寄出,这次误会就不致发生了。

但是,既然收到了您这封俏皮而又友好的来信[460],我也就不想再提什么问题,使我感到特别高兴的是,误会已经完全消除了。

您的　**弗·列·**

从克拉科夫发往布鲁塞尔

原文是法文

载于 1963 年《苏维埃俄罗斯世界手册》杂志第 1—2 期合刊

译自《列宁全集》俄文第 5 版第 48 卷第 271 页

297

致伊·费·阿尔曼德

(3月15日以后)

……[①]而我们现在**应该**有一个**自己的**乌克兰社会民主党小组,即使是一个不大的小组也好。你是否能在这方面了解一下情况并做点工作,盼告。

保险理事会的选举赢得了多么巨大的胜利啊![461]真是太好了！你要设法在法国社会党的(或工会的)报刊上就此事发表一篇短评。《真理报》有了老弟的主持,多么有起色,简直漂亮极了！看起来很舒服。**第一次**显示出是一个有学识的、内行的编辑在那里领导。

你对凯约夫人的举动[462]有何感想呢？说真的,我不禁产生了某种同情感。我原以为,叛卖、怯懦和无耻是这帮人**唯一的**本事。可是,突然间出来个厉害的女人狠狠地教训了一顿!！很想知道陪审员们将说些什么,**政治**后果又**将**如何。凯约会辞职吗？激进派会垮台吗？

紧紧地、紧紧地握手！

你的　**弗·乌·**

从克拉科夫发往巴黎

译自《列宁全集》俄文第5版第48卷第272页

① 信的开头没有找到,现存的手稿仅从第3页开始。——俄文版编者注

298

致《真理之路报》编辑部

(不早于3月23日)

亲爱的同事们:

我对报纸和它的明显改进表示衷心祝贺。内容方面终于有了起色!现在该谈谈**经营**方面的事了。对于订户问题,不能再“避而不谈”:应当公布订户人数,否则报纸就不能摆脱小圈子提高到有组织的状态,由私人企业提高到集体的事业。

对第22号上的明显错误我也不能保持沉默。这号报纸在登载维堡人的正确决议(关于布里扬诺夫)的同时登出了苏黎世人一个更长的卑鄙恶毒的决议[463],而编辑部并未加按语。《真理报》的话就是法律,它的沉默会把工人弄糊涂,它的暧昧会使人感到困惑。

对待布里扬诺夫必须“灵巧像蛇”,但编辑部却缺乏这种灵巧。我们称赞他,**只是**因为他脱离了取消派,而决不是因为他的个人“独立”。这一点上取消派倒是**对的**,对于一个政治家来说,在斗争中再没有比采取**不正确的**立场更危险的了。

苏黎世人**支持**的是布里扬诺夫那种不正确的、虚伪的、玩弄阴谋的立场!!可我们却还让苏黎世人讲话——为什么呢?我们并非不清楚苏黎世人是国外的**孟什维克派**!我们也明白不可能叫**一切**居留国外的人都在《真理报》上发表意见!!

必须使布里扬诺夫懂得和感觉到他的立场的错误。你脱离了取消派吗？很好。

你建议实现平等吗？很好。

下一步呢？是该选择的时候了，**我们不会支持你的阴谋**(做摇摆游戏)。取消派攻击你这个“独立的社会民主党党员”，**他们是对的**，我们不会维护你。给你一个公正的期限，在这个期限内你还能得到帮助(该沉默就沉默，该说就说，等等)，**但仅此而已**。或者作出选择(在2—4个星期内)，或者不再得到**任何**帮助。

只能够这样做。否则在**最近的将来**(在维也纳会议上**或者还要早些**)，布里扬诺夫的立场就会给**我们**带来损害，而**人们将有权对我们说**，我们支持一个“独立派”。

编辑部应当找机会说明两点：(1)维堡人是对的，而苏黎世人是不对的；(2)除了在国外的那部分人(苏黎世)，在国内**没有人**赞成并且今后也不会赞成“独立派”。

这件事必须做。

祝一切都好并祝报纸不断改进和取得成就！

弗·伊·

附言：一个月以后布里扬诺夫将说：苏黎世人支持了我，**只有**维堡人指责我！我们也没有做到普遍发动群众**拥护**维堡人。这在目前是极端需要的。

如果“纵容”和支持布里扬诺夫，那他就会更坚决地**反对**我们，这是违背多数工人的意志和违背“马克思主义者整体”[464]的犯罪行为。

为了在《**启蒙**》杂志上回答马尔托夫，《**我们的曙光**》杂志第2

期出版后能否快些寄来？又及。

请把这封信给俄国社会民主党工人党团内的报纸撰稿人看一下。

米留可夫在《俄罗斯新闻》上有篇文章，谈到了对和平解决的不信任策略，能给我寄来看看吗？

遗失的那本书已找到，**应坚持不让删改**。

关于报纸，我再说一遍：改进是巨大的，我衷心表示敬意。(各地的反映都是一样的)请让人经常把编辑的意见**和指示**(甚至命令)通知我们！又及。

从克拉科夫发往彼得堡

载于1956年《共产党人》杂志第5期

译自《列宁全集》俄文第5版第48卷第272—274页

299

致伊·伊·斯克沃尔佐夫-斯捷潘诺夫

1914年3月24日

亲爱的同事：看来，您的保密有点过头了，我好久都没能猜出您是谁。

非常感谢您提供了消息①。这个消息很重要。依我看，在您所说的那种条件下，您去参加是完全正确的，对工作是有益的。您的

---

① 见伊·伊·斯克沃尔佐夫-斯捷潘诺夫给列宁的信(1959年《历史文献》杂志第2期第14—17页)。——编者注

请求(必要时声明您没有背着同志们玩任何花样)我当然乐意照办，还希望能从您那里得到**详细的**情报。我再重复一遍，有迹象说明事情十分重要；您说“观察新动荡的过程具有重大意义”，这个意见完全正确。对我们来说，获得有关这个过程的情报是极端必要的。

您那方面的错误，我认为只不过是向一位“了不起”之类的、“很倾向于孟什维克、作风正派”的人发了邀请。您写道：“必要时他能证明我在会晤中的表现。”我认为，对于正派的理解这些先生与我们是截然不同的。这是一。他们不能理解把工人出卖给资产阶级意味着什么。其次，您**任何时候**都不需要这类人物的辩护，甚至您有要这种辩护的念头，都是在承认(没有必要，完全没有必要)自己的弱点或您的立场动摇等等。如果这样，您参加这些会晤的目的和意义就会被曲解。一个能够向有组织的力量的中心直接通报情况的人，是应该了解动摇分子甚至敌人的动态的。这是好事，不是什么坏事。然而，邀请一个不能区别资产阶级及其对立面的小知识分子(想通过这种邀请把他转化为一种“力量”!!)是不应该的。这样做就有可能带来种种曲解、诽谤和无谓纠纷。

但是，这种错误不是本质性的。事情本身(您的和我们的情报工作)重要得多。

切望您能多多通报情况并为此安排好正常的联系。请尽快答复。能不能从那位“分子”[465]那里弄些钱？非常需要。如少于10 000卢布就不值得拿。请答复。其次，请告知，您与以下人员的交谈能坦率到什么程度：(a)与该“分子”；(b)与他的某些朋友、熟人和常在一起交谈的人等等；(c)与所有参加“会晤”的人。我看，应当特别注意那些能与之坦率交谈的人，向他们直率地提出如下一类问题：(1)我们已进展到采用这样一些斗争手段了；你们进展到哪一步,能否打听打听？非正式地、私下地!!(2)在人力、物力及其他方面,我们已提供了一些;你们对“杜马外的”斗争能提供些什么,能否也打听一下？您说:该“分子”认为“自由派早在1905年就改变了战线”,——要“打听打听”——是否所有的人都这么看？同时,**他们打算把改变战线一事大约还要拖延多久**？(当然,这样的事要看政治变化,不是用时间、期限就能说明的。)

(3)能否提供经费？

(4)能否创办秘密的机关报？

等等。

我们的目的是要打听情况,尽可能直截了当地提出(对(**a**)或(**b**),甚至对(**c**)类人提出——这点您看着办)关于革命的问题,并推动他们千方百计积极地促进革命。如有可能,请您最好也作一次报告。对报告提纲,必要时我将乐意提出自己的意见。

从克拉科夫发往莫斯科

载于1959年《历史文献》杂志第2期

译自《列宁全集》俄文第5版第48卷第275—276页

300

致弗·别·斯坦凯维奇[466]

1914年3月24日于克拉科夫

尊敬的弗·别·:

由于我与您所叙述的贵刊纲领根本上意见不同,我不得不拒绝担任撰稿人。

请相信我愿为您效劳!

弗·伊林

克拉科夫　卢博米尔斯基耶戈街51号　弗拉·乌里扬诺夫

发往彼得堡

载于1930年《列宁文集》俄文版第13卷

译自《列宁全集》俄文第5版第48卷第277页

301

致伊·费·阿尔曼德

(4月1日)

亲爱的朋友:现寄上为《矿工专页》撰写的告乌克兰工人书的草稿,[467]请你务必巧妙地使这个草稿(当然,不用我的名义,最好也不用你的名义)**通过**洛拉和三五个乌克兰人提出(当然,这是**反对**尤尔凯维奇的,**要尽可能**不让这个打着马克思主义旗号,鼓吹工人按民族**划分**,鼓吹乌克兰工人要有**单独的**民族组织的卑鄙龌龊的民族主义市侩事先知道)。

你能明白,为什么**我**不便自己出面把这份草稿寄去。洛拉写信告诉我,他同意我要**反对**尤尔凯维奇的意见,但是洛拉很天真。然而,事情刻不容缓。最要紧的是让**乌克兰社会民主党人出来**呼吁,要求统一,**反对**把工人按民族划分开,——而现在有了《矿工专页》(我是今天,即4月1日,星期三才收到的——《真理之路报》星期日号的附页),应当**马上**利用它来做这件事。

请把我的草稿再抄一份(**任何**修改我都同意,当然,直截了当抗议按民族划分这一点必须保留)——让洛拉**一个人**或者再加别人**接受**这份草稿**并译成乌克兰文**,然后用自己的名义或者(最好)用乌克兰马克思主义者(更好的是用乌克兰工人)小组(两三个人也行)的名义**由我**寄给《**真理之路报**》。

这件事必须做得巧妙,迅速,要反对尤尔凯维奇并且**不让他事先知道**,因为这个骗子会暗中使坏。

(读了你对斯捷潘纽克的报告和尤尔凯维奇的发言所作的叙述,坦白说,我真生你的气,你还是没有看清尤尔凯维奇那一套的**实质**。我又在——很抱歉——骂你糊涂了。请不要生气,我这是出于对你的友谊和爱护,但我一看到谁"稀里糊涂",就不能不生气。)

能否在接信后立即办妥委托你代办的事,请速告知。

星期一寄上的文集以及在娜嘉给你的信上写的附言,收到了吗?

紧紧握手!

你的 **弗·乌·**

对我的草稿如果能用乌克兰人的口吻来转述,并加几个生动的乌克兰的例子,那就再好没有了!! 我这就要求《**真理之路报**》准备刊登。

从克拉科夫发往巴黎

载于1950年《列宁全集》俄文第4版第35卷

译自《列宁全集》俄文第5版第48卷第277—278页

302

致格·李·什克洛夫斯基

(4月3日以前)

亲爱的格·李·：

前不久曾就萨莫伊洛夫的事给您写过信。

现在写这信则是为了茨格拉根和芬克(布鲁塞尔律师)的事。

后者同意采取“行动”。

让茨格拉根**在**给“亲爱的同事”的**信中附上一份卡恩**(斯图加特律师)**的结论抄件**。最重要的是，让茨格拉根在此信中给芬克鼓鼓劲，**开导开导**(为此，这封信当然应当实际上由您和我来拟定，只不过出于礼貌让茨格拉根署个名：我想茨格拉根不会再固执己见，因为他不必为向他的同事阐述自己的观点担任何风险，而一旦赢了，他会得到700法郎或600法郎——数目我记不清了)。

在信中茨格拉根大致似应这样写———

———说他是应**中央委员会的代表**(就说是您)的请求而给芬克寄去卡恩的结论抄件的，—

——说他茨格拉根很高兴芬克同事能受理此事并愿同他茨格拉根交谈自己的结论和印象，

——说他茨格拉根根据同倍倍尔的谈话确信，倍倍尔是同意我们的意见的，而根据同德国人在耶拿的谈话他确信，很遗憾，德国人不研究**这些文件**的意义(对这些文件他们根本提不出异议，相反，只能加以肯定)，却听信某些人的造谣中伤或者个别人的闲话，

———说他茨格拉根,很遗憾,采取行动时**还没有得到**蔡特金的答复,因而**极为**(现在他认为是:**过分**)小心谨慎,而芬克的地位则比较有利,因为他是在蔡特金已经答复之后(引用蔡特金最近的信件),是在**蔡特金的答复清楚地表明**我们完全占理的情况下,是在弄清楚了搞新的(无论什么样的)仲裁法庭等等都是**完全不可能的**情况下出面活动的。 **这特别重要**

———说目前他芬克由于条件非常好,是能够(茨格拉根也这样期望)利用他的社会党人律师的声望争取对方交出那笔钱而不必经资产阶级法庭审理——**尽管法庭无疑会判蔡特金和考茨基有错**,然而这是**我们大家**都不情愿的。

如此等等。

(蔡特金最近的那封信有点希望**赶快**结束此事的意思,应当译出来给芬克看看)。

茨格拉根的信的草稿给我寄来。**请您让茨格拉根加把劲**。我们要利用**一切**机会。

向全家问好!

您的 **列宁**

附言:芬克的地址:比利时 **布鲁塞尔** 华盛顿街**85**号
上诉法院律师 **埃米尔·芬克**先生收。

载于1967年苏黎世—科隆出版的《列宁。未发表的书信(1912—1914年)》一书

译自《列宁文集》俄文版第38卷第136—137页

303
致乔·迪科·德拉埃

1914年4月3日于克拉科夫

亲爱的同志：

芬克先生对我们提供帮助终于有了保证。

请您写封信或打个电话向他说明以下几点：

目前唯一(不经诉讼而能取胜)的办法是把结论的调子写得完全不同于第一次的(即您署名的结论)。我很理解,为什么您当时非常谨慎,甚至是过分谨慎。这是因为当时您尚未听到我的对手们的意见,这是因为您把自己的任务只看做是一次**说服**的尝试。

现在情况发生了根本的变化。

您已把我们的文件提交给了我们的对手。

您已从他们那里得到了数次答复。

您深信,我们的文件已被我们的对手所确认。

您深信,我们的对手拿不出**任何**凭据、**任何**事实为他们拒绝交还那笔钱辩护。

您深信,在德国党内能举出某些理由为考茨基公民和蔡特金公民辩护的社会党人律师**连一个也**找不到。

您深信,上面提到的那两位公民由于拒绝当仲裁人而没有履行他们所承担的义务(这正是法国和德国的民事诉讼法典所不允许的)。

上述几点,非常有必要向芬克先生解释清楚。如果他现在能根据这些事实和理由写出他自己的新结论,如果他能斩钉截铁地说:我**要控告**不再是仲裁人的仲裁人,——那样是会打赢官司的。否则便大可不必去费气力重新采取行动。

亲爱的同志,如果您能将您要寄给芬克先生的信抄一份寄给我,我将不胜感激。

请接受我的社会党人的问候!

尼·列宁

地址:奥地利　克拉科夫　卢博米尔斯基耶戈街51号　弗拉·乌里扬诺夫

原文是法文

译自《列宁文集》俄文版第38卷第137—138页

304

致伊·费·阿尔曼德

(不晚于4月7日)

……[1]关于德国机会主义者的机会主义问题,我同格里戈里的意见看来完全一致,在对他们**卑鄙行径**的评价上我没发现有什么分歧。(评论《新思潮》的那些文章我没有看到。)

德国人实际上有**两个党**,这点应该注意到,绝不要庇护机会主义者(**像现在《新时代》杂志和考茨基所做的那样**)。

然而,说德国**党**是欧洲机会主义倾向最严重的政党,这是不正确的。它仍然是一个最优秀的党,因而我们的任务是向德国人学

① 信的开头没有找到,现存的手稿仅从第5页开始。——俄文版编者注

习**一切**宝贵的东西(报纸多,党员多,工会会员多,报纸订户稳定,严格监督议员——这种监督德国人毕竟比法国人和意大利人做得**好些**,更不用说英国了——等等);这一切都要学习,但**决不**姑息机会主义者。

对于《社会主义月刊》(那里领袖**成堆**)中的机会主义者我们不应掩护(像《新时代》杂志和考茨基以及德国人的**执行委员会**所做的那样),而应**大张挞伐**。这也正是格里戈里一向在他评论德国人的许多文章中所做的。我现在正在读列金(工会**领袖**)所写的美国之行的文章,并准备把这个卑鄙的机会主义者痛斥一顿。[468]

紧紧握手!

你的　**弗·乌·**

萨莫伊洛夫日内可能变更地址[469]。我一打听到,就立即给你写信。

从克拉科夫发往巴黎

译自《列宁全集》俄文第 5 版
第 48 卷第 280 页

305

致《真理之路报》编辑部

(4 月 7 日和 23 日之间)

关于论爱尔兰问题的文章

请编辑部告诉我,我的第二篇文章[470]行不行。该是可以采用

1914 年列宁在扎科帕内(旧属奥匈帝国,今属波兰)疗养地

的吧。如果没有版面,就来信说一声,否则接下去的几篇我就不能写了。

《统一报》[471]请千万不要寄晚了(像《斗争》杂志第2期就寄晚了)。对于《统一报》中的“布尔什维克护党派”,依我看,应当立即狠狠地嘲笑一番,直截了当地说,这些人都很渺小,他们在任何一个问题上都从来没有过任何有条有理的思想。对于普列汉诺夫,也应当说:他在瓦解时期同取消派的斗争和在马赫主义盛行时同马赫主义者的斗争是有巨大功绩的,但可惜,他现在的说教正在糟蹋他的功绩。连他自己也不能用这种说教说明,到底要和**谁**统一:是和《**我们的曙光**》**杂志**统一,还是和《北方工人报》[472]统一? 在**什么**条件下统一?

我们赞成统一,赞成在已经明确指出**并且早已得到多数工人的赞同的**条件下统一;这种条件就是:在下面参加地下组织,用行动证明自己已经放弃了取消党的主张。

并不是所有“叫喊”统一的人都懂得什么是统一,都在帮助实现统一。破坏**多数**工人意志的人决不是统一派,而是分裂派。

(既然普列汉诺夫干起蠢事来了,那就免不了要同他斗争,不过应该把他同列瓦和马尔克分开,着重指出:他曾经有过功劳,但可惜,现在**又**晕头转向了。)

请来信,不妨短些,但要勤些,否则撰稿工作很难搞好。

向获得了长足进步的报纸多多致意!! 祝一切顺利和成功!

请寄来《**北方工人报**》第8号和第36—38号

《真理之路报》第43号。

虽然我已几次三番提出请求,但德波林的著作和《启蒙》杂志出的其他几本书仍未收到。下一期内容如何，请来信告诉我。

从克拉科夫发往彼得堡

载于1956年《共产党人》杂志
第5期

译自《列宁全集》俄文第5版
第48卷第278—279页

306

致格·李·什克洛夫斯基

(4月9日以前)

亲爱的朋友：昨天接到了萨莫伊洛夫一封令人忧虑的信。他的身体更坏了。失眠。**感到寂寞**。

奇列诺夫劝他洗冷水(!?)浴。洗过4次以后，萨莫伊洛夫感觉自己病情**更严重了**……

这是极其不愉快的事，因为我们可以说负有把他医好的责任。今天我给他寄去了这里一位神经科医生兰道的介绍信，介绍他到**斐维**“我的安宁”疗养院找**德蒙泰**医师看看。

看样子，必须把萨莫伊洛夫送到较好的神经科医生那里去治疗，并且必须把他转送到疗养院，让他可以得到系统的护理。

这件事情请您办一下。不要怕花电话费和旅费(必要时我们会偿还这一切开支)，因为无论如何必须在秋天前让萨莫伊洛夫恢复健康。

如果需要的话，请再去找找萨利。但看来这种病是需要**神经科**医生诊治的。希望您能在瑞士找到**较好的**医生，带萨莫伊洛夫去治一治。我同样也要给里夫林去信,请您同他密切联系,分工合作。

据说,寂寞对神经衰弱患者很有害。但是这有什么办法呢?把萨莫伊洛夫带到**波罗宁**(我们5月1日要去那里)或是**扎科帕内**?这倒行,不过**那里整个夏天都下雨**。

请写信告知请医生诊断的结果和所作的决定。不妨现在就去"我的安宁"疗养院试一试。

向全家问好!娜捷施达·康斯坦丁诺夫娜也向你们问好!

您的 **列宁**

从克拉科夫发往伯尔尼

载于1930年《列宁文集》俄文版第13卷

译自《列宁全集》俄文第5版第48卷第283—284页

307

致伊·费·阿尔曼德

1914年4月11日星期六

亲爱的朋友:我给你写过几封信,谈到一封有关拉赫美托夫的信遗失的问题,我的那几封信不知你是否收到,也不知你采取了什么措施。

印刷品邮件(内为《开端》文集[473]的开头部分)你已收到,**但太迟了**。如果邮件还在你处,上面应有邮戳。我建议你最好附上此邮件向部里控告。那封有关拉赫美托夫的信被遗失使我极为愤怒,所以我认为提出控告、抗议等等是很有必要的。我最大的怀疑是巴黎有人偷窃俄国侨民的信件(在送交收信人之前交警察局查看)。应当注意收信日期。

我想,阿列克辛斯基的事了结了吧?遇上这种情况,**唯一的**办法(我是根据**长期的**、15 年以上的经验这样说的)——就是**整个**支部起来坚决抵制(但是支部里可能有许多软弱的人,看来这些人不会进行抵制,那么,发生"纠纷"就要怪他们自己了)。[474]

孩子们马上要到你身边来,你们将一道去度夏,我感到极为高兴。

紧紧地、紧紧地握手!

你的　**弗·乌·**

附言:我今天这封信很短,请原谅。太匆促了。

文集(《开端》)尚未收到。

不会又是邮局搞的吧!??

从克拉科夫发往巴黎

译自《列宁全集》俄文第 5 版第 48 卷第 281 页

308

致伊·费·阿尔曼德

(4 月 24 日)

亲爱的朋友:寄上洛拉的信[475]。看完**马上**还我。(他显然在耍滑头,可是我们通过他总算取得了一些**进展**。你要是到苏黎世,请你务必想办法去见见乌克兰的社会民主党人,弄清楚他们对单独成立乌克兰民族社会民主主义组织这个问题的态度,并设法建立一个哪怕是很小的反分离主义分子的小组。)

如果尼古·瓦西·还没有去我们印刷所,那就请他让他们:

(1)把**两期**专页都贴在印有印刷所名称的用笺上;

(2)**用德文**(如果他们不会,可用法文)开出确切的价钱:(α)排版费;(β)印 5 000＋1 000 份**所需的**纸张费;(γ)印刷费,以及**总数**。

关于在巴黎和瑞士加紧寻找(为准备"重要事情"[476])联络点(特别是通信联络点)的工作,希望你尽力设法去做。

你的　**弗·乌·**

附言:能否在你动身以前把我们所有的书(连同卡姆斯基那里的奥尔洛夫斯基的藏书)集中到**尼古·瓦西·**那里,并要他**保证不使书籍散失**。如果兄弟在信上问过他的书籍,那把他的书籍也作同样处理。请你(或你嘱托别人)从这部分藏书(奥尔洛夫斯基的;在卡姆斯基那里)中把俄国社会民主工党**第二次代表大会记录**取出来,赶紧寄给我。

还有一件事,请办:

必须再版党纲和党章(1912 年 1 月修改过的)[477]。请让国外组织委员会拿去付排(**先打听好价钱**),把**二**校样给我们寄来,**那时**我们再告诉印多少。

[《俄国社会民主工党纲领和章程》。]

巴黎有没有《社会民主党人报》第 **11** 号(1910 年 2 月份的或 3

月份的)? 如有,请**全**寄来。

从克拉科夫发往巴黎

载于1950年《列宁全集》俄文第4版第35卷

译自《列宁全集》俄文第5版第48卷第281—282页

309

致格·李·什克洛夫斯基

(4月25日以后)

亲爱的格·李·:

我给您的信刚刚发出,便收到了您寄来的明信片。

现寄上一篇文章[478]。请给萨莫伊洛夫看看,同时请您**加工成合法文字**(所有内容都**用第三人称叙述**——这是"他们",是"工人们"干的,而我萨莫伊洛夫呢,只是**看到了**把它讲出来而已)。

请**再三**斟酌,务使它成为合法文字×),并使萨莫伊洛夫**不致**被追究。合法性……①

×)您可以看出,我已把许多不合法的话删去了。我没有工夫做完。这您在翻译时很容易做到。

载于1963年马堡出版的《名家收藏的真迹》书本目录

译自《列宁文集》俄文版第38卷第139页

① 手稿至此中断。——俄文版编者注

310

致《钟声》杂志编辑部[479]

(4月26日)

附言:我没有同尤尔凯维奇谈过,但是应当说明,我对鼓吹乌克兰工人**分离出去**,组成单独的社会民主主义组织的行为,感到无比愤慨。

致社会民主党的敬礼!

列　宁

写于克拉科夫

载于1937年《列宁文集》俄文版第30卷

译自《列宁全集》俄文第5版第48卷第283页

311

致波兰王国和立陶宛社会民主党边疆区执行委员会[480]

(4月29日)

波兰王国和立陶宛社会民主党边疆区执行委员会

尊敬的同志们:

在私人洽谈中,我们已通知加涅茨基同志,我们将在中央机关报争论附刊上刊登你们的声明。这个附刊将在机关报下一号出版前作为该号增页出版。

代表俄国社会民主工党中央

机关报《社会民主党人报》编辑部

尼·列宁

1914年4月29日于克拉科夫

译自《列宁文集》俄文版第37卷第23页

312

致费·尼·萨莫伊洛夫

(5月3日以前)

亲爱的费·尼·：

您在新地方安顿得怎样？病治得如何？不寂寞吗？请来信写上几句。切望您早日恢复健康并能于夏天到我们的村子来休养：我们将于5月5—6日去波罗宁，那时我们的地址将是波罗宁(加利西亚)，而不是克拉科夫。

握手并再次祝您早日恢复健康！等候您的信息。

娜·康·向您问好！

您的　**列宁**

附言：不久前见到了您的一位朋友。情况还过得去，还不坏。

详情待您病愈后再谈。

载于1967年苏黎世—科隆出版的《列宁。未发表的书信(1912—1914年)》一书

译自《列宁文集》俄文版第38卷第142页

313

在《真理之路报》两周年纪念日给该报编辑部的电报[481]

(5月5日)

代表撰稿人致贺

尊敬的同志们:值此《真理之路报》创办两周年纪念之际,谨致以热烈的祝贺,并祝工人的报刊获得新的成就。附上6卢布68戈比,这是两位真理派分子一日薪金的捐款;另外2卢布为真理派分子加涅茨基除一日薪金外另加的捐款。

致同志的敬礼!

弗·伊林

从克拉科夫发往彼得堡

载于1914年4月22日(俄历)《真理之路报》第67号

译自《列宁全集》俄文第5版第48卷第284页

314

致费·尼·萨莫伊洛夫

萨莫伊洛夫：

我的地址：加利西亚　**波罗宁**　弗·**乌里扬诺夫**先生收

5月7日

亲爱的费多尔·尼基季奇：

来信收到，我现在已是从波罗宁给您回信了。这里夏季多雨，就在此刻还仍然下着大雨。除此之外，我们这里"政治麻烦"也始终不断，而这是神经衰弱患者**不该**参与的。

因此，我计划让您**痊愈之后**来这里(或到**扎科帕内**，离我们有7俄里，那里有医院及其他条件)。

目前还是请您治疗再治疗。治疗时感到寂寞是**免不了的**。要忍耐点。像神经衰弱这种病，没有耐性，不费时间，不过一段寂寞生活是治不好的！

而您无论如何应当**完全**治好并在入秋以前恢复**工作能力**，请莫忘记这一点。为此，应当**过一下寂寞生活**，而且要**一丝不苟地**执行医嘱。

体力劳动**您一定要安排**，这一点必须做到，力争让医生或什克洛夫斯基给您安排户外劳动。我给什克洛夫斯基写信也要讲这一点。

紧紧握手！

您的　**列宁**

昨天收到来自彼得堡的电报:"所有社会民主党人和劳动派皆被以妨碍议事为由 15 次不让出席会议。《真理报》发行量——**18 万份**,取消派——**4 万份**"。

这是出版节那天的数字。祝贺成功!!

载于 1967 年苏黎世—科隆出版的《列宁。未发表的书信(1912—1914 年)》一书

译自《列宁文集》俄文版第 38 卷第 142—143 页

315

致费·尼·萨莫伊洛夫

(5 月 12 日以前)

亲爱的费多尔·尼基季奇:

我很高兴地获悉医生们终于开始设法查明您那顽症的**真正**原因了。再忍耐些时——找到病因就一定能治好。

8 月底我们会见面的。

请您务必给《真理报》以及您的复选人和初选人写信,——如果自己写信有困难,就让什克洛夫斯基帮忙,——告诉他们您病**重**的情况,并说明入秋以前必须治疗。

握手,致敬礼并祝您早日痊愈!娜·康·也向您致意!

您的　**列宁**

载于 1967 年苏黎世—科隆出版的《列宁。未发表的书信(1912—1914 年)》一书

译自《列宁文集》俄文版第 38 卷第 143—144 页

316

致格·李·什克洛夫斯基

(5月12日以前)

亲爱的格·李·:不知怎么很久没听到您那边的信息了:茨格拉根的情况如何?

秋季您是否去维也纳?[482]我们应当事先把代表团挑选好。请您承担起整个瑞士方面的工作:了解清楚,谁自费去(+出席证15法郎)和可以派谁参加代表团。

请把附上的信交萨莫伊洛夫。

握手!

您的　**列·**

附言:向全家问好!

关于萨莫伊洛夫的情况,请常来信,写得更直截了当些。应当**通过医生**认真照料他。我极为担心,怕我们治不好他的病。可我们有责任把他治好!

载于1967年苏黎世—科隆出版的《列宁。未发表的书信(1912—1914年)》一书

译自《列宁文集》俄文版第38卷第144页

317

致格·李·什克洛夫斯基①

(5月12日)

亲爱的格·李·:

关于萨莫伊洛夫的事,您怎么不回信(务必为他安排体力劳动——通过社会党人找一个郊区的农民或菜农。[483]还有,茨格拉根的情况怎样了?)。

敬礼!

您的　**弗·伊·**

从波罗宁发往伯尔尼

载于1925年《无产阶级革命》杂志第8期

译自《列宁全集》俄文第5版第48卷第284—285页

318

致格·李·什克洛夫斯基

(5月12日以后)

亲爱的格·李·:

非常感谢您关照萨莫伊洛夫并为他安排了体力劳动。恳请您

① 这是写在娜·康·克鲁普斯卡娅信上的附笔。——俄文版编者注

关照**到底**,在他**完全**恢复健康以前不要放他出来。我很高兴,您意识到了关心萨莫伊洛夫对党的重要意义,我们**极需一个杜马代表**,十分健康的杜马代表(凡是谈到萨莫伊洛夫的,都说他是个出色的好人)。

最后,关于维也纳的事全指靠您了。请您尽一切可能安排一个人前往。

茨格拉根的信的结尾[484]不行,我把它勾去。应改为:

"我给您写这几行字,是指望借您的声望也许还能防止出现这种可悲的但又是不可避免的结局(诉诸资产阶级法庭)。或许,您能够说服社会党国际局执行委员会的委员们,并能私下说服蔡特金同志使她认识到自己的错误(在德国或在别的任何地方,都找不到一个社会党人律师会以书面结论的形式为蔡特金的立场辩护!!)。或许,您的结论本身就会特别有力,因为目前,即在我参与此案之后,蔡特金给迪科(迪科·德拉埃)的**答复信**俱在,从这些答复中可以毫无疑问地得出结论:列宁提出的所有文件都是无可争议的、正确的、充分的,因而蔡特金是作不出任何(论据充分的)合理的反驳的。

祝您成功。致社会主义的敬礼!

茨格拉根"

如果……茨格拉根(他曾指望德国人的"让步"……)仍固执己见或迟迟不动,那您的口气就要更加严肃些。他如果不愿意在给芬克的信(我们拟定的)上签字,**那他就失去了获得酬金的权利**。

对茨格拉根的意见我们不必理会。机会还有,因为蔡特金已经动摇了。应当利用现在的(芬克的)机会,并且要快。茨格拉根若不愿意,那**他**就撕毁了协议,即使赢了,他也得不到700法郎。

(写信绝对不要提社会党国际局参与的事。)

务请**尽快**向茨格拉根打听清楚并通知我,他给芬克的信是**何时**发出的(在把信的抄件寄给我后)。

紧紧握手!

向全家问好!

您的　**列宁**

附言:娜嘉很固执——不愿去伯尔尼。她的健康状况暂时还过得去,但巴塞多氏病是无疑的。靠山地环境能治好这病吗???

载于1967年苏黎世—科隆出版的《列宁。未发表的书信1912—1914年)》一书

译自《列宁文集》俄文版第38卷第144—146页

319

致伊・费・阿尔曼德

(5月上半月)

……[①]不是在1912年,而是在1911年)我们在《**社会民主党人报**》编辑部收到了温尼琴科用俄文写的一本小册子;他写这本小册子是要为自己辩护,因为他那篇《光明正大的态度》的文章受到

① 信的开头没有找到,现存的手稿仅从第3页开始。——俄文版编者注

了社会民主党人的指责。温尼琴科要求在报刊上给他书面答复。我记得，这本小册子我读后有些想法，准备答复，但各种琐事妨碍了我(唉，这些好像正事的“琐事”，取代了正事，干扰了正事，我多么讨厌这种无谓的奔忙、麻烦和琐事，可是我同它们又多么难解难分，永远无法摆脱！！这是我变懒、疲劳和情绪不佳的又一个迹象。一般说来，我是热爱自己的职业的，可是现在我常常差不多恨它了)。顺便提一下，这本小册子(在利沃夫出版的)我已经丢失，标题也忘了。如有可能，请找到后读一读再寄来。

温尼琴科提出“社会民主党人是否有权〈！！原文如此！！〉逛妓院？”这样的问题，而且总是念念不忘地**独自**唠叨。我看，他是坦率和天真的。他似乎是个半无政府主义者或者是个十足的无政府主义者，准是让前进派把他弄糊涂了。在巴黎，在卢那察尔斯基主持下，他作过《光明正大的态度》的专题报告吧？也许事情的真相正是卢那察尔斯基**支持**温尼琴科，而阿列克辛斯基反对？我很想了解此事的更多细节。

你在离开巴黎之前务必同尼古·瓦西·、卡姆斯基、柳德米拉等人讨论一下出席维也纳代表会议的代表团组成问题。非常希望代表多一些。困难的是**钱**(旅途开支＋会议出席证15法郎)。任务是：(1)事先物色适合当代表并能自费前往的人选；(2)得弄到一些钱；(3)弄清楚某某、某某缺**多少**钱等等。

紧紧握手！

你的　**列宁**

从波罗宁发往巴黎

译自《列宁全集》俄文第5版第48卷第285—286页

320

致扬·鲁迪斯-吉普斯利斯

(5月15日以后)

亲爱的朋友:

您5月15日的信已收到。关于出版《真理报》拉脱维亚文附刊的问题[485],我怀疑……是否早了?一般说来,俄罗斯人以这种方式干预拉脱维亚的事务是否合适??

如有可能,请将下列文章的译文寄来:(1)您的那些未刊登的文章;(2)《斗争报》[486]和现有的那张合法的拉脱维亚报纸所发表的"调和主义"文章中的一些最坏的文章。

中央机关报很快就要出版。请将关于拉脱维亚代表大会的文章寄来。

祝贺五一游行示威的胜利,特别是在里加和彼得堡的胜利!

向您和格尔曼问好!(难道您真的和他吵架了?)

您的　**列宁**

从波罗宁发往柏林

载于1935年《无产阶级革命》杂志第5期

译自《列宁全集》俄文第5版第48卷第286页

321

致尼·尼·纳科里亚科夫

1914年5月18日

亲爱的纳扎尔同志：

承您寄来第十三次人口普查公报和第十二次(1900年)人口普查第5卷,非常感谢。

原以为第十三次人口普查(19**10**年人口普查)的**同样**一卷(农业)这两天也可以收到,但不知为什么却没有。想必统计局已给您寄了,因为古尔维奇来信说,该卷已经出版。请来信告知,这一卷(19**10**年人口普查,农业)您有了吗？能否一收到就寄来；所需费用在寄来后我当立即汇上。

注意我的新地址：波罗宁(加利西亚)。

祝贺俄国出色的五一游行示威,——仅彼得堡一地就25万人！五一出版的《真理之路报》被没收,但是我从《新世界报》获悉,您往往保存有被没收的报纸。总的说来,来自国内的消息证明,革命情绪的高涨不仅表现在工人阶级中。

西玛5月15日离开克拉科夫(加利西亚　**拉布卡**市　卡登医生疗养所)前往克拉科夫和波罗宁之间的某一村庄度夏；她非常高兴找到了住处。

娜·康·向您问好！衷心祝您早日恢复健康,夏天休息好！

您的　**弗·伊·**

附言:不久前从乌拉尔获得那里组织的消息,事情进行得很不坏。居然安然无恙,而且正在壮大!

发往纽约

载于1930年《列宁文集》俄文版第13卷

译自《列宁全集》俄文第5版第48卷第287页

322

致维·阿·卡尔宾斯基

1914年5月19日

亲爱的朋友:我对您有个请求:不知您的藏书中有没有鲁巴金的《书林概述》**第1**卷,您能否在瑞士给我找一本?

顺便问一下:第1卷[487]是您给我寄的吧?如果是的,我还没有把邮费寄给您呢!!您却连提也不提一下。请来信告知:我将汇上两卷书的邮费(第1卷我需要用的时间很短)。

您能经常看到《真理之路报》吗?

一年前我曾在您那里见过的那位年轻的布尔什维克,维特美尔事件参加者,一个神经质的、主张素食的人[488]——出了什么事啦?

您的熟人中有谁能当代表**自费**(我们没有钱!真遗憾!)上维也纳[489]吗?请物色一下,了解一下。我们要组织代表团。

紧紧地握手!向奥丽珈同志问好!娜·康·也向你们二位

问好!

您的 **列宁**

奥地利 **波罗宁**(加利西亚) 弗拉·乌里扬诺夫

发往日内瓦

载于1930年《列宁文集》俄文版第13卷

译自《列宁全集》俄文第5版第48卷第288页

323

致斯·格·邵武勉

1914年5月19日①

亲爱的苏连:您4月17日的来信收到了。希望您看完《启蒙》杂志即将刊登的《论民族自决权》一文②的结尾部分(我正在写)后能写信给我。

关于您那本反对阿恩的小册子[490],您**一定要**写篇作者对作品的介绍或简述刊登在《启蒙》杂志上。

下面再给您提出一个计划。为了反对"民族文化自治论者"的胡说,应该让俄国社会民主党工人党团向国家杜马提出一项关于

① 在手稿上,"5月19日"这一写信的日期被娜·康·克鲁普斯卡娅划去,改为"6月4日",并在信的下一段旁边批了"紧急"一词。她还在信上写了如下附言:"由于'法律草案'的缘故,这封信拖了两周没有发。按同一地址寄去的前一封信收到了吗?为何没有回音?致热烈的敬礼!"——俄文版编者注

② 见本版全集第25卷第226—288页。——编者注

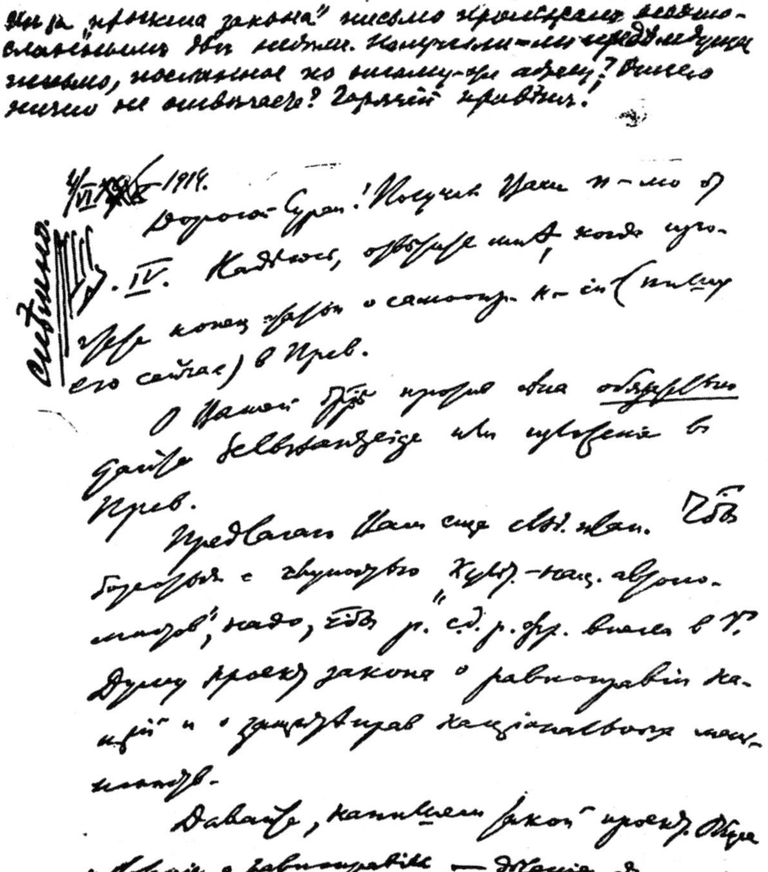

1914年5月19日列宁给斯·格·邵武勉的信的第1页

民族平等和保护少数民族权利的法律草案。

让我们拟出这样一个草案[491]。关于平等的总则,——按照特征,即民族的特征,划分全国为自治单位和地域自治单位(当地居民划定区域,全国议会批准),——规定自治区、自治州以及地方自治单位的管辖范围;——自治区、地方自治机关及其他自治单位的决议中对民族平等的任何违反都属非法;民主选出的总教育委员会及其他机关,语言的自由和平等,——地方自治机关对语言的选择等等,——保护少数民族,使之有权获得一定比例的经费用于给"异族"学生盖校舍(无偿地),聘请"异族"教师,设立博物馆、图书馆、剧院及其他机构的"异族"分部;——让每个公民有权要求废除(向法院提出)任何违反平等或任何"蹂躏"少数民族权利的东西(人口普查在民族杂居地区5年进行一次,在全国范围10年进行一次),等等。

我以为,用这种方法可以通俗易懂地揭穿民族文化自治的胡说,彻底**打掉**这种胡说的拥护者的妄想。

这项法律草案可以由俄国**所有**民族或大多数民族的马克思主义者来拟订。

是否愿意协助,请立即回信。总之请**常**来信,至少每星期一次。长时间不复信是不可原谅的,记住这点,特别是现在!!

握手!

您的　**弗·伊·**

从波罗宁发往巴库

载于1930年《列宁文集》俄文版第13卷

译自《列宁全集》俄文第5版第48卷第288—291页

324

致亚·安·特罗雅诺夫斯基

(5月20日)

亲爱的亚·安·：

您的"宪法"草案[492]正在讨论。此事尚需时日，要同国内组织和中央委员会磋商。

所争论的那篇文章和"宪法"毫无关系。请尽快把它寄来。论自决权一文的最后部分已经寄出，应当在5月里登出来。

您的　**尼·列宁**①

附言：最好您能把波克罗夫斯基的信寄来看看。您建议同波克罗夫斯基通信，使他脱离不成体统的《斗争》杂志，这个建议很有意思。[493]

从波罗宁发往维也纳

载于1930年《列宁文集》俄文版第13卷

译自《列宁全集》俄文第5版第48卷第292页

325

致维·阿·卡尔宾斯基

(5月23日以后)

亲爱的朋友：寄来的鲁巴金的第1卷已收到，多谢。不久即可

---

① 签署该信的还有格·叶·季诺维也夫。——俄文版编者注

送还。如有急用,请来信告知。您不赞同《同时代人》杂志,我**非常**高兴。这是取消派和民粹派这两帮败类合干的害人勾当,我们要严加申斥。(斯坦凯维奇先生曾要我担任该杂志的撰稿人;我已经回复:"由于根本上意见不同,我不得不拒绝担任撰稿人。"①)

当然,为了搞点收入,我们有时也不免给资产阶级刊物写点东西!可是马尔托夫和唐恩两位先生竟"大显身手"!!普列汉诺夫也加入了这可耻的行列[494]!

关于您的代表资格的证明[495],我愿意寄上一份,合法的(如何?)还是不合法的??

握手!

您的　**列宁**

从波罗宁发往日内瓦

载于1930年《列宁文集》俄文版第13卷

译自《列宁全集》俄文第5版第48卷第292—293页

326

致伊·费·阿尔曼德

1914年5月25日

亲爱的朋友:马林诺夫斯基的事情正闹得满城风雨。他没来这里。看来像是"逃跑"了。[496]不用说,这引起了极坏的猜测。阿列克谢从巴黎来电报说,俄国许多报纸电告布尔采夫,说马林诺夫

① 见本卷第300号文献第447—448页。——编者注

斯基被指控有奸细行为。

你可以想象,这意味着什么!! 这很难令人相信,但是我们有责任核实一切"传闻"。波罗宁、圣彼得堡和巴黎之间的电报往来不断。今天彼得罗夫斯基来电报说,"流言蜚语已消除。取消派正在进行卑鄙活动"。

《俄罗斯言论报》发电报给布尔采夫说,嫌疑已大大消除,但"其他报纸〈???〉〈取消派的???〉仍在指控"。

你不难想象,我是多么不安。

你的　**弗·伊·**

从波罗宁发往洛夫兰(奥匈帝国)

译自《列宁全集》俄文第5版第48卷第293页

327

致格·伊·彼得罗夫斯基

(5月25日以后)

尊敬的格·伊·:

您寄来的欠稿,现已收到。谢谢。我们感到奇怪的是没有消息和信件。

敬礼并致良好的祝愿!

弗·列宁

希望更坚强地经受住马林诺夫斯基突然逃跑的刺激,不要急躁。无需开除。他自行告退。他受到了谴责。是政治上的自杀。还惩罚什么?? 有什么用呢?? 请不要急躁。演说极好。要勇往直前。对于取消派的龌龊行为和肮脏勾当,抨击**还不够**。要天天点他们:肮脏的报纸,肮脏的文人。他们干的是肮脏勾当,我们干的是工作。马林诺夫斯基的事就算了结,全部了结了。他毁了。是自杀。干吗还要难受和浪费时间? 投入工作,打倒肮脏的文人!

从波罗宁发往彼得堡

载于1962年《历史文献》杂志第1期

译自《列宁全集》俄文第5版第48卷第294页

328

致格·李·什克洛夫斯基

(5月25日以后)

亲爱的格·李·:

十分感谢您告诉我关于萨莫伊洛夫的消息(并感谢您寄来了邮给茨格拉根的文件的抄件)。

萨莫伊洛夫目前**不必**去。(如果他能写信的话,请让他写封信给伊万诺沃-沃兹涅先斯克的工人和全体弗拉基米尔省的工人,请您帮助他,这很重要,因为工人已在**埋怨**他了。(这一点不要对他讲!!))

萨莫伊洛夫病好之后,让他出院到我这里来。主要是,要在入秋前使他恢复工作能力。恳请您尽全力为他的健康**操劳**……

关于参加维也纳代表大会一事,务请继续筹组代表团。但是如果您以为能够以代表的数量压倒取消派一伙,那您就**错了**!! 认为我去**有利**,那您也错了:相反,**有害**。千万要深入考虑形势。敌人正想对我**来一次示威**:我一去,正好给他们**帮忙**!! 这是很明显的。

需要采取另一种策略:我们**退出**代表团,把问题提交国际局,准备一个**简短的**发言就行了。国内来的代表的委托书我们要准备。**他们**准备搞一次争取"统一"的示威,我们则静静地、谨慎地、有分寸地、谦恭地**避开**它。更高的要求是达不到的。

握手! 敬礼!

您的　**列宁**

载于1967年苏黎世—科隆出版的《列宁。未发表的书信(1912—1914年)》一书

译自《列宁文集》俄文版第38卷第146页

329

致伊·费·阿尔曼德

(6月5日以前)

我亲爱的朋友:你寄来的温尼琴科的新小说[497]刚刚看完。真是荒谬绝伦,一派胡说! 尽量凑集各种各样"骇人听闻的事",把"淫荡"、"梅毒"、揭人隐私以敲诈钱财(还把敲诈对象的姐妹当情妇)这种桃色秽行和对医生的控告拼凑在一起,如此而已! 通篇都

是歇斯底里,奇谈怪论,以及对他“自己的”娼妓组织说的标榜。其实这种组织本身也说不上什么不好,可是作者温尼琴科本人**偏**把它弄得很荒唐,对它**津津乐道**,当做“得意的话题”。

《言语报》说这部小说模仿陀思妥耶夫斯基,而且不无可取之处。我看,模仿是有的,但它是对最拙劣的陀思妥耶夫斯基的最拙劣的模仿。当然,像温尼琴科所描绘的这些“骇人听闻的事”,单个地看,在生活中都会发生。但是,把所有这些凑在一起,并且是**这样**地凑在一起,这就意味着是在**把**骇人听闻的事**加以渲染**,既吓唬自己又吓唬读者,使自己和读者“神经错乱”。

我有一次曾陪一个患病的(发酒疯的)同志过了一夜;又有一次还去“劝说”过一个自杀未遂的同志(在事后),而这个同志几年后还是自杀了。这两件往事都类似温尼琴科的小说。然而,这两件事只是这两个同志生命史上很小的一段。可是这个自我欣赏、自命不凡的双料蠢货温尼琴科却专找这类全是骇人听闻的事汇集起来,拼凑成这种“卖价两便士的怪事集”。呸…… 乌七八糟,花时间去读这样的书,真冤枉。

附言:你度夏的事安排得怎样了?

你的 **弗·伊·**

讲老实话,你还在生自己的气吗?

从波罗宁发往洛夫兰(奥匈帝国)

载于1950年《列宁全集》俄文第4版第35卷

译自《列宁全集》俄文第5版第48卷第294—295页

330

致格拉纳特兄弟出版社
百科词典编辑部秘书

(6月6日以后)

致格拉纳特出版社编辑部秘书

尊敬的同事：

5月24日来信已收悉。所索自传材料，其篇幅大小、交稿期限，烦请告知。

介绍马克思的词条交稿**最迟**期限顺请告知。

请相信我愿为您效劳！

弗·伊林

地址：奥地利　波罗宁(加利西亚)　乌里扬诺夫

发往彼得堡

载于1959年《苏共历史问题》杂志第4期

译自《列宁全集》俄文第5版第48卷第295—296页

331

给《劳动的真理报》[498]编辑部的信的一部分

(6月18日以后)

……据说优秀的真理报派工人中间也存在调和主义倾向，其中有个好像姓马利宁或多利宁的，曾就此事同报纸的撰稿人、著作家姆·恩·长谈过一次，这些是否属实呢？极为重要的是，要弄清这是不是一种思潮，是什么样的思潮，实质何在，他们统一的条件是什么，或者这是个别人的问题，是一时的想入非非。

关于普列汉诺夫在他的《统一报》上的表现，可以立即用这样的语气来评价，即这是一位在同机会主义、伯恩施坦、反马克思主义哲学家们的斗争中作过巨大贡献的大理论家——他在1903—1907年策略上的错误不曾妨碍他在1908—1912年艰难年代歌颂"地下组织"并揭露其敌人和对手——而现在，很遗憾，他再度暴露出了自己的弱点。他的思想十分模糊，这在某种程度上也许是由于他完全不了解情况所致。不明白他想同谁统一。是同民粹派统一(见《同时代人》杂志，吉姆美尔之流的先生们正在这本杂志上炫耀他的名字)呢？还是同《我们的曙光》杂志的取消派以及波特列索夫先生统一？——到底以什么为条件？在提完这些问题之后，可以平心静气地说：读者对这些自然要提的问题未必能盼到明确的回答，因为，从书刊中可以看出，普列汉诺夫**不清楚的正是**这些问题。

再一次致以敬意,祝贺巨大的成功(只是指经营而言,指经营而言!!!)并致良好的祝愿!

《真理之路报》一撰稿人

在维也纳代表会议之前,报纸的调子必须改变。斗争的时期已经来到。要尽力打击小集团的无耻之徒,无情地粉碎他们瓦解组织的企图。他们胆敢分裂五分之四[499]!! 请来信写两句,我们是否同意? 何时出版?

无论对取消派还是对小集团,都应立即发起尽可能猛烈的进攻,4万人应当了解我们的坚定意见。我们有责任嘲笑冒险主义者……

从波罗宁发往彼得堡

载于1962年4月22日《真理报》
第112号

译自《列宁全集》俄文第5版
第48卷第296—297页

332

致伊·费·阿尔曼德

(不晚于7月3日)

亲爱的朋友:今天来了通知,说社会党国际局执行委员会定于7月16、17、18日在布鲁塞尔召开所谓的"统一"会议。[500]

要组织代表团。我们是否去尚未定。可能让格里戈里去,不过,他也多半去不成。

我受中央委托，请你同意参加代表团。旅费由我们支付。

我们将制定出极其详细的策略。

你如能为孩子们安排哪怕6—7天时间（少几天也行，因为会议开3天），**我**请你最好答应下来。你很了解情况，法语讲得漂亮，常看《**真理报**》。我们考虑到的还有波波夫、卡姆斯基、尤里。也都给他们写了信。

总之，请马上回信，一刻也不要耽误。请答应吧！

忠实于你的　**弗·伊·**

我们还没有定下来，代表团还没有组成：**正在物色人选**。目前还只是事先交换意见。但时间不多了。

要**赶快**抓紧！！

真的，你答应吧！你的精神会大大振奋，也会给事业带来好处！！

格里戈里的妻子病了。我"根本"不想去。看来，德国人（恶狠狠的考茨基之流）想使我们难堪。随他去吧！我们一定要平心静气地（这点我办不到）代表十分之八的大多数，用最有礼貌的（这点我办不到）法语提出我们的条件。你现在胆子壮了，作过专题报告，你会出色地进行这项工作的。如果那些**亲爱的**同志们要统一，那么，这就是俄国**多数**觉悟工人的条件。他们不愿意，那就请便！！

"他们"想在维也纳给我们来一次（总的）"攻击"，虚张声势！！他们什么也不**可能**办到！！

从波罗宁发往洛夫兰（奥匈帝国）

译自《列宁全集》俄文第5版第48卷第297—298页

333

致社会党国际局

(不早于7月4日)

尊敬的同志：

我受中央的委托，特通知您：我们中央委员会通过的特别决定认为，如果波兰反对派不能受到邀请，享有与会议其他参加者同等的权利，则我们绝无可能参加7月16—18日的布鲁塞尔会议。[501]对我们来说，就民族成分而言是唯一实在的组织的波兰俄占区社会民主党工人的组织不参加，就不能讨论俄国的事务，更不用说讨论波兰的事了。

亲爱的同志，如果您用电报答复此信，我将非常感激。我相信邀请上述组织不存在任何障碍。

我们很想确切地知道，哪些组织与个人已受到您的邀请。

从波罗宁发往布鲁塞尔

译自《列宁全集》俄文第5版第48卷第298—299页

334

致伊·费·阿尔曼德

(7月6日以前)

亲爱的朋友：昨天我去山里散步(一连下了几个星期雨之后，

天气很好),所以没有给你回信。我**非常**高兴,你们大家身体都好,没有生病,而且都忙于工作。

我想请你为参加会议准备好一切有关取消派的必要引证材料(引文)和文件。巴黎那边和我都愿意给你帮忙。要准备的材料有斯德哥尔摩会议记录[502],关于地下组织问题的摘要(《我们的曙光》杂志第3期[503]及其他),我们的中央机关报以及一些最重要的批判取消派的文章。可能你不得不成为"会议"(所有"党团")的成员,并作为取消派的指控人和党的拥护者(尤其是作为中央的代表)当众发表演说。

关于阿列克辛斯基"挨揍"的事,我在信上对巴黎的人们什么也没有谈,也不想谈。然而……你们是否阅读了我寄给你们的剪报[504]?尼古·瓦西·是不对的,他帮了阿列克辛斯基的忙,阿列克辛斯基现在将扮演"受害者"的角色。这是明显的。进行抵制并作出共同的决议,这是好的。揍人不好,现在,**所有的**局外人都要**反对**尼古·瓦西·了。如果打架变成普遍现象……那么,侨民中的"风气"就可能完全变成流氓式的了。作出决议,进行抵制——这是**唯一**恰当的措施……

这里没有什么新闻。客人们尚未来到。格里戈里的妻子仍住在医院里。

真诚忠实于你的　**弗·伊·**

祝你一切都好……

从波罗宁发往洛夫兰(奥匈帝国)

原文是英文

译自《列宁全集》俄文第5版第48卷第299—300页

335

致伊·费·阿尔曼德

(7月6日以前)

亲爱的朋友:我非常担心你拒绝去布鲁塞尔,因为那会使我们**十分为难**。现在我又想出了一个使你无论如何也不能拒绝的“妥协”办法。

娜嘉认为,你的几个大孩子来了之后,你把他们丢下3天是不会有困难的(要不就把安德留沙带在身边)。

如果大孩子没有来,而且把孩子们丢下3天**绝对**不可能——那么,我建议:你去**一天**(16日,**甚至去半天**,宣读报告[505]),或者把孩子们丢一天,或者写信请康—维奇来照管一天,——如果非得如此的话(费用我们付)。

要知道,**极端**重要的是,至少主要报告要读得**真正清楚明了**,因此,无疑地必须要用**流利的**法语——要用流利的法语,否则将不能给人留下印象,——要用**法语**读,否则对执行委员会来说,报告内容的十分之九将在翻译过程中被**丢掉,而对执行委员会恰恰是应该施加影响的**(对德国人**不抱希望**,并且他们**可能**不到会)。

当然,除了流利的法语之外,还需要**了解问题的实质**,掌握分寸。这除你之外,**没有人能胜任**。因此,我请求,恳切地请求你同意哪怕去一天也好(作完报告,就说家有病人,请大家原谅,把事情交给波波夫之后便离开)。如果你已写信表示拒绝,则请发个电报来(波罗宁　乌里扬诺夫——10个词要60赫勒[①]),上写:"同意一天","仅同意16日"等等。

紧紧握手!

真诚忠实于你的　**弗·伊·**

中央的报告由我们写。你的任务就是翻译、宣读报告并**加以解释**,怎么解释,我们另行商量。

附言:新主席还没有来,但很快就要来了。

卡姆斯基、波波夫、你;萨法罗夫只作为秘书。这就是我对代表团组成的设想。

我相信,你现在不会拒绝我的请求了。用法语,用流利的法语作一个出色的"报告",对于我们的党将有**极大的**帮助。

布鲁塞尔会议使我非常不安。**只有你**才能非常出色地完成任务。格里戈里未必能去,季娜仍在医院(患"蜂窝组织炎",很讨厌的一种病),他十分焦急。**我去不合适**。再说格里戈里只能讲德语(讲得也不好),而对我们来说,没有"法国人"就意味着失去十分之九!!

从波罗宁发往洛夫兰(奥匈帝国)

载于1959年《苏共历史问题》杂志第5期(非全文)

译自《列宁全集》俄文第5版第48卷第300—301页

① 奥匈帝国1892—1918年使用的辅币。——编者注

336

致斯·格·邵武勉

(7月6日以前)

亲爱的苏连：

我非常奇怪,您没有回答(也许没有发现)法律草案中的实质问题。**如何**确定各民族教育经费的比例?(假定要求这笔经费不低于该民族在总人口中的比例。)

这个问题您应该考虑。搜集材料,查阅文献,详细说明并提出高加索现实生活中的数据。

可是,这一点您只字未提!

把自治权归附在自决权内是**不正确的**。这是明显的错误。请看看《**启蒙**》**杂志**上我的那些文章[506]。您现在动摇不定,还想另外“寻求”什么,这是徒劳的。应该**理解**纲领并捍卫这个纲领。

请来信把您对《**启蒙**》**杂志**上我的那些文章的批评意见告诉我——我们交换交换看法。

主张**国**语化是可耻的。那是警察统治制度。但是向小民族**提倡**俄语,这却没有丝毫警察统治制度的气味。难道您竟不懂得警察的大棒和自由人的倡导两者之间有区别吗?真令人吃惊!

“我在夸大大俄罗斯民族主义的危险性”!!!这真是笑话!俄罗斯的16 000万人是否在吃**亚美尼亚**民族主义或**波兰**民族主义的苦头呢?一个**俄国的**马克思主义者持亚美尼亚鸡窝的观点不害

躁吗？是大俄罗斯的民族主义，还是亚美尼亚民族主义或者波兰民族主义在压制并支配俄国统治阶级的**政策**呢??“亚美尼亚”失明症使您变成普利什凯维奇之流及**其**民族主义的帮手了！

═══

关于另一件事。请立即收集下列精确数字寄来：(1)社会民主党在高加索发行的格鲁吉亚文、亚美尼亚文及其他文字的报纸的出版时间及刊期(从某年某日到……)，各多少号。**取消派的**和**我们的**都要；(2)所有这些报纸的发行份数；(3)捐款的工人团体数；(4)其他数字。**请快些**。维也纳会议需要的是**事实**而不是空话。请立即回信。

您的　**弗·伊·**

写于波罗宁

译自《列宁全集》俄文第5版第48卷第302—303页

337

致阿·萨·叶努基泽①

(7月6日)

*　*　*

(1)每一种报纸的创刊号和最近一号是什么时间出版的？

(1911年以来)

---

①　这封信的第一部分是娜·康·克鲁普斯卡娅转抄的列宁给斯·格·邵武勉的信的部分内容(见上一号文献)。——俄文版编者注

(2)报纸上是否有收支账目?

什么时间?

有多少?

要一一统计并结算。

(3)有无工人团体的支持和捐款。

(——**逐年**统计)

(4)以及——工人的贺词和决议。

(5)以及——其他决议和贺词。

(6)以及——投票赞成“六人团”和“七人团”的情况。

(7)一切**诸如此类的材料**。

从波罗宁发往彼得堡

载于1959年《历史文献》杂志
第4期

译自《列宁全集》俄文第5版
第48卷第303页

338

致伊·费·阿尔曼德

(不晚于7月8日)

亲爱的朋友:关于同取消派是组成一个共同的代表团或分别组织代表团的问题,我建议现在不作决定,即不提及。“由代表们[507]自己决定”。

(至于我们,当然要争取分别组织两个代表团。根据国际的章程,应当首先试试同他们一起组织,如果他们**不同意**,

则由国际局的票数分配情况决定。)

关于柯伦泰的报告,我同意你的意见,让她留下,但不代表俄国。至于你,辩论时要第一个或第二个发言。

致最良好的祝愿!

忠实于你的 **弗·伊·**

今天一直在等你的回信,还是没有等到。信件到此地比到布鲁塞尔的时间要长!

包裹收到了。非常感谢。你的电报收到了。非常、非常感谢!主席先生[508]目前**还没有来**!! 我还不知道,我的建议(派你去)是否能通过。(如通不过,格里戈里就自己去。)再一次感谢!!

从波罗宁发往洛夫兰(奥匈帝国)

译自《列宁全集》俄文第5版第48卷第303—304页

339

致伊·费·阿尔曼德

(不晚于7月8日)

亲爱的朋友:刚刚与格里戈里最后商定,他不去了(季娜仍在病中!)(我也不去),**中央委员会已批准你同波波夫**去(可能+卡姆斯基+**萨法罗夫**,后者仅作为秘书)。

我明天将报告的开头和结尾部分寄出。我还给你准备了一大堆建议:我相信,你会给普列汉诺夫(他去!!)和考茨基(他去)以绝妙的痛斥的。我们要狠狠地……把他们教训一顿!

你的　**弗·乌·**

从波罗宁发往洛夫兰(奥匈帝国)

译自《列宁全集》俄文第5版第48卷第304—305页

340

致伊·费·阿尔曼德

(7月10日以前)

亲爱的朋友:

我刚刚给老大爷发了信(伦敦　西北区　莫宁顿　克雷森特35号　哈里逊先生),他是社会党国际局成员,让他给波波夫(布鲁塞尔　贝夫鲁瓦街2号A　波波夫先生)寄去一张给5个人的委托书。

{彼得罗娃(＝伊涅萨;用不着把名字告诉取消派!)
{波波夫
{弗拉基米尔斯基

尤里耶夫

沃洛金[①](萨法罗夫)。

后两人**也许不去**。

这封信写得很乱,请多原谅。我们这里客人很多,我极烦躁,几乎病倒。

---

① 在手稿中,尤里耶夫,沃洛金这两个姓已勾去。——俄文版编者注

中央的报告我现在用挂号寄出。请把它翻译出来，就是说，马上动手翻译（**去掉**其中尖锐的和责骂的话，使语气**尽量客气些**），并随时将译过的俄文原稿寄给**波波夫**。

（草稿我留在手上，以便再寄修改和补充意见，还可以和主席先生商量一下；他至今未来，但**应该**很快就来了。）

我建议，译文只供你自己发言用，不是为了发表，也不是为了交国际局（波波夫随后会把你的草稿誊清一份交给国际局）——译时行文要力求做到像你在讲话一样，参考一下那些意见。（俄文稿请随身带着，但**不要给**取消派，就说不在身边，只带了译文。）

从第四部分（“条件”）开始翻译。这部分最重要，最急需寄给波波夫（他应该研究清楚，自己作好准备并和别尔津谈谈）。

注意［在抄写报告的法文草稿时，请留下空白，以便修改和补充。

你最好15日到布鲁塞尔，如不可能，16日也行。请和波波夫通信商量。

注意［我用铅笔写的数字是标的我这里的草稿的页码，以便需要修改时用。

请你**经常**来信（哪怕写得很短），把准备的情况和不明白的地方等等告诉我。

忠实于你的　**弗·伊·**

附言：建议你要求第一个宣读报告。必要时就说孩子有病，可能一接到电报就得立即回家。

我就给卡姆斯基写信，请他收集**所有的**材料。明后天我将从这里把**几小包**东西给你和波波夫寄去。

请你看一下信的反面,对你也不无好处,——我搞错了,把写给波波夫的信写在给你的信的背面了!![①]

从波罗宁发往洛夫兰(奥匈帝国)　　译自《列宁全集》俄文第5版第48卷第305—306页

341
致伊·费·波波夫

(7月10日以前)

从巴黎、**彼得堡**以及其他地方给您寄去的一切文件,供您在会议上使用,请加意爱护,用后**准时还给我**。

如果从彼得堡能寄来《坚定思想报》[509]第18号和1914年4月4日和5日的一些资产阶级报纸,则需要将它们作为材料补充到**中央的报告**中去(有关取消派对待4月4日游行示威[510]的态度问题)。报告寄给伊涅萨。

您和弗拉基米尔斯基最主要的任务(伊涅萨是法语发言人)是尽可能准确地将所发生的一切,特别是德国人的发言,**而且特别是考茨基的**发言记录下来,并将有关情况的报告寄给中央。

特别要求全部译成法文,而不承认(就这方面而言)德文。

从波罗宁发往布鲁塞尔　　译自《列宁全集》俄文第5版第48卷第306—307页

① 见下一号文献。——编者注

342

致伊·费·阿尔曼德

(7月10日和16日之间)

我亲爱的朋友:上封信投寄得太匆忙,现在可以较从容地来谈谈我们的“事情”了。

想必你已把报告弄明白了吧?最重要的是——条件,**1—13**(后面的14,即针对诬蔑的那条是次要的),必须突出地提出来。

注意:关于1914年4月4日游行示威这一节要补充到**报告中**关于**关闭**取消派报纸的问题中去。关于普列汉诺夫的“统一”这一节则要补充到报告中关于**国外集团**的问题中去。

我相信你是这样一种人:一旦独自担当领导工作,就会显示出自己的才能,变得勇敢坚强,——因此我完全**不信**那些悲观主义者,即那些说你……未必……的人。胡说八道!我不信!你会干得很出色!你会用流利的语言把他们痛斥一顿,而不容王德威尔得大叫大喊,打断你的话。(如果碰上这种情况,就向**整个**执行委员会提出正式抗议,以退出会场相威胁+提出整个代表团的书面抗议。)

报告他们不能不让你宣读。你说,你要求宣读报告,你**有**明确的实际的**建议**要提出。还有什么比这更实事求是的呢?我们有我们的建议,你们有你们的建议,到时候会见分晓。要么我们大家接受共同的东西,要么让我们各自向自己的代表大会报告,**我们要向自己的党代表大会报告**。(很明显,其实我们**根本什么**也不会接受。)

据我看,最主要的是,证明只有我们才是一个政党(那边是一个空架子联盟或一些小集团),只有我们是工人政党(那边是出钱和捧场的资产阶级),只有我们是**多数**,占4/5。

这是一点。其次,**较通俗地**阐明(这一点我因语言关系绝对办不到,而你能够)**组织委员会**＝空架子。空架子掩盖着的实在的东西,**只不过**是圣彼得堡的取消派著作家小组。证据吗?书刊……

八月联盟的瓦解。(参看《启蒙》杂志第5期,我这(注意:拉脱维亚人的退出。)就把我的文章①寄给波波夫。)

论据:在拉脱维亚人那里你们的(即布尔什维克的)优势并不大,你们这个多数并不多。回答:"确实不多。等着吧,这个多数很快就会成为压倒多数。"

我们在1912年1月就把取消派从党内开除出去了。结果呢?他们是否建立了**更好的**党呢??**什么也没有**。他们的八月联盟完全瓦解了,——资产阶级帮助了他们,工人离开了他们。要么接受我们的条件,要么决不接近,至于统一,那就更不必提了!!

反对亚格洛的论据:**异**党。我们不信任这样的党。让波兰人去联合好了。

反对罗莎·卢森堡的论据:**实际存在的不是她的**那个党,而是"反对派"。证据:华沙选出的**复选人**中有**3个**是工人选民团选出的:**扎列夫斯基**、**布罗诺夫斯基**和亚格洛。**前2个**都是反对派。(如果罗莎避开这点,就逼她谈。如果她否认,就要求记录在案,并表示我们肯定要**揭穿**罗莎·卢·的**谎言**。)这样一来,华沙选

① 见本版全集第25卷第197—219页。——编者注

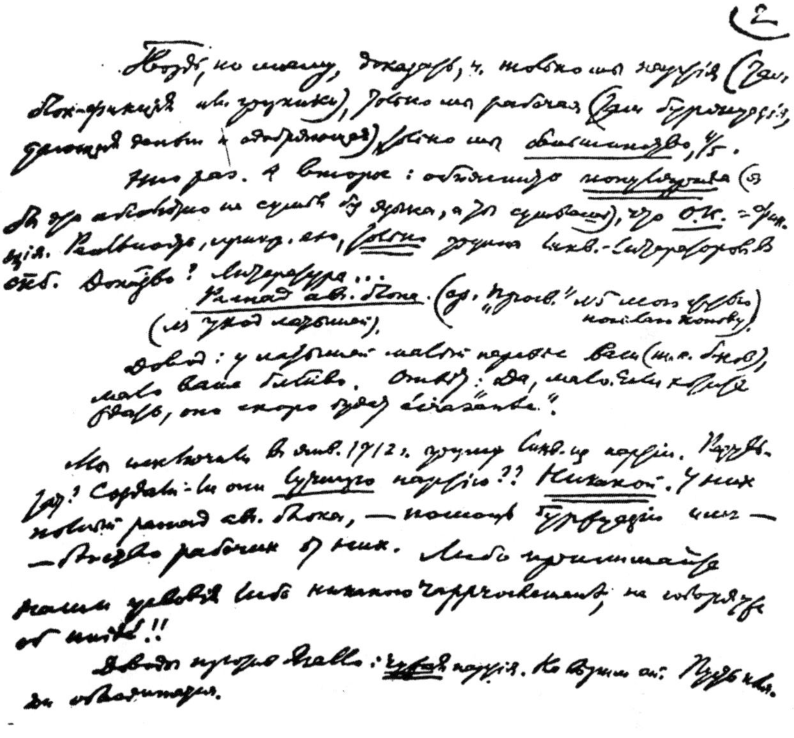

1914 年 7 月 10 日和 16 日之间列宁给伊·费·阿尔曼德的信的第 2 页

出的**所有社会民主党**复选人=反对派(第四届杜马选举)。而波兰的其余地方呢? **不知道**!! 请你们拿出复选人的**名单**来!!

考茨基反对罗莎而支持反对派的那封信[511]曾登在《真理报》上。我现在把这一号寄给波波夫。可以**引用**。

总之,我觉得写给你的"最详细的情形"(像你所要求的)与其说太少,不如说**太**多了。

不管遇上什么情况,你们三人总是能够找到理由、论据和事实的,而且你们随时都有权单独磋商——指定代表团的发言人,等等。

组织委员会和崩得将厚颜无耻地**撒谎**:

"……他们也有地下组织。八月代表会议已经承认"……

撒谎! 国外书刊。报纸?

拉脱维亚人的退出? 他们的裁决?

摘引《我们的曙光》杂志和《光线报》的反对地下组织的话!! (说这些话"说得不妥"?? 撒谎! 说这些话是**底下**人数很少的**一小撮**取消派工人说的,那这就是惊人的瓦解组织的现象。)

或者:你们也没有地下组织

那么,是发行量达4万份的《真理报》在空喊所谓地下组织? 或者是工人甘愿受骗??

而1913年夏季会议及其**决议**是:让六人团代表发言。结果6 722票赞成我们,2 985票反对。占多数,70%!!

要着重**强调**工会和保险基金会:这会大大影响欧洲人。我们不容许取消派破坏我们在工会和保险基金会里牢固的多数!!

我把钱的问题忘了。邮资、**电报费**(请多发电报)和火车费、旅馆费等等由我们付。请记住!

如果可能的话,请你尽可能在星期三晚上抵达布鲁塞尔,以便进行安排,**使**代表团**作好准备**,统一步调等等。

如果你能排上第一个宣读报告,讲上一两小时,这就差不多了。底下只要"一一踢开",把"他们的"反建议(对所有14个问题的)引出来,然后说:**不同意**,我们要把这些提交给自己的党代表大会。(他们的建议我们一条也不接受。)

忠实于你的　**弗·伊·**

如果谈到保管人掌管的钱的问题,可以推说已有1912年1月的决议①,多了不谈。就说,我们决不放弃自己的权利!!

我这就把普列汉诺夫关于**取消派**的文章[512](《真理报》上的)寄给波波夫。引用上面的话,并说明《真理报》也坚持**那个**意见。

写于波罗宁

载于1950年《列宁全集》俄文第4版第35卷

译自《列宁全集》俄文第5版第48卷第307—312页

343
致波涛出版社

(7月11日)

尊敬的同事:非常感谢你们寄来《马克思主义和取消主义》一书的结尾部分。我对你们还有一个极为重要的请求,请你们将该

---

① 见本版全集第21卷第161—162页。——编者注

书的所有机样(即全书)立即按如下地址寄出:布鲁塞尔　贝夫鲁瓦街2号A　让·**波波夫**先生。事关紧要,刻不容缓。请寄快件,雇一名信使专程送至华沙车站寄出。我将支付全部费用,如果你们需要的话,我将立即专门汇上。

只要稍有可能,就请你们(为了两年一次的如此重要的事情)搜集一些补充材料(《真理报》和《北方工人报》两个星期的合订本,《我们的曙光》杂志,以及取消派出版物的**杰作**。请同《劳动的真理报》的编辑商量一下)。用同一包裹寄来。我希望你们不会拒绝。还有布尔金和马尔托夫在《我们的曙光》杂志第3期上发表的文章,阿克雪里罗得论党的改革——不,是论革命——的文章,《坚定思想报》第18号,1914年4月4日**晚间**和1914年4月5日**早晨**彼得堡的资产阶级报纸,有关在保险运动中民粹派与取消派联盟的文章。总之,在驶往华沙的邮车(大概是夜车)开出以前**来得及**搜集的一切材料。

从波罗宁发往彼得堡

载于1959年《历史文献》杂志
第4期

译自《列宁全集》俄文第5版
第48卷第312—313页

344

致伊·费·阿尔曼德

(7月12日)

亲爱的朋友:今天(星期日)从我们首都来了两位工人——两

个很好的小伙子。我们议会党团的新主席将在明天或者在最近几天到达。

消息是好的。现在极为重要的是你能出席布鲁塞尔"统一"会议。你可以很快很快就回来——16日早晨到达,18日晚间离开布鲁塞尔。你同意,对吗?

请同意吧。

你的　**弗·伊·**

附言:从现在起,我将经常给你写信,以便使你随时了解事态发展的情况。

从波罗宁发往洛夫兰(奥匈帝国)

原文是英文

译自《列宁全集》俄文第5版
第48卷第313—314页

345

致伊·费·阿尔曼德

(不晚于7月13日)

亲爱的朋友:你的同意使我万分感激。我完全相信,你将出色地完成你所承担的重要任务并给普列汉诺夫、罗莎·卢森堡和考茨基以及鲁巴诺维奇(无耻之徒!)以应有的回击。他们去布鲁塞尔,是指望造成一场示威,反对我们大家,特别是反对我个人。

你对情况相当熟悉,口才好,因而我相信,你一定会相当"厉害”的。我如果为了减轻你的繁重任务,偶然给你出一些主意,请不要“往坏的方面”想。普列汉诺夫喜欢对女同志“突然”讲些殷勤的话(用法语等等),使她们“难为情”。对此应该有所准备,及时给予回击。你可以说,我十分钦佩,普列汉诺夫同志,您真是一个善于向妇女献殷勤的老手(或者说一个多情的男子)——或者诸如此类的话,有礼貌地**挖苦**他一下。你应当知道,他们看到我缺席,会气急败坏(我真高兴!),并且,可能会对你进行报复。然而,我相信,你会以最巧妙的方式给他们点儿“颜色”看的。一想到他们将遭到冷冰冰的、不动声色的和略带鄙视的回击而当众出丑,我就不禁感到由衷的高兴。

普列汉诺夫喜欢“提问题”,嘲弄被问者。我的主意是:立即打断他的话头说:“您像代表会议的任何一个成员一样,自然有权提出问题,然而我要答复的根本不是您个人,而是整个会议。因此,我极诚恳地请求您不要打断我的发言,”——从而把他的“提问题”一下子变成对他的**进攻**。你应该自始至终采取进攻的姿态。或者这样说:“我要求按顺序**发言**,不用这种问答的方式,也正是为了答复您(我认为**这样**更好),您是会感到完全满意的。”根据我的经验,这是对付无耻之徒的最好的办法。他们都是胆小鬼,顿时会变得垂头丧气、哑口无言的。

他们不喜欢我们引用决议。那么这就是最好的回答:“我来到这里,主要就是为了转达我们工人的党**正式作出的**党的决议。有人想了解这些决议吧,我现在就来讲讲其中的一个。”

特别要注意事先看一看:

(1)1912年一月代表会议关于确定该代表会议性质的决议[513]。这是关于1912年一月代表会议**合法性**问题的决议。

(罗莎·卢森堡也许会提出合法性问题,其他人也会提出。)(顺便说一句,……德国人对你的发言不大懂,或者完全不懂,这点使我感到高兴。——你要靠近执行委员会坐,说**给他们**听。而你自己则**完全**有权在每次有人作德语发言之后要求胡斯曼:请提供译文!)

(2)1912年和1913年关于**灵活**形式的决议[514](针对考茨基,——这个笨蛋不会懂得承认**地下工作**与寻求**掩护**地下工作及其组织的**新**形式这两者之间的区别)。

(3)1913年2月关于**自下而上统一**的决议[515](他们会说:"你们开除了670个工人团体??"胡说!我们**邀请了他们**。他们说:"多数无权开除少数。"但是若少数违抗多数的意志,不服从正式的决议,则另当别论。我们遇到的情况正是如此)。

你的　**弗·乌·**

我劝你不要忘了一条**正式**(请找波波夫或胡斯曼要一份社会党国际局1913年12月决议的法文本)规定的会议目的:

共同阐明各自对争论点的见解!!

仅此而已!共同阐明各自的见解,——你说,你在做的正是这样一件事。

为了解释**通俗**(对法国人谈问题要特别通俗),谈谈关于秘密组织和**它**所要求的特殊的信任、严守秘密等等这类题目,也是非常重要的。你们欧洲人多好:党是公开的,合法的,有党员名单,可以公开监督和审查!!当然是**一切**都容易啰!!

而我们那里呢,党处在秘密状态,党员资格**不可能**切实地、公开地审定,不可能公开地进行监督。因此就需要靠最大限度的信任以维护纪律和齐心协力地进行工作,而取消派既然背弃地下工作,也正是破坏了这种共同工作的可能性。

但是,认为目前无法确定俄国各派**力量**如何、大多数跟**谁**走的那种意见是错误的。

根据报纸,**工人团体的捐款**等等情况,**可以**完全可靠地、毫无疑义地加以确定。

(我给波波夫寄了许多统计表和文件,希望译出标题并送国际局。)

照格里戈里的意见,不应因不作记录和不公布记录而退出会议;但是必须提出书面声明。**执行委员会是调解者**。应该牢记这一点(这在社会党国际局1913年12月正式决议中有记载)。不是仲裁者,而是**调解者**。必要时,就这样声明,我们对调解表示感谢,我们乐意地接受了调解。还可以引用社会党国际局的决议(1913年12月)。说是"调解",实则我们要求调解者转告对方:(1)我们的**条件**和(2)**客观材料**。不过如此!!

注意:我们是**自主的**党,这一点要牢牢记住。**任何人**无权把别人的意志强加给我们。社会党国际局也**无权这样做**。如果进行**威胁**,那也**只是空话**。

报告的结尾部分明天寄出。现在是你最辛苦的时候,真是期限短,工作多啊!预致谢意!

忠实的　**弗·伊·**

从波罗宁发往洛夫兰(奥匈帝国)

译自《列宁全集》俄文第5版第48卷第314—317页

346

致伊·费·阿尔曼德

(不晚于7月14日)

亲爱的朋友：

材料寄上。

请译出

标题

(1)**捐款**

{这要 (2)《**光线报**》的**财务**报告

寄回} (3)《**真理报**》的**财务**报告

(4)客观材料

并将以上材料全部提交**国际局**。

其他材料供报告和辩论用。全部材料请妥为保存,以后**寄回**。

请准备好!!

从波罗宁发往洛夫兰(奥匈帝国)

译自《列宁全集》俄文第5版第48卷第317页

347

致格·叶·季诺维也夫

(7月16日以前)

加涅茨基提出了"最后通牒":拿250克朗来,否则不去布鲁塞尔。——我们决不给!

我断然反对。如果**他们**[516]不去,那更好。让梯什卡去同波兰社会党"和好"吧,我们则**等待**反对派的回答。

真妙!

转告加涅茨基:**不同意!**

写于波罗宁

载于1930年《列宁文集》俄文版第13卷

译自《列宁全集》俄文第5版第48卷第317—318页

348

致伊·费·阿尔曼德

(不晚于7月16日)

亲爱的朋友:我们正在举行一个专门的会议[517],有新的主席和其他工人参加。情况很好。我为你非常高兴,并感谢你使我免去了参加布鲁塞尔会议的义务(马尔托夫在布鲁塞尔。你的任务十分艰巨,但是极其重要)。工作如此令人不快,而你却做得如此出色,我是非常、非常感激的。

我们的代表大会将在8月召开。[518]全部所需的钱我们几乎都已经到手了。

请你和别尔津谈谈。他的意见和打算如何?他们中间谁能参加会议?是他们的中央?或者不是?或者甚至是他们的地方代表?我们的代表大会一定能开好。跟他开诚布公地谈谈。至于今后的工作,我们再通信商量。

星期六夜里一定要较详细地将总结、结果和其他事项电告我们。我们这儿的电报局星期日**只在**上午8—10时营业。

我们的主席要在这里待到星期日。他应当了解结果。

如果会上有人问起,我们(即我们的中央)是否邀请**各民族的**组织参加代表大会,答复是:**邀请**。

真诚忠实于你的　**弗·伊·**

从波罗宁发往布鲁塞尔

译自《列宁全集》俄文第5版第48卷第318页

349

致费·尼·萨莫伊洛夫

(7月18日以前)

亲爱的费多尔·尼基季奇:

近况如何?身体好吗?祝您痊愈。入秋以前**彻底**治好还有时间。但是要不间断地治疗。

彼得罗夫斯基到这里来过。他向您问好!

布鲁塞尔会议(取消派+阿列克辛斯基+普列汉诺夫)未必能取得国内工人的信任。那里事情进行得不错。正在筹备召开马克思主义者会议。

愿您恢复健康!

您的　**列宁**

不要急躁,不要激动,要经常不断地治疗。

娜·康·向您问好!

载于1967年苏黎世—科隆出版的《列宁。未发表的书信(1912—1914年)》一书

译自《列宁文集》俄文版第38卷第160—161页

350

致格·李·什克洛夫斯基

(7月18日以后)

亲爱的朋友:您大概知道布鲁塞尔会议是如何结束的吧?波兰反对派已转到取消派一边去了!

目前会出现一个背叛时期,但它什么也改变不了。

显而易见,我们是不会和"共同代表大会"[519],即取消派+罗莎分子+阿列克辛斯基分子+普列汉诺夫分子们同流合污的。

萨莫伊洛夫的身体如何?是否确实在好转?到开维也纳会议时,他是否能恢复健康?(顺便问一下,您是否在为维也纳会议作准备?请详告。)请来信尽可能详细地谈谈萨莫伊洛夫的情况。

他的胃部诊断结果如何?

向您全家问好!

您的　**列宁**

从波罗宁发往伯尔尼

译自《列宁全集》俄文第5版第48卷第319页

351

致伊·埃·格尔曼

(7 月 18 日以后)

亲爱的格尔曼同志：

我以为，拉脱维亚社会民主党在对待俄国社会民主工党的态度上(以中央委员会为代表——对待俄国社会民主工党中我们***这部分***——如果你们的那些想同取消派稍微“算一下账”的正统派愿意的话)，现正面临着一个**重要的**时刻。

这需要思想明确和态度真诚。

在 1911—1914 年，拉脱维亚人(他们的中央委员会)曾经是取消派。

在 1914 年代表大会①上，他们反对过取消主义，但在组织委员会和中央委员会之间**采取中立态度**。

现在，在布鲁塞尔会议之后，在《劳动的真理报》第 32 号登载了决议[520]之后，拉脱维亚人愿意加入我们党，要同中央委员会订立协议。

这好不好？

好，如果对要做的事持有明确的认识和真诚的态度的话。

不好，如果这样做不是基于明确的认识、坚定的决心并估计到

① 拉脱维亚边疆区社会民主党第四次代表大会。——俄文版编者注

一切后果的话。

谁要正统,谁想恢复斯德哥尔摩—伦敦时期(1906—1907年)的俄国社会民主工党,那他最好不要到我们党里来,因为除了争吵、失望、呕气和互相碍事以外,什么结果也不会有。这是“最坏类型的联邦制”(像1912年俄国社会民主工党一月代表会议的决议中所说的那样)。这是**劣货**。不要这种劣货!

如果想维护联邦制的残余(例如,斯德哥尔摩协议和拉脱维亚中央委员会**派代表**参加俄国中央委员会[521]),那也不必多此一举了!我认为,这种事我们是不会干的。这是开玩笑,是梯什卡式的外交手腕(波兰反对派中那些在布鲁塞尔投到取消派那边去的下流坯目前就在仿效这种外交手腕),而不是同心同德的工作。我们有**原则上的**一致吗?有还是没有?如果有,那就要一致**反对**(1)取消主义,(2)“民族主义”(=(a)“民族文化自治”和(b)崩得的分离主义),——就要(3)反对联邦制。

从1912年1月起,我们就在俄国所有工人面前明确而公开地举起了这几面旗帜。时间不算短了。能够而且应当把事情弄清楚了。

如果真要谈判,那就明确而诚恳地谈。我认为,扭扭捏捏,羞羞答答是不妥当的和不体面的。我们在进行**重大的战斗**:反对我们的是所有资产阶级知识分子、取消派、民族主义者和崩得分离主义者以及公开的和隐蔽的联邦主义者。要么订立协议**反对**所有这些敌人,要么**最好再缓一缓**。

如果对能否白头到老没有充分把握,与其勉强结婚,还不如光订婚的好!!

所有这些都是我个人的意见。

但是我非常想同您取得一致并明确一下我们的看法。如果在布鲁塞尔我们已经基本上意见一致，那么，可以也应当**丢开外交手腕**，问问自己我们能否达成永久协议。

使我**非常**担心的是，有一部分拉脱维亚人

赞成民族文化自治或摇摆不定，

赞成崩得分子的联邦制或摇摆不定，

对反对民族主义和崩得的分离主义**摇摆不定**，

对支持我们关于关闭瓦解组织分子小集团在彼得堡办的取消派报纸[522]的要求，等等，**摇摆不定**。

这部分人多吗？总的有多少，中央委员中间有多少？工人和知识分子中间有多少？

他们有影响吗？

要知道，正在彼得堡和俄国同取消派进行斗争的是**我们**。如果你们真的**不能真心**协助我们跟取消派和崩得分子作战，那怎么办呢？？要是这样，订立**永久**协定就是缺乏诚意，也根本不合算！

而现在波兰反对派还在这样卑鄙地左右摇摆，**赞成**取消派(投票**赞成**布鲁塞尔决议)[523]，**赞成**民族主义(认为民族文化自治是"争论点")，**赞成**联邦制(要求1906年同波兰社会民主党订立的**陈旧的**梯什卡式的协议)。

要认识明确，——首先要认识明确！谁弄不清无产阶级民主派跟资产阶级民主派(=取消派和民族主义者)作战的形势和情况，**那最好请他等一等**。

很想知道您的意见！

您的　**列宁**

如果能听到"条文"对这些问题的意见,我将非常高兴。请把信给他看看!

(请把我们中央的"14条"给鲁德一天,让他读一遍。)

从波罗宁发往柏林

载于1935年《无产阶级革命》杂志第5期

译自《列宁全集》俄文第5版第48卷第319—321页

352

致弗·米·卡斯帕罗夫

(7月18日以后)

亲爱的朋友:恳请您承担起**在俄国革命的日子**[524]**里**向我们通报消息的工作。

我们现在无报可读。

请您

(1)每天给我们寄来(用普通印刷品邮件)报道俄国消息**最多**的**柏林**报纸(《前进报》,但《柏林每日小报》[525]也许更好,请选俄国**电讯较多**的一种)。

(2)还有**彼得堡和莫斯科的**俄国报纸(我们只有《基辅思想报》)——如《言语报》、《新时报》(**从7月初开始**)……

(3)如有军队起义之类的**特别**重要的、极其重要的事件,则请来电。

全部邮件(包括电报)发:**波罗宁　乌里扬诺夫**(仅两个词)。

费用由我们付。请**立即**寄张明信片来,写明您是否愿意承担这项工作(我想您不会拒绝),需给您汇多少钱。

(往这里寄发的邮电费与德国**国内**相同。)

就这样吧,等您的回音。

您的　**列宁**

附言:《前进报》上凡有涉及1914年7月16—18日的布鲁塞尔会议的材料,涉及那里的"联盟"(罗莎＋普列汉诺夫＋阿列克辛斯基＋取消派等)的材料,也请**全部**剪下来寄给我。

发往柏林

载于1930年《列宁文集》俄文版第13卷

译自《列宁全集》俄文第5版第48卷第322页

353

致伊·费·阿尔曼德

(7月19日)

胡斯曼和王德威尔得把**所有的**威胁手段都用上了。这帮可怜的外交家！他们想吓倒我们(或者你们)。当然,他们未能得逞。

我们同格里戈里谈过:比较明智的做法是根本拒绝去。不过那样国内的工人是不会理解的,现在,让他们从活生生的事例中去

学习吧。

这件事你做得比我所能做的要好。我除措辞激烈外,大概还会**大发雷霆**。对他们的装腔作势我是不会容忍的,非骂他们是下流坯不可。**而这正是他们所欢迎的**——他们进行挑衅就是要达到这个目的。

你们以及你却处理得冷静而又坚决。非常感激,向你致敬。

我奇怪,今天(星期日)怎么还没有代表会议**闭幕**的电报。想必会议已在星期六4时结束。你们(3名代表、你们、拉脱维亚人+波兰反对派)是否提出了书面声明?

盼来信谈谈你的看法。

你的 **弗·乌·**

写于波罗宁

译自《列宁全集》俄文第5版第48卷第323页

354

致伊·费·阿尔曼德

7月19日星期日

我亲爱的朋友:今天我第一次看到一篇好的(非常非常好的!)报道——显然是卡姆斯基写的。我向你表示万分感谢!! 你当时的任务十分艰巨,而且…… 胡斯曼为了反对你和我们的代表团什么事都干了,但你对他的胡作非为进行了极为成功的反击。你为我们党立了一大功! 我特别感谢你代我出席了会议。电报(昨天的)说:"你们〈即我们〉和拉脱维亚人"**参加了**那项关于策略与组织问题的冗长的决议案的表决(已不再存在策略上的分歧等等)。我相信这是笔误。你们和拉脱维亚人**并未**参加表决(正如未参加纲领的表决一样)。

取消派的**最后**一张牌是国外援助,但是这张牌也将输掉。

我已给你儿子汇去150法郎。大概太少了吧?请立即告诉我,你所花的钱超过这个数目多少,我马上汇出。

我们的代表大会定于公历8月20—25日在这里举行。你应该出席,作为:

(1)国外组织委员会的代表;

(2)布鲁塞尔代表团的代表。

如果你能早点来就更好了。事情一大堆。让我们先通信商量吧。

你的　**弗·乌·**

……附言:王德威尔得和考茨基充当了谣言散布者的角色,说什么列宁"暗藏在布鲁塞尔"!!什么话!哼!这帮无耻透顶的造谣专家——他们只有这**一种**斗争手段。

你和波波夫出色地把胡斯曼痛斥了一顿。对他就应该如此。请来信告诉我,你是否感到很疲倦,很气愤?你不会因我叫你去开会而生我的气吧?

写于波罗宁

原文是英文

译自《列宁全集》俄文第5版第48卷第323—324页

355

致伊·费·阿尔曼德

(1914年7月20日)①

亲爱的朋友：

刚刚收到星期六的报告并得知对厚厚的最终决议进行表决的情况[526](在策略上没有大的分歧，共同的代表大会和组织，等等②)。谢谢！你们大家都表现得非常出色。可恶的波兰人(反对派)显然是由于马列茨基(他的发言很卑鄙！！[527])而背叛了。

卑鄙的波兰人(反对派)拉拢"意志薄弱的"(傻瓜)立陶宛人。

可能是另一种情况：

我们这里	他们那里
2(我们和拉脱维亚人)③	9

① 信件上有伊·费·阿尔曼德作的标注："7月20日"。信的日期是据此确定的。——俄文版编者注

② 说的是社会党国际局拟定的俄国社会民主工党统一《先决条件》序言(俄罗斯现代史文献保存和研究中心第2全宗，第1目录，第23839卷宗，第49张)。——俄文版编者注

③ 伊·费·阿尔曼德和扬·安·别尔津。——俄文版编者注

+俄国社会民主党工人党团[528]	—2
+波兰社会民主党(反对派)	—7
+立陶宛人	1 波兰社会党左派①
5	6
	普列汉诺夫 阿列克辛斯基 } 假象

我们甚至很可能是多数!!!

瞧吧,我要找波兰人算账!

你干得非常好。非常感谢!

你**究竟是怎样**讲我们党的代表大会的,请马上写份材料(另纸写出)②:

(α)代表大会将与维也纳代表大会**同时**举行(在卡姆斯基的工作报告③中是这样讲的)。

(β)要么代表大会(如果受逮捕的干扰,就召开代表会议)与维也纳代表大会同时召开,要么紧随其后召开——记得我已是第二次提到(β)了。

当然,**无论如何**你没有错。但你**究竟是怎样**讲的,还是要为中央委员写一份有你署名的材料,另纸写出。

是否明确讲了我们请求不要将我们党召开代表大会的消息见报和说出去?如果讲了,那么是怎样讲的?

① 指亨·瓦列茨基。——俄文版编者注

② 所有给中央委员会宣读的有关代表会议的情况都要另纸写出(列宁加的注)。——俄文整理者注

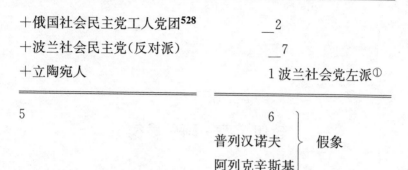

③ 工作报告没有保存下来。——俄文整理者注

非常感谢！祝好！

忠实于你的　**弗・伊・**

匆匆草就，请见谅。我非常忙。

极为重要的是，要尽可能准确地知道宣读的究竟是报告的哪部分(你们来电讲，"已宣读了一部分")。

必须在手稿上**准确**标出：某某部分已宣读，某某部分没有宣读。

记不清的地方(不能确信是否已宣读)特别标明了吗？

14条(在报告中)从什么地方读到了什么地方？是否一直读到结束语和结尾，包括结束语和结尾？

增补部分宣读了吗？

(1)关于1914年4月4日示威游行[①]呢？

(2)关于《统一报》，怎么讲的(((我是个傻瓜，我曾建议缓和针对普列汉诺夫这个坏蛋的措辞！！)))。

究竟加上了哪些统计资料，究竟能作出哪些说明。

(1)工人团体从1月1日到5月13日的捐款报表[②]？

(2)还有崩得[③]？

(3)《真理报》的"客观材料"[④]？

(4)另外还有

第一个条件的结尾部分即关于《我们的曙光》杂志和《我们

① 参看本版全集第25卷第393—396页。——编者注

② 同上书，第388—389页。——编者注

③ 同上书，第392页。——编者注

④ 同上书，第391—392页。——编者注

的工人报》的**集团**那一段**究竟**是如何表述的①？是按照老的方案还是按新的方案？有没有已宣读部分的草稿？

注意：**回复**!!!

立即采取紧急措施，要拿到参加我们党代表大会(或代表会议)的委托书。

(1)国外组织委员会的。

(2)布鲁塞尔代表团的。

译自1999年《不为人知的列宁文献(1891—1922)》俄文版第156—158页

356

致格拉纳特兄弟出版社百科词典编辑部秘书

1914年7月21日

尊敬的同事：

十分遗憾，由于一连串完全意料不到的特殊情况(从马林诺夫斯基逃跑事件开始)，我不得不放下了刚刚动笔的介绍马克思的词条[529]。我曾多次试图找时间继续写完它，但都未能如愿，因此，可以肯定，在秋天以前我不可能完成此稿。

对此我深表歉意，并希望正从事如此有益的出版工作的贵

① 参看本版全集第25卷第400—401页。——编者注

编辑部能及时找到另一位马克思主义者,由他如期编好这一词条。

愿为您效劳的　**弗・伊林**

从波罗宁发往莫斯科

载于 1930 年《列宁文集》俄文版第 13 卷

译自《列宁全集》俄文第 5 版第 48 卷第 324—325 页

357
致伊・费・阿尔曼德

(不晚于 7 月 24 日)

亲爱的朋友:今天分别收到了你和波波夫的来信。我不能确切地理解你们的分歧在哪里,我想这种分歧并不怎么重要。重要的**只是**参加表决一事。而你不参加表决是对的。也就是这个问题。

我不懂,写一下代表团发言人执行任务的情况,这事怎么会使你"极为不快"? 你同波波夫的争吵是小事。你为什么反对做代表??? 请来信坦率地谈谈!!

感谢你提供了代表会议的详细情况。拉脱维亚党派来的那位同志正在这里。我们将同他明确地谈妥他们参加我们党的代表大会的有关事宜。

倘若你能同考茨基通信,那就太好了(考茨基为人卑鄙,毫无骨气,屈从于外界影响;出于不可告人的动机经常改变立场;为了

“钱的事”一直对我耿耿于怀。尤其卑鄙的是,为钱的事同我发生个人之间的争吵后他就存了偏见,并且主要是对我怀恨在心,偏又装出一副“公正”的样子,或者扮演“公正”的角色。卑鄙!)。如果他请求你给他写信,而且你现在能够将所有的报告译成法文寄给他(**主要是关于1914年4月4日的问题**),那就太好了。不过,这自然是件很复杂的事,至于我,并不要求你这样做。如果**你**愿意,那你就做吧!(我个人的意见是:最好提供点材料给考茨基,主要的是要特别详细地**介绍**一下1914年4月4日的问题和各个团体的统计材料。这个统计材料已部分地发表在1914年7月21日的《莱比锡人民报》上。如果你想要,我就寄给你,如果你愿意,**我可以私下帮助你起草给考茨基的信**。不过,现在要把那些卑鄙的阴谋制止下来是很困难的。考茨基成了罗莎·卢森堡和普列汉诺夫这帮家伙阴谋活动的牺牲品。普列汉诺夫同过去一样,是一名最可耻的倒戈分子。你见到我在《工人日报》第7号和《启蒙》杂志第6期上对他的抨击吗?[530])

我现在找不到《新时代》杂志的地址。你如果愿意,可由《新时代》杂志**出版社**转:**斯图加特**　富尔特巴赫街12号　**交**卡尔·考茨基同志。

白痴和阴谋家们想借助考茨基在维也纳代表大会上提出一项**反对**我们的决议案。让他们提吧!!我们也无法阻止。但我们要保持冷静。这样做可以使那些同样想取胜的机会主义者们“平静下来”。

你们在代表会议上的做法是正确的,你们为党立了一大功。波波夫写信告诉我,说你当时有病,你发言的声音很小。你得了什么病?请详告!!否则我放心不下。

衷心地向你问候并致最良好的祝愿！祝身体健康，平安！

你的　**弗·伊·**

从波罗宁发往洛夫兰(奥匈帝国)

原文是英文

译自《列宁全集》俄文第5版第48卷第325—326页

358

致扬松或施蒂茨

1914年7月25日于波罗宁(加利西亚)

尊敬的同志：

虽然我本人同您素不相识，请原谅我冒昧地向您提出一项请求。俄国最近发生的革命事件使我不能不这样做。

我在1913年《前进报》(柏林的)第33号(1913年2月8日)上找到了您的地址，也找到了K.W.K.扬松同志的地址("党的生活"栏：《旅居斯德哥尔摩的德国党员录》)。我们本来按通常的途径(经由华沙)同圣彼得堡联系，现在已不可能进行了。

因此，我请求您向我们提供几个或者一个合适的在斯德哥尔摩的保密地址。这应该是可靠而又**非常细心的**同志的地址。如果有一个**能固定使用的**地址那就更好。我们可以用德文、法文或者英文进行联系。

那位同志只要在我们寄去的信上贴上瑞典邮票，寄往芬兰(或圣彼得堡)。同样，把由芬兰(或俄国)收到的信件(**内附信封**)按我们的地址寄来:**波罗宁**(加利西亚)　乌里扬诺夫。如果有电报,则把内容电告我们。

您如能费心安排好此事,必需的邮电费用(以及信封等等)我当即寄上。

附上回信用的国际回执。

为了证明本人身份,现作如下介绍:1907—1911年,本人曾任俄国社会民主工党驻社会党国际局代表。我党内化名列宁,真姓乌里扬诺夫,社会党国际局印发的许多文件上我的过去的地址是:巴黎(XIV)　玛丽·罗斯街4号　乌里扬诺夫。

自从迁居加利西亚农村后,我即辞去上述职务。我党现驻社会党国际局的代表为哈里逊同志(伦敦　西北区　莫宁顿　克雷森特35号)。

瑞典党的领袖布兰亭同志认识我。您可以给他打个电话。考虑到他万一不在斯德哥尔摩,特附上我所收阅的社会党报章印刷品邮件的几个封皮,以证明本人身份。

预致谢意并致党的敬礼!

受俄国社会民主工党中央委员会委托

尼·列宁(弗拉·乌里扬诺夫)

附言:请您将附上的信寄往芬兰。

波罗宁(加利西亚)　弗拉·乌里扬诺夫

发往斯德哥尔摩

原文是德文

译自《列宁全集》俄文第5版
第48卷第327—328页

359
致扬·鲁迪斯-吉普斯利斯

(7月26日)

亲爱的鲁德同志:不久前我见到一位很令人尊敬和重视的拉脱维亚社会民主党人[531],他向我讲了拉脱维亚党内的所谓“左派反对派”的一些情况。他说您也是这一派的。

我不知道,您和您的朋友们在多大的程度上真的对拉脱维亚中央采取了“左派反对派立场”。但不管怎样,我深信,如果您这样做,那您也会做得十分得体的。

无论如何,眼下的事实是:拉脱维亚中央委员会正在向左转。《劳动的真理报》第32号上的决议,以及它拒绝投票赞成声名狼藉的、荒唐的、为取消派打掩护的布鲁塞尔决议案,就是证明。波兰反对派投了**赞成票**;我认为这是背叛,要不就是卑鄙的“赌博”,或者是最拙劣的外交手腕。

据说里加第四区主张同我们的中央委员会建立更紧密的联系,是吗?[532]

此事是否确实?

多数拉脱维亚工人对此是赞成还是不赞成?

我认为,重要的是让拉脱维亚工人了解我们的“14项条件”。这些条件我已给格尔曼寄去。我想他不会拒绝暂借您一阅吧?

其次,重要的是应当阐明我们对联邦制的原则立场。我们**根本反对**联邦制。我们主张民主集中制。既然如此,为什么又保留1906年同拉脱维亚社会民主党签订的那个陈腐不堪的“协议”

呢??该协议保留了若干**联邦制**条款,诸如拉脱维亚中央委员会派**代表团**参加共同的中央委员会等。这项**联邦制**条款就连当时(1906年)在斯德哥尔摩的波兰人也根本拒绝接受。

我不相信觉悟的拉脱维亚工人会赞成这项条款——这项条款只会给进行赌博、玩弄外交手腕、搞小圈子等打开方便之门,而对工作却只有害处。

再者,觉悟的拉脱维亚工人中,在必须同崩得的分离主义及民族文化自治作斗争的问题上有动摇,是真的吗??如果是那样,就太可悲了!

我们的夏季(1913年)会议关于民族问题的决议[533]是否已译成拉脱维亚文并且刊印了?

波兰反对派在布鲁塞尔已转到取消派的立场,而且玩弄起"梯什卡式的"外交手腕:给真理派下绊子,从背后捅刀子,"当着欧洲的面"脱离了真理派。现在他们又沿用梯什卡的故伎,企图保留协议中的联邦制条款,"掩盖"崩得的民族主义(民族文化自治),庇护**1912年以前**(即在党起来**反对**取消派以前)那种陈腐过时的(有利于取消派的)党的"合法性"。

我相信拉脱维亚人不会走这条路。我想知道您和您的里加朋友们、第四区的朋友们以及其他人的意见。[534]

握手!致崇高的敬礼!

您的　**列宁**

从波罗宁发往柏林

载于1935年《无产阶级革命》杂志第5期

译自《列宁全集》俄文第5版第48卷第328—330页

360

致格拉纳特兄弟出版社百科词典编辑部秘书

(7月28日)

尊敬的同事:前几天我因感到词条绝无可能完成,曾给你们去信谢绝,并致歉意。可是,决定我活动的政治情势现在又突然发生了根本的改变:第一,我今天在俄国报纸上看到,圣彼得堡的紧急状态要到1914年9月4日才能解除,看来,我为其撰稿的那家报纸在这个期间就得暂时停刊;第二,看来,战争缓解了我所负担的许多**紧迫的**政治事务。因此现在有可能把已经动笔的介绍马克思的词条继续写下去,大概很快就能写好。如果尚未约定别人或同其他作者谈妥,请即电告(电报费由我付): 波罗宁 乌里扬诺夫 写下去。

如果已经同别人谈妥,请务必来一明信片告知。

请接受我对您的崇高的敬意!

弗·伊林

发往莫斯科

载于1950年《列宁全集》俄文第4版第35卷

译自《列宁全集》俄文第5版第48卷第330页

361

致格·李·什克洛夫斯基

(7月31日)

亲爱的格·李·:刚才得知,国际代表大会改于**公**历8月9日在巴黎举行。您去吧?——要**早日**动身,以便在巴黎预作准备(卡姆斯基曾作为代表团成员参加过布鲁塞尔会议,他会告诉您详细情况的)。请即回信。更为重要的是萨莫伊洛夫去不去的问题。他能不能去?很可能国内的国家杜马代表谁也去不成。所以萨莫伊洛夫一定要去。最好您能设法同他一起去。可以让他(如果在治疗上需要)住在坐火车半小时或大约半小时就能到巴黎的近郊(以便好通电话)的乡间公寓(或医疗所)中。他最多去巴黎两三次,每次三四小时(也许还少一些),因此从治疗来看,想必可以这样安排。不过必须事先考虑并写信商量好。(我们不去了;李维诺夫或卡姆斯基将去社会党国际局)——请写封信给弗拉基米尔斯基医生(巴黎　巴容街10号),他会提供意见的。

请务必尽一切努力,尽可能细心地准备和安排好这件事情。万一萨莫伊洛夫**绝对**不能去,请即电告(地址:波罗宁　乌里扬诺夫):"不可能"。如果相反,萨莫伊洛夫能去,而且您能负责安排好,请来电写上"jedet"(=萨莫伊洛夫去)或"jedem"(=您和萨莫伊洛夫都去)。**务请电复**(为什么,您是容易悟到的[535])。同时请立即来信。

向费多尔·尼基季奇和您的全家问好！

您的　**弗·伊·**

附言：要是发生战争，寄给我的信款很可能由您收转。希望到时候我们能及时准确地安排好转递事务。如果我因事离开，我会发电报给您。

寄信人：波罗宁(加利西亚)　弗拉·乌里扬诺夫

发往伯尔尼

载于1930年《列宁文集》俄文版第13卷

译自《列宁全集》俄文第5版第48卷第331—332页

362

致弗·米·卡斯帕罗夫

(不晚于8月1日)

亲爱的同志：

我没有《前进报》，而在这个报上现在登有(根据其他社会党报纸的摘录来判断)一些重要材料——例如对彼得堡工人运动、对游行示威等等的评论(和通讯报道)。

这些都是我们(无论对机关报，还是对其他各项工作来说)所极需要的。

您能否从《前进报》上就这些问题整理出一套(并且继续整理)剪报(注明报纸日期)寄给我们？

如果可以,我将把费用汇上(请函告需要多少)。

如果您太忙,或根本不行,也请函告。

我想您很留心《前进报》,是吧？上面有无普列汉诺夫发表在《护党报》上的那篇文章[536]的译文？

如果您还能从资产阶级报纸上剪一些有关当前彼得堡发生的如火如荼的事件的资料,我将感激不尽。

请抓紧！盼复。

您的　**列宁**

从波罗宁发往柏林

载于1930年《列宁文集》俄文版第13卷

译自《列宁全集》俄文第5版第48卷第332页

附　　录

1910 年

1

致俄国社会民主工党中央国外局

（12 月 5 日）

尊敬的同志们：

出席上届中央全会的布尔什维克代表在向三位“保管人”有条件地移交布尔什维克中央那笔财产时，曾在自己那份已为全会接受的声明中写明：

“我们认为，如果孟什维克继续出版其指导性派别机关报，保留其派别会计处，拒不协助国内和国外的全党中心，那么我们将不得不要求保管人交还这笔钱。”

全会在接受我们的声明时决定：“如果……布尔什维克派代表根据他们在宣言中声明的理由，要求付给他们当时所剩余的金额，那么这个问题……全部由这几位保管人最后决定，同时，**应事先为此召开全会，由全会对这个问题作出决定。**”①

现在我们代表自己并受梅什科夫斯基同志的委托，申明这一

① 见中央机关报第 11 号。

中央早有规定的要求。有鉴于此,应立即召开全会。在请求中央国外局**尽快**召开全会的同时,我们方面准备尽一切可能协助使此事迅速实现。

列　宁[①]

1910年12月5日于巴黎

载于1929—1930年《列宁全集》俄文第2、3版第15卷

译自《列宁全集》俄文第5版第48卷第335页

1914年

2

给伊·费·阿尔曼德的委托书[②]

(5月17日和6月6日之间)

中央……谨以俄国社会民主工党各妇女组织以及各工会、俄国社会民主工党各组织所属的社会民主派妇女小组的名义,同时还以《女工》杂志(第1—5期,日期)(该杂志是合法刊物,因而不能直接谈论党)的名义,委托……同志为驻社会党国际局代表。

写于波罗宁

译自《列宁全集》俄文第5版第48卷第336页

① 签署该文献的还有加米涅夫和季诺维也夫。——编者注

② 这一文件上有娜·康·克鲁普斯卡娅写的一句话:"给伊娜的委托书抄件"。——俄文版编者注

3
致卡·胡斯曼

(6月29日以前)

致社会党国际局书记
胡斯曼同志

俄国社会民主工党中央委员会现委派李维诺夫同志为本党驻社会党国际局代表。特此证明。

代表俄国社会民主工党中央委员会

尼·列宁

从波罗宁发往布鲁塞尔

原文是法文

载于1963年《苏维埃俄罗斯世界手册》杂志第1—2期合刊

译自《列宁全集》俄文第5版第48卷第336页

注　　释

1 《工人报》(«Рабочая Газета»)是俄国布尔什维克的秘密通俗机关报，1910年10月30日(11月12日)—1912年7月30日(8月12日)在巴黎不定期出版，共出了9号。列宁是创办《工人报》的倡议者和该报的领导人。参加编辑部的有列宁、格·叶·季诺维也夫和列·波·加米涅夫。积极为该报撰稿的有谢·伊·霍普纳尔、普·阿·贾帕里泽、尼·亚·谢马什柯、斯·格·邵武勉等。马·高尔基曾给该报巨大的物质帮助。《工人报》为筹备召开俄国社会民主工党第六次(布拉格)全国代表会议进行了大量工作，并在这次代表会议上被宣布为中央委员会正式机关报。——1。

2 指《工人报》编辑部的传单《写给工人同志们的几句话》。传单呼吁工人们通过寄送通讯、文章和提意见给该报以支持，同时也简述了党内状况，强调布尔什维克和孟什维克护党派接近的必要性。——1。

3 1910年8月28日，德国社会民主党中央机关报《前进报》以“本报俄国通讯员”来稿的方式刊出了列·达·托洛茨基的一篇题为《俄国社会民主党》的诋毁俄国社会民主工党的匿名文章。正在出席哥本哈根国际社会党代表大会的列宁、格·瓦·普列汉诺夫和阿·瓦尔斯基(阿·绍·瓦尔沙夫斯基)为此事联名向德国社会民主党执行委员会提出抗议(见本版全集第45卷附录第10号文献)。1910年9月，《新时代》杂志也发表了托洛茨基的一篇同样内容的题为《俄国社会民主党发展的趋势》的文章。为了驳斥托洛茨基，列宁在1910年9月25日(10月8日)《社会民主党人报》第17号上发表了《谈谈某些社会民主党人是如何向国际介绍俄国社会民主工党的情况的》一文，并在1911年4月29

日(5月12日)出版的《争论专页》第3号上发表了《俄国党内斗争的历史意义》一文(见本版全集第19卷第349—351、352—370页)。

《前进报》(«Vorwärts»)是德国社会民主党的中央机关报(日报),1876年10月在莱比锡创刊,编辑是威·李卜克内西和威·哈森克莱维尔。1878年10月反社会党人非常法颁布后被查禁。1890年10月反社会党人非常法废除后,德国社会民主党哈雷代表大会决定把1884年在柏林创办的《柏林人民报》改名为《前进报》(全称是《前进。柏林人民报》),从1891年1月起作为中央机关报在柏林出版,由李卜克内西任主编。恩格斯曾为《前进报》撰稿,同机会主义的各种表现进行斗争。1895年恩格斯逝世以后,《前进报》逐渐转入党的右翼手中。它支持过俄国的经济派和孟什维克。第一次世界大战期间持社会沙文主义立场。俄国十月革命以后,进行反对苏维埃的宣传。1933年停刊。

《新时代》杂志(«Die Neue Zeit»)是德国社会民主党的理论刊物,1883—1923年在斯图加特出版。1890年10月前为月刊,后改为周刊。1917年10月以前编辑为卡·考茨基,以后为亨·库诺。第一次世界大战期间,杂志持中派立场,实际上支持社会沙文主义者。——1。

4　指阿·瓦·卢那察尔斯基在1910年8月23日比利时《人民报》上发表的文章《俄国社会民主党的策略思潮》。列宁在《谈谈某些社会民主党人是如何向国际介绍俄国社会民主工党的情况的》一文中也批评了卢那察尔斯基这篇文章。

《人民报》(«Le Peuple»)是比利时工人党的中央机关报(日报),1885年起在布鲁塞尔出版。在比利时工人党改称为比利时社会党后,是比利时社会党的机关报。——1。

5　《我们的曙光》杂志(«Наша Заря»)是俄国孟什维克取消派的合法的社会政治刊物(月刊),1910年1月—1914年9月在彼得堡出版。领导人是亚·尼·波特列索夫,撰稿人有帕·波·阿克雪里罗得、费·伊·唐恩、尔·马尔托夫、亚·马尔丁诺夫等。围绕着《我们的曙光》杂志形成了俄国取消派中心。第一次世界大战一开始,该杂志就采取了社会沙文主义立场。

《生活》杂志(«Жизнь»)是俄国合法的社会政治刊物,孟什维克取消派的机关刊物,1910 年 8 月和 9 月在莫斯科出版,共出了两期。——2。

6 指即将出版的《思想》杂志。

《思想》杂志(«Мысль»)是俄国布尔什维克的合法的哲学和社会经济刊物(月刊),1910 年 12 月—1911 年 4 月在莫斯科出版,共出了 5 期。该杂志是根据列宁的倡议,为加强对取消派合法刊物的斗争和用马克思主义教育先进工人和知识分子而创办的。《思想》杂志头四期刊载了 6 篇列宁的文章。《思想》杂志最后一期即第 5 期被没收,杂志也被查封。不久《启蒙》杂志在彼得堡出版,它实际上是《思想》杂志的续刊。——2。

7 指布尔什维克的合法报纸《明星报》的出版。1910 年秋,列宁、格·瓦·普列汉诺夫和社会民主党第三届国家杜马党团成员尼·古·波列塔耶夫等在出席哥本哈根国际社会党代表大会期间开会,达成了一项在俄国出版一份合法机关报的协议,孟什维克护党派同意合作。1910 年 12 月 16 日(29 日)《明星报》在彼得堡创刊。创办初期,《明星报》编辑部由弗·德·邦契-布鲁耶维奇(代表布尔什维克)、尼·伊·约尔丹斯基(代表孟什维克护党派)和伊·彼·波克罗夫斯基(代表社会民主党第三届国家杜马党团)组成,波列塔耶夫在组织报纸的出版工作方面起了很大作用。在这一时期,《明星报》是作为社会民主党杜马党团的机关报出版的。1911 年 6 月 11 日(24 日),该报出到第 25 号暂时停刊。1911 年 10 月复刊后,编辑部经过改组,已没有孟什维克护党派参加。列宁对《明星报》进行思想上的领导。积极参加该报编辑和组织工作或为该报撰稿的还有尼·尼·巴图林、康·斯·叶列梅耶夫、米·斯·奥里明斯基、安·伊·叶利扎罗娃-乌里扬诺娃、瓦·瓦·沃罗夫斯基、列·米·米哈伊洛夫、弗·伊·涅夫斯基、杰米扬·别德内依、马·高尔基等。《明星报》刊登过普列汉诺夫的多篇文章。在列宁的领导下,《明星报》成了战斗的马克思主义的报纸。该报与工厂工人建立了经常的密切联系,在俄国工人阶级和劳动人民中享有很高的威信。

1912年春，由于工人运动的高涨，《明星报》的作用大大增强。《明星报》起初每周出版一次，1912年1月21日（2月3日）起每周出版两次，同年3月8日（21日）起每周出版三次，共出了69号。1912年4月22日（5月5日）被查封，它的续刊是《涅瓦明星报》。——2。

8　知识出版社是一批著作家于1898年在彼得堡创办的，马·高尔基后来亲自参加了这家出版社，并实际上领导了它的工作。该出版社的社长兼经理是康·彼·皮亚特尼茨基。——2。

9　指《社会民主党人报》。

《社会民主党人报》（«Социал-Демократ»）是俄国社会民主工党秘密发行的中央机关报。1908年2月在俄国创刊，第2—32号（1909年2月—1913年12月）在巴黎出版，第33—58号（1914年11月—1917年1月）在日内瓦出版，总共出了58号。根据俄国社会民主工党第五次代表大会选出的中央委员会的决定，该报编辑部由布尔什维克、孟什维克和波兰社会民主党人的代表组成。实际上该报的领导者是列宁。1911年6月孟什维克尔·马尔托夫和费·伊·唐恩退出编辑部，同年12月起《社会民主党人报》由列宁主编。——2。

10　指《社会民主党人呼声报》。

《社会民主党人呼声报》（«Голос Социал-Демократа»）是俄国孟什维克的国外机关报，1908年2月—1911年12月先后在日内瓦和巴黎出版。由于该报公开支持取消派，格·瓦·普列汉诺夫在1909年5月退出它的编辑部。此后《社会民主党人呼声报》便彻底成为取消派的思想中心。

《社会民主党人呼声报》由于经费问题于1910年7月出了第22号后曾休刊，该报第23号是1910年11月出版的。——3。

11　《言语报》（«Речь»）是俄国立宪民主党的中央机关报（日报），1906年2月23日（3月8日）起在彼得堡出版。——4。

12　《同时代人》杂志（«Современник»）是俄国文学、政治、科学、历史和艺术刊物，1911—1915年在彼得堡出版，原为月刊，1914年起改为半月刊。聚集在杂志周围的有孟什维克取消派、社会革命党人、人民社会党人和自由派左翼，1913年以前该杂志事实上的编辑是亚·瓦·阿姆菲捷阿特罗夫，以后是尼·苏汉诺夫（尼·尼·吉姆美尔）。《同时代人》杂志自称是"党外社会主义刊物"，实际上是取消派和民粹派的刊物。它同工人群众没有任何联系，在第一次世界大战期间采取社会沙文主义立场。——4。

13 《欧洲通报》杂志（«Вестник Европы»）是俄国资产阶级自由派的历史、政治和文学刊物，1866年3月—1918年3月在彼得堡出版。1866—1867年为季刊，后改为月刊。先后参加编辑出版工作的有米·马·斯塔秀列维奇、马·马·柯瓦列夫斯基等。——4。

14 《俄国思想》杂志（«Русская Мысль»）是俄国科学、文学和政治刊物（月刊），1880—1918年在莫斯科出版。起初是同情民粹主义的温和自由派的刊物。90年代有时也刊登马克思主义者的文章。1905年革命后成为立宪民主党右翼的刊物，由彼·伯·司徒卢威和亚·亚·基泽韦捷尔编辑。十月革命后于1918年被查封。后由司徒卢威在国外复刊，成为白俄杂志，1921—1924年、1927年先后在索非亚、布拉格和巴黎出版。——4。

15 《俄国财富》杂志（«Русское Богатство»）是俄国科学、文学和政治刊物。1876年创办于莫斯科，同年年中迁至彼得堡。1879年以前为旬刊，以后为月刊。1879年起成为自由主义民粹派的刊物。1892年以后由尼·康·米海洛夫斯基和弗·加·柯罗连科领导，成为自由主义民粹派的中心，在其周围聚集了一批政论家，他们后来成为社会革命党、人民社会党和历届国家杜马中的劳动派的著名成员。在1893年以后的几年中，曾同马克思主义者展开理论上的争论。为该杂志撰稿的也有一些现实主义作家。1906年成为人民社会党的机关刊物。1914年至1917年3月以《俄国纪事》为刊名出版。1918年被查封。——4。

16 《现代世界》杂志（«Современный Мир»）是俄国文学、科学和政治刊物

(月刊),1906年10月—1918年在彼得堡出版,编辑为尼·伊·约尔丹斯基等人。孟什维克格·瓦·普列汉诺夫、费·伊·唐恩、尔·马尔托夫等积极参加了该杂志的工作。布尔什维克在同普列汉诺夫派联盟期间以及在1914年初曾为该杂志撰稿。第一次世界大战期间,《现代世界》杂志成了社会沙文主义者的刊物。——5。

17 《忏悔》是马·高尔基1908年写的一部中篇小说,受造神说影响比较严重。——5。

18 卡普里学校是俄国召回派、最后通牒派和造神派于1909年在意大利卡普里岛办的一所党校。

1908年俄国社会民主工党第五次全国代表会议之后,召回派、最后通牒派和造神派就以"给工人办一所党校"为名,着手建立他们自己的派别中心。1909年春,召回派、最后通牒派和造神派的领袖亚·亚·波格丹诺夫、格·阿·阿列克辛斯基和阿·瓦·卢那察尔斯基组成了创办这所"党校"的发起人小组。他们以代表会议关于必须"从工作中培养社会民主主义运动的实际工作和思想工作的领导者"这一指示为由,把马·高尔基和著名工人革命家尼·叶·维洛诺夫拉进他们的小组。

尽管如此,波格丹诺夫派还是利用了那几年工人强烈要求接受党的教育的愿望,通过一些党的中央机关负责人同俄国的一些社会民主党地方组织取得联系,在召回派,特别是召回派在莫斯科的领袖安·弗·索柯洛夫(斯·沃尔斯基)的协助下,由各地方组织给它派了13名学员入校。这所党校于1909年8月开学。在该校讲课的有波格丹诺夫、阿列克辛斯基、卢那察尔斯基、高尔基、马·尼·利亚多夫、米·尼·波克罗夫斯基和瓦·阿·杰斯尼茨基。列宁回绝了该校的组织者要他到卡普里去当讲课人的建议。

1909年11月该校发生了分裂。以党校委员会成员维洛诺夫为首的一部分学员同波格丹诺夫派划清界限,向《无产者报》编辑部揭露该校讲课人的派别性行为,因而被开除。他们于11月底应列宁的邀请来到巴黎,听了一系列讲座,其中有列宁讲的《目前的形势和我们的任务》

和《斯托雷平的土地政策》。1909年12月，该校的讲课人和留在卡普里的学员一起组成了反布尔什维克的“前进”集团。

列宁在《论拥护召回主义和造神说的派别》和《可耻的失败》两文（见本版全集第19卷）中详述了该校的历史，并对它作了评论。——5。

19 《红旗》杂志（«Красное Знамя»）是亚·瓦·阿姆菲捷阿特罗夫创办的资产阶级政治和文学刊物，1906年在巴黎出版。为杂志撰稿的有马·高尔基、亚·伊·库普林、康·德·巴尔蒙特、米·安·雷斯涅尔等。——5。

20 马·高尔基考虑了列宁这封信里的意见后，曾要求《同时代人》杂志把他“经常撰稿”等语从它的广告里删去。1911年8月，高尔基同该杂志断绝了关系。1912年，在亚·瓦·阿姆菲捷阿特罗夫辞去《同时代人》杂志编辑后，高尔基重新开始为该杂志撰稿。——5。

21 这是列宁对博洛尼亚党校学员邀请他讲课的答复。

博洛尼亚党校是召回派、最后通牒派和造神派于1910年11月—1911年3月在意大利博洛尼亚办的党校，是卡普里党校的继续。该校讲课人有亚·亚·波格丹诺夫、阿·瓦·卢那察尔斯基、列·达·托洛茨基、马·尼·利亚多夫等。列宁邀请该校学员到巴黎听他讲课一事没有实现。——6。

22 1910年1月中央全会任命的学校委员会由布尔什维克、孟什维克、前进派各2名代表和崩得、波兰和立陶宛社会民主党、拉脱维亚社会民主党各1名代表组成。全会的有关决议建议中央委员会国外局“采取一切办法，不要让马克西莫夫等同志单独建立党校，而是让他们参加中央委员会直属党校的建校工作，在那里保证他们有充分的机会施展自己的教育能力和讲课才干”（参看《苏联共产党代表大会、代表会议和中央全会决议汇编》1964年人民出版社版第1分册第306页）。——6。

23 指《明星报》编辑部成员弗·德·邦契-布鲁耶维奇。——8。

24 这位杜马党团代表是尼·古·波列塔耶夫。这里说的是出版《明星报》

所需的经费。列宁在 1910 年 12 月 9 日给弗·德·邦契-布鲁耶维奇的信中提到,办报所需款即将寄出(见本卷第 8 号文献)。——9。

25 1910 年 12 月 17 日,列宁收到了社会党国际局 1910 年 12 月 15 日给第二国际各党的一项通知,要求审议对哥本哈根代表大会(1910 年)关于仲裁法庭和裁军问题的决议的一项修正案。该修正案是由代表大会移交社会党国际局审议的。由于修正案里说的是关于军事工业工人的罢工是阻止战争的适当手段问题,因此社会党国际局建议各党找有关工会商谈,并向社会党国际局提出报告。列宁的这封信就是在把社会党国际局的通知寄给《社会民主党人报》编辑部发表时写的。《社会民主党人报》没有刊登这个通知和列宁的信。列宁在社会党国际局的通知上作的标记,见本卷第 9 号文献第 12 页。——12。

26 指格·瓦·普列汉诺夫在 1911 年 1 月 13 日(26 日)《社会民主党人报》第 19—20 号合刊上发表的文章《卡尔·马克思和列夫·托尔斯泰》。——15。

27 列宁指他自己在 1910 年 12 月《思想》杂志第 1 期上发表的文章《"有保留"的英雄们》(见本版全集第 20 卷第 90—95 页)。——15。

28 唐·吉诃德精神意思是徒怀善良愿望而行为完全脱离实际。唐·吉诃德是西班牙作家米·塞万提斯的同名小说中的主人公。他一心要做一个扶危济困、除暴安良的游侠骑士,但由于把现实中的一切都幻想成骑士小说中的东西,结果干出了许多荒唐可笑的事情。——15。

29 《社会主义月刊》(«Sozialistische Monatshefte»)是德国机会主义者的主要刊物,也是国际修正主义者的刊物之一,1897—1933 年在柏林出版。编辑和出版者为右翼社会民主党人约·布洛赫。撰稿人有爱·伯恩施坦、康·施米特、弗·赫茨、爱·大卫、沃·海涅、麦·席佩耳等。第一次世界大战期间,该刊物持社会沙文主义立场。——16。

30 列宁大概是指他 1908 年为格拉纳特百科词典写的《19 世纪末俄国的土地问题》(见本版全集第 17 卷第 48—120 页)。列宁的这部著作由于书报检查的原因当时没有刊印,直到 1918 年才由生活和知识出版社在莫斯科首次出版了单行本。——17。

31 此信是列宁对 M.Г.菲利亚(乔治)1911 年 1 月 17 日询问的答复。菲利亚在询问中提出,布尔什维克根据俄国社会民主工党中央委员会 1910 年一月全会决定把钱转交给第三者保管时,似乎留下了 30 000 法郎,他要求对这笔钱的开支情况作出报告。——18。

32 指 1907 年 6 月 13 日(26 日)卡莫(西·阿·捷尔-彼得罗相)在梯弗利斯组织的剥夺行动。这次剥夺行动是为给党筹措经费而策划的,动手地点在梯弗利斯的埃里温广场,共夺得属于国库的 25 万卢布。这笔钱被送到了彼得堡,并交给了党。——18。

33 指 1910 年 1 月 2—23 日(1 月 15 日—2 月 5 日)在巴黎举行的俄国社会民主工党中央委员会全体会议。——19。

34 1911 年 4 月《思想》杂志第 5 期发表了卡·考茨基的小册子《德国社会民主党的策略方针》(1911 年柏林版)俄译文的开头部分。——20。

35 这里是指《俄国党内斗争的历史意义》一文(见本版全集第 19 卷)。《新时代》杂志拒绝刊登列宁这篇文章。该文后来于 1911 年 4 月 29 日(5 月 12 日)发表在《争论专页》第 3 号上。——20。

36 德国社会民主党领袖之一保尔·辛格尔于 1911 年 1 月 31 日逝世。这封信大概是谈这件事的。——22。

37 列宁给卡·胡斯曼的回信草稿没有找到,估计其内容与列宁 1910 年 12 月 17 日给《社会民主党人报》编辑部的信(见本卷第 9 号文献)大致相同。——22。

38 指尼·伊·约尔丹斯基就叶·马耶夫斯基在《我们的曙光》杂志上发表的《什么是取消主义》一文给《明星报》"报刊评论"栏写的题为《矛盾》的一篇评论。——22。

39 指以波兰社会民主党为一方,布尔什维克及调和派为另一方于1911年2月11日在巴黎通过的关于党的各中央机关的人员组成及当前任务的《协议条款》。该协议第2条规定中央委员会的人员组成为:"4个布尔什维克+1个波兰社会民主党人+2个普列汉诺夫分子(或:1个普列汉诺夫分子+1个呼声派分子)+1个崩得分子+1个拉脱维亚人。"接着作了以下的附带声明:"只有在拉脱维亚人和崩得分子以他们组织的名义,正式声明他们在这样的人员组成情况下将退出中央委员会之后,我们方面才以最后通牒的方式提出起码的要求:3个布尔什维克+1个波兰社会民主党人+1个呼声派分子+1个普列汉诺夫分子+1个拉脱维亚人+1个崩得分子。"列宁所批评的正是这个附带声明,认为它把第2条头一部分的整个内容化为乌有。参加签订这个协议的有扬·梯什卡、阿·伊·李可夫、格·叶·季诺维也夫等人。——23。

40 指1910年1月2—23日(1月15日—2月5日)在巴黎举行的俄国社会民主工党中央委员会全体会议,即所谓"统一的"全会。——24。

41 指波·伊·哥列夫(伊哥尔)于1911年2月17日就召开中央全会的地点和孟什维克提出的候选人问题向中央委员会国外局提交的声明(参看《列宁文集》俄文版第18卷第16—17页)。——25。

42 按照俄国社会民主工党中央委员会1910年一月全会通过的中央委员会章程,俄国社会民主工党第五次(伦敦)代表大会上选出的、"在俄国担任任何一项党的工作的"中央委员会候补委员可以被吸收参加全会的工作。罗曼(康·米·叶尔莫拉耶夫)是孟什维克提名的候选人,而他在一年半时间内一直伙同其他取消派破坏俄国社会民主工党中央委员会俄国局的工作。——26。

43 这里说的是被前进派用来创办他们的第二所学校的一笔资金。这笔钱主要是从搞了米阿斯剥夺事件的乌拉尔人那里得来的。——28。

44 指"前进"集团的机关刊物——1910—1911年在巴黎出版的《前进》

文集。——28。

45 指刊登在1910年《争论专页》第2号上列宁的《政论家札记》一文第2章《我们党内的“统一的危机”》(见本版全集第19卷)。

《争论专页》(«Дискуссионный Листок»)是俄国社会民主工党中央机关报《社会民主党人报》的附刊，根据俄国社会民主工党中央委员会1910年一月全会的决议创办，1910年3月6日(19日)—1911年4月29日(5月12日)在巴黎出版，共出了3号。编辑部成员包括布尔什维克、孟什维克、最后通牒派、崩得分子、普列汉诺夫派、波兰社会民主党和拉脱维亚边疆区社会民主党的代表。《争论专页》刊登过列宁的《政论家札记》、《俄国党内斗争的历史意义》、《合法派同反取消派的对话》(见本版全集第19卷和第20卷)等文章。——29。

46 58个孟什维克是孟什维克的俄国社会民主工党巴黎“第一”协助小组的成员，他们在小组全体会议上以党内情况问题决议案的形式通过了一份《告全体党员书》，后来刊登于1911年2月《社会民主党人呼声报》第24号附刊上。这份告党员书把布尔什维克说成是产生党内危机的祸首。——32。

47 指《明星报》和《思想》杂志。——32。

48 指1911年2月《社会民主党人呼声报》编辑部在巴黎印发的一份题为《给同志们的信》的传单。取消派在传单中提出了自以为能保证他们战胜布尔什维克的一系列措施，其中之一是让崩得的一名代表参加中央机关报编辑部。——33。

49 大概是指俄国社会民主工党中央委员会1910年一月全会《关于派别中心的决议》(参看《苏联共产党代表大会、代表会议和中央全会决议汇编》1964年人民出版社版第1分册第307页)。——34。

50 指1911年3月20日(4月2日)在莫斯科举行的第三届国家杜马的补充选举。在这次选举中，社会民主党人提出伊·伊·斯克沃尔佐夫-斯捷潘诺夫为候选人，他于2月被捕，3月被判流放阿斯特拉罕省3年。——34。

51 指崩得分子尤金(伊·李·艾森施塔特)(俄国社会民主工党中央委员会俄国局委员)和米·伊·李伯尔(伯尔)(中央委员会国外局委员)对召开中央委员会国外全会提出的抗议。——35。

52 1911年2月9日(22日)莉·米·克尼波维奇、柳·尼·拉德琴柯、弗·德·邦契-布鲁耶维奇等在彼得堡被捕。——35。

53 从扬·梯什卡1911年3月20日给列宁和格·叶·季诺维也夫的信中可以看出,1911年2月底或3月初,维·巴·诺根在布尔什维克国外中央的要求的影响下,提出将中央委员会"国内成员"会议改在国外举行,这一建议当时遭到了尤金和林多夫的反对。不久,尤金就去高加索找孟什维克阿德里安诺夫,以便他来到后在俄国举行会议。会议没有开成,因为诺根发觉有人监视他,就离开图拉一段时间。——37。

54 指为召开所谓的"全党"代表会议而展开的运动。这一运动是在列·达·托洛茨基的维也纳《真理报》1911年第18—19号合刊上发动的,最后导致1912年8月在维也纳召开了取消派代表会议。——37。

55 指加·达·莱特伊仁(林多夫)。1911年阿·伊·李可夫在给列宁的一封信中称莱特伊仁为"庸人加懦夫"。莱特伊仁作为俄国社会民主工党中央委员会俄国局委员,在召开全会问题上曾表现出犹豫和动摇。——39。

56 指俄国社会民主工党中央委员会俄国局8个委员中有二分之一即4个布尔什维克和1个波兰社会民主党的代表。——39。

57 根据俄国社会民主工党中央委员会1910年一月全会的决定建立的党校委员会担负着1911年在巴黎为前进派学校毕业学员组织补充讲座的任务。

博洛尼亚前进派学校的讲课人米·拉·韦尔特曼-巴甫洛维奇(志愿兵)于1911年3月加入党校委员会。他对委员会的工作作了片面的、派别性的介绍,挑动学员反对这个委员会,致使课程中断。——39。

58 《论坛报》(«Trybuna»)是波兰王国和立陶宛社会民主党的机关报，1910—1911年在华沙出版。扬·梯什卡是该报的实际上的编辑。——41。

59 列宁在1911年3月10日给阿·伊·李可夫的信中(见本卷第19号文献)，提到已把中央委员会国外局委员尼·亚·谢马什柯(亚历山德罗夫)的一封信的抄件寄去。这里说的看来就是这封信。——41。

60 括号内写的“波克罗夫斯基＋格格奇柯利署名”，看来是预计党团对该信的正式复信由这两个人署名。党团寄来的复信如下:“1911年4月6日于彼得堡　最尊敬的弗拉基米尔·伊里奇同志:我们讨论了您提出的编辑党团的杜马工作报告的办法。

关于编辑委员会的组成，我们认为有必要指出，尤·米·(斯切克洛夫。——编者注)参加编辑委员会，我们认为是绝对必要的。至于编辑工作报告的期限，我们所能说的只是:非常希望尽快结束它。您准备寄来的提纲，我们将在讨论后立刻寄去。一切必要的材料不久就能寄去。关于我们方面在经济上所承担的部分，我们不得不说，我们的情况的确极为困难，我们所承担的部分希望能减少到最低限度。

受党团委托　尼·谢·齐赫泽、尼·波列塔耶夫。附言:信收到后请即告知。”这封信是波列塔耶夫起草的，由他和齐赫泽署名。——42。

61 指《思想》杂志被查封。查封的借口是1911年4月《思想》杂志第5期刊载了卡·考茨基的小册子《德国社会民主党的策略方针》。——44。

62 指卡·考茨基在与彼·巴·马斯洛夫论战中写的文章《马尔萨斯主义和社会主义》。该文载于1911年2月《新时代》杂志第29年卷第1册第18、19、20期。——45。

63 指《论俄国罢工统计》和《我们的取消派们(关于波特列索夫先生和弗·巴扎罗夫)》两文(见本版全集第19卷第371—398页和第20卷第115—135页)。——47。

64 《现代生活》杂志(«Современная Жизнь»)是布尔什维克的合法刊物，

1911 年 3—4 月在巴库出版，共出了 3 期。——48。

65 指弗·梅林、卡·考茨基和克·蔡特金。根据俄国社会民主工党中央委员会 1910 年一月全会《关于派别中心的决议》和《布尔什维克的宣言》，布尔什维克的部分现金交给这三位“保管人”（参看《苏联共产党代表大会、代表会议和中央全会决议汇编》1964 年人民出版社版第 1 分册第 307—310 页）。1911 年 8 月梅林因病辞去“保管人”职务。不久考茨基也于 10 月 18 日辞职，蔡特金是在 11 月 16 日给布尔什维克的信中提出辞去“保管人”职务的。——48。

66 1911 年 5 月 28 日—6 月 4 日（6 月 10—17 日）在巴黎举行的俄国社会民主工党中央委员会议决定，4 个月后，即在 10 月初将召开党代表会议（参看《苏联共产党代表大会、代表会议和中央全会决议汇编》1964 年人民出版社版第 1 分册第 316—319 页）。但代表会议未能如期举行，直到 1912 年 1 月才在布拉格召开了俄国社会民主工党第六次全国代表会议。——48。

67 关于波兰社会民主党人的立场，见列宁的《党内状况》一文（本版全集第 20 卷）。——49。

68 特里什卡是俄国作家伊·安·克雷洛夫所写寓言中的人物。此人用挖东墙补西墙的办法补缀自己的破外套，惹得人人发笑，而自己却得意扬扬。此处大概是暗指三位保管人。——49。

69 指 1911 年 5 月 28 日—6 月 4 日（6 月 10—17 日）在巴黎召开的俄国社会民主工党中央委员会议（即俄国社会民主工党国外中央委员会议）。——50。

70 列宁本人、他与格·叶·季诺维也夫和列·波·加米涅夫一起曾给保管人（卡·考茨基、弗·梅林和克·蔡特金）写过几封信。信中谈的是将布尔什维克在 1910 年 1 月俄国社会民主工党中央全会后交给“保管人”的那笔钱退还给布尔什维克的问题。布尔什维克和俄国社会民主工党其他派别的领导人与“保管人”之间的通信，以及“保管人”之间的通信全部用原文发表在1981年在美因河畔法兰克福—纽约出版的《考茨基的俄文卷宗》里。——50。

71 指俄国社会民主工党内在1910年1月中央统一全会后发生的危机。在列宁指出的这一时期，中央在俄国的具体活动没有安排好，孟什维克和前进派分子也没有执行全会关于取消派别的决议，他们仍保留自己的机关刊物和组织中心。1910年11月22日(12月5日)，布尔什维克领导人列宁、季诺维也夫、加米涅夫代表自己并受梅什科夫斯基(约·比·戈尔登贝格)的委托，向中央委员会国外局正式递交了申请，要求退还在中央全会上移交给全党使用的那笔属于布尔什维克派的钱(见本卷附录第1号文献)。——51。

72 《社会民主党人报》停刊几乎达半年之久：1911年3月19日(4月1日)出了第21—22号，9月1日(14日)才出了第23号。列宁指的是隆瑞莫党校资金困难，该校于1911年5—8月上课。——51。

73 指俄国社会民主工党中央全会"关于派别中心"的决定(1910年1月)，关于将属于布尔什维克派的钱款移交给中央和退还给布尔什维克的条件的《布尔什维克的宣言》是该决定的组成部分。决定发表在1910年2月《社会民主党人报》第11号上(参看《苏联共产党代表大会、代表会议和中央全会决议汇编》1964年人民出版社版第1分册第307—310页)。——51。

74 "前进"集团是俄国社会民主党内的一个反布尔什维主义的反党集团。它是在亚·亚·波格丹诺夫和格·阿·阿列克辛斯基的倡议下，由召回派、最后通牒派和造神派于1909年12月在它们的派别活动中心卡普里党校的基础上建立的。该集团出版过《前进》文集等刊物。

前进派在1910年一月中央全会上与取消派分子、呼声派分子以及托洛茨基分子紧密配合行动。他们设法使全会承认"前进"集团为"党的出版团体"，并得到中央委员会对该集团刊物的津贴，在全会以后却站在召回派-最后通牒派的立场上尖锐抨击并且拒绝服从全会的决定。1912年党的布拉格代表会议以后，前进派同孟什维克取消派和托洛茨基分子联合起来反对这次党代表会议的决议。

由于得不到工人运动的支持,“前进”集团于1913年实际上瓦解,1917年二月革命后正式解散。——53。

75 见格·瓦·普列汉诺夫的文章《我党中央委员会的最近一次全会》,载于1910年3月《社会民主党人日志》第11期;《普列汉诺夫全集》第19卷第119页。

《社会民主党人日志》(«Дневник Социал-демократа»)是格·瓦·普列汉诺夫创办的不定期刊物,1905年3月—1912年4月在日内瓦出版,共出了16期。1916年在彼得格勒复刊,仅出了1期。——53。

76 显然是指格·瓦·普列汉诺夫1910年发表在《社会民主党人报》上的下列文章:《维护“地下活动”》(4月第12号)、《谈几件小事,特别是谈谈波特列索夫先生》(5月第13号)、《论善于约束自己思想的好处》(9月第15—16号)、《回答林多夫同志的几句话》(11月第18号)。——53。

77 列宁援引的是孟什维克护党派在1910年3月22日(4月4日)孟什维克巴黎小组会议上提出的决议草案。该决议草案以传单形式单独出版。列宁在其1910年的文章中援引了决议的内容(见本版全集第19卷第231—232、293—294页)。——54。

78 列宁引用住在国外的俄国社会民主工党中央委员于1911年5月28日—6月4日(6月10—17日)在巴黎举行的中央委员会议记录来证实自己的话。参加此次会议的有布尔什维克——列宁、格·叶·季诺维也夫和阿·伊·李可夫,波兰社会民主党人——扬·梯什卡和费·埃·捷尔任斯基,拉脱维亚社会民主党人(以观察员身份出席)——马·奥佐林。孟什维克和崩得的代表退出了会场,没有参加决议的表决。会议记录没有完全保存下来。见本版全集第20卷第254—275页。——55。

79 《明星报》(«Звезда»)是俄国布尔什维克的合法报纸,1910年12月16

日(29日)—1912年4月22日(5月5日)在彼得堡出版。《明星报》的续刊是《涅瓦明星报》,它是因为《明星报》屡被没收而在《明星报》尚未被查封时于1912年2月26日(3月10日)创刊的,最后一号于1912年10月5日(18日)出版。《明星报》最初是社会民主党杜马党团的机关报,当时参加编辑部的有:弗·德·邦契-布鲁耶维奇、尼·伊·约尔丹斯基(普列汉诺夫派)和伊·彼·波克罗夫斯基(第三届国家杜马社会民主党党团代表,同情布尔什维克)。该报的出版者是杜马代表、布尔什维克尼·古·波列塔耶夫。——58。

80 哥本哈根代表大会(第二国际第八次代表大会)于1910年8月28日—9月3日举行。出席代表大会的有来自欧洲、南北美洲、南部非洲和澳洲33个国家的896名代表。代表俄国社会民主工党出席代表大会的有列宁、格·瓦·普列汉诺夫、亚·米·柯伦泰、阿·瓦·卢那察尔斯基等。

代表大会的主要议题是反对军国主义和战争、合作社与党的关系、国际团结和工会运动的统一等问题。为了预先讨论和草拟各项问题的决议,大会成立了5个委员会。

列宁参加了合作社问题委员会的工作。他在《哥本哈根国际社会党代表大会关于合作社问题的讨论》一文(见本版全集第19卷)中分析了代表大会合作社委员会的工作以及围绕着合作社在无产阶级革命斗争中的作用和任务与合作社同社会主义政党的关系等问题展开的斗争。

代表大会通过的《仲裁法庭和裁军》这一反战问题的决议重申了1907年斯图加特代表大会的《军国主义和国际冲突》决议,要求各国社会党人利用战争引起的经济危机和政治危机来推翻资产阶级。决议还责成各国社会党及其议员在议会中提出下列要求:必须把各国间的一切冲突提交国际仲裁法庭解决;普遍裁军;取消秘密外交;主张各民族都有自决权并保护它们不受战争侵略和暴力镇压。决议号召全国工人反对战争的威胁。

为了团结各国革命马克思主义者,列宁在大会期间倡议召开了出席代表大会的各国左派社会民主党人的会议,与会者有法国的茹·盖得和沙·拉波波特，比利时的路·德·布鲁凯尔，德国的罗·卢森堡和埃·武尔姆，波兰的尤·约·马尔赫列夫斯基（卡尔斯基），西班牙的巴·伊格莱西亚斯，奥地利的阿·布劳恩，俄国的普列汉诺夫等人。——59。

81 列宁指的是刊登在德国社会民主党中央机关报《前进报》（1910 年 8 月 28 日第 201 号）上的匿名文章《俄国社会民主党》，文章的作者是列·达·托洛茨基，编辑部在上面注明："我们的俄国通讯员"为德国社会民主党中央机关报《前进报》（1910 年 8 月 28 日（公历）第 201 号）供稿。1910 年 8 月 20 日（9 月 2 日），第二国际第八次代表大会的代表格·普列汉诺夫、阿·瓦尔斯基和列宁就这篇文章向德国社会民主党执行委员会提出抗议（见本版全集第 45 卷附录第 10 号文献）。——59。

82 "前进"集团创建的博洛尼亚党校从 1910 年 11 月办到 1911 年 3 月。根据俄国社会民主工党中央全会（1910 年 1 月）的决定，成立由 9 人组成的党校委员会（俄国社会民主工党中央直属党校委员会）：布尔什维克 2 人，孟什维克 2 人，"前进"集团 2 人，崩得、波兰王国和立陶宛社会民主党以及拉脱维亚边疆区社会民主党各 1 人（参看《苏联共产党代表大会、代表会议和中央全会决议汇编》1964 年人民出版社版第 1 分册第 306 页）。布尔什维克尼·亚·谢马什柯为该委员会主席。这封信援引了委员会的声明《致"前进"集团党校的学员同志们》（1910 年 12 月底），声明指出："中央的党校委员会一致认为……同志们应尽的党员义务是——不给单独的党校以任何帮助，只为中央委员会成立的党校工作"（1962 年苏联《历史档案》杂志第 5 期第 51 页）。——60。

83 列宁说的是孟什维克呼声派及其支持者占多数的中央委员会国外局从 1910 年 12 月起一直反对召开俄国社会民主工党中央全会。1911 年 5 月底，中央委员会国外局的多数人最后一次表决，反对召开全会。——61。

84 指 1911 年 5 月 12 日和 19 日（公历）之间在巴黎出版的尔·马尔托夫的小册子《拯救者还是毁灭者？》。1911 年 7 月底，"保管人"收到了这篇文章的德译本。

列宁在批判马尔托夫的小册子时引用了前面提到的报纸1910年2月发表的文章。这些文章引用了马尔托夫提供的消息，影射俄国社会民主工党中央委员用了从彼尔姆革命游击队（“尔博夫分子”战斗队）那里得到的钱。列·波·加米涅夫在他的小册子《两个政党》（1911年巴黎版第152—153页）中也引用了这些文章。

《庶民报》（«Земщина»）是俄国黑帮报纸（日报），国家杜马中极右派代表的机关报，1909年6月—1917年2月在彼得堡出版。

《俄国报》（«Россия»）是一份反动的黑帮报纸（日报），1905年11月—1914年4月在彼得堡出版。从1906年起成为内务部的机关报。该报接受由内务大臣掌握的政府秘密基金的资助。——62。

85 大概是指彼·伯·司徒卢威的文章《知识分子和革命》（载于1909年3月出版的《路标》文集）、《知识分子思想的保守性》和《是策略还是思想？》（后两篇文章的副标题都是《关于俄国革命的思考》，见1907年《俄国思想》杂志第7期和第8期）。——63。

86 列宁指的是1911年6月住在巴黎的他本人、格·叶·季诺维也夫和列·波·加米涅夫三人，委托书是约·彼·戈尔登贝格（梅什科夫斯基）的。在协定上签名的第五个人是约·费·杜勃洛文斯基。——65。

87 列宁指的是1910年1月俄国社会民主工党中央全会通过的保管人将钱款还给布尔什维克的程序。——65。

88 列宁引用的是关于1911年5月28日—6月4日（6月10—17日）在巴黎召开的俄国社会民主工党中央委员会议的通报。——65。

89 为召开党的代表会议成立了组织委员会和履行文献出版、运输等技术职能的技术委员会。——65。

90 技术委员会（国外技术委员会）是在1911年俄国社会民主工党中央委员六月会议上成立的，作为中央全会举行前的临时机构由出席六月会议的中央委员和候补中央委员领导，执行有关党的出版、运输等工作的技术职能。布尔什维克、调和派和波兰社会民主党人各有一名代表参加技术委员会。——66。

91 组织委员会是指1911年6月1日(14日)在中央委员六月会议上为召开全党代表会议而成立的国外组织委员会,由布尔什维克、调和派和波兰社会民主党人的代表组成。该委员会派格·康·奥尔忠尼启则为全权代表回国进行筹备全党代表会议的工作,并印发《告社会民主党各组织、团体和小组书》,号召它们着手选举俄国组织委员会。然而在国外组织委员会中,调和派和支持调和派的波兰社会民主党代表占了多数,他们执行了同拒绝派代表参加国外组织委员会的前进派和列·达·托洛茨基继续谈判的无原则方针。调和派在自己的刊物上指责布尔什维克搞派性。他们利用自己的多数阻挠筹备代表会议,迟迟不把党的经费寄回俄国。

1911年10月底,国外组织委员会讨论了俄国组织委员会关于它的成立的《通报》和它通过的决议。调和派多数拒绝服从这些决议,布尔什维克代表乃退出国外组织委员会。后来,国外组织委员会不得不承认俄国组织委员会的领导作用,但不久就公开反对俄国组织委员会,于1911年11月20日(12月3日)印发了《致俄国组织委员会的公开信》,指责俄国组织委员会搞派性。——66。

92 《生活事业》杂志(«Дело жизни»)是孟什维克取消派的机关刊物,合法杂志,1911年1—10月在圣彼得堡出版。共出了9期。——69。

93 指俄国社会民主工党巴黎第二协助小组。

俄国社会民主工党巴黎第二协助小组于1908年11月5日(18日)成立。它是布尔什维克从与孟什维克合组的巴黎小组退出后组成的,后来孟什维克护党派和前进派分子也加入了这个小组。1911年参加巴黎第二协助小组的有:布尔什维克列宁、娜·康·克鲁普斯卡娅、尼·亚·谢马什柯、米·费·弗拉基米尔斯基、伊·费·阿尔曼德、柳·尼·斯塔尔、谢·伊·霍普纳尔、维·康·塔拉图塔、尼·瓦·库兹涅佐夫、亚·西·沙波瓦洛夫等;调和派阿·伊·柳比莫夫、米·康·弗拉基米罗夫等以及一些前进派分子。全组共有40余人。它同俄国的党组织发生联系，协助其工作，同取消派和托洛茨基分子进行斗争，并在俄国侨民工人中开展工作。

俄国社会民主工党巴黎第二协助小组于 1911 年 6 月 18 日(7 月 1 日)在弗拉基米尔斯基主持下举行会议，讨论了党内状况问题，以 27 票的多数通过了列宁起草的决议(见本版全集第 20 卷第 286—295 页)。会上有 10 票赞成小组中少数提出的调和主义决议。列宁于 1911 年 7 月 3 日写信给柳比莫夫和弗拉基米罗夫，把他们在这次会议上所作的调和主义的发言叫做“对‘经济派’最蹩脚的言论的最蹩脚的重复”。——70。

94 调和派同波兰社会民主党人(在这封信中是指扬·梯什卡和弗·L.列德尔)结成的“联盟”是针对布尔什维克的。在 1911 年俄国社会民主工党国外中央委员六月会议以后，调和派分子阿·伊·柳比莫夫和米·康·弗拉基米罗夫同波兰社会民主党代表梯什卡一起在关于召开代表会议的国外组织委员会组成问题上挑起了争论，企图在波兰社会民主党人的支持下保证调和派在该委员会中获得多数。

调和派和波兰社会民主党人同呼声派所搞的“阴谋诡计”，表现在他们支持六月会议后退出中央机关报《社会民主党人报》编辑部的尔·马尔托夫和费·伊·唐恩。《社会民主党人报》编辑部的第 5 名委员列德尔用最后通牒方式(以“退出”编辑部相威胁)要求接纳另外两个孟什维克参加编辑部。——70。

95 指 1911 年 6 月 30 日卡·考茨基、弗·梅林和克·蔡特金给列宁的信。该信通知列宁说，“保管人”认为必须尽快把委托给他们保管的钱款交给他们掌管，并要求把全部有价证券寄给蔡特金。巴黎国民贴现银行根据列宁的信于 1911 年 7 月 7 日给蔡特金汇出 24 445.30 马克。——71。

96 弗·梅林、卡·考茨基、克·蔡特金于 1911 年 6 月 27 日写信通知列宁说，他们已授权技术委员会发给党的工作人员 6—7 月份的工资，并拨出必要款项作为俄国社会民主工党中央委员会 1910 年一月全会规定范围内的党的各项任务开支。“保管人”要求列宁付给技术委员会为办理此事所需的款项。——71。

97 指列·波·加米涅夫的小册子《两个政党》的校样。这本小册子于1911年8月在巴黎出版。1911年8月2日列宁为这本小册子写了序言(见本版全集第20卷第297—300页);他在看校样时对小册子作了补充(同上书,第301页)。——72。

98 列宁的信是对1911年8月23日卡·胡斯曼请他订正第三届国家杜马组成表的那封信的答复。——73。

99 指设在离巴黎数公里的一个小镇——隆瑞莫的党校。这所党校是为俄国一些无产阶级中心地区党组织的工作人员开设的,1911年春在列宁领导下由布尔什维克筹办。根据1910年俄国社会民主工党中央一月全会的决定成立的党校委员会在建校方面做了大量的工作。该校学员由各地方党组织选派,并经资格审查委员会和党校委员会全体会议的批准。该校共收13名学员和5名旁听生。学员中多数是布尔什维克,也有一些孟什维克护党派和1名前进派分子。格·康·奥尔忠尼启则、伊·伊·施瓦尔茨等都在该校学习过。党校讲课人名单是党校委员会和学员共同拟定的。党校委员会把讲课邀请信分送给党内各派代表,但孟什维克尔·马尔托夫、费·伊·唐恩等拒绝应邀讲课,因此在党校中授课的主要是布尔什维克。

列宁是该校的思想领导者和主要讲课人。他除了给学员讲授马克思和恩格斯的《共产党宣言》外,共讲课56次,包括政治经济学29讲,土地问题12讲,俄国的社会主义理论和实践12讲,唯物史观3讲。列宁还应党员要求作了关于时局和党内状况的专题报告。

党校还开设了下列课程:工人立法(尼·亚·谢马什柯——7讲)、议会斗争和社会民主党杜马党团(尼·亚·谢马什柯——3讲)、俄国和西欧的工会运动(达·波·梁赞诺夫——11讲)、法国社会主义运动史(沙·拉波波特——8讲)、比利时社会主义运动史(伊·费·阿尔曼德——4讲)、德国社会主义运动史(沙·拉波波特和弗·L.列德尔——11讲)、文学和艺术史(阿·瓦·卢那察尔斯基)。此外,党校还组织了关于国家法、民族问题、波兰政党和波兰社会主义、拉脱维亚社会民主党等题目的讲演。

8月17日(30日)党校结业。学员们分别返回俄国参加党的秘密工作。——74。

100 大概是指1911年5月28日—6月4日(6月10—17日)在巴黎举行的俄国社会民主工党中央委员会议。——74。

101 《基辅戈比报》(«Киевская Копейка»)是乌克兰资产阶级报纸,1911年出版。——74。

102 指尔·马尔托夫的小册子《拯救者还是毁灭者?》,由《社会民主党人呼声报》编辑部于1911年春在巴黎出版。小册子大谈布尔什维克同乌拉尔"尔博夫分子"战斗队以及1907年梯弗利斯剥夺国库事件组织者的组织关系,并提出一系列无中生有的指责,来证明布尔什维克领导人的所谓"涅恰耶夫主义"。小册子带有明显的政治讹诈性质。——75。

103 列宁于1911年9月28日和10月2日先后在伯尔尼和日内瓦作了题为《斯托雷平与革命》的报告。下边写的"星期六在日内瓦举行这个报告会"是原来的计划,实际上日内瓦的那场报告会是星期一(10月2日)举行的。——76。

104 这里指的是:《社会民主党人报》全份;列·波·加米涅夫的小册子《两个政党》;格·瓦·普列汉诺夫的刊物《社会民主党人日志》和C.T.阿尔科梅德的《高加索的工人运动和社会民主党》第1册(该书于1910年在日内瓦出版,有普列汉诺夫写的序言)。——77。

105 这封信有一份用打字机打的法文稿,列宁在其末尾写有附言:"我持有正式回执……可资证明蔡特金女公民已于1911年10月31日收到了这封信。"——77。

106 指俄国组织委员会。

俄国组织委员会是根据1911年俄国社会民主工党中央委员六月会议的决议为筹备召开党的全国代表会议而成立的,于当年9月底在各地方党组织代表会议上组成。

这次各地方党组织代表的会议，由国外组织委员会全权代表格·康·奥尔忠尼启则领导召开，参加会议的有巴库、梯弗利斯、叶卡捷琳堡、基辅和叶卡捷琳诺斯拉夫等地党组织的代表，包括斯·格·邵武勉、苏·斯·斯潘达良、伊·伊·施瓦尔茨等，列席会议的有叶·德·斯塔索娃等。

会议总共开了三次会。第一次会在巴库召开，听取了国外组织委员会全权代表的工作总结报告，讨论了各地方的报告，通过了关于成立筹备召开代表会议的俄国组织委员会的决议。由于会议开幕后第二天邵武勉即被捕，出于安全的考虑，会议随即转移到梯弗利斯继续举行。第二次会讨论了俄国组织委员会同国外组织委员会和国外技术委员会的相互关系问题。会议通过的决议指出，国外组织委员会应服从担负着召开代表会议全部筹备工作的俄国组织委员会，国外组织委员会和国外技术委员会除非通知俄国组织委员会，并经它的同意和指示，不得通过文字或其他方式发表意见和支用党的经费。这次会还制定了出席党代表会议代表的选举程序。会议通过的关于合法组织参加党代表会议的代表权问题的决议说，俄国组织委员会邀请所有承认秘密的俄国社会民主工党并争取同它建立思想联系的合法的工人组织派代表出席党的代表会议，他们在代表会议上的权利问题由代表会议本身解决。会议通过的《关于民族组织的决议》呼吁各民族组织派代表参加俄国组织委员会，并着手进行出席代表会议代表的选举。第三次会讨论并通过了告各地党组织书草案。告各地党组织书（即《通报》）以及俄国组织委员会各项决议在梯弗利斯以单页形式印了1 000份，分发给了各地的和国外的组织。

到1911年底，在俄国组织委员会周围已团结了20多个地方组织：彼得堡、莫斯科、巴库、梯弗利斯、基辅、叶卡捷琳诺斯拉夫、叶卡捷琳堡、萨拉托夫、喀山、尼古拉耶夫、维尔诺等。俄国组织委员会的活动到1912年1月俄国社会民主工党第六次（布拉格）全国代表会议召开时结束，它为筹备此次会议做了大量的组织和宣传工作。——79。

107　指筹备中的俄国社会民主工党第六次全国代表会议。——80。

108 克·蔡特金1911年11月16日来信通知说,在卡·考茨基辞去根据1910年俄国社会民主工党中央委员会一月全会的决定由他、弗·梅林和蔡特金共同保管这笔钱的“保管人”职务以后,她也要辞去“保管人”的职务。——84。

109 指俄国社会民主工党中央委员会收到的波斯民主党中央委员会1911年12月5日的电报。电报对俄国沙皇政府和英帝国主义干涉波斯人民的内政表示抗议。——85。

110 阿·萨·叶努基泽当时被囚禁在巴库中央监狱。——87。

111 这封信可能是寄给住在伯尔尼的瑞士律师卡尔·茨格拉根的。——88。

112 这里指的是俄国社会民主工党中央委员会1910年一月全会上通过的协议。有关这个问题的内容摘录如下:

全会《关于派别中心的决议》中所附《布尔什维克的宣言》说:除了“把自己的**部分**财产转交给中央委员会”外,“我们把我们所掌握的其余全部现金转交给第三者保管,并建议他,如果孟什维克派在两年内也采取一切必要措施来真正取消孟什维克的中心和确立党组织统一的话,那么他可以在此期间把交给他所保管的金额转交给中央会计处。如果孟什维克派继续出版它的指导性的派别机关报,保留它的派别会计处,拒绝帮助俄国和国外的全党中央机关,我们将被迫采取措施,要求保管者归还这笔现金”。

在《宣言》后面发表的《社会民主党人报》编者按说:“由于布尔什维克的这个声明,中央委员会通过了一项决议,其中谈到,把布尔什维克所交出来的金额(除他们立即交给中央会计处的金额和中央委员会贷给布尔什维克著作家集团用于纯粹出版事业的金额外)‘转交给三位同志’(关于这三位同志的人选,已经达成了协议),而这三位同志应在一定期限内把一定数量的金额转交给中央委员会。

如果在这个时期内布尔什维克派代表根据他们在宣言中所声明的理由,要求付给他们当时所剩余的金额,那么这个问题,即付不付给和到底付给谁(是付给中央委员会和中央机关报中的布尔什维克委员呢,还是付给中央委员会)，全部由这几位保管人最后决定，同时，应事先为此事召开全会，由全会对这个问题作出决定，并将该决定和讨论情况通知保管人。

如果由于某种原因，不可能在布尔什维克派代表提出要求后的 3 个月内召集全会，则为此应召集一个由中央委员 5 人(布尔什维克 1 人，孟什维克 1 人和各“民族”组织代表各 1 人)组成的委员会。”(参看《苏联共产党代表大会、代表会议和中央全会决议汇编》1964 年人民出版社版第 1 分册第 309—310 页)。——89。

113 对列宁多次提出把钱交给“保管人”的建议，卡·考茨基在 1911 年 6 月 8 日的信中答复说，他们“认为无此必要”，而在 1911 年 6 月 27 日的信中，“保管人”通知列宁说，他们“就钱的纠纷问题”还不能作出决定。——89。

114 指尼·巴·施米特。他是一位革命家，布尔什维克，出生于莫斯科一个家具厂主家庭，在普列斯尼亚拥有家具厂，曾积极投身于俄国 1905 年革命，出资武装工人，1905 年 12 月 17 日被捕，1907 年 2 月 13 日夜在狱中遇害。牺牲前留下遗言：把自己的财产交给布尔什维克。——89。

115 指克·蔡特金 1911 年 11 月 16 日给维·康·塔拉图塔(伊·巴·施米特的丈夫)的信。她在这封信中要求再交 33 000 法郎给“保管人”保管，说她知道，这笔钱尚未交给列宁。她还警告塔拉图塔说，这笔钱一个生丁也不能交给任何人和任何派别。1911 年 11 月 23 日伊·巴·施米特(尼·巴·施米特的妹妹)回信给蔡特金说，留在俄国的 33 000 法郎包括她个人交给以列宁为首的布尔什维克小组的党费 22 000 法郎和她按照遗嘱在变卖财产后获得的部分金额。根据书面和口头的遗嘱，她应把这笔钱交给列宁而不能交给别的派别。总数为 34 558 法郎 65 生丁的钱已交给了布尔什维克。——89。

116 中央委员会国外局是由 1908 年 8 月俄国社会民主工党中央委员会全体会议批准成立的，是从属于中央委员会俄国局的全党的国外代表机构，由 3 人组成。其任务是与在俄国国内活动的中央委员会和在国外工作的中央委员保持经常联系，监督俄国社会民主工党国外各协助小组以及代表它们的国外中央局的活动，收纳国外组织上缴中央会计处的钱款，并为中央委员会募捐。1910 年中央委员会一月全会改组了中央委员会国外局，限定它的职能为领导党的一般事务，同时相应地加强了中央委员会俄国局的权力。中央委员会国外局改由 5 人组成，其中有各民族组织中央委员会的代表 3 人，布尔什维克代表 1 人和孟什维克代表 1 人。起初组成中央委员会国外局的是：阿·伊·柳比莫夫（布尔什维克）、波·伊·哥列夫（孟什维克）、扬·梯什卡（波兰社会民主党）、约诺夫（崩得）和扬·安·别尔津（拉脱维亚社会民主党）。但不久布尔什维克的代表改为尼·亚·谢马什柯，崩得代表改为米·伊·李伯尔，拉脱维亚社会民主党代表改为施瓦尔茨，后二人是取消派。这样，取消派就在中央委员会国外局的成员中取得了稳定的多数。他们极力破坏党中央机关的工作，阻挠召开中央委员会全会。布尔什维克代表谢马什柯被迫于 1911 年 5 月退出中央委员会国外局。1911 年 6 月在巴黎召开的俄国社会民主工党中央委员会会议作出了谴责中央委员会国外局政治路线的决议，指出国外局走上了反党的、维护派别策略的道路，决定把国外局是否继续存在的问题提交最近召开的中央委员会全会解决。1911 年 11 月，波兰社会民主党从中央委员会国外局召回了自己的代表，随后拉脱维亚社会民主党也召回了自己的代表。1912 年 1 月，中央委员会国外局自行撤销。——90。

117　指《社会民主党人报》。——90。

118　指卡·考茨基和克·蔡特金 1911 年 11 月 18 日写给俄国社会民主工党中央委员会国外局的信。他们在信中向国外局通报了他们 3 位“保管人”已辞职一事和他们对所保管的钱的处理决定。蔡特金和考茨基认为，这笔钱归谁所有，尚属一个有争议的问题。只有在双方（布尔什维克为一方，参加俄国社会民主工党中央委员会 1910 年一月全会的其他派别的代表为另一方）共同作出决定的基础上才能把这笔钱交出。在共同协议达成之前，这笔钱放在现在存放的银行不动。——93。

119　指俄国社会民主工党第六次（布拉格）全国代表会议的决议。1912 年 2

月俄国社会民主工党中央委员会在巴黎出版了这次代表会议的决议和《通报》的单行本。——94。

120 在1911年和1912年的《明星报》上刊载过马·高尔基的《童话》中的7个故事。——94。

121 《现代事业报》(«Живое Дело»)是俄国孟什维克取消派的合法报纸(周报),1912年1月20日(2月2日)—4月28日(5月11日)在彼得堡出版,共出了16号。参加该报工作的有尔·马尔托夫、费·伊·唐恩、帕·波·阿克雪里罗得等。接替《现代事业报》出版的是《涅瓦呼声报》。——95。

122 《伊尔库茨克言论报》(«Иркутское Слово»)是倾向俄国孟什维克取消派的报纸(周报),1911—1912年出版。——95。

123 指《俄国社会民主工党1912年全国代表会议》这本小册子,它是由俄国社会民主工党中央委员会在巴黎出版的。——97。

124 指关于俄国社会民主工党第六次(布拉格)全国代表会议的专题报告。格·李·什克洛夫斯基只在伯尔尼和洛桑作了关于这次代表会议的报告。——97。

125 指1910年11月26日在维也纳社会民主党人俱乐部(参加者主要是托洛茨基分子)的会议上通过的一项决议。这项决议是列·达·托洛茨基提出的,它撇开中央委员会并与其相对抗,号召同呼声派、前进派一起筹备召开全党的代表会议。——98。

126 参加俄国社会民主工党第六次(布拉格)全国代表会议的社会民主党第三届国家杜马党团代表是尼·古·波列塔耶夫和瓦·叶·舒尔卡诺夫(此人从1913年起成为奸细)。他们到会晚了。列宁曾于会后在莱比锡会见社会民主党杜马代表。——99。

127 娜·康·克鲁普斯卡娅在信上加了如下的附言:"这个决议尚未在报刊上公布,所以在报告中不要引用它。这只是为了让你了解情况,如果他们端出这个决议的话。

关于国内组织问题,任何人都不能说什么,他们便用'许多重要的组织没有参加'的空话来搪塞。他们指出叶卡捷琳诺斯拉夫代表只有发言权,却不指出正是这位代表提出了决议案,不指出任何一个组织都未被漏掉,不指出组织委员会做了能做的一切,它的活动博得了完全的赞同。"——99。

128 崩得国外委员会、"前进"集团、《社会民主党人呼声报》、列·达·托洛茨基的维也纳《真理报》、孟什维克护党派和调和派等集团的代表于1912年3月12日在巴黎召开会议,通过了反对俄国社会民主工党第六次(布拉格)代表会议的决议,决定把该决议通报给社会党国际局、德国、法国、奥地利的社会党中央委员会和中央机关报以及"保管人"。决议印成单页,同时刊载于维也纳《真理报》和崩得《新闻小报》第4号上。列宁以俄国社会民主工党驻社会党国际局代表身份就这一决议给该局书记卡·胡斯曼写了两封信(见本版全集第21卷第221—224页和本卷第55号文献)。——100。

129 指刊载于《社会民主党人日志》第15期附录2的格·瓦·普列汉诺夫文章《永志不忘!》。这篇文章在谈到中央委员会国外局自行解散一事时说:"这个曾经成为力图取消党的先生们手中的工具、必将给俄国社会民主党的事业带来巨大危害的党的机关,能为革命无产阶级做的好事只有一件,就是死去。而它果然死去了。对此谨表感谢!"(参看《普列汉诺夫全集》1927年俄文版第19卷第375页)——100。

130 列宁这封《致〈明星报〉编辑部》的信写于1912年3月25日或26日,是给《明星报》寄送《把牌摊到桌面上来》一文(见本版全集第21卷第191—197页)的附函,但同该文的内容没有直接关系。——100。

131 指1910年参考手册第2编1910年圣彼得堡版(第三届国家杜马第三次常会)。——100。

132 《选民手册(我们的选举法)》这本小册子于1912年在彼得堡出版。列宁很重视《选民手册》的出版，曾亲自编写和审阅材料（见本卷第61号文献）。——101。

133 指正在筹备出版的俄国布尔什维克的合法日报《真理报》。

《真理报》（«Правда»）是俄国布尔什维克的合法报纸（日报），1912年4月22日（5月5日）起在彼得堡出版。《真理报》是群众性的工人报纸，依靠工人自愿捐款出版，拥有大批工人通讯员和工人作者（它在两年多时间内就刊载了17 000多篇工人通讯），同时也是布尔什维克党的实际上的机关报。《真理报》还担负着党的很大一部分组织工作，如约见基层组织的代表，汇集各工厂党的工作的情况，转发党的指示等。列宁在国外领导《真理报》，他筹建编辑部，确定办报方针，组织撰稿力量，并经常给编辑部以工作指示。1912—1914年，《真理报》刊登了300多篇列宁的文章。《真理报》经常受到沙皇政府的迫害。1914年7月8日（21日），即在第一次世界大战开始前夕，《真理报》被禁止出版。1917年二月革命后，《真理报》于3月5日（18日）复刊，成为俄国社会民主工党中央委员会和彼得堡委员会的机关报。——101。

134 指1912年3月12日俄国社会民主工党国外反党集团在巴黎举行的会议通过的决议。见注128。——102。

135 萨夫卡城是指叶卡捷琳诺斯拉夫。雅·达·捷文曾在那里工作过，他的外号叫“萨夫卡”。——104。

136 指德国社会民主党中央机关报《前进报》1912年3月26日发表的反对俄国社会民主工党第六次（布拉格）全国代表会议及其决议的匿名文章《俄国党内生活所见》，它的作者是列·达·托洛茨基。对此列宁写了答复文章《〈前进报〉上的匿名作者和俄国社会民主工党的党内状况》（见本版全集第21卷），但是《前进报》拒绝刊登。为了让德国工人了解布拉格代表会议及其意义，俄国社会民主党中央机关报《社会民主党人报》编辑部把列宁的答复文章用德文印成了小册子，分寄给德国社会民主党各种刊物的编辑部、各地方委员会、各图书馆，共600个单位。——105。

137 指1912年3月12日俄国社会民主工党国外反党集团在巴黎举行的会议通过的决议。见注128。——106。

138 指1912年3月17日(30日)《工人报》第8号上刊登的《在选举运动中应该教给人民一些什么?》一文。——108。

139 《消息报》没有办成。——108。

140 指俄国社会民主工党第六次(布拉格)全国代表会议《关于第四届国家杜马选举的决议》(见本版全集第21卷第147—150页)。——108。

141 《新时报》(«Новое Время»)是俄国报纸,1868—1917年在彼得堡出版。出版人多次更换,政治方向也随之改变。1872—1873年采取进步自由主义的方针。1876—1912年由反动出版家阿·谢·苏沃林掌握,成为俄国最没有原则的报纸。1905年起是黑帮报纸。1917年二月革命后,完全支持资产阶级临时政府的反革命政策,攻击布尔什维克。1917年10月26日(11月8日)被查封。——112。

142 见注118。——115。

143 指1910年在巴黎召开的俄国社会民主工党中央委员会一月全会上通过的《关于派别中心的决议》。参看注112。——115。

144 此处说的卡·考茨基辞职的日期不完全准确。考茨基在1911年10月2日给列宁的信中通知了关于弗·梅林因病辞去"保管人"职务一事,而他自己是在10月18日辞去"保管人"职务的。——115。

145 娜·康·克鲁普斯卡娅在1912年5月23日给乔·迪科·德拉埃律师的信中通知他寄了以下文件:(1)《社会民主党人报》(1910年2月26日第11号);(2)三位"保管人"1911年6月30日的信(原文和译文);(3)1911年7月7日国民贴现银行巴黎支行经理关于给克·蔡特金女士汇去24 445马克30芬尼和30张瑞典债券一事的通知书;(4)1911年10月2日卡·考茨基通知弗·梅林已辞去"保管人"职务的信(原文和译文);(5)1911年10月18日考茨基通知他本人辞去"保管人"职务

的信(原文和译文);(6)1911 年 11 月 16 日蔡特金通知她本人辞去"保管人"职务的信(原文和译文);(7)1911 年 11 月 18 日蔡特金和考茨基的信(原文);(8)1912 年 1 月俄国社会民主工党第六次(布拉格)全国代表会议就蔡特金掌管的那笔钱所作的决议(这个决议载于本版全集第 21 卷第 161—162 页)。1912 年 6 月 3 日,迪科在回信中说他收到了上述文件,并答应约定时间同列宁会面。——119。

146　指波·尼·克尼波维奇的《俄国农民的分化问题》(在农耕经济领域里的分化)一书 1912 年圣彼得堡版。——119。

147　"运水驽马"一语看来是对尼·米·克尼波维奇家里人的戏称。1907 年春天列宁曾在芬兰斯季尔苏坚的克尼波维奇家的别墅里住过。克尼波维奇家里人常到离花园很远的地方从水井里汲水浇花。列宁也参加他们的运水行列。——121。

148　指布尔什维克在俄国社会民主工党中央委员会 1910 年一月全会上发表的宣言,该宣言载于 1910 年 2 月 13 日(26 日)《社会民主党人报》第 11 号。参看注 112。——124。

149　国外组织委员会即俄国社会民主工党国外组织委员会,是在 1911 年 12 月布尔什维克国外小组巴黎会议上选出的。这次会议决定"在拒绝同取消派-呼声派达成任何直接或间接的协议的基础上","在执行真正的党的路线的基础上"建立俄国社会民主工党国外组织。会议还"决定在各地设立这一国外组织的分部,并认为必须吸收一切同意支持俄国组织委员会、中央机关报和《工人报》的护党分子参加这些分部"(参看《苏联共产党代表大会、代表会议和中央全会决议汇编》1964 年人民出版社版第 1 分册第 337 页)。会议选出的国外组织委员会成员有:尼·亚·谢马什柯、米·费·弗拉基米尔斯基、伊·费·阿尔曼德等人。国外组织委员会的成员几经变动。在 1915 年 2 月 27 日—3 月 4 日于伯尔尼举行的俄国社会民主工党国外支部代表会议上,娜·康·克鲁普斯卡娅、阿尔曼德、格·李·什克洛夫斯基、弗·米·卡斯帕罗夫被选进了国外组织委员会。大战期间,该委员会设在瑞士,在列宁的直接领导下开展工作。俄国社会民主工党第六次(布拉格)全国代表会议批准了国外组织委员会,谴责了所有国外反党派别的活动,确认在国外建立一个在中央委员会的监督和领导下工作的统一的党组织是完全必要的。国外组织委员会在团结党的力量,同孟什维克取消派、调和派、托洛茨基派和其他机会主义分子进行的斗争中发挥了重要的作用。国外组织委员会于 1917 年停止活动。——126。

150 国外小组的中央局也称国外中央局,是俄国社会民主工党各国外协助小组的中心,当时掌握在孟什维克手中。1908 年 8 月,俄国社会民主工党中央全会通过了关于俄国社会民主工党国外协助小组、国外中央局的职能和组织地位的总决定,规定国外中央局由俄国社会民主工党中央委员会委派 10 人组成(其中 1 人是有否决权的中央委员),国外中央局的活动限于解决国外各协助小组的需要,并执行俄国社会民主工党中央委员会国外局所交办的全党性的任务。——126。

151 《涅瓦明星报》(«Невская Звезда»)是俄国布尔什维克的合法报纸,1912 年 2 月 26 日(3 月 10 日)—10 月 5 日(18 日)在彼得堡出版,共出了 27 号。《涅瓦明星报》最初与《明星报》同时出版,以备《明星报》被查封或没收时可资替补。1912 年 4 月 22 日(5 月 5 日)以后即接替被查封的《明星报》出版。参加该报编辑工作的有尼·尼·巴图林、维·米·莫洛托夫、米·斯·奥里明斯基等。列宁从国外对报纸实行思想领导。该报发表了 20 篇列宁的文章和 360 多篇工人通讯。报纸经常遭到政府的迫害,在所出的 27 号报纸中有 9 号被没收,两号被罚款,编辑曾不止一次被法庭审讯。——127。

152 《涅瓦呼声报》(«Невский Голос»)是俄国孟什维克取消派的合法报纸(周报),1912 年 5 月 20 日(6 月 2 日)—8 月 31 日(9 月 13 日)在彼得堡出版,共出了 9 号。该报由 Д.Ф.科斯特罗夫出版,为该报撰稿的有帕·波·阿克雪里罗得、尔·马尔托夫、亚·马尔丁诺夫、尤·查茨基等。该报前身是《现代事业报》。——128。

153 指列宁的《资本主义和"议会"》一文(见本版全集第 21 卷)。——128。

154　看来这和国家杜马选举有关。1907 年 6 月 3 日《国家杜马选举条例》关于第二等城市选民资格的规定中有一项是:“在本市界内用自己名字占用单另住宅一年以上。”——130。

155　《工人报》(«Arbeiter-Zeitung»)是奥地利社会民主党的中央机关报(日报),由维·阿德勒创办,1889 年起在维也纳出版。第一次世界大战期间,该报采取社会沙文主义立场。1934 年被查封。1945 年复刊后是奥地利社会党中央机关报。——130。

156　列·达·托洛茨基的维也纳《真理报》1912 年 4 月 23 日(5 月 6 日)第 25 号刊载了该报编辑部的一篇短评,指责布尔什维克《真理报》剽窃它的报名。维也纳《真理报》编辑部同时还给《真理报》一封“正式”信件,要求它放弃这一名称。——131。

157　《前进报》(«Vorwärts»)于 1911 年 5 月在赖兴贝格(即利贝雷次)创刊(日报),当时是奥地利社会民主党左派的机关报。第一次世界大战开始时被查封。战后由捷克斯洛伐克社会民主党(左派)复刊。从 1921 年起成为捷克斯洛伐克共产党(德意志人部分)的机关报。在该报周围形成了以卡·克雷比赫为首的捷克斯洛伐克“左派”。——131。

158　列宁在这里提到的他的两篇文章《小花招(答布兰克)》和《永不熄灭的希望》,至今尚未找到。——132。

159　1912 年 7 月 5 日的《涅瓦呼声报》第 6 号报道说,社会民主党各派代表(据说还包括《真理报》和《涅瓦明星报》的拥护者)就开展第四届国家杜马选举运动问题在彼得堡举行了会议。《真理报》和《涅瓦明星报》编辑部声明说,他们的代表没有参加这些会议。——133。

160　指帕·波·阿克雪里罗得的文章《当前的主题》(摘自帕·波·阿克雪里罗得给朋友的信)。该文载于 1912 年 7 月 5 日《涅瓦呼声报》第 6 号和 1912 年《我们的曙光》杂志第 6 期。1912 年 7 月底列宁在《涅瓦明星报》上针对此文发表了批评文章《帕·波·阿克雪里罗得是怎样揭露取消派的》(见本版全集第 21 卷)。——133。

161 大概是指伊·费·阿尔曼德和格·伊·萨法罗夫。——135。

162 《俄罗斯新闻》(«Русские Ведомости»)是俄国报纸,1863—1918 年在莫斯科出版。它反映自由派地主和资产阶级的观点,主张在俄国实行君主立宪,撰稿人是一些自由派教授。从 1905 年起成为右翼立宪民主党人的机关报。1917 年二月革命后支持资产阶级临时政府。十月革命后被查封。——135。

163 列宁的《关于竞选纲领》一文,没有在《真理报》上发表,至今尚未找到。——136。

164 《基辅思想报》(«Киевская Мысль»)是俄国资产阶级民主派的政治文学报纸(日报),1906—1918 年在基辅出版。1915 年以前,该报每周出版插图附刊一份;1917 年起出晨刊和晚刊。该报的编辑是 A.尼古拉耶夫和 И.塔尔诺夫斯基。参加该报工作的社会民主党人主要是孟什维克,其中有亚·马尔丁诺夫、列·达·托洛茨基等。第一次世界大战期间,该报采取护国主义立场。——141。

165 《启蒙》杂志(«Просвещение»)是俄国布尔什维克的合法的社会政治和文学月刊,1911 年 12 月—1914 年 6 月在彼得堡出版,共出了 27 期。该杂志是根据列宁的倡议,为代替被沙皇政府查封的布尔什维克刊物——在莫斯科出版的《思想》杂志而创办的,受以列宁为首的国外编辑委员会的领导。出版杂志的实际工作,由俄国国内的编辑委员会负责。在不同时期参加国内编辑委员会的有:安·伊·乌里扬诺娃-叶利扎罗娃、列·米·米哈伊洛夫、米·斯·奥里明斯基、A.A.里亚比宁、马·亚·萨韦利耶夫、尼·阿·斯克雷普尼克等。从 1913 年起,《启蒙》杂志文艺部由马·高尔基领导。《启蒙》杂志作为布尔什维克机关刊物,曾同取消派、召回派、托洛茨基分子和资产阶级民族主义者进行过斗争,登过列宁的 28 篇文章。第一次世界大战前夕,《启蒙》杂志被沙皇政府查封。1917 年秋复刊后,只出了一期(双刊号),登载了列宁的《布尔什维克能保持国家政权吗?》和《论修改党纲》两篇文章。——141。

166 当时《真理报》编辑部秘书是维·米·莫洛托夫。——142。

167 指哈尔科夫。——142。

168 列宁的这篇文章至今尚未找到。——143。

169 在《真理报》上没有发表过列宁这里提到的通讯稿。——143。

170 《创举》杂志(«Почин»)是由一群社会革命党人创办的刊物,带有民粹主义取消派倾向。仅于1912年6月在巴黎出了一期。——144。

171 《国外地区组织通报》即《国外组织地区委员会通报》(«Известия Областного Комитета Заграничной Организации»),是社会革命党人小组的机关刊物,1908—1911年在巴黎出版。——144。

172 《革命思想报》(«Революционная Мысль»)是以尤·杰列夫斯基(A.沃林)和B.阿加福诺夫(西韦尔斯基)为首的一批俄国社会革命党人的报纸,1908年4月—1909年12月在国外出版,共出了6号。——145。

173 《革命俄国报》(«Революционная Россия»)是俄国社会革命党人的秘密报纸,由社会革命党人联合会于1900年底在俄国出版,创办人为安·亚·阿尔古诺夫。1902年1月—1905年12月,作为社会革命党的正式机关报在日内瓦出版,编辑为米·拉·郭茨和维·米·切尔诺夫。——145。

174 指社会革命党领导人之一波·维·萨文柯夫用笔名维·罗普申发表的小说《一匹瘦弱的马》(载于1909年《俄国思想》杂志第1期)和《未曾有过的东西》(载于《箴言》杂志1912年4—11月第1—8期和1913年1月第1期),前者表达了对恐怖主义斗争的悲观失望,后者表现了社会革命党的瓦解。——145。

175 《路标》文集是俄国立宪民主党政论家出版的,1909年在莫斯科出版,收有尼·亚·别尔嘉耶夫、谢·尼·布尔加柯夫、米·奥·格尔申宗、亚·索·伊兹哥耶夫、波·亚·基斯嘉科夫斯基、彼·伯·司徒卢威和谢·路·弗兰克等人的文章。列宁在《论〈路标〉》一文(见本版全集第19卷)中对立宪民主党的这一文集作了批判分析和政治评价。——145。

176 《生活需要》杂志(«Запросы Жизни»)是彼得堡的一家周刊,1909—1912年出版。为它撰稿的有立宪民主党人、人民社会党人和孟什维克取消派。列宁称它是"取消派—劳动派—路标派的"杂志。——147。

177 指1912年在莱比锡刊印的列宁的小册子《论俄国社会民主工党的现状》(见本版全集第21卷)。这本小册子寄给了1912年9月15—21日在开姆尼茨举行的德国社会民主党代表大会的代表们。——148。

178 列·波·加米涅夫将率领俄国社会民主工党代表团出席在开姆尼茨举行的德国社会民主党代表大会。——148。

179 《俄罗斯言论报》(«Русское Слово»)是俄国报纸(日报),1895年起在莫斯科出版。出版人是伊·德·瑟京。该报表面上是无党派报纸,实际上持资产阶级自由派立场。1917年十月革命后不久被查封。1918年1月起,该报曾一度以《新言论报》和《我们的言论报》的名称出版。1918年7月最终被查封。——149。

180 看来是指列·波·加米涅夫的文章《论民主派的义务》(答维·切尔诺夫)。该文载于1912年7—8月《启蒙》杂志第8—9期合刊。——150。

181 指取消派八月代表会议。这次代表会议于1912年8月12—20日(8月25日—9月2日)在维也纳召开,在会上成立了八月联盟,倡议者是列·达·托洛茨基。出席会议的代表共29名,其中只有3人来自俄国国内,其余都是同地方工作没有直接联系的侨民。普列汉诺夫派——孟什维克护党派拒绝出席这次会议。前进派代表出席后很快就退出了。代表会议通过的纲领没有提出建立民主共和国和没收地主土地的口号,没有提出民族自决权的要求,而仅仅提出了宪法改革、全权杜马、修订土地法、结社自由、"民族文化自治"等自由派要求。八月联盟还号召取消秘密的革命党。这个联盟经过一年多就瓦解了。参看列宁《"八月联盟”的空架子被戳穿了》、《论高喊统一而实则破坏统一的行为》两文(见本版全集第25卷)。——151。

182 指《华沙新闻报》。

《华沙新闻报》(«Варшавские Последние Новости»)是一种日报,1912年7月13日—8月19日在华沙出版。该报编辑是B.H.丘多夫斯卡娅;亚·瓦·阿姆菲捷阿特罗夫参加了该报工作。——151。

183 指取消派八月代表会议,见注181。——152。

184 《箴言》杂志(«Заветы»)是倾向俄国社会革命党的合法的文学政治刊物(月刊),1912年4月—1914年7月在彼得堡出版。为杂志撰稿的有P.B.伊万诺夫-拉祖姆尼克、波·维·萨文柯夫、尼·苏汉诺夫、维·米·切尔诺夫等。——153。

185 《不来梅市民报》(«Bremer Bürger-Zeitung»)是德国社会民主党报纸(日报),于1890—1919年出版。1916年以前是不来梅左派社会民主党人的报纸。1916年德国社会民主党中央施加压力,迫使当地党组织改组该报编辑部。同年该报转到了考茨基分子和谢德曼分子手里。——155。

186 说的是卡·伯·拉狄克被指控有不道德行为而受到波兰王国和立陶宛社会民主党总执行委员会所组织的党的法庭审判一事。见注192。

特里什卡是俄国作家伊·安·克雷洛夫所写的寓言中的人物。见注68。——155。

187 指列宁的小册子《论俄国社会民主工党的现状》。见注177。——155。

188 可能是指尼·尼·雅柯夫列夫。——155。

189 大概是指取消派、列·达·托洛茨基的拥护者、崩得分子等就俄国社会民主工党党内状况向德国社会民主党执行委员会提供的假情报。这里说的“详细回答”可能是指《为〈论俄国社会民主工党的现状〉小册子写的附言》(见本版全集第21卷第456—457页和本卷第89号文献)。——159。

190 指列·波·加米涅夫1912年9月16日在德国社会民主党开姆尼茨代表大会上的发言。——162。

191 指《罗莎·卢森堡和波兰"党"总执行委员会步马尔托夫的后尘》一文(见本版全集第22卷)。《不来梅市民报》没有发表这篇文章。——162。

192 波兰王国和立陶宛社会民主党总执行委员会所组织的党的法庭指控卡·伯·拉狄克有若干不道德行为。

根据该法庭的决定,拉狄克被开除出波兰王国和立陶宛社会民主党及德国社会民主党。根据波兰王国和立陶宛社会民主党国外分部委员会("分裂派")的倡议,1913年9月初在巴黎成立了重新审议法庭决定的委员会。委员会由下列人员组成:弗·L.列德尔,代表波兰王国和立陶宛社会民主党国外分部委员会;米·埃季舍罗夫,代表俄国社会民主工党中央委员会;米·巴甫洛维奇,代表俄国社会民主工党组织委员会。稍后委员会又增补进阿·瓦·卢那察尔斯基和代表崩得的Я.弗连克尔。总执行委员会不承认委员会有审议的权利,竭力阻挠向它移交起诉材料。委员会秘书列德尔于1913年10月21日写信给列宁,请他协助在社会党国际局会议上提出这个问题。列宁支持重新审理此案,他认为总执行委员会对拉狄克的指控同它对"分裂派"的尖锐斗争有关联。他在《罗莎·卢森堡和波兰"党"总执行委员会步马尔托夫的后尘》一文(见本版全集第22卷)中着重论证了总执行委员会领导人对拉狄克的攻击是无根据的,认为这一案件的实质是总执行委员会在进行政治报复。

该委员会经过5个月的工作得出了如下结论:把拉狄克交给党的法庭和开除出党是没有根据的;建议继续承认拉狄克为波兰王国和立陶宛社会民主党及俄国社会民主工党的党员(见波兰王国和立陶宛社会民主党国外分部委员会1914年3月出版的《波兰王国和立陶宛社会民主党党员卡尔·拉狄克案件调查委员会报告书》)。——163。

193 克·蔡特金在1911年11月18日给列宁的信中说,尽管党的这笔钱是从银行的列宁活期存款户头中取出的,但是"保管人"不能按列宁的要求把这笔钱归还给他。她建议在同孟什维克和其他派别共同举行的中央全会上就此问题达成协议或诉诸仲裁法庭。她答应，一旦此案交资产阶级法庭审理时，而且她也确信这个问题只能通过资产阶级法律来解决，她将就钱的归属和交还给布尔什维克的可能性问题同资产阶级律师磋商。她还答应在必要时把这个问题提交第二国际解决，并公诸报界。——164。

194 《光线报》(«Луч»)是俄国孟什维克取消派的合法报纸(日报)，1912年9月16日(29日)—1913年7月5日(18日)在彼得堡出版，共出了237号。该报主要靠自由派捐款维持。对该报实行思想领导的是组成原国外取消派机关报《社会民主党人呼声报》编辑部的尔·马尔托夫、帕·波·阿克雪里罗得、亚·马尔丁诺夫和费·伊·唐恩。该报反对布尔什维克的革命策略，鼓吹建立所谓"公开党"的机会主义口号，反对工人的革命的群众性罢工，企图修正党纲的最重要的论点。列宁称该报是叛徒的机关报。从1913年7月11日(24日)起，《光线报》依次改用《现代生活报》、《新工人报》、《北方工人报》和《我们的工人报》等名称出版。——167。

195 关于"吃掉立宪民主党人"的指责，列宁在1912年8月26日《涅瓦明星报》第23号发表的专文《谈谈"吃掉立宪民主党人"》(见本版全集第22卷)中作了答复。——168。

196 指1912年9月22—28日在日内瓦举行的第十九次国际和平大会。——168。

197 列宁指他以俄国社会民主工党中央委员会的名义写的《对〈莱比锡人民报〉所载取消派文章的答复》(见本版全集第22卷)。1912年9月28日《莱比锡人民报》第226号发表的取消派文章是介绍取消派八月代表会议的。这篇文章歪曲了代表会议的真相，使德国人受到了蒙蔽。

列宁的这篇文章第一次用俄文发表于1963年4月21日《真理报》第111号。

《莱比锡人民报》(«Leipziger Volkszeitung»)是德国社会民主党的报纸(日报)，1894—1933年出版。该报最初属于该党左翼，弗·梅林和罗·卢森堡曾多年担任它的编辑。1917—1922 年是德国独立社会民主党的机关报，1922 年以后成为右翼社会民主党人的机关报。——169。

198 指第四届国家杜马选举。这次选举于 1912 年 11 月 7 日(20 日)结束。——170。

199 《日报》(«День»)是俄国自由派资产阶级的报纸(日报)，1912 年在彼得堡创刊，第一次世界大战期间持护国主义立场。从 1917 年 5 月 30 日起成为孟什维克的机关报。1917 年 10 月 26 日(11 月 8 日)被查封。——171。

200 《视野》杂志(«Кругозор»)是俄国资产阶级自由派的文学政治刊物(月刊)，1913 年初在彼得堡出版，共出了两期。杂志撰稿人名单提到了马·高尔基名字，但他没有参加该杂志。——172。

201 《五金工人》杂志(«Металлист»)是俄国五金工会的机关刊物(周刊)，《五金业工人》杂志的续刊。1911 年 9 月 26 日(10 月 9 日)—1914 年 6 月 12 日(25 日)在彼得堡出版，共出了 45 期。1913 年以前五金工会理事会和杂志编辑部都掌握在取消派手中。1913 年 5 月五金工会理事会改选后，工会和杂志编辑部的领导权转到布尔什维克手中。——173。

202 关于波兰社会民主党分裂的经过，列宁在《致社会党国际局书记处》、《波兰社会民主党的分裂》和给约·阿·皮亚特尼茨基的信中都有论述(见本版全集第 22 卷和本卷第 143 号文献)。——176。

203 指弗·彼·李维诺夫-法林斯基的《新颁工人保险法》(1912 年圣彼得堡版)和 И.契斯佳科夫的《俄国的工人保险》(1912 年莫斯科版)。——177。

204 在第四届国家杜马选举中，1912 年 10 月 17 日(30 日)将举行圣彼得堡省工人选民团第二次初选人大会来选举复选人，从这些复选人中要选出一名工人杜马代表。——177。

205 工人帕·伊·苏达科夫在 1912 年 10 月 5 日(18 日)圣彼得堡省工人

选民团第一次初选人大会上由于得到《真理报》拥护者的选票而当选复选人。10月6日(19日)在《真理报》第136号发表了他的一篇短文《在初选人会议上》,文中他称自己是《真理报》和《明星报》的拥护者。次日,10月7日(20日),他在《光线报》第19号上发表《给编辑部的信》,否认自己在《真理报》上讲的话。关于苏达科夫事件,可参看列宁的《谈谈政治上的动摇性(给编辑部的信)》(见本版全集第22卷)。——177。

206 “你们叩门,门就会开”这句话出自圣经《新约全书·马太福音》第7章,意为只要孜孜以求,定能如愿以偿。——177。

207 列宁的这封信有一份经马·高尔基证实无误的打字稿保存在瓦·阿·杰斯尼茨基的私人档案中。该信是对高尔基寄去的关于搜集革命史资料的计划的答复。关于这个计划,高尔基在1912年10月8日给维·维·韦列萨耶夫的信中说:“如果您或您的熟人那里有19世纪俄国社会运动史方面的文献资料——文件、出版物、书信、物品,而这些资料由于某些原因不便保留在自己手中,并有一旦丢失便不能复得的危险,那就请您把它们全部寄给我!这里正在为这类物品设立一个可靠的保管室,将来,它将成为从叶卡捷琳娜时代到现代的解放运动史博物馆。也希望能得到尽可能完整的右派文献资料,特别是机密的。”(参看《高尔基全集》俄文版三十卷本第29卷第255页)

同情社会民主党人的И.Д.别布托夫公爵立过遗嘱,要把自己收藏的图书和文献捐献给俄国社会民主工党,并已将它们交给了德国社会民主党总执行委员会(中央委员会)保管。高尔基打算替博物馆取得这些图书和文献。他在写信给列宁的同时,还写信给卡·考茨基。考茨基回信说,图书和文献的支配权是属于别布托夫的,“如果公爵同意把图书转交给您,即交给俄国社会主义档案馆,那么执行委员会将十分乐意转交”。之后,高尔基曾通过在彼得堡的《同时代人》杂志的一个编辑去问别布托夫。别布托夫回答说,他不反对把自己的藏书交给一个可靠的机构,但问题要等见面以后再作决定。

别布托夫藏书后来情况不详。——178。

208 指1912年10月18日(31日)《真理报》第146号社论《谁胜利了?》。这篇社论的作者是斯大林。——180。

209 在1912年10月17日(30日)举行的彼得堡工人选民团第二次初选人大会上,进行了复选人的选举。选举结果是:在6个复选人名额中选出了5名,其中布尔什维克2名,孟什维克3名。但在第二天举行的补充投票中,又有一名布尔什维克当选为第6名复选人。——181。

210 指1912年10月31日—11月4日在维也纳举行的奥地利社会民主党代表大会。——184。

211 指波兰社会党党员叶·约·亚格洛在华沙当选为第四届国家杜马代表。在华沙工人选民团的选举中,波兰王国和立陶宛社会民主党取得了初选人和复选人的多数,但在选举杜马代表时,占华沙城市选民团复选人多数的犹太民族主义者同社会党和崩得的联盟达成协议支持亚格洛,从而使他得以当选。社会民主党第四届杜马党团在接收亚格洛为社会民主党党团成员问题上发生了激烈的争论。孟什维克赞同,布尔什维克坚决反对。最后以7票对6票通过了关于接收亚格洛为社会民主党党团成员的决议,但对他的权利作了些限制。决议规定:亚格洛作为党团成员在杜马工作问题上有表决权,在党内问题上只有发言权。社会民主党第四届杜马党团关于接收亚格洛为社会民主党党团成员的决议,于1912年12月1日(14日)在《真理报》第182号和《光线报》第64号上全文公布。列宁在《工人阶级及其"议会"代表团》一文以及有党的工作者参加的俄国社会民主工党中央委员会克拉科夫会议《关于社会民主党杜马党团的决议》中,对上述决议作了评价(见本版全集第22卷)。——184。

212 指1912年11月24—25日在巴塞尔召开的国际社会党非常代表大会。这是在巴尔干战争爆发、世界大战危险日益迫近的形势下召开的国际社会党非常代表大会。出席代表大会的有来自23个国家的555名代表,俄国社会民主工党的代表有6名。

代表大会只讨论了一个问题,即反对军国主义与战争威胁问题。

在代表大会召开的当天，来自巴登、阿尔萨斯和瑞士各地的工人及与会代表在巴塞尔明斯特教堂举行了声势浩大的反战集会。11月25日，代表大会一致通过了《国际局势和社会民主党反对战争危险的统一行动》决议，德文本称《国际关于目前形势的宣言》，即著名的巴塞尔宣言。宣言谴责了各国资产阶级政府的备战活动，揭露了即将到来的战争的帝国主义性质，号召各国人民起来反对帝国主义战争。宣言斥责了帝国主义的扩张政策，号召社会党人为反对一切压迫小民族的行为和沙文主义的表现而斗争。宣言写进了1907年斯图加特代表大会决议中列宁提出的基本论点：帝国主义战争一旦爆发，社会党人就应该利用战争所造成的经济危机和政治危机，来加速资本主义的崩溃，进行社会主义革命。——184。

213　指1912年11月8日《新时代》杂志第6期。卡·考茨基的文章《战争和国际》载于这一期第191—192页。——184。

214　卡·胡斯曼在1912年11月7日给列宁的信中通知了巴塞尔代表大会召开的日期，并建议采取措施委派代表，还谈到1912年11月17日在欧洲几个大城市可能举行反对战火蔓延的游行示威，他说，如果有哪一个党邀请列宁在集会上发言，请予以应允。信中还告知了关于代表大会决议草案审定委员会的组成，要求指派一名代表参加该委员会。——185。

215　指1912年10月28—29日在布鲁塞尔举行的社会党国际局会议。这次会议列宁缺席，出席的俄国代表是格·瓦·普列汉诺夫和伊·阿·鲁巴诺维奇。会议决定召开社会党非常代表大会。由于取消派的组织委员会根据取消派八月代表会议的有关决议提出向国际局派自己的代表问题，社会党国际局专门召开秘密会议讨论了俄国社会民主工党驻国际局的代表问题。关于这次会议的正式报告没有发表，列宁是从1912年10月28日(11月10日)《光线报》第37号尔·马尔托夫的文章《国际局论社会民主党的统一》中知道的。列宁在自己的文章《迟做总比不做好》(见本版全集第22卷)中对马尔托夫作了回答。——185。

216　《彼得堡工人给自己的工人代表的委托书》是斯大林在1912年10月初

起草的(见《斯大林全集》第2卷第245—247页),曾在彼得堡各大企业的工人大会上和1912年10月17日(30日)的工人初选人大会上通过。——186。

217 指巴塞尔国际社会党非常代表大会反对战争威胁宣言草案审定委员会。委员会由法、德、奥、英、俄五国各派一名代表组成。经过协商确定,由社会革命党人伊·阿·鲁巴诺维奇作为俄国代表参加委员会。——187。

218 A.埃克(穆欣)被指控有不体面行为一案,1909年由一个专门的委员会审理过。委员会认为"无任何材料可把埃克提交党的法庭"。这个决定当时没有通知埃克。他向费·埃·捷尔任斯基(约瑟夫)提出询问后,1910年3月9日接到复信,信中说党中央"未作任何改动地批准了委员会的决定"。但是稍后埃克案件又被重新提了出来;由于第一次世界大战爆发,后来组成的委员会的工作无果而终。——188。

219 列宁给社会党国际局的报告《给社会党国际局的报告〈第四届杜马的选举〉》(见本版全集第22卷),曾被认为已经失落,后来发现刊载于1912年11月20日比利时《人民报》第325号。1963年该报告被收入《列宁和卡米耶·胡斯曼通信集。1905—1914》一书巴黎版。《俄国工人反对战争》看来是指俄国社会民主工党中央委员会的《告俄国全体公民书》(同上书)。——190。

220 指邀请波兰王国和立陶宛社会民主党反对派("分裂派")的代表出席1912年11月24—25日在巴塞尔召开的国际社会党非常代表大会一事。——192。

221 *作家管写,读者管读*一语出自俄国作家米·叶·萨尔蒂科夫-谢德林的特写集《五光十色的书信》。他在这本书里写道:"显然,俄国的读者认为他是他,文学是文学。作家管写,他这个读者管读。如此而已……作家一遇到困难,读者就溜之大吉,使作家感到如置身荒漠之中……"萨尔蒂科夫-谢德林在这里主要是谴责自由派读者,一旦进步报刊受到迫害,他们便噤若寒蝉，同时也指出，“读者与作家之间没有建立起直接的联系”是出现这种“作家管写，读者管读”的局面的另一种原因。——192。

222 指第四届国家杜马代表马·康·穆拉诺夫在社会民主党杜马党团反战抗议信上署名一事。关于应加上穆拉诺夫的署名的电报，是由列宁于1912年11月24日发往巴塞尔的。——194。

223 指1912年11月11日(24日)出版的《真理报》第166号。巴塞尔国际社会党非常代表大会这一天开幕。阿·叶·巴达耶夫等人祝贺巴塞尔代表大会和抗议战争的电报，发表于1912年11月13日(26日)《真理报》第167号。——195。

224 指斯大林。——198。

225 1912年11月15日(28日)杰·别德内依给列宁寄去下面一封信：

“杰米扬·别德内依致衷心的问候。我想直接和您通信。我等待您回信指明用现在这个地址还是用另一个可靠的地址。来信请寄：圣彼得堡纳杰日金斯卡亚街33号5室《现代世界》杂志编辑部杰米扬·别德内依。——但同时我请求通过《真理报》编辑部证实，您确实收到了这封信并且写了回信。我是第一次给您写信，所以小心谨慎。如果您对这封信能够比较随便地回复，而不像我给您写信那样出于不得已，那么我将感到高兴。谨致最崇高的敬意。杰·别德内依。”——198。

226 指1912年11月《真理报》编辑尼·尼·巴图林被捕。——199。

227 为纪念1905年1月9日事件八周年，斯大林遵照列宁在这封信中的指示，于1912年12月写好了传单《告俄国全体男女工人书》(见《斯大林全集》第2卷第263—267页)。传单是用俄国社会民主工党中央委员会名义印发的。——199。

228 第四届杜马开幕的前几天，彼得堡一些企业和区里的布尔什维克在各企业散发传单，号召工人在11月15日(28日)举行一天政治罢工和去国家杜马所在地塔夫利达宫举行游行示威。取消派在《光线报》上反对游行示威，一再提出“警告”。11 月 13 日(26 日)，社会民主党杜马党团召开了一次有彼得堡委员会、《真理报》编辑部、取消派的领导中心——组织委员会和取消派《光线报》的代表参加的会议。在会议上，布尔什维克支持工人要求在杜马开幕之日举行罢工和游行示威的建议，认为这是他们的权利，而取消派则坚决反对。会后，社会民主党党团在《光线报》和《真理报》上发表了一个有政治性错误的声明，对罢工持否定的态度，号召工人不要参加。尽管如此，在杜马开幕之日仍然有几万名工人举行了罢工。许多企业的工人在厂内举行了飞行集会，在塔夫利达花园和其他一些街道上举行了有一二百人参加的游行示威。

社会民主党杜马党团里的布尔什维克代表事后在工人集会上承认了自己的错误。列宁曾写过一篇《关于 11 月 15 日事件问题》的文章(见本版全集第 22 卷)，对这一事件进行评论。——200。

229 指第四届国家杜马代表孟什维克取消派伊·尼·曼科夫，他来自西伯利亚地区伊尔库茨克省。在社会民主党国家杜马党团讨论是否接收叶·约·亚格洛为党团成员时，起初是孟什维克 6 人赞成，布尔什维克 6 人反对；曼科夫来到后，孟什维克增加为 7 人，接收亚格洛的决议才得以通过。——200。

230 指 1912 年 11 月 12 日或 13 日(25 日或 26 日)在克拉科夫召开的俄国社会民主工党中央委员会会议，会议是在列宁领导下进行的。——205。

231 列宁给斯大林的这封信于 1912 年 11 月 28 日(12 月 11 日)从克拉科夫寄往彼得堡。信是由娜·康·克鲁普斯卡娅用化学方法转抄的，在寄送过程中被俄国警察司截获，经显影后用打字机打出。这个打字件是在警察司档案中发现的。因某些文字没有显出来，所以出现了空白的地方。——206。

232 指社会民主党第四届国家杜马党团的布尔什维克部分。——206。

233 1912 年 9 月 16 日(29 日)举行了彼得堡工人选民团初选人选举。在彼得堡工人选民团初选人大会将于 1912 年 10 月 5 日(18 日)召开以选举第四届杜马复选人的前夕，当局的县选举委员会于10月4日(17日)就21家企业(参加选举的工厂共44个)提出所谓"说明"，宣布这些企业的初选人的选举无效。这激起了彼得堡工人的愤怒。在10月5日(18日)这一天，普梯洛夫工厂率先举行政治罢工以示抗议，其他许多工厂也相继参加了这场斗争。这次罢工波及彼得堡所有各区，同时工人还举行了大规模的群众集会和游行示威。慑于工人群众的压力，10月8日(21日)省选举委员会撤销了县选举委员会的"说明"，但同时也宣布10月5日(18日)的复选人选举无效。10月17日(30日)召开了第二次初选人大会选举复选人，到会的82名初选人有26名布尔什维克，15名取消派，其余41名是非党人士。大会通过了斯大林按照列宁的选举纲领起草的给代表的委托书。取消派却把自己的观点隐瞒起来，他们既不对布尔什维克的委托书表示异议，也不提出自己的委托书。结果大会选出的6名复选人中取消派和布尔什维克各占了一半。布尔什维克建议用抽签办法从这6名复选人中确定1人为工人选民团杜马代表的候选人，被取消派所拒绝。于是只得让所有复选人都作为候选人。在10月20日(11月2日)召开的圣彼得堡省复选人大会上，布尔什维克阿·叶·巴达耶夫当选为工人选民团的杜马代表。——208。

234 米沙委员会大概是俄国社会民主工党彼得堡委员会的代号。——209。

235 1912年底，由于办事人员的过失，与出版《真理报》有关的行政财务工作十分混乱，因而有可能存在贪污舞弊的行为。——210。

236 指尼·谢·齐赫泽。——211。

237 巴拿马案件是法国1892—1893年被揭露出来的与法国巴拿马运河公司有关的一起贪污贿赂案件，后来"巴拿马"一词成了官商勾结进行诈骗的代名词。——211。

238 可能是指阿·叶·巴达耶夫。——211。

239 说的是社会民主党第四届国家杜马党团宣言。这篇宣言的基础是列宁起草的提纲《关于工人代表的某些发言问题》(见本版全集第22卷)。

在党团通过这篇宣言之前,布尔什维克代表同孟什维克七人团进行了激烈的斗争。布尔什维克终于争取到把布尔什维克的基本要求列入宣言,使宣言几乎包括了最低纲领的一切重要内容。同时,孟什维克也争取到把他们的一项关于民族文化自治的要求写进宣言。该宣言曾在1912年12月7日(20日)的杜马会议上宣读。

1912年12月,由于取消派的坚持,在社会民主党第四届国家杜马党团内进行了关于把《真理报》和《光线报》合并成"非派别性的工人报纸"的谈判。谈判结果,第四届国家杜马布尔什维克代表阿·叶·巴达耶夫、格·伊·彼得罗夫斯基、费·尼·萨莫伊洛夫和尼·罗·沙果夫于1912年12月18日在《光线报》第78号上宣布自己担任《光线报》撰稿人,而7名取消派代表则宣布自己担任《真理报》撰稿人。1913年1月30日,布尔什维克代表声明自己不同意《光线报》的取消主义倾向,因而不再担任该报撰稿人。参看注273。——215。

240 指俄国社会民主工党中央委员会代表团关于第二国际巴塞尔代表大会的工作报告。该报告载于1913年1月12日(25日)《社会民主党人报》第30号。——216。

241 指6名中央委员会代表退出巴塞尔代表大会俄国社会民主工党分组,以抗议分组批准彼得堡"发起小组"这一敌视党的组织的代表的委托书一事。——217。

242 指社会民主党第四届国家杜马党团中的6名布尔什维克代表。按照1907年6月3日国家杜马选举条例,有6个省的工人选民团应各产生一名杜马代表。这6个代表名额都被布尔什维克方面取得。——217。

243 指尔·马尔托夫的《国际局论社会民主党的统一》一文。该文说,格·瓦·普列汉诺夫曾在1912年10月28—29日举行的国际局布鲁塞尔会议上宣称,"俄国社会民主党人**不仅彼此之间、而且同社会革命党人**实现联合的时刻,已经不远了"。——219。

244 指崩得分子。——220。

245 卡·胡斯曼在1912年12月5日的信中通知列宁说,他认为,俄国社会民主工党驻社会党国际局的代表的替换是临时性的,并说,关于代表权问题的最后决定,要在列宁与“社会民主党的另一派”(即与取消派)达成协议后才能作出。——221。

246 指1913年1月12日(25日)《社会民主党人报》第30号的校样。这一号上载有列宁的文章《革命罢工和街头游行示威的发展》(见本版全集第22卷)。——227。

247 指波罗宁党校。俄国社会民主工党中央委员会计划在1913年夏天国家杜马休会期间,为社会民主党杜马党团成员、党的工作者和工人举办这所学校。学习时间定为6周,在此期间将讲课100次(土地问题、政治经济学、马克思主义哲学、一些国家的社会民主党历史等),并安排有实习(编写杜马发言提纲,起草对选民的工作报告)和向学员详细介绍杜马的工作等教学内容。列宁直接参加教学计划的拟定,并准备亲自讲课。由于经费不足等原因,这所学校最终没有办成。——228。

248 1908年4月,列宁应马·高尔基之邀去卡普里岛住了几天。在此期间,列宁向亚·亚·波格丹诺夫、弗·亚·巴扎罗夫和阿·瓦·卢那察尔斯基宣称,他同他们之间在哲学问题上存在着绝对的分歧。——230。

249 指有党的工作者参加的俄国社会民主工党中央委员会会议。会议于1912年12月26日—1913年1月1日(1913年1月8—14日)在克拉科夫举行,为了保密定名为“二月”会议。关于这次会议的详细情况,见本版全集第22卷第269—290页。——231。

250 最坏类型的联邦制一语见于1912年1月俄国社会民主工党第六次(布拉格)全国代表会议《关于各民族中央机关没有代表出席全党代表会议的问题》的决议,是会议对俄国社会民主工党自第四次(统一)代表大会以来同各民族社会民主党组织的相互关系的评定(参看本版全集第21

卷第 143—144 页和第 22 卷第 247—249 页)。——237。

251 奥地利社会民主党在 1897 年维姆堡(维也纳)代表大会上把一个统一的党划分成德意志、捷克、波兰、卢西人、意大利和南方斯拉夫六个民族的社会民主主义团体。这些团体仅通过共同的代表大会和共同的中央执行委员会彼此联结起来,而形成联邦式的联盟。在 1899 年的布隆代表大会上,中央执行委员会被改组成一个由各民族的社会民主党执行委员会组成的联邦机关。统一的奥地利社会民主党遂因实行组织上的联邦制而瓦解。——238。

252 旧《火星报》是指第 52 号以前的《火星报》。

《火星报》(«Искра»)是第一个全俄马克思主义的秘密报纸,由列宁创办。创刊号于 1900 年 12 月在莱比锡出版,以后各号的出版地点是慕尼黑、伦敦和日内瓦。参加《火星报》编辑部的有:列宁、格·瓦·普列汉诺夫、尔·马尔托夫、亚·尼·波特列索夫、帕·波·阿克雪里罗得和维·伊·查苏利奇。

《火星报》在建立俄国马克思主义政党方面起了重大的作用。在列宁的倡议和亲自参加下,《火星报》编辑部制定了党纲草案,筹备了俄国社会民主工党第二次代表大会。这次代表大会宣布《火星报》为党的中央机关报。

俄国社会民主工党第二次代表大会后,从第 52 号起,《火星报》变成了孟什维克的机关报,人们称这以后的《火星报》为新《火星报》。——239。

253 指 1906 年 4 月 10—25 日(4 月 23 日—5 月 8 日)在斯德哥尔摩举行的俄国社会民主工党第四次(统一)代表大会所通过的《崩得同俄国社会民主工党实行统一的条件草案》(参看《苏联共产党代表大会、代表会议和中央全会决议汇编》1964 年人民出版社版第 1 分册第 162—164 页)。——239。

254 这是列宁对柏林俄国社会民主党档案馆馆长 Г.М.维亚兹缅斯基的答复。维亚兹缅斯基在来信中请求列宁寄给他波兰秘密书刊和俄国社会民主工党的全部秘密出版物以充实该馆，同时表示愿意把1907年的《俄国社会民主工党中央委员会通报》寄给列宁。该通报列宁在1912年夏天初次访问该馆时见到过，他当时十分需要它。——241。

255　《俄国社会民主工党中央委员会通报》(«Известия ЦК РСДРП»)是布尔什维克秘密报纸，1907年7月16日(29日)—10月11日(24日)在彼得堡出版，共出了3号。正如该报第1号指出的，《通报》是“由于不可能立即出版党的中央机关报”而暂时出版的。《通报》刊登了俄国社会民主工党中央委员会会议记录的摘要、俄国社会民主工党彼得堡和莫斯科组织关于当前政治问题的决议，以及有关俄国革命事件的新闻。——241。

256　指列宁给Г.М.维亚兹缅斯基写的一封去找在巴黎的尼·瓦·库兹涅佐夫(萨波日科夫)的介绍信。看来，信的内容是要库兹涅佐夫把一些社会民主党的秘密书刊交给维亚兹缅斯基，由他存入柏林俄国社会民主党档案馆。据维亚兹缅斯基回忆，1913年1—2月他在巴黎期间，库兹涅佐夫交给他几份乌拉尔布尔什维克委员会的珍贵的秘密出版物。——241。

257　指罗·卢森堡的《资本积累》一书。——242。

258　《汉堡回声报》(«Hamburger Echo»)是德国社会民主党汉堡组织的机关报(日报)。1875年创刊时名为《汉堡-阿尔托纳人民小报》，1887年起改用《汉堡回声报》这一名称。第一次世界大战期间，该报采取社会沙文主义立场。1933年3月该报被纳粹政府查封。1946年4月复刊。——242。

259　指胡戈·哈阿兹1912年12月31日的回信。列宁在他的《迟做总比不做好》一文(见本版全集第22卷)中全文引用了这封信，这篇文章载于1913年1月11日《真理报》第8号。——243。

260　指列宁为尼·亚·鲁巴金的《书林概述》第2卷写的《关于布尔什维主义》一文(见本版全集第22卷)。文章按列宁提出的“不能有任何改动”

的条件全文刊印在该书第772—773页。——243。

261 看来列宁关注的是1913年1月5日《光线报》第4号上的一篇短评《论国际局的代表资格》。这篇短评是对1912年12月23日《真理报》第201号上的同样标题的短评的回答。取消派在《光线报》上声称，他们认为俄国社会民主工党驻社会党国际局的代表团（列宁和普列汉诺夫）是单方面的，缺少孟什维克组织委员会代表。——245。

262 指根据有党的工作者参加的俄国社会民主工党中央委员会克拉科夫会议决议改组《真理报》编辑部一事。列宁因迟迟得不到编辑部已经开始改组的消息而严重不安，因为1913年1月《真理报》在工作中又犯了一系列错误：1月15日和23日，《真理报》发表了杜马代表波兰社会党人叶·约·亚格洛给编辑部的几封信，亚格洛在信中吹嘘自己是波兰工人阶级的代表；1月17日和24日，《真理报》在第1版刊登了关于崩得机关报——取消派报纸《时报》出版的大吹大擂的广告；在同取消派作斗争中表现得犹豫不决；无视克拉科夫会议的指示，未在报上刊登中央委员会国外局送来发表的某些文章等等。彼得堡的党的工作者未能迅速完成改组编辑部的任务，其主要障碍是当时彼得堡缺少合法工作人员来充实报纸编辑机构。钻进编辑部的调和派和奸细罗·瓦·马林诺夫斯基又千方百计阻挠编辑部的工作。

1月22日（2月4日），俄国社会民主工党中央委员会俄国局成员同《真理报》编辑部工作人员举行了联席会议。出席会议的共12人，其中有中央委员雅·米·斯维尔德洛夫、格·伊·彼得罗夫斯基、菲·伊·戈洛晓金及俄国社会民主工党中央委员会俄国局秘书B.H.洛博娃等。会议听取了关于中央委员会和克拉科夫会议所作出的改组编辑部的决议的报告；批准斯维尔德洛夫为拥有对所有文章加以否决和进行审查的权利的编辑；为了同彼得堡的布尔什维克组织取得更密切的联系，彼得堡委员会有一名委员参加了编辑部工作；康·尼·萨莫伊洛娃被批准为编辑部秘书。

由于采取了这些措施，到2月初报纸总的水平已经有了提高。《真理报》几乎每天都刊登列宁的文章，“工人运动”、“国家杜马”、“农民生活”这样一些专栏办得很有起色。布尔什维克杜马代表开始积极地为报纸撰稿。从2月10日(23日)起《真理报》开始出版星期日增刊。报纸印数也增加了。列宁在以后的一些信中指出，编辑部的工作大有改进。——245。

263 《时报》(«Di Zait»)是崩得的机关报(周报)，1912年12月20日(1913年1月2日)—1914年5月5日(18日)用依地文在彼得堡出版。——245。

264 大概是指1913年1月8日《真理报》第6号的一篇短评《小小的造谣中伤》。这篇短评揭露了《光线报》的错误行为，但因在一些非原则性的问题上与《工人呼声》杂志编辑部发生争吵而犯了错误。

《工人呼声》杂志(«Рабочий Голос»)是织布业工会筹办的刊物，后来没有出版。——245。

265 指创办《我们的道路报》一事。列宁在1912年夏天就指出在莫斯科创办一份合法工人报纸的必要性(见本版全集第21卷第416页)，但是由于筹款工作动手晚，1912年11月才在《真理报》登出莫斯科工人团体呼吁集资办报的信，又由于发起办报的一批布尔什维克于1913年2月遭逮捕，《我们的道路报》直到1913年8月25日(9月7日)才在莫斯科创刊。列宁积极参加了该报的工作。为该报撰稿的有马·高尔基、杰·别德内依、米·斯·奥里明斯基、伊·伊·斯克沃尔佐夫-斯捷潘诺夫以及第四届国家杜马布尔什维克代表。《我们的道路报》深受工人欢迎，有395个工人团体捐款支持它。该报共出了16号，1913年9月12日(25日)被查封，莫斯科工人对此曾举行罢工表示抗议。——246。

266 《新西伯利亚报》(«Новая Сибирь»)是俄国自由派的社会、政治和文学报纸，1912年12月6日(19日)—1913年2月1日(14日)在伊尔库茨克出版，共出了46号。报纸的实际编辑是尼·亚·罗日柯夫。——247。

267 指亚·安·特罗雅诺夫斯基的信。他当时住在维也纳，是《启蒙》杂志国外编辑部的成员。——248。

268 大概是指亚美尼亚资产阶级民族主义政党达什纳克楚纯可能在土耳其

属亚美尼亚地区发动起义的传闻。1913 年 1 月 9 日《俄罗斯言论报》第 7 号刊载的《土耳其属亚美尼亚人和俄国》一文谈到了这种起义的可能性。——248。

269 指 1913 年 1 月 19 日《光线报》第 15 号(总第 101 号)的社论《工人群众和地下组织》一文。该文反对秘密的工人政党。列宁在《告社会民主党人》一文(见本版全集第 22 卷)中剖析了这篇社论。——251。

270 指彼得堡种子出版社出版的列宁的《十二年来》文集第 1 卷。按照出版社的计划,该文集应出 3 卷,但实际上只出了第 1 卷和第 2 卷第 1 分册。《十二年来》文集第 1 卷于 1907 年 11 月中旬出版(封面上印的是 1908 年),包括下列著作:《民粹主义的经济内容及其在司徒卢威先生的书中受到的批评》、《俄国社会民主党人的任务》、《地方自治机关的迫害者和自由主义的汉尼拔》、《怎么办?》、《进一步,退两步》、《地方自治运动和〈火星报〉的计划》和《社会民主党在民主革命中的两种策略》。这一卷出版后不久即被没收,但有很大一部分被抢救出来,并继续秘密流传。1918 年该书出了第 2 版。——252。

271 1913 年 1 月 30 日(2 月 12 日)《真理报》第 24 号刊登了亚·亚·波格丹诺夫给编辑部的一封信,信中抗议《真理报》拥护者在推荐第四届国家杜马工人代表时拒绝与取消派达成协议。编辑部在给这封信加的按语中只指出:协议没有达成,责任在取消派。——254。

272 里加工人 1913 年 1 月 19 日的质询载于 1913 年 1 月 30 日《真理报》第 24 号。署名"一群工人民粹主义者和社会民主党人——《真理报》读者"的这一质询要求编辑部就"同左派民粹派联合"的问题发表意见。列宁的《论民粹主义》一文(见本版全集第 22 卷)发表于 1913 年 1 月 20 日和 22 日《真理报》第 16 号和第 17 号。所以列宁指出这两者完全可以联在一起。——254。

273 指第四届国家杜马布尔什维克代表阿·叶·巴达耶夫、格·伊·彼得罗夫斯基、费·尼·萨莫伊洛夫和尼·罗·沙果夫声明不再担任《光线报》撰稿人的信，信文如下："我们按照12月15日社会民主党党团的意见，于1912年12月18日接受了《光线报》要我们担任它的撰稿人的建议。

从那时起，已有一个多月了。在这期间，《光线报》从未停止过扮演反取消主义的激烈反对者的角色。我们认为，它关于'公开的'工人政党的说教和它对地下组织的攻击，在目前俄国的现实条件下是不能容许的和有害的。

我们认为不能用自己的名字来掩饰《光线报》鼓吹的取消派观点，因此请求编辑部把我们从撰稿人名单里除名。"（见1913年1月30日《光线报》第24号）——256。

274 指斯大林的文章《马克思主义和民族问题》（最初发表时题为《民族问题和社会民主党》，见《斯大林全集》第2卷第289—358页）。——257。

275 彼得堡知识出版社社长兼经理康·彼·皮亚特尼茨基在业务上做手脚，引起了马·高尔基的怀疑。但事情最后没有闹到法院去。——257。

276 指列宁为第四届国家杜马的一名布尔什维克代表起草的关于1913年国家预算问题的发言稿。这个文件已经失落，保存下来的只有两个片段。列宁拟的《关于预算问题的发言提纲》（见本版全集第22卷）是社会民主党杜马党团代表在1913年5月13日（26日）杜马第45次会议上发言的基础。——258。

277 指第四届国家杜马中布尔什维克代表的来信。这些来信以《来自各地的社会民主党党团代表谈观感》为总标题发表于1913年1—2月《真理报》。这些代表的名字在秘密通信中以号码代替，故称代号人物。——258。

278 列宁的《答马耶夫斯基》、《布尔加柯夫论农民》以及这里提到的谈伦理的两篇文章都尚未找到。——259。

279 《俄国评论报》（«Русская Молва»）是俄国进步党的机关报（日报），1912年12月9日（22日）—1913年8月20日（9月2日）在彼得堡出版。

下面列宁指的大概是1913年1月28日《俄国评论报》第48号的《报刊评论》。这篇《报刊评论》摘引了1913年1月27日《光线报》第22号所载文章《在统一的道路上》，还摘引了第四届国家杜马代表尼·罗·沙果夫来信（载于1913年1月27日《真理报》第22号）中的下述一段话："科斯特罗马省的工人认为必须统一，但条件是：统一要'自下而上地'搞；取消派要不反对'地下组织'，而且自己参加地下组织。"《评论》作者接着说："要知道，地下组织就是孟什维克与之斗争的那种主要祸害。"——260。

280 在1913年3月1日（14日）马克思逝世三十周年这一天，《真理报》第50号发表了列宁的文章《马克思学说的历史命运》（见本版全集第23卷）。1913年3月3日（16日），《真理报》出了纪念专号，在第1版上印有马克思和恩格斯像。——260。

281 指1913年2月6、8、9、12、13、14日《真理报》第30、32、33、35、36、37号连载的普·恩·德涅夫尼斯基的长文《论取消派如何健忘和为什么健忘》。——260。

282 这里提到的批判抵制主义的文章没有找到。——261。

283 指尼·古·波列塔耶夫对布尔什维克杜马代表不再担任取消派《光线报》撰稿人一事所采取的错误态度。波列塔耶夫认为，可以让布尔什维克与孟什维克互为《真理报》和《光线报》撰稿。——263。

284 《真理报》创刊号出版后，尼·古·波列塔耶夫离开了彼得堡并退出了《真理报》。他不在，《涅瓦明星报》（"大姐"）也停刊了。列宁认为波列塔耶夫参加《真理报》的工作有很大的意义。——264。

285 指1913年亚·亚·波格丹诺夫出版的《普遍组织科学（组织形态学）》一书第1卷（全书共3卷，1917年出齐）。该书进一步发展了他的经验一元论观点。——264。

286 指《我们的道路报》。——265。

287 《当前问题》文集(«На Темы Дня»)是"前进"集团的刊物,1912—1914年在巴黎出版,共出了4集。——265。

288 指俄国社会民主工党中央委员会以单页形式印发的《关于1907年7月21、22和23日党的代表会议的通告》(参看《苏联共产党代表大会、代表会议和中央全会决议汇编》1964年人民出版社版第1分册第218—228页)。——266。

289 指为罗曼诺夫王朝三百周年颁布的大赦令。——267。

290 指1909年的卡普里学校。——267。

291 《庄严的誓词》是按照《国家杜马条例》第13条的规定所有杜马代表都须签署的誓词,其中有"忠于全俄皇帝和君主陛下"的词句。——267。

292 乔·迪科·德拉埃律师在1913年2月28日给列宁的信中表示,他赞同列宁在向克·蔡特金索回钱款一案中的做法,并愿提供帮助。他要求把伊·巴·伊格纳季耶娃(施米特)的信寄去,并书面证明伊格纳季耶娃就是给布尔什维克赠款的人。他还建议修改一下结论第1页和结尾部分的第1、2、3条的措辞,同时要求立即付给他酬金。——268。

293 指1912年12月6日《新时代》杂志第10期发表的尤·米·斯切克洛夫的《俄国的选举》一文。列宁在1912—1913年的一系列书信中提到过这篇文章(见本卷第126、127、177号文献)。——272。

294 指参加巴塞尔代表大会的俄国社会民主工党代表团对社会党国际局书记处的错误做法的抗议。国际局书记处声称,俄国社会民主工党代表无权批准波兰反对派代表参加巴塞尔代表大会的委托书;在关于代表大会的总结报告中,出席会议的5名波兰反对派代表的姓名将用字母"X"来表示。——273。

295 1913年3—4月,列宁曾为撰写题为《罗莎·卢森堡对马克思学说所作的失败补充》的文章进行准备:拟定文章提纲,制作统计表,摘录马克思的《资本论》(见本版全集第59卷)。但这篇评卢森堡的新著《资本积累论》的文章未见在刊物上发表。——275。

296 这封信是对斯图加特律师阿·卡恩1913年4月1日来信的答复。卡恩在信中要求列宁签署一份委托书寄给他。——275。

297 七人团是指社会民主党第四届国家杜马党团里的7名孟什维克代表。——277。

298 指1913年2月俄国社会民主工党彼得堡委员会通过的决议。决议指出第四届国家杜马的布尔什维克代表所执行的政治路线是正确的,并谴责了孟什维克代表支持取消派《光线报》的行为(见1913年6月15日(28日)《社会民主党人报》第31号)。——278。

299 彼得堡委员会在1913年2月的会议上通过了出版《俄国社会民主工党彼得堡委员会消息报》的决议,并确定了第1号的内容。但出版报纸的计划最终未能实现。——278。

300 这里说的是把发表在旧《火星报》、《无产者报》和《社会民主党人报》上的未署名文章的作者名字公开出来的问题。

《无产者报》(«Пролетарий»)是俄国布尔什维克的秘密报纸,于1906年8月21日(9月3日)—1909年11月28日(12月11日)出版,共出了50号。该报由列宁主编,在不同时期参加编辑部的有亚·亚·波格丹诺夫、约·彼·戈尔登贝格、约·费·杜勃洛文斯基等。——279。

301 指俄国社会民主工党中央委员会计划在波罗宁办的党校。见注247。——279。

302 《北方纪事》月刊(«Северные Записки»)是俄国的文学政治刊物,1913—1917年在彼得堡出版。——280。

303 大概指波涛出版社打算出版的列·波·加米涅夫的小册子《论取消主义的实质》。——280。

304 1913年4月13日(26日),列宁在莱比锡作了题为《俄国群众情绪的高涨和社会民主党人的任务》的专题报告。——281。

305 这里说的拉脱维亚边疆区社会民主党中央委员会的“传单”，大概是指召开拉脱维亚边疆区社会民主党第四次代表大会的通告。该通告于这次大会前不久在国外出版，并在1913年3月29日该党中央机关报《斗争报》上发表。

拉脱维亚布尔什维克领导人在自己的机关报《公报》上转载了这个通告，同时对该党取消派中央制定的代表大会议程提出了一系列批评意见，因为这个议程有意回避最重要的原则问题。他们特别猛烈地抨击了中央决定的这样一点，即它打算要等到为召开代表大会向中央会计处交足3000卢布时，才着手准备这次代表大会。他们认为这是中央拖延召开代表大会的新尝试，而这次代表大会是绝大多数党员坚决要求召开的。——283。

306 拉脱维亚布尔什维克遵循列宁的指示，在拉脱维亚边疆区社会民主党第四次代表大会召开前发表了自己的纲领和决议草案。纲领草案是列宁在1913年5月为代表大会写的，1913年8月发表于《战友报》第4号，并于1913年11月作为《公报》第8号抽印本以《我们向拉脱维亚边疆区社会民主党第四次代表大会提出的纲领》为题出版，随后又作为1913年11月20日出版的《公报》第9—10号合刊的社论发表。《公报》编辑部由于受了内部调和主义分子的影响，在发表列宁起草的这个纲领时略去了专门论述民族问题的一节，并对其他几节作了部分删改。

在《列宁全集》俄文版中，《纲领草案》是按照保存下来的俄文手稿全文刊印的(见本版全集第23卷第208—217页)。——284。

307 巴塞多氏病即甲状腺功能亢进症，由德国医师卡尔·巴塞多于1840年第一次描述，因此得名。——284。

308 1913年《启蒙》杂志5月号没有发表马·高尔基的作品，6月号载有他的短篇小说《盗窃》。——286。

309 彼得堡五金工会理事会的选举是1913年4月21日(5月4日)举行的。

参加这次选举会议的人数达800人，还有400多人由于会场容纳不下而未能参加。布尔什维克提出的理事会的候选人名单在《真理报》第91号上发表并在与会者中间散发。多数与会者不顾取消派提出的“不分派别”地进行选举的要求，投票赞成《真理报》公布的名单。当选的14名理事中，有10名是布尔什维克名单中的。新当选的理事会发电报给列宁，称他是“工人阶级的真正领袖”。——286。

310 指阿·瓦·卢那察尔斯基的小品文《爱情与死亡》。——286。

311 《真理报》创刊一周年纪念号(第92号)于1913年4月23日(5月6日)出版，载有列宁的文章《〈真理报〉创刊一周年纪念》和《谈谈总结和事实》(见本版全集第23卷)。——287。

312 指亚·安·特罗雅诺夫斯基1913年5月15日的信。特罗雅诺夫斯基在这封信里请列·波·加米涅夫写一篇文章，答复登载在1913年5月1日《斗争》杂志第8期上的孟什维克取消派分子谢·谢姆柯夫斯基(谢·尤·勃朗施坦)的《俄国无产阶级的复兴》一文。特罗雅诺夫斯基还答应请达·波·梁赞诺夫帮助在《斗争》杂志上发表加米涅夫的文章。——287。

313 《斗争》杂志(«Der Kampf»)是奥地利社会民主党的机关刊物(月刊)，1907—1934年在维也纳出版。该杂志持机会主义的中派立场。担任过该杂志编辑的有：奥·鲍威尔、阿·布劳恩、卡·伦纳、弗·阿德勒等。——287。

314 指本应于1914年8月在维也纳举行的第二国际的国际代表大会。这次代表大会由于帝国主义世界大战爆发而未能举行。——287。

315 指米·斯·奥里明斯基(亚·维提姆斯基)发表于1913年5月10日(23日)《真理报》第106号的文章《谁同谁?》。此文就有工人报刊代表参加的资产阶级刊物编辑会议上发生的情况同《光线报》展开论战。召开这次会议的目的是要就限制更严的出版法通过一份抗议书。《真理报》代表在会上提出了自己的决议草案(会议主席未交付表决)，并同许多工会报刊代表一起拒绝在自由派编辑的决议上署名。只有《光线报》和《我们的曙光》杂志的代表同《言语报》、《俄国评论报》、《现代言论报》、《日报》等一起署了名。——289。

316 亚·亚·波格丹诺夫的《意识形态》一文是他为《真理报》写的系列文章《外来语词汇选释》中的一篇。这篇反马克思主义的文章，由于列宁的坚持，未在《真理报》上刊出。波格丹诺夫随后声明同《真理报》决裂。列宁就此问题写了《给编辑部的信》(见本版全集第24卷)，发表在1914年1月31日《真理之路报》第9号。——289。

317 这封信是对阿·卡恩律师1913年5月20日来信的答复。卡恩在信中谈了寄文件的事情，并请求就进行诉讼的问题作进一步的指示。他在信中还要求把法国律师的结论转寄给他。——290。

318 见注95。——291。

319 指扬·安·别尔津写的第二篇《关于策略的札记》。该文于1913年5月刊登在拉脱维亚边疆区社会民主党国外小组执行局《公报》第2—3号合刊上，副标题是《党的统一的基础》。在这篇文章中，别尔津对俄国社会民主工党第四次(统一)代表大会(1906年)关于拉脱维亚社会民主党和俄国社会民主工党实行统一的条件的决议作了不正确的阐述。——292。

320 指俄国社会民主工党第四次(统一)代表大会决议：(1)《波兰王国和立陶宛社会民主党同俄国社会民主工党合并的条件》；(2)《拉脱维亚社会民主工党同俄国社会民主工党统一的条件草案》；(3)《崩得同俄国社会民主工党统一的条件草案》(参看《苏联共产党代表大会、代表会议和中央全会决议汇编》1964年人民出版社版第1分册第159—164页)。——293。

321 指俄国社会民主工党第六次(布拉格)全国代表会议的决议《关于各民族中央机关没有代表出席全党代表会议的问题》(见本版全集第21卷)。——294。

322 1913年6月22—24日，列宁离开波罗宁，陪同娜·康·克鲁普斯卡娅前往伯尔尼治病，25日到达伯尔尼，住在格·李·什克洛夫斯基家里，次日迁到盖塞尔沙夫特街4号。7月9、10、11、13日他先后在苏黎世、日内瓦、洛桑和伯尔尼就民族问题作了专题报告。——296。

323 比利时总罢工是指比利时工人为争取普遍、平等的选举权于1913年4月14—24日举行的罢工。这次罢工规模巨大，在总数为100多万工人中，参加者达40—50万人。《真理报》系统地报道了这次罢工的过程，公布了俄国工人为罢工者募捐的清单。罢工情况详见列宁的《比利时罢工的教训》一文(见本版全集第23卷)。——297。

324 这里说的是1913年8月25日(9月7日)彼得堡五金工会理事会改选一事。出席改选大会的约3 000人。尽管取消派企图挑动与会者反对布尔什维克占多数的上届理事会，改选大会仍以绝大多数票通过了对它的工作表示感谢的决议。在选举中，取消派的候选人名单只得到约150张选票。当天在《北方真理报》上登出的布尔什维克提的候选人名单，以压倒多数票被通过。——299。

325 1913年8月25日(9月7日)以前，彼得堡五金工会理事会的书记是取消派分子弗·莫·阿布罗西莫夫，后来查明他是个奸细。——299。

326 《真理报》从1913年5月29日(6月11日)第122号起扩大版面。——299。

327 1913年5月22日(6月4日)，第四届国家杜马在讨论了邮电部门的预算之后，曾就立宪民主党关于邮电职员实行七小时工作制的意见进行表决。社会民主党杜马党团根据1908年俄国社会民主工党第五次全国代表会议通过的《关于社会民主党杜马党团的决议》第3条第8款，在表决时弃了权。结果关于邮电职员实行七小时工作制这一项遭到否决。《真理报》在同《光线报》论战时，先后在1913年5月23日(6月5日)第117号和5月25日(6月7日)第119号上发表了《自由派的失败》和《〈光线报〉反对社会民主党党团》两篇文章，为社会民主党杜马党团的错误行为进行辩解。

这一错误经列宁指出后得到了改正。6月9日(22日)《真理报》第131号刊登了一篇题为《杜马和社会民主党的策略》的未署名文章，在文章按语中说，扩大编辑部重新审查了社会民主党党团对邮电部门预算的表决问题。6月11日(24日)《真理报》第132号又刊登了社会民主党杜马党团的一项通知，说它在其"5月23日会议上就已承认，它在5月22日国家杜马会议……表决立宪民主党关于邮电部门预算提案第3项时弃权……是错误的。"

有党的工作者参加的俄国社会民主工党中央委员会波罗宁会议在一项决议中对第五次全国代表会议《关于社会民主党杜马党团的决议》(见本版全集第24卷)第3条第8款作了修订。——300。

328 1913年5月30日(6月12日)《真理报》第123号上刊登了米·斯·奥里明斯基(维提姆斯基)为该报扩大版面而写的题为《〈真理报〉》的文章。

同一号《真理报》上还刊登了柳·尼·斯塔尔翻译的美国工人出身的诗人特罗贝尔的长诗《男人和女人仅仅……》的片段。——301。

329 指1913年5月26日(6月8日)《真理报》第120号刊登的亚·亚·波格丹诺夫的声明信《用事实说明》。波格丹诺夫企图通过声明信推翻列宁在《几个争论的问题》一文中所指出的事实：否定在杜马中进行工作、否定利用其他合法机会是与"前进派"思想有联系的(见本版全集第23卷第71页)。《真理报》编辑部发表了波格丹诺夫的声明信并加了按语："编辑部完全同意本报第95号所载《几个争论的问题》一文中发挥的观点。但为了公正起见，认为可以刊登我们的经常撰稿人波格丹诺夫同志的下述声明。"这一按语激起了列宁的强烈抗议，他给《真理报》寄去了《关于波格丹诺夫先生和"前进"集团问题》一信(同上书，第257—259页)，同时还寄去驳斥波格丹诺夫歪曲党史的短评(这篇短评当时没有发表，迄今还未找到)。列宁在信中一再警告《真理报》编辑部，波格丹诺夫为布尔什维克报纸撰稿是不能容许的。波格丹诺夫在写了《意识形态》这篇公开宣扬马赫主义观点的文章后，被《真理报》取消了撰稿人资格。——302。

330 1913年4—6月《真理报》刊登了格·瓦·普列汉诺夫的几篇文章，总标题为《在弹雨下(随笔)》。其中一篇是反驳亚·尼·波特列索夫的，题为《波特列索夫先生扮演我的起诉人的角色》(载于1913年5月17日(30日)第112号和5月19日(6月1日)第114号)。这以后直到6月7日(20日)止，《真理报》一直未刊登普列汉诺夫的文章，而波特列索夫却在1913年5月25、28、29日(6月7、10、11日)《光线报》第119、121、122号上发表了《背着个人历史的包袱》(论普列汉诺夫)的小品文，继续向普列汉诺夫"泼脏水"。列宁在《工人政党和自由派骑士们(评波特列索夫)》一文(见本版全集第23卷)中批判了波特列索夫攻击普列汉诺夫的言论。——302。

331 指1913年《社会党国际局定期公报》第10期。该公报于1910—1914年在布鲁塞尔用法、英、德三种文字出版。——307。

332 指1913年5月25日(6月7日)《真理报》第119号。这一号上载有米·斯·奥里明斯基的文章《令人不解的失策》。——308。

333 "尼基季奇"是列·波·克拉辛从事革命工作时的化名。这里说的马良托维奇可能是指1901—1917年曾在敖德萨居住过的社会民主党人B.H.马良托维奇，即莫斯科律师Q.H.马良托维奇的兄弟。——309。

334 马·高尔基是1907年4月30日—5月19日(5月13日—6月1日)召开的俄国社会民主工党第五次(伦敦)代表大会有发言权的代表。——312。

335 指俄国第四届国家杜马和政府之间的冲突。这是由杜马代表、黑帮分子尼·叶·马尔柯夫(马尔柯夫第二)的发言引起的。他对着财政部的代表说："不得盗窃"，而杜马对此没有任何反应。大臣会议认为这是对整个政府的侮辱，提出要以诽谤罪对马尔柯夫起诉，并要求杜马主席米·弗·罗将柯在杜马讲坛上谴责他的发言。——312。

336 圣彼得堡高等法院根据内务大臣尼·阿·马克拉柯夫的建议作出决定，于1913年7月5日(18日)查封了《真理报》。同年7月13日(26

日)起,《真理报》改用《工人真理报》的报名出版。——312。

337 指《关于波格丹诺夫先生和"前进"集团问题(致〈真理报〉编辑委员会)》一文(见本版全集第23卷)。这篇文章《真理报》没有刊登,1930年才第一次发表。——313。

338 娜·康·克鲁普斯卡娅于1913年7月23日在伯尔尼动了手术。8月6日,列宁和她回到了波罗宁附近的比亚韦-杜纳耶茨。——313。

339 看来是指俄国社会民主工党中央委员会议。这次会议后来于1913年8月9日在波罗宁附近的比亚韦-杜纳耶茨举行。会议讨论了党内状况和党的当前任务、社会民主党杜马党团、党校、《真理报》、《社会民主党人报》、《启蒙》杂志、波涛出版社、在莫斯科创办布尔什维克报纸等问题。——314。

340 指出版社会民主党第四届国家杜马党团活动的报告。此事没有办成。——316。

341 指是否接纳第四届国家杜马华沙代表叶·约·亚格洛加入社会民主党党团问题上的意见分歧。见注211。——317。

342 指雅·米·斯维尔德洛夫和克·季·诺夫哥罗德采娃(斯维尔德洛娃)于1913年2月10日(23日)在第四届国家杜马代表格·伊·彼得罗夫斯基的住宅被捕一事。他们是由于奸细罗·瓦·马林诺夫斯基的告密而被捕的。——317。

343 指准备开办的波罗宁党校的校舍。——317。

344 指以后于1913年7月20—21日(8月2—3日)在伯尔尼召开的俄国社会民主工党国外组织第二次代表会议。7月21日(8月3日),列宁在会上作了《关于党内状况的报告》(报告至今未找到。1913年10月2日(15日)《俄国社会民主工党国外组织委员会公报》第3号载有这一报告的简短报道)。——318。

345 列宁在这里说的会议是指1913年6月19—22日(7月2—5日)在利沃夫召开的全乌克兰大学生第二次代表大会。代表大会安排在伟大的乌克兰作家、学者、社会活动家、革命民主主义者伊万·弗兰科的纪念日举行。俄国的乌克兰大学生代表也参加了代表大会的工作。会上,乌克兰社会民主党人德·顿佐夫作了《乌克兰青年和民族的现状》的报告,坚持乌克兰独立的口号。代表大会不顾旅居俄罗斯的乌克兰社会民主党人的抗议,通过了顿佐夫提出的决议,这一决议形成了乌克兰分离主义者的纲领。——319。

346 斯皮尔卡分子是斯皮尔卡的成员。

斯皮尔卡(乌克兰社会民主联盟)是从小资产阶级民族主义政党乌克兰革命党分裂出来的一个组织,于1904年底成立。斯皮尔卡曾作为自治的区域组织加入俄国社会民主工党,在俄国社会民主工党的党内斗争中追随孟什维克。在反动时期,斯皮尔卡陷于瓦解,到1912年还有几个不大的分散的"斯皮尔卡"小组,其大部分成员则都变成了资产阶级民族主义者。列·达·托洛茨基的《真理报》最初两号(1908年10月和12月)是作为斯皮尔卡的机关报出版的。——319。

347 指叶·费·罗兹米罗维奇。——321。

348 大概是指瑞士律师卡·茨格拉根。——323。

349 指1913年9月14—20日在耶拿举行的德国社会民主党代表大会。——323。

350 指瑞士律师卡·茨格拉根。——324。

351 列宁在《维·查苏利奇是怎样毁掉取消主义的》一文(见本版全集第24卷)中对维·伊·查苏利奇的《关于一个问题》这篇文章作了批评性的分析。

《现代生活报》(«Живая Жизнь»)是俄国孟什维克取消派的合法报纸(日报),1913年7月11日(24日)—8月1日(14日)代替《光线报》在彼得堡出版,共出了19号。该报被查封后又于8月8日(21日)起继续出版《新工人报》。《现代生活报》和《新工人报》的实际编辑是费·伊·唐恩。——324。

352 奥·倍倍尔是1913年8月13日在瑞士逝世的。——325。

353 指1913年9月14—20日在耶拿举行的德国社会民主党代表大会。——325。

354 指当时住在伯尔尼的工程师S.H.斯米尔诺夫。弗·米·卡斯帕罗夫认为此人可以资助党。——328。

355 列宁在这里说的是格·瓦·普列汉诺夫在1913年8月17日奥·倍倍尔葬礼上的演说。普列汉诺夫在演说中以俄国社会民主党的名义说："首先使我们敬佩的是，他是那样坚决地维护德国党的统一。

在我们俄国党内同志之间存在着如此令人遗憾的分歧，但愿在争取结束这种分歧方面他会成为我们的榜样。"——328。

356 指阿尔弗雷德·卡恩。——329。

357 《北方真理报》(«Северная Правда»)是俄国布尔什维克党的中央机关报，1913年8月1日(14日)—9月7日(20日)代替被沙皇政府查封的《真理报》在彼得堡出版，共出了31号。——329。

358 《工人真理报》(«Рабочая Правда»)是俄国布尔什维克党的中央机关报，1913年7月13日(26日)—8月1日(14日)代替被沙皇政府查封的《真理报》在彼得堡出版，共出了17号。——330。

359 《新工人报》(«Новая Рабочая Газета»)是俄国孟什维克取消派的合法报纸(日报)，1913年8月8日(21日)—1914年1月23日(2月5日)代替《现代生活报》在彼得堡出版，共出了136号。《新工人报》的实际编辑是费·伊·唐恩。——330。

360 斯·格·邵武勉收到列宁这封信以后，于1913年9月7日由阿斯特拉罕写回信说，他将寄出高加索各民族的统计资料，暂且告诉一些总的数字——穆斯林500万,亚美尼亚人和格鲁吉亚人各200万。至于各民族按县、省和市(梯弗利斯、巴库、巴统、伊丽莎白波尔等)分布的情况,他建议参阅一年出一次的《高加索历书》。他已寄出曾经答应寄的小册子和两个关于亚美尼亚问题的报告的译文。——331。

361 《现代思想报》(«Живая Мысль»)是俄国左派民粹派(社会革命党)的合法报纸《劳动呼声报》使用过的名称之一。《劳动呼声报》于1913年8月—1914年7月在彼得堡出版,除《现代思想报》外,还使用过《正确思想报》、《劳动思想报》、《北方思想报》、《坚定思想报》等名称。——337。

362 指1913年9月14—20日在耶拿召开的德国社会民主党代表大会。亚·阿·别克扎江是俄国社会民主工党出席这个代表大会的代表。

布尔什维克想利用这次代表大会的机会解决归还"被保管的"钱款问题。这件事久拖不决,其原因之一是扬·梯什卡、罗·卢森堡同情调和派,利用他们与"保管人"克·蔡特金、卡·考茨基和弗·梅林的亲密关系,竭力阻挠把钱款归还给布尔什维克。——341。

363 这份电报是亚·阿·别克扎江发的。他受列宁委托在柏林物色同"保管人"进行谈判的律师。——342。

364 克·蔡特金在1911年7月14日的信中通知列宁,已收到以列宁活期存款户头存放党的钱款的那家银行的两张汇票。她表示赞同列宁的观点,认为必须在"布尔什维克的,首先是您本人的坚定的政策和策略的基础上"达到俄国社会民主党的统一。她还批评了尔·马尔托夫的小册子《拯救者还是毁灭者?》。——343。

365 卡·考茨基1911年6月8日来信和考茨基、克·蔡特金、弗·梅林1911年6月27日来信的内容,见注113。——343。

366 大概是指克·蔡特金1911年10月31日给俄国社会民主工党中央委员会国外局的信。她在信中通知说,由于卡·考茨基辞去"保管人"职务而发生了极为困难的情况,她现在也辞去自己的这个职务。蔡特金指出,在弗·梅林和考茨基退出之前所作的一切决定都是"保管人"一致通过的。她就这笔“被保管的”钱款的使用问题向组织委员会和技术委员会提出了建议。——343。

367 见注193。——343。

368 看来是指克·蔡特金1911年8月28日给俄国社会民主工党中央委员会国外局的信。她在信中说，取消派米·伊·戈尔德曼抱怨“保管人”的决定偏向列宁即布尔什维克，是没有根据的。“保管人”是严守中立的。——344。

369 见注115。——344。

370 指1913年9月12日亚·阿·别克扎江给列宁的信。别克扎江在信中通知列宁说，海涅律师到布雷斯劳去了。《前进报》编辑部有人介绍他去找海内曼律师或其助手罗特。罗特认为布尔什维克是有理的，克·蔡特金应把钱款归还给他们。德国社会民主党总执行委员会的一位有影响的委员理·费舍也持同样观点。别克扎江要求列宁在回信中说明反对搞新的仲裁法庭的理由，因为德国社会民主党总执行委员会可能会作出类似的决定。——345。

371 据Г.М.维亚兹缅斯基说，1913年弗·米·卡斯帕罗夫凭列宁的介绍信使用了柏林俄国社会民主党档案馆的资料。——346。

372 大概是指列宁《给德国社会民主党执行委员会的信》（见本版全集第23卷）。——347。

373 指马·高尔基为奥·倍倍尔逝世从意大利的里米尼发给俄国社会民主工党中央委员会的电报。这份电报刊登于1913年8月4日（17日）《北方真理报》第4号。——349。

374 指马·亚·萨韦利耶夫。——349。

375 《劳动真理报》（«Правда Труда»）是俄国布尔什维克报纸《真理报》使用过的名称之一。《劳动真理报》接替1913年9月7日（20日）被查封的

《北方真理报》于1913年9月11日(24日)—10月9日(22日)出版,共出了20号。——350。

376 亨·狄茨对列宁的贺信写了回信。他写道:"我衷心感谢您在我七十岁生日之际给予我的充满深情厚意的祝愿。"——351。

377 《拥护真理报》(«За Правду»)是俄国布尔什维克党的中央机关报,1913年10月1日(14日)—12月5日(18日)代替被沙皇政府查封的《真理报》在彼得堡出版,共出了52号,其中有21号被没收,两号被罚款。——352。

378 1913年10月13日(26日)《拥护真理报》第9号刊出了列宁在这里所说的财务报告。——352。

379 《马克思主义者的会议》一文刊登于1913年10月12日(25日)《拥护真理报》第8号。这篇文章对1913年9月23日—10月1日(10月6—14日)召开的有党的工作者参加的俄国社会民主工党中央委员会波罗宁会议作了详细的报道。后来发现文章作者米·切尔诺马佐夫是混进来的奸细。——353。

380 指格·伊·彼得罗夫斯基的文章《谈我的印象》(关于基辅、叶卡捷琳诺斯拉夫以及赫尔松省和波尔塔瓦省之行)、《肮脏的手段》(关于贝利斯案件)和"曾经是调和派分子"的尼·博林(尼·尼·克列斯廷斯基)的文章《两种道德标准》。这些文章后来没有被重印。——353。

381 指重新审议卡·伯·拉狄克案件的委员会。见注192。——354。

382 这里说的X.同志即康·安·科马罗夫斯基(勃·格·丹斯基)。科马罗夫斯基于1911年加入俄国社会民主工党,为《明星报》和《真理报》撰稿,并参加了保险运动,1913—1914年加入了布尔什维克的《保险问题》杂志编辑部。取消派为了破坏布尔什维克的声誉,指责他参加资产阶级报刊的工作。党的委员会调查了此事,查明丹斯基从加入布尔什维克起就不再为资产阶级报刊工作,从而确认他是一个忠诚的党员,而取消派的指责是恶意中伤。列宁起草的《俄国社会民主工党中央委员会在布鲁塞尔会议上的报告》(见本版全集第25卷)中提到了取消派反对科马罗夫斯基的诽谤运动。——355。

383 指1913年10月17日(30日)《拥护真理报》第12号刊载的《撒谎者!》一文(作者未署名)。——355。

384 这里说的是《新工人报》发表的一些匿名文章:1913年10月12日和13日第55号和第56号上的《评答复!》,10月18日第60号上的《揭丑行!》。——356。

385 由《拥护真理报》、《启蒙》杂志、《保险问题》杂志的代表,6个工人杜马代表,波涛出版社工作人员和"组织起来的马克思主义的工人"的代表组成的委员会重新审查了康·安·科马罗夫斯基问题。1913年11月10日(23日),在《拥护真理报》第32号上发表了这个委员会的调查结论《诽谤的破产》。结论说:"委员会绝对没有发现任何根据足以妨碍X.为马克思主义的出版物继续撰稿和继续留在同志们中间。"——357。

386 《保险问题》杂志(«Вопросы Страхования»)是俄国布尔什维克的合法刊物(周刊),由布尔什维克党中央领导,1913年10月26日(11月8日)—1914年7月12日(25日)和1915年2月20日(3月5日)—1918年3月在彼得堡出版,共出了63期。参加杂志工作的有列宁、斯大林、瓦·弗·古比雪夫和著名的保险运动活动家尼·阿·斯克雷普尼克、彼·伊·斯图契卡、亚·尼·维诺库罗夫、尼·米·什维尔尼克等。——357。

387 指《拥护真理报》就社会民主党杜马党团内部斗争问题进行的宣传。1913年10月18日(11月2日)《拥护真理报》第13号发表了布尔什维克杜马代表的声明,这个声明要求社会民主党第四届国家杜马党团的孟什维克部分承认六人团和七人团在决定社会民主党杜马党团中的一切问题上权利平等。布尔什维克杜马代表号召工人讨论"六人团"的要求,在恢复社会民主党杜马党团的统一方面支持工人杜马代表。遵照列宁的指示,《拥护真理报》开展了反对“七人团”瓦解组织活动的大规模运动,阐明党团内部展开这场斗争的意义,引用数字材料来证明广大工人群众是站在布尔什维克代表一边的。

1913 年 10 月 25 日(11 月 7 日),七人团在正式答复中拒绝承认六人团享有平等权利。布尔什维克杜马代表随即声明成立独立的党团。根据列宁的建议,党团称为“俄国社会民主党工人党团”(见本卷第 237 号文献)。——358。

388 指刊登在 1913 年 10 月 18 日《新工人报》第 60 号上的文章《对社会民主党党团的统一的威胁!》。——358。

389 此信是对 1913 年 10 月 29 日卡·胡斯曼的来信的回答。胡斯曼在那封信中问,谁是俄国社会民主工党驻社会党国际局的代表。——361。

390 诸圣日是基督教纪念殉道的圣人和得救的圣徒的节日,西部教会把它定在 11 月 1 日。——362。

391 指列宁的《关于社会民主党杜马党团内部斗争问题的材料》一文(见本版全集第 24 卷)。——364。

392 指 1913 年 9 月 23 日—10 月 1 日(10 月 6—14 日)召开的有党的工作者参加的俄国社会民主工党中央委员会波罗宁会议通过的《关于社会民主党杜马党团的决议》。这个决议刊登在 1913 年 10 月 17 日《拥护真理报》第 12 号(见本版全集第 24 卷)。——364。

393 指彼得堡工人的决议。这些决议从 1913 年 10 月 22 日(11 月 4 日)起以《工人支持自己的工人代表》为总标题陆续刊登在《拥护真理报》上。列宁在《工人对在国家杜马中成立俄国社会民主党工人党团的反应》一文(见本版全集第 25 卷)中对这些决议作了总结。——364。

394 指 1913 年 9 月 23 日—10 月 1 日(10 月 6—14 日)在波罗宁举行的有党的工作者参加的俄国社会民主工党中央委员会“夏季”会议的决议(见本版全集第 24 卷)。这次会议的通报和各项决议由中央委员会在巴黎印成单行本公布。——366。

395 社会党国际局十二月会议于1913年12月13—14日在伦敦举行。会议讨论了英国各社会主义政党和工人政党统一、维也纳代表大会和俄国事务等问题。关于俄国社会民主党的统一问题是在会议快要结束时提出来讨论的。由于时间已晚，这个问题没有得到详细讨论。社会党国际局只通过了卡·考茨基代表德国代表团提出的决议案。决议案责成社会党国际局执行委员会召开会议，由“俄国(包括俄属波兰)工人运动中所有承认党的纲领或其纲领符合社会民主党纲领的派别”的代表就各派意见分歧的问题“交换意见”。考茨基在12月14日说明决议案的理由的发言中声称：“俄国旧的社会民主党已经消失了”，必须按照俄国工人渴望统一的愿望把它重新建立起来。列宁在《关于国际局的决定问题》、《好决议和坏发言》和《谈谈考茨基的不可容忍的错误》(见本版全集第24卷)几篇文章中，对会议的工作作了论述，对考茨基的发言进行了评价。——366。

396 弗·萨·沃伊京斯基的小说《浪潮》的片段曾以《黑夜中的一线光明》为题刊于1914年《启蒙》杂志第4期。从列宁1913年11月中旬给马·高尔基的信(见本卷第241号文献)中可以看出，高尔基反对在《启蒙》杂志上刊载沃伊京斯基的小说。因此无法确定这里说的是不是小说《浪潮》的这个片段。——368。

397 马·高尔基在1913年9月22日《俄罗斯言论报》第219号发表了《论卡拉玛佐夫气质》一文，以抗议莫斯科艺术剧院把费·米·陀思妥耶夫斯基的反动小说《群魔》改编成剧本。由于资产阶级报刊袒护陀思妥耶夫斯基，高尔基又在1913年10月27日《俄罗斯言论报》第248号上发表了题为《再论卡拉玛佐夫气质》的答辩文章。

高尔基的这篇文章被摘录转载于10月28日(11月10日)《言论报》第295号，但缺少列宁在信中全文抄录的最后一段。次日，取消派《新工人报》第69号全文转载了高尔基的这篇文章。——369。

398 布尔什维克杜马代表关于在第四届杜马中成立独立的俄国社会民主党

工人党团的声明(《答七位代表》)发表于1913年10月29日(11月11日)《拥护真理报》第22号。——373。

399 《材料》即列宁的《关于社会民主党杜马党团内部斗争问题的材料》一文(见本版全集第24卷)第一次刊载于1913年10月29日(11月11日)《拥护真理报》第22号,没有在该报重登。1914年,《马克思主义和取消主义》文集以《关于杜马中的俄国社会民主党工人党团成立历史的材料》为题转载了此文。《拥护真理报》第22号是由于社论《贝利斯被宣告无罪》而被没收的。——374。

400 济良人是科米人的旧称,现主要居住在苏联俄罗斯联邦西北部的科米自治共和国,操科米语(科米-济良语)。——377。

401 大概是指俄国社会民主工党中央委员会1910年一月全会《关于派别中心的决议》。——380。

402 1913年11月21日《前进报》第306号的第1号附刊发表了一则《关于社会民主党杜马党团的分裂》的简讯,其中谈到了罗·卢森堡提出把恢复俄国社会民主工党的统一问题列入1913年12月14日社会党国际局会议日程的建议。

列宁在《也是"统一派"》一文(见本版全集第24卷)中对卢森堡这一举动进行了批判。——381。

403 伊·费·波波夫在1913年12月3日来信中谈了下面一些问题:埃米尔·芬克律师对"被保管的"钱款问题写的结论草案;卡·胡斯曼对俄国取消派和社会民主党第四届杜马党团在社会党国际局里的代表资格问题所持的态度(与筹备召开社会党国际局十二月会议有关);比利时《人民报》编辑部拒绝刊登列宁的一篇短评。——385。

404 列宁指的是恩格斯在《1891年社会民主党纲领草案批判》一文(见《马克思恩格斯文集》第4卷第417页)中发表的意见。——387。

405 见注322。列宁写的《民族问题提纲》和报告提纲,见本版全集第23

卷。——388。

406 这里说的是米·切尔诺马佐夫(费林)的文章《答德·柯尔佐夫》。该文发表于1913年11月23日《拥护真理报》第42号,是对1913年11月20日《新工人报》第87号发表的孟什维克柯尔佐夫(波·阿·金兹堡)《给米·费林的公开信》的答复。柯尔佐夫在丹斯基事件(见注382)中参与了对布尔什维克的攻击,他指责切尔诺马佐夫造谣诬蔑,因为后者曾说,柯尔佐夫本人在巴库石油工人代表大会委员会工作期间所起的作用和被《新工人报》指责为政治两面派的丹斯基一样。切尔诺马佐夫在《答德·柯尔佐夫》一文的开头用了"敬爱的同志"称呼,说他以"极其沉痛的心情"阅读了《给米·费林的公开信》。切尔诺马佐夫在他的答复中为自己辩护,并同柯尔佐夫进行了争论。——390。

407 这封给《拥护真理报》编辑部的信是列宁获悉第二国际的社会党国际局十二月会议关于俄国社会民主工党的统一问题决议的第一批消息后写的第二封信。第一封信即《关于国际局的决定问题》,见本版全集第24卷。

关于社会党国际局十二月会议,见注395。——391。

408 1913年12月3日(16日)取消派的《新工人报》第97号登载了一则关于社会党国际局十二月会议的伦敦来电,其中说社会党国际局拒绝了布尔什维克关于六人团代表参加第二国际各国议会部的要求。其实社会党国际局根本没有讨论这个问题,布尔什维克也没有提出过这一要求,因为按照各国议会部章程,有权参加各国议会部的,只能是本国议会中拥有较多代表的那一个社会党党团。这样一来,在俄国国家杜马中拥有表面上多数的取消派七人团代表就当然地参加了各国议会部。这个问题列宁在《取消派是如何欺骗工人的》一文(见本版全集第24卷)中作了详细阐述。——393。

409 指卡·考茨基在1913年12月14日社会党国际局会议上的发言(见注395)。——394。

410 《捍卫共同的旗帜》一文是弗·萨·沃伊京斯基寄来供《启蒙》杂志刊用的。——394。

411 波舍霍尼耶原为俄国北部一个偏僻的县城。自俄国作家米·叶·萨尔蒂科夫-谢德林的小说《波舍霍尼耶遗风》问世后，波舍霍尼耶即成为闭塞落后的穷乡僻壤的同义语。——394。

412 这是布尔什维克在历届国家杜马工人选民团代表中所占的比例（见本卷第132号文献）。——395。

413 这两句话出自俄国诗人米·尤·莱蒙托夫《致亚·奥·斯米尔诺娃》（1840年）一诗。原诗反映了诗人因斯米尔诺娃对其诗作未置一词而产生的怅然心情。这里，列宁在转义上用它来嘲讽《捍卫共同的旗帜》一文的作者。——395。

414 指叶·约·亚格洛。他是波兰社会党—"左派"的成员。——396。

415 《同志报》(«Товарищ»)是俄国资产阶级报纸（日报），1906年3月15日（28日）—1907年12月30日（1908年1月12日）在彼得堡出版。该报打着"无党派"的招牌，实际上是左派立宪民主党人的机关报。参加该报工作的有谢·尼·普罗柯波维奇和叶·德·库斯柯娃。孟什维克也为该报撰稿。从1908年1月起《我们时代报》代替了《同志报》。——397。

416 《无产阶级真理报》(«Пролетарская Правда»)是俄国布尔什维克党的中央机关报，1913年12月7日（20日）—1914年1月21日（2月3日）代替被沙皇政府查封的《真理报》在彼得堡出版，共出了34号。——397。

417 大概是指列宁针对社会党国际局十二月会议决议和取消派报纸围绕着十二月会议关于召开俄国社会民主工党"统一"会议的决议掀起的诽谤运动而写的一篇文章。1913年12月17日（30日）《无产阶级真理报》发表了列宁《关于社会党国际局的决定的决议》一文（见本版全集第24卷），该文确定了布尔什维克对这个问题的正式立场。

有党的工作者参加的俄国社会民主工党中央委员会克拉科夫会议

《关于改组〈真理报〉编辑部和关于〈真理报〉编辑部的工作的决议》中指出，“凡中央认为必须发表的文章，均应（按事先约定的署名）立即登载”。事先约定的署名就是字母“KKK”。1913 年 12 月俄国社会民主工党中央委员会会议上重申了这一决定：“原决定仍然有效，即寄来的带有三个事先约定的字母的文章必须立即登载，不许改动。”（参看苏联《历史文献》杂志 1959 年第 4 期第 42 页）——397。

418 受托人是从工人中推选出来担任党的领导工作的先进工人。俄国社会民主工党中央委员会克拉科夫会议关于秘密组织的建设的决议和波罗宁会议关于组织问题和党代表大会的决议都提到了建立受托人制度的问题（见本版全集第 22 卷第 279 页和第 24 卷第 54 页）。——398。

419 《工人手册》即《1914 年工人手册》，是波涛出版社 1913 年 12 月 14 日（27 日）出版的袖珍历书。初版 5 000 册在一天内销售一空。1914 年 2 月出了《手册》的修订版即第 2 版。《手册》载有列宁的《俄国的罢工》一文（见本版全集第 24 卷）。——399。

420 指筹办中的《女工》杂志。该杂志第 1 期于 1914 年 2 月 23 日（3 月 8 日）在彼得堡出版。——399。

421 指一位去参加 1914 年 1 月 13—26 日（1 月 26 日—2 月 8 日）在布鲁塞尔召开的拉脱维亚边疆区社会民主党第四次代表大会的代表。——401。

422 这里说的是尼·伊·布哈林的《司徒卢威先生的把戏》一文。这篇文章评论了彼·伯·司徒卢威的《经济和价格》第 1 卷《经济和社会。——价格—价值》（1913 年圣彼得堡—莫斯科里亚布申斯基出版社版）一书。文章后来发表于 1913 年《启蒙》杂志第 12 期。遵照列宁的意见，发表时删掉了谈到农奴制经济的地方。——403。

423 1914 年 1 月 2 日（15 日），列宁抵达柏林，就召开拉脱维亚边疆区社会民主党第四次代表大会一事同拉脱维亚布尔什维克会晤。——404。

424 指扬·埃·扬松（布劳恩）的支持者——调和派。——405。

425 列宁同扬·鲁迪斯-吉普斯利斯、伊·埃·格尔曼后来是在柏林格尔曼的住所里会晤的。——406。

426 《斗争》杂志(«Борьба»)是俄国托洛茨基派的刊物,1914 年 2 月 22 日(3 月 7 日)—7 月在彼得堡出版,共出了 7 期(最后一期是第 7—8 期合刊)。为该杂志撰稿的有托洛茨基分子、取消派分子和部分前进派分子。该杂志自称"非派别性工人杂志",实际上贯彻八月联盟的思想,是中派主义的中心。——407。

427 指《俄国社会民主工党中央委员会公报》。

《俄国社会民主工党中央委员会公报》(«Бюллетень ЦК РСДРП»)是根据波罗宁会议决议出版的,旨在报道中央委员会的活动和地方组织的工作情况。列宁很重视这份刊物,曾为它制定了出版细则,编辑了它的第 1 期,并亲自担任校对。《公报》只于 1914 年 1 月在巴黎出了第 1 期,后因经费不足而停办。——408。

428 指列宁的《关于俄国社会民主党杜马党团的分裂》一文(见本版全集第 24 卷)。——410。

429 列宁要求寄给他的文章,看来是指弗·巴·米柳亭写的《亚·波格丹诺夫的哲学的某些特点》一文。这篇文章于 1914 年 2 月发表于《启蒙》杂志第 2 期,署名弗拉·巴甫洛夫。——412。

430 1914 年 1 月 9 日(22 日),列宁在巴黎社会民主党人为纪念 1905 年 1 月 9 日九周年而举行的两处群众大会上发表了演说。——413。

431 大概指俄国社会民主工党第六次(布拉格)全国代表会议的决议《关于前保管人掌管的财产和关于账目》(见本版全集第 21 卷)。——414。

432 1914 年 1 月 25 日晚,即拉脱维亚边疆区社会民主党第四次代表大会前夕,列宁在布鲁塞尔向代表大会代表作了一次民族问题的专题报告,阐述了布尔什维主义在民族问题上的理论和策略。列宁号召拉脱维亚马克思主义者巩固党的真正的而不是虚假的统一,维护党的队伍不受动摇分子和取消派的腐蚀。列宁的报告引起了听众的极大兴趣。

次日开幕的代表大会是拉脱维亚边疆区社会民主党历史上的一个转折点。这次大会几乎在所有问题上都通过了布尔什维克性质的决议，但也通过了孟什维克和调和派分子提出的某些修正案。——414。

433 指1907年4月30日—5月19日（5月13日—6月1日）举行的俄国社会民主工党第五次（伦敦）代表大会会议记录。——417。

434 1914年1月，当时在布鲁塞尔的伊·费·波波夫通过比利时工人党地方组织同比利时海员建立了联系，这些海员乘商船由安特卫普出发前往俄国南方海港。波波夫请海员把党的秘密出版物运往俄国。他的这一建议得到了列宁的赞同。列宁在前往布鲁塞尔出席拉脱维亚边疆区社会民主党第四次代表大会期间，会见了两名比利时海员代表，并同他们交谈了俄国革命工作的条件。——418。

435 卡·胡斯曼在1914年1月29日的信中说他在拉脱维亚边疆区社会民主党代表大会上未见到列宁，对此表示惋惜。他要求列宁在离开布鲁塞尔以前亲自作一个关于俄国社会民主工党工作情况的简短报告，约列宁于晚上8时半在布鲁塞尔民众文化馆会晤。——419。

436 《真理报》编辑部秘书康·尼·萨莫伊洛娃在1914年1月25日（2月7日）的信中向俄国社会民主工党中央委员会报告了《无产阶级真理报》被查封的情况，并且谈到接替它出版的《真理之路报》也可能被查封。作出这一推测的理由是，格·伊·彼得罗夫斯基因1914年1月23日《真理之路报》刊载一篇题为《它为此而存在……》的文章而受到追究。文章署名是“M.Ф.”（即M.费林——后来揭露出来的奸细米·叶·切尔诺马佐夫）。作者在文章中泄露了《真理报》使用的各种名称——《工人真理报》、《北方真理报》、《劳动真理报》等等——之间的继承关系。——425。

437 列宁指他1914年1—2月初的柏林、巴黎、布鲁塞尔、列日和莱比锡之行。此行同拉脱维亚边疆区社会民主党第四次代表大会的工作和作民族问题的专题报告有关。——425。

438 《真理之路报》(«Путь Правды»)是俄国布尔什维克报纸《真理报》使用过的名称之一。《真理之路报》于1914年1月22日—5月21日(2月4日—6月3日)出版,共出了92号。——426。

439 这是列宁为彼得堡《启蒙》杂志编辑部代拟的约稿信,同列宁和娜·康·克鲁普斯卡娅1914年1月29日(2月11日)的信一起由克拉科夫寄给了在彼得堡的安·伊·乌里扬诺娃-叶利扎罗娃。格·瓦·普列汉诺夫没有给《启蒙》杂志写关于尼·康·米海洛夫斯基的文章。——426。

440 这里指的是《斗争》杂志。见注426。——427。

441 在1914年1月13—26日(1月26日—2月8日)召开的拉脱维亚边疆区社会民主党第四次代表大会上,由于列宁和拉脱维亚布尔什维克大力进行反对调和倾向的斗争,拉脱维亚社会民主党人退出了孟什维克组织委员会。列宁评价拉脱维亚人的这一行动是"给了取消派的八月联盟一个致命的打击"(见本版全集第25卷第297页)。——427。

442 列宁说的小册子是指《俄国工人报刊的历史》。这本小册子是在《真理报》创刊两周年之际,作为1914年4月22日《工人日报》第1号出版的。这一号全是论述俄国工人报刊的历史的文章,其中有列宁的两篇文章:《俄国工人报刊的历史》和《我们的任务》(见本版全集第25卷)。——428。

443 这里是指B.扬—斯基(斯·斯·丹尼洛夫)写的评介弗·列维茨基(弗·策杰尔包姆)《奥古斯特·倍倍尔的生平和事业(1840—1913)》一书的书评。这篇书评说:"列维茨基竭力使读者特别注意倍倍尔对'妥协'和同自由派达成协议的态度,打算通过这种办法把倍倍尔树为某些人的榜样……列维茨基的叙述并非没有派别性,它不正确地描绘了伟大的德国领袖及其观点……"。——428。

444 列宁收到的德国《前进报》是用布尔什维克的出版物交换的。弗·米·卡斯帕罗夫于1914年3月4日给列宁复信说，他去了《前进报》发行部，人家告诉他，给列宁的书报是按时寄发的，如果没有收到，那就是被没收了。——429。

445 乔·迪科·德拉埃律师在1914年2月12日的信中说，如果邀请埃·芬克律师的话，他自己的酬金会削减很多。他情愿自己努力争取不经诉讼从克·蔡特金那里得到被保管的那笔钱。——429。

446 指《真理报》编辑部与亚·亚·波格丹诺夫断绝关系一事。——430。

447 波涛派是指布尔什维克的合法的波涛出版社的工作人员。波涛出版社于1912年11月在彼得堡创办。

该社对工人运动的各种问题作出反应，1913年初在所谓“保险运动”期间，出版了有关工人社会保险问题的书刊。同年7月成为俄国社会民主工党中央的出版社以后，遵照中央的指示，着重出版有关社会政治问题和党的问题的宣传鼓动性通俗读物。参加出版社工作的有安·伊·乌里扬诺娃-叶利扎罗娃、米·斯·奥里明斯基、费·伊·德拉布金娜等人。波涛出版社于1913年12月出版了袖珍历书《1914年工人手册》，其中载有列宁的《俄国的罢工》一文；1914年出版了刊有列宁的文章的《马克思主义和取消主义》文集。第一次世界大战初期，沙皇政府加紧迫害工人出版事业，波涛出版社被迫停止活动。1917年3月复业，1918年并入共产党人出版社。——430。

448 1914年3月《启蒙》杂志第3期发表了列·波·加米涅夫写的关于波涛出版社出版的亚·亚·波格丹诺夫的《政治经济学引论(问题和答复)》一书的短评。——430。

449 《马克思主义和取消主义。关于现代工人运动的基本问题的论文集。第2册》一书于1914年7月由党的波涛出版社出版。文集收入了列宁和其他一些人的文章。列宁拟定了文集的大纲。根据这个大纲，文集分两册。两册的内容曾经在1914年3月21日《真理之路报》第42号上宣布过。

文集的第1册没有问世。文集的第2册有数十册由于出版社当时来不及运出印刷厂而被沙皇当局没收，但是大部分还是散发出去了。文集的第2册除序言和结束语外，共收了14篇列宁的文章（有些文章的标题作了改动）。——430。

450 说的是全俄著作家协会因政府加紧迫害出版界和制定出反动的出版法草案而于1914年1月召开的会议。自由派和取消派在会上起了决定性作用。会议通过了一项自由派的决议。——430。

451 指《资本主义和工人移民》一文（见本版全集第24卷）。——432。

452 列宁说的犹太社会党报纸是指1897年在纽约创刊的《前进报》。

列宁在这里提到的材料，有一部分于1914年5月从美国收到（见本卷第321号文献），其余部分于第一次世界大战爆发前不久收到。列宁根据这些材料撰写了《关于农业中资本主义发展规律的新材料。第一编。美国的资本主义和农业》一书（见本版全集第27卷）。——433。

453 《新世界报》（«Novy Mir»）是俄国旅美侨民团体办的报纸，1911—1917年在纽约出版。该报编辑有约·埃勒特、尼·尼·纳科里亚科夫等人。——433。

454 说的是筹集召开党代表大会的经费问题。曾经有过一个与自由派资产阶级的进步党的某些领袖——其中包括亚·伊·柯诺瓦洛夫（“普里亚尼克”）——达成的资助经费的协议（参看苏联《历史文献》杂志1958年第6期第8—13页）。——437。

455 指1914年3月3日卡·胡斯曼给列宁的信。信中要求列宁尽快把自己的报告寄给社会党国际局，并说，已从取消派那里收到了关于俄国社会民主工党情况的通报。——438。

456 指《关于拉脱维亚边疆区社会民主党对俄国社会民主工党的态度的决议草案》（见本版全集第24卷）。——438。

457 扬·鲁迪斯-吉普斯利斯在1914年3月12日的一封信中,批评了拉脱维亚边疆区社会民主党第四次代表大会某些决议的调和主义性质,特别是已被列入关于对俄国社会民主工党态度的决议中的调和派分子扬·埃·扬松(布劳恩)的建议。这一建议责成拉脱维亚边疆区社会民主党"在统一问题还没有坚实基础的时候",暂时在组织上既不要与中央委员会发生联系,也不要与组织委员会发生联系。他还在信中写道,各地同志也不满党代表大会的调和主义的决议,认为必须继续与调和派作斗争。——439。

458 拉脱维亚边疆区社会民主党第四次代表大会闭幕后,部分代表,其中包括新当选的中央委员,一回到俄国就被逮捕。拉脱维亚边疆区社会民主党的孟什维克中央和国外委员会在组织代表大会时违反了最基本的保密原则,而且保安处也可以从出席代表大会的两名奸细——罗·瓦·马林诺夫斯基(身份是杜马六人团的代表)和大会后不久即被揭露的利巴瓦的代表卡尔涅季斯(奥古尔斯)——那里获得关于出席代表大会的代表们的情报。——439。

459 1914年3月30日《真理之路报》第50号附刊以《波罗的海沿岸边疆区》为题刊载了关于拉脱维亚边疆区社会民主党第四次代表大会的文章以及代表大会决议的摘录。——440。

460 卡·胡斯曼在1914年3月10日的信中请伊·费·波波夫尽快把列宁给社会党国际局所作的报告送去。同日,胡斯曼给列宁寄去一封信,对自己上一封非正式的信的讥讽语气表示歉意。——441。

461 指1914年3月2日(15日)在彼得堡举行的全俄保险理事会工人团的选举。全俄保险理事会是根据1912年6月23日(7月6日)沙皇政府颁布的工人保险法于同年12月底成立的,该理事会由工商大臣(任主席)、15名官员、彼得堡地方自治机关的代表、彼得堡市杜马代表、5名业主代表和5名工人代表组成。理事会中的工人代表由彼得堡工人选出。围绕着这一选举,布尔什维克同取消派、左派民粹派展开了尖锐的斗争。1913年12月15日(28日)《无产阶级真理报》第8号和1913年

12月21日(1914年1月3日)《保险问题》杂志第9期公布了布尔什维克给保险会议和保险理事会中工人代表的委托书。取消派也在《新工人报》上发表了他们的委托书。在保险理事会工人团选举前夕,1914年3月1日(14日)《真理之路报》第25号公布了候选人名单。参加3月2日(15日)选举会的57名受托人中,有47人投票赞成布尔什维克的委托书。《真理之路报》提出的5名候选人以多数票当选。——442。

462 指法国国务活动家、激进党人、法国财政部长约瑟夫·凯约的妻子为了回击民族主义者、《费加罗报》的编辑加斯东·卡尔梅特对她丈夫凯约的诽谤,于1914年3月枪击卡尔梅特,使其受了致命伤一事。——442。

463 列宁指的是维堡区工人小组《关于布里扬诺夫同志退出七人团的决议》和由俄国社会民主工党苏黎世协助小组签署的《给安·法·布里扬诺夫的公开信》。这个决议和这封公开信都刊登在1914年2月26日《真理之路报》第22号上。

维堡人在自己的决议中欢迎布里扬诺夫退出七人团,认为这又一次证明了七人团政治上的破产,同时也谴责布里扬诺夫所持的中派立场,指出这种立场是不正确的。苏黎世小组(大多数是孟什维克)则相反,认为布里扬诺夫的行为是向社会民主党杜马党团的统一迈进了一大步。——443。

464 “马克思主义者整体”是俄国社会民主工党的代称。——444。

465 大概是指亚·伊·柯诺瓦洛夫。——446。

466 列宁的这封信是对《同时代人》杂志编辑部成员弗·别·斯坦凯维奇1914年3月9日(22日)来信的答复。斯坦凯维奇在信中说,《同时代人》杂志“将成为原则上介乎派别之间的刊物”,“我们将证明所有社会主义派别在组织上有完全统一的必要”。他请列宁“担任撰稿人”。列宁对《同时代人》杂志所联合的集团的态度,见他的《工人的统一和知识分子的“派别”》一文(本版全集第25卷)。——447。

467 *《矿工专页》*(«Шахтерский Листок»)是在顿巴斯矿工的倡议下由工人

募捐在彼得堡出版的小报，第1号作为1914年3月16日(29日)《真理之路报》第38号的附刊出版，第2号作为1914年5月4日(17日)《真理之路报》第77号的附刊出版。

《告乌克兰工人书》用乌克兰文发表于1914年6月29日《劳动的真理报》第28号，署名奥克先·洛拉(见《列宁文集》俄文版第39卷第120—121页)。《告乌克兰工人书》的草稿是列宁写的。列宁还为它写了《编者按》(见本版全集第25卷)。——448。

468 列宁就卡·列金的美国之行写了《德国工人运动中的哪些东西是不应模仿的》一文(见本版全集第25卷)。——454。

469 格·李·什克洛夫斯基于1914年4月9日写信告诉列宁，他已把费·尼·萨莫伊洛夫安置在伯尔尼市立疗养院。——454。

470 指《英国的宪法危机》一文(见本版全集第25卷)。此文刊载于1914年4月10日《真理之路报》第57号。第一篇文章是《英国自由党人和爱尔兰》(见本版全集第24卷)，已在1914年3月12日《真理之路报》第34号发表。——454。

471 《统一报》(«Единство»)是俄国孟什维克护国派极右翼集团统一派的报纸，在彼得格勒出版。1914年5—6月出了4号。1917年3—11月为日报。1917年12月—1918年1月用《我们的统一报》的名称出版。编辑部成员有格·瓦·普列汉诺夫、维·伊·查苏利奇、柳·伊·阿克雪里罗得、格·阿·阿列克辛斯基、尼·瓦·瓦西里耶夫、列·格·捷依奇和尼·伊·约尔丹斯基。该报持极端沙文主义立场，主张和资产阶级合作，支持资产阶级临时政府，反对社会主义革命，攻击布尔什维克，敌视苏维埃政权。——455。

472 《北方工人报》(«Северная Рабочая Газета»)是俄国孟什维克取消派的合法报纸(日报)，1914年1月30日(2月12日)—5月1日(14日)代替《新工人报》在彼得堡出版。同年5月3日(16日)起，该报改用《我们的工人报》的名称出版。列宁在文章中常讽刺地称该报为《北方取消派报》和《我们的取消派报》。——455。

473 《开端》文集于1914年在萨拉托夫出版。文集的第一篇文章是H.弗拉基米罗夫的《会见与沉思》。该文描述了与格·瓦·普列汉诺夫、帕·波·阿克雪里罗得、列宁、尔·马尔托夫、尼·亚·波特列索夫以及马·高尔基会见的情景。——457。

474 这里说的是"前进"集团和格·阿·阿列克辛斯基掀起的反对俄国社会民主工党国外组织委员会委员阿·弗·安东诺夫(布里特曼)的运动。安东诺夫曾被指控在1906年俄国社会民主工党喀琅施塔得组织一案审讯过程中出卖了自己的同案人。这一没有根据的指控,早在1907年就已由10个服苦役者(布尔什维克、孟什维克和非党人士)所组成的委员会通过的决议予以撤销。此委员会中有6人是安东诺夫的同案人。委员会的这一决议于同年通知了列宁和俄国社会民主工党中央委员会,中央委员会因此认为安东诺夫是无辜的,无论在哪一方面都不应限制他作为一个党员应享有的权利。1912—1914年,阿列克辛斯基重提安东诺夫"案件",目的是以此来反对似乎是"包庇了叛徒"的布尔什维克。

1914年4月18日俄国社会民主工党国外组织巴黎支部通过决议,对阿列克辛斯基的行径表示愤慨,并声明与他断绝一切关系。1914年6月10日,国外组织委员会在决议中号召巴黎的俄国各个社会党组织和各个党中央机构(俄罗斯的和其他民族的)对阿列克辛斯基及"前进"集团成员们的挑衅行为予以坚决的回击,不承认"前进"集团是个政治组织,而且不与它发生任何关系。俄国社会民主工党国外组织巴黎支部全体会议在6月20日也同意了国外组织委员会的这一决议。列宁在他写的俄国社会民主工党中央向布鲁塞尔会议的报告中也提到了此事(见本版全集第25卷第409页)。——458。

475 列宁把奥·洛拉(弗·斯捷潘纽克)1914年4月22日的信寄给了伊·费·阿尔曼德。洛拉在信中表示完全同意《告乌克兰工人书》的内容,但要求以《真理报》编辑部的名义刊出,而不要署他的名字。——458。

476 指筹备召开党的例行代表大会。——459。

477 《俄国社会民主工党纲领和章程》(章程经 1912 年党的第六次(布拉格)代表会议修改过)于 1914 年由俄国社会民主工党中央委员会在巴黎出版。——459。

478 指《五一节和俄国的工人运动》一文(见本版全集第 25 卷)。这篇文章是准备以第四届国家杜马工人代表费·尼·萨莫伊洛夫的名义在瑞士社会民主党的《伯尔尼哨兵报》上发表的。后因文章送到报社晚了,未赶上该报五一节那一号,因此未能刊出。——460。

479 列宁的这封信是写在格·叶·季诺维也夫给《钟声》杂志编辑部的信上的附言。季诺维也夫在信中谈的是他同《钟声》杂志编辑部成员列·尤尔凯维奇就布尔什维克为该杂志撰稿的条件问题进行谈判的情况。尤尔凯维奇在为 В.П.列文斯基的《加利西亚乌克兰工人运动发展概略》一书(1914 年基辅版)写的序言里主张乌克兰工人分离出去,组成单独的社会民主主义组织。这引起了列宁的愤慨。他在《论民族自决权》一文(见本版全集第 25 卷)中尖锐地批评了尤尔凯维奇的资产阶级民族主义的观点。

《钟声》杂志(«Дзвiн»)是俄国合法的资产阶级民族主义刊物(月刊),倾向孟什维克,1913 年 1 月—1914 年在基辅用乌克兰文出版,共出了 18 期。参加该杂志工作的有 В.П.列文斯基、弗·基·温尼琴科、列·尤尔凯维奇(雷巴尔卡)、德·顿佐夫、西·瓦·佩特留拉、格·阿·阿列克辛斯基、帕·波·阿克雪里罗得、列·达·托洛茨基等人。第一次世界大战爆发后停刊。——461。

480 列宁的这封信是对 1914 年 4 月 3 日雅·斯·加涅茨基代表波兰王国和立陶宛社会民主党边疆区执行委员会给《社会民主党人报》编辑部的一封来信的回答。这封来信要求编辑部把随信附上的《声明》登在《社会民主党人报》的最近一号上。波兰王国和立陶宛社会民主党边疆区执行委员会的《声明》涉及 1913 年秋有党的工作者参加的俄国社会民主工党中央委员会波罗宁会议通过的关于民族问题的决议。边疆区执行委员会援引波兰王国和立陶宛社会民主党参加会议的有发言权的代表反对该决议的发言，对列宁关于民族自决直至分离的权利的原则表示异议，认为它会导致无产阶级力量的分散。由于《社会民主党人报》临时停刊，应出版的第 33 号延至 1914 年 11 月 1 日才出版，这时已是帝国主义大战时期，所以《声明》没有被刊登。——461。

481 列宁的电报是为庆祝工人出版节和《真理报》两周年而拍发的。《真理报》创刊号于 1912 年 4 月 22 日(5 月 5 日)出版。——463。

482 指去参加第二国际的代表大会。参看注 314。——466。

483 1914 年 5 月 3 日费·尼·萨莫伊洛夫写信给列宁，说他正在伯尔尼市立疗养院休养，医生(一位神经科专家)建议他从事一些体力劳动。

5 月 12 日，格·李·什克洛夫斯基通知列宁，说他已为萨莫伊洛夫安排好户外劳动。——467。

484 指卡·茨格拉根给埃·芬克的信的结尾。信稿是列宁拟的。参看本卷第 302 号文献。——468。

485 扬·鲁迪斯-吉普斯利斯在 1914 年 5 月 15 日给列宁的信中赞同拟议中的出版旨在报道俄国某一地区情况的《真理报》附刊一事，并建议出版拉脱维亚文附刊。他说他把自己的一些文章寄给了拉脱维亚的“马克思主义”杂志，但因为杂志编辑部为调和派分子所把持而没有被刊登。他还询问了中央机关报《社会民主党人报》的出版时间，提出要给该报寄一篇关于拉脱维亚边疆区社会民主党代表大会的文章，而从鲁迪斯-吉普斯利斯以后的几封信中可以看出，他答应写的文章没有写成。列宁曾问到鲁迪斯-吉普斯利斯对伊·埃·格尔曼的看法如何。鲁迪斯-吉普斯利斯回答说，他认为格尔曼是拉脱维亚优秀的马克思主义者之一。——471。

486 《斗争报》(«Zihņa»,«Cīņa»)是拉脱维亚社会民主党的秘密的中央机关报，1904 年 3 月创刊。1909 年 8 月以前在里加出版(经常中断)，以后在国外出版。该报刊登过列宁 1910 年为该报出版 100 号而写的祝贺文章以及列宁起草的一些党的文件。该报撰稿人中有拉脱维亚共产党的组织者彼·伊·斯图契卡、拉脱维亚人民诗人扬·莱尼斯等。1917年4月起,《斗争报》成为合法报纸,先后在彼得堡、里加和其他城市出版。1919年8月起,因反革命在拉脱维亚暂时得势而再次在里加秘密出版。1940年6月,苏维埃政权在拉脱维亚取得胜利后,该报成为拉脱维亚共产党中央委员会和拉脱维亚苏维埃社会主义共和国最高苏维埃的机关报。——471。

487 这里看来是笔误,应是尼·亚·鲁巴金的《书林概述》第2卷。列宁曾为该卷写过一篇书评,刊登在1914年4月《启蒙》杂志第4期上(见本版全集第25卷第116—118页)。——473。

488 列宁说的这个人是亚·费·伊林-热涅夫斯基。伊林-热涅夫斯基(1894—1941)是新闻工作者,1912年加入俄国社会民主工党,曾参加党的地下出版物的工作。1913—1914年侨居国外。1914—1917年在军队中工作。1917年二月革命后在彼得格勒布尔什维克军事组织和布尔什维克报刊中工作。参加过国内战争,后来从事党的工作和外交工作。列宁在这里称他为维特美尔事件参加者,看来是因为他是1912年在彼得堡私立维特美尔中学集会而被捕的34名中学生之一。——473。

489 指去参加预定于1914年8月在维也纳召开的国际社会党代表大会。——473。

490 这里说的是斯·格·邵武勉1913年用亚美尼亚文写的小册子《论民族文化自治》。小册子反驳了亚美尼亚资产阶级民族主义者L.阿纳嫩(阿恩)的《民族问题与民主》一文。《启蒙》杂志上没有发表过作者关于这本小册子的介绍文章。小册子的俄译文参看苏联1957年出版的《邵武勉选集》第1卷第417—460页。——475。

491 信中阐述的法律草案提纲是列宁起草的《关于民族平等和保护少数民族权利的法律草案》(见本版全集第25卷)的基础。这个法律草案是为第四届国家杜马布尔什维克党团草拟的,准备提交杜马讨论,但未能提交。——477。

492 1914年5月12日,亚·安·特罗雅诺夫斯基在给列宁的信中提出了整顿《启蒙》杂志编辑部工作的问题,并附了组织这一工作的"宪法"草案。下一段中说的"所争论的文章"是指特罗雅诺夫斯基论民族问题的文章,该文没有在《启蒙》杂志上发表。——478。

493 米·尼·波克罗夫斯基在1914年2—7月《斗争》杂志上发表了几篇题为《俄国社会阶级的历史片段》的随笔性文章。关于《斗争》杂志,见注426。——478。

494 指尔·马尔托夫、费·伊·唐恩和格·瓦·普列汉诺夫给《同时代人》杂志撰稿一事。——479。

495 说的是参加预定于1914年8月召开的第二国际维也纳代表大会一事。——479。

496 指俄国社会民主党工人党团成员罗·瓦·马林诺夫斯基于1914年5月从第四届国家杜马出走一事。因这种擅自离开战斗岗位的逃兵行为和破坏组织的行为,马林诺夫斯基被开除出党。

后来查明马林诺夫斯基是一名奸细(参看《惩办包庇奸细的罗将柯和准科夫斯基!》和《莫名其妙的断章取义》两文,本版全集第30卷)。1918年,根据全俄中央执行委员会最高法庭的判决,马林诺夫斯基被枪决。——479。

497 指乌克兰作家、资产阶级民族主义者弗·基·温尼琴科的小说《先辈遗训》。——482。

498 《劳动的真理报》(«Трудовая Правда»)是俄国布尔什维克的合法报纸,1914年5月23日(6月5日)—7月8日(21日)代替被沙皇政府查封的《真理报》在彼得堡出版,共出了35号。——485。

499 指团结在布尔什维克《真理报》周围的五分之四的先进工人。——486。

500　指1914年7月16—18日由社会党国际局执行委员会召开的布鲁塞尔“统一”会议。根据1913年12月社会党国际局会议的决议(见注395),这次会议是就恢复俄国社会民主工党统一的可能性问题“交换意见”的。会议之前,国际局的一些领导人就同取消派商定了反对布尔什维克的共同行动。但列宁认为参加这次会议是必要的,因为不参加就会使俄国工人无法理解。俄国社会民主工党中央委员会届时派出了由伊·费·阿尔曼德、米·费·弗拉基米尔斯基、伊·费·波波夫组成的代表团参加会议。国际局的领导人不让阿尔曼德在这次会议上读完列宁写的俄国社会民主工党中央委员会向会议的报告的全文,她只读了报告的一部分便不得不转到统一的条件问题上。会议通过了卡·考茨基提出的关于俄国社会民主工党统一的决议。布尔什维克以通过决议超出会议权限为由拒绝参加表决,并拒绝服从会议的决议。——486。

501　由于俄国社会民主工党中央委员会的坚决要求,波兰反对派(雅·斯·加涅茨基、亚·马·马列茨基等人)得到了社会党国际局发出的出席布鲁塞尔“统一”会议的邀请。——488。

502　指1906年4月10—25日(4月23日—5月8日)在斯德哥尔摩举行的俄国社会民主工党第四次(统一)代表大会的记录。——489。

503　1914年3月出版的《我们的曙光》杂志第3期刊登了费·阿·布尔金和尔·马尔托夫的反对布尔什维克的文章。列宁在《工人运动中的思想斗争》、《不知道自己希望什么的普列汉诺夫》、《论高喊统一而实则破坏统一的行为》、《资产阶级知识分子反对工人的方法》等文章(见本版全集第25卷)中对布尔金和马尔托夫的文章进行了尖锐的批评。——489。

504　指1914年6月21日《我们的工人报》第41号刊登的格·阿·阿列克辛斯基的公开信。——489。

505　指列宁为布鲁塞尔“统一”会议起草的俄国社会民主工党中央委员会的报告(见本版全集第25卷第377—417页)。该报告由列宁委托伊·费·阿尔曼德在会议上宣读。——490。

506 指《关于民族问题的批评意见》和《论民族自决权》(见本版全集第 24 卷和第 25 卷)。——492。

507 指出席维也纳国际妇女社会党人代表会议的代表。这次会议原定于 1914 年 8 月召开,因战争爆发延迟到 1915 年 3 月 26—28 日在伯尔尼举行。——494。

508 指国家杜马俄国社会民主党工人党团主席格·伊·彼得罗夫斯基。——495。

509 《坚定思想报》(«Стойкая Мысль»)是俄国左派民粹派(社会革命党)的合法报纸,1914 年在彼得堡出版,每周出 3 次。——498。

510 为了回击彼得堡工厂主宣布的同盟歇业,根据俄国社会民主工党彼得堡委员会的号召,1914 年 4 月 4 日(17 日)在彼得堡举行了游行示威。游行示威正值勒拿惨案两周年。当天,《真理之路报》以编辑部文章的形式发表了列宁的《论工人运动的形式(同盟歇业和马克思主义的策略)》一文(见本版全集第 25 卷)。列宁在他写的俄国社会民主工党中央向布鲁塞尔会议的报告里,用了很大的篇幅阐述这次游行示威的意义,并揭露了取消派的行为(同上书,第 389—393 页)。——498。

511 卡·考茨基就关于社会党国际局会议的报导反驳罗·卢森堡的信,发表于 1913 年 12 月 24 日德国社会民主党中央机关报《前进报》第 339 号。这封信是对卢森堡给《前进报》编辑部的信的答复。1913 年 12 月 20 日(1914 年 1 月 2 日)《无产阶级真理报》第 12 号转载了考茨基的这封信,并附有列宁写的编后记(见本版全集第 24 卷第 267—268 页)。——503。

512 指格·瓦·普列汉诺夫的一组以《在弹雨下(随笔)》为总标题的文章。这些文章载于 1913 年 4—6 月《真理报》(见《普列汉诺夫全集》1927 年俄文版第 19 卷第 459—489 页)。——504。

513 即俄国社会民主工党第六次(布拉格)全国代表会议《关于确定代表会议的性质的决议》(见本版全集第 21 卷)。——507。

514　指俄国社会民主工党第六次(布拉格)代表会议《关于党的工作的性质和组织形式的决议》及1913年有党的工作者参加的俄国社会民主工党中央委员会克拉科夫(“二月”)会议的《秘密组织的建设》决议(见本版全集第21卷和第22卷)。——508。

515　指1913年有党的工作者参加的俄国社会民主工党中央委员会克拉科夫(“二月”)会议《关于对取消主义的态度和关于统一的决议》(见本版全集第22卷)。——508。

516　指雅·斯·加涅茨基和亚·马·马列茨基,他们是波兰王国和立陶宛社会民主党反对派即“分裂派”出席布鲁塞尔“统一”会议的代表。分裂派和总执行委员会(扬·梯什卡是其成员之一)之间争论的问题之一是对待俄国取消派和波兰社会党的态度问题。列宁尖锐地谴责总执行委员会的政策,而同情和支持“分裂派”。——511。

517　指在列宁领导下于1914年7月12—19日之间在波罗宁举行的俄国社会民主工党中央委员会会议。从俄国来的格·伊·彼得罗夫斯基、阿·谢·基谢廖夫、尼·巴·格列博夫-阿维洛夫和A.H.尼基福罗娃参加了会议。会议主要讨论筹备党的代表大会的问题,包括代表大会召开的时间、运送代表过境的方法等。——511。

518　俄国社会民主工党原定在1914年8月召开例行代表大会。这次代表大会的准备工作到7月底已基本就绪。但是由于帝国主义世界大战的爆发,代表大会未能召开。——511。

519　指组织委员会、“前进”集团、统一派、崩得、波兰王国和立陶宛社会民主党总执行委员会、波兰社会党等于1914年召开的会议。——513。

520　1914年7月4日《劳动的真理报》第32号刊登了由拉脱维亚边疆区社会民主党领导机关签署的《关于当前形势和关于统一的决议》。该决议强调“必须统一工人阶级的力量和活动”,并提出以下条件作为统一的基础:(1)“要求要不打折扣”;(2)承认地下组织;(3)统一从下面开始;(4)“承认民主多数,而不承认联邦制”;(5)“从左右两方面同取消主义”

斗争。——514。

521 指1906年4月10—25日(4月23日—5月8日)在斯德哥尔摩召开的俄国社会民主工党第四次(统一)代表大会通过的《拉脱维亚社会民主工党同俄国社会民主工党统一的条件草案》(参看《苏联共产党代表大会、代表会议和中央全会决议汇编》1964年人民出版社版第1分册第161—162页)。——515。

522 指俄国孟什维克取消派的合法日报《我们的工人报》,该报于1914年5月3日(16日)—7月在彼得堡出版。——516。

523 同布尔什维克和拉脱维亚社会民主党人一起出席布鲁塞尔会议的波兰反对派(分裂派),在最后一次会议上投票赞成卡·考茨基起草的社会党国际局的决议案。列宁在布鲁塞尔会议以后写了《布鲁塞尔代表会议上的波兰反对派》和《徘徊在十字路口的波兰社会民主党反对派》两篇短文(见本版全集第25卷)批评了波兰反对派。——516。

524 指1914年7月间在彼得堡、巴库、里加及其他城市举行罢工和游行示威的日子。——517。

525 《柏林每日小报》即《柏林每日小报和商业日报》(«Berliner Tageblatt und Handelszeitung»),是德国资产阶级报纸,1872—1939年出版。——517。

526 1914年7月5日(18日),即布鲁塞尔"统一"会议结束后不久,布尔什维克代表团成员米·费·弗拉基米尔斯基将他和代表团其他成员作的会议记录以及各项声明草案和信件寄给了列宁(俄罗斯现代史文献保存和研究中心第2全宗,第1目录,第23839卷宗;另见1959年《苏共历史问题》杂志第5期第152—163页)。列宁看过这些材料后写了这封信。——521。

527 指亚·马·马列茨基在1914年7月4日(17日)社会党国际局会议上的发言。他指责社会党国际局对俄国社会民主工党统一问题不够重视,同时拒绝接受俄国社会民主工党中央委员会提出的14项统一条件

(见本版全集第25卷第396—403页),声称:“不以这种方式实现统一”(俄罗斯现代史文献保存和研究中心第2全宗,第1目录,第23839卷宗,第21张)。——521。

528 第四届国家杜马俄国社会民主党工人党团代表格·伊·彼得罗夫斯基无法前去参加会议,“他发出一份电报,表示同意中央委员会提出的条件”。然而他的一票没有被计算在内(俄罗斯现代史文献保存和研究中心第17全宗,第1目录,第1539卷宗,第1—2张)。——522。

529 这里说的介绍马克思的词条即《卡尔·马克思(传略和马克思主义概述)》一文(见本版全集第26卷),是为当时在俄国颇为驰名的《格拉纳特百科词典》写的。列宁于1914年春着手撰写这一词条,后因忙于党的工作和《真理报》的工作而不得不中途搁笔,并于1914年7月8日(21日)写了这封请编辑部另择作者的信。格拉纳特出版社百科词典编辑部秘书于7月12日(25日)回信恳请列宁继续担任这一词条的撰稿人,说他们翻遍了俄国人乃至外国人的名单,实在物色不到作者。回信还强调列宁撰写这一词条对于该词典的有民主思想的读者极为重要,并提出可以推迟交稿日期的意见。列宁答应了编辑部的这一请求,但是不久第一次世界大战就爆发了,直到1914年9月他移居伯尔尼以后,才又重新动笔。整个词条于11月初定稿,11月4日(17日)寄给了编辑部。——524。

530 指载于1914年6月9日《工人日报》第7号的《论冒险主义》和载于1914年《启蒙》杂志第6期的《资产阶级知识分子反对工人的方法》两文(见本版全集第25卷)。

《工人日报》(«Рабочий»)是俄国布尔什维克的合法报纸,代替被沙皇政府查封的《真理报》在彼得堡出版。该报第1号是在《真理之路报》尚在出版的期间,于1914年4月22日(5月5日)《真理报》创刊两周年时以小册子的形式出版的,是论述俄国工人报刊历史的专号。在《真理之路报》于1914年5月21日(6月3日)被查封后,《工人日报》与接续出版的《劳动的真理报》交替出版,于1914年7月7日(20日)前共出了9号。——526。

531 指爱德华兹·兹维尔布利斯。兹维尔布利斯(1883—1916)是里加工人,1903年入党的布尔什维克,积极参加了1905—1907年革命。1908年起侨居德国,是1912年拉脱维亚边疆区社会民主党布尔什维克中央的组织者之一,曾为拉脱维亚边疆区社会民主党同布尔什维克党在组织上统一而斗争。在拉脱维亚边疆区社会民主党第四次代表大会上当选为中央委员。1915年被捕,死于莫斯科布特尔监狱。——529。

532 拉脱维亚边疆区社会民主党里加组织第四区是里加最大的一个区。1914年春天和夏天,拉脱维亚边疆区社会民主党地方组织先后举行了大会和代表会议。里加组织第四区和其他一些地方组织主张拉脱维亚边疆区社会民主党立即无条件地同俄国社会民主工党统一。——529。

533 指1913年有党的工作者参加的俄国社会民主工党中央委员会波罗宁(夏季)会议通过的《关于民族问题的决议》(见本版全集第24卷)。——530。

534 扬·鲁迪斯-吉普斯利斯在1914年7月29日的回信中就列宁这封信中提到的问题写道,拉脱维亚人中间确实有一个反对拉脱维亚中央的"左派反对派",而他吉普斯利斯是这个反对派的支持者;反对派反对中央的行动是严格遵守组织原则的。现在拉脱维亚中央正在向左转。吉普斯利斯说,不单是里加第四区的工人,而且所有有觉悟的拉脱维亚工人都认为必须同俄国中央建立更加密切的联系,还说崩得在拉脱维亚工人中间的影响微乎其微,大多数拉脱维亚工人"将永远支持俄国同志同分离主义者、民族主义者和机会主义者进行坚决无情的斗争,不管这些人是谁"。吉普斯利斯说他收到了列宁为布鲁塞尔"统一"会议拟定的"十四项条件"。——530。

535 列宁需要回电,显然是为了万一费·尼·萨莫伊洛夫不能参加代表大会时来得及从俄国叫别人去参加。——531。

536 指格·瓦·普列汉诺夫的《新的高涨》一文。该文发表于《护党报》第5号。1914年3月1日德国社会民主党中央机关报《前进报》第59号刊登了该文第一部分的译文。

《护党报》(«За Партию»)是俄国孟什维克护党派和调和派的小报，1912年4月16日(29日)—1914年2月在巴黎不定期出版，共出了5号。参加该报工作的有格·瓦·普列汉诺夫、索·阿·洛佐夫斯基、阿·伊·柳比莫夫等。小报大部分在国外销售，主要反映在巴黎的普列汉诺夫集团的观点。——534。

人名索引

A

阿·马·——见高尔基,阿列克谢·马克西莫维奇。

阿布拉莫维奇,拉法伊尔(**雷因,拉法伊尔·阿布拉莫维奇**;莫维奇)(Абрамович, Рафаил (Рейн, Рафаил Абрамович, Мович) 1880—1963)——俄国孟什维克,崩得领袖之一。斯托雷平反动时期和新的革命高涨年代是取消派分子,曾参加托洛茨基于1912年8月在维也纳召开的反布尔什维克的代表会议,会上结成"八月联盟"。第一次世界大战期间是中派分子。1917年回国后加入孟什维克国际主义派右翼。1920年流亡柏林,竭力反对苏维埃俄国,同尔·马尔托夫一起创办和编辑孟什维克的《社会主义通报》杂志。——238。

阿布拉姆奇克——见克雷连柯,尼古拉·瓦西里耶维奇。

阿德里安诺夫(Адрианов)——俄国孟什维克取消派分子。1910—1911年住在国外。——24、26。

阿恩——见捷尔-达尼耶良,Д.。

阿尔伯特——见皮亚特尼茨基,约瑟夫·阿罗诺维奇。

阿尔科梅德,С.Т.(Аркомед, С.Т.)——《高加索的工人运动和社会民主党》(1910)一书的作者。——77、308。

阿尔曼德,安德列·亚历山德罗维奇(安德留沙)(Арманд, Андрей Александрович (Андрюша) 1894—1967)——伊·费·阿尔曼德的儿子。1918年加入俄共(布)。1919—1921年在红军中服役。1921—1922年先后任政治教育总委员会政治部主任和驻德黑兰商务代表处秘书。——490。

阿尔曼德,伊涅萨·费多罗夫娜(彼得罗娃)(Арманд, Инесса Федоровна (Петрова) 1874—1920)——1904年加入俄国社会民主工党,长期从事国际共产主义运动和妇女运动。积极参加1905—1907年革命。多次被捕和流放。1909 年流亡国外。曾当选为俄国社会民主工党国外组织委员会书记。1911 年参加了布尔什维克隆瑞莫党校的工作。1912 年秘密回国，作为党中央代表在彼得堡为筹备第四届国家杜马选举做了大量工作。第一次世界大战期间出席了国际妇女社会党人代表会议、国际青年代表会议以及齐美尔瓦尔德代表会议和昆塔尔代表会议。十月革命后任党的莫斯科省委委员、莫斯科省执行委员会委员和省国民经济委员会主席。1918 年起任俄共(布)中央妇女部部长。——393—394、398—400、407—409、413、414、415—416、417—419、435—436、442、448—449、453—454、457—460、469—470、479—480、482—483、486—487、488—491、494—498、505—512、518—527、536。

阿克雪里罗得，柳博芙·伊萨科夫娜(Аксельрод，Любовь Исааковна 1868—1946)——俄国哲学家和文艺学家，社会民主主义运动参加者。1887—1906 年先后侨居法国和瑞士；曾加入国外俄国社会民主党人联合会。1903 年俄国社会民主工党第二次代表大会后，起初加入布尔什维克，后转向孟什维克。在著作中批判了经济主义、新康德主义和经验批判主义，但同时又赞同普列汉诺夫的孟什维主义观点，重复他在哲学上的错误，反对列宁的哲学观点。第一次世界大战期间持社会沙文主义立场。1918 年起不再积极参加政治活动，在一些高等院校从事教学工作。——280。

阿克雪里罗得，帕维尔·波里索维奇(Аксельрод，Павел Борисович 1850—1928)——俄国孟什维克领袖之一。1883 年参与创建劳动解放社。1900 年起是《火星报》和《曙光》杂志编辑部成员。在俄国社会民主工党第二次代表大会上是《火星报》编辑部有发言权的代表，属火星派少数派，会后是孟什维主义的思想家。斯托雷平反动时期和新的革命高涨年代是取消派的思想领袖，参加孟什维克取消派的《社会民主党人呼声报》编辑部。1912 年加入"八月联盟"。第一次世界大战期间表面上是中派，实际持社会沙文主义立场；曾参加齐美尔瓦尔德代表会议和昆塔尔代表会议，属于右翼。1917 年二月革命后任彼得格勒苏维埃执行委员会委员，支持资产阶级临时政府。十月革命后侨居国外，敌视苏维埃政权，鼓吹武装干涉苏维埃俄国。——33、133、163、505。

阿列·——见李可夫，阿列克谢·伊万诺维奇。

阿列克先科,米哈伊尔·马尔丁诺维奇(Алексеенко,Михаил Мартынович 生于 1848 年)——俄国十月党人,大地主。第三届和第四届国家杜马叶卡捷琳诺斯拉夫省代表,杜马预算委员会主席。——300—301。

阿列克谢(Алексей)——126、479。

阿列克谢(Алексей)——245。

阿列克谢(Алексей)——156—157。

阿列克辛斯基,格里戈里·阿列克谢耶维奇(Алексинский,Григорий Алексеевич 1879—1967)——俄国社会民主党人,1905—1907 年革命期间是布尔什维克。第二届国家杜马彼得堡工人代表。斯托雷平反动时期是召回派分子、派别性的卡普里党校的讲课人和"前进"集团的组织者之一。第一次世界大战期间是社会沙文主义者,曾为多个资产阶级报纸撰稿。1917 年加入孟什维克统一派;七月事变期间伙同特务机关伪造文件诬陷列宁和布尔什维克。1918 年逃往国外,投入反动营垒。——13、28—31、160、174、205、218、230、232、256、264、279、281—282、301—302、306—307、315、458、470、489、512、518、522。

阿姆菲捷阿特罗夫,亚历山大·瓦连廷诺维奇(Амфитеатров,Александр Валентинович 1862—1938)——俄国小品文作家,曾为资产阶级自由派报刊和反动报刊撰稿。第一次世界大战期间是社会沙文主义者。十月革命后为白俄流亡分子。——4—5、95、151、261。

阿韦尔——见叶努基泽,阿韦尔·萨夫罗诺维奇。

埃季舍罗夫——见达维塔什维里,米哈伊尔·尼古拉耶维奇。

埃克,A.(穆欣)(Экк,A.(Мухин))——188。

埃克施泰因,古斯塔夫(Eckstein,Gustav 1875—1916)——德国社会民主党中派主义理论家。——275。

埃勒特,约翰——见纳科里亚科夫,尼古拉·尼坎德罗维奇。

艾伯特,弗里德里希(Ebert,Friedrich 1871—1925)——德国社会民主党右翼领袖之一。1905 年起任德国社会民主党执行委员会委员,1913 年起是执行委员会主席之一。第一次世界大战期间领导德国社会民主党内的社会沙文主义派,是该派与帝国政府合作的主要组织者之一。1918 年十一月革命开始后接任巴登亲王马克斯的首相职务,领导所谓的人民代表委员会,借助旧军队镇压革命。1919 年 2 月起任德国总统。——335。

艾森施塔特,伊赛·李沃维奇(尤金)(Айзенштадт,Исай Львович(Юдин) 1867—1937)——崩得领袖之一。1902 年起为崩得中央委员。曾代表崩得中央委员会出席俄国社会民主工党第二次代表大会,会上是反火星派分子,会后成为孟什维克骨干分子。敌视十月革命。1922 年侨居德国,领导诽谤苏联的崩得集团,为孟什维克的《社会主义通报》杂志撰稿。——36。

安·;安德列——见斯维尔德洛夫,雅柯夫·米哈伊洛维奇。

安德列·尼古拉耶维奇——见乌里扬诺娃-叶利扎罗娃,安娜·伊里尼奇娜。

安德列耶娃,玛丽亚·费多罗夫娜(玛·费·;玛·费—娜;玛丽亚·费多罗夫娜)(Андреева,Мария Федоровна(М.Ф.,М.Ф-на,Мария Федоровна)1868—1953)——俄国女演员,社会活动家,高尔基的妻子和助手。1904 年加入俄国社会民主工党。参加过 1905 年革命,是布尔什维克《新生活报》的出版人。多次完成列宁委托的党的各种任务。十月革命后曾任彼得格勒剧院等娱乐场所的政治委员,在对外贸易人民委员部系统工作,参加苏维埃影片生产的开创工作。1931—1948 年任莫斯科科学工作者之家主任。——1—2、6、44、47、75、96、145、151、170、172、224、228、230。

安德留沙——见阿尔曼德,安德列·亚历山德罗维奇。

安东诺夫——见波波夫,阿纳托利·弗拉基米罗维奇。

安东诺夫——见卡扎科夫,А.В.。

安东诺夫,Б.(Антонов,Б.)——《真理报》记者。1912 年住在罗马。——196。

奥布霍夫,弗拉基米尔·米哈伊洛维奇(卡姆斯基)(Обухов,Владимир Михайлович(Камский)1873—1945)——俄国社会民主党人,统计学家,经济学博士。1896 年开始革命工作,参加彼得堡工人阶级解放斗争协会的活动。1897 年被捕并被逐往萨拉托夫省。1902 年起任俄国社会民主工党萨拉托夫委员会委员,是该委员会出席党的第三次代表大会的代表。积极参加 1905—1907 年革命。1905 年 12 月被捕,被逐往托博尔斯克省,从那里逃往国外。1909 年回国后脱离政治活动,从事统计工作。1926—1933 年任中央统计局局务委员、实验统计学研究所所长。写有许多统计学和农业气象学方面的著作。——522。

奥尔金——见佛敏,瓦连廷·巴甫洛维奇。

奥尔洛夫——见布哈林,尼古拉·伊万诺维奇。

奥尔洛夫斯基——见沃罗夫斯基,瓦茨拉夫·瓦茨拉沃维奇。

奥尔忠尼启则,格里戈里·康斯坦丁诺维奇(尼古拉;谢·)(Орджоникидзе, Григорий Константинович (Николай, С.) 1886—1937)——1903 年加入俄国社会民主工党,布尔什维克。1912 年在党的第六次(布拉格)全国代表会议上当选为中央委员和中央委员会俄国局成员。十月革命后任乌克兰地区临时特派员和南俄临时特派员。国内战争时期任第 16、第 14 集团军和高加索方面军革命军事委员会委员。1920 年起是俄共(布)中央委员会高加索局成员。1921 年在党的第十次代表大会上当选为中央委员。1922—1926 年任党的外高加索边疆区委第一书记和北高加索边疆区委第一书记。——104—106、107—108。

奥里明斯基(**亚历山德罗夫**),米哈伊尔·斯捷潘诺维奇(加廖尔卡;维提姆斯基,亚·)(Ольминский (Александров), Михаил Степанович (Гарелка, Витимский, А.) 1863—1933)——19 世纪 80 年代初参加革命运动,曾为民意党人。1898 年加入俄国社会民主工党,1903 年起为布尔什维克。1904 年起先后任布尔什维克的《前进报》和《无产者报》编委。1905—1907 年为布尔什维克的《新生活报》、《浪潮报》、《我们的思想》杂志、《生活通报》杂志等撰稿,领导党的前进出版社编辑部。斯托雷平反动时期在巴库做党的工作。1911—1914 年积极参加布尔什维克的《明星报》、《真理报》和《启蒙》杂志的工作。1915—1917 年先后在萨拉托夫、莫斯科和彼得格勒做党的工作。1917 年二月革命后进入俄国社会民主工党(布)中央委员会俄国局,积极参加十月革命。十月革命后历任《真理报》编委、俄共(布)中央党史委员会领导人、老布尔什维克协会主席、《无产阶级革命》杂志编辑、列宁研究院院委会委员等职。——141、142、158、195、289、301、303—305、356、430、435。

奥丽珈;奥利娅——见拉维奇,索菲娅·瑙莫夫娜。

奥丽珈·伊万诺夫娜——见雅柯夫列娃,瓦尔瓦拉·尼古拉耶夫娜。

奥新斯基,恩·(**奥博连斯基,瓦列里安·瓦列里安诺维奇**)(Осинский, Н. (Оболенский, Валериан Валерианович) 1887—1938)——1907 年加入俄国社会民主工党。曾在莫斯科、特维尔、哈尔科夫等地做党的工作,屡遭沙皇政府迫害。斯托雷平反动时期是召回派分子，新的革命高涨年代参加布尔什维克的《明星报》、《真理报》和《启蒙》杂志的工作。十月革命后任俄罗斯联邦国家银行总委员、最高国民经济委员会主席。1918 年初曾参加顿涅茨煤矿国有化的工作。1919—1920 年初先后任全俄中央执行委员会驻奔萨省、图拉省和维亚特卡省的特派员。1920 年任图拉省执行委员会主席。1921—1923 年任副农业人民委员、最高国民经济委员会副主席。在党的第十次代表大会上当选为候补中央委员。——253。

B

巴宾（Бабин）—— 1912 年是俄国孟什维克—普列汉诺夫分子。——106—107。

巴达耶夫，阿列克谢·叶戈罗维奇（第一号）（Бадаев，Алексей Егорович（№1）1883—1951）——1904 年加入俄国社会民主工党。第四届国家杜马彼得堡省工人代表，参加布尔什维克杜马党团，同时在杜马外做了大量的革命工作，是党中央委员会俄国局成员，为布尔什维克的《真理报》撰稿。因进行反对帝国主义战争的革命活动，1914 年 11 月被捕，1915 年流放图鲁汉斯克边疆区。十月革命后任彼得格勒粮食委员会主席、彼得格勒劳动公社粮食委员。1920 年夏起任莫斯科消费合作社和莫斯科消费公社主席。1921—1929 年先后任彼得格勒统一消费合作社主席和列宁格勒消费合作总社主席。—— 195、207 — 209、215、228、229、246、251、252、254、258、259、397。

巴甫洛夫——见米柳亭，弗拉基米尔·巴甫洛维奇。

巴甫洛维奇，米哈伊尔·巴甫洛维奇（**韦尔特曼，米哈伊尔·拉扎列维奇**；志愿兵）（Павлович，Михаил Павлович（Вельтман，Михаил Лазаревич，Волонтер）1871—1927）——俄国东方学专家。1898 年加入俄国社会民主工党，孟什维克；1918 年加入俄共（布）。曾参加 1905—1907 年革命。1907 年底侨居巴黎。1911 年在“前进”集团建立的博洛尼亚党校讲过课。十月革命后任乌克兰副教育人民委员、民族事务人民委员部部务委员和东方学学会主席（1921—1923）、东方学研究所所长等职。——39。

巴索克——见美列涅夫斯基，马里安·伊万诺维奇。

巴图林(**扎米亚京**),尼古拉·尼古拉耶维奇(Батурин(Замятин),Николай Николаевич 1877—1927)——俄国职业革命家,政论家,历史学家。1901年加入俄国社会民主工党。曾在基辅、图拉、彼得堡、沃罗涅日、莫斯科、乌拉尔做党的工作,屡遭沙皇政府迫害。侨居日内瓦时,与弗·德·邦契-布鲁耶维奇一起组建了俄国社会民主工党中央委员会图书馆和档案库。从《明星报》创办时起即担任该报的编辑工作,后为《真理报》编辑之一。十月革命后任《真理报》编委、党史委员会会务委员、斯维尔德洛夫共产主义大学讲师。写有党史方面的著作。——195。

巴扎罗夫(**鲁德涅夫**),**弗拉基米尔·亚历山德罗维奇**(Базаров(Руднев),Владимир Александрович 1874—1939)——1896年参加俄国社会民主主义运动。1904—1907年是布尔什维克,曾为布尔什维克报刊撰稿。斯托雷平反动时期背弃布尔什维主义,宣传造神说和经验批判主义,是用马赫主义修正马克思主义的主要代表人物之一。1917年是孟什维克国际主义者,《新生活报》的编辑之一;反对十月革命。1921年起在国家计划委员会工作。晚年从事文艺和哲学著作的翻译工作。——230。

白里安,阿里斯蒂德(Briand,Aristide 1862—1932)——法国国务活动家,外交家。1909—1911年任"三叛徒(白里安、米勒兰、维维安尼)内阁"的总理。1910年宣布对铁路实行军管,残酷镇压铁路工人的罢工。1913年任总理,1915—1917年、1921—1922年任总理兼外交部长,1924年任法国驻国际联盟代表。——14。

邦契-布鲁耶维奇,弗拉基米尔·德米特里耶维奇(邦契;弗·德·)(Бонч-Бруевич,Владимир Дмитриевич(Бонч,В.Д.) 1873—1955)——19世纪80年代末参加俄国革命运动,1896年侨居瑞士。在国外参加劳动解放社的活动,为《火星报》撰稿。俄国社会民主工党第二次代表大会后是布尔什维克。1903—1905年在日内瓦领导俄国社会民主工党中央委员会发行部,组织出版布尔什维克的书刊(邦契-布鲁耶维奇和列宁出版社)。以后几年从事布尔什维克报刊和党的出版社的组织工作。积极参加彼得格勒十月武装起义,是斯莫尔尼—塔夫利达宫区的警卫长。十月革命后任人民委员会办公厅主任(至1920年10月,其间曾兼任反破坏、抢劫和反革命行动委员会主席)、生活和知识出版社总编辑,后任莫斯科卫生局所属林中旷地国营农场场长，同时从事科学研究和著述活动。——11、15。

鲍古查尔斯基(**雅柯夫列夫，瓦西里·雅柯夫列维奇**)(Богучарский(Яковлев, Василий Яковлевич)1861—1915)——俄国革命运动史学家。早年同情民意党人，19世纪90年代倾向合法马克思主义，后来成为自由派资产阶级的积极活动家。1902—1905年积极参加彼·伯·司徒卢威领导的《解放》杂志的工作。1905年退出该杂志，参与出版《无题》周刊和《同志报》。1906—1907年在弗·李·布尔采夫的参与下出版《往事》杂志。1914—1915年任自由经济学会的学术秘书。写有许多有关19世纪俄国革命运动史方面的著作。——279。

鲍威尔，奥托(Bauer, Otto 1882—1938)——奥地利社会民主党和第二国际领袖之一，"奥地利马克思主义"理论家。1918年11月—1919年7月任奥地利共和国外交部长。敌视俄国十月革命。1920年在维也纳出版反布尔什维主义的《布尔什维主义还是社会民主主义？》一书。——275。

贝利斯，门德尔·捷维奥维奇(Бейлис, Мендель Тевиович 生于1873年)——俄国基辅一家砖厂的营业员，犹太人。1911年遭诬告，被指控为举行宗教仪式杀了一名信奉基督教的儿童。沙皇政府力图借此诉讼案煽起反犹太人运动。此案延续了两年多，在人民群众的抗议下，贝利斯终于在1913年被宣告无罪。——400。

倍倍尔，奥古斯特(Bebel, August 1840—1913)——德国工人运动和国际工人运动活动家，德国社会民主党和第二国际的创建人和领袖之一，马克思和恩格斯的朋友和战友。19世纪60年代前半期开始参加政治活动，1867年当选为德国工人协会联合会主席，1868年该联合会加入第一国际。1869年与威·李卜克内西共同创建了德国社会民主工党(爱森纳赫派)。90年代和20世纪初同党内的改良主义和修正主义进行斗争，反对伯恩施坦及其拥护者对马克思主义理论的歪曲和庸俗化。——82、123、169、257、322—323、325—326、327、328—329、335、339、347、349、450。

彼得——见拉米什维里，诺伊·维萨里昂诺维奇。

彼得堡人托马斯——见斯米尔诺夫，亚历山大·彼得罗维奇。

彼得罗夫斯基，格里戈里·伊万诺维奇(第六号)(Петровский, Григорий Иванович(№6)1878—1958)——1897年参加俄国社会民主主义运动。第四届国家杜马叶卡捷琳诺斯拉夫省工人代表，布尔什维克杜马党团主席。1912年被增补为党中央委员。因进行反对帝国主义战争的革命活动，1914年11月被捕，1915年流放图鲁汉斯克边疆区，在流放地继续进行革命工作。积极参加十月革命。1917—1919年任俄罗斯联邦内务人民委员，1919—1938年任全乌克兰中央执行委员会主席。1921年在党的第十次代表大会上当选为中央委员。——215、228、229、233—234、236、250—252、317、353、480、495、512。

彼得罗娃——见阿尔曼德，伊涅萨·费多罗夫娜。

彼利，罗伯特·埃德温(Peary，Robert Edwin 1856—1920)——美国极地旅行家。曾数次考察格陵兰，两次横越格陵兰北部，多次试图到达北极。1909年4月6日，与5名同行者终于到达北极。——45。

彼舍霍诺夫，阿列克谢·瓦西里耶维奇(Пешехонов，Алексей Васильевич 1867—1933)——俄国社会活动家和政论家。19世纪90年代为自由主义民粹派分子。《俄国财富》杂志的撰稿人，1904年起为该杂志编委；曾为自由派资产阶级的《解放》杂志和社会革命党的《革命俄国报》撰稿。1903—1905年为解放社成员。1906年起是人民社会党领袖之一。1917年5—8月任临时政府粮食部长。十月革命后反对苏维埃政权，1921年在乌克兰中央统计局工作。因参加反革命组织“俄罗斯复兴会”于1922年被驱逐出境，成为白俄流亡分子。——280。

别布托夫，И.Д.(Бебутов，И.Д.)——俄国公爵。同情社会民主党；曾收集有关俄国解放运动史的文献。将收藏的文献和图书遗赠给了俄国社会民主工党。——178、346。

别德内依，杰米扬(**普里德沃罗夫，叶菲姆·阿列克谢耶维奇**)(Бедный，Демьян(Придворов，Ефим Алексеевич) 1883—1945)——苏联诗人，社会主义现实主义诗歌的开创者之一。1912年加入俄国社会民主工党。1911年起先后为布尔什维克的《明星报》和《真理报》撰稿。他的诗歌和寓言充满了反对资本主义制度及其维护者的斗争精神。——198—199、286、289。

别尔津，扬·安东诺维奇(Берзин，Ян Антонович 1881—1938)——拉脱维亚革命运动最早的参加者之一。1902年加入俄国社会民主工党。曾参加

1905—1907年革命。1908年起侨居国外，是俄国社会民主工党中央委员会国外局和拉脱维亚边疆区社会民主党国外小组联合会的成员。拉脱维亚边疆区社会民主党第四次代表大会代表，会后是该党国外委员会委员和中央机关报《斗争报》的编辑部成员。第一次世界大战期间持国际主义立场，曾出席齐美尔瓦尔德代表会议并参与建立齐美尔瓦尔德左派。1917年夏返回彼得格勒，积极参加十月革命。1918年领导苏俄驻瑞士公使馆。1919年任苏维埃拉脱维亚教育人民委员。1921年任驻芬兰全权代表，1921—1925年任驻英国副全权代表。——191—192、292—294、497、511、521。

别克扎江，亚历山大·阿尔捷米耶维奇(尤里；尤里耶夫)(Бекзадян，Александр Артемьевич(Юрий，Юрьев)1879—1938)——1903年加入俄国社会民主工党，巴库布尔什维克组织领导人之一。屡遭沙皇政府迫害，1906年越狱逃往国外。1912年是出席第二国际巴塞尔代表大会的俄国布尔什维克代表团成员。1914年回国，在外高加索做党的工作。十月革命后任外高加索联邦人民委员会副主席和商业人民委员、苏联驻挪威和匈牙利大使等职。——56、57、58、135、190、203、219、273、318、339、341、342、343、345、347、363、487、496。

波·——见波列塔耶夫，尼古拉·古里耶维奇。

波波夫(**布里特曼**)，阿纳托利·弗拉基米罗维奇(安东诺夫)(Попов(Бритман)，Анатолий Владимирович(Антонов)死于1914年)——俄国社会民主党人，俄国社会民主工党第二次代表大会后是布尔什维克。1905—1907年积极参加彼得堡和喀琅施塔得军事组织的活动。多次被捕，1908被流放服苦役，不久从流放地逃跑。后侨居国外，加入党的巴黎支部和国外组织委员会。第一次世界大战爆发后作为志愿兵参加法军，1914年11月死于前线。——152、219、314、399、407、415、416、417、418。

波波夫，让——见波波夫，伊万·费多罗维奇。

波波夫，伊万·费多罗维奇(波波夫，让)(Попов，Иван Федорович(Popoff，Jean)1886—1957)——俄国社会民主党人，后成为苏联著名作家。1905—1914年是布尔什维克党党员，在莫斯科和国外从事革命工作。1908年移居比利时，负责建立俄国社会民主工党中央委员会同社会党国际局之间的联系。曾为《真理报》、《启蒙》杂志和比利时工人党机关报《人民报》等撰稿。第一次世界大战期间被德国人俘虏。1918 年回国后，被派到瑞士任商务代办，后在工农检查人民委员部出版社、报刊部门以及戏剧单位工作。写有一些以俄国革命事业为题材的作品，创作了反映列宁少年时代的著名话剧《家》。——186、190、385、392、402—403、404—405、406、409、421、435—436、438—439、441、487、491、495、496—497、498、500、503、504、505、508、520、525、526。

波尔土盖斯，斯捷潘·伊万诺维奇(诺维奇，斯季瓦)(Португейс，Степан Иванович (Нович，Стива)1880—1944)——俄国孟什维克，政论家。斯托雷平反动时期和新的革命高涨年代是取消派分子，为《社会民主党人呼声报》、《我们的曙光》杂志等孟什维克取消派报刊撰稿。第一次世界大战期间是社会沙文主义者。十月革命后反对苏维埃政权，为南方白卫分子的报刊撰稿，后移居国外。——430。

波格丹诺夫(**马林诺夫斯基**)，亚历山大·亚历山德罗维奇(拉赫美托夫)(Богданов(Малиновский)，Александр Александрович(Рахметов)1873—1928)——俄国社会民主党人，哲学家，社会学家，经济学家；职业是医生。19 世纪 90 年代参加社会民主主义小组。1903 年成为布尔什维克。作为多数派委员会常务局成员参加了俄国社会民主工党第三次代表大会的筹备工作，在代表大会上当选为中央委员。曾参加布尔什维克机关报《前进报》和《无产者报》编辑部，是布尔什维克《新生活报》的编辑。斯托雷平反动时期和新的革命高涨年代领导召回派，是"前进"集团的领袖。在哲学上宣扬经验一元论。1909 年 6 月因进行派别活动被开除出党。十月革命后是无产阶级文化派的思想家。1926 年起任由他创建的输血研究所所长。——29、228—231、254、256、264、286、289、301—302、306、313、375—376、412、430、431、435、457。

波克罗夫斯基，米哈伊尔·尼古拉耶维奇(多莫夫)(Покровский，Михаил Николаевич(Домов)1868—1932)——1905 年加入俄国社会民主工党，历史学家。曾积极参加 1905—1907 年革命。1907 年在党的第五次(伦敦)代表大会上当选为候补中央委员。1908—1917 年侨居国外。斯托雷平反动时期参加召回派和最后通牒派，后加入"前进"集团，1911 年与之决裂。

第一次世界大战期间持国际主义立场，从事布尔什维克书刊的出版工作，曾编辑出版列宁的《帝国主义是资本主义的最高阶段》一书。1917年8月回国，参加了莫斯科武装起义。十月革命后任莫斯科苏维埃主席，俄罗斯联邦副教育人民委员以及共产主义科学院、红色教授学院和中央国家档案馆等单位的领导人。——28、478。

波克罗夫斯基，伊万·彼得罗维奇（Покровский，Иван Петрович 1872—1963）——俄国社会民主党人；职业是医生。第三届国家杜马库班州、捷列克州和黑海省代表，参加社会民主党杜马党团的布尔什维克派。1910年以第三届杜马社会民主党党团代表的身份参加布尔什维克合法报纸《明星报》编辑部。——42、46、166—167。

波列塔耶夫，尼古拉·古里耶维奇（克拉斯）（Полетав，Николай Гурьевич（Красс）1872—1930）——俄国第一批工人社会民主党人之一，布鲁斯涅夫小组和彼得堡工人阶级解放斗争协会成员。1904年加入俄国社会民主工党，布尔什维克。多次被捕和流放。1905年任彼得堡工人代表苏维埃执行委员会委员。第三届国家杜马彼得堡省代表，参加社会民主党杜马党团的布尔什维克派。曾积极参加布尔什维克《明星报》和《真理报》的出版工作。十月革命后从事出版和经济工作。——8、9—10、22、32—35、40、42、46、177—178、208、211、264—265。

波隆斯基，约瑟夫·马特维耶维奇（斯捷潘）（Полонский，Иосиф Матвеевич（Степан）生于1889年）——1907年加入俄国社会民主工党。1906年被捕，1909年被终身流放西伯利亚。1911年底逃往巴黎，加入布尔什维克巴黎小组。1917年回国。十月革命后从事工会工作，后在对外贸易人民委员部工作。——306、416。

波斯托洛夫斯基，德米特里·西蒙诺维奇（瓦季姆）（Постоловский，Дмитрий Симонович（Вадим）1876—1948）——俄国社会民主党人。1895年参加社会民主主义运动，曾在彼得堡、维尔纽斯和梯弗利斯做党的工作。1904年起是党中央代办员，调和派分子。1905年3月被任命为俄国社会民主工党中央委员会驻党总委员会的代表。在党的第三次代表大会上是西北委员会的代表，当选为中央委员。曾任俄国社会民主工党中央委员会驻彼得堡工人代表苏维埃执行委员会的正式代表。斯托雷平反动时期脱离政治活动。1917 年二月革命后在彼得格勒苏维埃法律委员会工作。十月革命后在人民委员会国家立法提案委员会工作。——36。

波特列索夫，亚历山大·尼古拉耶维奇（Потресов，Александр Николаевич 1869—1934）——俄国孟什维克领袖之一。19 世纪 90 年代初参加马克思主义小组。1896 年加入彼得堡工人阶级解放斗争协会，后被捕，1898 年流放维亚特卡省。1900 年出国，参与创办《火星报》和《曙光》杂志。在俄国社会民主工党第二次代表大会上是《火星报》编辑部有发言权的代表，属火星派少数派，会后是孟什维克刊物的主要撰稿人和领导人。斯托雷平反动时期和新的革命高涨年代是取消派思想家，在《复兴》杂志和《我们的曙光》杂志以及孟什维克取消派的其他报刊中起领导作用。第一次世界大战期间是社会沙文主义者。十月革命后侨居国外，为克伦斯基的《白日》周刊撰稿，攻击苏维埃政权。——33、34、47、55、56、63、302、485。

伯恩施坦，爱德华（Bernstein，Eduard 1850—1932）——德国社会民主党和第二国际右翼领袖之一，修正主义的代表人物。1881—1890 年任党的中央机关报《社会民主党人报》编辑。从 90 年代中期起完全同马克思主义决裂。1896—1898 年以《社会主义问题》为题在《新时代》杂志上发表一组文章，1899 年发表《社会主义的前提和社会民主党的任务》一书，从经济、政治和哲学方面对马克思主义的理论和策略作了全面的修正。第一次世界大战期间持中派立场。1917 年参加德国独立社会民主党，1919 年公开转到右派方面。1918 年十一月革命失败后出任艾伯特—谢德曼政府的财政部长助理。——16、485。

布尔采夫，弗拉基米尔·李沃维奇（Бурцев，Владимир Львович 1862—1942）——19 世纪 80 年代是俄国民意党人。1885 年被捕，流放西伯利亚，后逃往国外，从事收集和出版革命运动文献的工作。曾把沙俄内务部警察司的秘密活动公之于众，揭露了奸细叶·菲·阿捷夫和罗·瓦·马林诺夫斯基等人。俄国第一次革命前夕接近社会革命党人，革命失败后支持立宪民主党人。1911 年 10 月—1914 年 1 月在巴黎出版自由派资产阶级的《未来报》。第一次世界大战期间是沙文主义者。1915 年回国，反对布尔什维克。十月革命后侨居国外，参与建立君主派白卫组织，反对苏维埃俄国。——479—480。

布尔加柯夫，谢尔盖·尼古拉耶维奇（Булгаков，Сергей Николаевич 1871—1944）——俄国经济学家、哲学家和神学家。19世纪90年代是合法马克思主义者，后来成了“马克思的批评家”。修正马克思关于土地问题的学说，企图证明小农经济稳固并优于资本主义大经济，用土地肥力递减规律来解释人民群众的贫困化；还试图把马克思主义同康德的批判认识论结合起来。后来转向宗教哲学和基督教。1905—1907年革命失败后追随立宪民主党，为《路标》文集撰稿。1918年起是正教司祭。1923年侨居国外。——259—260、261。

布尔金（**谢苗诺夫**），费多尔·阿法纳西耶维奇（Булкин（Семенов），Федор Афанасьевич 生于1888年）——1904年加入俄国社会民主工党，孟什维克。斯托雷平反动时期和新的革命高涨年代是取消派分子。第一次世界大战期间是护国派分子，在诺夫哥罗德、萨马拉和彼得堡的军事工业委员会工作。十月革命后脱离孟什维克，1920年加入俄共（布）；做经济工作和工会工作。——505。

布哈林，尼古拉·伊万诺维奇（奥尔洛夫）（Бухарин，Николай Иванович（Орлов）1888—1938）——1906年加入俄国社会民主工党，1908年起任党的莫斯科委员会委员。1909—1910年几度被捕，1911年从流放地逃往欧洲。在国外开始著述活动，参加欧洲工人运动，1915年为《共产党人》杂志撰稿。1917年二月革命后回国。十月革命后任《真理报》主编。1918年初反对签订布列斯特和约，是“左派共产主义者”集团的领袖。1919年起先后当选为党中央政治局候补委员和政治局委员，共产国际执行委员会委员和主席团委员。1920—1921年工会问题争论期间领导“缓冲”派。——156、218、403、407、428、431。

布兰克，鲁维姆·马尔科维奇（Бланк，Рувим Маркович 生于1866年）——俄国政论家，化学家。1905年以前住在国外，为俄国自由派资产阶级刊物《解放》杂志撰稿。回到彼得堡后参加《我们的生活报》编辑部，后成为该报实际上的编辑；曾为左派立宪民主党人的《同志报》撰稿。1909—1912年参加立宪民主党人、人民社会党人和孟什维克取消派合办的《生活需要》杂志的出版工作，为该杂志编辑。——132、147。

布兰亭，卡尔·亚尔马（Branting，Karl Hjalmar 1860—1925）——瑞典社会

民主党和第二国际创建人和领袖之一，持机会主义立场。1887—1917年(有间断)任瑞典社会民主党中央机关报《社会民主党人报》编辑。1896年起为议员。1907年当选为党的执行委员会主席。第一次世界大战期间是社会沙文主义者。1917年参加埃登的自由党—社会党联合政府，支持武装干涉苏维埃俄国。1920年、1921—1923年、1924—1925年领导社会民主党政府，1921—1923年兼任外交大臣。——528。

布劳恩——见扬松，扬·埃内斯托维奇。

布劳恩，奥托(Braun，Otto 1872—1955)——德国社会民主党右翼领袖之一。1912年起为德国社会民主党执行委员会委员。——335。

布勒宁，维克多·彼得罗维奇(Буренин，Виктор Петрович 1841—1926)——俄国政论家，诗人。1876年加入反动的《新时报》编辑部，成为新时报派无耻文人的首领。对一切进步社会思潮的代表人物肆意诽谤，造谣诬蔑。——391、395。

布里特曼——见波波夫，阿纳托利·弗拉基米罗维奇。

布里扬诺夫，安德列·法捷耶维奇(Бурьянов，Андрей Фаддеевич 生于1880年)——俄国孟什维克。斯托雷平反动时期和新的革命高涨年代是取消派分子。第四届国家杜马塔夫利达省代表，社会民主党杜马党团成员。1914年脱离取消派，加入孟什维克护党派，第一次世界大战期间倾向护国派。——232、310、311、407、443—445。

布罗诺夫斯基，尤利安·(Броновский，Юлиан 1856—1917)——工人。波兰王国和立陶宛社会民主党华沙组织成员，1912年起是最接近布尔什维克的所谓分裂派的活动家。1912年为华沙工人选民团复选代表。1915年任波兰王国和立陶宛社会民主党合法机关报《论坛报》责任编辑。1916年底被德国占领军关进集中营。——237、500。

C

蔡特金，克拉拉(聪德尔)(Zetkin，Clara(Zunder)1857—1933)——德国工人运动和国际工人运动活动家，国际社会主义妇女运动领袖之一，德国共产党创建人之一。1881年加入德国社会民主党。1892—1917年任德国社会民主党主办的女工运动机关刊物《平等》杂志主编。第一次世界大战期间持国际主义立场。1916年参与组织国际派(后改称斯巴达克派和斯巴达克联盟)。1919年起为德国共产党党员,当选为中央委员。1920年起为国会议员。1921年起先后当选为共产国际执行委员会委员和主席团委员,领导国际妇女书记处。——50、51、71、74—75、77—79、83—84、89—93、114—118、122—124、164—165、269、277、290—291、322、326、329、332、333—334、337—339、340、342—344、345、348、363、366、379—381、383、391、392、424、451、452、468—469。

查苏利奇,维拉·伊万诺夫娜(Засулич,Вера Ивановна 1849—1919)——俄国民粹主义运动和社会民主主义运动活动家。1883年参与创建劳动解放社。1900年起是《火星报》和《曙光》杂志编辑部成员。在俄国社会民主工党第二次代表大会上是《火星报》编辑部有发言权的代表,属火星派少数派,会后成为孟什维克领袖之一,参加孟什维克的《火星报》编辑部。斯托雷平反动时期和新的革命高涨年代是取消派分子。第一次世界大战期间是社会沙文主义者。1917年是孟什维克统一派分子。对十月革命持否定态度。——324、366。

查索夫尼科夫(Часовников)——36。

车尔尼雪夫斯基,尼古拉·加甫里洛维奇(Чернышевский,Николай Гаврилович 1828—1889)——俄国革命民主主义者和空想社会主义者,作家,文学评论家;俄国社会民主主义先驱之一,俄国19世纪60年代革命运动的领袖和思想鼓舞者。——45。

茨格拉根,卡尔(Zgragen,Karl 1861—1929)——瑞士律师,社会党人。——325—326、333—334、335—336、338—339、340、342—345、348、363、379—381、382、385—386、390、424、450—451、466、467、468—469、481。

聪德尔——见蔡特金,克拉拉。

D

达维塔什维里,米哈伊尔·尼古拉耶维奇(埃季舍罗夫)(Давиташвили,Михаил Николаевич(Эдишеров)1877—1916)——俄国社会民主党人,外高加索党组织的积极活动家之一。曾遭沙皇政府迫害。1911年移居国外,是俄国社会民主工党巴黎支部成员,为社会民主党报刊撰稿。第一次世界大战期间作为志愿兵参加法军，在凡尔登附近被打死。——419。

丹斯基，Б.Г.(**科马罗夫斯基，康斯坦丁·安东诺维奇**；Х.)(Данский，Б.Г.(Комаровский，Константин Антонович，Х.)生于1883年)——1901年加入波兰社会党，1911年加入俄国社会民主工党。曾为《明星报》和《真理报》撰稿。1913—1914年任《保险问题》杂志编辑。十月革命后主管《真理报》的一个专栏，在国营萨哈林石油瓦斯工业托拉斯工作。1923—1926年任《保险问题》杂志主编，后在苏联驻维也纳全权代表处工作。——157、355—356、430。

德波林(**越飞**)，阿布拉姆·莫伊谢耶维奇(Деборин(Иоффе)，Абрам Моисеевич 1881—1963)——苏联哲学家和历史学家。1903年起是布尔什维克，1907—1917年为孟什维克。十月革命后与孟什维克决裂；作为党外人士，致力于科研和教学工作。1928年加入联共(布)。——455。

德哈恩，雅科布(Де Хаан，Якоб)——165。

德蒙泰(De Montet)——456。

德涅夫尼茨基，普·恩·(**策杰尔包姆，费多尔·奥西波维奇**)(Дневницкий，П.Н.(Цедербаум，Федор Осипович)生于1883年)——俄国社会民主党人，孟什维克，政论家。1909年起住在国外，追随孟什维克护党派，为普列汉诺夫的《社会民主党人日志》撰稿，参加布尔什维克《明星报》和《真理报》的工作。十月革命后反对苏维埃政权。——63、146、153、232、260、261、264。

狄茨，约翰·亨利希·威廉(Dietz，Johann Heinrich Wilhelm 1843—1922)——德国社会民主党人，帝国国会议员(1881—1918)。曾主持社会民主党出版社，出版过马克思和恩格斯的著作以及《曙光》杂志和列宁的著作《怎么办?》。——351。

迪科·德拉埃，乔治(Ducos de la Haille，Georges)——法国律师，社会党人。在要求原“保管人”将他们所保管的钱退还给布尔什维克党的案件中，列宁曾向他进行咨询。——114—118、119、121—123、125、163—165、224—225、268—270、271—272、282、322—323、332—334、338—339、340、342、344—345、347、363、379—380、381、382、385、423—424、429、452—453、468。

笛卡儿，勒奈(Descartes，René 1596—1650)——法国科学家和哲学家。在哲学上是“二元论”者。——378。

第一号——见巴达耶夫，阿列克谢·叶戈罗维奇。

第三号——见马林诺夫斯基，罗曼·瓦茨拉沃维奇。

第四号——见沙果夫，尼古拉·罗曼诺维奇。

第五号——见穆拉诺夫，马特维·康斯坦丁诺维奇。

第六号——见彼得罗夫斯基，格里戈里·伊万诺维奇。

第十号——见豪斯托夫，瓦连廷·伊万诺维奇。

第十六号——见亚格洛，叶夫根尼·约瑟福维奇。

杜勃洛文斯基，约瑟夫·费多罗维奇（英诺；英诺森）（Дубровинский，Иосиф Федорович（Инок，Иннокентий）1877—1913）——1893 年参加俄国革命运动，俄国社会民主工党第二次代表大会后是布尔什维克，被增补进中央委员会。1905 年是莫斯科武装起义的组织者和领导人之一。1907 年在党的第五次（伦敦）代表大会上当选为中央委员。1908 年进入《无产者报》编辑部。斯托雷平反动时期对取消派采取调和主义态度。屡遭沙皇政府迫害。1913 年死于图鲁汉斯克流放地。——25、54。

杜冈-巴拉诺夫斯基，米哈伊尔·伊万诺维奇（Туган-Барановский，Михаил Иванович 1865—1919）——俄国经济学家和历史学家，19 世纪 90 年代是合法马克思主义的代表人物。1905—1907 年革命期间加入立宪民主党。十月革命后成为乌克兰反革命势力的骨干分子，1917—1918 年任乌克兰中央拉达财政部长。——242。

顿佐夫，德米特里（Донцов，Дмитрий 生于 1883 年）——乌克兰社会民主工党党员，利沃夫的《道路报》和在莫斯科出版的《乌克兰生活》杂志撰稿人。第一次世界大战期间参与组建资产阶级民族主义组织“乌克兰解放协会”，该组织企图依靠奥地利君主国的帮助来实现“独立自主的乌克兰”的口号。十月革命后为流亡分子。——319。

多莫夫——见波克罗夫斯基，米哈伊尔·尼古拉耶维奇。

E

恩格斯，弗里德里希（Engels，Friedrich 1820—1895）——科学共产主义创始人之一，世界无产阶级的领袖和导师，马克思的亲密战友。——387。

F

法林斯基——见李维诺夫-法林斯基,弗拉基米尔·彼得罗维奇。

菲济耶-赫尔曼(Fuzier-Hermann)——124。

菲利亚,M.Г.(乔治)(Филия,M.Г.(Жорж))——1905年加入俄国社会民主工党,曾在梯弗利斯、巴统、波季和外高加索其他城市从事革命工作。1910年侨居国外。在国外执行党的各项任务。——18—19。

菲尼科夫(Феников)——40。

费·唐·——见唐恩,费多尔·伊里奇。

费多尔·尼基季奇——见萨莫伊洛夫,费多尔·尼基季奇。

费尔巴哈,路德维希·安德列亚斯(Feuerbach,Ludwig Andreas 1804—1872)——德国唯物主义哲学家和无神论者,德国古典哲学代表人物之一。他的唯物主义是马克思主义哲学的理论来源之一。——378。

费舍,理查(Fischer,Richard 1855—1926)——德国社会民主党人。1890—1893年任社会民主党执行委员会书记。1893—1903年领导社会民主党的出版社,是该党中央机关报《前进报》的出版人和管理人。1893—1926年为国会议员。第一次世界大战期间是社会沙文主义者。——345。

费希特,约翰·哥特利布(Fichte,Johann Gottllieb 1762—1814)——德国古典哲学代表人物之一,主观唯心主义者。——378。

芬克,埃米尔(Vinck,Emile)——比利时布鲁塞尔上诉法院律师。——385、424、429、450—451、452—453、468—469。

弗·;弗·列·;弗·乌·;弗·伊·;弗·伊林;弗拉·乌里扬诺夫;弗拉·伊林——见列宁,弗拉基米尔·伊里奇。

弗拉基米尔斯基,米哈伊尔·费多罗维奇(卡姆斯基)(Владимирский,Михаил Федорович(Камский)1874—1951)——1895年参加俄国社会民主主义运动,布尔什维克。1905年积极参加莫斯科十二月武装起义。1906年侨居国外,在布尔什维克巴黎小组工作。十月革命后在莫斯科苏维埃主席团工作。1919—1921年任全俄中央执行委员会主席团委员、俄罗斯联邦副内务人民委员。1922—1925年任乌克兰苏维埃社会主义共和国人民委员会副主席,乌克兰共产党(布)中央委员会书记、中央监察委员会主席，乌克兰工农检查人民委员。在党的第七次代表大会上当选为中央委员。第八次代表大会上当选为候补中央委员。——49、234、235、338—339、340、347、419、436、459、470、487、491、495—498、519、522、532。

弗拉基米罗夫（舍印芬克尔），米龙·康斯坦丁诺维奇（列瓦）（Владимиров (Шейнфинкель), Мирон Константинович(Лева) 1879—1925）——1903 年加入俄国社会民主工党，布尔什维克。曾在彼得堡、戈梅利、敖德萨、卢甘斯克和叶卡捷琳诺斯拉夫做党的工作。参加 1905—1907 年革命，后被捕和终身流放西伯利亚，1908 年从流放地逃往国外。1911 年脱离布尔什维克，后加入出版《护党报》的普列汉诺夫派巴黎小组。第一次世界大战期间参加托洛茨基的《我们的言论报》的工作。1917 年二月革命后回国，参加区联派，在俄国社会民主工党（布）第六次代表大会上随区联派集体加入布尔什维克党。十月革命后在彼得格勒市粮食局和粮食人民委员部工作。1919 年任南方面军铁路军事特派员和粮食特设委员会主席。1921 年先后任乌克兰粮食人民委员和农业人民委员。1922—1924 年任俄罗斯联邦财政人民委员和苏联副财政人民委员。——70、408、455。

弗拉姆——见戈洛晓金，菲力浦·伊萨耶维奇。

弗拉索夫——见李可夫，阿列克谢·伊万诺维奇。

弗拉索夫，A.（Власов, A.）——1913 年 5 月 14 日孟什维克取消派的《光线报》第 109 号上刊载的《论组织问题》一文的作者。——303—305。

弗兰茨-约瑟夫一世（Franz-Joseph I 1830—1916）——奥地利皇帝（1848—1916）。——248。

弗雷——即列宁，弗拉基米尔·伊里奇。

弗里穆，伊昂（Frimu, Ion 1871—1919）——罗马尼亚社会民主党（1893 年成立，1918 年起为罗马尼亚社会党）组织者之一，罗马尼亚工会创建人之一。曾先后任工会领导委员会委员和社会主义联盟书记。1910 年当选为罗马尼亚社会民主党执行委员会委员。1911 年与列宁保持联系。1918 年 12 月因参加游行示威被捕，1919 年 2 月 7 日死于狱中。——81。

G

伽马——见马尔托夫，尔·。

高尔基，马克西姆（**彼什科夫，阿列克谢·马克西莫维奇；**阿·马·）（Горький，Максим（Пешков，Алексей Максимович，А. М.）1868—1936）——苏联作家和社会活动家，社会主义现实主义文学的奠基人，苏联文学的创始人。——1—2、4—6、14—18、44—45、46—48、74—75、94—96、144—146、150—151、154、170—171、178、182、196、222—224、228—233、240、245—249、255—258、264、267—268、285—287、309—310、311—312、315、320—321、348—350、368—372、373—374、375—378。

戈尔登贝格，约瑟夫·彼得罗维奇（梅什科夫斯基）（Гольденберг，Иосиф Петрович（Мешковский）1873—1922）——俄国社会民主党人。俄国社会民主工党第二次代表大会后是布尔什维克。国外俄国社会民主党人联合会成员。1905—1907年革命期间参加了布尔什维克所有报刊编辑部的工作，是俄国社会民主工党中央委员会负责同其他党派和组织联系的代表。1907年在党的第五次（伦敦）代表大会上当选为中央委员。1910年进入中央委员会俄国局，对取消派采取调和主义态度。第一次世界大战期间是护国派分子。1917—1919年参加新生活派。1920年重新加入布尔什维克党。——54、535。

戈洛晓金，菲力浦·伊萨耶维奇（弗拉姆）（Голощекин，Филлип Исаевич（Фрам）1876—1941）——1903年加入俄国社会民主工党。曾在彼得堡、莫斯科、乌拉尔等地做党的工作，屡遭沙皇政府迫害。1912年在党的第六次（布拉格）全国代表会议上当选为中央委员和中央委员会俄国局成员。十月革命后担任党和苏维埃的负责工作，历任党的乌拉尔区域委员会书记、党中央委员会西伯利亚局成员、萨马拉省苏维埃执行委员会主席等职。——245。

哥尔特，赫尔曼（Gorter，Herman 1864—1927）——荷兰左派社会民主党人，诗人和政论家。1897年加入荷兰社会民主工党。1907年是荷兰社会民主工党左翼刊物《论坛报》创办人之一，1909年起是荷兰社会民主党领导人之一。第一次世界大战期间是国际主义者，齐美尔瓦尔德左派的拥护者。1918年参与创建荷兰共产党，曾参加共产国际的工作，采取极左的宗派主义立场。1921年退出共产党，组织了荷兰共产主义工人党。1922年脱离政治活动。——411。

哥列夫（**戈尔德曼**），波里斯·伊萨科维奇（伊哥尔；伊哥列夫）（Горев（Гольдман），Борис Исаакович（Игорь，Игорев）1874—1937）——俄国社会民主党人。19世纪90年代中期参加革命运动，彼得堡工人阶级解放斗争协会会员。1897年被捕并被流放奥廖克明斯克。1905年是俄国社会民主工党彼得堡委员会委员，布尔什维克。1907年转向孟什维克。在俄国社会民主工党第五次（伦敦）代表大会上代表孟什维克当选为候补中央委员。曾为孟什维克取消派的《社会民主党人呼声报》和《我们的曙光》杂志撰稿。1912年参加托洛茨基在维也纳召开的反布尔什维克的八月代表会议，在会上被选入组委会。1917年二月革命后为孟什维克《工人报》编辑之一、孟什维克中央委员会委员和第一届中央执行委员会委员。1920年8月声明退出孟什维克组织。后在高等院校从事教学工作。——26、55、70。

哥林（**加尔金**），弗拉基米尔·菲力波维奇（Горин（Галкин），Владимир Филиппович 1863—1925）——俄国社会民主党人。俄国社会民主工党第二次代表大会代表，会上属火星派多数派。会后积极参加反对孟什维克的斗争。长期侨居国外，住在日内瓦。1917年二月革命后回国。1918—1920年在红军中做政治工作。1920年起在普遍军训部任职。后从事科研和教学工作。——76、169、327。

格·叶·——见季诺维也夫，格里戈里·叶夫谢耶维奇。

格尔—涅（Гер-не）——135。

格尔曼，伊万·埃内斯托维奇（Герман，Иван Эрнестович 1884—1938）——1904年加入俄国社会民主工党。曾在里加的布尔什维克组织中工作，任党的里加委员会委员。积极参加1905—1907年革命，屡遭沙皇政府迫害。1909年起侨居柏林。是拉脱维亚边疆区社会民主党国外布尔什维克小组组织者之一。曾为拉脱维亚边疆区社会民主党与布尔什维克党的统一而斗争。1914年是在布鲁塞尔召开的拉脱维亚边疆区社会民主党第四次代表大会代表。在代表大会上当选为拉脱维亚边疆区社会民主党中央委员、该党国外委员会委员和中央机关报《斗争报》编委。十月革命后担任党和苏维埃的领导工作。——283—284、292、401—403、404—406、409—410、439—440、471、514—517、529。

格格奇柯利，叶夫根尼·彼得罗维奇（Гегечкори，Евгений Петрович 1881—

1954)——格鲁吉亚孟什维克。第三届国家杜马库塔伊西省代表，社会民主党杜马党团领袖之一。1917 年 11 月起任外高加索反革命政府——外高加索委员会主席，后为格鲁吉亚孟什维克政府的外交部长和副主席。1921 年格鲁吉亚建立苏维埃政权后为白俄流亡分子。——42。

格里·；格里戈里——见季诺维也夫，格里戈里·叶夫谢耶维奇。

格里戈里的妻子——见利林娜，兹拉塔·约诺夫娜。

格利卡——见美列涅夫斯基，马里安·伊万诺维奇。

格列杰斯库尔，尼古拉·安德列耶维奇（Гредескул，Николай Андреевич 生于 1864 年）——俄国法学家和政论家，教授，立宪民主党人。第一届国家杜马代表，曾任杜马副主席。第一届国家杜马解散后，因在维堡宣言上签名而被捕入狱。刑满出狱后，为立宪民主党的《言语报》和资产阶级自由派的其他一些报刊撰稿。1916 年退出立宪民主党。十月革命后在列宁格勒一些高等院校任教。——145。

格龙瓦尔德，麦克斯（Grunwald，Max 生于 1873 年）——经济学家，著作家。长期在德国社会民主党档案馆担任档案保管员。——346。

古尔维奇，伊萨克·阿道福维奇（Гурвич，Исаак Адольфович 1860—1924）——俄国经济学家。早年参加民粹派活动，1881 年流放西伯利亚。在流放地写了《农民向西伯利亚的迁移》一书。从流放地归来后，在工人中进行革命宣传，参加组织明斯克的第一个犹太工人小组。1889 年移居美国，积极参加美国工会运动和民主运动。20 世纪初成为修正主义者。——432—433、472。

古利科（Гулико）——430。

古列维奇，埃马努伊尔·李沃维奇（斯米尔诺夫）（Гуревич，Эммануил Львович（Смирнов）生于 1865 年）——俄国政论家，1890 年以前是民意党人，后来成为社会民主党人；俄国社会民主工党第二次代表大会后是孟什维克。斯托雷平反动时期和新的革命高涨年代是取消派分子，为左派立宪民主党人的《同志报》撰稿；是孟什维克取消派的《我们的曙光》杂志的创办人之一和撰稿人。第一次世界大战期间是社会沙文主义者。——22。

H

哈阿兹，胡戈（Haase，Hugo 1863—1919）——德国社会民主党领袖之一，中派分子。1911—1917年为德国社会民主党执行委员会主席之一。1897—1907年和1912—1918年为帝国国会议员。1912年起任社会民主党国会党团主席。第一次世界大战期间持中派立场。1917年4月同考茨基等人一起建立德国独立社会民主党。1918年十一月革命期间参加所谓的人民代表委员会,支持镇压无产阶级革命运动。——194、201、203—204、228、325—326、335、343。

哈里逊——见李维诺夫,马克西姆·马克西莫维奇。

海德门,亨利·迈尔斯(Hyndman,Henry Mayers 1842—1921)——英国社会党人。1881年创建民主联盟(1884年改组为社会民主联盟),担任领导职务,直至1892年。1900—1910年是社会党国际局成员。1911年参与创建英国社会党,领导该党机会主义派。第一次世界大战期间是社会沙文主义者。1916年英国社会党代表大会谴责他的社会沙文主义立场后,退出社会党。敌视俄国十月革命,赞成武装干涉苏维埃俄国。——85。

海内曼(Heinemann)——德国社会党人,柏林最高法院律师。——345、382、383、392、424。

豪普(Haupp)——德国著作家。——124。

豪斯托夫,瓦连廷·伊万诺维奇(第十号)(Хаустов,Валентин Иванович (№10)生于1884年)——俄国社会民主党人,孟什维克;职业是旋工。第四届国家杜马乌法省工人代表,社会民主党杜马党团成员。第一次世界大战期间是国际主义者。——259、310、311。

黑格尔,乔治·威廉·弗里德里希(Hegel,Georg Wilhelm Friedrich 1770—1831)——德国哲学家,客观唯心主义者,德国古典哲学的主要代表。根据唯心主义的思维与存在同一的基本原则,建立了客观唯心主义的哲学体系,并创立了唯心主义辩证法的理论。他的唯心主义辩证法是马克思主义哲学的理论来源之一。——378。

黑辛,米奈·列昂季耶维奇(Хейсин,Миней Леонтьевич 1871—1924)——俄国社会民主党人,孟什维克;职业是医生。1905—1907年革命期间先后在克拉斯诺亚尔斯克委员会和彼得堡维堡区工作。斯托雷平反动时期和新的革命高涨年代是取消派分子,为《复兴》杂志、《我们的曙光》杂志、《光线报》及孟什维克取消派的其他报刊撰稿。十月革命后在合作社组织中工作。——430。

胡斯曼,卡米耶(Huysmans,Camille 1871—1968)——比利时工人运动最早的活动家之一,比利时社会党领导人之一,语文学教授,新闻工作者。1905—1922年任第二国际社会党国际局书记。第一次世界大战期间持中派立场,实际上领导社会党国际局。多次参加比利时政府。——3、22、73、85—86、96—97、102—103、106—107、109—110、165—166、169—170、175、185—186、189、191—192、202、219、221—222、235、297—298、307、354、361—362、381、419—420、438—439、441、508—509、519—520、537。

怀恩科普,戴维(Wijnkoop,David 1877—1941)——荷兰左派社会民主党人,后为共产党人。1907年是荷兰社会民主工党左翼刊物《论坛报》创办人之一,后任该报主编。1909年参与创建荷兰社会民主党,并任该党主席。第一次世界大战期间是国际主义者,曾为齐美尔瓦尔德左派理论刊物《先驱》杂志撰稿。1918—1925年为议员。1918年参与创建荷兰共产党,并任该党主席。在共产国际第二次代表大会上当选为共产国际执行委员会委员。——410—412。

霍米亚科夫,尼古拉·阿列克谢耶维奇(Хомяков,Николай Алексеевич 1850—1925)——俄国大地主,十月党人。1886—1896年是斯摩棱斯克省贵族代表。1896—1902年任农业和国家产业部农业司司长。1906年被选为国务会议成员。第二届、第三届和第四届国家杜马代表;1910年3月前任第三届国家杜马主席。——16。

J

基谢廖夫,И.А.(Киселев,И.А.生于1883年)——俄国孟什维克护党派分子。1908年起住在苏黎世。1912年加入瑞士国籍。曾参加普列汉诺夫派的地方小组。——141、274、382。

吉洪诺夫,阿列克谢·尼古拉耶维奇(Тихонов,Алексей Николаевич 1880—1956)——俄国作家,1913年负责《真理报》文学栏的工作。1915—1916年先后是《年鉴》杂志和《新生活报》的出版人。——229、231、232、246。

吉姆美尔,尼·尼·——见苏汉诺夫,尼·。

季久列涅，西玛·А.(Диджюлене，Сима А.生于1888年)——1907年加入俄国社会民主工党，在萨拉普尔、维亚特卡、喀山进行革命工作。1908年被捕和流放。1911年流亡奥地利。1912年结识了列宁和克鲁普斯卡娅。1918年起住在立陶宛。1940年起在学校当教员。——472。

季娜——见利林娜，兹拉塔·约诺夫娜。

季诺维也夫(**拉多梅斯尔斯基**)，格里戈里·叶夫谢耶维奇(格·叶·；格里·；格里戈里)(Зиновьев(Радомысльский)，Григорий Евсеевич(Г. Е.，Гр.，Григорий)1883—1936)——1901年加入俄国社会民主工党，党的第二次代表大会后是布尔什维克。1908—1917年侨居国外，参加布尔什维克《无产者报》编辑部和党的中央机关报《社会民主党人报》编辑部。斯托雷平反动时期对取消派、召回派和托洛茨基分子采取调和主义态度。1912年后和列宁一起领导中央委员会俄国局。第一次世界大战期间持国际主义立场。1917年4月回国，进入《真理报》编辑部。十月革命后任彼得格勒苏维埃主席。1919年共产国际成立后任共产国际执行委员会主席。1919年当选为党中央政治局候补委员，1921年当选为中央政治局委员。——3、27、35、42、43、48—49、65、71、97、205、224、274、279、287、299、300、307、344、427、453—454、486—487、491、495、509、510、518。

加廖尔卡——见奥里明斯基，米哈伊尔·斯捷潘诺维奇。

加琳娜——见罗兹米罗维奇，叶列娜·费多罗夫娜。

加米涅夫(**罗森费尔德**)，列夫·波里索维奇(列·波·；尤·加·)(Каменев(Розенфельд)，Лев Борисович(Л.Б.，Ю.К.)1883—1936)——1901年加入俄国社会民主工党，党的第二次代表大会后是布尔什维克。曾在梯弗利斯、莫斯科、彼得堡从事宣传工作。1908年底出国，任布尔什维克的《无产者报》编委。斯托雷平反动时期对取消派、召回派和托洛茨基分子采取调和主义态度。1914年初回国，在《真理报》编辑部工作，曾领导第四届国家杜马布尔什维克党团。1914年11月被捕，在沙皇法庭上宣布放弃使沙皇政府在帝国主义战争中失败的布尔什维克口号。1917年二月革命后反对列宁的《四月提纲》。十月革命后历任全俄中央执行委员会主席、莫斯科苏维埃主席、国防委员会驻南方面军特派员、人民委员会副主席、劳动国防委员会主席等重要职务。1919—1925年为党中央政治局委员。——42、43、

49、65、71、72、74、82、126、132—135、139、140—141、146、148—149、152—154、155—157、159—161、162—163、169、183—185、187—188、189—191、193—194、197、201—206、217、224—226、227—228、231—236、249—250、265—266、270、271—275、278—283、287—288、295—296、300—301、306—307、313—315、361—362、366、374、407、417、430—431、435。

加涅茨基(**菲尔斯滕贝格**),雅柯夫·斯坦尼斯拉沃维奇(Ганецкий(Фюрстенберг),Яков Станиславович 1879—1937)——波兰和俄国革命运动活动家。1896年加入社会民主党。1903—1909年为波兰王国和立陶宛社会民主党总执行委员会委员。1907年在俄国社会民主工党第五次(伦敦)代表大会上缺席当选为中央委员。1912年波兰王国和立陶宛社会民主党分裂后,是最接近布尔什维克的所谓分裂派的领导人之一。第一次世界大战期间参加齐美尔瓦尔德左派。1917年是俄国社会民主工党(布)中央委员会国外局成员。十月革命后历任俄罗斯联邦财政人民委员部部务委员、人民银行委员和行长。1920年5月起兼任中央消费合作总社理事会理事,6月起任对外贸易人民委员部部务委员。1920—1921年任俄罗斯联邦驻拉脱维亚全权代表和商务代表。1921—1923年任外交人民委员部部务委员。——154—155、272、341、461、463、510。

伽桑狄,皮埃尔(Gassendi,Pierre 1592—1655)——法国唯物主义哲学家,物理学家和数学家。对经院哲学给予了尖锐的批判。——378。

杰米多夫斯基,伊万(Демидовский,Иван)——俄国政治侨民。在罗马尼亚基蒂拉机场工作;大概在"波将金"号装甲舰上当过水兵。——81。

杰斯尼茨基,瓦西里·阿列克谢耶维奇(斯特罗耶夫)(Десницкий,Василий Алексеевич(Строев)1878—1958)——俄国社会民主党人。1897年参加社会民主主义运动,俄国社会民主工党第二次代表大会后是布尔什维克。曾在下诺夫哥罗德、莫斯科、乌拉尔和俄国南方做党的工作,代表下诺夫哥罗德委员会出席了党的第三次代表大会。在党的第四次(统一)代表大会上代表布尔什维克当选为中央委员。1909年脱离布尔什维克。1918年3月以前是全俄中央执行委员会委员(代表孟什维克国际主义派)。1919年起在彼得格勒从事科研和教学工作。——2。

捷尔-达尼耶良,Д.(阿恩;阿纳嫩,Д.)(Тер-Даниелян,Д.(Ан,Ананун,Д.)

1880—1941)——亚美尼亚社会民主工人组织右翼领袖之一,同崩得一起坚持俄国社会民主工党实行联邦制建党原则和"民族文化自治"口号。亚美尼亚建立苏维埃政权后,在亚美尼亚苏维埃社会主义共和国文教机关工作。——474。

捷尔-约翰尼相,沃斯基·阿塔涅索夫娜(Тер-Иоаннисян, Воски Атанесовна)——亚美尼亚著名作家格·穆拉灿的妻子。1890年起住在德国。1912年初在柏林经斯·斯潘达良介绍认识了列宁,并受列宁委托,同在高加索活动的布尔什维克保持联系。——113—114。

捷文,雅柯夫·达维多维奇(萨夫卡)(Зевин, Яков Давидович(Савка)1888—1918)——1904年加入俄国社会民主工党。曾在卡缅斯科耶、叶卡捷琳诺斯拉夫、巴库等俄国南方城市做党的工作。屡遭沙皇政府迫害。在新的革命高涨年代是孟什维克-普列汉诺夫分子,列宁领导的隆瑞莫党校的学员。俄国社会民主工党第六次(布拉格)全国代表会议叶卡捷琳诺斯拉夫委员会代表。代表会议后转向布尔什维克立场。1915年起任党的巴库委员会委员。1917年8月起在巴库担任负责工作,是阿塞拜疆建立苏维埃政权斗争的组织者之一;在1918年4月成立的巴库人民委员会中任劳动委员。巴库公社失败后,1918年9月20日同其他25名巴库委员一起被社会革命党人和英国武装干涉者杀害。——104。

金克尔(Kinkel)——瑞士社会民主党人。——324、337、366。

K

卡恩,阿伯拉罕(Cahan, Abraham 1860—1951)——在纽约出版的犹太社会党报纸《前进报》的编辑。——433。

卡恩,阿尔弗勒德(Kahn, Alfred)——德国斯图加特律师。——275—276、290—292、347、433、450。

卡尔宾斯基,维亚切斯拉夫·阿列克谢耶维奇(Карпинский, Вячеслав Алексеевич 1880—1965)——1898年加入俄国社会民主工党,布尔什维克;屡遭沙皇政府迫害。1904年侨居国外,在日内瓦结识了列宁。从此一直在党的国外组织中工作,参加布尔什维克《前进报》和《无产者报》工作,主管设在日内瓦的俄国社会民主工党中央委员会图书馆和档案库。

1914—1917年为党的中央机关报《社会民主党人报》撰稿，并从事出版和推销布尔什维克书刊的工作。1917年12月回国，担任苏维埃和党的负责工作；是全俄中央执行委员会委员。1918—1922年(有间断)任《贫苦农民报》编辑。——13、168—169、473—474、478—479。

卡尔斯基——见马尔赫列夫斯基，尤利安·约瑟福维奇。

卡尔松，К.М.(**奥格列季斯**)(Карлсон，К.М.(Огриетис)1888—1938)——拉脱维亚社会民主党人，布尔什维克，拉脱维亚边疆区社会民主党国外小组联合会成员。1909—1914年在布鲁塞尔工作，是印行国外小组联合会《公报》、《斗争报》以及拉脱维亚边疆区社会民主党其他出版物印刷所的排字工人。十月革命后在全俄肃反委员会机关工作。——402、438。

卡姆斯基——见弗拉基米尔斯基，米哈伊尔·费多罗维奇。

卡乔罗夫斯基，卡尔·罗曼诺维奇(Качоровский，Карл Романович 生于1870年)——俄国经济学家。19世纪90年代初加入彼得堡民意社，后参加社会革命党的报刊工作，但未正式加入该党。写有一些土地问题方面的著作。——5。

卡斯帕罗夫，弗拉基斯拉夫·米纳索维奇(Каспаров，Владислав Минасович 1884—1917)——1904年加入俄国社会民主工党。1907—1911年任巴库委员会委员。1913—1914年住在柏林，俄国社会民主工党中央委员会曾通过他同国内党组织进行秘密通信联系。第一次世界大战期间移居伯尔尼，参加了俄国社会民主工党国外支部代表会议，在会上当选为国外组织委员会委员。——308、327—328、331—332、337、346、404、428—429、517—518、533—534。

卡特柯夫，米哈伊尔·尼基福罗维奇(Катков，Михаил Никифорович 1818—1887)——俄国地主，政论家。开始政治活动时是温和的贵族自由派的拥护者。19世纪60年代初转入反动营垒，1863—1887年编辑和出版《莫斯科新闻》，该报从1863年起成为君主派反动势力的喉舌。自称是“专制制度的忠实警犬”，他的名字已成为最无耻的反动势力的通称。——137。

卡扎科夫，А.В.(安东诺夫)(Казаков，А.В.(Антонов))——俄国社会民主党人。俄国社会民主工党第二次代表大会后是布尔什维克；曾参加俄国社会民主工党巴黎支部和党的国外组织委员会。——227。

凯约(Caillaux)——法国国务活动家约瑟夫·凯约的妻子。为报复民族主义者、《费加罗报》编辑加斯东·卡尔梅特对她丈夫的诽谤,于1914年3月向卡尔梅特开了枪,致使卡尔梅特受了致命伤。约·凯约也因此退职。——442。

凯约,约瑟夫(Caillaux,Joseph 1863—1944)——法国国务活动家,法国资产阶级激进党领袖之一。第一次世界大战前曾任财政部长、内阁总理和内务部长。在对外政策方面主张同德国接近,1911年缔结了关于瓜分非洲殖民地势力范围和允许德国资本进入法国交易所的法德协定。第一次世界大战期间继续谋求同德国和解,因而遭到本国反德的沙文主义集团的反对。——442。

康斯坦丁诺维奇,安娜·叶夫根尼耶夫娜(康—维奇)(Константинович,Анна Евгеньевна(К-вич)1866—1939)——伊·费·阿尔曼德丈夫的姐姐,1905年参加革命运动,1913年加入俄国布尔什维克党。1908年被捕并流放沃洛格达省,1911年流亡国外。十月革命后在党的莫斯科委员会工作,后在共产国际执行委员会机关工作。——490。

康—维奇——见康斯坦丁诺维奇,安娜·叶夫根尼耶夫娜。

考茨基,卡尔(Kautsky,Karl 1854—1938)——德国社会民主党和第二国际的领袖和主要理论家之一。从19世纪80年代到20世纪初写过一些宣传和解释马克思主义的著作。1883—1917年任德国社会民主党理论刊物《新时代》杂志主编。俄国社会民主工党分裂后支持孟什维克。1910年以后逐渐转到机会主义立场,成为中派领袖。第一次世界大战前夕提出超帝国主义论,大战期间打着中派旗号支持帝国主义战争。1918年后发表《无产阶级专政》等书,攻击俄国十月革命,反对无产阶级专政。——19—22、44—45、49—70、71、74、77、79、84、89—93、114—118、153、164、184、187、269、271—272、290—291、322—323、326、329、332、333、337—339、340、342、343、345、380、385、392、394、408、411、451、452、454、487、495、498、503、506、508、520、525—526。

柯巴——见斯大林,约瑟夫·维萨里昂诺维奇。

柯尔佐夫,德·(**金兹堡,波里斯·阿布拉莫维奇**;谢多夫)(Кольцов,Д.(Гинзбург,Борис Абрамович,Седов)1863—1920)——俄国社会民主党人,

孟什维克。1893年初侨居瑞士,接近劳动解放社。1895—1898年任国外俄国社会民主党人联合会书记,为联合会出版物积极撰稿。俄国社会民主工党第二次代表大会后成为孟什维克骨干分子,为一些孟什维克报刊撰稿。1905—1907年革命期间在彼得堡参加工会运动,1908年起在巴库工作。斯托雷平反动时期和新的革命高涨年代持取消派立场。第一次世界大战期间是社会沙文主义者。敌视十月革命。1918—1919年在合作社组织中工作。——304、389—390。

柯伦泰,亚历山德拉·米哈伊洛夫娜(Коллонтай, Александра Михайловна 1872—1952)——19世纪90年代参加俄国社会民主主义运动。1906—1915年是孟什维克,1915年加入布尔什维克党。曾参加1905—1907年革命。1908—1917年侨居国外。第一次世界大战一开始即持革命的国际主义立场;受列宁委托,在斯堪的纳维亚国家和美国进行团结社会民主党国际主义左派的工作。1917年二月革命后回国。十月革命后任国家救济人民委员、党中央妇女部部长、共产国际国际妇女书记处书记等职。——495。

科赫尔,阿尔伯特(Kocher, Albert)——瑞士著名外科医生泰·科赫尔的儿子。——296、322。

科赫尔,泰奥多尔(Kocher, Theodor 1841—1917)——瑞士外科医生,伯尔尼大学教授。对中枢神经系统的疾病和甲状腺炎症,包括甲状腺功能亢进症,提出了一套手术治疗方法。——284—285、314、320、321—322。

科科夫佐夫,弗拉基米尔·尼古拉耶维奇(Коковцов, Владимир Николаевич 1853—1943)——俄国国务活动家,伯爵。1904—1914年(略有间断)任财政大臣,1911—1914年兼任大臣会议主席。第一次世界大战期间是大银行家。十月革命后为白俄流亡分子。——214。

科洛索夫,叶夫根尼·叶夫根尼耶维奇(Колосов, Евгений Евгеньевич 生于1879年)——俄国历史学家、著作家、社会学家和民粹派政论家。——14。

科斯佳——见马林诺夫斯基,罗曼·瓦茨拉沃维奇。

科斯特罗夫——见饶尔丹尼亚,诺伊·尼古拉耶维奇。

科伊兰斯基(Koiransky)——417。

克拉斯——见波列塔耶夫,尼古拉·古里耶维奇。

克拉辛,列昂尼德·波里索维奇(尼基季奇)(Красин, Леонид Борисович (Никитич) 1870—1926)——1890 年参加俄国社会民主主义运动。1900—1904 年在巴库当工程师,与弗·扎·克茨霍韦利一起建立《火星报》秘密印刷所。俄国社会民主工党第二次代表大会后加入布尔什维克党,被增补进中央委员会。参加了党的第三次代表大会,在会上当选为中央委员。俄国第一次革命的积极参加者。1905 年是布尔什维克第一份合法报纸《新生活报》的创办人之一。1905—1907 年革命期间作为中央代表参加彼得堡工人代表苏维埃,领导党中央战斗技术组。在党的第四次(统一)代表大会上当选为中央委员,第五次(伦敦)代表大会上当选为候补中央委员。曾主管党的财务和技术工作。1908 年侨居国外。一度参加反布尔什维克的"前进"集团,后脱离政治活动。1918 年参加了同德国缔结经济协定的谈判,后任红军供给非常委员会主席、最高国民经济委员会主席团委员、工商业人民委员、交通人民委员。1919 年起从事外交工作。1920 年起任对外贸易人民委员,先后兼任驻伦敦的苏俄贸易代表团团长、驻英国全权代表和商务代表。——13、32、309。

克雷连柯,尼古拉·瓦西里耶维奇(阿布拉姆奇克)(Крыленко, Николай Васильевич(Абрамчик)1885—1938)——1904 年加入俄国社会民主工党。1907 年脱党。1911 年又回到布尔什维克组织中工作,先后为《明星报》和《真理报》撰稿;曾被中央委员会派到社会民主党杜马党团中工作。1913 年 12 月被捕。1914—1915 年侨居国外,后在军队服役。积极参加十月革命。十月革命后参加第一届人民委员会,任陆海军事务委员会委员,1917 年 11 月被任命为最高总司令。1918 年 3 月起在司法部门工作。1922—1931 年任全俄中央执行委员会最高革命法庭庭长、俄罗斯联邦副司法人民委员、检察长。——135、409。

克鲁普斯卡娅,娜捷施达·康斯坦丁诺夫娜(娜·康·;娜嘉)(Крупская, Надежда Константиновна(Н.К., Надя)1869—1939)——列宁的妻子和战友。1890 年在彼得堡大学生马克思主义小组中开始革命活动。1895 年参与组织彼得堡工人阶级解放斗争协会。1896 年 8 月被捕,后被判处流放三年,先和列宁一起在舒申斯克服刑,后来一人在乌法服刑。1901 年起侨居国外,任《火星报》编辑部秘书。曾参加俄国社会民主工党第二次代表大会的筹备工作,作为有发言权的代表出席了大会。1904年起先后任布尔什维克的《前进报》和《无产者报》编辑部秘书。曾参加党的第三次代表大会的筹备工作。1905—1907年革命期间在国内担任党中央委员会秘书。斯托雷平反动时期和新的革命高涨年代积极参加反对取消派和召回派的斗争。1911年在隆瑞莫党校工作。1912年党的布拉格代表会议后协助列宁同国内党组织保持联系。第一次世界大战期间参加国际妇女运动和布尔什维克国外支部的活动。1917年二月革命后和列宁一起回国,在党中央书记处工作,参加了十月武装起义。十月革命后任教育人民委员部部务委员,领导政治教育总委员会。——27、87、99、231、249、252、268、284、286、296、302、307、309、313、318、320、363、409、429、434、440、449、457、462、465、469、472、473、490、513。

克尼波维奇,波里斯·尼古拉耶维奇(Книпович,Борис Николаевич 1880—1924)——苏联经济统计学家。因彼得堡工人阶级解放斗争协会案受过传讯。1911年被捕并被驱逐出境。1912年出版了第一部学术著作《俄国农民的分化问题》。1917—1921年在农业人民委员部工作。1922年起在国家计划委员会工作。——119—121。

克尼波维奇,莉迪娅·米哈伊洛夫娜(Книпович,Лидия Михайловна 1856—1920)——俄国社会民主党人,布尔什维克。19世纪70年代末参加赫尔辛福斯民意党小组的革命活动,90年代成为社会民主党人。在《火星报》同俄国各地方组织建立联系方面起过重要作用。在俄国社会民主工党第二次代表大会上是北方协会的代表,属火星派多数派。1905年任党的敖德萨委员会书记;是党的第四次(统一)代表大会的代表。1911—1913年在波尔塔瓦省流放。——321—322。

克韦塞尔,路德维希(Quessel,Ludwig 1872—1931)——德国社会民主党人,政论家。——21。

库普林,亚历山大·伊万诺维奇(Куприн,Александр Иванович 1870—1938)——俄国作家。——324、335—336。

库兹涅佐夫,尼·瓦·——见萨波日科夫,尼古拉·约瑟福维奇。

L

拉波波特,沙尔(Rappoport,Charles 1865—1941)——法国社会党人,在哲学

上是康德主义者。因主张修正马克思主义哲学，受到保·拉法格的批评。1883 年起在俄国参加革命运动，1887 年从俄国移居法国。曾倾向孟什维克护党派。1910—1911 年在俄国社会民主工党中央机关报《社会民主党人报》上发表过文章。写有许多哲学和社会学方面的著作。——34、53、54、59、69。

拉德日尼科夫，伊万·巴甫洛维奇（Ладыжников，Иван Павлович 1874—1945）——俄国社会民主党人，布尔什维克。19 世纪 90 年代参加革命运动。曾在彼尔姆、下诺夫哥罗德和雅罗斯拉夫尔组织中做党的工作。1903 年被捕。1905 年 8 月出国，执行重要任务，参加俄国社会民主工党中央委员会总务委员会，领导一个图书出版社的工作，该出版社是根据党中央指示、为补充党的经费于 1905 年在柏林建立的。——349。

拉狄克，卡尔·伯恩哈多维奇（Радек，Карл Бернгардович 1885—1939）——20 世纪初参加加利西亚、波兰和德国的社会民主主义运动。1904—1908 年在波兰王国和立陶宛社会民主党内工作。1908 年到柏林，为德国左派社会民主党人的报刊撰稿。第一次世界大战期间持国际主义立场。1917 年加入俄国社会民主工党（布）。十月革命后在外交人民委员部工作。1918 年是"左派共产主义者"。1920—1924 年任共产国际执行委员会书记、委员和主席团委员。在党的第八至第十二次代表大会上当选为中央委员。——153、155、163、275、411。

拉赫美托夫——见波格丹诺夫，亚历山大·亚历山德罗维奇。

拉林，尤·（**卢里叶，米哈伊尔·亚历山德罗维奇**）（Ларин，Ю.（Лурье，Михаил Александрович）1882—1932）——1900 年参加俄国社会民主主义运动。1904 年起为孟什维克。斯托雷平反动时期和新的革命高涨年代是取消派领袖之一，参加了"八月联盟"。第一次世界大战期间是中派分子。1917 年二月革命后领导出版《国际》杂志的孟什维克国际主义派。1917 年 8 月加入布尔什维克党。十月革命后在最高国民经济委员会、国家计划委员会任职。——246。

拉米什维里，诺伊·维萨里昂诺维奇（彼得）（Рамишвили，Ной Виссарионович（Петр）1881—1930）——格鲁吉亚孟什维克领袖之一。1907 年是俄国社会民主工党第五次（伦敦）代表大会的代表，在会上代表孟什维克被选入中央委员会。斯托雷平反动时期是取消派分子。第一次世界大战期间是护国派分子。1917 年二月革命后为格鲁吉亚孟什维克党的中央委员，1918—1920 年任格鲁吉亚孟什维克政府内务部长。——14、36、37、54。

拉斯金(伊萨克)(Раскин(Исаак))——俄国布尔什维克巴黎小组成员。——399。

拉脱维亚人马丁——55。

拉维奇，索菲娅·瑙莫夫娜(奥丽珈)(Равич，София Наумовна(Ольга)1879—1957)——1903 年加入俄国社会民主工党，曾在哈尔科夫、彼得堡和国外做党的工作。十月革命后从事党和苏维埃工作。1921 年任内务人民委员部部务委员。——13、169、473。

莱特伊仁，加甫里尔·达维多维奇(林多夫)(Лейтейзен，Гавриил Давидович(Линдов)1874—1919)——俄国社会民主党人，火星派分子。19 世纪 90 年代开始革命活动，20 世纪初侨居国外，加入劳动解放社，后又参加国外俄国社会民主党人联合会。曾为《火星报》和《曙光》杂志撰稿。1903 年俄国社会民主工党第二次代表大会后是布尔什维克，为《前进报》、《无产者报》等布尔什维克报刊撰稿。1907 年在党的第五次(伦敦)代表大会上当选为中央委员。斯托雷平反动时期和新的革命高涨年代参加党中央委员会俄国局的工作。1917 年二月革命后一度持孟什维克国际主义者立场，追随新生活派。1918 年初回到布尔什维克党内。同年 8 月起为东方面军第 4 集团军革命军事委员会委员。1919 年 1 月 20 日在前线被白卫分子杀害。——36、54。

兰道(Ландау)——克拉科夫的神经科医生。——456。

劳合-乔治，戴维(Lloyd George，David 1863—1945)——英国国务活动家和外交家，自由党领袖。1890 年起为议员。1905—1908 年任商业大臣，1908—1915 年任财政大臣。对英国政府策划第一次世界大战的政策有很大影响。曾提倡实行社会保险等措施，企图利用谎言和许诺来阻止工人阶级建立革命政党。1916—1922 年任首相，残酷镇压殖民地和附属国的民族解放运动；是武装干涉和封锁苏维埃俄国的鼓吹者和策划者之一。曾参加 1919 年巴黎和会，是凡尔赛和约的炮制者之一。——14。

老大爷——见李维诺夫，马克西姆·马克西莫维奇。

李伯尔(**戈尔德曼**),米哈伊尔·伊萨科维奇(Либер(Гольдман),Михаил Исаакович 1880—1937)——崩得和孟什维克领袖之一。斯托雷平反动时期是取消派分子,1912年是"八月联盟"的骨干分子,第一次世界大战期间是社会沙文主义者。1917年二月革命后任彼得格勒工兵代表苏维埃执行委员会委员和第一届中央执行委员会主席团委员。敌视十月革命。后脱离政治活动,从事经济工作。——26、37、41、238。

李可夫,阿列克谢·伊万诺维奇(弗拉索夫)(Рыков,Алексей Иванович (Власов)1881—1938)——1899年加入俄国社会民主工党。曾在萨拉托夫、莫斯科、彼得堡等地做党的工作。斯托雷平反动时期对取消派、召回派和托洛茨基分子采取调和主义态度。十月革命后任内务人民委员、最高国民经济委员会主席(曾兼任国防委员会军需特派员)、人民委员会和劳动国防委员会副主席、人民委员会主席等职。1923—1930年为党中央政治局委员。——23—25、26—32、35—40。

李维诺夫-法林斯基,弗拉基米尔·彼得罗维奇(Литвинов-Фалинский,Владимир Петрович 生于1868年)——俄国工艺工程师,工厂视察员。彼得堡祖巴托夫协会的组织者之一。第一次世界大战期间是国防特别会议(1915—1917)成员。——177、216。

李维诺夫,马克西姆·马克西莫维奇(哈里逊;老大爷)(Литвинов,Максим Максимович(Гаррисон,Папаша)1876—1951)——1898年加入俄国社会民主工党。1900年任党的基辅委员会委员。1901年被捕,在狱中参加火星派,1902年8月越狱逃往国外。作为《火星报》代办员,曾担任向国内运送《火星报》的工作。是俄国革命社会民主党人国外同盟的领导成员,出席了同盟第二次代表大会。1903年俄国社会民主工党第二次代表大会后是布尔什维克。1905年参加了布尔什维克第一份合法报纸《新生活报》的出版工作。1908年起任布尔什维克伦敦小组书记。1914年6月起为俄国社会民主工党中央委员会驻社会党国际局的代表。十月革命后在外交部门担任负责工作。——324、496、528、532、537。

里夫林,拉扎尔·萨莫伊洛维奇(Ривлин,Лазарь Самойлович 1876—1960)——1899年加入俄国社会民主工党,布尔什维克。曾在基辅、彼得堡、戈梅利等城市做党的工作,屡遭沙皇政府迫害。1905年流亡国外,住在瑞士,先后加入布尔什维克日内瓦支部和洛桑支部。1917 年 12 月回到俄国，在莫斯科从事党、苏维埃和经济工作。——457。

里斯金——法国巴黎一家印刷所的老板。——416。

利林娜，兹拉塔·约诺夫娜（季娜）（Лилина，Злата Ионовна（Зина）1882—1929）——1902 年加入俄国社会民主工党，在国内做地下工作。1908 年移居国外；曾为《明星报》、《真理报》和《女工》杂志撰稿。第一次世界大战期间负责运送书刊。布尔什维克伯尔尼支部书记之一。1917 年 4 月回国。十月革命后从事党和苏维埃的工作。——49、487、491、495。

利亚多夫（**曼德尔施塔姆**），马尔丁·尼古拉耶维奇（米·米·；米哈伊尔·米龙内奇）（Лядов（Мандельштам），Мартын Николаевич（М. М.，Михаил Мироныч）1872—1947）——1891 年参加俄国民粹派小组。1893 年参与创建莫斯科工人协会。1895 年被捕，1897 年流放上扬斯克，为期五年。从流放地返回后在萨拉托夫工作。在俄国社会民主工党第二次代表大会上是萨拉托夫委员会的代表，属火星派多数派；会后是党中央代办员。1904 年 8 月参加了在日内瓦举行的 22 个布尔什维克的会议，被选入多数派委员会常务局。是布尔什维克出席第二国际阿姆斯特丹代表大会的代表。积极参加 1905—1907 年革命。斯托雷平反动时期是召回派分子，卡普里党校的讲课人，曾加入"前进"集团。1917 年二月革命后持孟什维克立场。1920 年重新加入俄共（布），在最高国民经济委员会工作。——26、36、38、56、57、58。

利亚霍夫，弗拉基米尔·普拉东诺维奇（Ляхов，Владимир Платонович 1869—1919）——沙俄陆军上校，镇压高加索和伊朗的民族革命运动的刽子手。第一次世界大战期间任黑海土耳其沿岸地区的总督。1919 年 2 月被任命为捷列克-达吉斯坦边疆区的总办和邓尼金部队司令。在白卫志愿军同山民作战中被击毙。——16。

梁赞诺夫（**戈尔登达赫**），达维德·波里索维奇（Рязанов（Гольдендах），Давид Борисович 1870—1938）——1889 年参加俄国革命运动。曾在敖德萨和基什尼奥夫开展工作。1900 年出国，是著作家团体斗争社的组织者之一。1903 年俄国社会民主工党第二次代表大会后是孟什维克。1909 年是"前进"集团的卡普里党校的讲课人。第一次世界大战期间是中派分子，为孟什维克的《呼声报》和《我们的言论报》撰稿。1917年二月革命后参加区联派，在俄国社会民主工党（布）第六次代表大会上随区联派集体加入布尔什维克党。十月革命后从事工会工作。1921年参与创建马克思恩格斯研究院，担任院长直到1931年。——141、201、204、287—288、411。

列·——即列宁，弗拉基米尔·伊里奇。

列·波·——见加米涅夫，列夫·波里索维奇。

列德尔，弗拉基斯拉夫·L.（Leder，Władysław L.1882—1938）——波兰工人运动活动家。1900年加入波兰王国和立陶宛社会民主党，1905—1911年任该党总执行委员会委员。1908年因受政府迫害流亡国外。1910—1911年任波兰王国和立陶宛社会民主党总执行委员会书记和该党驻俄国社会民主工党中央机关报《社会民主党人报》编辑部代表。曾参加国外组织委员会和技术委员会。支持调和派反对布尔什维克。1919—1920年积极参加波兰共产主义工人党的工作。1921年起是共产国际和红色工会国际的负责工作人员，苏维埃报刊的撰稿人。——70、354—355、413。

列金，卡尔（Legien，Karl 1861—1920）——德国右派社会民主党人，德国工会领袖之一。1890年起任德国工会总委员会主席。1903年起任国际工会书记处书记，1913年起任主席。1893—1920年（有间断）为德国社会民主党国会议员。第一次世界大战期间是社会沙文主义者。1918年十一月革命期间同其他右派社会民主党人一起推行镇压革命运动的政策。——20、454。

列瓦——见弗拉基米罗夫，米龙·康斯坦丁诺维奇。

列维茨基（**策杰尔包姆**），弗拉基米尔·奥西波维奇（马尔托夫的兄弟）（Левицкий（Цедербаум），Владимир Осипович（брат Мартова）生于1883年）——俄国社会民主党人，孟什维克。斯托雷平反动时期和新的革命高涨年代是取消派领袖之一；加入孟什维克中央，在关于取消党的"公开信"上签了名；编辑《我们的曙光》杂志并为《社会民主党人呼声报》、《复兴》杂志以及孟什维克取消派的其他报刊撰稿。第一次世界大战期间是社会沙文主义者。敌视十月革命，反对苏维埃政权。1920年因"战术中心"案受审。后从事写作。——22、428。

列武什卡——见托洛茨基，列夫·达维多维奇。

列先科，德米特里·伊里奇（Лещенко，Дмитрий Ильич 1876—1937）——1900 年加入俄国社会民主工党。积极参加 1905—1907 年革命，1905 年在制造和储备炸药和炮弹的战斗组织中工作。曾遭沙皇政府迫害。1910—1911 年在《明星报》编辑部工作。1911 年夏到巴黎会见了列宁。1918 年起任教育人民委员部秘书、全俄电影委员会主席，并从事教学工作。——74。

林多夫——见莱特伊仁，加甫里尔·达维多维奇。

柳比莫夫，阿列克谢·伊万诺维奇（马尔克）（Любимов，Алексей Иванович（Марк）1879—1919）——俄国社会民主党人。1898 年参加革命运动，莫斯科工人阶级解放斗争协会会员。屡遭沙皇政府迫害。1904 年被增补进俄国社会民主工党中央委员会，是党总委员会出席党的第三次代表大会的代表。党的第二次代表大会后以及斯托雷平反动时期，对孟什维克采取调和主义态度。1910 年为中央委员会国外局成员，巴黎调和派集团（1911—1914）的组织者之一。第一次世界大战期间是护国派分子，1917 年参加普列汉诺夫的统一派。——70—71、455。

柳比奇——见萨美尔，伊万·阿达莫维奇。

柳德米拉——见斯塔尔，柳德米拉·尼古拉耶夫娜。

卢那察尔斯基，阿纳托利·瓦西里耶维奇（Луначарский，Анатолий Васильевич 1875—1933）——19 世纪 90 年代初参加俄国社会民主主义运动。俄国社会民主工党第二次代表大会后是布尔什维克。曾先后参加布尔什维克的《前进报》、《无产者报》和《新生活报》编辑部。斯托雷平反动时期脱离布尔什维克，参加"前进"集团；在哲学上宣扬造神说和马赫主义。第一次世界大战期间持国际主义立场。1917 年二月革命后参加区联派，在俄国社会民主工党（布）第六次代表大会上随区联派集体加入布尔什维克党。十月革命后任教育人民委员、苏联中央执行委员会学术委员会主席等职。——1、28—29、97、141、205、230、245、256、279、286、306、375、470。

卢森堡，罗莎（Luxemburg，Rosa 1871—1919）——德国、波兰和国际工人运动活动家，德国社会民主党和第二国际左翼领袖和理论家之一。生于波兰。1893 年参与创建波兰王国社会民主党，为党的领袖之一。1898 年移居德国，积极参加德国社会民主党的活动，反对伯恩施坦主义和米勒兰主义。曾参加俄国第一次革命(在华沙)。1907 年在伦敦参加俄国社会民主工党第五次(伦敦)代表大会,在会上支持布尔什维克。斯托雷平反动时期和新的革命高涨年代对取消派采取调和主义态度。1912 年波兰王国和立陶宛社会民主党分裂后,曾谴责最接近布尔什维克的所谓分裂派。第一次世界大战期间持国际主义立场,是建立国际派(后改称斯巴达克派和斯巴达克联盟)的发起人之一。参加领导了德国 1918 年十一月革命,同年底参与领导德国共产党成立大会,作了党纲报告。1919 年 1 月柏林工人斗争被镇压后,于 15 日被反革命军队逮捕和杀害。——90、163、188、204、242、275、325、354、380—381、388、410、500—503、506—507、513、518、526。

鲁巴金,尼古拉·亚历山德罗维奇(Рубакин,Николай Александрович 1862—1946)——俄国图书学家和作家。参加过秘密的学生组织,曾被捕。1907 年起侨居瑞士,直到去世。写有许多图书简介和俄国图书事业史方面的著作以及地理和自然科学等方面的科普论文集。主要著作是《书林概述》(1906)。列宁在国外见过鲁巴金,并使用过他的藏书。鲁巴金后来把自己珍贵的藏书(约 8 万册)遗赠给苏联。——243—244、252—253、473—474、478。

鲁巴诺维奇,伊里亚·阿道福维奇(Рубанович,Илья Адольфович 1860—1920)——俄国社会革命党领袖之一。出席国际社会党阿姆斯特丹代表大会(1904)和斯图加特代表大会(1907)的社会革命党代表,社会党国际局成员。第一次世界大战期间是社会沙文主义者。十月革命后反对苏维埃政权。——187、190、219、506。

鲁迪斯-吉普斯利斯,扬尼斯(鲁德)(Рудис-Гипслис,И.(Руде)(Rudis-Gipslis,Janis)1885—1918)——俄国职业革命家。1905 年加入拉脱维亚边疆区社会民主党,积极参加 1905—1907 年革命,曾遭沙皇政府迫害。革命后移居德国,在柏林一家印刷厂工作。1911 年参加列宁在巴黎召开的布尔什维克国外小组会议。十月革命后任《全俄中央执行委员会消息报》办事处主任,后自愿参加红军。1918 年 7 月镇压社会革命党人叛乱时,在雅罗斯拉夫尔牺牲。——292—294、404—406、409—410、439—440、471、517、519—530。

鲁萨诺夫,A.H.(Русанов,A.H.生于 1881 年)——俄国第四届国家杜马滨海州代表，无党派人士；职业是教师。1907年起任滨海州哈巴罗夫斯克国民教育促进会理事会主席。——212、218。

罗将柯，米哈伊尔·弗拉基米罗维奇（Родзянко，Михаил Владимирович 1859—1924）——俄国大地主，十月党领袖之一，君主派分子。1911—1917年先后任第三届和第四届国家杜马主席，支持沙皇政府的反动政策。1917年二月革命期间力图保持君主制度，组织并领导了国家杜马临时委员会，后参与策划科尔尼洛夫叛乱。十月革命后投靠科尔尼洛夫和邓尼金，妄图联合一切反革命势力颠覆苏维埃政权。1920年起为白俄流亡分子。——367。

罗曼——见叶尔莫拉耶夫，康斯坦丁·米哈伊洛维奇。

罗曼诺夫，伊万·罗曼诺维奇（Романов，Иван Романович 1881—1919）——俄国工人，布尔什维克。1898年参加俄国革命运动，后加入俄国社会民主工党。1907年当选为第二届国家杜马代表。杜马解散后侨居比利时，后住在法国。1917年6月回国。十月革命期间任下诺夫哥罗德军事革命委员会主席。十月革命后任下诺夫哥罗德工兵农代表苏维埃执行委员会主席。——179。

罗曼诺夫王朝（Романовы）——俄国皇朝（1613—1917）。——200、207、268。

罗普申，维·——见萨文柯夫，波里斯·维克多罗维奇。

罗日柯夫，尼古拉·亚历山德罗维奇（Рожков，Николай Александрович 1868—1927）——俄国历史学家和政论家。1905年初加入俄国社会民主工党，布尔什维克。1905—1907年革命失败后成为取消派的思想领袖之一，为《我们的曙光》杂志撰稿，编辑孟什维克取消派的《新西伯利亚报》。1917年二月革命后加入孟什维克党，当选为该党中央委员。敌视十月革命，在外国武装干涉和国内战争时期反对苏维埃政权。20年代初因与孟什维克的反苏维埃活动有关而两次被捕。1922年同孟什维克决裂。后来在一些高等院校和科研机关工作。——19、95、150、247、264。

罗森费尔德——见加米涅夫，列夫·波里索维奇。

罗莎——见卢森堡，罗莎。

罗特（Roth）——德国柏林地方法院律师，海内曼的助手。——345。

罗特施坦，费多尔·阿罗诺维奇（Ротштейн，Федор Аронович 1871—1953）——

1901年加入俄国社会民主工党。1890年侨居英国，积极参加英国工人运动，加入英国社会民主联盟。1911年英国社会党成立后，是该党左翼领袖之一。英国社会党机关报《号召报》(1916—1920)的创办人和撰稿人之一。1920年参与创建英国共产党，同年回到俄国，是苏维埃俄国同英国进行和平谈判的代表团成员。1921—1922年为俄罗斯联邦驻伊朗全权代表。——85、130。

罗耀拉，依纳爵(Loyola, Ignatius 1491—1556)——耶稣会的创始人。认为为了罗马教廷和教会的利益，任何犯罪行为都是允许的。他的名字成了在宗教的伪善行为掩饰下的虚伪和罪恶的象征。——315。

罗兹米罗维奇，叶列娜·费多罗夫娜(**特罗雅诺夫斯卡娅**；加琳娜；叶·费·)(Розмирович, Елена Федоровна (Трояновская, Галина, Е. Ф.) 1886—1953)——1904年加入俄国社会民主工党。因从事革命活动屡遭沙皇政府迫害。1909年被捕，1910年被驱逐出境。流亡国外期间执行党中央国外局交给的各项任务。曾参加1913年召开的有党的工作者参加的俄国社会民主工党中央委员会克拉科夫会议和波罗宁会议，会后被派回国，担任第四届国家杜马布尔什维克党团秘书和党中央委员会俄国局秘书。《真理报》编辑部成员，为《启蒙》、《女工》等杂志撰稿。1918—1922年任全俄中央执行委员会最高法庭侦查委员会主席，1922年春起任工农检查人民委员部部务委员并领导法律司。——240、255、266、427—428。

洛博娃，В.Н.(维拉)(Лобова, В.Н.(Вера)1888—1924)——1905年加入俄国社会民主工党。1906—1908年任党的乌拉尔区域委员会委员，1911年任莫斯科委员会委员。1913年初任俄国社会民主工党中央委员会俄国局书记和第四届国家杜马布尔什维克党团秘书。1918年底—1919年2月在基辅做党的秘密工作。苏维埃政权建立后任基辅省执行委员会委员、乌克兰中央执行委员会委员等职。1920—1921年在莫斯科、彼尔姆、萨马拉等地工作。——148、245。

洛拉，奥克先·Н.(斯捷潘纽克)(Лола, Оксен Н.(Степанюк) 1884—1919)——乌克兰社会民主党人，工人。1900年起为乌克兰革命党党员，1906年起参加乌克兰社会民主联盟("斯皮尔卡")。侨居国外期间成为乌克兰社会民主工党党员。1914年暂时接近布尔什维克，加入俄国社会民主工党国外组织巴黎支部。1917年回到乌克兰后继续在乌克兰社会民主工党内进行活动。——319、448。

洛帕廷，格尔曼·亚历山德罗维奇（Лопатин，Герман Александрович 1845—1918）——俄国民粹派革命家。19世纪70年代在国外居住期间，与马克思和恩格斯关系密切。1870年被选入第一国际总委员会。与尼·弗·丹尼尔逊一起把马克思的《资本论》第1卷译成俄文。因从事革命活动多次被捕。1887年被判处死刑，后改为终身苦役，在施吕瑟尔堡要塞的单人囚房服刑。1905年大赦时获释，后脱离政治活动。——5、14、15。

洛西茨基（Лосицкий）——22。

洛佐夫斯基（**德里佐**），索洛蒙·阿布拉莫维奇（Лозовский（Дридзо），Соломон Абрамович 1878—1952）——1901年加入俄国社会民主工党。积极参加俄国第一次革命，曾经被捕和流放。1909—1917年流亡日内瓦和巴黎，1912年参加布尔什维克调和派。1920年任莫斯科省工会理事会主席。1921—1937年任红色工会国际总书记。——279、408。

M

马·——见马耶夫斯基，叶夫根尼。

马尔丁诺夫，亚历山大（**皮凯尔，亚历山大·萨莫伊洛维奇**）（Мартынов，Александр（Пиккер，Александр Самойлович）1865—1935）——俄国经济派领袖之一，孟什维克著名活动家。19世纪80年代初参加民意党人小组，后成为社会民主党人。1900年侨居国外，参加经济派的《工人事业》杂志编辑部，反对列宁的《火星报》。在俄国社会民主工党第二次代表大会上是国外俄国社会民主党人联合会的代表，反火星派分子，会后成为孟什维克。斯托雷平反动时期和新的革命高涨年代是取消派分子，参加取消派的机关报《社会民主党人呼声报》编辑部。第一次世界大战期间持中派立场。1917年二月革命后为孟什维克国际主义者。十月革命后脱离孟什维克。1923年加入俄共（布），在马克思恩格斯研究院工作。——33、203。

马尔赫列夫斯基，尤利安·约瑟福维奇（卡尔斯基；尤·卡·）（Marchlewski，Julian（Мархлевский，Юлиан Юзефович，Карский，J.K.）1866—1925）——波兰和国际工人运动活动家。波兰王国和立陶宛社会民主党的组织者和领导人之一。曾帮助列宁组织出版《火星报》。在华沙积极参加俄国1905—1907年革命。1907年在俄国社会民主工党第五次(伦敦)代表大会上当选为候补中央委员。1909年起主要在德国社会民主党内工作。第一次世界大战期间参与创建斯巴达克联盟。1918年来到苏俄,担任全俄中央执行委员会委员直到逝世。执行过许多重要的外交使命。1919年当选为德国共产党中央委员。参与创建共产国际。1920年为俄共(布)中央委员会波兰局成员、波兰临时革命委员会主席。——20、41、410。

马尔克——见柳比莫夫,阿列克谢·伊万诺维奇。

马尔托夫,尔·(**策杰尔包姆,尤利·奥西波维奇**;伽马)(Мартов,Л.(Цедербаум,Юлий Осипович,Гамма)1873—1923)——俄国孟什维克领袖之一。1895年参与组织彼得堡工人阶级解放斗争协会。1900年参与创办《火星报》,为该报编辑部成员。在俄国社会民主工党第二次代表大会上领导机会主义少数派,反对列宁的建党原则;会后成为孟什维克领袖之一。斯托雷平反动时期和新的革命高涨年代是取消派分子,编辑《社会民主党人呼声报》。参与组织"八月联盟"。第一次世界大战期间是中派分子。1917年二月革命后领导孟什维克国际主义派。十月革命后反对镇压反革命和解散立宪会议。1919年当选为全俄中央执行委员会委员,1919—1920年为莫斯科苏维埃代表。1920年9月侨居德国,在柏林创办和编辑孟什维克杂志《社会主义通报》。——3、20、33、46、56、58、62、74、219、278、363、391、444、479、505、511。

马尔托夫的兄弟——见列维茨基,弗拉基米尔·奥西波维奇。

马卡尔——见诺根,维克多·巴甫洛维奇。

马克拉柯夫,尼古拉·阿列克谢耶维奇(Маклаков,Николай Алексеевич 1871—1918)——俄国地主,右派立宪民主党人,黑帮分子;瓦·阿·马克拉柯夫的弟弟。1900—1909年在财政部任职,1909—1912年任切尔尼戈夫省省长,1913—1915年任内务大臣,1915年起为国务会议成员。——312。

马克拉柯夫,瓦西里·阿列克谢耶维奇(Маклаков,Василий Алексеевич 1870—1957)——俄国立宪民主党领袖之一,地主。1895年起为律师,曾为多起政治诉讼案出庭辩护。1906年起为立宪民主党中央委员。第二届、第三届和第四届国家杜马代表。1917 年 7 月起任临时政府驻法国大使。十月革命后为白俄流亡分子。——317。

马克思，卡尔(Marx，Karl 1818—1883)——科学共产主义的创始人，世界无产阶级的领袖和导师。——168、229、242、257、260、275、440、484、524、531。

马良托维奇，В.Н.(Малянтович，В.Н.)——俄国社会民主党人；莫斯科律师П.Н.马良托维奇的兄弟。——309。

马良托维奇，П.Н.(Малянтович，П.Н.1870—1939)——莫斯科律师，曾为一些政治诉讼案出庭辩护。1917 年任临时政府司法部长。十月革命后为莫斯科辩护律师公会会员。——309。

马列茨基，亚历山大·马夫里基耶维奇(Малецкий，Александр Маврикиевич 1879—1937)——19 世纪 90 年代末在波兰参加革命运动。1904 年在罗兹工作，后到华沙。1906 年当选为波兰王国和立陶宛社会民主党总执行委员会委员。1909 年因在一系列党内问题上同党的领导产生分歧，退出总执行委员会。1912 年波兰王国和立陶宛社会民主党分裂后，是最接近布尔什维克的所谓分裂派的领导人之一，任该派机关报《工人报》编辑。第二国际巴塞尔代表大会(1912)和俄国社会民主工党布鲁塞尔会议(1914)的参加者。1921 年起历任苏俄外交人民委员部情报局局长、《共产国际》杂志编辑部秘书等职。——162、189、521。

马林诺夫斯基，罗曼·瓦茨拉沃维奇(第三号；科斯佳)(Малиновский，Роман Вацлавович(№3，Костя)1876—1918)——俄国社会民主主义运动中的奸细，莫斯科保安处密探；职业是五金工人。1906 年出于个人动机参加工人运动，后来混入俄国社会民主工党；曾任工人委员会委员和五金工会理事会书记。1907 年起主动向警察局提供情报，1910 年被录用为沙皇保安机关密探。在党内曾担任多种重要职务，1912 年在党的第六次(布拉格)全国代表会议上当选为中央委员。在保安机关暗中支持下，当选为第四届国家杜马莫斯科省工人选民团的代表，1913 年任布尔什维克杜马党团主席。1914 年辞去杜马职务，到了国外。1917 年 6 月，他同保安机关的关系被揭穿后，1918 年回国，被捕后由全俄中央执行委员会最高法庭判处枪决。——185、194、204、212、213—214、216、218、219、228—229、232、235、

237、246、251—252、258—259、272、273、275、312、408、413、415、479、480—481、524。

马斯洛夫，彼得·巴甫洛维奇（Маслов，Петр Павлович 1867—1946）——俄国经济学家，社会民主党人。写有一些土地问题著作，修正马克思主义政治经济学原理。1896—1897年编辑合法马克思主义的《萨马拉新闻》，后去彼得堡，为《生活》、《开端》和《科学评论》等杂志撰稿。俄国社会民主工党第二次代表大会后是孟什维克。曾提出孟什维克的土地地方公有化纲领。斯托雷平反动时期和新的革命高涨年代是取消派分子。第一次世界大战期间是社会沙文主义者。十月革命后脱离政治活动，从事教学和科研工作。——21、45、121。

马耶夫斯基，叶夫根尼（**古托夫斯基，维肯季·阿尼采托维奇；马·**）（Маевский，Евгений（Гутовский，Викентий Аницетович，М.）1875—1918）——俄国社会民主党人，孟什维克。19世纪90年代末参加社会民主主义运动，是俄国社会民主工党西伯利亚联合会的组织者之一。斯托雷平反动时期和新的革命高涨年代是取消派分子，为《我们的曙光》杂志、《光线报》及孟什维克取消派的其他报刊撰稿。第一次世界大战期间是护国派分子。十月革命后反对苏维埃政权。——208、232、259、261、274。

玛·费·；玛·费—娜；玛丽亚·费多罗夫娜——见安德列耶娃，玛丽亚·费多罗夫娜。

迈尔，古斯塔夫（Mayer，Gustav）——82。

麦迭姆（**格林贝格**），弗拉基米尔·达维多维奇（维尼茨基）（Медем（Гринберг），Владимир Давидович（Виницкий）1879—1923）——崩得领袖之一。1906年当选为崩得中央委员，参加了俄国社会民主工党第五次（伦敦）代表大会的工作，支持孟什维克。十月革命后领导在波兰的崩得组织。1921年到美国，在犹太右翼社会党人的《前进报》上撰文诽谤苏维埃俄国。——238。

曼科夫，伊万·尼古拉耶维奇（Маньков，Иван Николаевич 生于1881年）——俄国孟什维克取消派分子，第四届国家杜马伊尔库茨克省代表，社会民主党杜马党团成员。第一次世界大战期间是社会沙文主义者，1915年违背社会民主党党团决议，在杜马中投票赞成军事预算，因而被开除出杜马党团。——218、310、311。

梅林，弗兰茨(Mehring，Franz 1846—1919)——德国工人运动活动家，德国社会民主党左翼领袖和理论家之一，历史学家和政论家，德国共产党创建人之一。1891年加入德国社会民主党，担任党的理论刊物《新时代》杂志撰稿人和编辑，1902—1907年任《莱比锡人民报》主编，反对第二国际的机会主义和修正主义，批判考茨基主义。第一次世界大战爆发后是国际派的组织者和领导人之一。欢迎俄国十月革命，撰文驳斥对十月革命的攻击，维护苏维埃政权。在整理出版马克思、恩格斯和拉萨尔的遗著方面做了大量工作。——50、51、71、77、79、82、115—117、164、322、326、340、341、342、343。

梅什科夫斯基——见戈尔登贝格，约瑟夫·彼得罗维奇。

梅特林克，莫里斯(Maeterlinck，Maurice 1862—1949)——比利时象征派作家。“高级的”、精神的世界优先于现实世界的唯心主义观念构成了他的哲学和美学观点的基础。——286。

美列涅夫斯基，马里安·伊万诺维奇(巴索克；格利卡)(Меленевский，Мариан Иванович(Басок，Гылька)1879—1938)——乌克兰小资产阶级民族主义者，孟什维克，乌克兰社会民主联盟(“斯皮尔卡”)的领导人之一。1912年曾参加在维也纳召开的反布尔什维克的八月代表会议。第一次世界大战期间是资产阶级民族主义组织“乌克兰解放协会”的骨干分子。十月革命后从事经济工作。——69、126、139、319。

蒙泰居斯(**布伦斯维克，加斯东**)(Montégus(Brunswick，Gaston)死于1953年)——巴黎公社某社员的儿子，在巴黎工人区当歌手，后在警察局供职。——140。

弥勒，赫尔曼(Müller，Hermann)——德国社会民主党党员，该党执行委员会委员。——159、335。

米·米·——见利亚多夫，马尔丁·尼古拉耶维奇。

米哈尔奇——见纳希姆松，谢苗·米哈伊洛维奇。

米哈伊尔·米龙内奇——见利亚多夫，马尔丁·尼古拉耶维奇。

米海洛夫斯基，尼古拉·康斯坦丁诺维奇(Михайловский，Николай Константинович 1842—1904)——俄国自由主义民粹派理论家，政论家，文艺批评家，实证论哲学家，社会学主观学派代表人物。1892年起任《俄国财富》杂志编辑，在该杂志上与俄国马克思主义者进行激烈论战。——14、426。

米勒兰，亚历山大·埃蒂耶纳（Millerand，Alexandre Étienne 1859—1943）——法国国务活动家，法国社会党和第二国际的机会主义代表人物。1885年起多次当选议员。原属资产阶级激进派。90年代初参加法国社会主义运动，领导运动中的机会主义派。1899年参加瓦尔德克-卢梭内阁，任工商业部长。1909—1915年先后任公共工程部长和陆军部长等职。1920年1—9月任总理兼外交部长，1920年9月—1924年6月任法兰西共和国总统。——14。

米留可夫，帕维尔·尼古拉耶维奇（Милюков，Павел Николаевич 1859—1943）——俄国立宪民主党领袖，俄国自由派资产阶级思想家，历史学家和政论家。1905年10月参与创建立宪民主党，后任该党中央委员会主席和中央机关报《言语报》编辑。第三届和第四届国家杜马代表。第一次世界大战期间为沙皇政府的掠夺政策辩护。1917年二月革命后任第一届临时政府外交部长。十月革命后同白卫分子和武装干涉者合作。1920年起为白俄流亡分子，在巴黎出版《最新消息报》。——63、145、445。

米柳亭，弗拉基米尔·巴甫洛维奇（巴甫洛夫）（Милютин，Владимир Павлович（Павлов）1884—1937）——1903年参加俄国社会民主主义运动，起初是孟什维克，1910年起为布尔什维克。曾在俄国一些城市做党的工作，屡遭沙皇政府迫害。十月革命后任农业人民委员。1918—1921年任最高国民经济委员会副主席。1920—1922年为候补中央委员。——412。

米龙——见切尔诺马佐夫，米龙·叶菲莫维奇。

“《明星报》的拥护者”（“Сторонник«Звезды»”）——133。

莫尔肯布尔，赫尔曼（Molkenbuhr，Hermann 1851—1927）——德国社会民主党人；职业是烟草工人。1904年起任德国社会民主党总书记；是社会党国际局成员。1890—1906年、1907—1918年和1920—1924年为国会议员，1911—1924年任社会民主党国会党团主席。——335。

莫罗佐夫，米哈伊尔·弗拉基米罗维奇（Морозов，Михаил Владимирович 1868—1938）——19世纪80年代末参加俄国革命运动，1901年加入俄国社会民主工党，布尔什维克。1903—1904年在巴库做地下工作，后为土耳其斯坦革命运动的领导人之一。1910年起侨居巴黎，加入列宁领导的布尔什维克支部。1917年回到彼得格勒,积极参加十月革命。十月革命后在燃料总委员会和泥炭总委员会做经济工作。——141。

莫维奇——见阿布拉莫维奇,拉法伊尔。

莫伊谢耶夫,谢尔盖·伊兹迈洛维奇(Моисеев,Сергей Измаилович 1879—1951)——1902年加入俄国社会民主工党。曾在下诺夫哥罗德、莫斯科和彼得堡从事革命工作,屡遭沙皇政府迫害。1905年从流放地逃往瑞士,六个月后回国,转入地下,是中央委员会巡视员。1912—1917年侨居法国。十月革命后在共产国际机关工作。1930年起在对外贸易人民委员部系统工作。——231。

姆·恩·(М.Н.)——485。

姆格拉泽,弗拉斯·Д.(特里亚)(Мгеладзе,Влас Д.(Триа)生于1868年)——俄国孟什维克,1905—1907年革命的参加者。斯托雷平反动时期和新的革命高涨年代是取消派分子。1912年曾参加在维也纳召开的反布尔什维克的八月代表会议。第一次世界大战期间接近资产阶级民族主义组织"乌克兰解放协会"。1918—1920年是格鲁吉亚孟什维克反革命政府的成员。1921年格鲁吉亚建立苏维埃政权后成为白俄流亡分子。——2、14。

穆尔,卡尔(Moor,Karl生于1853年)——德国社会民主党人。第一次世界大战期间曾协助政治流亡者取得在瑞士的"居住权"。1917年住在斯德哥尔摩。俄国十月革命后住在莫斯科。——335、339、381、390。

穆拉诺夫,马特维·康斯坦丁诺维奇(第五号)(Муранов,Матвей Константинович(№5)1873—1959)——1904年加入俄国社会民主工党,布尔什维克;职业是钳工。曾在哈尔科夫做党的工作。第四届国家杜马哈尔科夫省工人代表,参加布尔什维克杜马党团。曾为布尔什维克的《真理报》撰稿。因进行反对帝国主义战争的革命活动,1914年11月被捕,1915年流放图鲁汉斯克边疆区。十月革命后从事党和苏维埃的工作,任俄共(布)中央指导员、中央监察委员。在党的第六、第八和第九次代表大会上当选为中央委员。——194、202、209—210、211、213、297。

穆罗姆采夫,谢尔盖·安德烈耶维奇(Муромцев,Сергей Андреевич 1850—1910)——俄国立宪民主党创建人和领袖之一,法学家和政论家。1877年起任莫斯科大学罗马法教授。1879—1892年任自由派资产阶级的《法学通报》杂志编辑。1906年为第一届国家杜马代表和杜马主席。1908—1910年从事政论活动。——8、14。

N

纳哈姆基斯——见斯切克洛夫，尤里·米哈伊洛维奇。

纳科里亚科夫，尼古拉·尼坎德罗维奇（埃勒特，约翰；纳扎尔）（Накоряков，Николай Никандрович（Ellert，John，Назар）1881—1970）——1901年加入俄国社会民主工党，党的第二次代表大会后是布尔什维克。曾在喀山、萨马拉和乌拉尔等地做党的工作，为秘密的和合法的报刊撰稿；多次被捕和流放。1911年侨居美国，编辑俄国侨民出版的《新世界报》。1916年转到护国派立场。1917年二月革命后回国，在临时政府的军队中任副政委。1919—1920年在邓尼金白卫军中服役。后转向苏维埃政权，在哈尔科夫、西伯利亚和莫斯科的出版社工作，1922年起领导国家美术书籍出版社。——432—433。

纳坦松，马尔克·安德列耶维奇（Натансон，Марк Андреевич 1851—1919）——俄国革命民粹派代表人物，后为社会革命党人。1869年参加革命运动，是土地和自由社的创建人之一。1905年加入社会革命党，为该党中央委员。1907—1917年十月革命前夕侨居国外。第一次世界大战期间采取不彻底的国际主义立场，向中派方面动摇。1917年二月革命后是左派社会革命党的组织者和领袖之一。1918年左派社会革命党人叛乱后，与该党决裂，组织"革命共产党"，主张同布尔什维克合作。曾任全俄中央执行委员会主席团委员。——223。

纳希姆松，谢苗·米哈伊洛维奇（米哈尔奇）（Нахимсон，Семен Михайлович（Михальчи）1885—1918）——1902年参加俄国社会民主主义运动，曾在利巴瓦、科夫诺等地从事革命工作。1907年底侨居国外，1912年回国，加入俄国布尔什维克党，为布尔什维克的《明星报》和《真理报》撰稿。屡遭沙皇政府迫害。第一次世界大战期间在军队中做秘密的宣传鼓动工作。十月革命后当选为全俄中央执行委员会委员。1918年任雅罗斯拉夫尔军区军事委员、雅罗斯拉夫尔省执行委员会主席。在雅罗斯拉夫尔白卫军叛乱时遇难。——254、262。

纳扎尔——见纳科里亚科夫，尼古拉·尼坎德罗维奇。

娜·康·；娜嘉——见克鲁普斯卡娅，娜捷施达·康斯坦丁诺夫娜。

尼·——即列宁，弗拉基米尔·伊里奇。

尼·瓦—奇——见萨波日科夫，尼古拉·约瑟福维奇。

尼·伊·——见约尔丹斯基，尼古拉·伊万诺维奇。

尼古·瓦西·——见萨波日科夫，尼古拉·约瑟福维奇。

尼古拉——见奥尔忠尼启则，格里戈里·康斯坦丁诺维奇。

尼古拉二世(**罗曼诺夫**)(Николай II(Романов)1868—1918)——俄国最后一个皇帝，亚历山大三世的儿子。1894年即位，1917年二月革命时被推翻。1918年7月17日根据乌拉尔州工兵代表苏维埃的决定在叶卡捷琳堡被枪决。——248、376。

尼基季奇——见克拉辛，列昂尼德·波里索维奇。

涅夫斯基，弗拉基米尔·伊万诺维奇(**克里沃博科夫，费奥多西·伊万诺维奇**；斯皮察)(Невский，Владимир Иванович(Кривобоков，Феодосий Иванович，Спица)1876—1937)——1897年参加俄国社会民主主义运动，布尔什维克。曾在顿河畔罗斯托夫、莫斯科、彼得堡、沃罗涅日和哈尔科夫等城市做党的工作。积极参加1905—1907年革命，屡遭沙皇政府迫害。1913年被增补为候补中央委员。参加了第四届国家杜马的竞选运动。十月革命后担任苏维埃和党的负责工作以及科研教学工作，历任副交通人民委员、交通人民委员、全俄中央执行委员会主席团委员和副主席、斯维尔德洛夫共产主义大学校长等职。——196—197、198、210。

涅哥列夫——见约尔丹斯基，尼古拉·伊万诺维奇。

涅梅茨，安东尼(Němec，Antoni 1858—1926)——右派社会民主党人。1897年起实际上是捷克社会民主党的领导人，任该党驻第二国际代表。1906—1918年为维也纳帝国议会社会民主党议员。1918—1925年是捷克斯洛伐克共和国国民议会议员。——79—80、219。

诺根，维克多·巴甫洛维奇(马卡尔；萨莫瓦罗夫)(Ногин，Виктор Павлович(Макар，Самоваров)1878—1924)——1898年加入俄国社会民主工党，布尔什维克。曾在国内外做党的工作，是《火星报》代办员。积极参加

1905—1907年革命。1907年在党的第五次(伦敦)代表大会上当选为中央委员。斯托雷平反动时期对孟什维克取消派采取调和主义态度。第一次世界大战期间在莫斯科和萨拉托夫的地方自治机关工作,为《莫斯科合作社》等杂志撰稿。1917年二月革命后先后任莫斯科苏维埃副主席和主席。十月革命后历任工商业人民委员、副劳动人民委员、最高国民经济委员会主席团委员、纺织企业总管理委员会主席、全俄纺织辛迪加管理委员会主席、红色工会国际国际执行局成员、全俄中央执行委员会土耳其斯坦事务委员会委员等职。曾任苏联中央执行委员会主席团委员。——27、29、31—32、35—36、39、54、57、408。

诺维奇,斯季瓦——见波尔土盖斯,斯捷潘·伊万诺维奇。

P

帕舍夫,尼基塔(Пашев,Никита)——俄国政治侨民,罗马尼亚基蒂拉机场的航空机械师;大概在"波将金"号装甲舰上当过水兵。——81。

潘涅库克,安东尼(Pannekoek,Antonie 1873—1960)——荷兰工人运动活动家,天文学家。1907年是荷兰社会民主工党左翼刊物《论坛报》的创办人之一,1909年参与创建荷兰社会民主党。1910年起与德国左派社会民主党人关系密切,积极为该党的报刊撰稿。第一次世界大战期间是国际主义者,曾参加齐美尔瓦尔德左派理论刊物《先驱》杂志的出版工作。1918—1921年是荷兰共产党党员,参加共产国际的工作。20年代初是极左的德国共产主义工人党领袖之一。1921年退出共产党,不久脱离政治活动。——153、163、257、274、341、441。

皮亚特尼茨基,康斯坦丁·彼得罗维奇(Пятницкий,Константин Петрович 1864—1938)——彼得堡知识出版社创办人之一(1898),该社社长兼经理。1905年与布尔什维克党中央签订过出版马克思主义文献的合同。——14、44、45—46、47—48、95、257。

皮亚特尼茨基(**塔尔希斯**),约瑟夫·阿罗诺维奇(阿尔伯特;星期五)(Пятницкий(Таршис),Иосиф Аронович(Альберт,Пятница)1882—1938)——1898年加入俄国社会民主工党,1901年起是《火星报》代办员。侨居国外期间,主持运送秘密书刊和把党内同志从国外送回俄国的工作。

积极参加了召开俄国社会民主工党第二次和第三次代表大会的工作。俄国第一次革命的参加者。1912年参与俄国社会民主工党第六次(布拉格)全国代表会议的筹备工作。曾在敖德萨、莫斯科、沃利斯克、萨马拉等地工作,是萨马拉布尔什维克委员会的组织者之一。因从事革命活动多次被捕、监禁和流放;1914年被流放叶尼塞斯克省。十月革命期间是领导起义的莫斯科党总部成员。十月革命后做党的工作,曾任党的莫斯科委员会书记和共产国际执行委员会书记。——36、155、159、163、235、236—239。

普凡库赫,威廉(Pfannkuch,Wilhelm 1841—1923)——德国社会民主党党员;职业是细木工。1863年起是全德工人联合会会员,1866年起是全德工人联合会在卡塞尔的领导人。1892—1894年为汉堡细木工人报纸的编辑,1894—1923年任社会民主党执行委员会委员。第一次世界大战期间支持社会民主党执行委员会的社会沙文主义立场。——41、262—263、335。

普利什凯维奇,弗拉基米尔·米特罗范诺维奇(Пуришкевич,Владимир Митрофанович 1870—1920)——俄国大地主,黑帮反动分子,君主派。1905年参与创建黑帮组织"俄罗斯人民同盟",1907年退出同盟并成立了新的黑帮组织"米迦勒天使长同盟"。第二届、第三届和第四届国家杜马代表,因在杜马中发表歧视异族和反犹太人的演说而臭名远扬。第一次世界大战期间鼓吹把战争进行到"最后胜利"。十月革命后竭力反对苏维埃政权。——376、493。

普列德卡林,安德列·亚诺维奇(Предкальн(Приедкалн),Андрей Янович 1873—1923)——拉脱维亚社会民主党人;职业是医生。1907年被选入第三届国家杜马,参加社会民主党党团,追随布尔什维克。曾为布尔什维克的《明星报》和《真理报》撰稿。十月革命后从事医学方面的科研工作,领导里加市儿童医院。——167。

普列汉诺夫,格奥尔吉·瓦连廷诺维奇(Плеханов,Георгий Валентинович 1856—1918)——俄国早期的马克思主义理论家,后来成为孟什维克和第二国际机会主义领袖之一。1883年在日内瓦创建俄国第一个马克思主义团体——劳动解放社。翻译和介绍了马克思和恩格斯的许多著作,对马克思主义在俄国的传播起了重要作用;写过不少优秀的马克思主义著作,批判民粹主义、合法马克思主义、经济主义、伯恩施坦主义、马赫主义。20 世纪初是《火星报》和《曙光》杂志编辑部成员。曾参与制定俄国社会民主工党纲领草案和参加党的第二次代表大会的筹备工作。在代表大会上是劳动解放社的代表,属火星派多数派,参加了大会常务委员会,会后逐渐转向孟什维克。1905—1907 年革命时期反对列宁的民主革命的策略,后来在孟什维克和布尔什维克之间摇摆。斯托雷平反动时期和新的革命高涨年代反对取消主义,领导孟什维克护党派。第一次世界大战期间持社会沙文主义立场。1917 年二月革命后支持资产阶级临时政府。对十月革命持否定态度,但拒绝支持反革命。——1—2、3、15、19、22—23、26、34、37、39、47、53、54、58、59、60、61、68、69、97、98、99、103、112、130、135、139、141、146、169、173、174、187—188、189、190、202、214、219、220、232、261、264、274、278、279、288、302、307、308、310—311、315、328、336、343、354、363、384、407、408、426—427、455、479、485、495、499、504、506、507、512、513、518、522、523、526、534。

普罗柯波维奇,谢尔盖·尼古拉耶维奇(Прокопович,Сергей Николаевич 1871—1955)——俄国经济学家和政论家,经济派的著名代表人物,伯恩施坦主义在俄国最早的传播者之一。1904 年加入资产阶级自由派的解放社,为该社骨干分子。1905 年为立宪民主党中央委员。1906 年参与出版半立宪民主党、半孟什维克的《无题》周刊,为左派立宪民主党人的《同志报》积极撰稿。1917 年二月革命后任临时政府工商业部长(8 月)和粮食部长(9—10 月)。1921 年进入全俄赈济饥民委员会,同委员会中其他反苏维埃成员利用该组织进行反革命活动。1922 年被驱逐出境。——63、147。

Q

齐赫泽,尼古拉·谢苗诺维奇(Чхеидзе,Николай Семенович 1864—1926)——俄国孟什维克领袖之一。第三届和第四届国家杜马梯弗利斯省代表,第四届国家杜马孟什维克党团主席。第一次世界大战期间是中派分子。1917 年二月革命后任国家杜马临时委员会委员、彼得格勒工兵代表苏维埃主席和第一届中央执行委员会主席,极力支持资产阶级临时政府。十月革命后是格鲁吉亚孟什维克政府——立宪会议主席。1921 年格鲁吉亚建立苏维埃政权后流亡法国。——205、305。

奇列诺夫(Членов)——456。

契斯佳科夫,И.(Чистяков,И.)——《俄国的工人保险。工人保险史试编,兼论与之有关的某些保障措施》(1912)一书的作者。——177。

切尔克兹,М.(Черкез,М.)——罗马尼亚基蒂拉一家航空企业的老板。——81。

切尔内绍夫(Чернышев)——22。

切尔诺夫,维克多·米哈伊洛维奇(Чернов,Виктор Михайлович 1873—1952)——俄国社会革命党领袖和理论家之一。1902—1905年任社会革命党中央机关报《革命俄国报》编辑。曾撰文反对马克思主义,企图证明马克思的理论不适用于农业。第一次世界大战期间持社会沙文主义立场,曾参加齐美尔瓦尔德代表会议和昆塔尔代表会议。1917年5—8月任临时政府农业部长,对夺取地主土地的农民实行残酷镇压。十月革命后参与策划反苏维埃叛乱。1920年流亡国外,继续反对苏维埃政权。——95、150。

切尔诺马佐夫,米龙·叶菲莫维奇(米龙;"自己人")(Черномазов,Мирон Ефимович(Мирон,«Свой»)生于1882年)——俄国社会民主主义运动中的奸细,曾加入俄国社会民主工党,当过列斯纳工厂伤病互助会的秘书。1913年5月—1914年2月任《真理报》编辑部秘书,因有奸细嫌疑,党中央委员会令其停止工作。1917年查明,他在1913—1914年曾当过彼得堡保安处的密探。——266、314、378。

切列万宁,涅·(**利普金,费多尔·安德列耶维奇**)(Череванин,Н.(Липкин,Федор Андреевич)1868—1938)——俄国孟什维克领袖之一,取消派分子。取消派报刊的撰稿人,16个孟什维克关于取消党的"公开信"的起草人之一。1912年反布尔什维克的八月代表会议后是孟什维克领导中心——组委会成员。第一次世界大战期间是社会沙文主义者。1917年是孟什维克中央机关报《工人报》编辑之一和孟什维克中央委员会委员。敌视十月革命。——22。

丘特切夫,费多尔·伊万诺维奇(Тютчев,Федор Иванович 1803—1873)——俄国诗人。——336。

丘扎克,尼·(**纳西莫维奇,尼古拉·费多罗维奇**)(Чужак,Н.(Насимович,

Николай Федорович)1876—1927)——俄国新闻工作者。1896年参加革命运动,屡遭沙皇政府迫害。1904年流亡国外,1905年12月秘密回到彼得堡。曾参加布尔什维克秘密的和合法的报刊工作。1908年被判处移居伊尔库茨克省。十月革命后是"左翼艺术战线"的创建人之一。——95。

R

饶尔丹尼亚,诺伊·尼古拉耶维奇(阿恩;科斯特罗夫)(Жордания,Ной Николаевич (Ан,Костров)1869—1953)——俄国社会民主党人,俄国社会民主工党第二次代表大会后为高加索孟什维克的领袖。1905年编辑孟什维克的《社会民主党人报》(格鲁吉亚文)。1906年是第一届国家杜马代表。在俄国社会民主工党第五次(伦敦)代表大会上代表孟什维克当选为中央委员。斯托雷平反动时期和新的革命高涨年代形式上参加孟什维克护党派,实际上支持取消派。1914年为托洛茨基的《斗争》杂志撰稿。第一次世界大战期间是社会沙文主义者。1918—1921年是格鲁吉亚孟什维克政府主席。1921年格鲁吉亚建立苏维埃政权后成为白俄流亡分子。——14、36、37、54、55、303—305、308、331。

S

萨波日科夫,尼古拉·约瑟福维奇(库兹涅佐夫,尼·瓦·;尼·瓦—奇;尼古·瓦西·)(Сапожков,Николай Иосифович(Кузнецов,Н.В.,Н.В—ч,Ник.Вас.)1881—1917)——1904年参加俄国革命运动。曾在科洛姆纳、莫斯科、雅罗斯拉夫尔做党的工作,屡遭沙皇政府迫害。1911年底流亡巴黎。第一次世界大战期间作为志愿兵参加法军。死于前线。——234、241、408、413、415、416—417、418、459、470、489。

萨尔蒂科夫-谢德林,米哈伊尔·叶夫格拉福维奇(**萨尔蒂科夫,米·叶·**;谢德林,尼·)(Салтыков-Щедрин,Михаил Евграфович(Салтыков,М.Е.,Щедрин,Н.)1826—1889)——俄国讽刺作家,革命民主主义者。——158。

萨法罗夫,格奥尔吉·伊万诺维奇(沃洛金)(Сафаров,Георгий Иванович (Володин)1891—1942)——1908年加入俄国社会民主工党。曾在彼得堡和国外做党的工作。第一次世界大战期间参加齐美尔瓦尔德左派,先在法国工作,1916年1月起在瑞士工作。1917年二月革命后任俄国社会民主工党(布)彼得堡委员会委员。1917年9月起任乌拉尔州工兵代表苏维埃副主席,后任州劳动委员。1921年起为俄共(布)中央委员会土耳其斯坦局成员,1921—1922年为共产国际执行委员会委员、共产国际东方部负责人。在党的第十次和第十一次代表大会上当选为候补中央委员。——318、491、495、496。

萨夫卡——见捷文,雅柯夫·达维多维奇。

萨利,赫尔曼(Sahli,Hermann 1856—1933)——医学博士,伯尔尼大学教授,著名内科专家。——296、422、423、456。

萨美尔,伊万·阿达莫维奇(柳比奇)(Саммер,Иван Адамович(Любич) 1870—1921)——俄国社会民主党人,布尔什维克。1897年参加革命运动,在基辅和喀山等地做党的工作,积极参加1905—1907年革命。1905年秋被增补进党中央委员会。屡遭沙皇政府迫害。十月革命后在沃洛格达从事经济工作,任国民经济委员会主席。1919年起在中央消费合作总社工作。1920—1921年任乌克兰消费合作总社主席和对外贸易人民委员部驻乌克兰特派员。——26、27、36、39。

萨莫瓦罗夫——见诺根,维克多·巴甫洛维奇。

萨莫伊洛夫,费多尔·尼基季奇(Самойлов,Федор Никитич 1882—1952)——1903年加入俄国社会民主工党,布尔什维克;职业是纺织工人。曾积极参加俄国第一次革命,在伊万诺沃-沃兹涅先斯克做党的工作。第四届国家杜马弗拉基米尔省工人代表,参加布尔什维克杜马党团。因进行反对帝国主义战争的革命活动,1914年11月被捕。1915年流放图鲁汉斯克边疆区。十月革命后在乌克兰和莫斯科工作。1919—1920年任全俄中央执行委员会驻巴什基尔革命委员会特派员、俄共(布)巴什基尔区域委员会委员。——246、315、421—422、434、436、450、454、460、462—463、464—465、467、481、512、513、532—533。

萨韦利耶夫,马克西米利安·亚历山德罗维奇(韦特罗夫)(Савельев,Максимилиан Александрович(Ветров)1884—1939)——1903年加入俄国社会民主工党,布尔什维克。曾在下诺夫哥罗德、图拉和彼得堡等城市做党的工作,积极参加1905—1907年革命。1911—1913年任《启蒙》杂志编辑，1912年起兼任《真理报》编辑部成员，1913年起为俄国社会民主工党中央委员会驻波涛出版社代表。多次被捕。1917年9月起任党中央机关报《工人之路报》(10月27日起恢复原名《真理报》)编辑部主任。十月革命后历任苏联最高国民经济委员会委员、联共(布)中央党史委员会副主任、《无产阶级革命》杂志编辑、列宁研究院院长、《真理报》编辑等职。——211、216、261—262。

萨维诺夫，И.Т.(扬)(Савинов，И.Т.(Ян)生于1884年)——俄国布尔什维克，1912年是第四届国家杜马莫斯科省复选代表。1913年是俄国社会民主工党中央委员会的受托人，在布尔什维克莫斯科和莫斯科郊区组织中工作。1914年被捕。——259。

萨文柯夫，波里斯·维克多罗维奇(罗普申，维·)(Савинков，Борис Викторович(Ропшин，В.)1879—1925)——俄国社会革命党领袖之一。1903—1906年是该党"战斗组织"的领导人之一，多次参加恐怖活动。1909年和1912年以维·罗普申为笔名先后发表了两部浸透神秘主义和对革命斗争失望情绪的小说：《一匹瘦弱的马》和《未曾有过的东西》。1911年侨居国外。第一次世界大战期间是社会沙文主义者。十月革命后是一系列反革命叛乱的组织者。——145、153、223、279。

沙果夫，尼古拉·罗曼诺维奇(第四号)(Шагов，Николай Романович(№4)1882—1918)——1905年加入俄国社会民主工党，布尔什维克；职业是织布工人。第四届国家杜马科斯特罗马省工人选民团的代表，1913年加入布尔什维克杜马党团。曾出席有党的工作者参加的俄国社会民主工党中央委员会克拉科夫会议和波罗宁会议。因进行反对帝国主义战争的革命活动，1914年11月被捕，1915年流放图鲁汉斯克边疆区，1917年二月革命后回到彼得格勒。——246。

邵武勉，斯捷潘·格奥尔吉耶维奇(苏连)(Шаумян，Степан Георгиевич(Сурен)1878—1918)——1900年加入俄国社会民主工党。1905—1907年积极反对孟什维克和达什纳克党人，斯托雷平反动时期同取消派和托洛茨基派进行了斗争。1912年由党的第六次(布拉格)全国代表会议选出的中央委员会增补为候补中央委员。1911—1914年在阿斯特拉罕流放期间，受列宁委托写了《论民族文化自治》一书。1914年从流放地回来后，领导巴库布尔什维克党组织。1917年二月革命后缺席当选为巴库工人代表苏维埃主席。在党的第六次代表大会上当选为中央委员。十月革命后任俄罗斯联邦人民委员会高加索事务临时特派员、巴库人民委员会主席兼外交委员。巴库公社失败后，1918年9月20日同其他25名巴库委员一起被社会革命党人和英国武装干涉者杀害。——330—331、386—389、474—477、492—493。

申杰罗维奇(Шендерович)——322。

施蒂茨，奥托(Штиц，Отто)——527—528。

施米特——见伊格纳季耶娃，伊丽莎白·巴甫洛夫娜。

施泰因(Stein)——德国著作家。——124。

施特拉塞尔，约瑟夫(Strasser，Josef 1871—1933)——奥地利政治活动家，左派社会民主党人。1912年出版了一本反对机会主义的小册子《工人和民族》，得到列宁的称赞。1918年加入奥地利共产党，后转向机会主义。1931年退党。——131、257。

施韦泽，约翰·巴蒂斯特(Schweitzer，Johann Baptist 1833—1875)——德国工人运动活动家，拉萨尔派代表人物之一；职业是律师。政治活动初期是自由主义者，在拉萨尔的影响下参加工人运动。1864—1871年任全德工人联合会机关报《社会民主党人报》编辑，1867年起任联合会主席。执行拉萨尔主义的机会主义路线，支持俾斯麦所奉行的在普鲁士领导下"自上而下"统一德国的政策。在联合会内实行个人独裁，引起会员不满，1871年被迫辞去主席职务。1872年因同普鲁士当局的勾结被揭露而被开除出全德工人联合会。——82。

什克洛夫斯基，格里戈里·李沃维奇(Шкловский，Григорий Львович 1875—1937)——1898年加入俄国社会民主工党，曾在白俄罗斯一些城市和国外做党的工作。1909年起流亡瑞士，加入布尔什维克伯尔尼支部；1915年起任布尔什维克国外组织委员会委员。1917年二月革命后回国，在下诺夫哥罗德和莫斯科工作。1918—1925年主要从事外交工作，其间曾在农业人民委员部和莫斯科市政机关短期工作。——63、75—77、97—100、216—219、273、284—285、296、309、313、322、324—327、328—329、332、335—336、337—339、342—345、347—348、363—364、366—367、379—

381、384—386、390—391、392—393、413—414、421—423、450—451、456—457、460、464、466—469、481—482、513、532—533。

司徒卢威，彼得·伯恩哈多维奇(Струве，Петр Бернгардович 1870—1944)——俄国经济学家，哲学家，政论家，合法马克思主义主要代表人物，立宪民主党领袖之一。19世纪90年代编辑合法马克思主义者的《新言论》杂志和《开端》杂志。在1894年发表的第一部著作《俄国经济发展问题的评述》中，在批判民粹主义的同时，对马克思的经济学说和哲学学说提出"补充"和"批评"。20世纪初同马克思主义和社会民主主义彻底决裂，转到自由派营垒。1902年起编辑自由派资产阶级刊物《解放》杂志，1903年起是解放社的领袖之一。1905年起是立宪民主党中央委员，领导该党右翼。第一次世界大战爆发后鼓吹俄国的帝国主义侵略扩张政策。十月革命后敌视苏维埃政权，是邓尼金和弗兰格尔反革命政府成员，后逃往国外。——63、376、377、403。

斯大林(**朱加施维里**)，约瑟夫·维萨里昂诺维奇(柯巴；瓦西里；瓦西里耶夫；伊万诺维奇)(Сталин(Джугашвили)，Иосиф Виссарионович(Коба，Василий，Васильев，Иванович)1879—1953)——1898年加入俄国社会民主工党，党的第二次代表大会后是布尔什维克。曾在梯弗利斯、巴统、巴库和彼得堡做党的工作。多次被捕和流放。1912年1月在党的第六次(布拉格)全国代表会议选出的中央委员会会议上，被缺席增补为中央委员并被选入中央委员会俄国局；积极参加布尔什维克《真理报》的编辑工作。在十月革命的准备和进行期间参加领导武装起义的彼得格勒军事革命委员会和党总部。在全俄苏维埃第二次代表大会上当选为全俄中央执行委员会委员；参加第一届人民委员会，任民族事务人民委员。1919年3月起兼任国家监察人民委员，1920年起为工农检查人民委员。国内战争时期任全俄中央执行委员会驻国防委员会代表、人民委员会驻南俄粮食特派员、共和国革命军事委员会委员和一些方面军的革命军事委员会委员。1919年起为党中央政治局委员。1922年4月起任党中央总书记。——104、199—200、206—213、219、232、250、256、266、274—275。

斯捷潘——见波隆斯基，约瑟夫·马特维耶维奇。

斯捷潘纽克——见洛拉，奥克先·H.。

斯捷潘诺夫(Степанов)——181。

斯捷潘诺夫,伊·——见斯克沃尔佐夫-斯捷潘诺夫,伊万·伊万诺维奇。

斯卡列,B.A.(藻埃尔)(Скарре,B.A.(Зауэр)1879—1963)——俄国孟什维克,1908年起任拉脱维亚边疆区社会民主党国外委员会书记。——409。

斯柯别列夫,马特维·伊万诺维奇(Скобелев,Матвей Иванович 1885—1938)——1903年参加俄国社会民主主义运动,孟什维克;职业是工程师。第四届国家杜马代表,社会民主党杜马党团领袖之一。第一次世界大战期间是中派分子。1917年二月革命后任彼得格勒工兵代表苏维埃副主席、第一届中央执行委员会副主席;同年5—8月任临时政府劳动部长。十月革命后脱离孟什维克,先后在合作社系统和对外贸易人民委员部工作。1922年加入俄共(布),在经济部门担任负责工作。——200。

斯克沃尔佐夫-斯捷潘诺夫,伊万·伊万诺维奇(斯捷潘诺夫,伊·)Скворцов-Степанов,Иван Иванович(Степанов,И.)1870—1928)——1891年参加俄国社会民主主义运动,1904年成为布尔什维克。1905—1907年革命期间在党的莫斯科委员会写作演讲组工作。1907年和1911年代表布尔什维克被提名为国家杜马代表的候选人。斯托雷平反动时期在土地问题上坚持错误观点,对"前进"集团采取调和主义态度,但在列宁影响下纠正了自己的错误。因进行革命活动多次被捕和流放。十月革命后参加第一届人民委员会,历任财政人民委员、全俄工人合作社理事会副主席、中央消费合作总社理事会理事、国家出版社编辑委员会副主任、中央列宁研究院院长等职。马克思《资本论》(第1—3卷,1920年俄文版)以及马克思和恩格斯其他一些著作的译者和编者,写有许多有关革命运动史、政治经济学、无神论等方面的著作。——246、445—447。

斯卢茨卡娅,维拉·克利缅季耶夫娜(Слуцкая,Вера Климентьевна 1874—1917)——1902年加入俄国社会民主工党,在明斯克和彼得堡参加1905—1907年革命。1909—1912年侨居德国和瑞士。在彼得格勒参加十月武装起义,在给赤卫队运送药品时牺牲。——89。

斯米尔诺夫——见古列维奇,埃马努伊尔·李沃维奇。

斯米尔诺夫,亚历山大·彼得罗维奇(彼得堡人托马斯)(Смирнов,Александр Петрович(Фома-питерец)1877—1938)——1896年参加俄国社会民主主义运动，在特维尔、彼得堡和莫斯科从事革命工作。屡遭沙皇政府迫害。俄国社会民主工党第四次(统一)代表大会和第五次(伦敦)代表大会彼得堡组织的代表。十月革命后任副内务人民委员。1918 年是人民委员会派驻萨拉托夫省采购和发运粮食及其他食品的特派员。1919 年起先后任粮食人民委员部部务委员、副粮食人民委员、农业人民委员、俄罗斯联邦人民委员会副主席和联共(布)中央委员会书记等职。——258。

斯潘达良，斯潘达尔·阿米尔贾诺维奇(Спандарян，Спандар Амирджанович 1849—1922)——亚美尼亚社会活动家和政论家，法学博士；苏连·斯潘达良的父亲。1883—1903 年任保守的民族主义报纸《新世纪报》的编辑。1910 年起先后居住在法国和德国，在极端贫困中死于德国。——113。

斯潘达良，苏连·斯潘达罗维奇(Спандарян，Сурен Спандарович 1882—1916)——俄国职业革命家，1902 年加入俄国社会民主工党。党的高加索联合会委员会委员，1905—1907 年革命的积极参加者。在党的第六次(布拉格)全国代表会议上被选为中央委员和中央委员会俄国局成员。会后到拉脱维亚边疆区、彼得堡、莫斯科、梯弗利斯、巴库等地给布尔什维克党组织作传达报告。曾为《明星报》撰稿。1912 年被捕，被判处终身流放西伯利亚，死于克拉斯诺亚尔斯克医院。——104—106、107—108、113。

斯皮察——见涅夫斯基，弗拉基米尔·伊万诺维奇。

斯切克洛夫，尤里·米哈伊洛维奇(纳哈姆基斯；涅夫佐罗夫)(Стеклов，Юрий Михайлович(Нахамкис，Невзоров)1873—1941)——1893 年参加俄国社会民主主义运动，是敖德萨第一批社会民主主义小组的组织者之一。1903 年俄国社会民主工党第二次代表大会后是布尔什维克。斯托雷平反动时期和新的革命高涨年代为布尔什维克的一些报纸和杂志撰稿。1917 年二月革命后当选为彼得格勒苏维埃执行委员会委员；最初持“革命护国主义”立场，后转向布尔什维克。十月革命后任全俄中央执行委员会和苏联中央执行委员会主席团委员、《全俄中央执行委员会消息报》和《苏维埃建设》杂志的编辑。——42、43、45、202、208、232、272、407。

斯塔尔，柳德米拉·尼古拉耶夫娜(Сталь，Людмила Николаевна 1872—1939)——1897 年参加俄国社会民主主义运动。曾在莫斯科、彼得堡、敖德萨等城市从事革命工作，屡遭沙皇政府迫害。1905—1907 年革命期间在布尔什维克彼得堡军事组织中做了大量工作。1907—1917 年侨居法国、英国和瑞典。曾在布尔什维克组织中工作。1917 年二月革命后是俄国社会民主工党(布)彼得堡委员会的鼓动员和组织员,同年 8 月起为党的喀琅施塔得委员会委员。积极参加十月革命,国内战争时期做军事政治工作。1921 年起担任党和苏维埃的负责工作。——301、470。

斯塔尔克,列昂尼德·尼古拉耶维奇(Старк,Леонид Николаевич 1889—1943)——1905 年加入俄国社会民主工党。曾在彼得堡、塞瓦斯托波尔从事革命工作,遭到沙皇政府迫害。1912 年被驱逐出境,追随托洛茨基集团;在维也纳居住一段时间后移居卡普里岛。曾为布尔什维克的《明星报》、《真理报》、《启蒙》杂志和孟什维克的《同时代人》杂志撰稿。第一次世界大战期间进入俄国社会民主工党彼得堡委员会执行委员会(1915—1916),为《真理报》、《年鉴》杂志撰稿,任火花出版社秘书。十月革命后先后在人民委员会报刊局、彼得格勒通讯社和罗斯塔社工作。1920—1937 年从事外交工作。——309。

斯塔索娃,叶列娜·德米特里耶夫娜(Стасова,Елена Дмитриевна 1873—1966)——1898 年加入俄国社会民主工党,1901 年起为《火星报》代办员。曾在彼得堡、莫斯科做党的工作,1904—1906 年任党中央委员会北方局、彼得堡委员会和中央委员会俄国局书记。1907—1912 年为党中央驻梯弗利斯的代表。1912 年在党的第六次(布拉格)全国代表会议上当选为候补中央委员。1917 年 2 月—1920 年 3 月任党中央书记。1920—1921 年先后在彼得格勒和巴库担任党的负责工作。1921—1926 年在共产国际工作。——104—106、107—108。

斯坦凯维奇,弗拉基米尔·别涅季克托维奇(Станкевич,Владимир Бенедиктович)——俄国刑法学讲师。1914 年参加《同时代人》杂志编辑部。1917 年二月革命后曾任临时政府委员。十月革命后侨居国外。——447—448、479。

斯特—夫(Ст—в)——288。

斯特罗耶夫——见杰斯尼茨基,瓦西里·阿列克谢耶维奇。

斯图契卡,彼得·伊万诺维奇("条文")(Стучка,Петр Иванович(«Параграф»)1865—1932)——19 世纪 80 年代末参加俄国革命运动,是拉脱维亚社会民主工党的创建人和领袖之一。曾被捕和流放。十月革命后任俄罗斯联邦司法人民委员、拉脱维亚苏维埃政府主席、俄罗斯联邦副司法人民委员、俄罗斯联邦最高法院院长等职；是拉脱维亚共产党中央委员和该党驻共产国际的代表。写有论述国家和法的著作。——517。

斯托雷平，彼得·阿尔卡季耶维奇(Столыпин，Петр Аркадьевич 1862—1911)——俄国国务活动家，大地主。1906—1911年任大臣会议主席兼内务大臣。1907年发动“六三政变”，解散第二届国家杜马，颁布新选举法以保证地主、资产阶级在杜马中占统治地位，残酷镇压革命运动，大规模实施死刑，开始了“斯托雷平反动时期”。实行旨在摧毁村社和培植富农的土地改革。1911年被社会革命党人Д.Г.博格罗夫刺死。——47、280。

斯维尔德洛夫，雅柯夫·米哈伊洛维奇(安·；安德列)(Свердлов，Яков Михайлович(А.，Андрей)1885—1919)——1901年加入俄国社会民主工党。1912年俄国社会民主工党第六次(布拉格)全国代表会议后被增补为中央委员，参加中央委员会俄国局。曾参加《真理报》编辑部，是《真理报》领导人之一。第四届国家杜马布尔什维克党团领导人之一。屡遭沙皇政府迫害，在狱中和流放地度过十二年。党的第六次代表大会后领导中央书记处的工作。积极参加十月革命的准备和组织工作，任彼得格勒军事革命委员会委员和领导武装起义的党总部成员。1917年11月8日(21日)当选为全俄中央执行委员会主席。——245、250—252、259。

苏达科夫，帕维尔·伊里奇(Судаков，Павел Ильич 1878—1950)——1897年参加俄国社会民主主义运动。1899—1905年和1911—1913年在彼得堡克赖顿股份公司的工厂里当钳工。1912年当选为第四届国家杜马复选代表后，转向孟什维克。1914年同孟什维克决裂，回到布尔什维克一边。十月革命后任红军供给非常委员会主席、北方地区国民经济委员会主席。1921—1924年任最高国民经济委员会金属工业总管理局局长。——177、208。

苏汉诺夫，尼·(**吉姆美尔，尼古拉·尼古拉耶维奇**)(Суханов，Н.(Гиммер，Николай Николаевич)1882—1940)——俄国经济学家和政论家。早年是民粹派分子，1903年起是社会革命党人，1917年起是孟什维克。曾为《俄国财富》、《同时代人》等杂志撰稿；企图把民粹主义和马克思主义结合起来。第一次世界大战期间自称是国际主义者，为《年鉴》杂志撰稿。1917

年二月革命后任彼得格勒苏维埃执行委员会委员、《新生活报》编辑之一；支持资产阶级临时政府。十月革命后在苏维埃经济机关工作。——485。

苏连——见邵武勉，斯捷潘·格奥尔吉耶维奇。

索柯洛夫，尼古拉·德米特里耶维奇（Соколов，Николай Дмитриевич 1870—1928）——俄国社会民主党人，著名的政治诉讼案律师。曾为《生活》、《教育》等杂志撰稿。1909年在彼得堡补选第三届国家杜马代表时，被提名为俄国社会民主工党的候选人；同情布尔什维克。1917年二月革命后任彼得格勒苏维埃执行委员会委员，主张同资产阶级联合。十月革命后在一些苏维埃机关担任法律顾问。——430。

T

塔拉图塔，维克多·康斯坦丁诺维奇（维克多）（Таратута，Виктор Константинович（Виктор）1881—1926）——1898年加入俄国社会民主工党，布尔什维克。1906—1907年任党的莫斯科委员会和莫斯科区域局书记。党的第四次（统一）和第五次（伦敦）代表大会代表，在第五次代表大会上当选为候补中央委员，进入布尔什维克中央。多次被捕和流放，1909年起侨居国外。曾任党中央委员会国外局成员和书记、布尔什维克中央财务代办员。1919年回国，历任最高国民经济委员会办公厅主任、最高国民经济委员会化学局副局长、外贸银行管理委员会主席等职。——344。

唐恩（**古尔维奇**），费多尔·伊里奇（费·唐·）（Дан（Гурвич），Федор Ильич（Ф.Д.）1871—1947）——俄国孟什维克领袖之一；职业是医生。1894年参加俄国社会民主主义运动，加入彼得堡工人阶级解放斗争协会。1896年8月被捕，1898年流放维亚特卡省。1901年夏逃往国外，加入《火星报》柏林协助小组。1902年作为《火星报》代办员参加了在比亚韦斯托克举行的筹备召开俄国社会民主工党第二次代表大会的代表会议，会后再次被捕，流放东西伯利亚。1903年9月逃往国外，成为孟什维克。斯托雷平反动时期和新的革命高涨年代在国外领导取消派，编辑取消派的《社会民主党人呼声报》。第一次世界大战期间是社会沙文主义者。1917年二月革命后任彼得格勒苏维埃执行委员会委员和第一届中央执行委员会主席团委员，支持资产阶级临时政府。十月革命后在卫生人民委员部系统当医生。因反对苏维埃政权，1922 年被驱逐出境，在柏林领导孟什维克进行反革命活动。——33、64、273、305、425、479。

特·（T.）——135。

特里亚——见姆格拉泽，弗拉斯·Д。

特鲁别茨科伊，叶夫根尼·尼古拉耶维奇（Трубецкой，Евгений Николаевич 1863—1920）——俄国资产阶级自由派思想家，宗教哲学家，公爵。曾先后任基辅大学和莫斯科大学法哲学教授。1906 年以前是立宪民主党人，1906 年是君主立宪派政党“和平革新党”的组织者之一。在沙皇政府镇压 1905—1907 年革命和建立斯托雷平体制的过程中起过重要作用。第一次世界大战期间主张将战争进行到“最后胜利”。十月革命后反对苏维埃政权，是邓尼金的骨干分子。——137。

特罗雅诺夫斯基，亚历山大·安东诺维奇（Трояновский，Александр Антонович 1882—1955）——1907 年加入俄国社会民主工党。曾在彼得堡、基辅做党的工作，屡遭沙皇政府迫害。1910 年侨居瑞士、巴黎和维也纳；是俄国社会民主工党中央委员会出席巴塞尔代表大会（1912）的代表团成员，出席了有党的工作者参加的俄国社会民主工党中央委员会克拉科夫会议和波罗宁会议。1917 年回国。1917—1921 年是孟什维克，1923 年加入俄共（布）。十月革命后从事军事和外交工作。1921 年起在工农检查人民委员部工作。——190、240、255、266、273、287、427—428、478。

特罗雅诺夫斯基的妻子；特罗雅诺夫斯卡娅——见罗兹米罗维奇，叶列娜·费多罗夫娜。

梯什卡，扬（**约吉希斯，莱奥**）（Tyszka，Jan（Jogiches，Leo）1867—1919）——波兰和德国工人运动活动家。1893 年参与创建波兰王国社会民主党（1900 年改组为波兰王国和立陶宛社会民主党），1903 年起为该党总执行委员会委员。曾积极参加俄国 1905—1907 年革命。1907 年出席俄国社会民主工党第五次（伦敦）代表大会，当选为候补中央委员。斯托雷平反动时期和新的革命高涨年代谴责取消派，但往往采取调和主义态度。1912 年反对布拉格代表会议的决议。第一次世界大战期间在德国，参加德国社会民主党的工作，持国际主义立场；是斯巴达克联盟的组织者和领导人之一。1916 年被捕入狱，1918 年十一月革命时获释。积极参与创建德国共产党，在该党成立大会上当选为中央委员会书记。1919年3月被捕，于柏林监狱遇害。——41、66、90、153、204、237、241、275、325、338、341、347、354、402、511、515—516、530。

"条文"——见斯图契卡，彼得·伊万诺维奇。

图利亚科夫，伊万·尼基季奇（Туляков，Иван Никитич 生于1877年）——俄国工人，社会民主党人，孟什维克，第四届国家杜马顿河军屯州代表。——310、311、315、397。

托尔斯泰，列夫·尼古拉耶维奇（Толстой，Лев Николаевич 1828—1910）——俄国作家。——15、19。

托洛茨基（勃朗施坦），列夫·达维多维奇（列武什卡）（Троцкий（Бронштейн），Лев Давидович（Левушка）1879—1940）——1897年参加俄国社会民主主义运动。在俄国社会民主工党第二次代表大会上是西伯利亚联合会的代表，属火星派少数派。1905年同亚·帕尔乌斯一起提出和鼓吹"不断革命论"。斯托雷平反动时期和新的革命高涨年代，打着"非派别性"的幌子，实际上采取取消派立场。1912年组织"八月联盟"。第一次世界大战期间持中派立场，先后任孟什维克取消派的《我们的言论报》的撰稿人和编辑。1917年二月革命后参加区联派，在党的第六次代表大会上随区联派集体加入布尔什维克党，当选为中央委员。参加十月武装起义的领导工作。十月革命后任外交人民委员、陆海军人民委员、共和国革命军事委员会主席和交通人民委员等职。曾被选为党中央政治局委员和共产国际执行委员会委员。1918年初反对签订布列斯特和约。1920—1921年挑起关于工会问题的争论。——1、14、20、21、29、59、62、69、70、78、97—98、105、109、130、143、152、160—161、271、275、304—305、336、344、407、411、427。

陀思妥耶夫斯基，费多尔·米哈伊洛维奇（Достоевский，Федор Михайлович 1821—1881）——俄国作家。作品《死屋手记》（1861—1862）、《罪与罚》（1866）、《白痴》（1868）等的特点，是现实主义地描写现实生活、人的各种感受以及个人对人类尊严遭到戕害的反抗。同时，在他的作品中，对社会不平的抗争是同逆来顺受的说教和对苦难的崇尚交织在一起的。在长篇小说《群魔》中，公开反对唯物主义和无神论，反对革命运动。——369、483。

W

瓦季姆——见波斯托洛夫斯基，德米特里·西蒙诺维奇。

瓦西里；瓦西里耶夫——见斯大林，约瑟夫·维萨里昂诺维奇。

王德威尔得，埃米尔（Vandervelde，Émile 1866—1938）——比利时工人党领袖，第二国际的机会主义代表人物。1900年起任第二国际常设机构——社会党国际局主席。第一次世界大战爆发后成为社会沙文主义者，是大战期间欧洲国家中第一个参加资产阶级政府的社会党人。1918年起历任司法大臣、外交大臣、公共卫生大臣、副首相等职。俄国1917年二月革命后到俄国鼓吹继续进行战争。敌视俄国十月革命，支持武装干涉苏维埃俄国。——184、499、518、520。

韦利奇金娜（**邦契-布鲁耶维奇**），维拉·米哈伊洛夫娜（维·米·）（Величкина（Бонч-Бруевич），Вера Михайловна（В.М.）1868—1918）——弗·德·邦契-布鲁耶维奇的妻子。19世纪90年代开始革命活动。1902年侨居国外，参加俄国革命社会民主党人国外同盟的工作。1903年加入俄国社会民主工党。党的第二次代表大会后是布尔什维克；为《前进报》和《无产者报》撰稿，翻译马克思和恩格斯的著作；把党的出版物运往俄国。1905年是布尔什维克驻日内瓦政治红十字会的代表。斯托雷平反动时期参加第三届国家杜马社会民主党党团的工作。十月革命后在教育人民委员部和卫生人民委员部工作。——11。

韦特罗夫——见萨韦利耶夫，马克西米利安·亚历山德罗维奇。

韦谢洛夫斯基，波里斯·波里索维奇（Веселовский，Борис Борисович 1880—1954）——苏联历史学家和经济学家。1901—1902年接近莫斯科社会民主党组织。1905年起在彼得堡从事学术研究、教学和政论活动。曾为《教育》和《现代世界》等杂志撰稿，1913年起主持《俄罗斯言论报》地方栏。1907—1912年参加第三届国家杜马社会民主党党团的工作。十月革命后在中央档案馆、国家计划委员会等单位工作，并在高等学校任教。——22。

维·米·——见韦利奇金娜，维拉·米哈伊洛夫娜。

维尔姆（Вильм）——律师。——282。

维克多——见塔拉图塔,维克多·康斯坦丁诺维奇。

维拉——见洛博娃,B.H.。

维连(Виллен)——332。

维尼茨基——见麦迭姆,弗拉基米尔·达维多维奇。

维特,谢尔盖·尤利耶维奇(Витте,Сергей Юльевич 1849—1915)——俄国国务活动家。1892年2—8月任交通大臣,1892—1903年任财政大臣,1903年8月起任大臣委员会主席,1905年10月—1906年4月任大臣会议主席。在财政、关税政策、铁路建设、工厂立法和鼓励外国投资等方面采取了一系列措施,促进了俄国资本主义的发展。同时力图通过对自由派资产阶级稍作让步和对人民群众进行镇压的手段来维护沙皇专制制度。——171。

维提姆斯基,亚·——见奥里明斯基,米哈伊尔·斯捷潘诺维奇。

维亚兹缅斯基,Г.М.(Вязьменский,Г.М.)——柏林俄国社会民主党档案馆馆长。——241、266—267、346。

温尼琴科,弗拉基米尔·基里洛维奇(Винниченко,Владимир Кириллович 1880—1951)——乌克兰作家,乌克兰民族主义反革命首领之一。1907年当选为乌克兰社会民主工党中央委员。1917年二月革命后是反革命的乌克兰中央拉达的组织者和领导人之一,后与佩特留拉一起领导乌克兰督政府(1918—1919年乌克兰的民族主义政府),交替为德国和英法帝国主义者效劳。乌克兰建立苏维埃政权后成为白俄流亡分子。1920年表面上同苏维埃政权和解,获准返回乌克兰,加入俄共(布),被任命为乌克兰苏维埃社会主义共和国人民委员会副主席。同年10月再次流亡国外。——470、482—483。

沃多沃佐夫,瓦西里·瓦西里耶维奇(Водовозов,Василий Васильевич 1864—1933)——俄国经济学家和自由主义民粹派政论家。1904年起任《我们的生活报》编委,1906年为左派立宪民主党人的《同志报》撰稿。第二届国家杜马选举期间参加劳动派。1912年在立宪民主党人、人民社会党人和孟什维克取消派撰稿的《生活需要》杂志上发表文章。敌视十月革命。——14、15。

沃尔柯夫(Волков)——437。

沃尔斯基，斯坦尼斯拉夫（**索柯洛夫，安德列·弗拉基米罗维奇**）（Вольский，Станислав（Соколов，Андрей Владимирович）生于1880年）——俄国社会民主党人，俄国社会民主工党第二次代表大会后加入布尔什维克。1904—1905年在莫斯科做党的工作，参加过十二月武装起义。斯托雷平反动时期和新的革命高涨年代是召回派领袖之一，曾参与组织派别性的卡普里和博洛尼亚党校（意大利）的工作，加入"前进"集团。敌视十月革命，反对苏维埃政权。一度侨居国外，但很快回国。曾在林业合作社、国家计划委员会和商业人民委员部工作。——230。

沃罗夫斯基，瓦茨拉夫·瓦茨拉沃维奇（奥尔洛夫斯基）（Воровский，Вацлав Вацлавович（Орловский）1871—1923）——1890年在大学生小组中开始革命活动。1902年侨居国外，成为列宁《火星报》的撰稿人。俄国社会民主工党第二次代表大会后是布尔什维克。1904年初受列宁委派，在敖德萨建立俄国社会民主工党中央委员会南方局；8月底出国，赞同22个布尔什维克的宣言。1905年同列宁等人一起参加《前进报》和《无产者报》编辑部，后在布尔什维克的《新生活报》编辑部工作。1907—1912年领导敖德萨的布尔什维克组织。第一次世界大战初期在彼得格勒做党的工作，1915年去斯德哥尔摩，1917年4月根据列宁提议进入党中央委员会国外局。1917—1919年任俄罗斯联邦驻斯堪的纳维亚国家的全权代表，1919—1920年领导国家出版社，1921—1923年任驻意大利全权代表。1923年5月10日在洛桑被白卫分子杀害。——459。

沃洛金——见萨法罗夫，格奥尔吉·伊万诺维奇。

沃伊京斯基，弗拉基米尔·萨韦利耶维奇（Войтинский，Владимир Савельевич 1885—1960）——1905年初参加俄国布尔什维克，在彼得堡和叶卡捷琳诺斯拉夫做党的工作。1909年春因布尔什维克军事组织案被判处苦役。1917年二月革命后成为孟什维克。1917年10月参加克伦斯基—克拉斯诺夫叛乱，和克拉斯诺夫一起被捕，获释后流亡国外。——394—397。

乌里扬诺夫，弗拉·——即列宁，弗拉基米尔·伊里奇。

乌里扬诺娃-叶利扎罗娃，安娜·伊里尼奇娜（安德列·尼古拉耶维奇）（Ульянова-Елизарова，Анна Ильинична（Андрей Николаевич）1864—1935）——列宁的姐姐。1886年参加大学生革命运动。1898年任俄国社会民主工党第一届莫斯科委员会委员。1900—1905 年在《火星报》组织和布尔什维克的一些秘密报刊工作，曾任《前进报》编委。积极参加列宁著作的出版工作。曾在彼得堡、莫斯科和萨拉托夫从事革命工作。1913 年起在《真理报》工作，任《启蒙》杂志秘书和《女工》杂志编委。多次被捕。1917 年二月革命后为党中央委员会俄国局成员、《真理报》编辑部秘书和《织工》杂志编辑，参加了十月革命的准备工作。1918—1921 年领导社会保障人民委员部儿童保健司，后到教育人民委员部工作。是党史委员会和列宁研究院的组织者之一。写有一些回忆列宁的作品和其他文学著作。——431—432。

武尔佩，伊万·康斯坦丁诺维奇（叶夫根尼）（Вульпе，Иван Константинович (Евгений) 1885—1913）——俄国工人。曾积极参加科斯特罗马市社会民主主义小组的活动，受到沙皇政府迫害。1906 年在莫斯科地下印刷所工作。1909 年在布尔什维克彼得堡组织中担任负责工作，是俄国社会民主工党彼得堡委员会委员。1910—1911 年是派别性的博洛尼亚党校学员。——28。

X

西玛——见季久列涅，西玛·A.。

希巴耶夫——可能是指阿·叶·巴达耶夫。

希法亭，鲁道夫（Hilferding，Rudolf 1877—1941）——奥地利社会民主党、德国社会民主党和第二国际机会主义领袖之一。1907—1915 年任德国社会民主党中央机关报《前进报》编辑。第一次世界大战期间是中派分子。1917 年起为德国独立社会民主党领袖之一。1923 年任魏玛共和国财政部长。——109。

席佩耳，麦克斯（Schippel，Max 1859—1928）——德国经济学家和政论家，1886 年起为社会民主党人。1887—1890 年编辑《柏林人民论坛报》，1897 年起参与领导德国机会主义者的刊物《社会主义月刊》。1890—1905 年担任国会议员期间，为德国帝国主义的扩张政策辩护。第一次世界大战期间是社会沙文主义者。1923—1928 年任德累斯顿工学院教授。——16。

谢·——见奥尔忠尼启则，格里戈里·康斯坦丁诺维奇。

谢德林,尼·——见萨尔蒂科夫-谢德林,米哈伊尔·叶夫格拉福维奇。

谢德曼,菲力浦(Scheidemann,Philipp 1865—1939)——德国社会民主党右翼领袖之一。1911年当选为德国社会民主党执行委员会委员,1917—1918年是执行委员会主席之一。第一次世界大战期间是社会沙文主义者。1918年十一月革命期间参加所谓的人民代表委员会,借助旧军队镇压革命。1919年2—6月任魏玛共和国联合政府总理。——335。

谢多夫——见柯尔佐夫,德·。

谢马什柯,尼古拉·亚历山德罗维奇(亚历山德罗夫)(Семашко,Николай Александрович(Александров)1874—1949)——1893年参加俄国社会民主主义运动,布尔什维克。1905年参加下诺夫哥罗德武装起义被捕,获释后流亡国外。曾任俄国社会民主工党中央委员会国外局书记兼财务干事。1913年参加塞尔维亚和保加利亚的社会民主主义运动。1917年9月回国。积极参加莫斯科十月武装起义,为起义战士组织医疗救护。十月革命后任莫斯科苏维埃医疗卫生局局长。1918—1930年任俄罗斯联邦卫生人民委员。——35、40、41、42、43、204。

谢姆柯夫斯基,谢·(**勃朗施坦,谢苗·尤利耶维奇**)(Семковский,С.(Бронштейн,Семен Юльевич)1882—1937)——俄国社会民主党人,孟什维克。曾加入托洛茨基的维也纳《真理报》编辑部,为孟什维克取消派报刊和外国社会民主党人的报刊撰稿;反对民族自决权。第一次世界大战期间是中派分子,孟什维克组织委员会国外书记处成员。1917年回国后,进入孟什维克中央委员会。1920年同孟什维克决裂。后在乌克兰高等院校任教授,从事科学著述。——287、304。

辛格尔,保尔(Singer,Paul 1844—1911)——德国社会民主党领袖之一,第二国际中马克思主义派的著名活动家。1878年加入德国社会民主党。1887年起任德国社会民主党执行委员会委员,1890年起任执行委员会主席。1884—1911年是帝国国会议员,1885年起为社会民主党党团主席。1900年起是社会党国际局成员,属于左翼,始终不渝地同机会主义进行斗争。——22。

辛克莱,厄普顿(Sinclair,Upton 1878—1968)——美国作家。以创作"揭发黑幕"的小说闻名,在现代美国文学史上占有一定的地位。——128。

星期五——见皮亚特尼茨基，约瑟夫·阿罗诺维奇。

Y

雅柯夫列娃，瓦尔瓦拉·尼古拉耶夫娜（奥丽珈·伊万诺夫娜）（Яковлева, Варвара Николаевна（Ольга Ивановна）1884—1941）——1904 年加入俄国社会民主工党。在莫斯科做党的工作。1921—1922 年任党中央委员会西伯利亚局书记。1922—1929 年在俄罗斯联邦教育人民委员部工作，起初任职业教育总局局长，后任副教育人民委员。——156。

亚格洛，叶夫根尼·约瑟福维奇（第十六号）（Ягелло（Jagiełło），Евгений Иосифович（№16）1873—1947）——波兰工人运动活动家，波兰社会党"左派"党员；职业是旋工。1912 年第四届国家杜马选举期间，由波兰社会党"左派"和崩得联盟提名为杜马代表候选人；尽管波兰社会民主党人反对，仍当选为杜马代表，并在布尔什维克的反对下由孟什维克"七人团"投票通过参加社会民主党杜马党团。第一次世界大战结束后参加波兰工人运动左翼，后脱离政治活动。——184、200、204、206—207、209—210、211—213、215—216、220、232、251、317、500。

亚历山德罗夫——见谢马什柯，尼古拉·亚历山德罗维奇。

扬——见萨维诺夫，И.Т.。

扬松，威廉（Jansson, Wilhelm 1877—1923）——德国社会主义运动参加者，机会主义者，瑞典人。1905—1919 年是《德国工会总委员会通讯小报》的编辑。第一次世界大战期间是社会沙文主义者。1919 年起是瑞典驻柏林使馆专员。——527—528。

扬松（布劳恩），扬·埃内斯托维奇（Янсон（Браун），Ян Эрнестович 1872—1917）——拉脱维亚社会民主主义运动活动家，政论家和文艺批评家；1905 年拉脱维亚革命运动的领导人之一。屡遭沙皇政府迫害，1906 年流亡国外。斯托雷平反动时期和新的革命高涨年代对取消派采取调和主义态度，参加"八月联盟"。曾参加拉脱维亚边疆区社会民主党国外委员会。第一次世界大战期间是国际主义者。1917 年二月革命后在回国途中死去。——295、305。

—叶·—（—Е.—）——32、34。

叶·;叶·费·——见罗兹米罗维奇,叶列娜·费多罗夫娜。

叶尔莫拉耶夫,康斯坦丁·米哈伊洛维奇(罗曼)(Ермолаев,Константин Михайлович(Роман)1884—1919)——俄国社会民主党人,孟什维克。1904—1905年在彼得堡和顿涅茨煤田工作。俄国社会民主工党第五次(伦敦)代表大会代表,代表孟什维克被选入中央委员会。斯托雷平反动时期是取消派分子,1910年是在关于取消党的"公开信"上签名的16个孟什维克之一。1917年当选为孟什维克党中央委员,参加第一届全俄中央执行委员会。——27、56、57、58、66。

叶夫根尼——见武尔佩,伊万·康斯坦丁诺维奇。

叶努基泽,阿韦尔·萨夫罗诺维奇(Енукидзе,Авель Сафронович 1877—1937)——1898年加入俄国社会民主工党,布尔什维克。1910年在巴库组织中工作,参加巴库委员会。1911年被捕入狱,1912年7月获释。十月革命后在全俄中央执行委员会军事部工作,1918—1922年任全俄中央执行委员会主席团委员和秘书,1923—1935年任苏联中央执行委员会主席团委员和秘书。——87、308、331、337、493—494。

伊·——即列宁,弗拉基米尔·伊里奇。

伊哥尔;伊哥列夫——见哥列夫,波里斯·伊萨科维奇。

伊格纳季耶娃(施米特),伊丽莎白·巴甫洛夫娜(Игнатьева(Шмит),Елизавета Павловна)——尼·巴·施米特的妹妹。1908年与布尔什维克亚·米·伊格纳季耶夫伴婚,为的是能按照哥哥的遗嘱将其部分遗产转交给布尔什维克党。——117、164、268—269、344。

伊丽莎白·巴甫洛夫娜——见伊格纳季耶娃,伊丽莎白·巴甫洛夫娜。

伊林;伊林,弗·;伊林,弗拉·——即列宁,弗拉基米尔·伊里奇。

伊涅萨——见阿尔曼德,伊涅萨·费多罗夫娜。

伊萨克——见拉斯金。

伊万·伊万·——见扎克斯,萨穆伊尔·马尔科维奇。

伊万诺维奇——见斯大林,约瑟夫·维萨里昂诺维奇。

伊兹哥耶夫(兰德),亚历山大·索洛蒙诺维奇(Изгоев(Ланде),Александр Соломонович 1872—1935)——俄国政论家,立宪民主党思想家。早年是合法马克思主义者,一度成为社会民主党人,1905年转向立宪民主党。曾为立宪民主党的《言语报》、《南方札记》杂志和《俄国思想》杂志撰稿，参加过《路标》文集的工作。十月革命后为颓废派知识分子的《文学通报》杂志撰稿。因进行反革命政论活动，于1922年被驱逐出境。——55、63、372。

英诺；英诺森——见杜勃洛文斯基，约瑟夫·费多罗维奇。

尤·加·——见加米涅夫，列夫·波里索维奇。

尤·卡·——见马尔赫列夫斯基，尤利安·约瑟福维奇。

尤尔凯维奇(**雷巴尔卡**)，列夫(Юркевич(Рыбалка)，Лев 1885—1918)——乌克兰民族主义者，乌克兰社会民主工党中央委员。1913—1914年参加资产阶级民族主义的《钟声》杂志的工作。第一次世界大战期间在洛桑出版《斗争》月刊，主张乌克兰工人单独成立社会民主主义政党，主张将乌克兰从俄国分离出去并建立地主资产阶级的乌克兰君主国。——448—449、461。

尤金——见艾森施塔特，伊赛·李沃维奇。

尤里；尤里耶夫——见别克扎江，亚历山大·阿尔捷米耶维奇。

约尔丹斯基，尼古拉·伊万诺维奇(涅哥列夫)(Иорданский，Николай Иванович (Негорев) 1876—1928)——1899年参加俄国社会民主主义运动。1903年俄国社会民主工党第二次代表大会后是孟什维克。1904年为孟什维克《火星报》撰稿人。斯托雷平反动时期接近孟什维克护党派。第一次世界大战期间支持战争。1917年二月革命后是临时政府派驻西南方面军多个集团军的委员。1921年加入俄共(布)。1922年在外交人民委员部和国家出版社工作，1923—1924年任驻意大利全权代表。1924年起从事写作。——15、22、40—41、46—47。

约诺夫(**科伊根，费多尔·马尔科维奇**)(Ионов(Койген，Федор Маркович) 1870—1923)——俄国社会民主党人，崩得领袖之一，后为布尔什维克。1908年12月参加俄国社会民主工党第五次代表会议的工作，在基本问题上支持孟什维克护党派的纲领，后对取消派采取调和主义态度。第一次世界大战期间加入接近中派立场的崩得国际主义派。十月革命后加入俄共(布)，在党的沃佳基地区委员会工作。曾在苏俄驻柏林代表处工作。——29。

Z

扎戈尔斯基(**卢博茨基**),弗拉基米尔·米哈伊洛维奇(Загорский(Лубоцкий), Владимир Михайлович 1883—1919)——1905年加入俄国社会民主工党,在莫斯科做党的工作。1908年流亡国外,在伦敦住了两年后回国。不久被迫再次出国,住在莱比锡,执行布尔什维克中央部署的任务。十月革命后在俄罗斯联邦驻德国大使馆工作。1918年7月回到莫斯科,当选为党的莫斯科委员会书记。1919年9月25日在左派社会革命党人向莫斯科市委大楼投掷的炸弹爆炸时殉难。——190。

扎克斯(**格拉德涅夫**),萨穆伊尔·马尔科维奇(伊万·伊万·)(Закс(Гладнев),Самуил Маркович(Ив.Ив.)1884—1937)——1904年加入德国社会民主党,后为俄国社会民主工党党员,孟什维克,1906年起为布尔什维克。曾在《明星报》和《真理报》编辑部以及波涛出版社工作。对取消派采取调和主义立场。1917年在乌克兰做党的工作和编辑工作。十月革命后在苏维埃的和党的出版社工作,曾任人民委员会文化专员。后从事经济工作。——141、276—278。

扎列夫斯基,卡齐米尔(**特鲁谢维奇,斯坦尼斯拉夫**)(Залевский,Казимир(Трусевич,Станислав)1869—1918)——立陶宛社会民主主义组织创建人之一。1895年是立陶宛工人联合会创建人之一,1900年是该联合会同波兰王国社会民主党实行联合并成立波兰王国和立陶宛社会民主党的组织者之一。1900—1901年任波兰王国和立陶宛社会民主党总执行委员会委员。1907年参加俄国社会民主工党第五次(伦敦)代表大会。斯托雷平反动时期为孟什维克报刊撰稿。第一次世界大战期间是国际主义者。1917年加入俄国社会民主工党(布)。十月革命后在《消息报》编辑部工作。——237、500。

扎伊采夫,米哈伊尔·伊万诺维奇(Зайцев,Михаил Иванович 生于1885年)——1905年加入俄国社会民主工党,在伊万诺沃-沃兹涅先斯克、莫斯科和彼得堡从事革命工作,屡遭沙皇政府迫害。1912年在彼得堡先后当选为第四届国家杜马的工人初选人和复选人。十月革命后任伊万诺沃-沃兹涅先斯克市粮食委员会会务委员和副粮食委员,后参加红军。1921年复员后担任苏维埃的工作。——182。
藻埃尔——见斯卡列，B.A.。
志愿兵——见巴甫洛维奇，米哈伊尔·巴甫洛维奇。
兹·尔·（Z.L.）——410。
“自己人”——见切尔诺马佐夫，米龙·叶菲莫维奇。

Вл.× Р.——418。
Ос.彼得·（Ос.Петр.）——35。

X

X——见丹斯基，Б.Г.。

文献索引

[阿布罗西莫夫,弗·莫·]《我们害了什么病?》([Абросимов, В.М.]Чем мы больны?(Рабочий—рабочим).—«Луч», Спб., 1912, №56, 21 ноября, стр.2.Подпись:В.А.)——200。

阿恩——见饶尔丹尼亚,诺·尼·。

阿尔科梅德,С.Т.《高加索的工人运动和社会民主党》(Аркомед, С.Т. Рабочее движение и Социал-демократия на Кавказе. Ч. 1. С предисл. Г. В. Плеханова. Женева, imp. Chaulmontet, 1910. XVI, 152 стр.)——77、308。

[阿克雪里罗得,柳·伊·]《[书评:]弗拉·伊林〈唯物主义和经验批判主义〉》([Аксельрод, Л.И. Рецензия на книгу:] Вл. Ильин. Материализм и эмпириокритицизм. Критические заметки об одной реакционной философии. Издание «Звено». Москва. 1909 г. Стр. 438. Ц. 2 р. 60 к.—«Современный Мир», Спб., 1909, №7, стр. 207—211, в отд.: Критика и библиография. Подпись: Ортодокс)——280。

阿克雪里罗得,帕·波·《当前的主题》(摘自帕·波·阿克雪里罗得给朋友的信)(载于1912年6月5日《涅瓦呼声报》第6号)(Аксельрод, П.Б. На очередные темы. (Из писем П. Б. Аксельрода к друзьям).—«Невский Голос», Спб., 1912, №6, 5 июля, стр. 2—3)——133。

—《当前的主题》(摘自帕·波·阿克雪里罗得给朋友的信)(载于1912年《我们的曙光》杂志第6期)(На очередные темы. (Из писем П. Б. Аксельрода к друзьям).—«Наша Заря», Спб., 1912, №6, стр. 8—20)——505。

阿列克辛斯基,格·阿·《列宁组织中的刑事风气》(公开信)(Алексинский, Г.А. Уголовные нравы в ленинской организации. (Открытое письмо).—«Наша Рабочая Газета», Спб., 1914, №41, 21 июня, стр. 3)——489。

阿姆菲捷阿特罗夫,亚·瓦·《一个怀疑论者的书信》(Амфитеатров, А. В.

Письма Скептика.—«Варшавские Последние Новости», 1912, №22, 3 августа, стр. 1—2; №24, 5 августа, стр. 3; №30, 11 августа, стр. 1—2)——151。

埃克施泰因,古·《[书评:]罗莎·卢森堡〈资本积累论〉》(Eckstein, G. [Die Rezension über das Buch:] Rosa Luxemburg: Die Akkumulation des Kapitals. Ein Beitrag zur ökonomischen Erklärung des Imperialismus. Berlin 1913. Verlag: Buchhandlung Vorwärts Paul Singer G.m.b.H. 446 S. Preis geh. 6 Mk., geb. 8 Mk.—«Vorwärts», Berlin, 1913, Nr. 40, 16. Februar. 3. Beilage des «Vorwärts», S. 1—2)——275。

[奥里明斯基,米·斯·]《令人不解的失策》([Ольминский, М. С.] Сомнительный промах.—«Правда», Спб., 1913, №119(323), 25 мая, стр. 2. Подпись: В.)——308。

—《论"罪犯"》(О «преступниках».—«За Правду», Спб., 1913, №11, 16 октября, стр. 2. Подпись: А. Витимский)——356。

—《谁同谁?》(Кто с кем? —«Правда», Спб., 1913, №106(310), 10 мая, стр. 2—3. Подпись: А. Витимский)——289、303。

—《文明的人和肮脏的心》(Культурные люди и нечистая совесть.—«Правда», Спб., 1912, №98, 23 августа, стр. 1. Подпись: А. Витимский)——158。

—《真理报》(«Правда».—«Правда», Спб., 1913, №123(327), 30 мая, стр. 1)——301、303。

鲍古查尔斯基,瓦·雅·《19世纪70年代和80年代的政治斗争史》(Богучарский, В. Я. Из истории политической борьбы в 70-х и 80-х гг. XIX века. Партия «Народной Воли», ее происхождение, судьбы и гибель. М., «Русская Мысль», 1912. IV, 483 стр.)——279。

鲍威尔,奥·《资本积累论》(Bauer, O. Die Akkumulation des Kapitals.—«Die Neue Zeit», Stuttgart, 1912—1913, Jg. 31, Bd. 1, Nr. 23, 7. März, S. 831—838; Nr. 24, 14. März, S. 862—874)——275。

彼得罗夫斯基,格·伊·《肮脏的手段》(Петровский, Г. И. Нечистое средство.—«За Правду», Спб., 1913, №8, 12 октября, стр. 1)——353。

—《谈我的印象》(К моим впечатлениям.—«За Правду», Спб., 1913, №8, 12 октября,стр.2)——353。

彼利,罗·埃·《由彼利北极俱乐部赞助的1909年北极探险》(Peary,R.E.La découverte du pole nord en 1909, sous le patronage du club arctique Peary...Paris,Lafitte,1911.341 p.)——45。

彼舍霍诺夫,阿·瓦·《当前的主题。我们的纲领(它的梗概和范围)》(Пешехонов, А.В.На очередные темы.Наша платформа(ее очертания и размеры).—«Русское Богатство»,Спб.,1906,№8,стр.178—206,в отд.:II)——280。

—《国内生活大事记》(Хроника внутренней жизни.—«Русское Богатство», Спб.,1906,№7,стр.164—181,в отд.:II)——280。

别德内依,杰·《给弗·伊·列宁的信》(1912年11月15日)(Бедный,Д. Письмо В.И.Ленину.15 ноября 1912 г.Рукопись)——198。

—《寓言》(Басни.Спб.,тип.Вольфа,1913.100 стр.)——286。

[别尔津,扬·]《关于策略的札记》([Berzin, J.] Peezihmes par taktiku. 2. Partijas weenibas pamati.—«Biletens Latwijas Sozialdemokratijas Ahrsemju Grupu Biroja isdewums», Bruxelles, 1913, Nr. 2-3, 9. maja (26. aprilî),1.2—4.Подпись:Seemelis)——292、294—295。

波格丹诺夫,亚·《给编辑部的信》(Богданов,А.Письмо в редакцию.—«Правда», Спб.,1913,№24(228),30 января,стр.2)——254、256。

—《工程师曼尼》(Инженер Мэнни.Фантастический роман.М.,Дороватовский и Чарушников,1913.150 стр.)——256。

—《普遍的组织起来的科学(组织形态学)》(Всеобщая организационная наука. (Тектология).Ч.I.Спб.,Семенов,[1913].255 стр.)——264、412。

—《生动经验的哲学》(Философия живого опыта.Популярные очерки.Материализм, эмпириокритицизм, диалектический материализм, эмпириомонизм, наука будущего.Пб.,Семенов,[1913].272 стр.)——412。

—《用事实说明》(给编辑部的信)(Фактическое разъяснение.(Письмо в редакцию).—«Правда»,Спб.,1913,№120(324),26 мая,стр.2—3)——302、305、313。

—《政治经济学引论(问题和答复)》(Введение в политическую экономию. (В вопросах и ответах).Спб.,«Прибой»,1914.128 стр.)——430、431。

波特列索夫,亚·尼·《背着个人历史的包袱》(论普列汉诺夫)(Потресов,А.

Н.В тисках своего прошлого.(О Плеханове).—«Луч»,Спб.,1913,№119 (205),25 мая,стр.2;№121(207),28 мая,стр.2;№122(208),29 мая,стр. 2.Подпись:А.Н.Потресов-Старовер)——302。

布尔加柯夫,谢·尼·《在选举中》(日记摘录)(Булгаков,С.Н.На выборах.(Из дневника).—«Русская Мысль»,М.—Пб.,1912,кн.XI,стр.185—192,в отд.:II)——259、261。

布尔金,费·阿·《工人的主动精神和工人的蛊惑宣传》(Булкин,Ф.А.Рабочая самодеятельность и рабочая демагогия.—«Наша Заря»,Спб.,1914,№3,стр.55—64)——488、505。

布哈林,尼·伊·《司徒卢威先生的把戏》(Бухарин,Н.И.Фокус-покусы г-на Струве.—«Просвещение»,Спб.,1913,№12,стр.81—89)——404。

[布兰克,鲁·马·]《彼得堡的选举》([Бланк,Р.М.]Петербургские выборы.—«Запросы Жизни»,Спб.,1912,№27,6 июля,стлб.1585—1586.Подпись:Б.)——147。

[策杰尔包姆,谢·奥·]《亚格洛同志和社会民主党党团》([Цедербаум,С.О.]Тов.Ягелло и с.-д.фракция.—«Луч»,Спб.,1912,№56,21 ноября,стр. 1.Подпись:К.Августовский)——204。

查苏利奇,维·伊·《关于一个问题》(Засулич,В.И.По поводу одного вопроса.—«Живая Жизнь»,Спб.,1913,№8,19 июля,стр.2—3)——324。

德涅夫尼茨基,普·恩·《论取消派如何健忘和为什么健忘》(Дневницкий,П.Н.О том,как коротка и почему коротка память у ликвидаторов.—«Правда»,Спб.,1913,№30(234),6 февраля,стр.1—2;№32(236),8 февраля,стр.2;№33(237),9 февраля,стр.1;№35(239),12 февраля,стр. 1—2;№36(240),13 февраля,стр.1—2;№37(241),14 февраля,стр.1—2)——260。

多洛夫,Н.《自由派的失败》(Долов,Н.Либеральная неудача.—«Правда»,Спб.,1913,№117(321),23 мая,стр.1)——300。

恩格斯,弗·《1891 年社会民主党纲领草案批判》(Энгельс,Ф.К критике проекта социал-демократической программы 1891 года.Между 18 и 29 июня 1891 г.)——387。

法林斯基——见李维诺夫-法林斯基,弗·彼·。

费·唐·——见唐恩,费·伊·。

弗雷——即列宁,弗·伊·。

高尔基,马·《忏悔》(中篇小说)(Горький,М. Исповедь. Повесть.—В кн.: Сборник товарищества «Знание» за 1908 год.Кн.23.Спб.,«Знание»,1908, стр.3—206)——5、371。

—《就奥·倍倍尔逝世给俄国社会民主工党中央委员会的电报》([Телеграмма ЦК РСДРП по поводу смерти А. Бебеля].—«Северная Правда», Спб., 1913,№4,4 августа,стр. 2. Под загл.: К смерти Бебеля. М. Горький о смерти Бебеля)——349。

—《来自远方》(Издалека.—«Запросы Жизни»,Спб.,1911,№11,16 декабря, стлб.655—658;1912,№7,17 февраля,стлб.385—394;№11,16 марта, стлб.641—646;№13,31 марта,стлб.769—772;№27,6 июля,стлб. 1569—1580;№29,20 июля,стлб.1697—1702)——151。

—《童话》(Сказки.—«Звезда», Спб., 1911, №7, 29 января, стр. 1; №21, 7 мая, стр. 1; №29, 12 ноября, стр. 1; 1912, №1(37), 6 января, стр. 1; №6 (42),2 февраля,стр.1;№17(53),13 марта,стр.1)——94、95、182。

[哥列夫,波·伊·]《致中央委员会国外局》([Горев, Б. И.] В Заграничное бюро Центрального Комитета.Заявление.[17 февраля 1911 г.].Рукопись) ——26。

格利卡——见美列涅夫斯基,马·伊·。

格列杰斯库尔,尼·安·《俄国知识界的转变及其真正意义》(Гредескул, Н. А.Перелом русской интеллигенции и его действительный смысл.—В кн.: Интеллигенция в России. Сб. статей. Спб., «Земля», 1910, стр. 8—58) ——145。

—《以公开言论冒险》(Приключения с публичным словом.—«Речь»,Спб., 1912,№117(2071),30 апреля(13 мая),стр.2)——145。

古尔维奇,伊·《移民与劳动》(Hourwich, I. Immigration and Labour. The Economic Aspects of European Immigration to the United States. New York—London,Putnam,1912.XVII,544 p.)——432、433。

[哈阿兹,胡·《给俄国社会民主工党中央委员会的信》]([Гаазе,Г.Письмо ЦК РСДРП].—«Правда»,Спб.,1913,№8(212),11 января,стр.1—2,в ст.:Ленин,В.И.Лучше поздно,чем никогда)——243。

海德门,亨·迈·《冒险生活记事》(Hyndman,H.M.The Record of an Adventurous Life.London,Macmillan,1911.X,460 p.)——85。

胡斯曼,卡·《给弗·伊·列宁的信》(1912 年 11 月 7 日)(Гюисманс,К.Письмо В.И.Ленину.7 ноября 1912 г.Рукопись)——185。

—《给弗·伊·列宁的信》(1912 年 12 月 5 日)(Письмо В.И.Ленину.5 декабря 1912 г.Рукопись)——220。

—《给弗·伊·列宁的信》(1914 年 3 月 3 日)(Письмо В.И.Ленину.3 марта 1914 г.Рукопись)——438、439。

—《给弗·伊·列宁的信》(1914 年 3 月 10 日)(Письмо В.И.Ленину.10 марта 1914 г.Рукопись)——441。

季诺维也夫,格·叶·《在死胡同里》(Зиновьев,Г.Е.В тупике.—«Звезда»,Спб.,1910,№2,23 декабря,стр.1—2)——8。

[加米涅夫,列·波·]《阿列克先科先生的自白》([Каменев,Л.Б.]Признания г.Алексеенко.—«Правда»,Спб.,1913,№123(327),30 мая,стр.2.Подпись:Ю.К.)——301。

—《两个政党》(Две партии.С предисл.Н.Ленина и прилож.писем и заявлений тт.В.Вильямова,Ал.Власова,Иннокентиева,Э.и группы рабочих.Изд.ред.«Рабочей Газеты».[Paris],1911.XII,155,XXIII стр.(РСДРП).Перед загл.авт.:Ю.Каменев)——72、74、77、203、280—281、417。

—《论民主派的义务(答维·切尔诺夫)》(Об обязанностях демократа.(Ответ В.Чернову).—«Просвещение»,Спб.,1912,№8-9,июль—август,стр.73—80.Подпись:Ю.Каменев)——150。

—[《论〈同时代人〉杂志》]([О журнале«Современник»].—«Правда»,Спб.,1912,№64,13 июля,стр.1,в отд.:Заметки.Подпись:Ю.К.)——139。

—《[书评:]亚·波格丹诺夫〈政治经济学引论(问题和答复)〉》([Рецензия на книгу:]А.Богданов.Введение в политическую экономию(в вопросах и ответах).Ц.40 коп.Изд.«Прибой».—«Просвещение»,Спб.,1914,№3, стр.111—113.Подпись:С.Корсов)——430。

[考茨基,卡·]《德国社会民主党的策略方针》([Каутский,К.]Тактические направления в германской социал-демократии.—«Мысль»,М.,1911,№5,апрель,стр.1—18)——20、44。

—《考茨基关于社会党国际局会议的一封信》(Письмо Каутского по поводу заседания МСБюро.—«Пролетарская Правда»,Спб.,1913,№12,20 декабря,стр.2.Под общ.загл.:Росс.с.-д.раб.фракция)——503。

—《马尔萨斯主义和社会主义》(Kautsky,K.Malthusianismus und Sozialismus.—«Die Neue Zeit»,Stuttgart,1910—1911,Jg.29,Bd.1,Nr.18,3.Februar,S.620—627;Nr.19,10.Februar,S.652—662;Nr.20,17.Februar,S.684—697)——94。

—《[书评:]卡尔·列金〈德国的工会运动〉》([Рецензия на книгу:]Karl Legien.Die deutsche Gewerkschaftsbewegung.Berlin,Verlag der«Sozialistischen Monatshefte».2.Auflage.28 Seiten.60 Pfennig.—«Die Neue Zeit»,Stuttgart,1910,Jg.29,Bd.1,Nr.12,23.Dezember,S.418—420)——20。

—《新策略》(Die neue Taktik.—«Die Neue Zeit»,Stuttgart,1912,Jg.30,Bd.2,Nr.44,2.August,S.654—664)——153。

—《战争和国际》(Der Krieg und die Internationale.—«Die Neue Zeit»,Stuttgart,1912—1913,Jg.31,Bd.1,Nr.6,8.November,S.185—193)——184、187。

柯巴——见斯大林,约·维·。

[柯尔佐夫,德·]《给米·费林的公开信》(Кольцов,Д.Открытое письмо М.Фирину.—«Новая Рабочая Газета»,Спб.,1913,№87,20 ноября,стр.3.Под общ.загл.:К делу сотрудника«За Правду»)——389—391。

—《工人群众和地下组织》([Кольцов,Д.]Рабочие массы и подполье.—«Луч»,Спб.,1913,№15(101),19 января,стр.1)——251、303—304。

—《杂志评论》(Среди журналов.—«Наша Заря»,Спб.,1913,№3,стр.44—52.Подпись:Л.Седов)——303—304。

[克列斯廷斯基,尼·尼·]《两种道德标准》([Крестинский,Н.Н.]Две моральных мерки.—«За Правду»,Спб.,1913,№8,12 октября,стр.1—2.Подпись:Н.Борин)

——353。

克尼波维奇，波·尼·《俄国农民的分化问题(在农耕经济领域里的分化)》(Книпович，Б.Н.К вопросу о дифференциации русского крестьянства.(Дифференциация в сфере земледельческого хозяйства).Спб.，1912.112 стр.(Труды экон.семинария под руковод.М.И.Туган-Барановского при юрид.фак.С.-Петербургского ун-та.Вып.1))——119—121。

克韦塞尔，路·《卡尔·考茨基是一个人口理论家》(Quessel，L.Karl Kautsky als Bevölkerungstheoretiker.—«Die Neue Zeit»，Stuttgart，1911，Jg. 29，Bd.1，Nr.16，20.Januar.S.559—565)——21。

拉狄克，卡·《我的总结》(Radek，K.Meine Abrechnung.Bremen，Schmalfeldt，1913.63 S.)——274。

拉林，尤·《创造之路》(Ларин，Ю.Пути созидания.—«Дело Жизни»，Спб.，1911，№5，31 мая，стлб.13—20；№6，25 июня，стлб.13—20)——246。

—《在右面——和周围》(论目前形势)(Направо—и кругом.(К современному положению).—«Дело Жизни»，Спб.，1911，№1，22 января，стлб.47—58；№2，2 марта，стлб.9—20)——246。

莱蒙托夫，米·尤·《致亚·奥·斯米尔诺娃》(Лермонтов，М.Ю.А.О.Смирновой)——395。

李可夫，阿·伊·《致布尔什维克国外中心》(1911 年 2 月 20 日和 25 日之间)(Рыков，А.И.Заграничному центру большевиков.Между 20 и 25 февраля 1911 г.Рукопись)——27、28、29。

—《组织问题》(К организационному вопросу.—«Луч»，Спб.，1913，№109(195)，14 мая，стр.2.Подпись：А.Власов)——303—305。

李维诺夫-法林斯基，弗·彼·《新颁工人保险法》(Литвинов-Фалинский，В.П.Новые законы о страховании рабочих.Текст законов с мотивами и подробными разъяснениями.Спб.，тип.Суворина，1912.VIII，364 стр.)——177、215。

列金，卡·《德国的工人运动》(Legien，K.Die deutsche Gewerkschaftsbewegung.2. Aufl.Berlin，Verl.der«Sozialistischen Monatshefte»，1910.28 S.)——20。

—《美国工人运动见闻》(Aus Amerikas Arbeiterbewegung.Berlin，Singer，

1914.203 S.)——454。

列宁,弗·伊·《半年工作总结》(Ленин, В. И. Итоги полугодовой работы.—«Правда», Спб., 1912, №78, 29 июля, стр.1; №79, 31 июля, стр.1; №80, 1 августа, стр.1; №81, 2 августа, стр.1. Подпись: Статистик)——138、148。

—《第四届国家杜马选举运动》(二)(Избирательная кампания в IV Г[осударственную] думу. II. Роль рабочих выборщиков в избирательной кампании.—«Звезда», Спб., 1911, №34, 17 декабря, стр.1—2. Подпись: В.Фрей)——111。

—《第四届国家杜马选举运动》(三)(Избирательная кампания в IV Г[осударственную] думу. III. Крестьянство и крестьянские выборщики в избирательной кампании.—«Звезда», Спб., 1911, №36, 31 декабря, стр. 1—2. Подпись: В.Фрей)——111。

—《俄国社会民主工党的选举纲领》(Избирательная платформа Российской с.-д. рабочей партии. [Листовка. Изд. Бюро ЦК РСДРП в России. Тифлис], тип. ЦК, [март 1912]. 4 стр. (РСДРП). Подпись: ЦК РСДРП)——101—102、105、109。

—《俄国社会民主工党中央委员会在布鲁塞尔会议上的报告和给布鲁塞尔会议中央代表团的指示》(Доклад ЦК РСДРП и инструктивные указания делегации ЦК на Брюссельском совещании. 23—30 июня (6—13 июля) 1914 г.)——491、494—495、496—497、498、499、509、517、529。

—《俄国资本主义的发展》(Развитие капитализма в России. Процесс образования внутреннего рынка для крупной промышленности. Спб., Водовозова, 1899. IX, IV, 480 стр.; 2 л. диагр.: VIII стр. табл. Перед загл. авт.: Владимир Ильин)——433。

—《告俄国全体公民书》(1912年10月10日(23日)以前)(Ко всем гражданам России. Октябрь, ранее 10(23), 1912 г.)——175、190。

—《革命高潮、罢工和党的任务》[有党的工作者参加的俄国社会民主工党中央委员会克拉科夫会议上通过的决议](Революционный подъем, стачки и задачи партии. [Резолюция, принятая на Краковском совещании ЦК РСДРП с партийными работниками]. 1913 г.)——233、234、248。

—《给阿·马·高尔基的信》(1910年11月14日)(Письмо А.М.Горькому. 14 ноября 1910 г.)——4。

—《给阿·马·高尔基的信》(1911年4月底)(Письмо А.М.Горькому. Конец апреля 1911 г.)——48。

—《给阿·马·高尔基的信》(1912年10月17日)(Письмо А.М.Горькому. 17 октября 1912 г.)——182。

—《给阿·马·高尔基的信》(1913年1月8日以前)(Письмо А.М.Горькому. Ранее 8 января 1913 г.)——240。

—《给阿·马·高尔基的信》(1913年11月13日或14日)(Письмо А.М. Горькому. 13 или 14 ноября 1913 г.)——375—378。

—《给奥·H.洛拉的信》(1913年7月20日)(Письмо О.Н.Лоле. 20 июля 1913 г.)——319—320。

—《给弗·别·斯坦凯维奇的信》(1914年3月24日)(Письмо В.Б.Станкевичу. 24 марта 1914 г.)——482—483。

—《给格·李·什克洛夫斯基的信》(1912年3月12日)(Письмо Г.Л. Шкловскому. 12 марта 1912 г.)——99—100。

—《给格·瓦·普列汉诺夫的信》(1912年11月17日)(Письмо Г.В. Плеханову. 17 ноября 1912 г.)——189—190。

—《给格·瓦·普列汉诺夫的信》(不晚于1913年6月22日)(Письмо Г.В. Плеханову. Не позднее 22 июня 1913 г.)——315。

—《给卡·胡斯曼的信》(1910年10月17日)(Письмо К.Гюисмансу. 17 октября 1910 г.)——3。

—《给卡·胡斯曼的信》(1914年2月2日)(Письмо К.Гюисмансу. 2 февраля 1914 г.)——438—439。

—《给米·斯·奥里明斯基的信》(1913年6月16日)(Письмо М.С. Ольминскому. 16 июня 1913 г.)——301。

—《给社会党国际局的报告》(1914年1月31日—2月1日)(Доклад Международному социалистическому бюро. 31 января—1 февраля 1914 г.)——420、421、438、440。

—《给社会党国际局的关于俄国社会民主工党全国代表会议的报告》(1912

年3月初)(Доклад Международному социалистическому бюро о Всероссийской конференции РСДРП. Начало марта 1912 г.)——96。

—《给社会党国际局书记胡斯曼的信》(1912年3月下半月)(Письмо секретарю Международного социалистического бюро Гюисмансу. Вторая половина марта 1912 г.)——102—103、106—107。

—《给伊·费·波波夫的信》(1914年7月10日以前)(Письмо И.Ф. Попову. Июль, ранее 10, 1914 г.)——498。

—《给伊·伊·斯克沃尔佐夫-斯捷潘诺夫的信》(1909年12月12日)(Письмо И.И.Скворцову-Степанову. 2 декабря 1909 г.)——246。

—《给约·维·斯大林的信》(1912年12月11日)(Письмо И.В.Сталину. 11 декабря 1912 г.)——212。

—《关于波格丹诺夫先生和"前进"集团问题》(致《真理报》编辑委员会)(1913年6月3日(16日))(К вопросу о г. Богданове и группе «Вперед». (Для редакционной коллегии «Правды»). 3(16) июня 1913 г.)——302、306、313。

—《关于布尔什维主义》(О большевизме.—В кн.: Рубакин, Н.А. Среди книг. Опыт обзора русских книжных богатств в связи с историей научно-философских и литературно-общественных идей. Справочное пособие для самообразования и для систематизации и комплектования общеобразовательных библиотек, а также книжных магазинов. Т.II. Изд. 2-ое, доп. и перераб. М., «Наука», 1913, стр. 772—773, в ст.: «Предварительные замечания» к подразд. Б. «Социализм научный. Государственный социализм и социал-реформизм»)——243。

—《关于党的工作的性质和组织形式》[1912年1月俄国社会民主工党第六次(布拉格)全国代表会议通过的决议](О характере и организационных формах партийной работы. [Резолюция, принятая на Шестой (Пражской) Всероссийской конференции РСДРП в январе 1912 г.].—В кн.: Всероссийская конференция Рос. соц.-дем. раб. партии 1912 года. Изд. ЦК. Paris, кооп. тип. «Идеал», 1912, стр. 22—23. (РСДРП))——507。

—《关于第四届杜马的选举给社会党国际局的报告》——见[列宁,弗·伊·]《第四届杜马的选举》。

—《关于第四届国家杜马的选举》[1912 年 1 月俄国社会民主工党第六次(布拉格)全国代表会议通过的决议](О выборах в 4-ую Государственную думу. [Резолюция, принятая на Шестой (Пражской) Всероссийской конференции РСДРП в январе 1912 г.].—В кн.: Всероссийская конференция Рос.соц.-дем.раб.партии 1912 года.Изд.ЦК.Paris,кооп.тип. «Идеал»,1912,стр.18—21.(РСДРП))——94。

—《〈关于对取消主义的态度和关于统一〉决议初稿》(Первоначальный набросок резолюции «Об отношении к ликвидаторству и об единстве».Декабрь 1912 г.)——277。

—《关于对取消主义的态度和关于统一》[有党的工作者参加的俄国社会民主工党中央委员会克拉科夫会议上通过的决议](Об отношении к ликвидаторству и об единстве. [Резолюция, принятая на Краковском совещании ЦК РСДРП с партийными работниками].—В кн.: [Ленин, В. И.] Извещение и резолюции совещания Центрального Комитета РСДРП с партийными работниками. Февраль 1913. Изд. ЦК РСДРП. [Париж, первая половина февраля 1913], стр. 18—21. (РСДРП))——234、248—249、277、507—508。

—《关于各民族中央机关没有代表出席全党代表会议的问题》[1912 年 1 月俄国社会民主工党第六次(布拉格)全国代表会议通过的决议](Об отсутствии делегатов от национальных центров на общепартийной конференции. [Резолюция, принятая на Шестой (Пражской) Всероссийской конференции РСДРП в январе 1912 г.].—В кн.: Всероссийская конференция Рос. соц.-дем. раб.партии 1912 года. Изд. ЦК. Paris, кооп. тип. «Идеал», 1912, стр. 15—16. (РСДРП))——237、294、515。

—《关于国外的党组织》[1912 年 1 月俄国社会民主工党第六次(布拉格)全国代表会议通过的决议](О партийной организации за границей. [Резолюция, принятая на Шестой (Пражской) Всероссийской конференции РСДРП в январе 1912 г.].—Там же, стр. 30—31.)——102。

—《关于拉脱维亚边疆区社会民主党对俄国社会民主工党的态度的决议草案》(Проект резолюции об отношении Социал-демократии Латышского края к РСДРП)——438。

—《关于“民族的”社会民主党组织》[1913年在有党的工作者参加的俄国社会民主工党中央委员会克拉科夫会议上通过的决议](О«национальных» с.-д.организациях.[Резолюция，принятая на Краковском совещании ЦК РСДРП с партийными работниками].1913 г.)——236。

—《关于民族平等和保护少数民族权利的法律草案》(Проект закона о равноправии наций и о защите прав национальных меньшинств.Позднее 6 (19)мая 1914 г.)——477、492。

—《关于民族问题的决议[有党的工作者参加的俄国社会民主工党中央委员会1913年夏季会议的决议]》(Резолюция по национальному вопросу，[принятая на летнем 1913 г. совещании ЦК РСДРП с партийными работниками].—В кн.：Извещение и резолюции летнего 1913 года совещания Центрального Комитета РСДРП с партийными работниками. Изд. ЦК. [Париж，декабрь]1913，стр.20—23.(РСДРП))——388—389、530。

—《关于民族问题的批评意见》(Критические заметки по национальному вопросу.—«Просвещение»，Спб.，1913，№10，стр.95—105；№11，стр.55—59；№12，стр.56—64.Подпись：В.Ильин)——388—389、492。

—《关于前保管人掌管的财产和关于账目》[1912年1月俄国社会民主工党第六次(布拉格)全国代表会议通过的决议](Об имуществе，находящемся в руках бывшего держателя，и о денежных отчетах.[Резолюция，принятая на Шестой(Пражской)Всероссийской конференции РСДРП в январе 1912 г.].—В кн.：Всероссийская конференция Рос. соц.-дем. раб. партии 1912 года. Изд. ЦК. Paris，кооп. тип. «Идеал»，1912，стр. 30. (РСДРП))——414、504。

—《关于取消主义和取消派集团》[1912年1月俄国社会民主工党第六次(布拉格)全国代表会议通过的决议](О ликвидаторстве и о группе ликвидаторов. [Резолюция，принятая на Шестой(Пражской)Всероссийской конференции РСДРП в январе 1912 г.].—Там же，стр.28—29)——101—102。

—《关于确定代表会议的性质》[1912年1月俄国社会民主工党第六次(布拉格)全国代表会议通过的决议](О конституировании конференции.

[Резолюция, принятая на Шестой (Пражской) Всероссийской конференции РСДРП в январе 1912 г.].—Там же, стр.14—15)——507—508。

—《关于社会民主党杜马党团》[有党的工作者参加的俄国社会民主工党中央委员会1913年夏季会议的决议](载于1913年10月17日《拥护真理报》第12号)([О думской с.-д. фракции. Резолюция, принятая на летнем 1913 г. совещании ЦК РСДРП с партийными работниками].—«За Правду», Спб., 1913, №12, 17 октября, стр. 2, в ст.: Рабочие и с.-д. фракция)——364。

—《关于社会民主党杜马党团》[有党的工作者参加的俄国社会民主工党中央委员会1913年夏季会议的决议](载于《有党的工作者参加的俄国社会民主工党中央委员会1913年夏季会议的通报和决议》)(О думской с.-д. фракции. [Резолюция, принятая на летнем 1913 г. совещании ЦК РСДРП с партийными работниками].—В кн.: Извещение и резолюции летнего 1913 года совещания Центрального Комитета РСДРП с партийными работниками. Изд. ЦК. [Париж, декабрь] 1913, стр. 18—19. (РСДРП))——364、503。

—《关于社会民主党杜马党团内部斗争问题的材料》(Материалы к вопросу о борьбе внутри с.-д. думской фракции.—«За Правду», Спб., 1913, №22, 29 октября, стр.2—3)——364、374。

—《几个争论的问题》(Спорные вопросы.—«Правда», Спб., 1913, №85(289), 12 апреля, стр.1—2; №95(299), 26 апреля, стр.2; №110(314), 15 мая, стр.2. Подпись: И.)——288、301、304。

—《决议[有党的工作者参加的俄国社会民主工党中央委员会克拉科夫会议上通过]》(Резолюции, [принятые на Краковском совещании ЦК РСДРП с партийными работниками].—В кн.: [Ленин, В.И.] Извещение и резолюции совещания Центрального Комитета РСДРП с партийными работниками. Февраль 1913. Изд. ЦК РСДРП. [Париж, первая половина февраля 1913], стр.9—23. (РСДРП))——234、236、248—249、257。

—《卡尔·马克思》(Маркс, Карл.—В кн.: Энциклопедический словарь т-ва «Бр. А. и И. Гранат и К°». 7-е, совершен. переработ. изд. под ред. Ю. С.

Гамбарова и др.Т.28.М.,[1914],стлб.219—243,243'—246'.Подпись:В.Ильин)——440—441、484、524、531。

—《拉脱维亚边疆区社会民主党第四次代表大会纲领草案》(Проект платформы к IV съезду Социал-демократии Латышского края.Май,ранее 25(7 июня), 1913 г.)——292、295。

—《两种乌托邦》(Две утопии.Ранее 5(18)октября 1912 г.)——261。

—《论俄国罢工统计》(О статистике стачек в России.—«Мысль», М., 1910,№1,декабрь,стр.12—23;1911,№2,январь,стр.19—29.Подпись:В.Ильин)——29、30、94。

—《论高喊统一而实则破坏统一的行为》(О нарушении единства,прикрываемом криками о единстве.—«Просвещение», Спб., 1914, №5, стр. 89 — 103. Подпись:В.Ильин)——500。

—《论〈路标〉》(О «Вехах».—«Новый День»,Спб.,1909,№15,13 декабря, стр.3.Подпись:В.Ильин)——150。

—《论冒险主义》(Об авантюризме.—«Рабочий»,Спб.,1914,№7,9 июня, стр.2—3.Подпись:В.Ильин)——526。

—《论民粹主义》(О народничестве.II.—«Правда»,Спб.,1913,№17(221), 22 января,стр.1—2.Подпись:В.И.)——254。

—《论民族自决权》(О праве наций на самоопределение.—«Просвещение», Спб.,1914,№4,стр.34—47;№5,стр.57—71;№6,стр.33—47.Подпись:В.Ильин)——477、478、492。

—《秘密组织的建设》[有党的工作者参加的俄国社会民主工党中央委员会会议通过的决议](Строительство нелегальной организации.[Резолюция, принятая на Краковском совещании ЦК РСДРП с партийными работниками].—В кн.:[Ленин, В. И.] Извещение и резолюции совещания Центрального Комитета РСДРП с партийными работниками. Февраль 1913.Изд.ЦК РСДРП.[Париж,первая половина февраля 1913], стр. 12—14.(РСДРП))——509。

—《农民和第四届杜马的选举》(Крестьянство и выборы в 4-ую Думу.—«Рабочая Газета»,[Париж],1912,№8,17(30)марта,стр.3)——108。

—《欧洲工人运动中的分歧》(Разногласия в европейском рабочем движении.—«Звезда»,Спб.,1910,№1,16 декабря,стр.3,в отд.:Заграничные письма. Подпись:В.Ильин)——8。

—《取消派领袖谈取消派的"统一"条件》(Вождь ликвидаторов о ликвидаторских условиях «единства».—«Путь Правды»,Спб.,1914,№12,4 февраля,стр. 2.Подпись:К.Т.)——425。

—《日益扩大的矛盾》(政论家札记)(Возрастающее несоответствие.Заметки публициста.—«Просвещение»,Спб.,1913,№3,стр.71—77;№4,стр.67—73.Подпись:В.Ильин)——260、261。

—《社会革命党的孟什维克》(Эсеровские меньшевики.—«Пролетарий»,[Выборг],1906,№4,19 сентября,стр. 3 — 6. На газ. место изд.: М.)——261。

—《社会民主党在1905—1907年俄国第一次革命中的土地纲领》(Аграрная программа социал-демократии в первой русской революции 1905—1907 годов.Ноябрь—декабрь 1907 г.)——433。

—《十二年来》文集(За 12 лет. Собрание статей. Т. 1. Два направления в русском марксизме и русской социал-демократии. Спб., тип. Безобразова, [1907].XII,471 стр.Перед загл.авт.:Вл.Ильин.На тит.л.год изд.:1908)——253。

—《19世纪末俄国的土地问题》(Аграрный вопрос в России к концу XIX века.Первая половина 1908 г.)——17。

—《市场理论问题述评(评杜冈-巴拉诺夫斯基先生和布尔加柯夫先生的论战)》(Заметка к вопросу о теории рынков.(По поводу полемики гг.Туган-Барановского и Булгакова).—«Научное Обозрение»,Спб.,1899,№1,стр. 37—45.Подпись:Владимир Ильин)——242、274—275。

—《斯托雷平与革命》(Столыпин и революция.—«Социал-Демократ»,[Париж],1911,№24,18(31)октября,стр.1—2)——75、76。

—《谈谈某些社会民主党人是如何向国际介绍俄国社会民主工党的情况的》(О том,как некоторые социал-демократы знакомят Интернационал с положением дел в РСДРП.—«Социал-Демократ»,Париж,1910,№17,

25 сентября(8 октября),стр.10—11)——28。
—《唯物主义和经验批判主义》(Материализм и эмпириокритицизм.Критические заметки об одной реакционной философии.М.,«Звено»,[май]1909.III,438 стр.Перед загл.авт.:Вл.Ильин)——279。
—《维·查苏利奇是怎样毁掉取消主义的》(Как В.Засулич убивает ликвидаторство.—«Просвещение»,Спб.,1913,№9,стр.46—61.Подпись:В.Ильин;В.И.)——329。
—《我们的取消派们(关于波特列索夫先生和弗·巴扎罗夫)》(Наши упразднители.(О г.Потресове и В.Базарове).—«Мысль»,М.,1911,№2,январь,стр. 37 — 46; №3,февраль,стр. 45 — 53. Подпись: В. Ильин)——47。
—《选举结果》(Итоги выборов.—«Просвещение»,Спб.,1913,№1,стр.10—28.Подпись:В.Ильин)——261。
—《意大利社会党人代表大会》(Съезд итальянских социалистов. —«Правда»,Спб.,1912,№66,15 июля,стр.1.Подпись:И.)——139。
—《英国的宪法危机》(Конституционный кризис в Англии. — «Путь Правды»,Спб.,1914,№57,10 апреля,стр.1)——449。
—《英国关于自由派工人政策的争论》(Английские споры о либеральной рабочей политике.5(18)октября 1912 г.)——261、262。
—《英国自由党人和爱尔兰》(Английские либералы и Ирландия.—«Путь Правды»,Спб.,1914,№34,12 марта,стр.1)——449。
—《"有保留"的英雄们》(Герои«оговорочки».—«Мысль»,М.,1910,№1,декабрь,стр.69—73.Подпись:В.И.)——15。
—《有党的工作者参加的俄国社会民主工党中央委员会会议通报和决议》(Извещение и резолюции совещания Центрального Комитета РСДРП с партийными работниками. Февраль 1913. Изд. ЦК РСДРП. [Париж,первая половииа февраля 1913].24 стр.(РСДРП))——234、235、248—249、257、277、507—508。
—《有组织的马克思主义者论国际局的干预》(Организованные марксисты о вмешательстве Международного бюро.15 апреля 1914 г.)——420。

—《政论家札记》(二)(Заметки публициста.II.«Объединительный кризис» в нашей партии.—«Дискуссионный Листок»,[Париж],1910,№2,25 мая (7 июня),стр.4—14.Подпись:Н.Ленин.На газ.дата:24/7 июня)——29、34。

—《致博洛尼亚学校的学员同志们》(1910年12月3日)(Товарищам—слушателям школы в Болонье.3 декабря 1910 г.)——17。

—《致格拉纳特兄弟出版社百科词典编辑部秘书》(1914年7月21日)(Секретарю редакции Энциклопедического словаря товарищества братьев Гранат.21 июля 1914 г.)——531。

—《致社会民主党第三届国家杜马党团》(Социал-демократической фракции III Государственной думы.Ранее 19 апреля 1911 г.)——42。

—《致〈拥护真理报〉编辑部》(1913年11月2日和7日之间)(В редакцию газеты «За Правду».Между 2 и 7 ноября 1913 г.)——356。

—《致〈真理报〉编辑部》(1912年11月26日以前)(В редакцию газеты «Правда».Ранее 26 ноября 1912 г.)——194。

—《致〈真理报〉编辑部》(1913年6月16日)(В редакцию газеты «Правда».16 июня 1913 г.)——306—307。

—《资本主义和工人移民》(Капитализм и иммиграция рабочих.—«За Правду»,Спб.,1913,№22,29 октября,стр.1.Подпись:В.И.)——432。

—《资本主义和"议会"》(Капитализм и «парламент».—«Невская Звезда»,Спб.,1912,№13,17 июня,стр.2.Подпись:Нелиберальный скептик)——128。

—《资产阶级知识分子反对工人的方法》(Приемы борьбы буржуазной интеллигенции против рабочих.—«Просвещение»,Спб.,1914,№6,стр.63—84.Подпись:В.Ильин)——526。

—《自由派工党的宣言》(Манифест либеральной рабочей партии.—«Звезда»,Спб.,1911,№32,3 ноября,стр.1—2.Подпись:Вл.Ильин)——150、247—248。

—《自由派和民主派对语言问题的态度》(Либералы и демократы в вопросе о языках.—«Северная Правда»,Спб.,1913,№29,5 сентября,стр.1.

Подпись: В.И.)——386。

[列宁,弗·伊·]《答复》([Lenin, V. I.] Erwiderung.—«Leipziger Volkszeitung», 1912, Nr. 235, 9. Oktober. 3. Beilage, S. 1)——169。

—《第四届杜马的选举》(Les élections à la IVe Douma)——190。

—《俄国党内斗争的历史意义》([Ленин, В.И.] Исторический смысл внутрипартийной борьбы в России.—«Дискуссионный Листок», [Париж], 1911, №3, 29 апреля (12 мая), стр. 3—8. Подпись: И. Ленин)——20。

—《附言》(Postscriptum.—In: [Lenin, V. I.] Zur gegenwärtigen Sachlage in der sozialdemokratischen Arbeiterpartei Rußlands. Dargestellt von der Redaktion des Zentralorgans (Sozialdemokrat) der sozialdemokratischen Arbeiterpartei Rußlands. [Leipzig], Druck der Leipziger Buchdruckerei A.G., 1912, S. 17—18)——159—160、162。

—《关于俄国社会民主党杜马党团的分裂》(Zur Spaltung in der russischen sozialdemokratischen Dumafraktion.—«Leipziger Volkszeitung», 1913, Nr. 298, 24. Dezember. 7. Beilage zu Nr. 298, S. 1. Подпись: Redaktion des Zentralorgans der Sozialdem. Arbeiterpartei Rußlands, Sozialdemokrat)——410。

—《论俄国社会民主工党的现状》(Zur gegenwärtigen Sachlage in der sozialdemokratischen Arbeiterpartei Rußlands. Dargestellt von der Redaktion des Zentralorgans (Sozialdemokrat) der sozialdemokratischen Arbeiterpartei Rußlands. [Leipzig], Druck der Leipziger Buchdruckerei A. G., 1912. 18 S.)——140、148、149、153、159—161、162。

—《〈前进报〉上的匿名作者和俄国社会民主工党的党内状况》(Der Anonymus aus dem «Vorwärts» und die Sachlage in der sozialdemokratischen Arbeiterpartei Rußlands. Paris, «Ideal», 1912. 12 S. (Sozialdemokratische Arbeiterpartei Rußlands))——191、204。

—《现代农业的资本主义制度》(Капиталистический строй современного земледелия. Позднее 11 (24) сентября 1910 г.)——20—21。

[列宁,弗·伊·等人]《马克思主义和取消主义。关于现代工人运动的基本问题的论文集。第 2 册》([Ленин, В.И. и др.] Марксизм и ликвидаторство.

Сборник статей об основных вопросах современного рабочего движения. Ч.II.Спб.,«Прибой»,1914.IV,214 стр. Перед загл. авт.:Г. Зиновьев,В. Ильин,Ю.Каменев)——430、504。
—《致德国社会民主党执行委员会》(Правлению Социал-демократической партии Германии. Копенгаген,2 сентября 1910 г. Подпись:Г. Плеханов, А.Варский,Н.Ленин(Вл. Ульянов))——1。
[列宁,弗·伊·和季诺维也夫,格·叶·]《俄国工人报刊的历史》([Ленин, В.И.и Зиновьев,Г.Е.]Из истории рабочей печати в России.—«Рабочий», Спб.,1914,№1,22 апреля,стр.1—32)——428。
列维茨基,弗·《奥古斯特·倍倍尔的生平和事业(1840—1913)》(Левицкий, В. Август Бебель. Его жизнь и деятельность. 1840 — 1913 г. С портр. Бебеля.Спб.,1914.79 стр.)——428。
[卢那察尔斯基,阿·]《俄国社会民主党的策略思潮》([Lunacharsky,A.]Les courants tactiques dans le parti socialdemocrate Russe.—«Le Peuple», Bruxelles,1910,le 23 août.Подпись:Woinoff)——1、28。
卢那察尔斯基,阿·瓦·《恐惧和希望》(Луначарский,А.В.Страх и надежда. Рождественский разговор.—«Киевская Мысль», 1912, №357, 25 декабря,стр.3)——245、256。
—《恐惧和希望之间》——见卢那察尔斯基,阿·瓦·《恐惧和希望》。
卢森堡,罗·《资本积累》(Luxemburg,R.Die Akkumulation des Kapitals.Ein Beitrag zur ökonomischen Erklärung des Imperialismus. Berlin, Vorwärts,1913.[4],446 S.)——242、275。
鲁巴金,尼·亚·《书林概述》(Рубакин,Н.А.Среди книг.Опыт обзора русских книжных богатств в связи с историей научно-философских и литературно-общественных идей.Справочное пособие для самообразования и для систематизации и комплектования общеобразовательных библиотек,а также книжных магазинов.Т.I—II.Изд.2-е,доп.и перераб.М.,«Наука»,1911—13.2 т.)——243—244、473、478。
罗普申——见萨文柯夫,波·维·。
[罗日柯夫,尼·亚·]《俄国的目前土地政策和对未来的展望》([Рожков,Н.

А.] Современная русская аграрная политика и виды на будущее.—«Мысль»,М.,1910,№1,декабрь,стр.45—55.Подпись:Н.Р—ков)——19—20。

—《俄国的现状和当前工人运动的基本任务》(Современное положение России и основная задача рабочего движения в данный момент.—«Наша Заря»,Спб.,1911,№9—10,стр.31—35.Подпись:Н.Р—ков)——247。

[洛拉,奥·H.]《乌克兰马克思主义史》([Лола,О.Н.]Из истории украинского марксизма.—«Просвещение»,Спб.,1914,№6,стр.26—32.Подпись:В.Степанюк)——318。

洛帕廷,格·亚·《不是我们的》(Лопатин,Г.А.Не наши.—«Современник»,Спб.,1911,№1,стр.60—82)——14、15。

[马尔赫列夫斯基,尤·]《俄国社会民主党党团的分裂》([Marchlewski,J.]Die Spaltung in der russischen sozialdemokratischen Fraktion.—«Leipziger Volkszeitung»,1913,Nr.276,28.November,S.2.Подпись:J.K.)——410。

—《误解》(Ein Mißverständnis.—«Die Neue Zeit»,Stuttgart,1910,Jg.29,Bd.1,Nr.4,28.Oktober,S.100—107.Подпись:J.Karski)——20。

马尔托夫,尔·《普鲁士的争论和俄国的经验》(Martoff,L.Die preußische Diskussion und die russische Erfahrung.—«Die Neue Zeit»,Stuttgart,1910,Jg.28,Bd.2,Nr.51,16.September,S.907—919)——20。

[马尔托夫,尔·]《答布尔金》([Мартов,Л.]Ответ Булкину.—«Наша Заря»,Спб.,1914,№3,стр.64—70.Подпись:Л.М.)——489、505。

—《国际的干预和俄国社会民主党的统一》(Вмешательство Интернационала и с.-д.единство в России.II.—«Наша Заря»,Спб.,1914,№2,стр.81—88.Подпись:Л.М.)——444—445。

—《国际局论社会民主党的统一》(Международ.бюро об единстве с.-д.—«Луч»,Спб.,1912,№37,28 октября,стр.2)——219、242—243。

—《拯救者还是毁灭者?》(Спасители или упразднители?(Кто и как разрушал РСДРП).Изд.«Голоса Социал-Демократа».Париж,imp.Gnatovsky,1911.47 стр.(РСДРП))——74。

马克思,卡·《资本论》(德文版)(Marx,K.Das Kapital.Kritik der politischen

Ökonomie. Bd. II. Buch II: Der Zirkulationsprozeß des Kapitals. Hrsg. von F. Engels. Hamburg, Meißner, 1885. XXVII, 526 S.)——242—243、275。

—《资本论》(俄文版)(Маркс, К. Капитал. Критика политической экономии. Под ред. Ф. Энгельса. Пер. с нем. Т. 2. Кн. II. Процесс обращения капитала. Спб., тип. министерства путей сообщения (Бенке), 1885. XXI, 403 стр.)——242—243。

马斯洛夫,彼·《人口过密威胁人类吗?》(Maßloff, P. Droht der Menschheit eine Übervölkerung? —«Die Neue Zeit», Stuttgart, 1911, Jg. 29, Bd. 1, Nr. 17, 27. Januar, S. 583—587)——21。

迈尔,古·《约翰·巴蒂斯特·冯·施韦泽和社会民主党》(Mayer, G. Johann Baptist von Schweitzer und die Sozialdemokratie. Ein Beitrag zur Geschichte der deutschen Arbeiterbewegung. Jena, Fischer, 1909. VII, 448, VI S.)——82。

梅林,弗·《一本马克思主义的新书》(Mehring, F. Ein neues Werk des Marxismus.—«Leipziger Volkszeitung», 1913, Nr. 12, 16. Januar, S. 1; Nr. 13, 17. Januar, S. 1—2; Nr. 14, 18. Januar, S. 1—2)——242—243。

[美列涅夫斯基,马·伊·]《德国农业工人联盟》([Меленевский, М. И.] Союз сельских рабочих в Германии.—«Правда», Спб., 1912, №65, 14 июля, стр. 1. Подпись: Иван Гилька)——139。

米留可夫,帕·尼·《在十字路口上》(Милюков, П. Н. На распутье.—«Русские Ведомости», М., 1914, №57, 9 марта, стр. 3)——444—445。

—《知识界和历史传统》(Интеллигенция и историческая традиция.—В кн.: Интеллигенция в России. Сб. статей. Спб., «Земля», 1910, стр. 89—191)——139。

[米柳亭,弗·巴·]《亚·波格丹诺夫的哲学的某些特点》([Милютин, В. П.] О некоторых чертах философии А. Богданова.—«Просвещение», Спб., 1914, №2, стр. 22—31. Подпись: Вл. Павлов)——412、432。

穆拉诺夫,马·康·《社会民主党杜马党团出纳员的报告》(Муранов, М. К. Отчет казначея с.-д. думской фракции.—«Правда», Спб., 1913, №101 (305), 4 мая, стр. 6; №102(306), 5 мая, стр. 6; №109(313), 14 мая, стр. 2;

№116(320),22 мая,стр.6)——297。

[纳坦松,马·安·等人]《致〈箴言〉杂志编辑部》([Натансон,М.А.и др.]В редакцию«Заветов».—«Заветы»,Спб.,1912,№8,ноябрь,стр.144)——223。

潘涅库克,安·《阶级斗争和民族》(Pannekoek,A.Klassenkampf und Nation. Reichenberg,Runge,1912.55 S.)——257。

—《群众行动与革命》(Massenaktion und Revolution.—«Die Neue Zeit»,Stuttgart,1912,Jg.30,Bd.2,Nr.41,12.Juli,S.541—550;Nr.42,19.Juli,S.585—593;Nr.43,26.Juli,S.609—616)——153。

—[书评:《罗·卢森堡〈资本积累论〉》]([Die Rezension über das Buch:R. Luxemburg«Die Akkumulation des Kapitals»].—«Bremer Bürger-Zeitung»,1913,Nr.24,29.Januar;Nr.25,30.Januar)——242—243、275。

普列汉诺夫,格·《俄国的高涨》(Plechanow,G.Der Aufschwung in Rußland.—«Vorwärts»,Berlin,1914,Nr.59,1.März,S.1—2)——534。

—《概念的混淆(列·尼·托尔斯泰的学说)》(Смешение представлений.(Учение Л.Н.Толстого).—«Мысль»,М.,1910,№1,декабрь,стр.1—12)——19。

—《关于意大利的一些事情》(Кое-что об Италии.—«Мысль»,М.,1910,№1,декабрь,стр.56—69)——19。

[普列汉诺夫,格·瓦·]《卡尔·马克思和列夫·托尔斯泰》([Плеханов,Г.В.]Карл Маркс и Лев Толстой.—«Социал-Демократ»,[Париж],1911,№19—20,13(26)января,стр.2—6)——15。

—《"民意党"的失败史》(Неудачная история партии«Народной Воли».—«Современный Мир»,Спб.,1912,№5,стр.147—176)——279—280。

—《小说〈未曾有过的东西〉中有的东西(给 В.П.克拉尼赫费尔德的公开信)》(О том,что есть в романе «То,чего не было».(Открытое письмо к В.П.Кранихфельду).—«Современный Мир»,Спб.,1913,№2,стр.81—99)——279—280。

—《新的高涨》(Новый подъем.—«За Партию»,Париж,1914,№5,февраль,стр.1—3)——534。

—《永志不忘!》(Вечная память! —«Дневник Социал-Демократа»,[Женева],1911, №15, октябрь. Второе приложение к №15 «Дневника Социал-Демократа»,стр.1.Подпись:Г.П.)——100。

—《又一个分裂的代表会议》(Еще одна раскольничья конференция.—«За Партию»,Париж,1912,№3,15(2)октября,стр.1—3)——174、220。

—《在弹雨下(随笔)》(Под градом пуль.Беглые заметки.—«Правда»,Спб.,1913,№78(282),3 апреля,стр.1—2;№83(287),10 апреля,стр.1—2;№101(305),4 мая,стр.2;№112(316),17 мая,стр.2;№114(318),19 мая,стр.2—3;№129(333),7 июня,стр.2;№130(334),8 июня,стр.2)——141、288、504。

—《政论家札记》(Заметки публициста.«Отсюда и досюда».—«Звезда»,Спб.,1910,№1,16 декабря,стр.2—3)——15。

—《[С.Т.阿尔科梅德〈高加索的工人运动和社会民主党〉一书]序言》(Предисловие[к книге С.Т.Аркомеда «Рабочее движение и социал-демократия на Кавказе»].—В кн.:Аркомед,С.Т.Рабочее движение и социал-демократия на Кавказе.Ч.1.Женева,imp.Chaulmontet,1910,стр.V—XVI)——308。

普罗柯波维奇,谢·尼·《虚伪的政策(给编辑部的信)》(Прокопович С.Н. Двуязычная политика.(Письмо в редакцию).—«Запросы Жизни»,Спб.,1912,№26,29 июня,стлб.1525—1530)——147。

契斯佳科夫,И.《俄国的工人保险》(Чистяков,И.Страхование рабочих в России. Опыт истории страхования рабочих, в связи с некоторыми другими мерами их обеспечения. М.,печ.Снегиревой,1912.X,422 стр.(Записки имп.Новороссийского ун-та,юрид.фак-та.Вып.VII,изд.под ред.проф.А.П.Доброклонского))——177。

切尔诺马佐夫,米·叶·《答德·柯尔佐夫》([Черномазов.М.Е.Ответ Д. Кольцову.—«За Правду»,Спб.,1913,№42,23 ноября,стр.2.Подпись:Щ.)——289—290。

[切尔诺马佐夫,米·叶·]《关于"背着历史包袱"的人们》([Черномазов,М.Е.]О людях«с прошлым».—«За Правду»,Спб.,1913,№25,1 ноября, стр.2.Подпись:Свой)——378。

—《马克思主义者的会议》(Совещание марксистов.—«За Правду»,Спб.,1913,№8,12 октября,стр.2)——353。

—《它为此而存在……》(«Для того она существует...».—«Путь Правды»,Спб.,1914,№2,23 января,стр.1.Подпись:М.Ф.)——425。

[饶尔丹尼亚,诺·尼·]《再论"地下组织"》([Жордания,Н.Н.]Еще о «подполье».—«Луч»,Спб.,1913,№95(181),26 апреля,стр.2.Подпись:Ан.)——303、304。

萨尔蒂科夫-谢德林,米·叶·《五光十色的书信》(Салтыков-Щедрин,М.Е. Пестрые письма)——193。

—《自由主义者》(Либерал)——287—288。

[萨文柯夫,波·维·]《未曾有过的东西》(三兄弟)([Савинков,Б.В.]То,чего не было.(Три брата).—«Заветы»,Спб.,1912,№1,апрель,стр.64—82;№2,май,стр.33—55;№3,июнь,стр.31—46;№4,июль,стр.5—43;№5,август,стр.5—20;№6,сентябрь,стр.5—41;№7,октябрь,стр.5—47;№8,ноябрь,стр.5—40;1913,№1,январь,стр.83—112.Подпись:В. Ропшин)——145、153—154、223、287—288。

—《一匹瘦弱的马》(Конь бледный.Спб.,«Шиповник»,1909.147 стр.Перед загл.авт.:В.Ропшин)——145。

邵武勉,斯·格·《给弗·伊·列宁的信》(1914年4月17日(30日))(Шаумян,С.Г.Письмо В.И.Ленину.17(30)апреля 1914 г.Рукопись)——474—477。

—《论民族文化自治》(О национально-культурной автономии.Тифлис,1914.На армянск.яз.)——474—477。

施特拉塞尔,约·《工人和民族》(Strasser,I.Der Arbeiter und die Nation. Reichenberg,Runge,1912.61 S.)——131、257。

施韦泽,约·巴·《奥地利的领导》(Schweitzer,J.B.Die österreichische Spitze. Ein Beitrag zur Besprechung der nationalen Frage.Leipzig,Wigand,1863. VIII,119 S.)——82。

—《论德国问题》(Zur deutschen Frage.Frankfurt a.M.,1862.41 S.)——82。

—《时代精神与基督教》(Der Zeitgeist und das Christenthum. Leipzig, Wigand, 1861. IV, 340 S.)——82。

—《统一的唯一道路》(Der einzige Weg zur Einheit. Ein Beitrag zur Besprechung der nationalen Frage. Frankfurt a. M., Auffarth, 1860. 56 S.)——82。

司徒卢威,彼·伯·《经济和价格》(Струве, П. Б. Хозяйство и цена. Критические исследования по теории и истории хозяйственной жизни. Ч. I. Хозяйство и общество.—Цена-ценность. Спб.—М., Рябушинский, 1913. IV, XXXV, 358 стр. (Исследования и работы по полит. экономии и обществ. знаниям, изд. под ред. П. Б. Струве. Вып. III))——403。

[斯大林,约·维·]《彼得堡工人给自己的工人代表的委托书》[1912年圣彼得堡传单]([Сталин, И. В.] Наказ петербургских рабочих своему рабочему депутату. [Листовка. Спб., 1912]. 1 стр.)——190、192、193。

—《彼得堡工人给自己的工人代表的委托书》(载于1912年11月5日(18日)《社会民主党人报》第28—29号)(Наказ петербургских рабочих своему рабочему депутату.—«Социал-Демократ», [Париж], 1912, №28—29, 5(18) ноября, стр. 4)——190。

—《告俄国全体男女工人书!》([1913年]1月9日[传单])(Ко всем рабочим и работницам России! 9-ое января [1913 г. Листовка]. Спб., январь 1913. 2 стр. Подпись: Центральный Комитет РСДРП)——199—200。

—《民族问题和社会民主党》(Национальный вопрос и социал-демократия.—«Просвещение», Спб., 1913, №3, стр. 50—62; №4, стр. 22—41; №5, стр. 25—36. Подпись: К. Сталин)——257、266、275。

—《谁胜利了?》(Кто победил?—«Правда», Спб., 1912, №146, 18 октября, стр. 1)——180。

斯基塔列茨,斯·加·《流星》(Скиталец, С. Г. Метеор.—«Русское Богатство», Спб., 1913, №1, стр. 187—220; №2, стр. 127—163)——266。

斯克沃尔佐夫-斯捷潘诺夫,伊·伊·《给弗·伊·列宁的信》(1914年3月9日(22日)以前)(Скворцов-Степанов, И. И. Письмо В. И. Ленину. Март, ранее 9(22),1914 г.Рукопись)——445—447。

斯切克洛夫,尤·米·《尼·加·车尔尼雪夫斯基的生平和活动(1828—1889)》(Стеклов, Ю. М. Н. Г. Чернышевский, его жизнь и деятельность. (1828 — 1889). Спб., тип. «Общественная Польза», 1909. 427 стр.)——45。

斯切克洛夫,G.《俄国的选举》(Stiekloff, G. Die russischen Wahlen.—«Die Neue Zeit», Stuttgart, 1912 — 1913, Jg. 31, Bd. 1, Nr. 10, 6. Dezember, S. 346—359)——202、208、287。

[唐恩,费·伊·]《面向国际》([Дан, Ф. И.] Навстречу Интернационалу.—«Новая Рабочая Газета», Спб., 1913, №108, 15 декабря, стр. 1. Подпись: Ф.Д.)——425—426。

—《迫切的任务》(Очередная задача.—«Луч», Спб., 1912, №65, 2 декабря, стр.1.Подпись: Ф.Д.)——103。

特罗别尔《男人和女人仅仅……》(Тробель. Мужчины и женщины только…—«Правда», Спб., 1913, №123(327), 30 мая, стр.1)——301。

[托洛茨基,列·达·]《俄国党内生活所见》([Trotzky, L.D.] Aus dem russischen Parteileben.—«Vorwärts», Berlin, 1912, Nr. 72, 26. März. 1. Beilage des«Vorwärts», S.1)——105、109。

—《俄国社会民主党》(Die russische Sozialdemokratie. (Von unserem russischen Korrespondenten).—«Vorwärts», Berlin, 1910, Nr. 201, 28. August, S.4)——1。

—《俄国社会民主党发展的趋势》(Die Entwicklungstendenzen der russischen Sozialdemokratie.—«Die Neue Zeit», Stuttgart, 1910, Jg. 28, Bd. 2, Nr. 50, 9. September, S.860—871)——1、20、21。

—《〈真理报〉编辑部给俄国组织委员会召开的代表会议成员们的信》([Троцкий, Л. Д.] Письмо ред. «Правды» членам конференции, созываемой РОК.—«Листок «Голоса Социал-Демократа»», [Париж], 1912, №4, февраль, стр.7—9)——98。

陀思妥耶夫斯基,费·米·《群魔》(Достоевский, Ф.М. Бесы)——369。

维提姆斯基——见奥里明斯基,米·斯·。

温尼琴科,弗·基·《光明正大的态度》(Винниченко, В. К. Честность с собой.—В кн.: Земля. Сборник 5. М., 1911)——469。

—《论统治者的道德和被压迫者的道德(给我的读者和批评者的公开信)》(О морали господствующих и морали угнетенных. (Открытое письмо к моим читателям и критикам). Пер. с украинск. Изд. «Нашего Голоса»—органа украинской социал-демократии России и Австрии. Львів, накл. Скульского з друк. «Народної», 1911. 92 стр.)——470。

—《先辈遗训》(Заветы отцов.—В кн.: Земля. Сборник 14. М., 1914, стр. 99—286)——483。

沃多沃佐夫,瓦·瓦·《谢·安·穆罗姆采夫是国家杜马主席》(Водовозов, В. В. С. А. Муромцев, как председатель Государственной думы.—«Современник», Спб., 1911, №1, стр. 282—305)——14、15。

沃伊京斯基,弗·萨·《黑夜中的一线光明》(Войтинский, В. С. Луч света среди ночи.—«Просвещение», Спб., 1914, №4, стр. 3—21)——368、373。

谢多夫,尔·——见柯尔佐夫,德·。

谢姆柯夫斯基,谢·《俄国无产阶级的复兴》(Semkowsky, S. Die Wiederbelebung des russischen Proletariats.—«Der Kampf», Wien, 1913, Nr. 8, 1. Mai, S. 357—365)——286。

亚格洛,叶·约·《告罗兹工人(给编辑部的信)》(Ягелло, Е. И. К лодзинским рабочим. (Письмо в редакцию).—«Правда», Спб., 1913, №18(222), 23 января, стр. 1)——251。

—《给编辑部的信》(Письмо в редакцию.—«Правда», Спб., 1913, №11 (215), 15 января, стр. 2. Под общ. загл.: Польские рабочие и антисемитизм)——251。

—[《亚格洛代表的公开信》]([Открытое письмо депутата Ягелло].—«Луч», Спб., 1912, №40, 2 ноября, стр. 2. Под общ. загл.: Первый рабочий депутат из Польши в Г. думе)——213。

扬—斯基,В.《[书评:]弗·列维茨基〈奥古斯特·倍倍尔的生平和事业(1840—1913)〉》(Ян-ский, В. [Рецензия на книгу:] В. Левицкий. Август Бебель. Его жизнь и деятельность. 1840—1913. С портретом Бебеля. Спб.

1914. Ц. 35 коп.—«Просвещение», Спб., 1914, №1, стр. 104—105)——427—428。

伊哥尔——见哥列夫,波·伊·。

尤尔凯维奇,列·《序言》(Юркевич, Л. Передмова.—В кн.: Левинський, В. Нарис розвитку українського робітничого руху в Галичині. З передмовою Л. Юркевича. Відбитка з журнала «Дзвін» (1913, кн. VI—XII і 1914, кн. I). Київ, 1914, стр. V—XII)——461。

尤·加·——见加米涅夫,列·波·。

尤·卡·——见马尔赫列夫斯基,尤·。

[约尔丹斯基,尼·伊·]《矛盾》([Иорданский, Н. И.] Противоречие.—«Звезда», Спб., 1911, №4, 6 января, стр. 3, в отд.: Обзор печати)——234。

"自己人"——见切尔诺马佐夫,米·叶·。

Г. А.《〈真理报〉论华沙的选举》(Г. А. «Правда» о выборах в Варшаве.—«Луч», Спб., 1912, №43, 6 ноября, стр. 2)——204。

* * *

《半年总结》——见列宁,弗·伊·《半年工作总结》。

《保险问题》杂志(圣彼得堡)(«Вопросы Страхования», Спб.)——357。

《报刊评论》(Обзор печати.—«Русская Молва», Спб., 1913, №48, 28 января (10 февраля), стр. 2)——260。

《北方工人报》(圣彼得堡)(«Северная Рабочая Газета», Спб.)——455、505。

—1914, №8, 18 февраля. 6 стр.——455。

—1914, №№36—38, 22—25 марта.——455。

《北方纪事》月刊(圣彼得堡)(«Северные Записки», Спб.)——280。

《北方真理报》(圣彼得堡)(«Северная Правда», Спб.)——329、331。

—1913, №№1—19, 1—24 августа.——329。

—1913, №4, 4 августа, стр. 2.——349。

—1913, №29, 5 сентября, стр. 1.——386—387。

《贝利斯案件》(Дело Бейлиса.—«Социал-Демократ»,[Париж],1913,№32,15(28)декабря,стр.2)——400。

[《崩得同俄国社会民主工党统一的条件草案(俄国社会民主工党第四次(统一)代表大会通过)》]([Проект условия объединения Бунда с РСДРП,принятый на IV(Объединительном)съезде РСДРП].—В кн.:Протоколы Объединительного съезда РСДРП]состоявшегося в Стокгольме в 1906 г.М.,тип.Иванова,1907,стр.362—363)——239、293—294、295—296。

《崩得、孟什维克护党派、"前进"集团、布尔什维克护党派、〈社会民主党人呼声报〉和〈真理报〉国外委员会代表会议关于召开俄国社会民主工党全国代表会议通告的决议》(Резолюция совещания представителей заграничного комитета Бунда, меньшевиков-партийцев, группы «Вперед», большевиков-партийцев,«Голоса Социал-Демократа» и «Правды» по поводу извещения о состоявшейся Всероссийской конференции РСДРП.—«Правда», [Вена], 1912,№25,23 апреля(6 мая),стр.5)——100、102—103、106。

《彼得堡工人的呼声》[社论](Голос рабочего Петербурга.[Передовая].—«Луч»,Спб.,1912,№28,18 октября,стр.1)——180。

《编辑部的话》(От редакции.—«Правда»,Спб.,1913,№30(234),6 февраля,стр.1)——261。

[《编辑部对格·瓦·普列汉诺夫〈政论家札记〉一文的按语》]([Примечание редакции к статье Г.В.Плеханова«Заметки публициста»].—«Звезда»,Спб.,1910,№1,16 декабря,стр.2)——15。

[《波兰王国和立陶宛社会民主党同俄国社会民主工党合并的条件(俄国社会民主工党第四次(统一)代表大会通过)》]([Условия слияния СДП и Л с РСДРП, принятые на IV(Объединительном) съезде РСДРП].—В кн.:Протоколы Объединительного съезда РСДРП,состоявшегося в Стокгольме в 1906 г.М.,тип.Иванова,1907,стр.345—348)——293、295、516、529。

《波罗的海沿岸边疆区》(Прибалтийский край.—«Путь Правды»,Спб.,1914,№50,30 марта,стр.3—4)——440。

《柏林每日小报和商业日报》(«Berliner Tageblatt und Handelszeitung»)——517。

《不来梅市民报》(«Bremer Bürger-Zeitung»)——162、186、242、411。

—1912,Nr.256,31.Oktober.2.Beilage zu Nr.256,S.1.——242。

—1913,Nr.24,29.Januar;Nr.25,30.Januar.——241—242、274。

《[布尔什维克代表]声明》(Заявление[депутатов-большевиков].—«За Правду»,Спб.,1913,№13,18 октября,стр.2.Под общ.загл.:В соц.-демократической фракции)——358。

[《布尔什维克的声明(1910 年 1 月俄国社会民主工党中央全会通过)》]([Декларация большевиков,принятая на пленуме ЦК РСДРП в январе 1910 г.].—«Социал-Демократ»,[Париж],1910,№11,26(13)февраля,стр.11,в резолюции:О фракционных центрах,в отд.:Из партии)——535。

《布鲁塞尔决议》——见《社会党国际局执行委员会决议(1914 年 7 月 3 日(16 日)布鲁塞尔代表会议通过)》。

《财政大臣对 1913 年国家收支预算草案的说明书》(Объяснительная записка министра финансов к проекту государственной росписи доходов и расходов на 1913 год.Ч.II.—В кн.:Проект государственной росписи доходов и расходов на 1913 год с объяснительною запискою министра финансов.Спб.,тип.Киршбаума,1912,стр.I—VII,1—246.Подпись:В.Коковцов)——214。

《参加国际局的各党书记》(Secrétaires des Partis affiliés.—«Bulletin Périodique du Bureau Socialiste International»,Bruxelles,1913,N 10,p.69—70)——307。

《创举》杂志[巴黎](«Почин»,[Paris],1912,№1,июнь.32 стр.)——144。

《答复》(Eine Erwiderung.—«Leipziger Volkszeitung»,1914,Nr.165,21.Juli.2.Beilage zu Nr.165,S.2.Подпись:Die Redaktion der Prawda)——526。

《答七位代表》(Ответ 7-ми депутатам.—«За Правду»,Спб.,1913,№22,29 октября,стр.3.Под общ.загл.:К вопросу о социал-демократической фракции)——373。

《当前问题》——见《当前问题》文集。

《当前问题》文集(巴黎)(«На темы дня»,Париж)——265。

《德意志帝国统计》(第 212 卷)(Statistik des Deutschen Reichs.Bd.212.

Berufs-und Betriebszählung vom 12. Juni 1907. Landwirtschaftliche Betriebsstatistik. Hrsg. vom kaiserlichen statistischen Amte. Teil la, lb, 2a. Berlin, [1909—1910]. 3 Bde.)——20—21。

《第四届杜马的第一天》(Первый день 4-й Думы.—«Луч», Спб., 1912, №53, 17 ноября, стр. 1)——200。

[《第四届国家杜马代表通过的庄严的誓词》]([Торжественное обещание, принятое членами Государственной думы четвертого созыва].—В кн.: Стенографические отчеты[Государственной думы]. 1912—1913 гг. Сессия первая. Ч. I. Заседания 1—30(с 15 ноября 1912 г. по 20 марта 1913 г.). Спб., гос. тип., 1913, стлб. 3. (Государственная дума. Четвертый созыв))——267。

《斗争报》(里加—布鲁塞尔—彼得堡)(«Zihņa», Riga—Bruxelles—Petrograd)——471。

《斗争》杂志(圣彼得堡)(«Борьба», Спб.)——407、425、427—428、478。

—1914, №2, 18 марта. 47 стр.——455。

《斗争》杂志(维也纳)(«Der Kampf», Wien)——287。

—1913, Nr. 8, 1. Mai, S. 357—365.——287。

《对社会民主党党团统一的威胁》(Угроза единству с.-д. фракции.—«Новая Рабочая Газета», Спб., 1913, №60, 18 октября, стр. 1)——358、364。

《俄国财富》杂志(圣彼得堡)(«Русское Богатство», Спб.)——4。

—1906, №7, стр. 164—181, в отд.: II.——280。

—1906, №8, стр. 178—206, в отд.: II.——280。

—1910, №№1—12.——280。

—1911, №№1—12.——280。

—1912, №№1—12.——280。

—1913, №1, стр. 187—220; №2, стр. 127—163.——266。

《俄国党内生活所见》(Aus dem russischen Parteileben.—«Vorwärts», Berlin, 1912, Nr. 76, 30 März, S. 3, в отд.: Aus der Partei)——110。

《俄国社会民主党的状况》(Die Lage der Sozialdemokratie in Rußland. Hrsg. vom«Boten»des Organisationskomitees der Sozialdemokratischen Arbeiterpartei Rußlands.Berlin,Hoffmann,1912.47 S.)——208—209。

《俄国社会民主工党第二次(例行)代表大会》(记录全文)(Второй очередной съезд Росс.соц.-дем.рабочей партии.Полный текст протоколов.Изд.ЦК.Genève,тип.партии,[1904].397,II стр.(РСДРП))——20、215、219—220、388—389、398、417、457、492—493。

《俄国社会民主工党纲领(党的第二次代表大会通过)》([1904 年]中央委员会出版社版)(Программа Российской соц.-дем.рабочей партии,принятая на Втором съезде партии.—В кн.:Второй очередной съезд Росс.соц.-дем.рабочей партии.Полный текст протоколов.Изд.ЦК.Genève,тип.партии,[1904],стр.1—6.(РСДРП))——215、219—220、388—389、398、417、492—493。

《俄国社会民主工党纲领(党的第二次代表大会通过)》(1905 年中央委员会出版社版)(Программа Российской социал-демократической рабочей партии,принятая на Втором съезде партии.Изд.ЦК РСДРП.Женева,тип.партии,1905.27 стр.(РСДРП))——20。

《俄国社会民主工党纲领和章程》(Программа и устав Российской соц.-дем.рабочей партии. Изд. ЦК РСДРП. Paris, 1914. 14 стр.(РСДРП))——459。

《俄国社会民主工党伦敦代表大会(1907 年)》(Лондонский съезд Российской соц.-демокр. раб. партии(состоявшийся в 1907 г.). Полный текст протоколов.Изд.ЦК.Paris,1909.486 стр.(РСДРП))——218、417。

《俄国社会民主工党全国代表会议》(Всероссийская конференция Рос.соц.-дем.рабочей партии.(В декабре 1908 года).Изд.газ.«Пролетарий».Paris,1909.47 стр.(РСДРП))——293—294。

《俄国社会民主工党全国代表会议通报》(Извещение о Всероссийской конференции РСДРП.—В кн.:Всероссийская конференция Рос.соц.-дем.раб.партии 1912 года.Изд.ЦК.Paris,кооп.тип.«Идеал»,1912,стр.3—13.(РСДРП))——97、104。

《俄国社会民主工党中央委员会公报》[巴黎](«Бюллетень ЦК РСДРП»,[Париж],1914,№1,15 января.8 стр.)——408、416、418—419、437。

《俄国社会民主工党中央委员会通报》(圣彼得堡)(«Известия ЦК РСДРП», Спб.,1907,№1,16 июля.8 стр.)——241。

—1907,№2,17 августа.4 стр.——241。

《[俄国社会民主工党]组织章程[俄国社会民主工党第四次(统一)代表大会通过]》(Организационный устав[РСДРП, принятый на IV(Объединительном) съезде РСДРП].—В кн.: Протоколы Объединительного съезда РСДРП, состоявшегося в Стокгольме в 1906 г.М., тип.Иванова,1907,стр.419—420)——417。

《俄国思想》杂志(莫斯科—彼得堡)(«Русская Мысль», М.—Пб.)——4、372。

—1912,кн.XI,стр.185—192,в отд.:II.——259、261。

《俄国思想》杂志(圣彼得堡)(«Русская Молва»,Спб.)——259。

—1913,№48,28 января(10 февраля),стр.2.——259。

《俄罗斯帝国法律汇编》(Свод законов Российской империи. Т. 2. Свод губернских учреждений.Изд.1892 года.Спб.,1892.391,62 стр.)——178。

《俄罗斯新闻》(莫斯科)(Русские Ведомости»,М.)——135。

—1914,№57,9 марта,стр.3.——445。

《俄罗斯言论报》(莫斯科)(«Русское Слово»,М.)——480。

—1912,№183,9(22)августа,стр.3.——149。

《反驳词》(Опровержение.—«Луч», Спб., 1912, №4, 20 сентября, стр. 4. Под общ.загл.: Выборы)——167。

《告布尔什维克同志书》[传单](К товарищам большевикам.[Листовка.Paris, кооп.тип.«Союз»,1910].2 стр.(РСДРП))——29。

《告全体党员书》(Ко всем членам партии.От собрания меньшевиков в Париже.—«Голос Социал-Демократа», [Женева—Париж], 1911, №24, февраль. Приложение к №24«Голоса Социал-Демократа»,стр.5—7)——32、33。

《告乌克兰工人书》(Обращение к украинским рабочим.—«Трудовая Правда», Спб.,1914,№28,29 июня,стр.3)——448。

《革命俄国报》[库奥卡拉—托木斯克—日内瓦](«Революционная Россия», [Куоккала—Томск—Женева])——145。

《革命思想报》(伦敦—巴黎)(«Революционная Мысль», Лондон—Париж)——145。

《格拉纳特兄弟出版社百科词典》([1914年]莫斯科版)(Энциклопедический словарь т-ва«Бр.А.и И.Гранат и К°».7-е, совершен. переработ. изд. под ред. Ю.С.Гамбарова и др.Т.28.М.,[1914], стлб.219—243,243—246)——440—441、484、524—525、531。

《格拉纳特兄弟出版社百科词典》(莫斯科版)(Энциклопедический словарь т-ва«Бр.А.и И.Гранат и К°», М.)——440—441、524—525。

《给安·法·布里扬诺夫的公开信》(Открытое письмо А. Ф. Бурьянову.—«Путь Правды», Спб., 1914, №22, 26 февраля, стр. 2. Подпись: Цюрихская группа)——443—444。

《给编辑部的信》(Письмо в редакцию.—«Луч», Спб., 1913, №24(110), 30 января, стр.2. Подпись: А.Бадаев и др.)——256。

《给同志们的信》[传单](Письмо к товарищам.[Листовка]. Paris, imp. Gnatovsky,[1911]. 2 стр.(РСДРП). Подпись: Редакция«Голоса Социал-Демократа»)——33。

《给执政参议院的命令[关于罗曼诺夫王朝三百周年大赦(1913年2月21日)]》(Указ правительствующему Сенату[об амнистии по поводу 300-летия дома Романовых. 21 февраля 1913 г.].—«Правительственный Вестник», Спб., 1913, №43, 21 февраля(6 марта), стр.1—3)——267。

《工人报》(巴黎)(«Рабочая Газета», Париж)——1、4、24、76、130、135、148、153、429。

—1910, №1, 12 ноября(30 октября).6 стр. На №ошибочно указана дата: 12 ноября(31 октября).——1、4。

—1912, №8, 17(30) марта, стр.3.——108、109。

《工人报》(维也纳)(«Arbeiter-Zeitung», Wien)——130、140、186。

《工人日报》(圣彼得堡)(«Рабочий», Спб., 1914, №1, 22 апреля, стр.1—32)——427—428。

—1914, №7, 9 июня, стр.2—3.——526。

《工人赞成社会民主党党团两部分的平等》(Рабочие за равноправие двух

частей с.-д.фракции.—«За Правду»,Спб.,1913,№19,25 октября,стр.2)——364。

《工人真理报》(圣彼得堡)(«Рабочая Правда»,Спб.)——330。

《关于彼得堡的选举》(К выборам в Петербурге.—«Невский Голос»,Спб.,1912,№6,5 июля,стр.1—2)——133。

《关于布里扬诺夫同志退出"七人团"》(По поводу выхода т.Бурьянова из «семерки».—«Путь Правды», Спб., 1914, №22, 26 февраля, стр. 2. Подпись:Представители Выборгского района в количестве 12 человек)——443、444。

[《关于出版崩得机关报——〈时报〉的通告》]([Объявление о выходе очередных номеров органа Бунда—«Цайт»].—«Правда», Спб., 1913, №13(217),17 января,стр.1;№19(223),24 января,стр.1)—245、251。

[《关于出版〈同时代人〉杂志的通告》]([Объявление об издании журнала «Современник»].—«Речь»,Спб.,1910,№305,6(19)ноября,стр.2)——4、5。

[《关于出版〈同时代人〉杂志第1期的通告》]([Объявление о выходе №1 журнала«Современник»].—«Речь»,Спб.,1910,№347,18(31)декабря, стр.3)——14。

[《关于出版下一号〈涅瓦呼声报〉的通知》]([Сообщение о выходе следующего номера«Невского Голоса»].—«Невский Голос», Спб., 1912, №7, 17 августа,стр.3)——157。

《关于当前形势和关于统一》(О текущем моменте и об единстве.—«Трудовая Правда»,Спб.,1914,№32,4 июля,стр.2)——514、529。

《关于党校》[1910年1月俄国社会民主工党中央全会通过的决议](О партийной школе.[Резолюция, принятая на пленуме ЦК РСДРП в январе 1910 г.].—«Социал-Демократ»,[Париж],1910,№11,26(13) февраля,стр.10)——6。

《关于党校的问题》(К вопросу о партийной школе.(Четыре документа). [Листовка].Изд.парт.школы.Б.м.,1909.2 стр.(РСДРП))——6。

《关于地方民族组织的统一》[俄国社会民主工党第五次代表会议(1908年

全国代表会议）通过的决议］（Об объединении национ［альных］орган［изаций］на местах.［Резолюция, принятая на Пятой конференции РСДРП（Общероссийской 1908 г.）］.—В кн.：Всероссийская конференция Рос. соц.-дем. рабочей партии.（В декабре 1908 года）. Изд. газ.«Пролетарий». Paris, 1909, стр.46.（РСДРП））——293。

《关于地方自治机关、贵族和城市社会各阶层大会的程序》（О порядке производства дел в земских, дворянских и городских общественных и сословных собраниях. Отд. 1. О правах и обязанностях председателя собрания.—В кн.：Свод законов Российской империи. Т. 2. Свод губернских учреждений. Изд. 1892 года. Спб., 1892, стр. 28—29）——177—178。

《［关于给〈拥护真理报〉基金会资金的］报告》（Отчет［о средствах, поступивших в фонд газеты«За Правду»］.—«За Правду», Спб., 1913, №9, 13 октября, стр. 3, в отд.：О рабочей печати）——352。

［《关于开始征订1913年〈真理报〉的通告》］（［Объявление об открытии подписки на газету«Правда» на 1913 год］.—«Правда», Спб., 1912, №187, 7 декабря, стр. 1）——222。

《关于派别中心》［1910年1月俄国社会民主工党中央全会通过的决议］（О фракционных центрах.［Резолюция, принятая на пленуме ЦК РСДРП в январе 1910 г.］.—«Социал-Демократ»,［Париж］, 1910, №11, 26（13）февраля, стр. 11, в отд.：Из партии）——34。

《关于同波兰社会党"左派"联合的问题》［俄国社会民主工党第五次代表会议（1908年全国代表会议）通过的决议］（Об объединении с«левицей» ППС.［Резолюция, принятая на Пятой конференции РСДРП（Общероссийской 1908 г.）］.—В кн.：Всероссийская конференция Рос. соц.-дем. рабочей партии.（В декабре 1908 года）. Изд. газ.«Пролетарий». Paris, 1909, стр.46.（РСДРП））——293。

《关于同立陶宛社会民主党联合的问题》［俄国社会民主工党第五次代表会议（1908年全国代表会议）通过的决议］（Об объединении с соц［иал］-дем［ократической］партией Литвы.［Резолюция, принятая на Пятой конференции РСДРП（Общероссийской 1908 г.）］—Там же, стр. 46）

——293。

《关于1907年7月21、22和23日党的代表会议的通告》[传单](Извещение о партийной конференции 21,22 и 23 июля 1907 года.[Листовка].Изд.ЦК РСДРП.Б.м.,[1907].4 стр.(РСДРП))——266。

《光线报》(圣彼得堡)(«Луч»,Спб.)——167—168、171、172、173、183、191、192、199、200、205、206、207、217、220、233、240、245、259—260、261、263、274、275、277、286、287、289、300、302、303、306、407、503、510。

—1912,№4,20 сентября,стр.4.——167—168。

—1912,№28,18 октября,стр.1.——179。

—1912,№37,28 октября,стр.2.——219、243。

—1912,№40,2 ноября,стр.2.——212。

—1912,№43,6 ноября,стр.2.——204。

—1912,№53,17 ноября,стр.1.——200。

—1912,№56,21 ноября,стр.1,2.——200、204。

—1912,№65,2 декабря,стр.1.——200。

—1913,№4(90),5 января.4 стр.——245。

—1913,№7(93),9 января.4 стр.——259—260。

—1913,№8(94),11 января.4 стр.——259—260。

—1913,№15(101),19 января,стр.1.——251、283、303。

—1913,№21(107),26 января,4 стр.——259—260。

—1913,№24(110),30 января.4 стр.——256、259—260。

—1913,№95(181),26 апреля,стр.2.——303、305。

—1913,№101(187),4 мая,стр.1.——283。

—1913,№109(195),14 мая,стр.2.——303、305。

—1913,№119(205),25 мая,стр.2;№121(207),28 мая,стр.2;№122(208),29 мая,стр.2.——302。

《〈光线报〉反对社会民主党党团》(«Луч» против с.-д.фракции.—«Правда»,Спб.,1913,№119(323),25 мая,стр.1)——300。

《国际局》(Das Internationale Bureau.—«Vorwärts»,Berlin,1913,Nr.333,18. Dezember,S.3,в отд.:Aus der Partei)——393、408。

《国际局会议》(Sitzung des Internationalen Bureaus.—«Bremer Bürger-Zeitung»,1912,Nr.256,31.Oktober.2.Beilage zu Nr.256,S.1)——242。

《国际论俄国社会民主党》(Интернационал о российской социал-демократии.—«Новая Рабочая Газета»,Спб.,1913,№97,3 декабря,стр.1)——393。

《[国家杜马的]速记记录》(1907—1908年第1次常会。第1—3册)(Стенографические отчеты[Государственной думы].1907—1908 гг. Сессия первая.Ч.I—III.Спб.,гос.тип.,1907—1908.3 т.(Государственная дума.Третий созыв))——112。

《[国家杜马的]速记记录》(1908—1909年第2次常会。第1—4册)(Стенографические отчеты[Государственной думы].1908—1909 гг. Сессия вторая.Ч.I—IV.Спб.,гос.тип.,1908—1909.4 т.(Государственная дума.Третий созыв))——112。

《[国家杜马的]速记记录》(1909—1910年第3次常会。第1—4册)(Стенографические отчеты[Государственной думы].1909—1910 гг. Сессия третья.Ч.I—IV.Спб.,гос.тип.,1910.4 т.(Государственная дума.Третий созыв))——112。

《[国家杜马的]速记记录》(1910—1911年第4次常会。第1—3册)(Стенографические отчеты[Государственной думы].1910—1911 гг. Сессия четвертая. Ч. I—III. Спб., гос. тип., 1910—1911, 3 т.(Государственная дума.Третий созыв))——112。

《[国家杜马的]速记记录》(1911—1912年第5次常会。第1—3册)(Стенографические отчеты[Государственной думы].1911—1912 гг. Сессия пятая.Ч.I—III.Спб.,гос.тип.,1911—1912.3 т.(Государственная дума.Третий созыв))——112。

《[国家杜马的]速记记录》(1912—1913年第1次常会。第1册)(Стенографические отчеты[Государственной думы].1912—1913 гг. Сессия первая. Ч. I. Заседания 1—30(с 15 ноября 1912 г.по 20 марта 1913 г.).Спб.,гос.тип.,1913.XXI стр.,2438 стлб.(Государственная дума.Четвертый созыв))——214、267、316、397。

《国家杜马(第四届第1次常会)参考手册》(Справочный листок Государственной

думы.(Четвертый созыв.—Первая сессия).[Спб.],1912,№№1—14,15(28)ноября—2(15)декабря)——215。

《国家杜马选举条例》(Положение о выборах в Государственную думу.—В кн.:Справочник 1910 г. Вып. 2. Спб., гос. тип., 1910, стр. 257—372.(Государственная дума.III созыв—3-я сессия))——100。

《国家杜马选举条例[1907年6月3日批准]》(Положение о выборах в Государственную думу,[утвержденное 3 июня 1907 г.].С разъяснениями правительствующего Сената и министерства внутренних дел... Спб., сенатская тип.,1907.196 стр.(Изд.м-ва внутр.дел))——100。

《国外地区组织通报》——见《国外组织地区委员会通报》。

《国外组织地区委员会通报》(巴黎)(«Известия Областного Комитета заграничной организации»,Париж)——144。

哈尔科夫(Харьков.Харьковский паровозостроительный завод.—«Правда»,Спб.,1912,№102,28 августа,стр.4,в отд.:По России)——161。

《汉堡回声报》(«Hamburger Echo»)——242。

《红旗》杂志(巴黎)(«Красное Знамя»,Париж)——5。

《呼声报》——见《社会民主党人呼声报》。

《护党报》(巴黎)(«За Партию»,Париж,1912,№3,15(2)октября,стр.1—3)——173—174、220。

—1914,№5,февраль,стр.1—3.——534。

《华沙新闻报》(«Варшавские Последние Новости»,1912,№22,3 августа,стр.1—2;№24,5 августа,стр.3;№30,11 августа,стр.1—2)——151。

《火星报》(旧的、列宁的)[莱比锡—慕尼黑—伦敦—日内瓦](«Искра»(старая, ленинская),[Лейпциг—Мюнхен—Лондон—Женева])——238、278、351。

《基辅戈比报》(«Киевская Копейка»)——74。

《基辅思想报》(«Киевская Мысль»)——141、517。

—1912,№357,25 декабря,стр.3.——245—246、256、286。

《坚定思想报》(圣彼得堡)(«Стойкая Мысль»,Спб.,1914,№18,9 апреля.4 стр.)——498、505。

《揭丑行!》(К позорному столбу! —«Новая Рабочая Газета», Спб., 1913, №60,18 октября, стр.2)——357。

《决议(1910年11月26日在维也纳举行的社会民主党俱乐部全体会议上通过)》[传单](Резолюция, принятая на общем собрании партийного социал-демократического клуба в Вене 26-го ноября 1910 года.[Листовка].Б.м., [1910].2 стр.)——98。

《决议[1912年俄国社会民主工党第六次(布拉格)全国代表会议通过]》(Резолюции,[принятые на Шестой(Пражской) Всероссийской конференции РСДРП 1912 г.].—В кн.: Всероссийская конференция Рос.соц.-дем.раб. партии 1912 года. Изд. ЦК. Paris, кооп. тип. «Идеал», 1912, стр. 14—32. (РСДРП))——94、95、103、104、108、110。

《卡普里学校建设者的纲领》——见《关于党校的问题》。

《开端》文集(Начало. Сборник статей. Саратов, «Горизонты», 1914. 279 стр.)——449、457。

《考茨基的决议案》(Резолюция Каутского.—«Пролетарская Правда», Спб., 1913, №2, 8 декабря, стр. 1—2. Подписи: Каутский, Эберт, Молькенбур)——392、394、400、509。

《科学评论》杂志(圣彼得堡)(«Научное Обозрение», Спб., 1899, №1, стр. 37—45)——241、274。

《矿工专页》(Шахтерский листок.—«Путь Правды», Спб., 1914, №38, 16 марта, стр. 3—4)——448。

《拉脱维亚边疆区社会民主党国外小组执行局公报》(«Biletens Latwijas Sozialdemokratijas Ahrsemju Grupu Biroja isdewums», Bruxelles, 1913, Nr. 2—3, 9.maja(26.aprilî), 1.2—4)——293、294—295。

[《拉脱维亚社会民主工党同俄国社会民主工党统一的条件草案(俄国社会民主工党第四次(统一)代表大会通过)》]([Проект условий объединения Лат. СДРП с РСДРП, принятый на IV(Объединительном) съезде РСДРП].—В кн.: Протоколы Объединительного съезда РСДРП, состоявшегося в Стокгольме в 1906 г. М., тип. Иванова, 1907, стр. 353—354)——293、295、515、529—530。

《来自各地的社会民主党代表谈观感》(1)(Впечатления с.-д. депутатов с мест. I. Депутат спб. рабочих А. Бадаев.—«Правда», Спб., 1913, №21(225), 26 января, стр. 2—3. Подпись: А. Бадаев)——258。

《来自各地的社会民主党代表谈观感》(4)(Впечатления с.-д. депутатов с мест. IV. Член Гос. думы Самойлов.—«Правда», Спб., 1913, №24(228), 30 января, стр. 2. Подпись: Ф. Самойлов)——258。

《来自各地的社会民主党代表谈观感》(6)(Впечатления с.-д. депутатов с мест. VI. Член Думы Р. Малиновский.—«Правда», Спб., 1913, №28(232), 3 февраля, стр. 1—2. Подпись: Р. Малиновский)——258。

《来自各地的社会民主党党团代表谈观感》(2)(Впечатления депутатов с.-д. фракции с мест. II. Член Гос. думы Н. Шагов.—«Правда», Спб., 1913, №22 (226), 27 января, стр. 2. Подпись: Н. Шагов)——258。

《来自各地的社会民主党党团代表谈观感》(3)(Впечатления депутатов с.-д. фракции с мест. III. Член Гос. думы Муранов.—«Правда», Спб., 1913, №23(227), 29 января, стр. 2. Подпись: М. Муранов)——258。

《来自各地的社会民主党党团代表谈观感》(5)(Впечатления депутатов с.-д. фракции с мест. V. Член Гос. думы Г. И. Петровский.—«Правда», Спб., 1913, №26(230), 1 февраля, стр. 1—2. Подпись: Г. Петровский)——258。

《莱比锡人民报》(«Leipziger Volkszeitung»)——186、410。

—1912, Nr. 235, 9. Oktober. 3. Beilage, S. 1.——169。

—1913, Nr. 12, 16. Januar, S. 1; Nr. 13, 17. Januar, S. 1—2; Nr. 14, 18. Januar, S. 1—2.——242。

—1913, Nr. 276, 28. November, S. 2.——410。

—1913, Nr. 298, 24. Dezember. 7. Beilage zu Nr. 298, S. 1.——410。

—1914, Nr. 165, 21. Juli. 2. Beilage zu Nr. 165, S. 2.——526。

《劳动的真理报》(圣彼得堡)(«Трудовая Правда», Спб.)——505。

—1914, №28, 29 июня, стр. 3.——448—449。

—1914, №32, 4 июля, стр. 2.——513、529。

《劳动真理报》(圣彼得堡)(«Правда Труда», Спб.)——349。

—1913, №5, 15 сентября. 4 стр.——349。

《里加工人的要求》——见《请求发表自己的意见》。

《路标(关于俄国知识分子的论文集)》(Вехи. Сборник статей о русской интеллигенции. М., тип. Саблина, [март] 1909. II, 209, 1 стр.)——145、150。

《旅居斯德哥尔摩的德国党员同志录》(Die in Stockholm lebenden deutschen Parteigenossen.—«Vorwärts», Berlin, 1913, Nr. 33, 8. Februar, S. 3, в отд.: Aus der Partei)——527。

《论坛报》(华沙)(«Trybuna», Warszawa)——41。

《马·高尔基论"卡拉玛佐夫气质"》(М.Горький о «карамазовщине».—«Новая Рабочая Газета», Спб., 1913, №69, 29 октября, стр.1—2)——369—372、375—376。

《马克西姆·高尔基的答复》(Ответ Максима Горького.—«Речь», Спб., 1913, №295, 28 октября(10 ноября), стр.6)——369。

《没有结局的结局》[社论](Конец без конца. [Передовая].—«Луч», Спб., 1913, №101(187), 4 мая, стр.1)——283。

《美国第十二次人口普查概况》(Abstract of the Twelfth Census of the United States. 1900. Washington, 1902. XIII, 395 p. (United States Census Office))——13。

《美国1910年第十三次人口普查》(第1—4卷)(Thirteenth Census of the United States, taken in the Year 1910. Vol. I—V. Washington, Government printing office, 1913 — 1914. 5 vol. (Department of commerce. Bureau of the census))——472。

—第5卷(Vol. V. Agriculture. 1909 and 1910. General Report and Analysis. 1913. 927 p.)——433、472。

《明星报》(圣彼得堡)(«Звезда», Спб.)——2、9、10、33、34、41、46、75、94、95、99、101、104、127、157—158、261。

—1910, №1, 16 декабря, 4 стр.——9、15、17。

—1910, №2, 23 декабря, стр.1—2.——9。

—1911, №4, 6 января, стр.3.——22。

—1911, №7, 29 января, стр. 1; №21, 7 мая, стр. 1; №29, 12 ноября, стр. 1;

1912,№1(37),6 января,стр.1;№6(42),2 февраля,стр.1;№17(53),13 марта,стр.1.——94。

—1911,№24,28 мая.4 стр.——112。

—1911,№25,11 июня.4 стр.——112。

—1911,№32,3 ноября,стр.1—2.——147、247。

—1911,№34,17 декабря,стр.1—2.——111。

—1911,№36,31 декабря,стр.1—2.——111。

—1912,№18(54),15 марта.4 стр.——112。

—1912,№19(55),18 марта.4 стр.——112。

—1912,№22(58),25 марта.4 стр.——112。

—1912,№23(59),29 марта.4 стр.——112。

《〈明星报〉的拥护者(致编辑部的信)》(Сторонник «Звезды». Письмо в редакцию.—«Невская Звезда», Спб., 1912, №16, 8 июля, стр. 2)——132—133。

《目前形势和党的任务》(Современное положение и задачи партии. Платформа, выработанная группой большевиков. Изд. группы «Вперед». Paris, кооп. тип. «Союз», [1909].32 стр.(РСДРП))——29。

《涅瓦呼声报》(圣彼得堡)(«Невский Голос», Спб.)——128、132、133、143、157。

—1912,№4,6 июня.4 стр.——128。

—1912,№5,28 июня.4 стр.——128。

—1912,№6,5 июля.4 стр.——128、133、134、139。

—1912,№7,17 августа,стр.3.——157。

—1912,№8,24 августа.4 стр.——157。

《涅瓦明星报》(圣彼得堡)(«Невская Звезда»,Спб.)——127、132—133、137、139、147、148、150、153、157、158、172、173、174、264、274。

—1912,№13,17 июня.4 стр.——127、128。

—1912,№14,24 июня.4 стр.——143。

—1912,№16,8 июля.4 стр.——133、134。

—1912,№17,15 июля.4 стр.——134、143、148。

—1912,№18,22 июля.4 стр.——147。

—1912,№26,16 сентября.4 стр.——182。

—1912,№27,5 октября.4 стр.——182。

《女工》杂志(圣彼得堡)(«Работница»,Спб.)——399。

—1914,№№1—5,23 февраля(8 марта)—июнь.——536。

《欧洲通报》杂志(圣彼得堡)(«Вестник Европы»,Спб.)——4。

《评答复!》(载于1913年10月12日《新工人报》第55号)(К ответу！— «Новая Рабочая Газета»,Спб.,1913,№55,12 октября,стр.3)——356。

《评答复!》(载于1913年10月13日《新工人报》第56号)(К ответу！— «Новая Рабочая Газета»,Спб.,1913,№56,13 октября,стр.4)——356。

《启蒙》杂志(圣彼得堡)(«Просвещение»,Спб.)——141、147、154、217、240、247、248、255、256、257、259、260、264、285、295、301、306、329—330、349、355、368、391、425、430、444、455、474。

—1912,№8—9,июль—август,стр.73—80.——150。

—1913,№1.96 стр.——232、262。

—1913,№3,стр.50—62,71—77;№4,стр 22—41,67—73;№5,стр.25—36.——257、259—260、261—262、266、275。

—1913,№4.104 стр.——275。

—1913,№5.96 стр.——285。

—1913,№9,стр.46—61.——329。

—1913,№10,стр.95—105;№11,стр.55—59;№12,стр.56—64.——388、492。

—1913,№12,стр.81—89.——403。

—1914,№1.112 стр.——428。

—1914,№2.112 стр.——412、431—432。

—1914,№3,стр.111—113.——430。

—1914,№4,стр.3—21,34—47;№5,стр.57—71,89—103;№6,стр.26—32,33—47,63—84.——318、319、368、373、474、477、492、500、526。

《前进报》(柏林)(«Vorwärts»,Berlin)——21、105、109、186、410、428—429、517、533—534。

—1910,Nr.201,28.August,S.4.——1。

—1912,Nr.72,26.März.1.Beilage des«Vorwärts»,S.1.——105、109。

—1912,Nr.76,30.März,S.3.——110。

—1913,Nr.33,8.Februar,S.3.——527。

—1913,Nr.40,16.Februar.3.Beilage des «Vorwärts»,S.1—2.——274。

—1913,Nr.333,18.Dezember,S.3.——394、408。

—1914,Nr.59,1.März,S.1—2.——533—534。

《前进报》(赖兴贝格)(«Vorwärts»,Reichenberg)——131。

《前进报》(纽约)(«Vorwärts»,New York)——433。

《"前进"集团传单》——见《告布尔什维克同志书》。

《"前进"集团的纲领》——见《目前形势和党的任务》。

《前进》文集(Вперед.Сборник статей по очередным вопросам.Изд.гр.«Вперед»,[Paris,кооп.тип.«Союз»],июль 1910.64 стлб.(РСДРП))——28。

《请求发表自己的意见》(Просьба высказаться.—«Правда»,Спб.,1913,№24(228),30 января,стр.3.Под общ.загл.:О «Правде»)——254。

《人口普查报告》(Census Reports.Twelfth Census of the United States,taken in the Year 1900. Vol. V. Agriculture. P. I. Farms, live stock and animal products.Washington,United States Census Office,1902.CCXXXVI,767 p.;18 Plates)——433、472。

《人民报》(布鲁塞尔)(«Le Peuple»,Bruxelles)——180。

—1910,le 23 août.——1、28。

—1912,août.——152。

—1912,30 novembre.——221。

《日报》(圣彼得堡)(«День»,Спб.)——170。

《日内瓦布尔什维克思想小组的公开信》(Открытое письмо женевского идейного кружка большевиков.—«Голос Социал-Демократа»,[Женева—Париж],1910,№23,ноябрь,стр.16)——29。

《撒谎者!》(Лжецы! —«За Правду»,Спб.,1913,№12,17 октября,стр.2,в отд.:Вопросы страхования)——355—356。

《社会党国际局的代表》(Délégués au Bureau Socialiste International.—«Bulletin Périodique du Bureau Socialiste International», Bruxelles, 1913, N 10, p.67—68)——307。

《社会党国际局的决定》——见《考茨基的决议案》。

《社会党国际局的决议》——见《考茨基的决议案》。

《社会党国际局定期公报》(布鲁塞尔)(«Bulletin Périodique du Bureau Socialiste International», Bruxelles)——361。

—1913, N 10, p.67—68, 69—70.——307。

[《社会党国际局执行委员会决议(1914年7月3日(16日)布鲁塞尔会议通过)》]([Резолюция Исполнительного комитета Международного социалистического бюро, принятая на конференции в Брюсселе 3(16) июля 1914 г.])——516、520、529。

《社会民主党代表会议》(Конференция с.-д.—«Русское Слово», М., 1912, №183, 9(22) августа, стр.3, в отд.: К выборам)——152。

[《社会民主党党团声明》]([Заявление с.-д. фракции].—«Правда», Спб., 1912, №169, 15 ноября, стр.2)——206。

《社会民主党党团[关于亚格洛问题]的决议》(Резолюция с.-д. фракции [по вопросу о Ягелло].—«Правда», Спб., 1912, №182, 1 декабря, стр.2)——212—213、215—216。

《社会民主党第四届国家杜马代表给国际巴塞尔代表大会的贺词》(Приветствие Международному Базельскому конгрессу от с.-д. членов 4-й Гос. думы.—«Правда», Спб., 1912, №167, 13 ноября, стр.3)——194、195、196。

《社会民主党第四届国家杜马党团的宣言》(Декларация соц.-дем. фракции IV-ой Госуд. думы.—«Правда», Спб., 1912, №188, 8 декабря, стр.2—3. Под общ. загл.: Государственная дума. Заседание 7 декабря)——214—216、218、220、316。

《社会民主党人报》[维尔诺—圣彼得堡—巴黎—日内瓦](«Социал-Демократ», [Вильно—Спб.—Париж—Женева])——2、12、33、77、85、105、130、152、153—154、202、234、265、279、394、407、410、417、429、469、471、489、533。

—[Париж], 1910, №11, 26(13) февраля. 12 стр.——6、35、459、535。

—1910, №17, 25 сентября(8 октября), стр.10—11.——29。

—1911,№19—20,13(26)января,стр.2—6.——15。

—1911,№24,18(31)октября,стр.1—2.——74、77。

—1912,№28—29,5(18)ноября.8 стр.——185、186、188。

—1913,№30,12(25)января.8 стр.——185。

—1913,№31,15(28)июня.8 стр.——314。

—1913,№32,15(28)декабря.8 стр.——399、400。

《社会民主党人呼声报》[日内瓦—巴黎](«Голос Социал-Демократа»,[Женева—Париж])——31、39、100。

—1910,№23,ноябрь.16 стр.——3、29。

—1911,№24,февраль. Приложение к №24 «Голоса Социал-Демократа», стр.5—7,8.——26、32、33。

《〈社会民主党人呼声报〉小报》[巴黎](«Листок«Голоса Социал-Демократа»»,[Париж],1912,№4,февраль,стр.7—9)——98。

《社会民主党人日志》(日内瓦)(«Дневник Социал-Демократа», Женева, №№1—14,март 1905—август 1911)——77。

—1911, №15, октябрь. Второе приложение к №15 «Дневника Социал-Демократа»,стр.1.——100。

《社会主义月刊》(柏林)(«Sozialistische Monatshefte»,Berlin)——16、446。

《生活事业》杂志(圣彼得堡)(«Дело Жизни»,Спб.,1911,№1,22 января, стлб.47—58;№2,2 марта,стлб.9—20)——246—247。

—1911,№5,31 мая,стлб. 13 — 20;№6,25 июня,стлб. 13 — 20.——246—247。

《生活需要》杂志(圣彼得堡)(«Запросы Жизни»,Спб.)——151。

—1911,№11,16 декабря,стлб. 655 — 658;1912,№7,17 февраля,стлб. 385—394;№11,16 марта,стлб.641—646;№13,31 марта,стлб.769—772;№27,6 июля,стлб.1569—1580;№29,20 июля,стлб.1697—1702.——151。

—1912,№26,29 июня,стлб.1525—1530.——147。

—1912,№27,6 июля,стлб.1585—1586.——147。

《生活》杂志(莫斯科)(«Жизнь»,M.)——2。

圣彼得堡，7 月 19 日。[社论](С.-Петербург，19 июля. [Передовая].—«Речь»，Спб.，1912，№195(2149)，19 июля(1 августа)，стр.1)——146。

《圣彼得堡省工人选民团复选人的选举》(Выборы выборщиков по рабочей курии С.-Петербургской губ.—«Луч»，Спб.，1912，№28，18 октября，стр.1)——180。

《圣彼得堡市工人同志们！》[传单](Товарищи рабочие г.Спб.[Листовка.Спб.，не позднее 9 января 1913]. 1 стр. Подпись: Петербургск. комитет РСДРП，ЦБ Спб.союзов，Ком.москов.района)——241。

《圣雷莫小组通过的决议》(Резолюции，принятые группой в Сан-Ремо.—«Голос Социал-Демократа»，[Женева—Париж]，1911，№24，февраль. Приложение к №24 «Голоса Социал-Демократа»，стр.8)——26。

《11 月 13 日决议》——见《社会民主党党团声明》。

《时报》(彼得堡)(«Цайт»，Пб.На евр.яз.)——245、251。

《视野》杂志(圣彼得堡)(«Кругозор»，Спб.)——172。

《曙光》杂志(斯图加特)(«Заря»，Stuttgart)——351。

《思想》杂志(莫斯科)(«Мысль»，М.)——2、10、15、33、44、46、47、426。

—№№1—4，декабрь 1910—март 1911.——44。

—1910，№1，декабрь.96 стр.——1、14—15、17、30。

—1910，№1，декабрь，стр.12—23，69—73；1911，№2，январь，стр.19—29.——14、47。

—1911，№2，январь，стр.37—46，80；№3，февраль，стр.45—53.——47。

—1911，№5，апрель，стр.80；——44。

《同时代人》杂志(圣彼得堡)(«Современник»，Спб.)——2、4、6、14、15、94、139、447—448、479、485。

—1911，№1.448 стр.——14、15。

《同志报》(圣彼得堡)(«Товарищ»，Спб.)——397。

同志们！(1905 年 1 月 9 日成千上万的彼得堡工人群众……)[传单](Товарищи! 9-го января 1905 года многотысячная толпа петербургских рабочих … [Листовка]. Б. м.，[ранее 9 января. 1914 г.]. Подпись: Центральный Комитет РСДРП)——416。

同志们!(早在上个世纪全世界工人就决定每年庆祝五一节)[传单](Товарищи! Еще в прошлом столетии решили рабочие всех стран ежегодно праздновать сегодняшний день первого мая.[Листовка]. Изд. ЦК РСДРП. Б.м.,[1912].2 стр.)——109。

《统一报》(圣彼得堡)(«Единство»,Спб.)——455、485、499。

《统一还是分裂?》(Единство или раскол? —«Невская Звезда»,Спб.,1912,№17,15 июля,стр.1)——148。

《[为支持六名布尔什维克代表的声明而通过的工人的]决议》(Резолюции [рабочих,принятые в поддержку заявления шести депутатов-большевиков].—«За Правду»,Спб.,1913,№16,22 октября,стр.2;№17,23 октября,стр.2—3. Под общ.загл.:В социал-демократической фракции)——362。

《我们的道路报》(莫斯科)(«Наш Путь»,М.)——245、251、264、331—332、350。

—1913,№7,1 сентября.4 стр.——351。

—1913,№9,4 сентября.4 стр.——351。

《我们的工人报》(圣彼得堡)(«Наша Рабочая Газета»,Спб.)——481、499、516。

—1914,№41,21 июня,стр.3.——489。

《我们的曙光》杂志(圣彼得堡)(«Наша Заря»,Спб.)——2、15、33、100、407、455、485、503、505。

—1911,№9—10,стр.31—35.——247。

—1912,№6,стр.8—20.——505。

—1913,№3,стр.44—52.——304。

—1914,№2,стр.81—88.——444。

—1914,№3,стр.55—70.——489、505。

《我们等待答复》(Мы ждем ответа.—«Правда»,Вена,1912,№25,23 апреля (6 мая),стр.6)——130。

《无产阶级真理报》(圣彼得堡)(«Пролетарская Правда»,Спб.,1913,№2,8 декабря,стр.1—2)——393、394、400、509。

—1913,№12,20 декабря,стр.2.——503。

—1914,№11(29),15 января.4 стр.——424。

《无产者报》(维堡—日内瓦—巴黎)(«Пролетарий»,Выборг—Женева—Париж)——279、280。

—[Выборг],№№1—20,21 августа 1906—19 ноября 1907.На газ.место изд.:М.——280。

—1906,№4,19 сентября,стр.3—6.На газ.место изд.:М.——280。

《五金工人》杂志(圣彼得堡)(«Металлист»,Спб.)——173、299。

《58人传单》——见《告全体党员书》。

《现代生活报》(圣彼得堡)(«Живая Жизнь»,Спб.)——330。

—1913,№8,19 июля,стр.2—3.——324。

《现代生活》杂志(巴库)(«Современная Жизнь»,Баку)——48。

《现代世界》杂志(圣彼得堡)(«Современный Мир»,Спб.)——5、46、182。

—1909,№7,стр.207—211.——279—280。

—1910,№№1—12.——279—280。

—1911,№№1—12.——279—280。

—1912,№№1—12.——279—280。

—1912,№5,стр.147—176.——279—280。

—1913,№2,стр.81—99.——279—280。

《现代事业报》(圣彼得堡)(«Живое Дело»,Спб.)——87、99、100、101、111—112、157。

—1912,№11,30 марта.4 стр.——110。

—1912,№12,6 апреля.4 стр.——110。

《现代思想报》(圣彼得堡)(«Живая Мысль»,Спб.)——337。

《小小的造谣中伤》(Маленькая кляуза.—«Правда»,Спб.,1913,№6(210),8 января,стр.2)——245。

《写给工人同志们的几句话》[传单](Несколько слов товарищам-рабочим. [Листовка. Париж], кооп. тип. «Союз», [1910]. 2 стр. (От редакции «Рабочей Газеты»))——1。

《新的一日报》(圣彼得堡)(«Новый День»,Спб.,1909,№15,13 декабря,стр. 3)——150—151。

《新工人报》(圣彼得堡)(«Новая Рабочая Газета»,Спб.)——330、331、337、350、356—357、391、394、397。
—1913,№№1—14,8—24 августа.——331。
—1913,№7,15 августа.4 стр.——350。
—1913,№55,12 октября,стр.3.——356—357。
—1913,№56,13 октября,стр.4.——356—357。
—1913,№60,18 октября,стр.1,2.——356—357、358、362。
—1913,№69,29 октября,стр.1—2.——369—370、375—376。
—1913,№87,20 ноября,стр.3.——390。
—1913,№97,3 декабря,стр.1.——390。
—1913,№108,15 декабря,стр.1.——426。
—1914,№8(126),11 января.4 стр.——426。
《新时报》(圣彼得堡)(«Новое Время»,Спб.)——111、260、517。
《新时代》杂志(斯图加特)(«Die Neue Zeit», Stuttgart)——287、411、454、526。
—1910,Jg.28,Bd.2,Nr.50,9.September,S.860—871.——1、2。
—1910,Jg.28,Bd.2,Nr.51,16.September,S.907—919.——20。
—1910,Jg.29,Bd.1,Nr.4,28.Oktober,S.100—107.——20。
—1910,Jg.29,Bd.1,Nr.12,23.Dezember,S.418—420.——20。
—1911,Jg.29,Bd.1,Nr.16,20.Januar,S.559—565.——21。
—1911,Jg.29,Bd.1,Nr.17,27.Januar,S.583—587.——21。
—1910—1911,Jg.29,Bd.1,Nr.18,3.Februar,S.620—627;Nr.19,10.Februar,S.652—662;Nr.20,17.Februar,S.684—697.——45。
—1912,Jg.30,Bd.2,Nr.41,12.Juli,S.541—550;Nr.42,19.Juli,S.585—593;Nr.43,26.Juli,S.609—616.——153。
—1912,Jg.30,Bd.2,Nr.44,2.August,S.654—664.——153。
—1912—1913,Jg.31,Bd.1,Nr.6,8.November,S.185—193.——184、187。
—1912—1913,Jg.31,Bd.1,Nr.10,6.Dezember,S.346—359.——202、209—210、287。
—1912—1913,Jg.31,Bd.1,Nr.23,7.März,S.831—838;Nr.24,14.März,S.

862—874.——274—275。

《新世界报》(纽约)(«Novy Mir»,New York)——433、472。

《新西伯利亚报》(伊尔库茨克)(«Новая Сибирь»,Иркутск)——347。

《选举运动》(Избирательная кампания. Петербург.—«Невский Голос»,Спб., 1912,№6,5 июля,стр.3)——133。

《选民手册(我们的选举法)》(Спутник избирателя.(Наш избирательный закон).Спб.,1912.39 стр.,1 л.схема)——101、111、129。

《言语报》(圣彼得堡)(«Речь»,Спб.)——44、130、146、260、484、517。

—1910,№305,6(19)ноября,стр.2.——4、5。

—1910,№347,18(31)декабря,стр.3.——14。

—1912,№117(2071),30 апреля(13 мая),стр.2.——146。

—1912,№195(2149),19 июля(1 августа),стр.1.——147。

—1913,№295,28 октября(10 ноября),стр.6.——369。

《一周之内》(За неделю.—«За Правду»,Спб.,1913,№21,27 октября,стр.2. Под общ. загл.:Рабочие за равноправие двух частей с.-д. фракции)——373。

《1906年在斯德哥尔摩举行的俄国社会民主工党统一代表大会记录》(Протоколы Объединительного съезда РСДРП, состоявшегося в Стокгольме в 1906 г.М.,тип.Иванова,1907.VI,420 стр.)——239、293、294、295、416、489、515、516、530。

《1907年6月3日选举法》——见《国家杜马选举条例[1907年6月3日批准]》。

《1910年参考手册》(Справочник 1910 г.Вып.2.Спб.,гос.тип.,1910.X,477,56 стр.;2 л. схем.(Государственная дума. III созыв— 3-я сессия))——73、100。

《1912年俄国社会民主工党全国代表会议》(Всероссийская конференция Рос. соц.-дем.раб.партии 1912 года.Изд.ЦК.Paris,кооп.тип.«Идеал»,1912.34 стр.(РСДРП))——94、95、97、103、104、105、108、109、110、237、294、414、504、507、515。

《1914年工人手册》(Спутник Рабочего на 1914 год.Спб.,«Прибой»,1914.

[8],190,[90]стр.)——399。

《伊尔库茨克言论报》(«Иркутское Слово»)——95。

《拥护真理报》(圣彼得堡)(«За Правду»,Спб.)——352、355、356、357、358、362、364、365。

—1913,№8,12 октября.4 стр.——353。

—1913,№9,13 октября,стр.3.——352。

—1913,№11,16 октября,стр.2.——356。

—1913,№12,17 октября,стр.2.——356、362、364。

—1913,№13,18 октября,стр.2.——358。

—1913,№16,22 октября,стр.2;№17,23 октября,стр.2—3.——362、364。

—1913,№19,25 октября,стр.2.——362、364。

—1913,№21,27 октября.4 стр.——367、373。

—1913,№22,29 октября,стр.1,2—3.——362、364、367、373、374、432。

—1913,№25,1 ноября,стр.2.——378。

—1913,№42,23 ноября,стр.2.——389—390。

—《在选举运动中应该教给人民一些什么?》(Чему надо учить народ в избирательной кампании? —«Рабочая Газета», Париж, 1912, №8, 17 (30)марта,стр.2—3)——108、109。

《真理报》(圣彼得堡)(«Правда»,Спб.)——112、127、128、130、132—135、136、138、139、141、142、143、144、145、146、153、157、158、168、170、171、173、174、177、179—180、182—183、191、192、193、194、195—196、199—200、203、205、206、210、211、212、215、217、218、219、220、223、229—230、231、232、233、246、248、250—252、256、258、259、260、261、263、266、274、277、281、286、287、288、289、297、299—300、301—302、303、306、307、312、313、319、320、330、350、355、404、415、429、432、443、471、487、503、504、505、509、510、531。

—1912,№№1—200,22 апреля—22 декабря.——229。

—1912,№№5—10,27 апреля—4 мая.——194、195。

—1912,№8,1 мая.4 стр.——194、302。

—1912,№41,16 июня.4 стр.——129。

—1912,№42,17 июня.4 стр.——129。
—1912,№43,19 июня.4 стр.——128。
—1912,№64,13 июля,стр.1.——139。
—1912,№65,14 июля,стр.1.——139。
—1912,№66,15 июля,стр.1.——139。
—1912,№78,29 июля,стр.1;№79,31 июля,стр.1;№80,1 августа,стр.1;№81,2 августа,стр.1.——138—139、146。
—1912,№98,23 августа,стр.1.——157。
—1912,№102,28 августа,стр.4.——161。
—1912,№146,18 октября.4 стр.——179—180、183。
—1912,№147,19 октября.4 стр.——183。
—1912,№148,20 октября.4 стр.——183。
—1912,№166,11 ноября.4 стр.——194—195。
—1912,№167,13 ноября,стр.3.——193、194、195。
—1912,№169,15 ноября,стр.2.——206。
—1912,№182,1 декабря,стр.2.——212—213、215。
—1912,№187,7 декабря,стр.1.——223。
—1912,№188,8 декабря,стр.2—3.——214—216、218、219—220、315。
—1913,№6(210),8 января,стр.2.——245。
—1913,№8(212),11 января,стр.1—2.——243。
—1913,№11(215),15 января,стр.2.——250—252。
—1913,№13(217),17 января,стр.1;№19(223),24 января,стр.1.——245、250—252。
—1913,№17(221),22 января,стр.1—2.——254。
—1913,№18(222),23 января,стр.1.——250。
—1913,№21(225),26 января,стр.2—3.——259。
—1913,№22(226),27 января,стр.2.——259。
—1913,№23(227),29 января,стр.2.——259。
—1913,№24(228),30 января,стр.2,3.——254、256、259。
—1913,№25(229),31 января.4 стр.——260。

—1913,№26(230),1 февраля,стр.1—2.——259。

—1913,№28(232),3 февраля,стр.1—2.——259。

—1913,№30(234),6 февраля.4 стр.;№32(236),8 февраля,стр.2;№33(237),9 февраля,стр.1;№35(239),12 февраля,стр.1—2;№36(240),13 февраля,стр.1—2;№37(241),14 февраля,стр.1—2.——260、261。

—1913,№78(282),3 апреля,стр.1—2;№83(287),10 апреля,стр.1—2;№101(305),4 мая,стр.2;№112(316),17 мая,стр.2;№114(318),19 мая,стр.2—3;№129(333),7 июня,стр.2;№130(334),8 июня,стр.2.——141、288、504。

—1913,№85(289),12 апреля,стр.1—2;№95(299),26 апреля,стр.2;№110(314),15 мая,стр.2.——288、301、303。

—1913,№92(296),23 апреля.8 стр.——287。

—1913,№101(305),4 мая,стр.6;№102(306),5 мая,стр.6;№109(313),14 мая,стр.2;№116(320),22 мая,стр.6.——289、297—298。

—1913,№106(310),10 мая,стр.2—3.——289、297、302—303。

—1913,№117(321),23 мая,стр.1.——300。

—1913,№119(323),25 мая,стр.1,2.——300、308。

—1913,№120(324),26 мая,стр.2—3.——301、302、306、312。

—1913,№123(327),30 мая,стр.1,2.——300、301、302—303。

《真理报》[维也纳](«Правда»,[Вена],1912,№25,23 апреля(6 мая),стр.5,6)——101、102、103、107、130。

[《〈真理报〉编辑部对亚·波格丹诺夫给编辑部的信的按语》]([Примечание редакции газеты «Правда» к письму в редакцию А. Богданова].—«Правда»,Спб.,1913,№24(228),30 января,стр.2)——254。

《真理之路报》(圣彼得堡)(«Путь Правды»,Спб.)——426、443、444、449、455、463、473、486、487。

—1914,№2,23 января.4 стр.——426。

—1914,№12,4 февраля,стр.2.——426。

—1914,№22,26 февраля,стр.2.——443。

—1914,№34,12 марта,стр.1.——449。

—1914,№38,16 марта,стр.3—4.——448。

—1914,№43,22 марта.4 стр.——455。

—1914,№50,30 марта,стр.3—4.——440。

—1914,№57,10 апреля,стр.1.——449。

—1914,№75,1 мая.4 стр.——472。

[《〈箴言〉杂志编辑部对 B.纳坦松等人的信的答复》]([Ответ редакции журнала«Заветы»на письмо В.Натансона и других].—«Заветы»,Спб.,1912,№8,ноябрь,стр.144—145)——223。

《箴言》杂志(圣彼得堡)(«Заветы»,Спб.)——153、260。

—1912,№№1—8,апрель—ноябрь.——280。

—1912,№1,апрель,стр.64—82;№2,май,стр.33—55;№3,июнь,стр.31—46;№4,июль,стр.5—43;№5,август,стр.5—20;№6,сентябрь,стр.5—41;№7,октябрь,стр.5—47;№8,ноябрь,стр.5—40;1913,№1,январь,стр.83—112.——145、153、223、280。

—1912,№8,ноябрь,стр.144—145.——223。

《争论专页》(巴黎)(«Дискуссионный Листок»,Париж)——31。

—1910,№2,25 мая(7 июня),стр.4—14.На газ.дата:24/7 июня.——29、34。

—1911,№3,29 апреля(12 мая),стр.3—8.——20。

《政府通报》(圣彼得堡)(«Правительственный Вестник»,Спб.,1913,№43,21 февраля(6 марта),стр.1—3)——267。

编入本版相应时期著作卷的信件和电报的索引

致全体社会民主党护党派的公开信(1910 年 11 月 22 日〔12 月 5 日〕以后)——见第 20 卷第 27—38 页。

给社会民主工党中央委员会俄国委员会的信(不晚于 1910 年 12 月 15 日〔28 日〕)——见第 20 卷第 42—47 页。

致中央委员会(1911 年 1 月 2 日〔15 日〕以后)——见第 20 卷第 105—107 页。

致中央委员会俄国委员会(1911 年 2 月)——见第 20 卷第 159—162 页。

俄国社会民主工党中央委员会议文献。1.给俄国社会民主工党国外中央委员会议的信(1911 年 5 月 19 日和 23 日〔6 月 1 日和 5 日〕之间)——见第 20 卷第 254 页。

给社会党国际局书记胡斯曼的信(1912 年 3 月 17 日和 23 日〔3 月 30 日和 4 月 5 日〕之间)——见第 21 卷第 221—224 页。

给瑞士工人的信(1912 年 7 月)——见第 22 卷第 17 页。

致社会党国际局书记处(1912 年 8 月 18 日〔31 日〕)——见第 22 卷第 47—48 页。

给德国社会民主党执行委员会的信(1913 年 3 月 2 日〔15 日〕)——见第 23 卷第 5—9 页。

关于波格丹诺夫先生和"前进"集团问题(给《真理报》编辑委员会)(1913 年 6 月 3 日〔16 日〕)——见第 23 卷第 257—259 页。

关于一则谎话(给编辑部的信)(1913 年 6 月 7 日〔20 日〕)——见第 23 卷第 290—291 页。

给编辑部的信(1914 年 1 月 31 日〔2 月 13 日〕)——见第 24 卷第 327—328 页。

《列宁全集》第二版第 46 卷编译人员

译文校订：李鸿敦　罗启华　翟民刚

资料编写：李洙泗　张瑞亭　孔熙忠　刘方清　王锦文

编　　辑：杨祝华　许易森　韦清豪　门三姗　韩　英　薛春华
李京洲　阎殿铎

译文审订：胡尧之　何宏江

《列宁全集》第二版增订版编辑人员

李京洲　高晓惠　翟民刚　张海滨　赵国顺　任建华　刘燕明
孙凌齐　门三姗　韩　英　侯静娜　彭晓宇　李宏梅　付　哲
戢炳惠　李晓萌

审　　定：韦建桦　顾锦屏　柴方国

本卷增订工作负责人：孙凌齐　侯静娜

项目统筹：崔继新
责任编辑：孔　欢
装帧设计：石笑梦
版式设计：周方亚
责任校对：胡　佳

图书在版编目(CIP)数据

列宁全集.第46卷/(苏)列宁著;中共中央马克思恩格斯列宁斯大林著作编译局编译.
—2版(增订版)-北京:人民出版社,2017.3(2024.7重印)
ISBN 978-7-01-017131-9
Ⅰ.①列… Ⅱ.①列… ②中… Ⅲ.①列宁著作-全集 Ⅳ.①A2
中国版本图书馆CIP数据核字(2016)第316454号

书　　名　列宁全集
LIENING QUANJI
第四十六卷
编 译 者　中共中央马克思恩格斯列宁斯大林著作编译局
出版发行　人民出版社
(北京市东城区隆福寺街99号　邮编 100706)
邮购电话　(010)65250042　65289539
经　　销　新华书店
印　　刷　北京新华印刷有限公司
版　　次　2017年3月第2版增订版　2024年7月北京第2次印刷
开　　本　880毫米×1230毫米 1/32
印　　张　25.25
插　　页　3
字　　数　666千字
印　　数　3,001—6,000册
书　　号　ISBN 978-7-01-017131-9
定　　价　61.00元

ISBN 978-7-01-017131-9